DISCLAIMER

The author and publisher are providing this book and its contents on an "as is" basis and make no representations or warranties of any kind with respect to this book or its contents. The author and publisher disclaim all such representations and warranties, including but not limited to warranties of merchantability. In addition, the author and publisher do not represent or warrant that the information accessible via this book is accurate, complete, or current.

Except as specifically stated in this book, neither the author nor publisher, nor any authors, contributors, or other representatives will be liable for damages arising out of or in connection with the use of this book. This is a comprehensive limitation of liability that applies to all damages of any kind, including (without limitation) compensatory; direct, indirect, or consequential damages; loss of data, income, or profit; loss of or damage to property; and claims of third parties.

BESTACTIVITYBOOKS.COM

FIRST EDITION - Published 2021

Extra Graphic Material From: www.freepik.com
Thanks to: Alekksall, Starline, Pch.vector, Rawpixel.com,
Dgim-studio, Upklyak, Macrovector
& Freepik.com Designers

GET
YOUR
BONUS
FREE
CODE: WSBONUS20

5 TIPS TO START!

1) HOW TO SOLVE

The Puzzles are in a Classic Format:

- Words are hidden without breaks (no spaces, dashes, ...)
- Orientation: Forward & Backward, Up & Down or in Diagonal (can be in both directions)
- Words can overlap or cross each other

2) LEVEL UP THE GAME!

A space is provided next to each word to write new ones, translations or notes. We also offer a convenient **NOTEBOOK** at the end of this edition. It can help you organize your annotations, new words and/or observations.

3) TAG YOUR WORDS

Have you tried using a tag system? For example, you could mark the words which have been difficult to find with a cross, the ones you loved with a star, new words with a triangle, rare words with a diamond and so on...

4) EASY TO CUT!

The Puzzles come with an Extra Large margin to easily cut the page out of the book. Some people may feel it more convenient to solve them this way.

5) FINISHED?

Go to the bonus section: **MONSTER CHALLENGE** to find a free game offered at the end of this edition!

Want **more fun** and activities to **relax? It's Fast and Simple!**
An entire Game Book Collection **just one click away!**

Find your next challenge at:

BestActivityBooks.com/MyNextWordSearch

Ready, Set... Go!

Did you know there are around 7,000 different languages in the world? Words are precious.

We love languages and have been working hard to make the highest quality books for you. Our ingredients?

One part easy-to-read print, three parts entertainment, then we add some challenging words and a pinch of rare ones. We brew them with care to serve you lots of fun and an opportunity to solve the best puzzles.

Your feedback is essential. You can be an active participant in the success of this book by leaving us a review. Tell us what you liked most in this edition!

Here is a short link which will take you to your Amazon orders review page.

BestBooksActivity.com/Review50

Thanks for your fidelity and enjoy the Game!

Delta Classics Team

Puzzle 1

파	추	행	섯	레	자	에	요	측	떨	레	그	스	적	쌀	시	도
성	장	한	다	인	적	극	진	행	을	어	문	림	쌀	굽	러	다
굴	한	받	컴	기	공	찍	이	고	향	절	져	추	자	로	거	찍
도	제	노	느	쌀	솔	낌	쌀	로	낌	문	물	감	주	바	짓	동
들	전	결	추	노	달	풍	말	을	맞	고	춤	문	이	람	컴	고
말	절	도	을	굽	도	표	끔	운	은	한	트	필	대	동	낌	공
돌	측	트	북	주	적	느	공	젊	질	은	체	행	올	결	달	람
러	드	요	문	요	레	젊	은	느	휘	을	한	굴	이	이	람	은
불	라	상	러	솔	측	법	장	물	발	루	젊	트	를	를	을	문
에	이	단	의	은	문	은	감	젊	로	견	답	법	쌀	제	트	문
한	버	을	분	날	용	북	용	동	바	너	변	바	을	필	체	말
한	에	견	부	필	부	감	범	을	바	맞	표	쌀	문	질	적	측
고	도	제	대	블	로	달	로	셀	이	느	바	동	날	용	바	활
측	운	로	표	루	대	순	행	감	표	문	노	적	부	다	달	동
문	측	바	돌	질	절	간	은	터	날	발	전	문	문	발	자	춤

진행을
상단
극적인
드라이버
순간
시도
그림자
답변
다섯
발견
대표
발휘
떨어져
활동
불에
성장한다
블루
고향
대부분의
인기

Puzzle 2

거북이
진리
순록
파괴
트릭
스윙
어쩌면
크라운
엄청난만큼이
경계
달콤한
초원
떠나
바구니
군사
비서
여행
드레이크
권투
보였다

를	부	의	낌	를	을	크	전	풍	트	자	동	람	한	달	날	느
집	은	맞	발	행	범	라	로	부	동	경	드	레	이	크	동	다
올	느	루	퓨	순	비	운	올	노	느	계	바	카	거	북	이	한
동	느	풍	바	록	서	너	트	늘	한	에	바	구	니	다	큼	한
솔	을	셀	굴	군	낌	떠	발	달	콤	한	셀	받	날	용	만	문
동	북	자	추	거	사	나	이	동	동	굽	짓	의	쌀	측	난	들
로	끔	솔	너	필	루	달	범	절	결	체	거	카	달	을	청	셀
트	다	짓	러	말	다	결	은	용	거	맞	을	한	트	루	엄	의
굽	끔	로	리	견	을	자	쌀	발	문	동	노	동	올	추	트	주
대	결	주	전	필	장	도	제	파	괴	주	권	거	어	크	운	용
초	터	진	리	맞	발	굽	범	문	이	솔	투	부	문	문	스	트
로	원	에	노	어	감	트	끔	동	카	도	문	말	을	다	주	춤
도	장	결	자	레	카	행	솔	필	절	어	쩌	면	여	행	카	요
스	윙	보	였	다	크	발	도	용	람	체	문	트	트	릭	범	러
파	퓨	결	맞	춤	적	동	필	바	동	행	질	자	의	들	북	감

Puzzle 3

노	발	로	한	맞	발	제	굴	바	을	젊	동	운	집	한	날	루
래	이	문	장	터	전	트	동	도	위	트	자	카	들	요	위	표
를	대	다	크	트	감	트	레	찍	요	트	을	고	풍	즘	거	전
자	솔	러	측	전	을	바	로	고	적	끔	루	자	레	느	짓	문
감	완	주	도	운	받	바	낌	발	화	파	어	레	동	감	날	날
모	벽	점	리	필	레	용	낌	부	소	을	레	달	운	적	운	낌
문	방	수	션	요	거	스	거	질	북	리	너	팽	분	바	퓨	들
체	스	강	탈	로	사	어	위	춤	도	체	의	이	리	고	리	부
도	퓨	끔	컴	컴	대	용	돌	한	굽	다	주	집	행	대	늘	은
젊	카	을	위	을	문	가	결	자	을	을	자	연	에	늘	을	스
질	공	을	동	올	은	을	굴	은	노	대	짓	를	위	용	대	풀
풍	동	찍	바	약	굽	바	대	어	위	레	발	쌀	제	을	적	을
쌀	루	부	의	달	한	치	료	법	용	용	을	자	위	찍	추	람
낌	문	거	부	러	받	파	컴	부	제	법	션	체	거	트	쌀	한
퓨	측	딱	정	벌	레	부	정	적	인	거	법	문	끔	이	풍	부

달팽이
노래를
부정적인
딱정벌레
소화
모방
필요로
풀을
가을
강탈
분리
치료
완벽
약한
소리의
정부의
요즘
자연에
자체
점수

Puzzle 4

아무것도
키스
용어보다
헬리콥터
썰매
끔찍한
정신적
처벌
복도
병원
출생
예술
침입
얽힌
유명한까지
인터뷰
접근
입자
교실을
조류

용	어	보	다	정	부	동	아	도	집	터	용	루	필	문	문	날
유	명	한	까	지	신	쌀	무	헬	행	카	측	발	한	처	벌	카
발	로	굽	발	맞	표	적	것	리	을	레	용	션	결	병	스	너
션	레	전	끔	찍	한	범	도	콥	리	늘	을	입	자	원	필	러
체	문	로	바	한	사	컴	복	터	용	루	를	침	제	고	위	낌
질	트	솔	노	이	느	동	의	행	날	운	을	동	크	끔	너	카
문	바	한	자	동	늘	행	어	북	용	올	젊	집	절	춤	위	고
터	필	썰	매	감	문	크	춤	짓	발	쌀	은	를	트	컴	받	감
낌	바	문	찍	느	문	컴	트	키	행	부	끔	운	을	주	스	젊
발	견	자	달	용	대	맞	용	필	스	레	한	한	자	교	셀	셀
은	운	퓨	인	얽	힌	노	전	한	은	한	이	은	다	실	컴	감
제	거	한	터	위	바	다	견	용	자	진	부	늘	필	을	예	술
용	집	질	뷰	절	제	어	를	람	를	올	위	공	어	트	을	말
터	쌀	솔	필	자	한	어	람	출	접	이	용	자	솔	날	느	의
끔	말	동	짓	발	루	을	솔	생	동	근	조	류	발	느	퓨	거

Puzzle 5

가	절	대	신	짓	부	다	결	자	장	사	북	도	문	맞	느	젊
지	감	굴	호	크	적	컴	한	질	전	표	용	클	들	법	북	트
고	굴	돌	레	크	절	한	발	노	정	의	금	고	럽	희	끔	솔
가	한	제	다	부	한	동	다	절	느	쌀	주	융	은	망	루	자
는	낌	필	느	꼈	다	필	카	공	춤	추	리	더	주	한	행	절
짓	비	싼	낌	동	법	쌀	장	법	용	션	절	바	추	을	용	트
동	전	체	동	을	로	주	로	절	이	어	느	들	자	한	카	사
트	부	주	어	절	연	범	들	도	름	표	트	너	용	느	의	위
동	주	바	사	요	구	자	춤	발	부	용	말	한	운	람	체	거
행	솔	짓	문	로	발	루	동	굽	쌀	상	로	결	문	바	무	법
한	한	끔	바	주	의	어	바	말	위	처	컴	원	자	늘	리	동
로	컴	은	행	적	어	용	용	스	결	한	적	주	사	은	장	오
쌀	크	자	추	동	느	늘	을	테	판	절	자	결	자	발	짓	히
스	람	의	쌀	도	이	을	너	이	측	매	받	노	굽	한	바	려
측	바	한	굽	셀	루	굴	공	젊	동	느	도	올	올	문	자	동

정의
전체
상처
리더
느꼈다
판매
무리
신호
부적절한
오히려
연구
스테이
비싼
희망
가지고가는
금융
원자
이름
클럽
은행

Puzzle 6

바	올	맞	동	집	표	행	말	받	다	느	다	어	돌	부	솔	날
날	범	쌀	굴	거	도	끔	스	블	크	도	주	절	요	이	러	이
공	솔	동	범	로	다	리	스	고	록	감	적	이	한	북	법	동
요	노	노	루	다	도	범	타	문	낌	은	요	받	위	에	대	트
바	동	달	이	벤	트	크	킹	말	노	쌀	솔	용	문	에	이	찍
에	주	바	견	로	를	달	도	공	자	행	이	노	은	제	리	을
측	짓	솔	터	대	표	은	퓨	를	션	러	바	동	텔	짓	에	바
북	솔	의	쌀	바	다	리	스	퓨	풍	문	굴	정	레	에	문	집
운	모	의	컴	주	날	추	고	파	재	절	동	결	비	관	찰	느
루	주	발	자	라	인	크	쌀	부	능	차	람	동	전	의	러	의
문	견	찍	후	을	쌀	집	발	다	쌀	젊	달	찍	동	문	레	자
시	나	리	오	위	을	짓	퓨	발	집	평	범	말	트	거	고	질
땅	표	트	은	말	달	까	마	귀	말	균	맞	발	문	돌	굴	무
의	에	받	컴	솔	느	파	한	솔	동	러	짓	적	범	션	질	들
문	받	퓨	을	바	크	길	을	부	전	받	동	문	주	제	굽	은

절차
텔레비전
트리
평균
모의
이벤트
동결
시나리오
표시
까마귀
고무
결정
땅의
블록
관찰
스타킹
오후
길을
재능
라인

Puzzle 7

의	날	문	굽	굴	부	고	용	문	여	부	끔	를	북	범	다	낌
카	발	장	질	한	받	자	북	한	레	행	결	이	자	을	부	달
카	문	거	범	터	로	퓨	더	블	날	필	문	올	리	용	질	질
바	제	문	굽	을	문	너	샴	바	제	트	요	제	을	한	용	이
결	부	전	크	을	즉	늘	보	푸	돌	법	도	한	올	한	트	로
한	견	중	요	한	시	인	간	존	완	두	콩	을	풍	제	카	의
다	한	다	찍	동	필	늘	질	파	절	퓨	러	견	위	파	문	은
적	추	를	션	맞	사	을	날	바	굽	한	용	받	풍	질	낌	동
동	노	전	문	한	법	용	받	굴	다	감	트	절	느	의	바	은
춤	러	동	트	이	표	측	집	집	주	동	문	견	질	존	맞	퓨
느	시	용	바	발	짓	동	션	주	이	을	한	다	다	은	늘	절
을	를	컴	질	사	적	은	발	결	측	들	문	을	백	고	동	공
동	이	종	트	노	올	동	람	거	파	전	문	일	노	절	공	낌
절	아	레	좋	장	면	게	추	루	용	은	탄	생	어	솔	액	굽
다	체	끔	게	굴	너	임	트	너	도	발	채	우	기	파	션	트

탄생
종이
즉시
여행문제
샴푸
아이를
더블
고백을
채우기
액션
중요한
보존
게임
러시를
인간
장면
완두콩
의존
생일을
좋게

Puzzle 8

질	코	문	결	컴	문	용	풍	전	날	측	쌀	명	예	롭	게	자
부	요	결	회	의	는	날	굽	위	올	레	주	운	감	션	위	감
쌀	테	에	코	한	간	루	도	깜	짝	형	제	용	찍	법	늘	주
질	트	을	크	사	용	다	외	침	을	부	식	낮	은	졸	올	늘
물	제	컴	동	반	자	가	질	찍	퓨	느	위	날	늘	린	자	풍
트	정	은	문	트	이	상	짓	결	굴	질	을	컴	크	추	전	션
맞	원	젊	람	은	괭	용	션	질	쌀	운	스	람	카	다	개	최
늘	장	주	위	은	이	감	집	추	필	퓨	스	달	이	쌀	솔	문
발	고	바	날	사	를	은	행	레	들	장	거	을	느	요	이	끔
을	공	발	람	절	찍	물	굽	문	받	달	을	굴	동	영	날	결
도	달	을	질	자	를	은	젊	의	들	도	수	명	발	감	을	날
바	를	파	을	의	한	굴	체	러	동	자	미	소	도	러	북	물
대	을	동	발	공	도	스	스	레	북	날	쌀	춤	법	받	부	동
장	전	추	젊	용	바	트	질	다	루	부	주	퓨	거	질	스	물
로	굴	달	질	문	용	받	트	젊	필	물	다	주	바	컴	루	돌

졸린
정원
코요테
낮은
회의는
수명
도달
발명
미소
간다
가상
개최
영감
형식
동반자
명예롭게
결코
외침을
깜짝
괭이를

Puzzle 9

를	퓨	한	바	정	앵	올	북	표	한	대	메	트	트	도	에	바
오	류	요	거	비	무	젊	을	굴	크	문	질	모	행	터	자	스
열	용	드	롭	사	새	운	동	절	다	대	느	문	리	낌	이	고
대	주	기	레	찍	짓	이	노	느	동	용	법	동	주	사	은	요
대	결	술	장	이	바	주	트	체	고	돌	터	찍	올	을	람	적
늘	노	한	한	법	컴	로	파	범	슴	퓨	들	도	문	받	고	은
리	집	위	자	카	파	이	어	착	도	공	문	발	발	옷	장	결
도	요	느	발	한	발	로	한	위	치	를	노	전	영	여	기	혼
이	질	러	동	한	제	체	말	측	문	측	셀	다	특	화	문	범
바	거	은	문	에	범	체	필	컴	부	질	추	요	별	질	부	자
말	트	리	용	당	퓨	은	름	질	도	발	느	컴	한	손	겸	찍
가	컴	요	주	근	러	고	고	리	트	용	한	느	굴	트	한	트
정	질	동	용	필	도	체	달	이	은	주	체	굴	발	체	들	파
바	스	퓨	한	발	의	러	끔	을	한	한	끔	한	체	북	터	이
동	부	도	스	날	다	부	바	맞	젊	바	주	들	션	한	한	늘

사람은
고슴도치
노트
당근
필름
도착
가정
드롭
여기
겸손한
앵무새
열대
오류
특별한
결혼
옷장
메모리
영화
기술
정비사

Puzzle 10

트	늘	고	체	한	질	범	트	굽	의	느	누	한	동	대	용	이
들	거	리	드	리	바	은	을	필	로	트	구	도	노	굴	굴	미
북	필	거	래	름	한	제	결	파	부	어	감	셀	위	받	올	지
바	올	주	변	위	말	법	합	굴	유	채	과	지	결	발	부	에
위	필	짓	너	크	카	필	결	제	리	트	결	리	동	를	동	쌀
터	도	운	질	결	노	질	터	다	장	을	경	기	장	추	돌	동
트	트	늘	을	법	올	자	추	은	날	펜	싱	발	러	션	체	요
말	을	추	말	표	질	요	트	전	거	쌀	느	젊	트	굽	거	주
운	람	날	문	고	전	느	동	터	견	쌀	은	법	문	주	범	감
권	한	이	부	질	집	자	신	이	크	한	주	바	셀	질	을	사
주	은	측	풍	감	울	마	음	일	재	행	성	레	늘	바	운	너
터	레	풍	법	법	바	새	을	용	쌀	미	짓	바	거	파	은	트
견	주	공	로	문	동	찍	에	동	수	동	사	공	느	찍	장	너
부	공	한	물	로	크	자	견	체	질	동	카	솔	터	은	느	발
트	사	다	트	풍	발	책	상	을	끔	적	문	적	발	이	솔	낌

지리
수동
이미지에
누구
마음
경기장
펜싱
책상
자신이
고드름
거래
거리
행성
변위
결합
울새
권한
재미
유채과
일이

Puzzle 11

들	발	느	러	거	결	어	측	발	물	동	날	발	람	한	거	동
터	한	늘	표	터	운	율	를	을	북	찍	동	이	주	바	주	솔
굴	자	솔	리	한	크	대	쌀	다	문	낌	끔	쌀	은	자	용	트
행	고	바	굴	스	예	를	돌	자	멸	망	은	범	다	로	이	절
설	다	풍	북	탬	떨	끔	레	체	제	굴	문	위	문	쌀	위	늘
명	의	은	크	프	리	어	람	노	한	발	찍	절	퓨	바	크	로
집	쌀	러	마	녀	질	공	졌	늘	쌀	받	위	다	거	굴	루	필
트	맞	맞	파	로	발	을	범	다	측	은	쌀	위	업	파	웃	올
장	추	맞	이	용	을	션	레	디	질	행	체	셀	절	질	음	큐
갑	을	노	크	한	동	스	자	견	전	북	리	범	동	션	이	피
표	들	로	느	문	체	쌀	바	질	람	범	체	발	적	이	굴	드
느	공	다	이	문	자	문	람	추	은	달	리	풍	자	테	도	느
인	올	표	맞	을	달	필	자	끔	굴	트	어	한	주	스	넓	은
범	상	가	요	수	퓨	를	을	리	견	필	거	운	문	도	표	문
은	젊	은	미	리	찍	법	은	터	동	책	장	경	고	했	다	풍

경고했다
주스
설명
마녀
넓은
멸망은
수요가
올가미
스테이션
큐피드
책장
예를
스탬프
견디다
운율
웃음
장갑
위업
인상
떨어졌다

Puzzle 12

빈곤을
지루
웅장한
넘어
졸업장
건강
공식적으로
조직에
거의
무의미한
여부
아픈
세심한
건물을
흡수
요청
코트
잊어
자위
버스트를

션	여	들	추	견	문	노	말	자	세	주	을	물	동	표	부	공
트	부	발	적	집	위	셀	행	제	심	대	은	자	날	한	북	말
장	결	요	다	웅	루	문	위	질	한	집	질	한	은	노	부	북
대	한	이	질	장	업	졸	에	행	미	절	공	식	적	으	로	부
운	요	청	터	한	에	어	공	동	의	발	조	직	에	흡	건	고
한	한	코	러	파	찍	파	장	요	무	문	범	법	을	수	강	쌀
은	를	트	스	버	질	을	감	측	필	질	발	이	춤	굽	돌	도
문	감	행	끔	발	거	솔	필	짓	다	요	쌀	행	발	거	공	쌀
은	이	이	컴	트	의	용	달	용	트	측	트	돌	느	제	리	로
자	로	날	다	제	집	은	카	이	전	들	카	올	퓨	을	어	이
카	법	셀	맞	전	주	크	날	트	컴	너	발	바	북	짓	용	리
크	용	을	지	맞	자	질	제	법	추	쌀	션	한	공	용	어	를
전	빈	체	너	루	션	위	젊	법	젊	돌	람	부	질	의	를	동
문	장	곤	아	픈	장	사	넘	어	람	느	절	에	부	부	범	한
한	발	문	을	물	건	사	공	잊	바	젊	제	굴	레	문	부	크

Puzzle 13

거	다	카	쌀	주	크	말	를	루	를	말	용	어	제	대	체	를
달	로	쌀	북	어	의	주	격	공	정	전	러	러	카	결	대	레
웜	대	양	고	기	나	공	질	도	낌	도	쌀	절	위	날	동	크
행	은	거	리	법	하	어	부	낌	자	굽	적	동	컴	맞	주	바
사	돌	다	자	원	적	감	도	결	션	날	배	동	북	러	로	절
풍	다	은	공	고	결	법	은	솔	브	리	지	느	느	동	느	은
맞	필	다	이	돌	을	리	어	너	주	느	질	한	트	법	바	젊
사	집	에	노	맞	짓	느	달	자	한	한	이	측	신	체	올	부
감	용	자	을	돌	체	결	행	늘	찍	의	부	행	위	비	노	퓨
어	을	사	받	표	에	솔	을	올	대	어	션	한	램	어	노	을
을	들	한	식	낌	질	결	은	능	력	해	부	풍	프	바	찍	파
측	젊	말	품	은	솔	이	올	문	솔	함	께	했	다	람	문	동
한	공	트	추	하	주	용	장	한	동	복	잡	한	추	위	문	을
발	체	쌀	트	마	로	트	퍼	제	느	바	필	거	말	를	러	다
용	대	풍	자	받	질	필	핀	찍	한	한	제	날	춤	맞	느	람

하나의
주말
램프
공격주의
양고기
복잡한
신비
능력
함께했다
식품
퍼핀
바람
대해
하마
법원
행위
브리지
공정
웜은
지배적

Puzzle 14

조약
영역을
존중
나라
지금
내부
사이의
그녀의
무효
학교
가뭄
관리
얇은
방식을
긴급
현실의
개구리
제공
자연
단순화

개	올	파	어	동	를	동	스	동	쌀	얇	질	끔	끔	어	행	발
구	러	결	질	을	람	한	을	셀	에	은	은	의	크	맞	트	한
리	주	돌	도	감	낌	단	쌀	동	한	위	솔	적	동	부	질	발
들	다	레	부	표	다	순	솔	추	노	풍	어	크	을	표	발	쌀
을	파	의	감	쌀	로	화	트	표	한	자	쌀	트	솔	로	부	고
긴	급	존	중	들	받	학	교	질	바	의	끔	질	컴	셀	바	주
크	운	결	거	을	은	동	자	요	주	주	로	맞	한	발	고	받
동	발	어	공	동	물	너	문	현	실	의	녀	그	바	을	쌀	의
러	감	문	로	돌	러	로	용	질	찍	로	을	체	션	낌	문	북
사	이	의	가	용	쌀	필	이	낌	용	루	이	노	굴	올	조	요
노	낌	을	절	뭄	장	제	용	집	한	도	트	법	어	한	약	문
전	용	문	영	역	을	공	션	체	동	카	법	관	리	굴	지	금
내	스	자	자	무	어	돌	춤	끔	자	다	노	스	은	끔	질	들
부	을	고	굴	운	효	체	자	자	대	연	거	체	문	돌	나	라
동	감	방	식	을	전	다	용	문	발	주	셀	끔	동	집	문	체

Puzzle 15

알	부	파	방	해	를	리	을	발	다	문	찍	전	를	라	적	도
고	낌	한	운	휴	대	용	굽	용	감	위	바	달	로	이	북	로
있	견	에	동	드	너	를	선	컴	짓	컴	상	느	도	브	쌀	주
는	노	표	전	장	견	은	박	어	러	로	어	말	행	러	거	전
을	체	낌	자	행	질	받	거	공	측	질	추	추	을	리	크	이
지	느	러	미	세	로	장	노	셀	동	도	입	추	낌	주	문	도
쌀	달	도	션	에	추	노	어	운	자	부	구	천	물	동	굴	결
노	다	설	바	느	한	필	굽	에	운	용	도	로	이	를	질	젊
굽	운	득	견	받	도	퓨	레	들	터	는	서	고	보	젊	컴	루
문	을	이	필	부	에	도	트	람	체	추	가	추	날	낌	이	동
감	맞	퓨	질	끔	받	조	카	고	쌀	사	지	를	맞	늘	필	대
발	부	이	고	짓	트	상	굴	감	통	행	고	은	풍	트	크	들
질	셀	바	트	이	케	스	트	이	케	스	달	부	위	남	아	는
운	법	스	다	카	부	한	추	질	동	낌	럽	느	루	로	대	부
이	찍	돌	레	의	문	퓨	끔	장	도	거	동	게	행	풍	러	필

조상
파운드
설득
세로
선박
알고있는
휴대용
고통스럽게
지느러미
도구
고추를
추천
남아는
가지고
입구
위상
보고서는
라이브러리
방해를
스케이트스케이트

Puzzle 16

루	필	전	다	을	결	측	부	제	견	한	올	적	크	트	퓨	너
발	트	러	람	한	돌	루	를	제	안	레	트	카	트	에	법	굽
오	루	너	발	바	받	추	늘	물	솔	도	범	동	도	주	레	운
일	받	적	찍	음	부	한	주	맞	측	날	바	러	크	문	위	장
굽	북	도	발	동	을	전	로	춤	발	앞	토	마	토	돌	전	짓
제	터	표	터	주	션	러	카	셀	감	서	조	립	의	달	에	레
들	행	을	트	체	에	행	중	력	트	노	카	호	올	을	를	을
다	음	과	측	표	문	집	달	결	표	열	망	스	짓	끔	문	느
을	리	사	이	견	용	신	문	범	용	측	다	트	동	주	측	이
적	발	부	느	스	터	동	한	굽	주	자	러	감	다	낌	발	표
느	을	운	쌀	체	이	카	스	레	달	션	냄	다	집	쌀	발	결
용	모	자	공	개	론	추	카	낌	용	싼	비	북	싼	맞	진	동
로	바	감	결	용	이	표	구	교	날	곱	동	컴	범	용	문	필
느	다	이	정	가	바	퓨	크	회	바	셈	들	한	쌀	한	날	노
카	도	노	전	질	한	를	대	늘	노	카	트	위	부	체	제	도

제안
발음을
중력
냄비
토마토
신문
다음과
모자
호스트
추구
가정이다
공개
앞서
곱셈
열망
오일
교회
이론이
이전
조립

Puzzle 17

트	버	컴	앞	다	다	로	다	법	낌	이	파	에	말	필	을	카
솔	스	이	으	춤	부	견	음	눈	송	이	사	랑	하	는	인	찍
이	동	고	로	주	을	체	에	한	동	을	을	감	바	굴	식	션
가	추	끔	추	젊	공	들	위	표	을	션	평	공	레	짓	동	용
찍	솔	문	날	동	외	국	달	의	적	크	가	셀	법	고	을	문
한	다	린	마	동	집	이	말	눈	주	로	날	굴	견	교	받	사
동	돌	발	스	트	표	건	조	사	파	용	한	낌	용	육	달	짓
동	굴	필	터	도	결	시	짓	람	전	화	필	쌀	주	법	굴	돌
한	을	한	고	올	낌	바	크	주	집	증	낌	의	컴	솔	컴	장
동	발	한	질	질	견	체	운	들	한	오	은	도	을	바	측	을
다	로	카	은	집	느	전	방	파	느	용	발	어	부	솔	퓨	셀
체	쌀	이	로	낌	받	컴	한	향	춤	문	물	파	셀	트	체	주
결	바	바	동	끔	짓	찍	은	맞	범	터	주	퓨	추	느	자	바
사	을	의	추	문	람	풍	루	은	도	로	돌	북	적	합	춤	크
한	결	행	추	를	집	로	쌀	파	발	을	느	발	표	부	거	풍

적합
전화
증오
평가
사랑하는
눈사람
시크
다음에
동굴
도발
눈송이
버스
방향
건조
외국
앞으로
교육
마스터
가솔린
인식

Puzzle 18

트	이	전	리	리	동	운	전	사	동	낌	춤	너	은	은	은	절
자	부	을	느	체	피	장	파	질	자	이	을	달	들	부	낌	주
유	사	한	표	굽	소	하	은	바	트	착	해	을	한	은	이	을
소	사	러	도	스	금	주	기	추	한	침	은	굴	주	위	도	자
운	낌	적	느	루	람	동	이	업	질	람	받	범	바	추	부	이
끔	문	졸	서	리	성	공	적	인	데	들	람	루	적	문	쌀	에
부	어	업	바	노	문	사	돌	동	용	이	모	양	의	행	물	절
집	이	굽	물	질	장	장	션	문	추	운	트	느	올	로	노	은
그	주	한	집	리	바	발	용	솔	사	동	러	동	굽	스	쌀	달
녀	굽	동	발	올	사	필	전	거	도	요	의	문	사	루	노	날
실	감	한	교	위	문	로	절	발	요	크	트	필	션	이	주	부
행	적	바	훈	상	황	을	유	집	돌	솔	적	트	은	이	필	부
을	한	감	은	풍	늘	문	리	날	파	들	한	을	측	이	스	람
용	한	절	한	다	말	하	는	셀	달	노	동	레	문	동	틸	발
바	셀	절	을	표	로	풍	장	사	체	도	돌	로	대	크	셀	트

졸업
말하는
서리
소금
상황을
침착이
교훈은
스틸
업데이트
모양의
실행
소유자
성공적인
유사한
부어
그녀
유리
운전사
피하기
이해

Puzzle 19

도	바	의	동	측	셀	범	에	결	션	리	도	트	감	감	바	문
도	햄	버	거	알	제	짓	컴	바	동	결	추	풍	운	표	로	결
트	짓	용	바	고	주	공	도	늘	람	용	를	질	바	을	주	물
누	구	아	무	것	도	주	출	운	지	금	까	지	범	짓	용	맞
션	짓	절	터	어	말	을	분	람	질	달	성	다	람	준	비	올
문	을	춤	말	을	부	감	제	수	바	로	에	한	다	다	제	문
터	다	올	풍	측	위	부	달	적	제	날	전	을	다	은	체	장
다	문	용	바	발	러	낌	제	측	임	명	무	한	발	동	를	북
터	솔	트	칩	필	범	물	젊	낌	뜨	거	운	대	체	쌀	고	요
속	대	리	니	카	법	들	바	광	추	리	필	문	말	행	늘	용
성	노	거	다	바	수	받	셀	산	저	실	험	북	을	한	체	로
을	동	로	션	물	대	석	션	레	장	발	로	한	돌	을	쌀	이
행	날	추	을	문	도	다	도	동	을	체	집	견	을	장	클	풍
물	받	풍	풍	소	루	문	시	맞	바	문	을	노	레	위	리	바
굴	이	물	문	스	어	솔	용	범	다	크	돌	로	올	은	어	한

햄버거
준비
소스
뜨거운
수석
지금까지
바칩니다
무대
달성
실험
도시
알고
분수
광산
속성을
분출
클리어
누구아무것도
임명
저장

Puzzle 20

젊	이	맞	도	받	발	트	카	의	이	운	견	북	에	문	굴	제
기	되	를	다	바	쁘	지	만	보	일	손	주	범	이	동	파	한
자	회	감	전	시	가	발	산	터	셀	실	절	풍	씨	가	아	의
성	에	을	기	달	행	러	컴	질	용	들	바	동	를	장	너	달
숙	동	한	기	굴	이	올	문	너	선	택	위	어	범	을	절	로
곱	위	수	숨	을	부	대	발	거	다	루	낌	날	법	좁	은	를
체	하	행	동	로	셀	을	장	늘	주	주	돌	날	운	사	한	파
굽	다	기	적	필	퓨	너	동	스	주	운	용	부	너	너	주	들
동	주	쌀	추	전	람	를	용	젊	달	날	측	용	견	사	업	람
에	달	스	타	일	고	요	솔	진	정	한	말	바	레	거	이	필
어	질	을	결	법	굽	다	한	받	크	공	션	풍	한	측	늘	트
느	문	풍	자	풍	트	자	공	춤	누	주	러	장	을	에	전	질
굴	제	주	주	션	발	질	측	바	크	람	행	견	도	필	장	을
바	법	한	도	행	쌀	이	은	트	바	다	위	부	필	바	이	찍
을	대	이	트	러	도	풍	셀	바	말	노	동	바	체	노	션	거

좁은
산만
전시가
사업
아가씨
성숙
손실
선택
노크
바쁘지만
수행
바다를
진정한
되감기
가장
숨기기
보일
곱하기
스타일
기회

Puzzle 21

누	필	을	굽	용	문	체	을	경	발	너	트	제	터	동	질	범
가	발	느	한	대	질	관	풍	사	바	우	측	받	들	말	굽	문
사	을	바	부	찍	의	련	러	받	질	을	리	문	범	돌	문	범
돌	션	다	동	질	풍	터	를	너	소	은	풍	의	퓨	퓨	공	감
충	부	체	절	도	을	감	북	장	표	수	굴	발	용	주	다	터
격	바	트	한	끔	질	견	쌀	은	이	에	점	동	한	집	명	시
찍	셀	어	파	발	터	캥	거	루	계	산	리	문	은	도	위	주
생	명	을	부	발	달	퓨	의	법	도	바	말	체	어	장	자	문
적	도	다	낌	행	은	트	문	에	온	발	그	문	대	북	올	은
사	바	루	제	범	달	체	장	한	바	부	룹	문	공	하	어	를
법	률	필	늘	트	한	트	이	어	러	말	레	쌀	션	바	드	크
다	을	행	공	법	들	자	날	딘	다	람	부	한	질	필	크	대
적	다	것	이	법	맞	현	재	가	러	거	발	도	낌	고	주	자
질	맞	로	이	말	루	장	화	에	솔	카	달	어	이	주	늘	돌
부	쌀	자	풍	운	운	적	문	어	크	필	로	발	부	쌀	부	질

어딘가에
우리의
누가
캥거루
생명을
명시
온도계이
하드
발을
법률
충격
충돌
관련
것이
경사
계산
현재
화재
그룹
소수점

Puzzle 22

를	리	도	손	질	요	초	돌	발	늘	측	표	다	다	고	끔	맞
바	부	주	가	사	동	등	필	터	바	측	날	주	측	물	을	부
을	부	북	락	주	문	학	감	다	범	을	행	자	트	바	체	부
체	자	굴	낌	션	카	교	돌	노	바	북	유	생	강	을	요	의
이	러	추	리	풍	쌀	트	운	트	고	체	받	지	차	문	자	굴
트	물	제	사	회	바	딸	기	을	제	이	이	맞	할	공	한	날
클	라	우	드	수	사	은	도	말	문	운	동	바	문	추	한	부
바	부	받	주	건	전	가	장	운	달	걀	문	리	문	부	발	젊
지	할	동	노	짓	쌀	맞	바	람	물	노	화	위	법	문	용	루
위	아	느	트	자	부	각	종	견	인	러	동	트	부	트	터	동
부	버	요	고	질	를	동	람	운	구	문	굴	짓	늘	올	동	이
을	지	젊	로	질	춤	셀	쌀	동	맞	이	올	의	편	부	느	올
션	러	물	측	주	다	날	찍	람	주	추	끔	법	안	부	다	의
주	리	람	질	인	용	달	법	너	날	느	미	느	함	찍	들	컴
를	부	끄	러	워	맞	주	에	문	적	집	를	션	을	가	참	대

클라우드
초등학교
손가락
수건
참가을
편안함을
달걀
부끄러워
회사가
문화
차지
미션
바지
생강을
각종
딸기
할아버지
유지할
인구
인용

Puzzle 23

집	들	굴	쌀	도	로	무	게	셀	견	이	고	스	문	풍	조	사
젊	은	절	발	북	용	결	체	날	말	고	돌	느	부	동	더	굽
체	요	농	담	람	질	문	을	동	동	대	전	의	굴	북	러	파
트	우	범	법	용	문	바	부	질	고	낌	질	의	결	들	운	굴
장	유	로	을	낌	행	측	거	로	맞	트	사	플	리	도	노	너
굽	지	적	다	댄	추	달	을	거	미	로	바	레	의	체	받	자
장	방	맞	주	스	이	다	풍	올	취	문	받	이	한	셀	을	람
루	스	은	저	견	범	젊	고	맥	퓨	쌀	도	측	주	파	을	부
로	노	로	녁	자	문	노	쌀	주	감	정	발	온	도	의	부	한
사	프	리	지	아	대	도	로	법	리	행	풍	풍	파	주	쌀	날
한	루	대	아	올	문	에	부	받	문	적	적	셀	절	물	달	범
문	감	결	절	마	너	달	동	스	레	결	찍	거	견	맞	자	찍
두	낌	결	셀	퓨	도	물	문	을	받	트	발	찍	날	다	쌀	문
짓	려	법	낌	운	절	도	동	바	의	환	로	계	노	절	람	질
로	바	워	거	파	이	북	굴	날	사	을	경	획	올	너	늘	달

조사
농담
더러운
파도
맥주
무게
온도의
프리지아
댄스
우유지방
거미
감정
환경
고대
취미
아마도
계획
플레이
저녁
두려워

Puzzle 24

문	한	짓	을	미	해	바	주	한	필	추	결	이	다	물	바	제
범	문	트	나	소	바	고	낌	은	물	돌	굴	동	절	부	질	파
집	스	동	쁜	연	라	운	을	제	돌	를	바	굴	바	장	솔	감
용	질	물	레	기	기	바	자	어	리	루	은	동	올	질	느	추
리	물	은	러	한	위	을	셀	솔	물	집	을	대	을	발	컴	을
퓨	용	장	에	거	북	필	어	발	끔	을	원	셀	한	거	행	물
문	자	바	끔	발	느	굴	한	동	제	다	심	트	입	술	인	용
크	집	한	고	을	문	날	도	기	능	이	배	받	션	절	터	북
극	단	적	으	로	중	스	받	트	한	법	은	가	문	고	럽	느
을	끔	부	짓	크	절	앙	행	을	로	짓	은	다	작	주	트	너
맞	집	질	스	람	트	젊	년	도	견	전	트	옷	업	을	리	은
추	두	꺼	비	제	션	단	간	바	절	운	고	을	이	파	은	거
지	능	형	터	공	로	젊	지	부	주	추	셀	받	차	에	트	어
을	위	짓	받	하	체	결	추	고	찍	범	파	정	용	문	늘	굽
절	추	집	다	는	트	운	추	은	동	부	낌	인	젊	다	감	범

미소연기
중앙
나쁜
년간
인정받을
배심원을
단지
배가
차용
동물은
인터럽트
두꺼비
옷을
기능
해바라기
지능형
극단적으로
작업이
제공하는
입술

Puzzle 25

맞	스	굽	부	삼	한	짓	법	공	크	레	표	날	굽	로	거	문
견	트	질	로	촌	결	셀	갑	컴	사	필	파	로	감	적	션	자
을	문	바	터	이	레	내	자	거	이	맞	파	부	부	천	으	로
느	물	측	늘	용	측	도	기	트	너	끔	용	날	을	동	너	의
낌	션	날	체	사	리	춤	장	떨	컴	을	위	늘	굴	끔	을	도
터	스	요	로	을	스	굽	전	맞	어	달	올	다	션	쌀	대	읽
자	의	많	한	질	레	공	솔	제	다	진	문	범	노	람	날	는
도	파	을	은	바	을	친	들	솔	을	한	끔	을	주	주	문	트
리	발	느	이	굴	레	바	애	한	자	신	믿	느	구	범	날	부
한	돌	마	물	문	바	한	발	하	요	결	기	풍	매	어	셀	을
북	레	흔	고	를	받	트	풍	느	는	돌	질	부	포	인	트	주
달	전	을	스	로	람	퓨	션	들	용	동	의	대	부	문	느	행
발	너	언	너	카	이	한	러	을	어	낌	크	적	크	날	감	굴
람	컴	조	전	코	끼	리	공	원	평	방	컴	감	낌	말	적	터
맞	짓	낌	원	느	용	문	동	굴	의	춤	느	쌀	이	셀	요	찍

사용이
삼촌이
조언을
마흔을
많은
코끼리
평방
믿기
풍부
포인트
내레이터
떨어진
공원
구매
갑자기
친애하는
읽는
천으로
자신
전원

Puzzle 26

방향으로
플레이어
토양
감싸는
세탁
예뻐를
판결
시계
변화의
실버
밀도
아래층
계절
보트
살고있는
레모네이드
재생
발코니
사회는
정부

을	느	한	질	결	레	젊	시	토	판	결	을	행	솔	말	를	제
밀	파	날	재	생	파	모	계	양	적	사	쌀	견	늘	다	고	용
도	실	버	느	주	제	동	네	도	을	노	질	굴	플	레	이	어
젊	에	달	솔	절	의	다	날	이	예	셀	계	느	받	트	요	젊
한	동	질	집	견	부	러	자	동	드	빼	절	부	굴	법	감	주
도	한	퓨	문	용	이	결	세	장	용	도	를	올	들	쌀	도	주
돌	다	자	정	을	션	변	짓	탁	람	퓨	발	루	레	을	느	바
낌	용	레	부	표	컴	화	셀	측	풍	한	코	동	바	운	션	공
방	향	으	로	절	찍	의	컴	공	북	춤	니	감	공	로	은	견
스	끔	보	트	동	바	트	람	트	장	짓	느	싸	루	다	제	도
문	돌	이	견	살	아	견	션	감	제	다	필	는	카	에	느	동
주	들	트	컴	고	래	퓨	을	카	에	주	한	회	자	질	필	어
쌀	필	를	절	있	층	제	바	질	문	을	러	사	동	자	의	한
끔	너	위	장	는	전	느	고	도	추	느	감	루	대	노	퓨	를
이	풍	느	부	로	행	견	셀	고	범	동	퓨	달	측	카	을	끔

Puzzle 27

운	필	을	은	문	을	전	올	적	문	잘	느	질	행	발	도	동
루	낌	들	제	트	돌	굽	느	범	컴	못	문	문	행	풍	러	셀
표	도	발	감	물	거	날	동	트	굴	된	러	발	용	전	한	의
에	받	자	한	에	노	크	필	솔	제	들	주	법	필	퓨	필	컴
이	꿀	질	셀	람	파	다	물	스	러	클	립	깎	이	퓨	노	용
전	벌	부	에	측	다	달	고	문	무	돌	고	래	자	솔	맞	서
트	견	추	굴	추	이	끔	은	파	료	사	동	로	람	달	받	춤
질	람	동	의	노	한	위	로	올	문	범	동	문	동	측	받	한
들	느	필	한	노	법	느	트	로	문	자	스	문	로	한	대	쌀
기	견	춤	다	장	자	루	집	부	굴	질	표	장	루	법	춤	늘
문	본	의	적	풍	션	퓨	측	전	법	공	경	체	춤	날	의	바
요	에	루	카	셀	동	춤	을	루	위	거	찰	로	위	카	출	터
표	크	스	용	퓨	트	사	물	고	쌀	솔	입	구	울	로	제	실
보	류	굽	한	위	러	퓨	곡	도	절	크	게	력	적	운	주	굽
사	쌀	학	년	장	낌	한	동	선	은	필	말	범	셀	도	찍	한

꿀벌
제출
에이전트
무료
날카로운
학년
실제로
잘못된
돌고래
보류
곡선
경찰
구울
용서
기본
위장
입력
깎이
크게
클립

Puzzle 28

요	범	트	거	레	문	달	춤	노	절	람	질	바	집	다	를	위
트	체	행	동	셀	로	퓨	주	크	전	북	젊	자	트	적	느	표
주	도	찍	비	극	적	맞	셀	쌀	측	크	이	북	동	고	필	바
셀	필	은	을	동	북	주	굽	파	보	트	어	말	젊	동	주	맞
을	도	로	터	바	이	퓨	장	느	러	여	고	래	자	한	쌀	문
의	학	퓨	한	람	웃	북	필	달	람	은	하	달	위	이	물	제
동	질	달	위	동	도	요	카	은	한	스	구	동	절	중	러	가
도	절	돌	장	은	용	늘	질	한	은	한	불	추	바	간	발	자
느	고	고	전	레	위	견	끔	이	견	한	루	부	가	을	쌀	을
동	카	날	도	도	협	느	이	솔	용	전	제	올	족	충	파	파
은	거	맞	발	대	들	동	체	법	다	솔	대	문	에	한	용	문
문	낌	맏	대	터	동	표	이	받	번	루	컴	행	게	운	다	찍
감	컴	달	문	재	파	레	야	완	료	성	공	왕	자	물	리	받
감	트	젊	어	결	킷	파	기	주	로	이	거	문	스	린	집	늘
동	문	발	용	거	을	문	질	크	문	퓨	범	죄	전	춤	너	을

중간
성공
비극적
주장
불구하고
이야기
물린
이웃도
감동
범죄
고래
보여
충족
가족에게
문제가
완료
왕자
위협
의학
재킷

Puzzle 29

훌	통	증	이	사	한	찍	육	범	대	이	한	북	행	의	람	션
륭	늘	자	전	용	의	발	문	상	을	느	느	주	발	이	통	과
함	을	용	작	시	마	을	결	굴	다	노	사	이	의	찍	즈	느
영	향	을	을	까	이	흔	들	리	는	굽	춤	이	느	다	리	용
춤	을	발	달	지	그	자	베	이	끔	한	트	공	장	파	시	공
이	을	개	은	느	레	물	이	측	돌	맞	적	굽	고	젊	너	바
크	추	어	의	용	이	발	올	물	용	느	트	트	돌	이	적	노
어	추	체	러	쌀	션	풍	굴	결	바	쌀	측	용	방	문	맞	늘
질	한	맞	문	거	스	타	일	의	이	터	고	한	결	공	집	장
바	운	집	들	대	션	도	스	트	로	레	동	도	굴	한	이	바
집	공	감	스	의	션	위	로	날	한	사	운	공	동	퓨	다	레
굽	트	문	북	받	바	요	고	위	질	집	들	람	컴	실	견	문
굴	체	다	트	카	늘	트	찍	절	바	로	컴	범	굽	행	시	트
동	춤	바	공	시	도	를	들	부	맞	크	끔	측	체	운	트	집
스	레	크	너	간	노	을	람	말	퓨	안	락	군	대	이	찍	리

안락군대
통과
스타일의
흔들리는
실시
시작
다리
통증이
방문
공간
훌륭함
베이
개발을
사용시까지
시리즈
운이
육상
마이그레이션
영향을
시도를

Puzzle 30

확실히
택시
탈출
마지막으로
느린
속이는
무시
동의
경보
검토
열이
구성
적격
대통령을
키가
임원
작은
폐기물
장애
케이지

돌	운	추	임	느	짓	크	법	받	짓	범	확	실	히	스	발	절
장	애	키	원	러	린	들	올	러	크	범	용	견	제	동	의	동
굽	고	가	문	찍	한	부	법	질	공	감	트	리	한	고	견	셀
대	통	령	을	공	카	루	열	이	법	로	고	자	자	터	경	달
작	은	파	바	바	러	체	운	질	춤	굽	낌	을	자	적	보	문
춤	폐	풍	동	솔	굴	람	너	낌	들	질	은	탈	출	쌀	검	맞
돌	퓨	기	동	범	동	용	스	행	위	추	감	짓	택	시	무	토
동	질	동	물	션	다	터	끔	러	풍	다	적	말	러	낌	필	션
동	이	들	발	질	구	쌀	발	도	질	고	격	장	다	끔	터	용
자	바	젊	젊	동	성	위	위	위	은	도	추	트	스	트	부	자
주	을	쌀	로	장	로	날	동	장	표	은	트	을	요	터	터	다
동	공	늘	자	어	으	셀	고	에	에	노	도	다	쌀	한	러	용
의	동	용	범	받	막	속	대	트	맞	로	행	루	전	전	발	집
퓨	말	을	늘	한	지	이	케	굽	노	용	감	문	측	견	고	어
고	파	크	돌	이	마	는	행	부	질	적	용	위	찍	사	낌	쌀

Puzzle 31

용	을	을	고	러	아	직	춤	바	터	거	대	자	평	북	홀	노
물	이	요	결	문	녹	공	다	사	추	춤	도	받	야	을	장	리
굽	터	결	돌	운	체	감	질	를	주	너	위	도	고	부	범	동
동	용	동	스	요	휴	민	속	풍	부	한	결	빨	게	을	사	느
고	끔	동	바	부	젊	일	짓	발	스	다	트	간	이	도	한	한
질	올	제	쌀	도	필	풍	대	트	로	한	셀	색	트	파	카	다
카	짓	거	스	날	노	공	장	도	한	카	늘	을	에	트	추	풍
측	에	카	필	국	파	를	어	스	자	부	정	이	서	느	자	물
질	문	루	쌀	경	주	낙	타	행	질	자	중	한	말	한	문	주
한	공	돌	로	육	동	거	은	바	쌀	장	바	주	부	비	다	이
결	솔	다	견	두	기	각	체	절	찍	추	젊	을	추	카	록	러
달	부	컴	질	구	춤	한	발	동	자	젊	을	을	질	감	발	체
퓨	한	에	행	에	노	도	바	결	혼	동	컴	질	젊	을	트	들
한	법	주	을	노	계	관	끔	의	트	솔	거	람	리	짓	받	너
맞	고	결	동	동	부	용	문	질	추	올	문	전	바	레	문	제

정중
육두구
게이트에서
질문
낙타
녹아
평야
민속
관계
혼동
홀리
국경
아직
풍부한
관용
비록
기각
휴일
제거
빨간색을

Puzzle 32

사라
조정
나비
중지
선언
소유
단계를
결정을
수정
명사
경제를
사소한
스웨터
동행
분기
가축
운영
뛰어
젤리
잉태

풍	크	을	선	운	션	주	스	추	풍	부	노	운	러	동	어	북
중	지	젤	언	은	거	람	웨	견	바	올	젊	퓨	낌	적	로	느
찍	젊	리	자	바	풍	컴	터	운	측	들	이	가	북	은	느	한
끔	문	문	낌	을	퓨	퓨	잉	태	날	도	공	축	운	의	문	대
너	사	돌	노	람	뛰	어	리	한	한	고	돌	문	영	을	짓	말
받	소	노	동	터	다	바	다	다	춤	스	바	을	올	수	정	동
한	한	한	전	동	트	다	트	행	다	은	동	범	한	경	돌	결
풍	을	쌀	젊	굴	적	부	바	스	풍	분	컴	제	느	제	제	리
사	트	리	들	거	돌	장	체	한	위	자	기	조	정	를	고	솔
거	견	필	집	찍	고	받	의	은	바	체	용	나	비	고	계	스
말	감	운	동	한	도	를	한	올	동	결	견	자	다	레	은	단
법	필	굽	행	발	장	받	저	이	젊	짓	터	다	느	부	루	풍
굽	용	라	젊	굴	문	션	들	셀	주	날	짓	주	행	너	절	고
도	명	사	은	을	맞	주	소	유	찍	표	발	대	문	로	트	느
절	동	은	대	로	퓨	을	의	동	컴	한	을	대	춤	트	위	날

Puzzle 33

리	찍	점	발	장	젊	끔	셀	쌀	굽	등	을	바	고	질	부	로
올	쌀	프	달	의	달	느	자	거	맞	은	북	크	로	자	측	한
셀	한	는	레	동	장	절	카	바	자	다	굴	다	바	자	세	포
은	발	로	로	을	어	에	반	늑	아	춤	반	을	발	다	발	공
리	구	름	을	체	날	루	바	대	이	소	드	질	터	셀	자	의
참	가	자	기	범	한	운	헤	이	디	원	시	집	솔	바	행	고
연	민	견	존	바	끔	어	자	러	어	없	주	을	제	이	인	터
문	측	바	의	자	부	쌀	물	부	가	이	적	이	솔	문	치	사
굴	트	끔	고	느	트	날	결	어	풍	감	법	쌀	적	느	위	부
부	너	자	질	을	도	대	플	공	날	느	이	법	측	부	결	찍
말	행	한	절	쌀	측	질	크	로	터	스	굽	들	쌀	트	험	트
혈	공	공	올	날	물	람	트	한	트	필	낌	자	집	견	경	트
동	액	레	터	운	션	로	이	주	터	북	찍	로	한	도	력	필
맞	위	용	바	춤	루	문	을	카	스	굽	고	도	자	제	필	솔
주	요	전	은	스	문	한	부	솔	느	절	고	에	공	장	은	필

소원없이
주요
세포
참가자
아이디어가
늑대
점프는
경력
헤이
혈액
등을
연민
구름
반드시
경험
플로트
위치
기존의
절반
인치

Puzzle 34

왼	리	찍	반	영	에	서	스	문	은	레	러	문	달	춤	대	쌀
쪽	적	트	을	요	사	들	트	의	들	위	레	행	표	대	짓	퓨
션	결	혼	은	맞	메	추	라	기	트	부	날	범	들	다	쌀	리
한	올	잃	공	격	적	람	람	주	낌	션	로	레	굴	도	적	절
부	바	맞	게	요	을	을	짓	동	들	계	설	스	도	공	동	굽
풍	드	발	을	맞	쌀	행	바	전	편	단	세	날	트	러	다	부
고	트	러	스	솔	물	다	굽	션	트	돌	기	자	절	법	자	한
문	말	낌	운	어	떤	쌀	도	트	추	적	낌	을	추	부	용	필
의	도	에	트	가	끼	토	지	원	용	풍	제	트	돌	굴	거	감
춤	말	파	사	격	트	을	아	션	대	무	지	개	맞	위	집	트
체	끔	동	전	트	자	대	강	추	바	날	션	느	굴	다	을	컴
범	용	터	퓨	젊	느	체	자	젊	풍	도	사	대	동	표	장	터
컴	낌	감	체	굴	바	파	사	견	굴	시	력	기	호	솔	주	이
로	노	올	느	동	어	을	주	로	맞	은	굽	도	주	해	발	에
동	풍	끔	노	한	물	노	장	굽	솔	로	받	도	짓	용	설	레

설계
세기
부드러운
지원
시력기호
단편
가격
메추라기
해설
계단
강아지
어떤
왼쪽
잃게
의도
무지개
반영에서
공격적
토끼가
결혼은

Puzzle 35

확	한	짓	결	크	기	후	트	트	결	북	질	스	행	을	터	솔
신	들	대	의	절	트	바	의	굴	너	용	늘	컴	트	필	요	한
를	늘	동	노	주	들	낌	주	북	사	체	표	고	항	립	솔	문
추	정	카	션	쌀	찍	션	에	사	느	아	올	트	대	목	필	굴
리	한	리	퓨	느	고	북	북	질	위	웃	주	문	표	북	을	리
늘	너	공	달	인	을	날	트	장	추	동	바	한	루	스	을	문
코	메	뚜	기	정	로	한	주	짓	러	전	요	질	다	이	위	부
에	뿔	짓	동	도	쌀	자	항	찍	행	행	트	들	짓	날	너	부
너	문	소	컴	바	문	굴	상	을	체	용	결	다	다	은	주	결
도	레	리	한	쌀	퓨	주	제	컴	은	이	거	풍	루	젊	은	굽
결	작	업	을	한	부	은	늘	동	발	춤	풍	이	에	날	파	용
전	서	그	법	에	받	사	행	어	주	주	트	요	의	다	람	짓
로	식	러	풍	도	크	끔	다	요	레	필	은	고	운	찍	달	사
추	지	나	찍	용	운	측	셀	문	들	대	위	바	싱	크	올	를
때	문	에	가	르	치	는	절	내	일	한	컴	위	바	동	공	운

젊은
때문에
그러나
내일
메뚜기
코뿔소
서식지
싱크
필요한
도용
항목을
항상
아웃
추정
확신를
스트립
기후
인정
작업
가르치는

Puzzle 36

고	스	측	공	장	느	바	올	말	대	결	체	을	부	퓨	로	트
션	문	을	받	한	불	느	나	쌀	표	스	발	동	어	를	프	낌
은	컴	행	트	받	안	끔	돌	나	필	파	푼	바	절	필	이	전
로	의	흰	색	감	에	대	파	을	동	사	공	어	낌	전	테	견
람	날	리	솔	로	추	용	끔	체	은	람	견	부	주	결	디	동
발	용	깔	풍	필	에	도	사	용	위	다	른	바	동	어	한	도
느	문	용	끔	스	한	대	동	달	기	자	운	질	은	주	을	발
긍	정	적	이	한	한	공	로	제	자	스	리	로	바	다	추	생
동	용	을	레	크	로	스	동	바	낌	루	카	고	솔	맞	날	짓
동	받	바	퓨	자	터	시	쌀	받	범	자	쌀	고	트	자	문	젊
적	카	스	션	질	를	간	로	트	공	감	동	쌀	표	션	셀	어
다	은	찍	상	신	거	받	올	루	장	람	감	바	리	측	문	루
러	제	문	점	사	번	달	한	거	끔	풍	측	북	늘	북	카	요
들	자	파	회	사	호	발	셋	자	을	어	공	체	동	도	젊	추
레	에	람	은	어	체	달	째	문	주	물	굽	체	동	행	받	발

테디
바나나
상점
셋째
시간
신사
다른
긍정적
스푼
크로스
발생
한도
깔끔한
테이프
번호
불안
공장
회사
위기
흰색

Puzzle 37

레	따	루	를	신	노	응	트	용	문	위	동	결	절	주	결	찍
마	일	뜻	자	발	스	답	질	바	물	을	컴	감	용	부	용	노
레	러	솔	한	샤	장	이	주	표	발	춤	달	항	해	바	쌀	을
을	올	젊	측	푸	트	퓨	굴	제	조	자	도	은	굽	한	체	도
이	표	트	을	하	굴	람	발	바	동	바	요	셀	이	춤	퓨	루
을	리	람	자	여	풍	물	측	오	토	바	이	섬	스	문	용	북
범	에	젊	필	야	로	한	트	동	션	바	필	세	쿠	를	용	북
부	굴	컴	들	한	셀	을	운	주	춤	주	법	한	터	찍	크	카
리	어	쥐	람	다	물	너	컴	용	터	북	늘	을	위	동	이	장
한	트	고	공	동	발	적	한	노	돌	범	다	공	결	문	행	운
협	표	고	낌	솔	고	자	문	레	젊	추	동	들	쌀	발	동	크
퓨	력	검	색	와	을	체	물	여	너	측	이	느	을	미	친	러
을	러	션	클	위	서	도	굴	덟	스	을	어	대	범	발	셀	은
체	기	하	래	노	감	공	로	문	공	용	부	너	빠	장	끔	필
도	스	레	스	질	문	동	침	실	로	동	위	리	른	을	필	트

제조
오토바이
따뜻한
마일
섬세한
클래스
다람쥐
미친
행운
노래하기
스쿠터
협력
검색
응답이
여덟
항해
신발샤푸하여야한다
침실
와서
빠른

Puzzle 38

투자
노을
수출을
담비
대상
동물
해결
가까운
게으른
볼륨
감자
원숭이
목록과
확장
블랙
비명
기금
이미
의사
기사는

에	범	행	을	끔	의	사	수	끔	다	은	게	대	한	한	레	말
느	이	이	북	올	추	자	출	바	낌	파	으	상	동	자	용	동
주	행	가	부	쌀	쌀	동	을	제	블	랙	른	어	볼	륨	한	물
트	끔	동	까	낌	크	크	거	노	추	퓨	람	결	퓨	트	풍	장
확	장	레	적	운	문	션	돌	리	전	올	굴	을	날	다	날	느
풍	고	담	비	찍	바	비	한	을	트	절	기	도	문	찍	공	돌
용	감	들	북	을	트	명	춤	동	공	러	법	사	자	용	집	끔
원	숭	이	의	한	바	추	감	자	투	을	끔	문	는	을	터	트
발	러	체	문	트	이	운	행	체	문	퓨	찍	다	이	미	받	발
결	자	에	을	셀	람	바	션	발	한	문	셀	북	늘	맞	스	질
범	젊	셀	쌀	람	질	로	목	들	짓	쌀	문	기	트	파	로	풍
터	행	문	공	쌀	절	집	록	퓨	낌	발	의	금	추	측	느	용
물	질	날	느	감	늘	을	과	카	동	셀	사	느	감	받	북	감
솔	솔	부	을	법	노	느	들	바	한	을	용	물	은	절	전	자
느	발	문	제	동	해	결	위	어	필	사	은	동	북	견	트	용

Puzzle 39

대	견	찍	너	감	맞	견	아	도	추	굽	테	마	들	을	북	레
바	자	질	받	북	을	로	침	다	짓	춤	필	동	용	자	풍	필
백	다	다	거	동	풍	짓	전	도	편	공	너	결	절	자	받	한
러	조	한	이	용	로	바	말	오	집	한	문	용	부	대	셀	올
바	어	걸	핏	하	면	잔	디	굴	리	발	은	카	셀	질	절	주
스	턴	동	젊	돌	젊	제	문	셀	러	를	효	과	너	달	용	부
크	스	마	느	을	셀	돌	이	절	로	제	경	트	을	세	적	루
럽	웨	주	증	제	거	션	낌	도	용	품	정	확	성	트	척	물
공	것	굽	가	춤	을	고	짓	이	올	물	굽	퓨	굴	부	추	로
은	은	동	찍	발	너	자	달	스	컴	결	쌀	쌀	한	컴	말	한
외	로	운	춤	용	문	짓	동	러	견	션	은	굽	굽	낌	문	로
을	거	트	용	위	트	맞	자	문	운	한	올	을	질	용	크	한
한	의	다	을	북	공	주	범	발	행	스	람	북	들	문	굽	받
로	말	표	추	한	고	리	위	스	돌	절	결	행	풍	문	로	사
사	이	공	은	한	너	풍	발	은	동	풍	들	한	파	동	사	공

오리를
웨스턴
제품
테마
증가
외로운
세척
편집
쌀쌀한
동사
백조
스크럽
것은
효과
아침
경제
마스크
정확성
잔디
걸핏하면

Puzzle 40

갤	은	로	로	결	에	앞	러	다	전	사	순	레	크	루	올	이
맞	럽	앉	용	원	정	동	치	산	업	을	환	말	법	바	표	스
다	수	아	운	끔	행	을	루	마	날	사	공	터	문	자	느	운
었	낌	의	절	주	발	동	많	이	결	끔	바	스	문	달	절	질
울	터	요	견	대	로	짓	바	린	고	풍	로	적	이	문	크	요
파	의	약	알	지	돼	스	장	어	에	스	끔	달	자	션	전	은
레	결	컴	트	션	을	쌀	문	러	목	표	염	소	이	파	트	의
감	을	솔	집	크	문	트	퓨	트	쌀	추	찍	고	질	쌀	질	문
문	이	질	경	측	션	렁	찍	이	전	용	한	느	를	한	파	낌
에	바	범	험	동	젊	크	운	람	계	너	을	문	굴	솔	파	위
카	을	레	을	추	바	은	발	러	약	장	장	루	레	들	은	사
자	발	동	표	번	다	찍	대	절	에	느	추	표	질	루	크	용
질	레	적	느	고	질	집	동	맞	요	이	를	집	맛	있	는	젊
체	날	파	다	로	트	건	물	쌀	젊	한	을	로	장	은	문	용
적	말	돌	발	요	필	법	원	올	운	북	풍	필	측	의	레	공

산업을
트렁크
경험을
계약에
많이
순환
물건
다수
어린이
바느질
맛있는
갤럽
동물원
목표염소
울었다
앞치마
앉아
돼지알약
요약
원정

Puzzle 41

말	통	을	늘	체	문	로	동	선	쌀	의	도	발	요	도	것	추
타	치	주	레	션	찍	파	젊	고	을	도	장	돌	측	문	이	셀
고	자	부	부	족	한	경	로	파	리	크	날	굴	카	적	다	뭔
같	법	한	이	한	낌	동	끔	에	다	부	발	느	파	컴	쌀	가
적	은	션	을	부	들	파	늘	자	용	받	용	올	추	발	동	물
파	늘	표	크	표	전	사	신	발	개	필	견	감	너	을	낌	노
요	느	를	을	물	풍	퓨	도	레	방	바	위	찍	용	찍	물	동
트	받	션	다	솔	결	위	고	파	트	바	문	공	트	의	동	솔
짓	트	쌀	추	낌	풍	날	도	예	측	쌀	한	공	문	명	컴	을
필	질	리	한	법	짓	끔	자	위	스	표	기	컴	들	북	랑	쌀
을	터	늘	견	질	달	쌀	거	가	능	성	간	명	확	히	용	절
너	대	동	범	퓨	제	동	어	을	을	은	견	느	트	굽	카	다
을	바	날	폭	로	달	달	젊	질	트	법	바	고	소	측	전	고
로	젊	북	적	풍	표	북	로	절	주	젊	달	행	다	풍	위	크
농	구	계	란	고	퓨	러	퓨	한	용	질	부	루	스	견	질	동

가능성
선고
소다
농구
파리
명랑
신발
뭔가
것이다
부족한
폭풍
개방
같은
계란
경로
기간
예측
타고
명확히
통치자

Puzzle 42

자전거
스틸훔쳐
증거
소요
수박
대화
채택
체중
도움말
부분
현자
오이
야채를
프로그램
유료
규제
일반
스트림
종기
쿠페

말	스	채	필	동	을	늘	트	한	유	료	리	찍	을	낌	자	을
문	자	틸	택	거	질	부	주	행	물	위	바	도	용	너	물	늘
행	전	을	훔	수	박	람	쌀	을	고	주	동	제	소	용	레	적
오	거	컴	부	쳐	달	대	요	고	문	션	제	리	요	셀	문	카
이	증	돌	노	퓨	집	달	절	용	발	북	바	한	굽	올	사	루
한	젊	을	용	위	쿠	페	크	로	질	쌀	쌀	느	로	종	기	일
한	트	달	대	트	션	견	풍	크	발	체	절	굴	컴	리	셀	반
를	찍	은	한	규	제	춤	야	채	를	도	움	말	고	범	결	행
느	돌	현	자	체	중	은	셀	트	이	문	적	은	동	트	은	쌀
도	용	퓨	느	춤	물	부	을	결	적	스	날	한	쌀	끔	달	풍
문	동	물	트	들	체	견	분	공	로	주	문	대	스	동	젊	끔
로	맞	젊	쌀	로	굽	거	바	람	을	크	받	화	트	거	젊	카
에	부	트	찍	컴	프	로	그	램	컴	질	동	절	림	노	을	찍
파	을	부	행	을	동	자	동	문	필	의	한	춤	션	문	낌	전
셀	쌀	트	제	용	감	늘	찍	람	동	파	행	질	파	부	굴	바

Puzzle 43

대	회	의	바	필	모	셀	슬	레	날	로	러	문	사	특	끔	굽
피	색	맞	너	카	니	올	루	픈	사	션	용	굽	문	히	동	감
문	파	러	그	발	터	트	표	용	스	리	대	크	측	북	용	을
찍	측	동	려	법	링	리	용	날	자	달	말	레	을	감	대	요
자	사	도	거	을	체	도	의	부	부	를	은	용	체	한	한	사
은	노	부	물	필	공	크	질	장	크	달	느	솔	감	은	적	서
어	은	크	자	돌	터	장	문	한	대	문	퓨	람	성	장	을	른
이	대	집	트	퓨	주	카	마	용	션	젊	주	시	간	시	간	사
굽	로	쌀	이	돌	터	범	을	동	날	람	발	위	문	받	느	무
동	추	낌	러	동	느	노	표	셀	결	람	춤	러	을	한	쌀	실
아	매	늘	람	돌	한	은	문	러	물	풍	을	곤	람	맞	사	다
기	바	듭	들	추	카	질	달	전	카	짓	터	래	터	풍	운	랑
트	다	도	날	문	바	다	고	이	날	물	우	드	용	공	러	너
용	대	의	장	행	장	일	반	적	인	적	력	매	표	동	을	솔
질	측	요	견	이	범	션	러	질	절	자	퓨	발	문	지	친	러

사랑
일반적인
서른
성장을
매듭
지친
마을
특히
슬픈
크레용
대피
아기
시간시간
사무실
회색
모니터링
우드
그려
드래곤
매력적인

Puzzle 44

굽	어	이	주	문	은	도	사	반	주	한	집	동	스	한	느	다
굴	비	트	바	찍	춤	이	람	환	휴	가	를	배	포	돌	질	쌀
자	제	측	전	질	위	쌀	에	할	역	스	느	짓	동	바	적	한
을	운	루	북	한	찍	돌	게	카	달	퓨	법	달	션	러	질	은
서	숟	가	락	물	질	고	자	질	감	쌀	운	문	로	용	집	표
에	랍	날	씨	겨	울	려	들	짓	부	끔	더	워	한	쌀	풍	루
우	날	레	은	결	셀	굽	절	짓	용	찍	깊	요	너	트	너	맞
배	굴	을	셀	체	를	레	다	어	자	동	은	요	리	영	필	크
크	늘	찍	주	받	동	한	을	카	주	트	달	러	인	논	터	동
을	크	낌	부	장	파	골	절	스	물	짓	춤	무	기	을	의	이
맞	표	루	한	위	터	필	운	주	용	한	트	자	위	이	찍	말
법	ㄴ	굴	끔	유	맑	춤	공	솔	제	적	부	자	를	ㅋ	돌	결
루	동	대	집	무	용	용	범	크	사	을	감	은	문	용	솔	감
짓	발	북	젊	엇	트	도	짓	크	절	요	을	장	레	주	결	사
늘	람	필	바	을	주	리	컴	굴	결	거	돌	로	자	이	돌	로

서랍
날씨
숟가락
사람에게
무기
요리논의
요인을
휴가를
무엇을
배우에서
더워
역할에
반환
배포
고려
겨울
영리
골절
비트
깊은

Puzzle 45

증	거	셀	스	테	추	스	용	도	에	달	동	쌀	결	적	느	동
바	명	피	터	이	데	문	를	도	동	션	견	핑	정	물	짓	짓
주	절	부	위	블	동	을	페	을	표	달	체	크	하	적	용	공
바	로	한	질	션	운	컴	이	냄	문	올	집	법	는	우	늘	어
찍	스	풍	느	션	를	굴	지	새	동	말	을	발	문	용	산	위
문	러	젊	은	질	거	날	거	리	자	다	을	올	쌀	유	어	을
노	스	짓	안	귀	족	감	장	수	영	물	기	크	주	소	러	집
절	절	질	녕	바	적	셀	을	주	질	발	관	에	연	개	굽	트
동	러	한	하	물	에	들	맞	북	풍	로	션	쌀	못	에	너	트
젊	위	바	세	추	자	문	다	파	운	용	북	은	벽	컴	말	젊
카	을	파	요	아	이	의	인	치	가	카	집	로	지	추	질	너
풍	이	퓨	짓	마	풍	한	전	절	감	적	절	퓨	방	레	이	트
한	레	동	어	행	문	카	노	제	굽	동	굽	요	문	동	다	부
레	맞	적	도	용	을	전	를	표	춤	측	트	은	에	은	올	공
자	공	끔	루	돌	굽	제	파	추	행	대	들	동	체	부	크	젊

안녕하세요
증명
결정하는
냄새
소개에
지방
페이지
수영
연못벽
인치가
용어집
데이터
피부
테이블
아마
핑크
기관
귀족
유용
우산을

Puzzle 46

정치
세금
생산
세부
고통을
상황
가지고있다가
소프트
말을
행복한
감지하여
평면
무거운
착용
아빠
결론
어두운
요인
유체
북쪽으로

집	쌀	짓	가	지	고	있	다	가	생	행	바	자	트	행	풍	질
요	터	날	필	끔	찍	컴	맞	레	산	람	로	문	공	복	굴	트
정	추	이	짓	리	유	대	적	동	전	부	측	문	올	한	컴	찍
셀	치	소	프	트	체	용	제	용	느	트	의	다	풍	집	퓨	짓
상	황	견	요	용	도	션	레	를	결	터	측	느	쌀	요	인	굴
을	굴	바	운	부	고	찍	다	세	금	세	은	운	발	적	파	문
북	쪽	으	로	트	풍	감	지	하	여	추	부	추	리	고	파	받
쌀	법	받	어	용	추	측	용	굽	날	로	받	에	고	느	로	한
질	에	거	공	문	동	고	굴	대	트	로	견	다	은	위	트	체
한	요	고	통	을	고	견	도	북	를	굽	이	다	은	맞	트	날
한	자	늘	질	짓	북	젊	측	제	의	한	제	들	장	찍	발	적
느	운	바	돌	날	공	운	터	쌀	위	솔	의	을	굴	올	을	문
바	문	문	말	로	추	올	대	의	굽	느	노	레	퓨	고	리	쌀
한	바	터	을	을	짓	문	도	굽	평	달	표	춤	문	아	착	용
을	은	쌀	무	거	운	두	어	한	용	면	집	결	론	빠	동	낌

Puzzle 47

거	러	공	이	한	차	음	스	카	프	주	를	요	너	달	집	을
적	절	운	말	정	이	행	악	로	문	제	호	한	셀	농	대	굽
부	법	를	스	동	노	달	용	도	용	춤	을	수	낌	축	를	자
레	전	동	파	동	영	양	분	을	범	바	운	에	적	체	맞	솔
람	표	도	카	마	모	부	을	느	은	필	북	대	루	다	을	날
쌀	범	쇼	고	블	린	페	짓	용	셀	맞	춤	법	피	아	노	체
릴	리	스	를	필	굴	인	질	날	문	느	느	말	은	견	말	행
전	추	달	바	솔	공	트	트	문	범	들	표	바	한	이	바	위
거	이	을	말	낌	적	찍	말	컴	다	찍	찍	견	표	을	용	레
위	문	추	북	퓨	맞	필	바	늘	동	로	문	결	집	퓨	사	막
끔	스	젊	조	풍	너	다	범	위	받	자	문	말	전	동	바	젊
춤	요	대	각	낌	후	에	결	맞	을	은	농	부	주	러	사	한
만	들	을	달	돌	을	동	트	다	파	문	은	부	레	이	쌀	찍
션	을	날	쌀	빌	한	올	을	춤	필	컴	로	을	러	부	의	쌀
크	느	집	감	려	크	동	카	요	춤	이	한	자	한	측	말	의

피아노
사막
영양분을
만들
쇼를
마모
농부
페인트
농축
릴리스
맞춤법
스카프
차이
한정
고블린
호수
빌려
후에
음악
조각

Puzzle 48

셀	다	올	션	트	션	악	컴	요	편	셀	제	부	들	카	요	을
달	돌	크	을	셀	북	전	어	물	지	을	한	부	을	낌	러	다
을	한	쌀	위	도	추	너	쟁	적	은	은	전	자	요	법	동	감
한	늘	날	올	한	셀	다	적	립	용	젊	부	터	굽	발	용	질
이	거	도	부	돌	동	안	로	용	공	전	은	고	한	집	행	이
한	적	위	다	레	션	낌	너	자	을	바	다	굽	낌	터	센	결
원	더	트	한	유	치	가	한	짓	집	절	법	지	레	문	터	찍
공	문	부	집	동	풍	끔	다	트	끔	의	발	점	불	규	칙	젊
돌	젊	공	주	끔	트	너	범	부	질	도	쌀	공	굽	요	맞	공
장	전	삼	늘	제	추	결	표	자	법	공	필	날	크	절	제	결
적	원	한	촌	죄	거	레	카	의	터	질	동	낌	러	필	문	바
느	회	부	추	송	로	을	자	로	솔	리	루	자	도	젊	로	올
천	사	돌	에	측	을	크	퓨	추	가	한	컴	집	북	표	문	체
은	법	문	용	셀	참	느	주	솔	도	러	공	질	돌	추	트	은
그	들	의	거	과	조	에	을	부	굴	질	파	루	위	바	용	느

전쟁
과거의
죄송
삼촌
유치가
사회
지점
센터
불규칙
편지
물어
참조
천사
동안
추가
악어
그들의
회원
원더
적립

Puzzle 49

날	을	질	올	찍	말	달	한	강	한	로	발	용	은	낌	부	공
주	어	짓	감	굽	용	파	목	욕	짓	감	트	모	을	위	의	용
셀	소	제	행	발	운	바	절	톤	춤	위	돌	텔	을	터	스	에
이	호	텔	운	원	형	제	질	레	발	느	트	질	부	로	컴	행
장	전	돌	날	물	어	사	루	켈	은	을	적	주	지	범	물	체
난	물	다	끔	결	크	포	리	스	트	에	한	바	혜	장	크	쌀
체	한	은	달	견	운	트	바	측	문	젊	터	루	늘	바	트	은
을	이	체	인	말	질	셀	다	젊	북	스	제	이	부	발	물	용
장	집	장	바	늘	장	어	솔	도	느	크	위	아	대	도	질	에
느	컴	스	을	러	한	문	찍	쌀	다	부	스	파	버	춤	절	람
에	트	고	풍	좋	느	컴	솔	솔	말	늘	틱	받	자	지	절	로
필	스	러	트	은	북	제	외	시	켰	다	은	젊	발	부	의	용
보	동	달	위	추	집	찍	늘	결	동	물	고	문	문	자	람	션
후	물	문	러	젊	트	위	들	거	춤	컴	요	도	션	를	사	문
한	다	의	암	탉	너	부	용	전	낌	레	받	절	다	카	사	돌

좋은
주소
부자를
사람의
지혜
목욕
모텔
스켈레톤
체인
보물
강한
암탉
아버지의
후보
호텔
제외시켰다
포리스트에
장난
원형
스틱은

Puzzle 50

핸들을
새벽
시리즈를
머리
화요일
실패
포착
대회
가끔
필요
둥지
연방
신중한
구분
빨리
국제
현명한
완화
수많은
소심한

신	결	국	시	받	한	를	이	공	전	한	적	은	감	동	파	은
한	중	제	끔	리	화	요	일	바	로	발	을	자	을	춤	질	표
문	전	한	심	소	즈	부	루	완	다	바	들	한	주	제	스	대
수	많	은	문	문	추	를	짓	화	추	대	회	법	부	북	용	물
굴	낌	은	사	바	동	람	한	날	다	로	고	제	찍	바	도	적
장	고	쌀	쌀	컴	느	부	사	절	컴	도	운	끔	전	춤	요	요
현	명	한	너	쌀	말	구	분	머	리	느	주	트	트	느	쌀	도
노	도	올	받	바	트	전	춤	카	션	말	질	포	동	리	다	절
물	필	문	실	패	문	표	둥	리	춤	돌	요	착	집	동	러	체
범	요	핸	추	러	행	문	지	찍	빨	공	느	한	레	은	용	절
파	말	들	노	어	바	날	집	느	질	리	범	너	문	가	트	돌
행	견	을	굽	한	풍	한	운	제	주	거	굽	에	도	끔	거	사
올	부	문	을	풍	로	카	다	짓	달	북	고	연	방	맞	을	한
한	공	질	쌀	짓	주	느	느	이	리	은	체	들	다	찍	측	측
은	표	질	문	새	벽	적	솔	자	문	다	느	필	트	바	적	발

Puzzle 51

리	굽	이	루	부	삽	입	되	돌	리	기	하	한	과	로	을	대
쌀	필	야	적	북	향	해	체	부	고	행	늘	의	사	가	문	전
굽	터	기	주	추	동	풍	범	주	공	집	굽	루	짓	을	이	말
바	람	는	바	바	바	루	제	한	장	텍	스	트	질	늘	전	동
발	저	주	오	자	레	결	유	용	하	게	주	다	자	적	카	찍
대	고	진	주	비	견	햇	겁	쟁	이	쌀	문	카	용	한	로	측
솔	부	어	를	끔	운	빛	나	무	파	을	평	낌	카	질	용	느
스	바	주	자	주	쌀	들	동	견	체	위	요	화	을	돌	람	트
카	물	로	질	부	를	추	끔	적	동	거	한	적	로	치	약	느
제	마	다	낌	추	올	법	범	터	동	터	한	받	동	운	공	행
선	한	차	을	트	늘	표	용	루	파	춤	주	셀	한	에	도	주
필	용	다	감	행	맞	질	풍	추	물	쌀	굴	솔	다	발	이	대
사	한	적	표	터	용	표	행	동	달	이	문	굴	부	한	운	다
젊	카	한	러	올	레	로	젊	따	라	들	발	부	절	다	을	표
집	돌	어	솔	느	트	컴	동	퓨	컴	느	필	컴	용	맞	느	법

사과
텍스트
나무
삽입
주저
주어진주는
전문가
평화로운
마차
의사가
하늘
겁쟁이
햇빛
되돌리기
따라
향해
치약
이야기는
비오는
유용하게

Puzzle 52

새	한	러	은	바	구	드	럼	공	측	쌀	날	부	달	공	수	질
질	로	느	자	바	멍	부	러	다	찍	파	질	집	문	체	준	동
쌀	스	운	방	요	로	트	발	공	바	낌	견	쌀	을	쌀	하	분
를	통	질	지	시	소	동	리	굴	느	요	너	부	들	바	도	석
용	지	찍	굴	을	측	한	동	춤	견	낌	트	거	동	한	록	종
셀	리	노	너	카	을	받	춤	체	어	을	레	낌	끔	은	을	교
한	너	터	공	노	노	러	마	우	스	낌	부	지	바	측	레	리
주	거	대	한	카	을	전	문	날	발	올	너	역	젊	이	로	쌀
한	문	초	필	문	터	을	은	감	션	측	션	은	트	블	날	주
의	집	동	물	도	투	터	견	부	자	이	을	한	터	리	동	은
바	트	도	추	러	장	명	주	쌀	한	고	낌	버	전	드	질	솔
은	두	말	맞	쌀	추	견	을	낌	루	을	솔	루	동	심	장	낌
로	트	기	에	레	도	제	은	바	표	은	부	트	자	문	사	고
요	낌	록	찍	행	셀	고	셀	돌	견	은	터	을	질	로	어	레
주	요	견	측	짓	트	돌	돌	느	거	쌀	찍	받	주	이	범	을

지역은
투명
통지
마우스
느낌
심장
초대
방지
버전
드럼
수준하도록을
부러
분석
구멍
블리드
새로운
기록
거대한
소시지
종교

Puzzle 53

낌	들	도	맞	바	도	낌	주	쌀	대	달	너	좌	을	을	낌	제
루	필	발	춤	다	지	상	을	위	법	질	러	석	북	스	제	질
동	터	트	굴	퓨	은	문	쌀	한	파	돌	도	돌	질	쌀	문	범
솔	최	람	한	예	많	괴	물	을	을	을	스	바	이	로	한	북
견	대	바	자	돌	상	문	연	찍	발	너	주	느	자	트	너	한
오	동	바	크	돌	문	트	위	례	공	사	견	거	람	들	제	질
늘	결	솔	동	동	질	들	해	물	로	파	견	파	문	이	물	결
광	택	트	리	범	스	도	사	달	한	에	레	햄	도	물	고	도
굴	달	범	문	춤	굽	범	바	트	러	시	을	은	스	트	한	을
문	다	적	달	집	로	용	터	맞	춤	게	범	에	마	터	한	평
집	측	돌	부	받	바	고	한	행	올	부	문	젊	스	물	맞	면
문	은	바	낌	한	셀	을	추	굽	컴	카	문	레	리	다	솔	의
션	제	주	을	낌	문	체	식	용	달	이	발	실	크	워	트	네
도	노	자	주	을	운	동	사	카	측	용	문	망	부	한	동	행
주	느	부	부	젊	받	트	용	솔	도	용	필	표	퓨	장	법	동

좌석
지상
많은지도
시게
실망
식용
평면의
달이
바다
최대
네트워크
크리스마스
연례
오늘
괴물
예상
운동
광택
햄스터
위해

Puzzle 54

쌀	람	부	조	동	절	콘	문	거	노	터	용	이	들	로	운	장
장	일	곱	건	을	춤	도	컴	고	동	추	문	루	카	필	집	젊
굽	은	너	이	학	생	르	지	쌀	솔	다	견	동	동	질	연	짓
저	제	로	맞	한	동	의	속	카	감	을	은	바	자	추	한	령
범	자	동	결	루	측	바	도	드	질	코	도	요	트	을	문	발
어	동	기	느	튤	립	고	은	동	동	스	부	추	물	다	잊	질
은	이	감	관	체	바	들	대	문	맞	고	북	굽	루	동	지	은
날	동	이	다	질	무	로	측	말	에	올	들	로	문	맞	펀	카
제	표	한	스	솔	릎	레	전	을	쌀	터	스	대	운	어	스	범
은	범	짓	을	리	올	짓	다	을	쌀	부	대	적	발	트	를	자
춤	동	도	짓	문	범	어	젊	풍	범	루	질	카	금	요	일	이
한	장	션	쌀	행	제	노	필	문	카	카	로	바	감	절	이	쌀
부	먼	굴	쌀	춤	문	로	들	바	주	리	동	수	체	션	부	날
견	지	발	노	공	한	로	공	감	대	노	감	량	대	을	요	동
트	용	필	절	주	동	컴	은	을	로	바	로	레	장	질	감	동

스펀지
조건이
금요일
지속
수량
튤립
먼지
무릎
표범
저자기관
콘도르의
감기
학생
연령
카드
연필
일곱
코스
잊지
제로

Puzzle 55

문	장	에	요	굽	로	노	도	맞	들	자	자	다	춤	루	말	올
올	은	공	물	한	달	한	한	람	은	다	규	람	수	한	교	사
측	을	파	절	상	사	집	부	쌀	용	굴	돌	칙	프	날	를	결
솔	동	공	셀	승	람	트	운	쌀	행	한	루	감	유	카	행	발
축	구	부	족	부	의	한	측	달	바	람	법	자	자	파	레	를
느	도	굴	동	돌	필	러	맞	파	을	너	올	낌	신	운	받	람
늘	대	찍	부	물	체	다	한	동	쌀	사	파	적	의	관	말	들
날	발	끔	필	부	말	지	구	를	문	날	발	측	부	심	문	루
을	행	날	드	을	을	돌	올	위	물	견	트	주	쌀	션	요	사
부	스	날	도	의	무	달	을	아	이	요	사	바	행	말	에	발
노	질	행	크	풍	천	이	짓	찍	이	도	바	적	굽	에	낌	말
날	덮	북	주	질	국	가	레	동	주	은	공	문	트	법	전	발
결	공	여	문	의	법	능	극	장	절	리	절	동	발	맞	문	안
측	사	쪼	아	필	행	맞	공	짓	용	적	맞	부	굴	자	부	녕
용	파	제	행	젊	은	사	들	용	트	이	위	자	짓	컴	은	한

지구를
상승
쪼아
수프
동공
천국
덮여
가능
자신의
필드
축구
안녕
아이
관심
부족
교사
극장
규칙
의무
자유

Puzzle 56

은	찍	이	부	한	자	굵	을	카	거	동	이	파	대	파	늘	파
고	부	느	모	들	한	게	제	포	범	대	질	솔	로	트	돌	자
장	셀	공	대	문	자	체	쌀	법	크	모	든	위	맞	문	풍	고
측	문	을	견	을	부	용	이	북	은	동	문	짓	주	바	질	받
자	말	다	결	바	춤	다	체	터	제	트	자	루	스	레	운	자
용	의	운	부	물	고	라	출	호	동	을	솔	낌	동	을	이	동
발	퓨	거	흔	들	추	순	문	행	끔	북	이	파	어	을	거	위
느	주	제	늘	체	측	무	너	사	을	늘	다	이	점	젊	거	체
추	필	춤	집	문	집	동	물	집	집	동	시	풍	을	발	용	퓨
견	을	문	을	이	들	한	돌	대	솔	한	물	냉	한	제	전	터
찍	러	노	결	어	집	풍	파	슬	물	늘	다	장	로	레	감	전
동	동	삼	각	형	위	짓	운	라	브	표	운	고	은	이	쌀	루
제	이	돌	을	돌	굽	키	고	이	문	컴	부	동	연	스	요	소
바	로	맞	발	적	요	은	위	드	위	용	모	추	기	자	제	방
절	동	집	범	쌀	문	쌀	을	동	발	들	문	북	를	질	람	관

소방관
키위
삼각형
순무
모든
브라운
다시
다운
포크
냉장고
슬라이드
부모
굵게
고추
레이스
흔들
연기를
이모
이점
호출라고

Puzzle 57

시	터	측	짓	전	돌	말	셀	컴	물	집	쌀	올	람	이	루	노
변	장	한	나	문	공	레	부	발	한	바	바	빼	젊	러	도	행
부	수	의	머	을	트	도	느	다	필	셀	잘	미	말	다	너	람
은	북	네	지	북	문	퓨	운	한	도	결	들	문	레	주	은	요
돌	견	도	바	도	측	문	측	짓	이	문	의	전	이	느	한	요
크	굴	질	쌀	에	물	자	발	행	법	용	절	전	쌀	가	허	을
북	한	끔	체	춤	문	상	자	도	법	늘	장	사	터	족	검	은
을	질	도	구	위	자	받	카	젊	을	부	바	을	쌀	한	질	부
이	실	트	리	법	동	사	한	에	동	굽	람	참	우	울	자	를
물	행	짓	부	적	측	독	너	로	도	에	전	여	쌀	바	돌	동
초	을	를	풍	다	계	시	립	클	맞	너	문	쌀	도	파	느	리
점	점	끔	부	올	견	공	이	맞	카	다	도	부	발	한	짓	법
달	부	문	스	북	체	바	람	레	다	에	다	솔	말	견	풍	들
용	다	낌	한	운	질	견	한	를	행	돌	찍	위	날	고	굴	카
받	를	달	레	바	질	돌	부	셀	절	느	터	찍	날	발	트	터

점점
클립시계
말미잘
상자
지네
실행을
나머지
시장의
독립
참여
허가
초점
가족
변수
법적
검은
고발
구리
올빼미
우울

Puzzle 58

관계가
건강한
매달려
지원을
마련
슬립
싸움
물고기
포함
대한
추격
피자
공격
버터
약어
비교
동영상
포스트
껍질
회피에

한	주	문	물	부	질	한	카	거	은	을	감	바	위	짓	람	표
카	짓	노	고	람	문	셀	날	포	북	주	카	에	돌	도	맞	동
대	추	낌	기	한	동	자	한	함	포	이	에	결	문	추	짓	문
공	격	문	을	돌	자	견	한	를	스	을	한	피	자	격	로	느
범	법	운	을	문	필	낌	말	들	트	도	법	솔	회	부	동	문
트	셀	전	노	너	션	느	사	발	질	감	한	동	느	날	을	쌀
주	용	대	한	장	대	컴	집	로	물	전	고	도	체	북	를	을
트	문	람	찍	강	트	주	다	동	전	버	관	발	문	거	바	주
리	어	한	슬	껍	건	러	스	은	바	터	계	은	트	도	받	체
지	을	쌀	립	질	요	발	용	스	동	표	가	주	도	동	문	문
사	원	거	들	법	받	주	비	쌀	영	은	한	크	솔	로	를	끔
문	에	을	법	도	을	질	교	문	상	찍	트	공	측	날	루	절
을	바	문	바	스	찍	매	달	려	문	마	련	말	다	트	어	어
제	동	컴	쌀	션	문	다	견	레	쌀	트	범	거	리	젊	약	너
싸	움	동	도	도	어	장	을	이	쌀	굽	람	루	러	받	어	느

Puzzle 59

자	동	받	공	어	동	문	터	말	위	거	친	낌	받	한	부	걱
파	굽	질	크	동	트	올	부	장	트	사	체	부	이	로	발	정
셀	문	쌀	젊	어	트	올	달	젊	레	다	낌	협	상	달	쌀	행
고	로	질	맞	려	쌀	리	로	표	로	한	짓	동	범	은	물	발
맞	속	를	제	운	춤	은	결	식	로	발	자	파	적	굽	트	렌
쌀	운	도	어	의	이	한	느	별	이	내	내	도	문	굽	질	타
느	리	다	로	바	크	너	전	터	행	부	감	한	동	추	고	인
트	리	젊	크	부	션	녹	색	대	안	동	날	들	로	운	춤	찍
람	션	굴	행	바	맞	리	주	결	는	필	도	양	오	크	주	을
트	의	요	날	터	솔	을	감	한	있	공	한	쪽	트	렌	년	부
동	주	트	리	행	셀	고	질	외	에	션	트	돌	퓨	터	지	솔
파	낌	굽	절	범	올	이	감	맞	디	자	한	솔	돌	로	범	공
측	한	루	절	문	벽	질	미	굽	어	자	홍	결	솔	낌	동	퓨
위	다	쌀	올	올	문	화	래	사	굴	집	수	파	트	동	젊	풍
풍	너	필	한	측	체	측	람	느	들	꼼	트	바	디	카	주	동

제어
주년
내내
발렌타인
어려운
녹색
어디에있는
식별
대안
미래
바디
걱정
협상
거친
벽화
홍수
양쪽
외에
오렌지
고속도로

Puzzle 60

대	체	추	트	용	이	감	젊	북	하	도	선	생	님	장	바	감
문	제	공	북	문	절	자	젊	자	이	질	카	용	트	소	젊	늘
와	이	어	받	의	요	거	을	을	라	쌀	을	굽	로	로	자	공
행	다	이	카	한	요	종	종	트	이	여	우	풍	스	말	션	위
이	짓	을	션	법	굴	바	역	할	트	을	대	찍	용	들	한	도
퓨	느	문	터	한	문	느	동	쌀	다	추	필	장	문	다	을	추
동	책	트	체	받	굽	절	집	문	을	실	노	날	주	느	받	을
칠	젊	가	부	로	터	을	필	솔	감	사	응	을	노	한	주	표
면	동	받	방	패	트	문	달	을	셀	북	답	한	동	이	측	체
조	한	맞	달	고	체	요	꼼	을	요	리	용	느	너	로	대	법
북	어	사	사	젊	대	은	체	낌	공	크	을	문	다	루	솔	맞
트	문	자	다	전	기	영	어	행	질	낌	문	은	꼼	집	질	운
절	주	결	크	찍	굴	이	주	돌	감	느	동	자	찍	집	체	이
대	트	일	몰	물	맞	문	동	트	북	들	받	한	스	주	돌	받
션	어	집	파	문	로	트	용	파	을	올	바	션	스	굴	도	운

선생님
종종
칠면조
사실
사자
와이어
대기
책가방
문제
바늘
감사
하이라이트
여우
영어
요리
부패
역할
응답
일몰
장소

Puzzle 61

장	사	제	운	부	늘	멸	필	달	질	부	달	제	의	건	컴	간
다	행	히	도	의	터	종	집	범	솔	고	적	트	주	포	말	단
개	선	리	표	범	리	전	행	을	북	에	올	한	측	도	위	한
부	노	맞	를	문	법	맞	문	질	굽	바	를	자	돌	동	들	이
도	를	전	면	들	끔	적	말	어	크	솔	문	동	부	트	의	행
한	체	터	정	굽	크	비	워	도	한	굽	돌	한	질	차	노	을
돌	의	용	먹	지	올	퓨	끔	낌	주	돌	질	질	개	량	바	레
도	공	동	이	다	동	컴	행	로	은	물	션	말	미	위	을	찍
주	동	로	다	문	레	도	션	끔	을	문	발	도	부	쌀	굴	이
운	의	다	장	제	너	파	트	맞	노	로	날	미	바	문	대	문
다	올	대	부	요	플	라	스	틱	볼	트	터	올	러	여	유	가
올	를	전	주	주	를	한	리	수	법	감	너	춤	에	을	을	퓨
도	질	발	디	자	인	바	퓨	입	풍	선	터	동	대	부	바	터
낌	퓨	부	법	도	쌀	닥	한	의	다	노	동	쌀	필	찍	추	해
쌀	맞	낌	법	루	사	자	쌀	감	트	한	굽	젊	견	어	은	변

정지
간단한
먹다
다행히도
수입
멸종
차량
바닥
미러
풍선
개미
해변
개선
디자인
볼트
건포도
여유가
플라스틱
비워
전면

Puzzle 62

느	루	쌀	레	은	절	절	용	마	지	막	고	션	는	지	끊	도
질	쌀	동	수	셀	자	트	발	운	들	바	양	도	늘	구	사	동
늘	자	부	부	리	측	거	다	노	달	을	이	쌀	하	본	퓨	사
체	스	선	올	절	를	한	노	을	제	크	오	공	강	에	들	동
을	컴	웨	물	파	트	행	바	결	늘	적	추	로	바	히	은	로
다	리	컴	덴	퓨	은	크	법	문	도	터	상	물	카	트	크	의
트	용	쌀	돌	풍	로	북	발	은	대	정	질	굴	달	레	시	자
날	북	문	부	도	터	이	를	트	박	확	이	바	측	문	금	운
주	러	문	자	바	요	동	북	부	탈	히	공	크	트	크	치	셀
굽	도	트	터	퓨	감	공	바	에	이	리	돌	제	전	낌	한	은
체	집	주	로	사	바	러	을	늘	행	거	들	노	송	크	래	들
달	집	루	늘	람	문	알	려	진	낌	고	주	은	을	문	말	늘
느	바	추	문	들	을	노	맞	컴	퓨	필	절	트	자	을	의	질
거	공	의	루	이	한	물	낌	필	표	부	드	럽	게	표	면	레
늘	젊	체	사	용	풍	리	노	로	문	스	타	스	탠	드	달	퓨

지구본
박탈이
선물
상추오이
크래들
시금치
부드럽게
표면
스웨덴
사람들이
하강
마지막
고양이
알려진
수리를
정확히
끊지는
스타스탠드
히트
전송

Puzzle 63

바	물	러	찍	동	의	발	쌀	바	자	도	레	한	쌀	집	추	사
사	한	이	너	크	료	매	은	바	올	터	스	파	자	바	을	션
견	루	느	들	을	젊	을	니	발	도	고	토	풍	행	한	북	카
문	들	자	체	트	어	받	동	저	흔	슴	랑	너	무	맞	질	춤
다	물	공	터	발	날	은	느	쌀	들	사	도	이	트	용	요	굴
크	업	크	이	메	방	어	머	니	었	운	냥	테	니	스	말	바
문	용	결	익	물	을	추	컴	레	다	자	문	람	쌀	은	전	늘
다	문	결	무	서	워	느	도	견	를	굽	바	측	질	감	파	컴
느	공	북	춤	굽	은	얼	어	루	다	추	발	추	람	바	주	북
문	남	표	도	스	필	음	발	한	에	복	잡	찬	부	한	눌	러
달	범	편	자	바	용	굽	동	손	실	을	북	장	루	루	발	체
용	바	범	결	돼	지	자	용	전	고	받	날	위	굴	적	람	을
바	견	문	주	춤	찍	한	공	을	맞	트	자	바	집	대	발	느
표	트	퓨	필	람	운	위	질	거	는	파	도	적	공	도	터	부
추	느	춤	용	용	부	주	은	루	을	질	위	다	로	문	전	바

사냥
테니스
사슴
너무
맞는
남편
매니저
눌러
찬장
돼지
방어머니
메이크업
복잡
얼음
흔들었다
의료
무서워
이익
레스토랑
손실을

Puzzle 64

하	파	바	낌	분	동	한	받	터	자	부	결	솔	주	트	운	풍
전	우	트	문	자	퓨	거	행	바	동	주	고	위	도	법	위	문
적	트	스	체	결	친	의	위	도	한	한	레	어	루	문	주	퓨
카	이	솔	는	오	다	구	돌	거	집	풍	한	바	로	말	발	은
러	적	용	레	날	절	느	도	낌	한	굽	질	잡	받	문	표	대
받	러	트	주	받	문	어	표	공	텐	트	주	지	춤	어	찍	풍
자	풍	문	로	한	맞	당	로	동	돌	다	이	를	거	느	물	자
전	춤	용	로	을	발	행	근	자	원	인	돌	로	촬	물	너	춤
견	늘	돌	동	고	객	쌀	늘	케	러	임	의	의	영	체	사	맞
셀	스	션	로	도	받	북	제	문	이	의	트	전	고	파	트	느
을	낌	날	다	한	주	은	괜	의	부	스	용	을	표	쌀	늘	을
보	고	서	장	부	주	이	찮	은	자	너	이	자	스	제	쌀	결
늘	맞	끔	필	용	맞	트	아	부	문	의	허	리	케	인	자	요
행	을	어	늘	다	한	리	도	을	도	리	들	바	측	카	고	용
에	다	을	느	적	을	로	필	맞	문	이	로	에	을	장	자	동

보고서
텐트
하우스는
당근케이스
문자
부주의
고객
촬영
공동
허리케인
친구
괜찮아도
오는
분자
부문의
원인
자동
임의의
잡지
적용

Puzzle 65

용	요	은	질	견	로	들	달	발	은	문	낌	레	자	주	물	질
말	컴	요	물	을	견	한	리	행	자	짓	로	은	접	들	달	한
적	발	러	바	질	명	날	반	대	주	고	람	춤	표	착	퓨	을
바	은	제	트	고	백	굽	견	의	한	도	덕	적	춤	발	제	한
은	집	체	장	동	한	부	질	부	북	너	이	한	말	절	올	찍
바	을	너	늘	바	캐	트	말	한	극	동	스	다	쌀	용	크	도
트	도	로	절	로	쌀	치	카	표	이	도	주	느	끔	스	은	고
끔	촛	프	로	젝	트	를	자	느	리	관	이	트	표	행	을	셀
견	불	행	동	리	카	굴	이	해	에	서	트	크	바	션	끔	순
솔	견	올	로	트	베	위	견	도	셀	도	올	을	제	발	바	서
동	짓	에	로	조	심	스	럽	게	공	바	추	부	동	다	에	굴
이	고	스	굽	표	크	차	구	위	미	퓨	측	행	동	시	자	어
지	발	도	적	높	느	기	를	끔	세	터	은	젊	을	에	견	카
켜	맞	러	풍	은	퓨	쁜	노	발	한	바	트	견	대	문	파	적
바	절	퓨	그	림	를	컴	날	표	한	돌	문	체	한	을	바	들

프로젝트를
북극이
지켜
순서
높은
도덕적
반대
접착제
촛불
조심스럽게
그림
이해에서
명백한
캐치
구스베리
기쁜
미세한
도서관
기차
다시에

Puzzle 66

고	질	발	한	발	바	굽	너	요	발	퓨	트	파	개	위	결	받
바	받	범	동	로	굽	쌀	풍	동	물	측	쌀	주	인	맞	을	자
에	낌	발	솔	고	이	전	물	운	발	트	사	한	적	측	느	장
쌀	끔	요	측	로	달	쌀	루	대	물	로	자	이	으	도	쌀	이
집	바	장	이	연	셀	법	올	거	대	로	스	공	로	용	용	질
한	상	부	카	올	기	이	벤	트	를	제	목	크	도	젊	고	한
필	대	파	절	트	요	람	의	을	컴	한	한	결	쌀	카	집	문
대	끔	집	공	다	질	사	적	문	추	부	바	부	터	도	결	트
용	스	위	한	한	도	받	을	체	실	굽	션	크	발	한	대	자
길	학	업	풍	체	을	제	람	집	현	고	을	장	한	루	굴	쌀
이	는	용	행	질	레	터	굽	불	을	바	중	복	바	질	을	물
문	용	하	도	요	두	동	바	행	쌀	젊	질	컴	집	위	이	주
수	집	위	원	회	자	발	적	측	의	체	퓨	너	다	젊	들	레
뽑	소	솔	의	컴	올	말	한	다	요	발	비	행	기	가	맞	빌
아	리	요	북	문	문	발	바	돌	굽	동	집	솔	동	바	집	드

상대
말한다
중복
소수
사람이
실현을
수집위원회
학업
개인적으로
비행기가
연기
이벤트를
자발적
빌드
불행
원하는
자두
길이
뽑아
제목

Puzzle 67

들	말	노	을	을	부	바	범	짓	느	부	말	고	견	리	동	박
레	감	늘	느	부	주	동	성	바	끔	고	대	굽	복	자	도	물
표	법	자	위	로	만	에	파	양	전	차	즐	질	용	바	집	관
법	바	동	찍	부	너	피	느	말	다	갔	길	이	바	문	에	어
맞	들	낌	을	크	질	해	풍	을	전	대	재	사	용	을	질	스
받	들	사	문	도	솔	자	쌀	크	공	어	주	젊	자	추	늘	귀
너	컴	바	찍	낌	주	보	대	접	문	조	파	구	조	제	바	여
카	바	위	루	예	대	기	자	은	짓	물	식	문	젊	스	동	운
트	느	발	늘	비	크	용	문	고	질	바	문	문	자	짓	은	탐
터	돌	표	유	리	한	발	북	바	동	일	찍	사	낌	을	도	색
전	바	발	한	운	자	사	로	로	이	주	느	필	젊	문	퓨	을
은	주	받	북	카	느	사	은	루	부	츠	자	이	사	법	장	문
동	풍	돌	결	질	바	행	낌	문	고	법	노	다	요	진	파	를
트	고	느	노	란	색	은	셀	다	대	거	주	결	북	레	낌	러
레	결	동	북	솔	늘	끔	사	달	러	파	부	필	동	노	감	문

전차
조식
즐길
사진
노란색
다양성
박물관
피해자보기
대접
재사용을
갔다
양말
복용
양파에만
예비
구조
유리한
일찍
귀여운
탐색을

Puzzle 68

오징어
가시적
태양
상추
설정
지역
만족
식사
과즙이
박쥐
감옥
토마토를
거북이를
오리
반딧불
불쾌
두께의
운송
유지
파괴에도

은	달	찍	박	쥐	도	이	자	을	운	동	범	다	두	찍	루	토
낌	행	느	동	츠	너	한	달	찍	어	은	감	다	다	께	장	마
물	운	운	셀	발	태	낌	트	스	징	트	트	상	추	날	의	토
리	송	들	질	질	양	느	만	받	오	리	쌀	돌	발	자	바	를
필	퓨	대	바	스	트	짓	족	추	어	범	퓨	문	어	자	다	문
트	노	츠	감	도	루	퓨	문	풍	운	들	절	문	고	용	크	자
거	북	이	를	느	사	도	돌	운	로	문	짓	들	설	터	법	고
도	불	굴	반	굽	고	표	은	사	집	늘	을	노	다	정	감	을
표	쾌	추	딧	한	운	운	한	고	발	쌀	파	괴	에	도	제	동
절	공	문	불	부	체	용	리	절	늘	터	견	지	레	견	부	굴
추	북	의	달	견	도	절	낌	로	파	절	부	역	가	굴	달	올
을	추	을	부	풍	두	솔	법	질	필	쌀	레	동	시	위	사	질
문	레	견	의	물	식	견	부	주	너	다	부	과	적	한	전	다
맞	트	유	트	바	사	장	필	맞	을	감	옥	동	즙	요	집	행
절	범	지	물	문	결	션	트	카	이	늘	자	노	카	이	날	스

Puzzle 69

커	플	전	형	적	인	법	견	부	람	을	적	모	컴	퓨	터	견
트	다	추	공	느	도	체	을	북	셀	받	증	양	발	주	올	결
은	질	동	자	기	이	고	사	결	크	스	거	을	응	반	들	감
동	크	문	바	다	고	물	요	굽	체	컴	를	한	굽	컴	쌀	결
도	셀	다	굽	솔	한	대	풍	노	바	레	발	고	카	날	부	문
그	래	프	물	결	문	풍	장	춤	범	찍	굽	용	가	너	트	을
카	굴	너	집	적	로	스	열	레	한	션	동	굽	르	문	주	달
법	법	바	바	거	카	바	을	한	요	로	스	팀	쳐	필	도	도
리	위	추	퓨	사	자	트	진	동	측	카	러	의	법	재	고	너
과	학	범	맞	람	고	은	행	적	행	셀	문	솔	을	접	다	범
요	을	주	이	도	컴	높	집	카	람	공	한	한	바	시	굴	카
모	한	솔	전	늘	카	늘	이	북	맞	스	동	을	고	부	은	끔
양	집	자	젊	프	로	세	스	부	주	용	로	감	문	감	용	테
용	이	견	질	너	컴	바	범	사	춤	공	은	집	에	동	어	러
솔	한	을	리	공	질	을	한	한	한	고	절	이	법	사	질	로

반응을
테러
그래프
진행
높이
모양
스팀
모양을
증거를
프로세스
컴퓨터
공기
과학
열한
용어
재고
커플
가르쳐
전형적인
접시

Puzzle 70

날	문	한	바	년	북	감	을	로	물	날	확	한	자	스	맞	춤
의	문	스	터	감	소	은	법	쌀	노	사	한	산	노	타	한	끔
솔	을	끔	쌀	절	돌	낌	부	체	문	동	법	강	장	질	트	질
느	터	문	느	레	문	주	용	로	에	굴	용	우	트	발	문	춤
를	도	로	거	문	퓨	않	는	범	민	부	셀	끔	추	의	에	한
바	거	장	감	도	파	파	동	터	주	도	거	필	바	은	한	노
을	견	올	자	람	고	은	북	설	찍	낌	돌	노	러	발	물	전
춤	여	결	레	로	전	기	행	탕	레	춤	레	어	문	바	컴	다
필	트	섯	장	질	굴	문	굽	에	의	용	크	로	컴	대	루	요
바	말	고	추	점	남	성	던	견	다	짧	은	느	자	카	주	춤
쌀	주	절	장	심	솔	감	져	동	북	집	레	레	트	트	질	자
괜	바	집	로	바	한	러	쌀	노	로	위	사	셔	츠	노	트	북
찮	루	부	요	질	춤	션	로	감	주	험	위	레	크	위	쌀	위
파	을	질	리	한	문	물	레	이	셀	로	받	필	문	낌	안	아
다	엔	진	이	범	짓	발	올	어	스	을	적	을	바	적	용	스

설탕에
소년
남성
셔츠
짧은
스타
노트북
던져
민주
않는
감소
강우
안아
확산
여섯
괜찮
엔진이
전기
위험
점심

Puzzle 71

얼	범	카	스	트	한	문	빛	통	루	제	받	람	컴	바	행	을
발	굴	우	툴	공	카	굴	의	공	치	올	설	날	동	올	셀	발
용	도	보	끔	을	한	돌	고	측	을	는	탕	에	을	컴	위	적
다	은	이	필	바	리	운	쌀	전	날	있	날	문	크	달	터	맞
굴	공	굽	문	듣	용	한	동	로	용	수	자	낌	질	동	발	컴
주	위	에	트	고	적	생	느	루	출	누	군	가	춤	조	심	셀
바	이	쓰	기	는	들	크	각	로	전	를	주	질	솔	람	절	맞
다	견	을	돌	하	주	루	쌀	이	한	셀	문	어	주	발	쌀	쌀
늘	트	한	주	행	날	낌	발	범	적	요	바	달	솔	을	셀	리
을	느	의	느	수	요	을	컴	발	올	내	을	트	주	다	제	용
문	견	쌀	은	주	대	느	주	셀	크	와	바	어	질	짓	장	루
솔	다	장	에	분	늘	행	위	문	트	도	낌	주	루	한	질	을
낌	러	들	질	모	표	돌	동	풍	낌	문	들	트	크	너	도	한
주	집	노	주	퓨	등	북	스	쌀	어	한	를	자	동	차	젊	이
가	위	발	장	법	이	다	솔	카	셀	도	한	한	문	루	적	동

조심
내와
설탕
주위에
누출
수행하는
스툴
수있는
쓰기
가위
생각이
얼굴
듣고는
분모
등이
자동차
카우보이
빛의
통치는
누군가

Puzzle 72

돌	춤	색	날	물	람	를	장	문	부	분	은	날	굽	용	셀	적
느	다	도	상	법	차	셀	러	용	솔	문	돌	젊	위	한	러	제
주	파	트	너	이	례	퓨	발	질	춤	로	이	용	굴	한	리	행
스	트	용	을	발	주	스	부	말	끔	스	풍	은	복	이	은	끔
받	공	스	바	젊	을	은	솔	트	요	스	쌀	다	숭	공	장	부
문	소	음	굽	노	추	를	자	측	법	추	용	짓	아	노	범	감
자	측	한	체	문	느	션	자	운	발	요	문	을	짓	의	트	도
도	굽	맞	도	제	고	을	날	동	을	절	을	바	러	찍	발	한
짓	로	을	주	의	을	느	한	의	느	자	느	젊	표	크	속	도
거	짓	말	질	로	필	바	확	을	행	행	이	은	을	를	하	을
용	도	부	람	질	리	굽	정	비	공	날	도	형	발	굴	는	용
노	공	을	받	부	문	받	측	애	이	들	바	태	체	올	법	표
풍	어	제	크	추	리	스	요	용	도	찍	을	로	문	의	은	노
을	송	전	리	루	전	파	법	여	짓	문	에	문	문	크	늘	대
동	낌	에	루	법	부	클	추	든	사	대	스	굴	법	필	고	결

스파클
전송을
부분은
속하는
솔로
소음
차례
셀러리
거짓말
운동의
복숭아
형태로
여든
애정
측정
정비공
색상이
정확한
스스로
전에

Puzzle 73

엄	북	바	용	올	느	범	쌀	야	한	어	이	바	느	날	굽	체
문	마	파	동	을	쌀	야	바	생	은	트	감	을	주	날	노	스
바	한	질	트	이	법	드	요	행	러	를	한	자	크	질	션	도
문	발	범	카	너	느	슨	한	주	에	동	북	용	짓	날	이	제
루	춤	고	급	문	파	컴	굽	리	적	굴	너	집	노	전	올	끔
노	운	자	결	대	결	티	쌀	탐	자	셀	노	올	북	동	용	달
어	절	가	루	로	동	발	느	구	요	법	문	한	굽	트	질	굽
굽	한	구	의	문	골	승	행	공	스	돌	문	사	날	노	이	를
컴	트	눈	선	솔	동	리	쌀	너	거	맞	전	체	어	동	돌	바
컴	러	물	택	축	품	의	늘	용	장	필	측	춤	를	어	장	을
날	문	터	은	하	북	트	북	적	집	견	레	절	로	도	의	도
문	고	기	크	하	을	동	사	용	법	션	측	견	제	찍	벽	동
돌	느	발	자	다	니	냅	타	나	한	끔	문	쌀	차	물	난	표
거	젊	쌀	자	도	뱀	파	이	어	공	필	느	러	표	단	로	주
질	퓨	문	용	견	필	빈	번	한	상	이	범	느	제	용	를	발

선택은
나타냅니다
승리의
눈물
뱀파이어
축하하다
차단
가구
고급
고기
벽난로
야드
야생
골동품
엄마
느슨한
이상한
파트너파티
빈번한
탐구

Puzzle 74

사운드
나중에
차이가
점진적
수면
특정
허수아비
심각한
메일을
초콜릿
돌풍
철회
격리
거위
부추
치아
캠프
일부
도토리
종류의

러	차	행	집	발	부	문	위	나	중	에	대	터	달	견	어	사
질	허	이	춤	공	을	한	집	용	치	장	을	운	범	자	셀	터
면	수	동	가	요	어	의	에	받	아	션	파	물	말	질	솔	거
결	아	한	이	맞	맞	느	트	체	스	견	심	질	느	쌀	을	위
굽	비	바	을	질	사	대	견	집	러	노	용	각	물	질	물	터
굽	한	용	특	정	부	한	돌	끔	사	운	드	발	한	말	돌	루
부	초	체	행	일	부	필	를	공	달	북	셀	에	동	요	견	풍
추	콜	다	바	부	은	쌀	받	필	파	북	필	주	솔	퓨	바	물
달	릿	측	용	느	노	터	을	파	들	추	체	터	젊	젊	카	로
한	감	감	거	한	도	질	철	회	스	주	문	추	느	문	퓨	용
메	일	을	위	트	한	춤	동	은	굽	풍	문	도	발	집	끔	카
끔	굴	부	트	용	고	람	운	로	요	춤	스	감	주	컴	부	문
레	문	용	굽	주	컴	날	터	의	종	문	부	이	을	거	짓	물
격	셀	동	점	진	적	풍	트	러	류	달	루	션	러	자	젊	다
리	토	도	트	짓	위	자	자	북	의	캠	프	도	돌	요	문	날

Puzzle 75

제	을	책	행	전	말	동	주	발	컴	풍	우	하	키	문	어	감
질	도	도	상	추	한	을	집	사	용	부	올	스	용	레	부	리
도	거	울	부	을	셀	컴	말	회	표	퓨	요	문	운	은	한	을
리	로	올	너	바	비	을	감	의	계	시	해	풍	셀	바	용	노
를	좋	문	을	한	참	을	받	위	피	장	이	도	짓	레	끔	동
로	은	일	요	토	한	를	람	질	달	장	용	요	장	절	노	에
용	안	발	람	링	정	위	을	어	은	들	바	스	쌀	카	풍	결
을	녕	을	엘	프	안	자	발	물	을	은	트	사	돌	를	표	들
늘	결	은	고	스	불	을	추	셀	질	션	날	한	들	람	터	필
부	올	쌀	적	발	파	컴	질	쌀	사	들	물	날	바	절	다	낌
셀	감	명	짓	문	컴	람	체	느	전	로	이	카	감	발	했	공
밝	은	확	트	행	대	감	람	부	사	노	를	최	외	부	를	문
문	고	하	법	을	이	파	제	를	감	풍	트	문	종	쌀	치	터
운	추	게	겁	즐	을	너	어	한	굴	주	운	쌀	체	이	터	문
쌀	질	굴	이	날	위	올	쌀	을	바	체	컴	문	늘	이	올	질

스프링
우스운
노동
즐겁게
밝은
해시계
하키
최종
거울
좋은안녕
외부를
계피
불안정한
회의
토요일은
엘프
명확하게
비참한
터치를했다
책상을

Puzzle 76

없	음	도	도	사	레	결	문	라	날	트	레	션	부	쉽	트	다
요	동	을	로	트	달	절	발	춤	디	션	대	느	느	게	음	료
한	질	셀	행	동	을	람	날	트	문	오	절	솔	법	감	에	좋
추	람	로	추	집	감	동	어	람	용	올	사	사	너	에	용	아
질	솔	도	파	낌	이	를	들	레	요	출	체	을	크	절	용	늘
젊	견	은	컴	은	침	대	여	자	너	레	현	트	동	로	장	동
크	문	젊	바	맞	너	람	올	한	스	결	물	용	레	질	제	짓
다	공	날	읽	기	에	퓨	이	바	트	측	스	필	람	굴	감	끔
컴	부	공	위	부	필	날	바	들	질	어	에	한	한	선	신	러
부	동	위	운	찍	말	모	두	동	고	스	한	부	난	반	제	느
월	요	일	이	가	풍	올	감	독	올	쌀	느	굴	가	대	용	맞
문	오	디	션	버	스	로	한	을	젊	동	은	은	트	용	한	제
굽	결	부	람	커	대	리	질	법	전	주	고	춤	견	받	단	은
크	질	문	느	돌	자	다	굴	주	용	카	이	부	쌀	을	순	컴
을	트	자	고	말	파	북	자	받	션	을	위	표	대	낌	히	범

좋아
선반
커버가
행동을
월요일
쉽게
없음도
모두
오디션
라디오
감독
가스
침대
읽기에
출현
여자
신선한
음료
가난한
단순히

Puzzle 77

발	컴	젊	람	리	행	도	바	함	늘	말	문	표	자	전	문	운
토	트	카	문	대	춤	자	발	께	문	파	쌀	위	거	추	문	발
노	론	전	추	을	고	공	찍	들	소	트	동	발	행	은	문	느
필	로	로	동	거	자	집	을	문	느	물	요	자	를	한	올	리
적	거	로	찍	고	낌	모	욕	망	을	용	늘	고	동	트	은	제
바	다	자	션	주	리	기	다	질	퓨	의	행	발	용	을	짓	풍
끔	부	체	동	표	혜	부	동	부	바	법	찍	들	체	용	거	셀
질	맞	람	대	필	카	택	미	스	메	리	셀	굽	맞	느	크	트
병	짓	동	들	로	사	달	공	늘	법	한	도	러	사	품	이	론
어	풍	람	가	스	쌀	주	네	표	받	제	를	문	짓	질	부	공
제	맞	파	느	방	유	죄	일	이	추	맞	을	을	은	말	위	을
표	로	날	돌	적	바	부	거	거	이	어	측	문	발	주	굽	스
말	주	풍	부	카	바	요	집	굴	어	에	측	에	자	전	망	치
부	주	거	낌	배	울	북	올	추	쌀	달	을	바	용	자	크	위
대	을	퓨	부	젊	감	늘	쌀	발	울	타	리	다	사	문	결	적

사용자
토론
질병
네일
모기
메리
망치
주전자
미스
품질
함께
가방
배울
들소
사다리
욕망을
혜택
이론
유죄
울타리

Puzzle 78

호기심
포함되어
수분
소형
조용한
단위를
개미성가
발굽
코를하지
복구
현대
자랑스럽게
역사
요금
감사합니다
커튼
자본
결과를
정도
전략

트	요	한	법	주	터	파	파	자	이	을	쌀	굽	너	트	솔	말
질	로	금	파	결	러	개	노	올	들	끔	풍	포	함	되	어	주
고	문	범	요	다	한	요	미	견	달	이	달	견	견	로	범	물
감	사	합	니	다	자	스	말	성	카	한	장	견	를	느	코	컴
장	노	운	말	한	랑	대	크	표	가	쌀	굴	정	소	형	를	은
범	이	쌀	러	주	스	레	문	트	퓨	에	한	도	풍	자	하	을
찍	장	션	은	북	럽	바	쌀	문	터	전	단	로	문	조	지	대
찍	도	견	느	물	게	복	발	장	대	파	표	위	부	용	노	필
문	트	느	찍	용	바	구	측	추	젊	받	풍	제	를	한	람	공
춤	느	이	짓	굽	자	문	용	은	한	한	션	카	과	어	션	퓨
역	올	굽	을	결	주	리	전	거	적	문	너	한	결	용	끔	절
사	질	자	너	람	터	굴	략	느	맞	러	루	수	행	춤	을	현
풍	호	의	늘	너	루	북	동	고	고	들	커	분	집	느	낌	대
고	기	솔	쌀	말	행	굽	행	파	질	날	튼	발	굽	이	레	은
용	심	질	을	대	대	트	돌	행	자	본	표	절	동	다	을	젊

Puzzle 79

스	케	이	트	퓨	날	고	파	측	감	코	발	도	독	공	쌀	이
비	용	면	를	을	예	에	감	도	느	위	트	을	수	들	낌	용
한	한	이	레	느	외	용	견	랑	터	로	션	를	리	크	북	를
크	동	범	샤	짓	바	사	문	어	디	미	라	비	타	민	션	한
트	문	굴	고	워	대	여	왕	의	을	한	추	문	레	노	바	이
문	부	은	끔	돌	견	늘	트	솔	트	스	동	늘	바	바	추	트
은	자	쌀	다	한	견	공	다	제	주	에	전	트	의	은	법	부
문	문	퓨	한	낌	주	들	은	짓	질	돌	엘	은	절	맞	부	다
용	물	을	대	이	굽	집	컴	끔	날	동	크	논	한	션	이	너
측	늘	한	트	북	거	성	분	를	도	북	표	트	문	러	자	을
너	주	도	돌	의	전	견	한	체	포	발	산	책	들	끔	용	발
젊	한	퓨	용	날	문	노	람	객	러	문	올	트	쌀	발	쌀	어
카	로	리	질	이	감	대	용	용	카	주	자	치	명	적	자	을
들	문	주	찍	터	운	은	체	고	사	동	트	레	션	달	문	동
쌀	물	한	늘	춤	굴	공	굴	터	환	영	이	의	습	관	을	셀

비용면
독수리
산책
성분
샤워
논문
비타민
미디어
환영이
미라
도랑
코트를
체포
객체를
습관을
예외
여왕의
엘크
스케이트
치명적

Puzzle 80

저항
선거
선호
할머니
족제비
다이빙
기간의
아름다운
가까이
모래가
안전
활성
과자
군인
위협이
코너
긴장된
유령
임대
입학

거	풍	바	코	트	은	도	솔	자	짓	운	견	위	트	컴	거	필
선	솔	임	너	행	람	주	션	부	주	발	레	로	협	람	운	스
춤	호	대	견	주	한	풍	저	에	낌	용	문	를	긴	이	까	가
한	트	솔	노	리	필	트	항	체	범	측	주	범	에	장	질	고
굴	춤	쌀	카	찍	은	다	이	빙	문	찍	견	너	을	질	된	로
의	군	끔	크	셀	모	노	셀	한	춤	젊	도	사	한	자	고	퓨
자	인	집	제	어	래	절	적	한	문	요	느	북	한	를	굴	스
입	학	결	행	바	가	결	를	퓨	이	솔	굽	발	리	람	동	추
용	전	절	용	이	한	위	를	기	도	느	러	측	동	람	부	의
돌	문	젊	한	파	족	제	비	간	물	레	노	도	올	터	사	어
한	행	물	질	물	말	발	이	의	추	자	솔	을	어	파	올	문
진	트	할	머	니	범	주	행	노	부	다	다	바	공	은	노	바
아	름	다	운	이	풍	로	측	로	트	크	활	성	과	자	용	달
자	컴	한	바	부	제	범	컴	은	용	안	추	이	에	트	바	찍
유	령	을	부	요	동	절	필	루	용	전	도	짓	결	노	범	바

Puzzle 81

늘	절	패	턴	법	은	물	한	기	찾	트	솔	공	낌	를	파	터
난	운	동	낌	루	자	질	돌	능	루	느	도	을	신	삼	촌	의
로	레	달	경	찰	관	의	바	을	고	굴	트	트	동	뢰	언	음
주	제	표	은	러	물	맞	행	를	날	목	날	장	낌	질	덕	성
에	돌	거	을	운	터	레	을	노	들	낌	적	달	쌀	동	다	한
리	부	에	발	을	주	받	한	용	올	병	아	리	의	션	적	행
카	제	달	올	끔	공	주	바	쌀	용	운	자	엄	을	트	발	을
펫	춤	짓	질	로	컴	위	셀	쌀	충	이	솔	청	적	굽	동	절
운	짓	쌀	어	맞	어	파	달	끔	분	의	바	난	쌀	끔	쌀	사
질	끔	행	느	바	부	제	늘	한	한	돌	의	범	셀	늘	물	퓨
절	연	쌀	공	받	을	위	트	받	행	장	요	한	이	에	문	질
을	북	락	젊	로	셀	끔	굴	젊	법	바	법	드	문	법	을	질
짓	솔	견	처	한	의	자	부	받	트	집	문	레	트	컴	루	한
짓	다	트	늘	거	이	자	젊	용	문	발	을	스	바	어	문	절
다	퓨	추	기	사	개	인	집	을	자	솔	자	부	바	운	한	도

연락처
물질의
난로
주제
삼촌의
기능을
신뢰
목적
패턴
찾기
병아리
개인
언덕
충분한
카펫
기사
경찰관
엄청난
음성
드레스

Puzzle 82

넥타이
경향이
세대
사이클
멋진
블라우스
망원경
어깨한다
대학
첨부
동쪽
칠면조는
거부
감지
충성
야외
그들이
호흡
우유
긴장

날	범	자	로	굴	카	레	세	도	거	자	터	주	파	위	장	어
로	굽	용	용	전	를	로	러	대	문	절	퓨	집	쌀	행	한	깨
동	노	돌	로	짓	풍	을	로	늘	한	한	결	표	을	느	동	한
동	문	은	부	은	동	사	트	전	솔	자	거	셀	망	물	이	다
한	솔	동	동	자	을	느	맞	그	바	한	적	굴	어	원	향	거
로	동	쪽	굽	동	로	굽	젊	결	들	로	한	을	적	트	경	부
바	감	지	터	다	용	의	트	크	클	이	사	한	발	용	첨	부
을	주	셀	들	다	주	대	호	흡	긴	장	우	공	너	트	돌	발
질	스	법	트	끔	쌀	학	퓨	도	주	자	유	동	솔	한	측	느
를	동	칠	면	조	는	측	자	집	문	동	야	크	집	찍	절	절
젊	제	발	셀	문	컴	파	레	동	한	자	외	로	도	노	노	질
트	한	셀	풍	법	노	요	문	들	을	자	은	이	자	용	동	전
블	라	우	스	멋	공	집	을	날	질	러	리	터	질	자	컴	리
주	넥	타	이	진	은	러	에	도	전	굴	충	성	법	퓨	장	이
요	맞	질	에	바	레	고	리	바	짓	용	을	은	리	러	너	에

Puzzle 83

찍	운	동	북	트	이	사	컴	늘	적	공	물	이	을	로	올	을
다	노	이	동	럭	황	맞	문	화	행	견	발	표	집	문	문	춤
문	짓	컴	노	을	발	야	레	창	춤	태	찾	터	트	린	끔	을
절	표	러	필	올	컴	터	바	한	러	도	고	퓨	리	반	기	지
동	그	퓨	질	느	결	문	결	부	쌀	트	귀	장	결	쌀	로	자
젊	릇	드	물	게	요	표	을	사	달	람	주	중	도	이	동	짓
표	올	동	자	이	이	집	로	람	문	법	체	동	한	로	요	돌
형	요	을	부	찍	문	자	집	감	다	한	도	춤	감	짓	거	컴
제	젊	이	은	주	를	을	루	주	늘	션	들	늘	느	웃	었	다
북	절	동	표	이	체	대	맞	퓨	노	셀	을	이	발	다	위	절
에	어	생	물	학	장	동	용	대	사	추	측	낌	부	우	려	로
문	휘	적	을	결	도	람	문	바	트	발	다	에	에	날	동	파
올	용	굴	부	다	적	부	위	짓	측	달	체	크	을	질	다	굽
행	동	하	라	최	초	의	악	최	전	동	끔	운	도	찍	범	젊
혼	합	은	도	낌	운	쌀	션	느	결	체	측	션	부	질	트	스

화창한
트럭
사이트
드물게
행동하라
찾고
귀중한
생물학
최초의
최악의
형제
황야
혼합
우려
어휘
그릇
웃었다
기린
반기지
태도

Puzzle 84

테	이	크	러	노	로	체	동	터	트	끔	주	한	발	맛	젊	운
낌	풍	이	전	용	집	적	은	로	람	를	달	방	문	을	솔	쌀
그	러	웨	트	자	견	리	공	굴	요	리	필	을	은	질	다	터
랜	바	제	판	절	다	북	카	한	로	자	딸	쌀	끔	자	격	을
드	돌	다	사	맞	바	퓨	스	다	한	장	이	용	크	용	올	적
발	표	집	감	쌀	문	고	크	겸	손	가	져	한	사	당	포	도
크	동	다	너	어	다	터	위	끔	문	유	용	은	건	용	신	레
리	사	발	음	퓨	사	측	용	질	를	이	리	바	달	바	컴	의
부	이	바	행	에	짓	은	한	결	춤	셀	달	감	리	감	에	동
보	안	러	늘	도	문	루	터	자	범	로	주	제	범	문	물	러
도	치	젊	적	느	발	장	질	노	너	필	집	문	어	동	행	운
춤	즈	들	솔	은	거	발	쌀	장	카	은	느	터	솔	집	법	바
터	의	션	발	요	표	받	문	질	제	이	운	질	달	문	다	을
한	바	배	도	발	느	로	동	풍	맞	춤	필	결	도	도	자	터
받	위	치	도	낌	컴	한	을	늘	제	한	북	로	로	늘	견	바

사건
그랜드
주방
당신의
맛을
판사
포도
다음
가장자리
이유가
바위
배치
가져
보안
테이크
웨이크
겸손
딸이
치즈
자격을

Puzzle 85

도	어	필	을	전	터	짓	러	너	짓	터	이	말	고	종	소	를
사	자	제	퓨	낌	젊	바	바	필	카	적	동	문	은	의	녀	문
느	람	쌀	북	솔	금	지	하	는	메	부	측	마	느	동	편	문
느	문	고	돌	크	대	낌	풍	유	라	부	변	찍	음	을	거	안
날	돌	를	로	람	한	올	문	이	스	을	호	도	사	을	물	전
문	레	올	거	어	도	요	폭	력	다	달	사	자	북	고	과	일
크	동	판	매	자	제	트	을	한	날	고	절	은	찍	견	운	늘
질	장	질	를	개	굴	법	동	스	고	노	을	로	요	용	동	한
최	람	이	자	혁	쌀	문	컴	의	문	올	느	적	고	위	이	제
터	근	굴	도	의	지	식	퓨	한	카	브	을	터	행	문	자	들
부	전	러	젊	도	러	의	게	시	케	이	스	언	급	질	느	적
굴	거	노	동	표	에	를	러	주	바	라	을	결	파	주	법	어
노	부	북	의	로	추	카	한	필	이	드	말	레	견	은	받	도
노	동	에	은	켓	문	로	카	장	운	법	리	람	용	용	감	돌
퓨	자	젊	도	이	북	동	올	한	필	솔	동	적	절	요	동	에

종의
소녀
로켓
드라이브
지식
변호사
금지하는
카메라
마음을
폭력
편안
적어도
이유는
최근
판매자
언급
게시
과일
개혁의
케이스

Puzzle 86

캠페인
방법을보고
상태
무례
물질
참석
도입
것들
압력
해안
화가
고도
일요일
일반적으로
여성
그늘
우박
캡처
기억
절대

문	거	바	기	한	짓	한	낌	자	캠	동	끔	스	돌	느	용	물
솔	주	적	억	질	필	끔	에	용	페	너	러	이	운	측	컴	질
리	파	제	을	바	표	여	성	돌	인	리	낌	파	루	로	문	주
주	쌀	문	짓	북	의	측	말	물	퓨	로	로	달	법	동	도	문
맞	의	로	바	트	결	맞	북	다	전	퓨	한	바	동	문	동	트
전	전	사	한	북	로	결	상	동	리	를	쌀	낌	행	을	거	행
날	크	물	측	거	동	크	해	태	퓨	느	짓	문	말	동	측	파
용	발	결	부	찍	다	측	트	안	끔	을	솔	추	어	추	한	물
용	주	발	행	쌀	너	추	북	돌	참	석	찍	범	발	다	크	법
화	의	위	말	범	주	고	자	절	로	도	부	결	이	도	입	부
가	추	그	어	발	요	무	절	맞	용	루	리	견	도	고	것	들
주	퓨	굽	늘	캡	처	례	대	방	법	을	보	고	압	집	다	컴
동	로	거	다	션	제	사	한	요	고	돌	질	쌀	력	파	노	굽
법	컴	바	필	은	터	측	의	로	으	적	반	일	요	일	날	람
동	부	결	문	루	자	절	한	우	박	스	법	찍	낌	문	위	말

Puzzle 87

소	크	동	적	결	자	짓	맞	다	북	자	동	도	장	느	감	느
굴	녀	체	굴	측	도	컴	체	바	자	북	한	추	절	발	공	느
리	로	가	올	문	운	다	어	용	굴	크	올	카	문	로	위	의
로	을	바	루	스	복	싱	퓨	바	동	트	바	파	리	범	험	자
쌀	절	파	트	은	짓	카	질	이	어	대	추	레	춤	을	하	퓨
자	거	추	용	느	사	용	을	요	한	의	행	받	감	람	게	전
을	스	한	느	에	말	문	을	운	트	요	범	한	묶	반	복	셀
받	트	전	람	은	트	부	체	리	어	바	동	바	여	서	비	스
카	말	색	상	질	짓	전	말	로	의	자	도	낌	찍	느	쌀	다
질	문	을	고	운	실	끔	아	발	도	작	버	팔	로	트	을	받
레	생	굴	제	견	수	부	공	내	한	가	솔	범	을	집	로	션
위	각	트	한	한	춤	주	행	복	놀	러	한	은	추	필	은	리
물	장	레	위	연	속	물	끔	로	라	느	너	크	질	한	을	바
시	북	이	전	유	장	표	동	비	운	바	질	말	어	로	문	자
험	크	션	동	사	도	을	범	문	전	다	문	바	굽	로	주	낌

생각
색상
유연한
놀라운
실수
시험
묶여
반복
아내
행복
복싱
위험하게
소녀가
서비스
연속
비전
작가
질문을
버팔로
전문

Puzzle 88

날	결	사	필	존	법	풍	동	자	어	요	전	동	션	바	거	쌀
끔	은	너	집	재	트	자	셀	션	디	굴	결	쌀	말	을	적	셀
약	물	날	터	를	한	바	대	장	서	늘	문	굽	견	한	동	질
굴	셀	도	러	추	어	트	사	낌	나	느	도	사	부	맞	을	행
로	솔	날	에	트	굽	찍	수	카	올	부	트	에	방	법	루	문
너	느	전	운	파	낌	타	격	달	적	살	스	동	늘	도	문	감
노	스	은	다	짓	서	브	컴	팩	트	쾡	낌	쌀	양	파	메	플
어	한	지	우	개	헤	론	올	기	퓨	이	은	자	을	을	시	래
러	문	감	굴	문	웨	자	카	계	적	바	사	용	찍	부	지	그
올	측	너	달	절	스	견	측	루	크	기	러	물	직	북	동	동
데	발	동	느	문	트	용	돌	요	을	한	리	한	굽	원	젊	문
공	이	견	바	오	했	의	바	다	노	짐	트	위	질	로	쌀	바
체	다	터	돌	소	다	적	동	사	한	낌	제	주	를	이	용	북
를	너	도	가	리	춤	적	문	대	스	표	젖	질	쌀	을	위	을
한	루	젊	리	부	크	솔	한	체	받	받	은	문	를	부	은	다

젖은
지우개
수달
직원
데이터가
살쾡이
존재를
웨스트했다
방법
어디서나
헤론
약물
플래그
양파
기계
메시지
서브컴팩트
크기
타격
오소리

Puzzle 89

트	받	외	다	보	라	색	질	파	느	크	러	거	람	주	침	로
은	한	부	발	를	조	파	범	노	한	문	감	쌀	장	다	묵	낌
듣	귀	퓨	말	주	건	바	풍	이	맞	자	한	낌	응	시	을	젊
노	고	짓	트	문	장	느	토	레	로	절	의	파	컴	쌀	절	맞
달	컴	법	부	부	문	다	끼	지	출	가	치	를	트	세	벨	터
어	에	용	문	범	트	트	추	위	바	체	말	법	확	결	트	한
러	람	동	로	용	이	공	러	이	절	한	파	질	실	트	동	맞
자	터	젊	터	풍	필	범	를	주	자	체	표	주	맞	으	로	의
트	발	얼	이	운	거	을	대	질	질	를	고	돌	컴	르	문	러
러	느	추	룩	카	은	맞	찍	세	사	절	퓨	용	물	렁	트	늘
자	문	주	짓	말	대	세	계	븐	의	흥	을	낌	트	로	느	에
로	이	낌	춤	날	같	아	요	추	주	션	미	을	주	고	말	추
풍	타	감	고	말	한	바	자	달	추	행	을	로	이	루	굽	자
한	원	용	추	문	을	요	짓	질	트	표	춤	동	운	로	터	트
공	형	늘	동	동	쌀	컴	문	부	람	에	동	한	전	도	바	셀

흥미로운
세계
토끼
으르렁
세븐
지출
침묵을
보라색
가치를
얼룩말
타원형
세트를
듣고
벨트
같아요
확실
외부
고귀한
응시
조건

Puzzle 90

레몬
정책
시험한다
파인애플
샤이
좋아하는
인덱스
대비
밀어
안경
개발
개별
거대
일회용
범주
연결
거짓
들어
비행
점유율

다	트	날	동	거	대	션	너	문	물	컴	비	카	발	맞	트	시
로	어	대	쌀	대	비	좋	카	춤	결	셀	말	행	를	정	책	험
점	범	를	젊	안	경	아	운	동	범	법	거	고	필	대	람	한
유	다	풍	굽	받	너	하	동	요	맞	러	풍	자	문	짓	풍	다
율	용	셀	바	부	루	는	셀	이	찍	법	어	루	느	사	대	적
풍	다	노	발	쌀	솔	쌀	이	공	북	도	부	질	끔	날	운	자
을	카	체	굴	바	동	노	을	레	몬	루	너	을	스	굽	운	한
동	션	대	트	동	사	장	솔	바	트	인	덱	스	돌	동	의	요
너	다	거	션	느	들	체	부	의	동	용	을	올	션	루	고	한
스	발	짓	말	받	일	로	을	풍	주	노	끔	은	파	트	춤	파
받	개	문	북	트	낌	회	너	날	체	파	적	문	바	동	쌀	추
자	결	별	범	문	이	너	용	연	결	인	쌀	이	말	부	카	대
바	은	장	주	바	올	말	퓨	풍	요	애	운	용	받	자	너	을
전	느	체	장	필	의	들	어	부	한	플	측	발	전	낌	샤	질
을	한	위	문	느	한	대	밀	용	찍	절	절	이	장	트	이	자

Puzzle 91

추	람	부	전	를	리	견	문	질	문	물	람	문	도	주	풍	할
주	한	트	발	용	낌	거	굽	체	발	을	를	맞	들	셀	을	당
굴	늘	늘	을	한	굽	질	주	결	맞	전	동	크	스	퓨	북	트
측	받	문	추	달	끔	용	법	장	과	학	자	림	파	운	견	행
거	도	트	이	이	로	감	거	발	감	한	발	용	공	부	발	트
어	필	부	바	어	느	루	위	로	들	동	너	용	늘	바	춤	트
뾰	족	한	찍	적	맞	느	실	찍	동	레	용	에	리	로	행	부
자	맞	사	날	컴	바	북	현	새	끼	찍	스	켓	러	퓨	도	돌
컴	을	리	동	로	동	트	도	견	전	의	이	포	요	행	에	늘
굴	법	은	동	다	크	루	솔	스	질	장	의	트	츠	감	맞	돌
요	발	트	한	염	작	업	의	카	분	크	퓨	북	질	가	파	집
동	법	솔	자	소	대	날	시	민	홍	루	바	한	집	운	돌	고
탕	솔	감	필	트	문	너	바	굴	색	올	트	법	로	발	보	루
사	람	들	의	주	름	은	로	행	남	시	스	템	어	레	느	통
표	적	용	측	물	거	수	집	발	북	부	운	도	범	한	전	이

새끼
주름
남부
분홍색
사탕
수집
시민
실현
포켓
사람들의
바로
할당
뾰족한
보통
염소
시스템
작업의
스포츠가
크림
과학자

Puzzle 92

공	받	터	아	의	체	트	크	젊	물	이	범	의	견	굽	도	부
의	끔	대	래	사	결	한	낌	법	공	느	북	말	행	법	운	카
날	다	동	에	발	가	락	을	터	스	사	이	맞	측	진	술	부
파	트	굽	적	집	한	순	단	사	이	클	링	범	컴	날	크	주
동	문	이	로	동	바	다	크	공	용	범	견	운	셀	터	범	발
바	춤	리	느	느	맞	견	늘	측	바	퓨	로	추	러	람	터	로
연	못	조	랑	말	을	한	두	려	움	늘	도	트	노	다	북	느
정	말	질	짓	찍	동	대	스	로	들	달	테	스	트	를	결	날
거	무	문	말	괄	량	이	터	자	필	측	올	동	러	로	고	용
운	감	역	발	주	어	쌀	부	동	한	로	모	필	너	장	맞	다
동	체	파	한	레	제	범	도	트	춤	집	래	춤	짓	트	보	장
고	파	젊	장	들	트	한	한	에	트	추	카	나	리	아	들	낌
쌀	감	굽	카	동	너	찍	로	문	트	물	셀	범	적	느	제	의
발	위	질	바	에	자	동	을	용	루	행	한	트	풍	집	한	견
션	람	적	결	베	이	킹	문	감	부	법	제	의	운	문	터	이

베이킹
진술
카나리아
너트
모래
테스트를
단락
무역
발가락을
사이클링
아래에
연못조랑말
보장
고용
어제
의견
단순한
말괄량이
두려움
정말

Puzzle 93

끔	솔	파	동	한	견	발	한	파	을	리	맞	늘	파	사	트	운
용	카	한	이	쌀	을	받	에	감	을	을	춤	온	굴	추	젊	범
동	바	을	페	날	위	공	동	동	추	을	컴	다	행	다	은	바
춤	다	장	견	니	를	끔	노	돌	결	맞	컴	운	물	소	언	바
낌	상	상	받	달	셀	결	풍	로	굴	이	문	트	물	설	어	견
질	환	동	풍	절	바	솔	에	공	측	은	를	마	제	굽	를	을
터	운	고	한	결	로	트	집	결	아	이	리	스	종	법	부	바
체	솔	이	위	결	과	젊	솔	리	을	견	자	라	견	료	바	견
고	날	찍	고	자	러	전	질	춤	발	찍	잠	글	문	체	와	솔
경	쟁	다	부	집	행	의	끔	카	루	적	요	선	은	견	다	파
표	달	커	에	추	부	바	감	쌀	이	카	전	장	부	일	바	트
농	장	주	뮤	카	자	리	제	바	한	늘	집	감	도	정	도	행
셀	용	지	수	니	동	쌀	셀	여	름	법	람	요	부	트	노	법
에	이	전	트	가	티	을	동	동	동	크	도	바	필	자	한	자
션	동	말	로	크	거	트	굽	달	끔	퓨	돌	크	배	지	발	발

선글라스
상상
지수
소설
잠자리
질환
농장
페니
커뮤니티
배지
결과
아이리스
여름
온다
경쟁
에이전트가
언어를
종료와
일정
스마트

Puzzle 94

살쾡이를
케이크
재해를
스폰지
엄격한
생존
스포츠
직원이
뛰어난
스키
치열한
모험
서둘러
가득
갈등
표현
공급
구색
위의
정의도

북	스	찍	쌀	주	찍	질	한	어	은	뛰	이	쌀	파	루	받	을
물	폰	운	주	달	가	장	올	요	집	어	크	주	을	동	집	컴
범	지	정	의	도	득	이	부	한	서	난	로	질	결	견	쌀	을
재	해	를	위	위	북	을	춤	전	굽	둘	한	자	문	바	발	용
을	러	을	한	동	필	결	바	풍	션	짓	러	의	모	험	짓	터
달	공	발	동	문	질	맞	거	발	동	체	돌	케	엄	격	한	낌
자	장	급	추	퓨	표	전	체	치	체	느	표	현	이	스	키	사
범	결	다	너	셀	퓨	다	너	열	사	찍	로	질	원	크	쌀	제
을	바	체	문	람	스	포	츠	한	러	북	루	거	직	전	갈	쌀
러	이	전	달	람	한	에	트	퓨	러	리	받	람	낌	은	등	제
달	적	굴	집	짓	에	에	자	동	로	동	에	은	제	굴	찍	리
자	올	물	장	루	의	용	느	법	자	표	을	돌	부	생	존	거
살	쾡	이	를	다	션	은	를	운	문	도	추	루	어	운	부	굴
올	달	추	트	쌀	견	리	이	물	리	주	절	용	도	로	용	굴
날	용	바	카	물	문	동	늘	루	람	구	색	은	를	돌	한	끔

Puzzle 95

을	크	공	를	들	셀	거	동	일	동	택	따	크	카	을	질	적
컴	발	뉴	스	도	대	쌀	장	운	흐	시	라	부	리	루	물	날
낌	발	돌	풍	찍	이	낌	의	발	린	밴	서	물	션	들	느	늘
다	바	동	리	공	느	측	굴	풍	전	은	에	느	트	법	대	끔
동	쌀	노	바	풍	을	범	카	제	감	느	괴	크	바	낌	법	늘
맞	잎	컴	감	한	노	다	한	공	션	주	붕	노	집	한	이	로
람	을	추	리	동	문	을	범	솔	공	동	북	북	도	러	감	이
받	를	파	바	용	도	장	어	추	루	이	문	카	바	쌀	바	대
컴	간	자	트	문	바	다	느	결	을	션	결	토	용	용	정	리
늘	호	션	의	표	트	셀	용	노	끔	을	을	크	감	스	크	집
적	사	필	짓	솔	부	다	문	트	이	레	발	체	한	부	부	한
이	문	공	법	를	대	요	맞	동	바	을	동	물	적	굴	부	파
범	바	보	표	한	퓨	의	자	동	동	질	트	이	길	표	질	람
투	질	젊	운	날	은	결	문	람	전	요	카	젊	솔	낌	사	절
한	표	다	거	집	너	오	프	너	이	컴	너	루	공	솔	리	드

따라서
리드
토크
투표
오프너
뉴스
택시밴
용감한
간호사
솔루션을
바보
동일
동전
붕괴에서
필사적
흐린
이길
의자
잎을
정리

Puzzle 96

리	용	전	의	한	질	제	굴	루	이	컴	한	결	얻	굽	션	행
요	범	은	동	결	굴	낌	체	느	절	주	은	물	을	정	계	쌀
자	동	러	바	맞	풍	퓨	노	질	람	솔	주	들	신	체	용	견
발	카	찍	사	어	결	받	동	다	북	느	로	도	받	호	견	결
컴	동	를	계	속	트	법	고	이	제	을	션	느	은	춤	를	이
끔	바	결	을	느	낌	를	적	풍	너	사	달	내	용	부	터	주
야	구	혼	파	잘	못	이	굽	절	동	젊	말	트	을	문	터	의
발	주	식	다	를	문	들	맞	늘	한	문	을	바	로	굽	한	주
스	주	거	먹	고	카	아	동	언	곤	을	풍	한	크	이	크	집
을	루	동	낌	로	감	레	바	제	피	에	견	끔	석	탄	올	로
느	은	을	트	자	스	커	트	을	동	인	러	행	한	션	사	발
주	필	춘	요	끔	스	션	시	를	부	바	선	도	란	낌	에	도
적	에	적	교	을	거	올	람	에	너	지	능	견	리	션	로	람
체	트	바	수	날	체	끔	적	법	은	요	을	루	션	한	표	문
동	은	용	터	추	늘	이	필	주	바	을	장	견	사	를	낌	노

내용
성인
아들이
석탄
신호를
피곤한
먹고
시트
스커트
계정을
야구
성능을
잘못이
계속
얻을
언제
교수
에너지
적절한
결혼식

Puzzle 97

꿈	혜	들	문	한	들	말	감	문	셀	제	바	자	대	부	체	리
의	션	택	주	맞	주	짓	행	에	돌	바	필	컴	절	한	측	필
다	오	동	을	리	들	필	노	카	동	카	바	셀	리	장	쌀	고
을	두	을	카	법	이	공	헌	신	문	비	찍	추	느	바	측	자
크	막	너	로	을	요	물	물	문	부	판	도	람	컴	도	대	필
말	바	퓨	대	굴	주	퓨	개	주	민	이	책	들	브	부	부	낌
질	당	끔	말	소	파	션	에	자	을	자	임	요	러	용	늘	트
거	나	적	추	필	동	국	용	발	조	직	공	식	시	한	추	달
트	귀	낌	부	거	쌀	가	연	습	요	스	문	필	장	크	남	람
느	문	낌	자	위	바	자	한	집	짓	바	찍	의	바	쌀	쪽	를
운	발	리	순	종	고	풍	퓨	쌀	용	굽	측	견	문	한	로	제
집	셀	도	낚	를	부	맞	제	을	을	한	다	들	말	찍	이	말
어	바	받	요	시	를	질	느	느	느	날	달	한	터	션	은	장
낌	스	범	춤	문	에	크	받	질	춤	버	션	도	돌	돌	루	션
발	춤	퓨	에	발	동	바	컴	쌀	어	요	셧	문	은	필	날	크

주민이
조직
꿈의
남쪽
소파
순종
낚시에
물개
오두막
브러시
체리
책임
버섯
헌신
국가
공식
연습
혜택을
비판
당나귀

Puzzle 98

정착
살아있는
노래
넣어
양배추
완전히
실제
벨자전거
도보
섹션의
버드
도전
방어
파슬리
라운드
필수
보드
범위는
비누
인형

발	한	발	리	견	트	결	위	대	로	고	필	솔	적	문	파	노
돌	루	트	이	를	공	쌀	를	주	문	완	전	히	젊	굽	측	찍
물	러	솔	자	운	파	용	바	노	대	양	굴	요	들	카	동	법
자	도	굴	한	레	날	공	비	동	터	배	문	운	트	을	날	동
은	북	표	트	범	용	다	누	을	요	추	인	다	제	트	문	낌
퓨	터	이	감	위	결	스	낌	동	자	젊	형	거	러	퓨	용	맞
벨	자	전	거	는	체	바	자	쌀	받	을	낌	솔	거	트	을	춤
파	문	도	동	위	퓨	한	은	로	다	말	드	동	로	너	견	션
바	트	춤	한	용	적	셀	감	들	이	도	보	리	도	리	물	은
날	한	카	법	달	제	파	슬	리	거	요	젊	을	말	리	맞	용
용	발	장	리	대	한	이	카	셀	다	도	크	늘	을	표	북	로
늘	의	러	노	찍	말	젊	공	날	을	문	범	맞	셀	다	굽	도
돌	견	자	바	래	넣	어	정	거	을	동	주	의	섹	실	제	에
살	아	있	는	파	절	방	견	착	버	느	한	절	션	필	고	제
바	느	낌	견	다	를	전	너	쌀	고	드	운	라	의	수	들	제

Puzzle 99

라	느	트	리	굴	체	정	전	춤	컴	물	거	을	다	옥	수	수
일	셀	동	범	궤	제	보	도	날	크	돌	필	전	쌀	법	늘	자
락	제	도	다	도	의	이	도	짓	날	대	문	물	로	너	말	들
전	결	밀	절	전	전	의	느	굴	동	어	필	바	을	낌	매	우
체	코	도	가	류	조	도	발	로	쌀	적	집	크	질	짓	제	파
컴	치	부	돌	루	을	늘	쌀	도	한	스	믹	달	동	적	셀	바
조	자	트	도	동	한	안	들	견	견	컹	의	굴	퓨	공	질	장
운	합	슬	문	로	람	바	전	쌀	에	크	이	법	을	레	풍	동
바	동	이	너	트	로	느	한	하	한	요	자	느	맞	거	주	의
찍	퓨	풍	도	의	말	트	감	선	게	한	이	이	를	법	한	짓
동	문	을	러	노	낌	을	을	호	쁘	풍	마	크	주	날	레	측
러	춤	표	발	도	질	로	돌	하	기	용	커	자	매	파	루	스
한	통	해	옵	부	파	찍	주	는	러	장	집	트	주	로	집	표
한	노	적	션	올	을	문	끔	셀	요	파	어	범	감	추	를	법
너	법	문	발	문	너	트	집	춤	트	솔	끔	어	은	바	쌀	한

조합이
옥수수
통해
매우
밀가루
마커
안전하게
선호하는
믹스
스컹크
조류가
라일락
궤도
옵션
이동
기쁘게
자매
코치
이슬
정보

Puzzle 100

도마뱀
액세스
상업
파일럿
호랑이
강아지를
수요일
표준
데이지
계산기
야망
뒤에
혼자
교실
칫솔
휴식
미국의
머그잔
식물로
자원

자	를	트	거	계	거	행	칫	끔	야	문	바	공	공	필	상	맞
쌀	날	을	물	산	굽	주	솔	감	망	느	날	터	은	에	업	용
자	어	운	찍	기	받	물	자	파	동	문	달		미	국	의	받
물	날	낌	표	로	올	바	날	일	요	수	질	러	발	식	물	로
강	아	지	를	바	레	늘	느	럿	레	솔	러	을	요	휴	도	체
도	고	굴	너	한	파	의	달	한	문	추	북	에	다	사	한	질
마	혼	어	날	전	용	한	교	실	물	다	호	루	부	적	주	부
뱀	느	자	제	적	장	크	표	동	부	파	바	랑	부	다	북	한
람	너	문	문	늘	을	람	어	느	동	한	문	지	이	데	젊	북
체	달	을	자	다	용	견	자	다	동	을	바	도	도	을	물	주
러	은	퓨	어	트	끔	을	원	도	레	스	액	머	그	잔	셀	운
늘	뒤	굴	행	한	문	한	요	솔	느	법	바	세	올	발	은	행
레	에	견	러	측	맞	받	발	자	북	체	받	제	스	셀	리	어
트	한	노	쌀	젊	션	감	레	북	공	표	러	을	한	도	러	퓨
한	용	다	표	돌	운	은	도	고	운	준	견	돌	의	주	동	파

Puzzle 101

전	터	을	돌	은	치	올	끔	달	끔	어	만	든	트	쌀	집	동
도	질	쌀	질	을	킨	바	감	부	크	장	트	돌	다	동	말	은
퓨	짓	러	맞	자	동	리	한	바	달	거	운	도	터	문	했	노
끔	동	발	체	북	너	주	대	체	퓨	바	낌	이	다	대	다	찍
올	표	어	파	여	들	질	체	풍	문	거	친	화	적	신	리	퓨
퓨	주	파	끔	전	문	행	발	를	위	한	말	감	동	들	풍	다
썩	은	차	맞	히	굴	집	체	부	한	지	거	약	대	문	받	결
감	부	가	트	춤	트	한	집	흥	분	문	난	속	운	말	적	북
션	쌀	워	레	사	를	굴	파	을	워	다	션	절	찍	속	집	러
풍	말	위	바	제	공	바	받	견	위	드	션	이	느	도	로	에
도	문	이	도	파	바	을	위	에	위	느	용	늘	결	찍	운	감
레	질	러	들	트	부	검	스	와	인	감	말	추	운	문	질	자
러	바	바	표	을	한	카	사	을	노	력	장	의	발	올	을	문
쌀	젊	문	루	바	스	트	트	잠	다	채	로	운	절	카	동	달
적	돌	달	굴	제	굴	찍	맞	금	은	카	다	셀	환	자	풍	범

여전히
말했다
지난
속도
만든
노력
친화적
대신
썩은
검사
약속
환자
다채로운
워드
와인
치킨
흥분
잠금
차가워

Puzzle 102

집	동	날	책	레	굽	카	디	루	조	각	문	굴	러	풍	에	올
어	쌀	문	상	용	풍	동	동	자	동	질	부	절	맞	장	바	주
굽	크	셀	전	한	끔	제	셀	젊	인	거	로	운	말	물	무	트
공	법	낌	체	한	을	맞	제	컴	춤	짓	를	고	발	은	동	역
이	위	주	을	어	다	컴	부	트	요	돌	이	람	셀	달	체	쌀
집	달	표	셀	북	뱀	적	하	숨	찍	이	끔	공	트	스	들	다
픈	루	올	필	찍	파	문	드	기	은	솔	부	동	레	맞	달	젊
아	생	산	은	을	이	공	용	기	요	에	쌀	날	부	러	비	록
절	이	전	견	크	어	부	물	요	위	어	약	을	정	춤	쌀	돌
짓	호	리	문	한	풍	스	위	도	터	카	속	한	책	달	은	부
발	흡	주	스	사	용	시	까	지	자	카	부	감	느	부	체	자
체	짓	자	부	받	용	한	맞	의	은	끔	표	문	주	문	들	젊
짓	을	주	이	날	물	크	문	도	맞	낌	다	운	고	문	에	을
언	제	부	올	주	션	그	러	나	레	의	측	받	유	사	한	젊
이	노	올	이	고	북	동	발	은	견	부	어	굽	짓	늘	맞	너

책상
아픈
유사한
숨기기
하드
사용시까지
비록
그러나
생산
조각
부러
다운
디자인
뱀파이어
호흡
정책
무역
아이리스
언제
약속

Puzzle 103

바	거	동	자	침	돌	물	날	결	터	장	바	그	원	지	맞	바
고	을	스	결	동	묵	요	인	행	한	제	감	녀	루	방	용	질
추	바	호	람	추	문	을	필	트	을	피	을	의	올	굴	발	굽
체	중	수	드	을	동	공	날	들	점	아	측	견	낌	이	돌	느
발	셀	맞	에	레	바	받	쌀	은	프	노	트	짓	리	추	크	용
로	레	찍	쌀	달	이	전	화	고	는	체	절	용	크	발	찍	한
받	을	끔	퓨	춤	공	크	전	위	표	낌	표	한	이	굴	끔	부
요	로	측	한	다	춤	질	루	요	트	발	쌀	달	낌	카	드	집
선	고	사	받	파	레	부	노	를	은	달	대	트	문	오	디	라
로	느	을	이	주	을	은	러	젊	문	바	트	트	집	후	사	천
동	운	감	용	클	솔	견	쌀	도	로	자	동	용	션	측	바	국
남	쪽	트	화	늘	받	바	터	짓	거	측	측	사	에	스	도	문
주	을	늘	창	어	물	필	전	거	부	크	절	위	을	어	을	짓
문	자	가	한	위	은	한	올	춤	요	부	자	을	자	요	말	굽
용	의	위	용	을	감	받	집	끔	셀	문	용	사	도	요	체	발

드레이크
오후
그녀의
전화
점프는
지원
선고
체중
지방
요인
호수
피아노
카드
천국
가위
라디오
사이클
화창한
침묵을
남쪽

Puzzle 104

이름
무리
추천
가정이다
실행
의학
아직
결혼은
트렁크
통치자
마을
역할
멸종
읽기에
개인
반기지
여성
살쾡이
듣고
따라서

한	사	자	을	통	어	한	션	컴	자	측	용	문	트	한	운	전
너	동	북	받	치	살	쾡	이	끔	을	용	노	의	너	주	레	개
람	솔	북	크	자	문	사	다	절	결	젊	파	을	트	솔	감	인
스	한	공	바	자	읽	기	에	바	너	무	리	다	발	용	동	바
의	학	고	를	대	스	듣	발	한	맞	솔	느	주	젊	은	역	할
터	한	러	도	트	을	굽	고	운	물	표	바	아	느	북	을	의
로	대	솔	파	어	자	젊	따	멸	종	트	질	컴	직	대	한	트
위	올	람	집	절	낌	이	라	마	발	도	션	부	물	찍	달	굽
장	카	자	가	정	이	다	서	을	자	물	추	풍	한	위	춤	공
질	여	컴	은	은	다	견	맞	트	돌	질	반	질	발	장	터	한
요	성	퓨	집	물	발	러	행	렁	결	추	기	측	필	을	날	션
표	부	진	물	이	결	혼	은	크	실	행	지	적	동	견	굴	동
바	다	공	감	쌀	름	트	자	사	한	굴	위	바	거	바	은	셀
낌	말	추	천	바	제	끔	대	받	달	절	크	춤	올	을	풍	요
느	동	트	전	요	동	솔	달	운	달	을	을	대	바	사	춤	션

Puzzle 105

표	측	동	시	요	북	바	타	문	운	한	의	표	집	주	측	춤
체	끔	법	리	범	트	션	격	물	발	용	한	를	북	스	바	부
북	파	이	즈	다	거	공	동	껍	질	거	한	적	요	리	들	문
토	풍	맞	를	절	한	바	예	비	늘	동	리	외	부	바	동	문
은	끼	축	한	을	에	날	동	한	문	한	부	로	공	너	쌀	주
터	질	가	문	전	전	파	쌀	바	행	질	부	바	다	말	노	짓
느	절	심	장	한	질	운	로	미	발	거	노	공	이	행	너	운
한	위	노	집	한	문	솔	율	션	바	은	굽	크	법	한	동	늘
러	을	에	을	노	측	에	컴	자	추	동	측	고	에	로	퓨	표
문	를	빈	아	짓	이	도	문	법	도	바	어	러	리	람	앞	서
북	문	번	이	주	바	쌀	늘	트	질	루	전	결	스	을	결	한
로	너	한	사	을	체	측	발	만	감	현	문	를	짓	춤	동	자
을	솔	션	슴	를	노	결	도	족	바	재	스	한	트	노	범	바
낌	운	훌	륭	함	트	달	콤	한	반	응	을	적	문	은	은	동
춤	표	트	에	용	레	이	필	문	대	쌀	레	적	다	셀	어	늘

달콤한
거리
운율
앞서
현재
미션
훌륭함
가축
토끼가
시리즈를
심장
아이
껍질
사슴
예비
만족
반응을
빈번한
타격
외부

Puzzle 106

보존
스탬프
눈송이
초등학교
제공하는
필요한
싱크
기금
목표염소
오이
적립
천사
다행히도
전송
말한다
치아
도랑
종의
대비
책임

한	사	행	올	자	질	말	자	전	송	올	느	루	굴	받	에	받
자	트	체	동	의	풍	문	전	사	올	전	솔	바	발	절	받	노
춤	낌	람	컴	러	동	풍	한	퓨	춤	트	도	종	의	춤	용	쌀
끔	부	행	젊	기	컴	에	치	아	행	제	공	하	는	굽	동	리
날	올	젊	을	금	적	늘	쌀	레	거	다	행	히	도	도	랑	자
주	주	카	절	보	션	립	을	도	요	한	발	천	사	끔	추	결
측	부	발	로	존	날	집	부	한	굴	말	바	눈	도	스	트	파
동	트	은	전	측	셀	늘	목	동	너	도	션	송	주	파	을	질
루	동	느	필	쌀	자	션	표	용	짓	발	에	이	다	이	끔	터
초	등	학	교	요	책	임	염	질	대	비	문	루	달	동	문	바
트	맞	달	너	고	한	발	소	오	주	날	로	로	동	어	를	적
풍	퓨	들	루	한	쌀	솔	말	부	이	쌀	사	파	굽	로	요	젊
고	고	너	은	이	다	을	자	을	적	풍	을	파	람	스	탬	프
한	법	들	끔	굽	춤	자	주	요	행	동	노	도	셀	스	한	올
체	자	측	동	은	발	대	문	북	절	솔	을	받	싱	크	젊	로

Puzzle 107

리	만	들	션	감	행	문	부	고	야	날	크	의	자	람	카	고
달	고	가	감	늘	늘	집	찍	젊	외	을	한	쌀	발	굽	어	이
행	양	주	지	표	절	션	북	카	나	라	범	을	젊	컴	카	션
크	이	은	의	고	짓	노	션	굴	은	절	감	트	셀	동	바	도
를	물	은	을	감	가	문	느	용	루	위	문	노	집	너	필	자
장	이	운	카	맞	날	는	주	풍	파	절	장	은	집	날	에	스
쌀	어	용	문	올	자	이	을	한	한	표	발	같	은	스	불	문
질	체	전	춤	크	트	도	트	발	늘	키	스	찍	문	트	규	러
적	격	문	집	대	올	부	러	다	거	한	가	자	젊	건	칙	다
메	시	지	짓	은	루	함	끔	날	은	에	사	북	문	강	적	람
고	쌀	다	장	대	션	께	한	스	의	레	실	넣	어	한	스	한
쌀	통	어	프	발	판	했	감	문	질	트	행	굽	위	질	트	바
용	용	을	로	파	매	다	보	류	결	법	을	쌀	터	동	은	춤
삼	촌	위	그	맞	질	바	로	은	올	받	은	절	제	트	동	너
문	짓	끔	램	행	제	풍	셀	주	장	행	들	셀	너	짓	동	굴

가지고가는
판매
함께했다
나라
보류
주장
키가
적격
같은
프로그램
고통을
만들
불규칙
삼촌
실행을
건강한
고양이
야외
메시지
넣어

Puzzle 108

표	어	체	내	바	나	나	한	법	도	늘	고	사	대	부	을	질
한	표	장	일	에	자	짓	트	장	행	터	날	부	드	럽	게	쌀
전	을	흥	분	받	바	셀	결	쌀	필	고	자	젊	문	이	공	자
솔	솔	부	컴	행	바	필	루	람	용	트	용	트	컴	을	도	은
늘	바	적	문	트	감	늘	감	북	러	고	카	장	은	범	주	다
달	동	주	은	바	어	항	파	괴	에	도	굴	컴	굴	운	고	이
추	장	퓨	다	발	바	상	느	대	퓨	거	발	로	크	너	돌	기
전	법	찍	아	짓	요	상	요	을	로	느	리	트	사	루	범	여
범	동	찍	기	쌀	측	한	을	공	을	이	느	쌀	집	열	질	문
레	돌	부	적	를	전	주	에	날	늘	쌀	다	카	노	망	주	트
회	북	장	행	을	스	물	말	사	늘	부	러	로	의	고	짧	용
이	쪽	바	짓	한	결	정	을	개	질	질	를	동	카	절	고	은
는	으	문	도	전	대	컴	원	혁	다	풍	표	물	한	에	람	낌
용	로	확	산	에	추	회	지	의	샤	워	도	달	레	날	찍	받
의	문	달	젊	전	춤	부	동	날	한	로	은	은	한	스	들	범

회의는
여기
열망
결정을
항상
내일
바나나
아기
북쪽으로
대회
지원을
부드럽게
파괴에도
확산
짧은
고기
샤워
개혁의
상상
흥분

Puzzle 109

공	한	동	점	다	계	요	굽	문	절	사	람	과	문	찍	달	발
터	견	바	심	파	산	추	용	의	물	반	트	즙	로	사	한	택
이	말	솔	러	크	기	람	문	주	한	필	들	이	한	퓨	북	시
솔	굴	로	고	의	용	적	원	질	주	느	필	문	발	굽	을	이
운	질	찍	트	맞	너	받	정	자	행	문	느	션	퓨	동	받	적
코	어	션	도	을	젊	날	스	를	늘	동	은	염	트	절	굽	레
트	조	평	면	풍	스	물	문	주	공	동	부	소	고	바	추	루
를	거	상	낌	한	낌	트	은	장	찍	레	쌀	필	용	질	은	위
부	트	문	측	을	위	다	을	요	사	감	이	드	장	대	동	크
행	적	을	굽	을	말	자	맞	사	용	굴	레	을	바	올	주	문
에	느	적	군	낌	너	을	스	대	자	물	제	루	발	쌀	를	올
개	발	을	사	질	트	바	짓	장	받	어	방	바	풍	발	요	도
을	문	춤	겸	손	한	표	이	들	을	측	문	루	정	일	곱	느
바	사	학	은	질	거	받	을	집	스	행	바	사	집	자	위	동
주	달	발	년	용	돌	도	굽	동	문	춤	공	이	바	파	질	동

군사
겸손한
조상
학년
개발을
택시
절반
원정
평면
물어
일곱
필드
과즙이
점심
사용자
코트를
염소
일정
방어
계산기

Puzzle 110

여행
까마귀
설득
조립
신문
흔들리는
위기
공장
일반적인
무거운
말을
연필
반딧불
누출
예외
비용면
삼촌의
색상
잠자리
지수

받	달	느	날	의	동	풍	을	도	올	맞	느	주	젊	로	파	늘
동	솔	도	말	필	주	이	한	크	바	동	발	받	로	측	셀	파
사	용	달	을	은	예	외	추	을	자	고	느	크	집	러	문	을
늘	한	범	자	카	도	위	필	낌	에	트	들	이	은	카	이	동
대	이	운	람	절	어	한	동	의	흔	달	누	한	맞	부	운	돌
적	동	맞	삼	도	문	질	신	표	들	결	출	표	끔	낌	동	를
색	상	잠	촌	돌	표	이	집	문	리	제	까	굴	굽	용	너	비
트	부	자	의	한	용	짓	로	표	는	짓	마	낌	말	다	바	용
로	주	리	일	도	어	의	한	공	문	대	귀	요	발	한	감	면
위	기	로	반	루	로	말	표	범	문	늘	주	날	도	젊	용	설
지	한	로	적	셀	맞	질	부	대	로	결	고	체	젊	발	요	득
수	문	로	인	감	범	고	조	동	끔	공	발	반	트	운	올	범
쌀	말	의	측	발	루	북	에	립	다	장	한	이	딪	느	질	트
문	한	여	한	요	고	짓	람	용	다	느	풍	연	필	불	법	추
컴	감	행	질	의	질	맞	다	용	레	무	거	운	운	레	도	크

Puzzle 111

도	찍	늘	행	법	사	파	일	럿	에	오	낌	실	풍	도	발	달
범	쌀	트	한	질	범	젊	요	어	운	늘	달	현	자	유	적	자
컴	제	에	친	각	동	은	도	행	느	도	어	동	문	돌	젊	절
발	문	끔	애	배	심	원	을	을	머	맞	표	낌	낌	풍	너	받
운	풍	이	하	협	력	물	자	범	늘	그	강	우	터	로	동	운
되	낌	맞	는	터	부	장	젊	대	레	를	잔	굽	표	파	발	쌀
결	감	체	범	부	운	바	용	너	도	찍	북	제	견	트	다	느
도	체	기	굴	바	거	러	레	도	다	고	늘	표	발	솔	대	자
바	짓	들	용	어	말	장	받	트	쌀	요	부	예	빼	를	쌀	들
거	도	고	발	크	문	용	북	고	동	전	문	램	프	루	낌	부
공	올	을	를	전	의	로	낌	체	쌀	제	받	운	러	받	리	결
자	적	이	문	리	부	발	걱	정	추	공	메	이	크	업	안	느
동	을	션	추	람	솔	바	카	도	자	동	고	자	굴	도	전	절
바	을	에	젊	이	측	물	운	감	표	어	돌	북	대	문	바	퓨
거	은	법	필	찍	컴	돌	에	도	법	은	제	찍	안	퓨	리	터

램프
제공
되감기
배심원을
친애하는
예빼를
협력
오늘
자유
동공
고발
걱정
대안
메이크업
강우
심각한
안전
실현
머그잔
파일럿

Puzzle 112

집	은	문	전	질	제	표	표	춤	필	결	발	컴	측	맞	은	찍
낌	늘	터	러	밀	적	출	표	받	말	해	시	계	관	부	크	용
달	이	임	명	가	크	풍	선	을	쌀	크	받	트	한	자	끔	이
동	받	질	다	루	사	라	절	소	을	동	물	견	이	문	부	필
동	은	드	라	이	버	이	운	프	도	다	스	도	느	바	레	요
행	셀	피	늘	날	트	레	의	트	리	한	장	다	발	북	파	은
질	성	큐	풍	은	측	적	을	절	로	춤	이	절	물	크	파	은
제	능	문	제	측	트	돌	바	파	북	파	주	범	체	은	부	발
날	을	절	용	날	부	쌀	트	절	견	표	컴	도	거	젊	범	다
카	코	너	북	들	다	젊	표	늘	굴	을	문	낌	바	한	견	문
풍	찍	쌀	주	리	어	문	올	카	위	도	도	행	질	주	발	트
노	행	주	트	을	젊	리	를	끔	썩	은	것	파	절	위	상	션
루	행	한	올	다	바	자	한	자	러	훈	무	서	워	빛	이	동
굽	북	절	로	동	도	를	위	부	체	교	아	레	로	의	로	노
레	적	돌	굴	맞	을	로	맞	동	동	느	말	도	굽	절	어	트

드라이버
크라운
아무것도
노트
큐피드
사이의
위상
교훈은
임명
제출
관계
소프트
풍선
무서워
빛의
해시계
코너
성능을
밀가루
썩은

Puzzle 113

낌	트	한	유	바	동	컴	크	대	한	도	느	법	루	늘	트	한
람	을	굴	죄	은	션	도	을	래	문	움	전	셀	은	범	공	한
어	짓	올	한	고	주	부	동	한	들	말	찍	촛	사	자	표	은
제	바	들	짓	한	러	터	들	노	한	부	도	불	달	견	집	법
은	기	느	레	바	요	받	법	할	대	스	쌀	결	퓨	호	질	들
셀	린	트	너	도	늘	짓	문	당	범	을	감	풍	짓	이	기	을
은	를	범	공	대	대	를	도	트	동	대	다	달	너	문	집	심
주	를	다	에	컴	을	용	한	이	다	동	은	받	짓	를	을	동
어	치	동	한	주	잃	게	어	찍	고	용	다	행	범	파	결	제
끔	가	끔	주	전	이	운	부	보	바	법	돌	를	굴	이	춤	문
표	족	람	행	자	문	트	날	동	다	가	올	추	꿀	요	어	은
동	늘	동	들	요	이	을	제	크	람	장	돌	춤	벌	약	도	트
루	카	다	너	체	션	위	러	동	굽	자	주	너	올	은	의	을
람	끔	트	강	하	키	영	어	감	질	리	체	무	동	바	돌	체
질	문	질	문	퓨	결	날	을	파	대	달	의	을	위	을	바	한

용어보다
꿀벌
잃게
요약
도움말
가족
영어
하강
크래들
너무
촛불
하키
유죄
주전자
호기심
기린
가장자리
가치를
할당
체리

Puzzle 114

식품
방해를
저장
시리즈
해설
스푼
데이터
스틱은
어려운
여유가
촬영
커플
모양
카우보이
생각이
결과를
기사
그들이
기억
사람들의

생	각	이	한	견	느	늘	을	용	해	어	공	문	동	표	바	끔
북	자	셀	다	을	이	감	행	시	설	려	다	션	끔	공	질	을
동	이	주	춤	부	로	표	들	리	발	운	법	동	돌	동	컴	이
추	동	북	트	여	유	가	사	즈	주	기	억	사	람	들	의	트
짓	집	로	도	트	을	위	션	촬	션	짓	를	바	법	들	발	바
쌀	발	동	터	바	한	집	부	질	영	위	표	모	양	발	측	한
로	요	스	트	한	감	짓	필	북	운	질	방	해	를	을	한	법
느	결	절	법	위	춤	바	을	도	제	스	자	다	크	컴	춤	카
식	셀	동	고	법	터	굽	풍	날	주	이	문	트	한	낌	너	동
품	부	쌀	늘	부	은	틱	스	터	부	동	용	결	주	한	결	다
찍	감	동	퓨	에	젊	로	푼	자	동	다	한	북	컴	션	과	부
을	사	을	다	바	질	주	기	파	솔	주	끔	을	바	람	를	한
결	다	람	터	풍	문	커	어	사	터	춤	을	저	쌀	집	한	은
카	우	보	이	들	그	플	부	을	동	발	들	질	장	질	추	날
도	트	사	데	카	트	절	바	문	법	부	문	운	솔	레	거	자

Puzzle 115

중	복	감	바	한	문	리	드	동	너	집	장	갑	쌀	한	트	셀
골	절	이	셀	바	마	모	짓	말	고	최	종	이	을	이	동	운
은	로	은	이	주	너	다	문	발	드	찍	굴	공	질	달	절	를
를	를	로	을	부	바	이	체	달	름	용	너	체	를	풍	견	바
짓	사	공	정	위	트	셀	맞	올	집	요	행	동	달	러	은	견
한	부	뭔	가	쌀	솔	적	들	레	리	감	필	한	위	다	측	도
물	결	체	위	표	베	날	러	스	찍	질	명	확	하	게	로	트
대	로	올	트	쌀	이	요	체	은	들	부	한	동	절	도	발	견
동	결	풍	전	올	킹	동	전	늘	표	끔	측	말	굴	도	법	퓨
을	아	차	지	용	유	용	거	풍	를	결	용	감	다	을	솔	측
한	용	내	레	퓨	다	트	노	이	부	짓	카	쌀	발	스	행	로
요	도	맞	질	어	풍	쌀	동	로	추	한	강	트	날	공	스	연
젊	공	의	리	체	용	문	한	을	행	바	이	위	운	맞	트	민
트	문	주	무	례	풍	은	끔	젊	은	추	추	느	람	늘	추	늘
제	낌	문	로	스	거	받	한	범	고	도	체	을	질	자	은	풍

가정
고드름
장갑
동굴
차지
풍부한
연민
젊은
뭔가
골절
유용
마모
강한
중복
명확하게
최종
무례
아내
베이킹
리드

Puzzle 116

희망
작업이
풍부
계절
통과
사라
맞춤법
둥지
여우
해변
길이
감소
회의
없음도
테이크
것들
샤이
시트
인형
매우

를	풍	굽	스	다	법	굽	한	카	질	션	올	를	둥	지	여	사
없	음	도	고	느	운	풍	북	스	운	장	발	셀	짓	느	우	노
이	을	맞	의	파	동	달	문	너	도	바	요	맞	돌	날	범	노
풍	컴	다	춤	사	라	늘	집	샤	낌	맞	요	스	대	요	솔	느
카	대	짓	돌	법	요	맞	쌀	이	길	로	은	트	느	느	한	를
찍	바	한	문	문	찍	발	물	공	거	한	은	짓	한	발	늘	바
표	낌	맞	대	레	어	트	느	결	테	이	크	절	동	한	을	트
로	행	전	들	을	이	이	위	희	망	날	도	주	표	젊	동	로
로	법	문	바	스	표	의	리	젊	짓	범	도	은	다	바	결	터
은	질	노	레	사	굽	달	매	우	을	을	감	소	도	터	부	발
발	용	찍	위	풍	표	표	트	너	한	스	한	도	해	표	크	너
것	들	희	의	느	행	필	한	문	자	사	트	문	변	작	업	이
파	바	대	풍	에	은	위	발	한	측	행	를	통	한	요	을	어
셀	계	절	동	부	적	한	시	문	문	느	낌	견	과	리	찍	동
동	트	동	이	짓	컴	법	트	인	형	자	동	용	동	용	제	적

Puzzle 117

동	재	운	들	부	카	감	느	한	생	장	트	범	주	문	편	안
적	고	전	들	로	한	동	늘	표	늘	물	인	문	운	한	문	끔
한	용	공	굴	노	주	트	람	쌀	젊	달	학	구	동	자	을	을
한	용	부	동	은	로	리	짓	주	추	돌	날	감	터	자	문	받
굽	공	자	범	솔	달	장	말	바	격	결	장	동	용	주	을	체
솔	은	견	필	한	들	을	적	굴	용	달	너	필	말	기	질	문
로	솔	부	진	추	날	을	카	로	의	걀	위	추	동	쁘	도	운
거	바	주	행	자	에	이	대	루	늘	질	컴	적	트	게	주	소
부	솔	제	동	동	용	다	를	올	로	기	간	발	춤	단	순	한
열	한	고	북	의	견	침	결	찍	절	동	결	션	도	짓	들	세
로	카	절	범	요	모	착	노	동	춤	달	춤	돌	동	바	집	미
트	견	솔	전	금	추	이	루	도	다	행	노	루	쌀	다	은	를
쌀	찍	다	트	트	로	을	거	쌀	발	느	동	풍	집	질	돌	문
관	심	말	체	쌀	고	체	낌	받	도	들	람	문	북	측	절	거
표	사	셀	은	노	행	문	이	맞	를	동	날	을	측	발	동	을

침착이
인구
달걀
기간
주소
운동
관심
이모
추격
미세한
재고
열한
진행
요금
주제
생물학
편안
단순한
의견
기쁘게

Puzzle 118

바	레	은	주	견	바	을	받	질	적	부	고	사	사	문	필	달
실	람	은	달	치	다	한	야	여	하	푸	샴	발	신	자	도	추
주	버	말	굽	열	를	람	대	대	대	행	스	필	감	나	늘	절
터	학	교	트	한	낌	새	로	운	바	한	날	컴	집	쁜	목	트
이	주	사	한	트	춤	말	을	너	너	러	트	동	트	표	한	적
고	음	소	맞	주	범	셀	법	을	달	은	을	집	동	돌	부	한
굽	다	한	말	행	용	레	한	로	바	용	노	질	젊	문	고	문
동	에	거	터	리	추	스	괴	트	동	한	범	부	자	레	을	은
추	동	을	달	절	동	요	물	다	컴	을	거	한	동	받	보	안
풍	용	어	절	용	달	루	결	맞	터	이	문	제	람	를	은	질
조	직	에	질	주	도	한	퓨	용	크	한	문	솔	전	젊	대	퓨
러	차	적	의	사	한	을	호	트	올	들	제	부	바	접	시	말
부	대	이	주	트	레	용	출	동	지	속	동	여	행	문	제	노
필	컴	주	다	동	북	행	라	선	생	님	절	전	은	동	사	다
공	로	견	다	퓨	끔	성	고	도	크	바	레	셀	자	달	이	을

여행문제
행성
조직에
학교
바다를
나쁜
실버
사소한
신발샴푸하여야한다
차이
새로운
괴물
지속
호출라고
선생님
접시
소음
목적
보안
치열한

Puzzle 119

달	찍	풍	요	추	스	레	루	러	춤	한	부	질	축	문	에	치
셀	람	러	을	동	공	필	춤	한	아	레	루	젊	하	공	솔	명
쌀	늘	도	람	물	올	돌	체	컴	래	스	결	로	하	동	주	적
트	발	터	바	루	문	말	사	트	에	컴	풍	동	다	표	러	감
리	어	로	동	다	끔	행	트	참	셀	인	덱	스	젊	는	회	사
문	집	트	책	동	발	질	트	들	가	한	너	낌	트	람	결	다
장	젊	용	장	끔	질	느	굴	도	측	을	제	트	따	전	크	리
견	이	을	법	적	어	자	북	끔	제	장	상	고	라	집	결	느
젊	좁	은	고	크	한	다	맞	짓	날	성	결	책	용	올	요	질
돌	용	한	공	동	한	스	틸	행	질	의	절	풍	주	공	짓	부
리	굽	컴	솔	주	제	유	료	터	고	러	법	동	비	누	받	위
바	바	셀	동	러	고	컴	젊	발	물	발	한	한	스	낌	파	요
파	을	문	끔	어	느	체	스	타	스	탠	드	케	동	측	자	다
도	로	풍	늘	올	을	의	절	사	위	대	람	이	의	러	은	리
도	바	요	표	추	레	질	한	부	어	사	범	지	중	문	이	의

책장
스틸
좁은
참가을
사회는
다리
케이지
중지
유료
성장을
따라
스타스탠드
축하하다
책상을
사다리
치명적
인덱스
고용
아래에
비누

Puzzle 120

달	리	루	받	공	집	끔	무	의	미	한	종	기	외	집	동	공
무	테	이	프	리	느	문	북	짓	은	위	해	한	국	북	돌	젊
에	효	운	굴	한	집	년	간	굽	공	동	느	에	도	다	은	부
동	물	서	식	지	젊	범	장	의	트	체	의	북	람	동	전	한
부	문	적	한	에	요	문	을	북	체	날	말	크	장	물	터	체
러	리	을	레	맞	단	도	용	성	람	춤	을	을	찍	바	물	용
크	날	비	행	기	가	지	고	숙	크	집	받	문	주	로	너	에
찍	의	어	을	풍	동	적	급	재	해	를	크	주	발	대	바	받
견	사	트	을	장	노	북	동	셀	도	견	션	올	동	용	전	굽
짓	코	트	전	한	추	춤	용	용	맞	트	을	동	말	발	법	제
을	을	감	법	루	요	전	션	어	짓	감	법	낌	트	집	풍	올
쌀	스	정	절	대	셋	카	물	에	스	전	체	자	늘	한	발	유
질	발	솔	체	은	째	자	건	을	어	은	바	이	질	은	문	리
스	굽	의	느	주	레	의	동	을	레	제	달	은	쌀	견	필	적
절	날	부	체	대	동	터	로	차	바	용	용	바	셀	집	한	사

코트
무의미한
무효
외국
유리
성숙
감정
단지
년간
도용
서식지
테이프
셋째
물건
종기
위해
비행기가
자동차
고급
재해를

Puzzle 121

필	노	쌀	주	한	동	측	로	을	카	트	문	견	리	돼	추	감
요	늘	전	파	을	문	에	표	견	를	을	이	솔	카	지	늘	리
부	분	홍	색	터	문	사	표	춤	로	표	거	카	말	달	견	도
은	거	질	동	다	트	날	을	견	발	은	요	로	필	질	도	집
동	차	춤	부	요	낌	질	버	문	날	자	낌	트	북	트	고	도
사	을	가	에	거	감	레	스	수	입	카	끔	트	북	한	사	부
레	말	리	워	느	람	한	트	분	을	다	음	굽	용	느	을	트
은	짓	자	후	동	트	날	를	절	수	소	다	받	돌	결	동	고
트	공	돌	부	보	소	요	시	게	전	루	을	포	배	표	범	사
느	을	을	터	셀	필	맞	제	느	북	질	받	달	치	대	바	말
악	어	낌	표	젊	달	전	돌	바	거	동	한	개	방	젊	에	전
위	다	추	거	전	리	농	느	바	소	방	관	풍	위	을	사	카
문	발	발	굽	물	동	구	두	육	바	바	너	레	문	위	바	발
춤	주	물	트	너	전	동	스	북	절	추	부	루	법	의	어	한
도	을	컴	발	트	운	을	자	은	도	정	물	말	루	절	카	를

버스트를
분수
육두구
추정
개방
농구
소다
소요
배포
악어
후보
필요
시계
소방관
수입
돼지
배치
다음
분홍색
차가워

Puzzle 122

쌀	을	돌	늘	자	필	젊	굽	한	문	어	버	을	셀	이	트	을
표	도	도	거	법	굽	말	셀	카	트	달	고	드	다	은	집	말
운	굽	장	받	장	올	풍	범	풍	행	표	을	트	바	리	크	노
동	트	동	용	트	도	동	션	을	행	한	도	페	용	굽	물	끔
람	말	을	은	발	이	표	리	트	표	바	느	니	범	대	에	쌀
발	크	한	을	용	낌	션	어	용	솔	발	로	너	굴	낌	바	다
을	을	도	을	신	위	트	깨	얽	힌	법	견	한	제	주	물	람
은	한	받	의	호	풍	풍	한	동	쌀	이	퓨	돌	주	질	문	다
요	트	트	이	를	동	바	다	스	거	돌	동	느	을	견	도	물
측	한	굴	을	한	짓	쌀	알	받	요	을	추	쌀	굴	을	서	레
리	받	끔	적	법	한	는	있	고	알	러	부	쌀	동	셀	관	최
대	바	요	집	발	리	셀	비	제	족	그	발	돌	에	곱	한	대
방	문	로	날	굴	굴	끔	부	조	자	랜	북	계	피	셈	을	홀
크	추	맞	느	추	은	다	문	주	늘	드	필	극	다	추	반	리
냄	새	리	너	적	퓨	트	짓	을	파	트	가	유	이	문	복	풍

얽힌
알고있는
곱셈
알고
방문
홀리
제조
냄새
최대
도서관
북극이
계피
족제비
어깨한다
이유가
그랜드
반복
페니
신호를
버드

Puzzle 123

문	달	을	문	한	동	달	발	을	비	모	은	사	쌀	추	용	법
말	결	을	셀	을	터	달	동	솔	싼	문	의	자	레	집	굴	에
카	이	대	늘	문	범	을	장	의	물	은	용	행	바	목	물	운
고	트	굽	요	거	추	동	행	은	전	문	필	션	자	욕	문	파
추	짓	션	이	바	람	필	집	질	발	의	한	제	한	질	다	체
를	말	도	을	물	표	발	단	로	짓	받	도	찍	셀	바	트	카
동	장	난	짓	은	표	화	순	단	늘	장	의	너	바	주	전	발
말	늘	리	한	람	은	퓨	히	용	범	파	참	석	트	주	위	로
찍	절	돌	질	동	북	추	솔	운	한	한	북	사	젊	받	름	솔
표	행	로	고	다	캠	페	인	풍	바	감	이	동	굽	질	문	터
끔	을	세	결	크	운	용	풍	춤	운	쌀	장	미	막	느	찍	춤
늑	대	척	에	쌀	들	젊	람	형	식	레	바	다	지	배	표	은
결	을	쌀	레	절	바	짓	을	로	러	동	컴	견	마	에	동	위
흥	미	로	운	한	필	질	을	노	자	매	물	올	스	문	끔	카
질	견	발	표	너	전	을	용	범	대	주	도	장	도	때	필	주

비싼
모의
형식
이미지에
단순화
고추를
늑대
때문에
세척
장난
목욕
사자
마지막
단순히
참석
캠페인
흥미로운
주름
배지
자매

Puzzle 124

딱정벌레
완두콩
손가락
검토
아웃
계약에
신발
그려
반환
아빠
원형
교사
찬장
문자
빌드
갔다
드물게
도입
웨스트했다
스마트

아	를	노	문	굽	동	한	제	찬	말	에	웨	추	너	컴	퓨	자
트	웃	을	측	제	고	공	끔	장	션	젊	스	측	루	셀	파	카
카	춤	올	받	한	손	집	자	계	다	결	트	장	굴	스	마	트
필	한	끔	집	굴	풍	가	거	문	약	발	했	사	동	날	고	를
행	북	레	도	용	트	장	락	터	쌀	에	다	을	아	문	추	법
원	형	위	은	올	노	절	카	주	풍	집	다	질	빠	도	람	셀
람	대	용	고	루	트	션	람	은	너	동	추	파	제	집	집	다
돌	쌀	끔	를	느	발	감	어	의	체	도	스	북	한	다	한	크
제	에	범	문	낌	도	한	날	올	위	부	션	사	쌀	자	올	올
굽	은	한	로	주	발	을	카	도	게	도	입	반	한	범	굴	낌
자	이	젊	셀	올	끔	을	다	를	물	말	전	환	바	느	어	어
바	리	쌀	짓	트	용	바	의	빌	드	다	자	굴	받	거	유	굽
갔	운	춤	제	달	춤	동	딱	정	벌	레	검	솔	바	쌀	레	한
다	질	은	문	자	완	두	콩	신	그	견	토	달	달	거	위	너
너	거	풍	춤	스	질	리	굴	발	려	교	사	젊	범	쌀	문	짓

Puzzle 125

은	에	깜	돌	를	추	집	법	터	동	받	영	고	쌀	감	측	바
다	요	짝	추	퓨	문	위	춤	컴	에	법	한	향	셀	어	고	먹
늘	굽	범	측	발	풍	컴	운	을	크	물	굽	쌀	을	러	향	바
끔	쌀	절	북	파	한	느	용	로	말	주	을	노	험	로	트	동
경	력	바	다	트	파	피	하	기	했	바	터	문	경	완	벽	로
운	크	말	를	돌	느	문	를	날	다	체	고	운	트	주	션	날
굴	스	스	트	로	노	동	파	사	범	션	자	한	운	돌	표	범
받	문	범	선	호	하	는	바	들	동	노	문	한	쌀	를	요	동
끔	체	범	죄	노	로	발	동	담	느	고	고	동	적	올	들	요
조	을	크	파	크	요	한	달	비	을	공	다	을	을	바	스	트
을	사	러	들	고	리	발	요	어	도	측	이	찍	발	전	전	문
도	느	자	다	측	바	용	리	문	피	퓨	주	짓	자	행	대	거
거	느	연	운	질	러	동	감	발	부	들	파	다	펜	복	늘	짓
사	굴	받	춤	절	한	늘	측	측	늘	은	쌀	을	싱	올	루	한
문	필	세	트	를	카	를	늘	거	젊	루	주	루	돌	바	질	자

고향
완벽
깜짝
펜싱
자연
피하기
노크
조사
범죄
영향을
경력
담비
경험을
피부
노동
행복
세트를
먹고
선호하는
말했다

Puzzle 126

굽	표	받	한	이	문	복	용	성	의	법	바	범	바	레	컴	그
질	날	쌀	한	측	람	용	동	북	능	질	자	공	다	발	네	래
달	동	러	한	한	주	이	쌀	믹	추	가	터	의	거	물	트	프
늘	노	체	고	행	어	최	근	스	다	을	지	느	문	장	워	요
트	전	북	트	바	표	동	이	주	느	셀	폰	고	주	레	크	부
돌	쌀	말	기	회	주	전	날	터	위	루	스	파	있	대	짓	쌀
음	날	올	트	적	견	바	젊	특	별	한	바	올	을	다	리	용
료	돌	용	크	레	스	한	운	도	부	문	맞	퓨	발	졌	가	을
스	컴	범	셀	견	낌	공	부	북	이	굽	거	솔	은	어	질	용
풍	한	모	컴	춤	을	도	낌	계	자	감	션	주	문	떨	달	대
외	부	를	텔	쌀	집	바	주	산	느	동	용	부	표	어	맞	을
다	받	표	솔	도	레	삼	각	형	발	위	에	가	지	고	람	젊
질	올	사	물	받	말	끔	굽	표	소	개	에	달	체	요	로	북
도	쌀	동	퓨	쌀	을	젊	젊	다	한	셀	용	한	의	법	늘	부
굴	람	트	용	의	주	을	달	운	표	퓨	찍	문	일	부	로	모

특별한
떨어졌다
가지고
기회
계산
가능성
소개에
가지고있다가
모텔
네트워크
부모
삼각형
복용
그래프
일부
외부를
음료
최근
스폰지
믹스

Puzzle 127

바	공	법	느	전	의	체	바	위	자	트	로	사	은	주	메	올
일	반	적	으	로	쌀	사	맞	러	달	행	도	운	프	날	리	왕
주	표	컴	로	느	풍	막	노	춤	은	주	운	드	날	리	견	자
공	개	올	문	이	느	린	맞	은	맞	질	초	가	공	레	지	한
동	구	운	추	질	부	발	자	쌀	장	동	원	에	까	느	발	아
카	리	체	다	한	핸	문	자	사	요	쪽	장	카	풍	운	발	굽
북	쌀	동	북	굽	들	절	발	굽	이	야	기	노	한	발	이	파
느	감	주	속	도	을	어	주	터	끔	어	고	주	터	요	바	를
받	범	부	맞	람	한	달	솔	션	말	동	객	부	쌀	공	노	셀
레	요	굴	문	한	스	은	동	결	도	춤	표	바	집	자	로	루
전	원	은	동	받	부	위	트	도	파	달	감	대	트	법	문	트
측	트	에	동	동	터	은	추	제	노	범	동	범	요	사	문	람
필	요	풍	은	날	필	자	크	사	필	용	스	에	필	너	말	레
용	질	결	을	풍	을	리	다	레	추	질	도	낌	위	불	에	너
부	컴	장	에	변	화	의	질	노	용	운	용	범	동	춤	낌	한

불에
초원
개구리
프리지아
전원
변화의
왕자
이야기
느린
가까운
크레용
사막
핸들을
고객
사운드
메리
발굽
동쪽
일반적으로
속도

Puzzle 128

감	부	컴	동	터	부	한	의	전	의	쌀	람	한	부	춤	에	이
바	러	견	동	쌀	측	람	굽	바	굽	범	풍	터	날	필	느	쌀
한	절	위	다	솔	용	조	언	을	사	스	러	범	행	다	을	파
람	행	풍	다	동	감	적	느	질	짓	루	트	자	트	적	음	춤
문	물	문	풍	집	로	션	다	결	동	이	느	바	람	필	통	에
다	섯	스	날	질	집	찍	절	달	다	전	춤	대	짓	측	들	해
로	너	발	람	견	날	법	은	을	춤	패	턴	은	집	적	트	돌
용	사	게	다	발	날	주	끔	법	부	크	자	노	맞	감	발	달
션	결	이	레	을	위	주	낌	이	퓨	고	쌀	루	감	짓	필	다
결	끔	트	장	명	를	적	로	표	질	동	받	가	을	굽	문	북
역	사	에	스	시	이	전	젊	용	내	레	이	터	콥	리	헬	부
요	자	서	측	포	늘	끔	동	집	돌	젖	솔	이	러	를	을	자
발	로	장	범	들	문	트	부	녕	안	은	좋	데	시	스	트	림
문	터	낌	동	은	절	다	제	용	도	극	다	리	를	공	다	그
굽	추	도	부	문	짓	자	끔	달	측	장	공	바	자	터	장	질

다섯
그림자
헬리콥터
러시를
바람
이전
다음에
명시
내레이터
조언을
게이트에서
스트림
극장
포스트
좋은안녕
역사
패턴
데이터가
젖은
통해

Puzzle 129

귀	늘	스	자	응	시	컴	자	리	의	용	부	위	동	측	클	럽
발	족	틸	를	조	합	이	셀	션	로	문	체	오	소	리	크	위
집	솔	훔	춤	다	주	트	동	적	컴	러	집	한	문	너	한	영
달	트	쳐	수	공	떠	나	순	간	북	위	요	늘	트	젊	법	양
젊	리	젊	문	달	를	한	을	집	집	테	도	질	트	션	동	분
카	쌀	이	발	를	대	늘	이	짓	춤	장	러	느	무	시	솔	을
평	가	을	문	말	도	제	건	굴	요	도	재	물	낌	한	를	을
동	사	끔	한	로	결	한	포	다	느	트	능	운	달	느	스	위
노	궤	동	쌀	들	법	질	도	올	풍	람	다	자	느	느	대	주
굽	도	달	퓨	도	을	부	람	자	쌀	파	트	너	파	티	부	한
솔	한	찍	법	범	바	돌	결	장	이	필	행	느	동	동	느	발
한	트	자	부	로	동	을	집	다	파	행	절	퓨	문	다	주	은
쌀	로	맞	추	도	부	추	문	공	쌀	짓	맞	노	자	연	에	파
느	한	레	발	람	질	다	견	질	은	파	슬	립	동	한	공	한
위	협	이	을	결	필	에	문	한	질	들	퓨	루	집	이	을	를

순간
떠나
자연에
클럽
재능
평가
무시
스틸훔쳐
귀족
영양분을
슬립
건포도
테러
파트너파티
위협이
오소리
수달
응시
궤도
조합이

Puzzle 130

동	물	부	부	문	람	너	낌	을	위	한	맞	도	질	환	전	컴
사	랑	하	는	트	바	절	로	트	기	후	올	파	공	다	짓	감
바	로	거	전	공	짓	끔	쌀	파	행	부	발	터	대	운	고	터
이	바	부	컴	달	감	동	컴	이	굽	동	범	을	종	발	풍	느
어	디	서	나	에	을	자	은	질	화	절	을	트	제	료	컴	부
메	문	법	을	체	문	문	올	를	요	개	인	적	으	로	와	발
모	절	법	러	러	날	도	느	알	일	셀	성	퓨	말	을	돌	굴
리	전	문	북	기	차	문	날	려	날	발	끔	찍	제	어	노	제
거	부	파	전	개	최	자	발	진	주	춤	범	이	감	동	람	발
요	행	주	맞	거	에	람	찍	문	굴	도	부	문	을	람	추	물
감	루	자	의	요	션	을	바	말	체	을	짓	운	크	대	이	풍
동	찍	필	신	바	지	문	대	바	굽	체	오	문	운	쌀	에	도
집	러	도	당	을	난	문	한	문	끔	레	두	한	운	날	위	터
장	눈	루	너	사	집	집	람	느	찍	파	막	끔	말	사	쌀	동
집	물	앞	으	로	도	을	를	돌	션	컴	퓨	바	동	노	트	전

개최
메모리
앞으로
사랑하는
기후
화요일
제어
알려진
부주의
기차
개인적으로
눈물
행동을
당신의
어디서나
종료와
질환
성인
오두막
지난

Puzzle 131

요	북	리	맞	를	너	도	러	쌀	트	다	한	가	솔	린	제	위
견	부	느	문	이	트	한	주	풍	을	시	결	이	파	바	춤	고
춤	파	한	질	상	컴	끔	표	문	행	에	운	굽	풍	은	적	요
을	은	크	낌	추	질	맞	질	시	문	한	이	춤	풍	들	문	다
느	내	용	전	셀	말	질	를	컴	대	이	용	자	스	션	법	션
용	측	추	젊	체	의	달	로	다	카	트	터	문	추	공	철	러
의	료	문	한	통	증	이	히	위	리	크	체	솔	에	바	회	거
맞	주	어	문	위	절	견	트	을	들	한	바	사	쌀	람	끔	공
은	을	컴	최	요	추	어	션	달	의	람	에	낌	법	대	집	문
들	너	풍	션	초	자	신	의	주	말	바	낌	긴	추	람	돌	레
주	발	다	카	쌀	의	이	헤	객	찍	로	트	급	한	견	용	은
리	제	카	셀	바	정	바	론	체	필	사	자	주	장	느	로	대
발	낌	운	의	풍	문	맞	트	를	터	사	들	에	너	소	수	러
젊	낌	물	카	대	장	말	말	트	느	낌	너	받	너	쌀	리	문
추	문	감	전	동	감	바	결	을	동	카	크	정	원	지	부	한

정의
표시
정원
긴급
가솔린
운이
통증이
느낌
자신의
히트
의료
다시에
소수
상추
철회
객체를
최초의
헤론
에너지
내용

Puzzle 132

진리
결정
살고있는
낙타
작업
마스크
결론
햄스터
상승
운송
민주
던져
운동의
거짓말
메일을
혜택
충분한
사탕
살쾡이를
치킨

주	운	질	짓	를	적	결	퓨	찍	결	쌀	감	동	로	다	끔	대
말	거	고	한	늘	동	메	정	한	론	자	트	한	표	주	로	바
파	한	부	제	발	동	북	일	문	느	용	의	도	발	고	을	한
젊	짓	굽	루	도	트	레	날	을	한	바	결	추	들	자	받	한
동	굴	표	운	받	절	추	견	측	트	용	도	날	발	솔	충	적
감	션	진	쌀	맞	너	트	을	늘	문	로	거	로	의	표	분	을
동	굴	리	물	를	행	문	장	제	의	절	파	동	감	을	한	바
문	말	민	올	이	제	느	도	굽	동	이	행	람	자	스	은	을
법	용	주	스	쾡	자	낙	혜	택	운	감	거	날	에	작	업	를
굽	은	어	노	살	법	타	상	승	셀	송	짓	발	범	이	한	위
이	터	끔	로	고	을	에	낌	노	장	트	말	찍	을	집	범	바
루	쌀	늘	문	있	다	트	측	마	도	행	치	킨	셀	행	은	를
체	쌀	낌	루	는	질	동	터	스	햄	을	위	의	고	젊	을	사
북	맞	트	사	탕	리	을	의	크	필	에	제	한	동	올	한	쌀
돌	던	져	이	다	한	동	이	자	찍	부	절	물	문	트	한	한

Puzzle 133

범	한	달	헌	누	주	느	컴	결	제	한	어	람	로	낌	말	로
한	은	쌀	신	구	레	다	전	셀	트	행	한	리	절	람	에	자
결	합	문	자	아	문	낌	굽	을	젊	바	질	부	레	은	루	발
점	다	셀	어	무	돌	도	한	루	보	일	굴	쌀	질	이	문	측
수	맞	운	경	것	은	춤	동	북	요	한	맛	을	말	레	올	아
주	행	교	고	도	낌	절	장	측	트	를	션	발	을	행	발	이
법	년	실	했	낌	퓨	동	노	느	주	행	행	셀	의	동	렌	를
지	추	상	다	한	를	바	스	춤	낌	받	터	운	제	로	타	집
역	공	태	부	받	도	쌀	장	을	에	사	낌	자	제	트	인	크
주	은	법	달	굽	사	물	다	장	풍	용	트	트	바	느	너	사
레	동	말	운	파	건	퓨	카	용	발	동	끔	파	한	법	거	감
맞	어	문	끔	고	바	질	어	의	어	문	집	카	주	장	감	측
션	올	떤	트	트	끔	공	주	발	레	컴	레	문	문	적	어	을
들	재	레	받	터	저	달	서	비	스	춤	젊	절	한	루	트	에
은	킷	올	트	느	항	문	순	달	한	한	필	동	션	질	범	동

점수
아이를
결합
경고했다
누구아무것도
보일
재킷
어떤
행운
발렌타인
주년
순서
지역
저항
맛을
사건
상태
서비스
헌신
교실

Puzzle 134

유명한까지
동반자
앵무새
하마
증오
말하는
뜨거운
세포
따뜻한
다수
서른
축구
느슨한
욕망을
태도
가져
토끼
바로
파슬리
수요일

위	은	수	션	동	욕	돌	션	표	바	세	포	늘	한	한	카	바
로	공	요	이	사	망	추	자	로	로	결	굽	문	말	집	받	용
올	사	일	동	바	을	에	문	도	북	운	범	운	범	터	을	맞
풍	를	달	터	부	문	법	노	크	증	오	을	부	문	주	문	끔
장	문	은	바	션	견	쌀	퓨	사	를	감	트	트	표	위	절	문
낌	션	트	가	쌀	태	도	앵	무	새	자	부	거	스	풍	감	쌀
쌀	올	지	져	올	솔	필	동	젊	위	제	늘	한	자	주	요	컴
굽	공	대	까	필	요	자	용	뜨	거	운	마	한	말	은	에	스
젊	자	느	슨	한	서	른	파	슬	리	동	말	하	는	동	받	발
올	다	문	람	뜻	명	발	한	결	필	반	문	다	이	문	바	트
용	문	법	트	따	너	유	낌	문	측	자	필	다	을	결	짓	동
운	다	맞	셀	트	문	문	부	로	루	다	주	다	감	다	한	문
날	발	늘	낌	풍	용	쌀	용	너	주	자	체	위	수	문	토	맞
동	레	다	문	문	쌀	받	축	구	질	북	을	퓨	추	날	끼	파
쌀	느	질	범	날	부	부	고	레	날	은	맞	어	절	을	바	트

Puzzle 135

어	디	에	있	는	누	너	어	은	로	표	부	한	솔	불	너	문
도	표	바	한	질	군	너	다	을	용	쌀	말	끔	공	행	트	컴
대	주	은	주	동	가	한	도	질	견	맞	북	웃	표	공	부	들
트	도	트	문	한	레	법	람	을	한	느	거	음	위	트	행	동
크	동	션	용	의	발	도	한	추	루	추	도	성	발	춤	부	을
받	터	들	은	집	문	대	받	러	러	을	도	달	느	범	돌	부
도	집	문	동	바	를	감	부	끔	다	견	물	물	다	한	용	굴
코	느	체	파	측	지	이	페	한	적	적	행	솔	한	달	들	느
치	한	동	들	발	트	구	문	맞	문	질	동	러	솔	추	은	너
한	션	부	증	춤	트	카	를	셀	올	배	어	자	말	결	법	을
차	터	문	거	컴	카	젊	낌	발	의	울	트	문	제	를	동	견
트	용	공	간	실	문	물	집	문	카	전	거	주	낌	동	절	셀
한	적	솔	트	수	필	용	가	끔	쌀	굴	왼	쪽	부	물	파	짓
법	트	요	계	단	러	트	범	제	고	말	절	고	을	뒤	요	바
바	솔	북	의	문	운	을	파	공	퓨	크	대	달	용	에	한	을

도달
웃음
달성
차용
공간
왼쪽
계단
증거
페이지
가끔
지구를
어디에있는
불행
누군가
배울
거부
절대
실수
코치
뒤에

Puzzle 136

찍	젊	레	바	위	요	북	고	대	동	어	말	집	람	션	집	질
질	도	을	솔	쌀	문	카	한	다	전	용	트	루	늘	추	주	문
너	체	바	대	표	한	주	스	고	받	법	트	주	바	질	느	공
동	주	레	양	배	추	로	범	사	무	실	올	도	시	용	측	은
공	급	전	상	육	풍	람	늘	법	동	들	트	한	작	한	쪼	아
도	쌀	략	단	람	동	스	견	에	주	결	거	리	은	저	녁	을
번	를	한	을	로	을	카	위	를	리	말	질	쌀	맞	쌀	끔	바
두	호	문	한	수	분	동	용	추	발	레	동	짓	바	에	도	문
꺼	쌀	노	트	느	의	파	맞	스	물	측	문	사	질	거	주	위
비	소	한	법	운	문	들	올	자	솔	굽	질	의	바	를	짓	부
바	파	도	느	찍	이	들	을	법	연	표	특	러	느	트	문	리
버	추	크	요	풍	도	끔	트	사	을	기	정	문	한	측	답	트
늘	섯	너	받	고	쌀	제	문	건	을	거	를	이	북	거	적	집
한	루	다	한	리	을	을	은	조	퓨	퓨	용	를	를	질	한	주
문	이	이	트	날	동	부	행	트	비	워	퓨	젊	은	늘	사	를

상단
건조
저녁
고대
두꺼비
육상
시작
번호
사무실
쪼아
연기를
비워
거북이를
특정
전략
수분
공급
버섯
소파
양배추

Puzzle 137

한	필	삽	풍	날	측	로	을	바	터	동	감	도	위	대	젊	에
끔	은	입	범	굴	으	한	의	액	세	스	에	을	늘	로	풍	적
법	공	은	달	자	르	위	은	다	소	원	없	이	노	달	문	바
위	질	사	장	어	렁	집	험	날	다	발	결	끔	람	부	개	질
찍	거	카	점	범	러	트	의	하	말	제	트	트	표	날	미	용
발	적	낌	한	진	문	느	달	집	게	집	발	도	풍	선	학	생
아	래	층	에	한	적	느	이	주	모	동	코	필	트	북	동	부
요	쌀	추	바	한	끔	한	파	로	기	동	니	달	크	들	자	스
어	체	찍	너	러	측	새	날	발	전	문	가	류	조	장	낌	파
자	필	낌	산	업	을	용	벽	다	말	다	발	다	쌀	젊	트	범
문	에	굽	맞	러	파	한	제	시	춤	를	을	질	견	동	제	문
말	자	로	날	로	개	리	적	집	이	문	한	도	을	람	감	을
감	동	공	범	을	미	놀	맞	부	을	위	이	하	동	로	받	북
찍	크	부	분	은	성	라	말	젊	문	너	질	나	이	운	느	주
을	은	들	이	올	가	운	루	대	발	한	춤	의	부	바	셀	용

하나의
발코니
아래층
소원없이
산업을
새벽
전문가
삽입
학생
다시
개미
부분은
점진적
모기
개미성가
위험하게
놀라운
으르렁
조류가
액세스

Puzzle 138

정부의
마녀
잊어
냄비
졸업
인치
설계
비트
투명
수량
안녕
흔들
지네
프로젝트를
캠프
선호
난로
일회용
물개
친화적

프	캠	들	을	범	요	사	다	위	노	춤	물	행	을	이	대	문
로	대	자	한	젊	풍	카	설	루	표	표	개	날	은	달	트	위
젝	바	들	굴	파	한	늘	셀	계	자	견	도	마	결	사	쌀	의
트	범	돌	문	로	집	집	에	대	풍	지	맞	녀	느	용	바	짓
를	문	돌	을	감	느	다	거	한	자	네	문	너	한	이	날	쌀
루	루	트	터	난	선	의	흔	들	한	발	법	들	전	의	용	이
의	로	들	다	로	동	터	크	동	들	돌	쌀	잊	문	컴	용	은
바	정	냄	비	친	화	적	굴	쌀	들	을	짓	어	절	법	은	러
말	부	측	느	굴	고	를	젊	느	문	장	을	을	절	일	주	을
결	의	측	바	질	졸	자	선	쌀	감	다	에	낌	인	회	스	발
러	도	절	질	결	업	의	은	호	를	발	느	다	치	용	쌀	느
풍	늘	한	행	을	위	솔	거	느	질	감	트	받	루	찍	을	쌀
솔	셀	측	견	비	부	굽	측	추	절	스	로	카	로	바	쌀	감
터	부	집	운	트	운	이	루	터	체	어	투	끔	받	수	들	늘
표	추	용	카	위	바	질	느	한	운	문	명	거	안	녕	량	주

Puzzle 139

동	너	젊	대	용	바	트	사	컴	냉	문	추	바	시	민	카	이
자	문	문	공	로	요	물	느	대	부	장	주	어	진	주	는	트
찍	을	에	절	올	주	측	춤	법	족	굴	고	올	용	측	쌀	법
달	문	동	다	한	절	은	다	들	한	노	자	전	측	위	돌	굴
위	들	풍	질	병	체	동	감	가	찍	젊	전	기	크	측	낌	사
거	충	돌	파	동	필	포	제	이	익	동	거	찍	한	굽	늘	어
한	찍	표	어	나	비	견	를	차	을	카	달	체	용	은	젊	늘
찍	솔	용	고	풍	터	자	솔	동	문	리	결	대	말	트	대	범
젊	용	크	들	요	은	부	동	측	맞	장	용	용	고	한	낌	을
벽	짓	적	터	감	트	자	돌	로	범	은	도	셀	은	발	말	찍
난	동	단	크	감	날	은	어	이	짓	자	문	리	카	지	능	형
로	주	위	이	돌	션	적	발	야	자	쌀	다	견	트	사	낌	스
주	춤	를	수	적	올	달	휘	기	장	한	바	굴	견	춤	달	발
퓨	미	라	달	면	바	로	쌀	는	문	쌀	측	쌀	끔	날	결	느
범	춤	를	을	컴	굴	고	파	추	로	맞	짓	를	주	적	너	풍

발휘
충돌
지능형
나비
부족한
자전거
이야기는
주어진주는
냉장고
이익
전기
벽난로
돌풍
수면
차이가
질병
단위를
체포
미라
시민

Puzzle 140

활동
교실을
연구
가상
옷장
오류
광산
딸기
시력기호
동물원
기관
증명
양말
사진
가스
병아리
멋진
금지하는
조건
식물로

광	질	올	교	실	을	젊	사	진	필	퓨	한	다	동	부	공	맞
끔	산	용	금	맞	옷	멋	레	고	람	로	견	쌀	질	을	부	발
결	집	도	시	지	장	진	자	동	날	터	사	발	필	낌	의	결
표	리	연	력	에	하	동	집	운	솔	동	동	퓨	카	집	로	날
증	명	구	기	늘	을	는	풍	러	루	셀	활	동	추	행	은	운
자	다	은	호	에	체	결	문	셀	파	문	거	부	동	어	한	굴
달	장	문	젊	주	체	문	트	양	말	다	바	굴	물	물	레	위
은	용	도	셀	다	장	어	레	굽	바	가	상	올	원	을	적	을
를	풍	한	도	감	노	장	바	물	굽	러	장	의	끔	조	은	크
질	스	을	한	요	파	이	굽	솔	끔	레	제	달	발	건	젊	찍
다	바	식	고	을	위	부	맞	터	가	스	굴	느	러	맞	올	터
퓨	위	너	물	주	병	아	리	솔	끔	다	루	을	솔	너	바	셀
션	견	람	제	로	춤	를	을	견	이	문	을	자	로	법	짓	굴
크	기	관	물	컴	굽	셀	감	자	추	루	찍	풍	찍	질	딸	느
오	류	행	용	한	행	절	추	찍	전	도	바	맞	한	러	기	을

Puzzle 141

종	도	사	트	트	리	결	루	을	견	끔	굴	람	장	짓	전	너
이	자	시	문	젊	셀	결	문	낌	바	풍	끔	날	받	경	찰	관
못	부	측	크	을	질	러	감	측	칩	트	부	돌	투	다	음	과
잘	바	다	션	션	들	달	리	운	니	필	퓨	자	표	용	동	느
대	의	행	러	은	필	행	다	느	다	를	이	터	달	동	거	부
느	이	춤	파	션	을	름	을	자	춤	동	감	한	어	이	용	한
쌀	범	용	동	공	돌	문	한	동	러	도	보	발	물	늘	바	표
달	바	레	맞	스	한	컴	올	에	루	쌀	전	문	채	전	거	바
동	제	더	블	테	솔	달	문	너	위	의	쌀	트	택	달	추	바
달	발	거	말	이	결	견	고	은	카	부	동	컴	적	루	필	한
도	쌀	절	한	파	동	컴	문	전	동	풍	제	들	합	파	셀	느
거	쌀	퓨	바	요	측	은	크	을	루	도	법	추	바	귀	발	올
범	발	도	의	견	한	바	을	람	굴	다	추	로	은	여	맞	절
적	문	위	문	리	질	자	이	풍	다	쌀	도	위	평	운	라	브
절	카	부	고	귀	한	짓	풍	셀	파	쌀	과	자	균	리	질	적

스테이
평균
더블
종이
필름
다음과
적합
도시
바칩니다
채택
브라운
귀여운
셀러리
과자
경찰관
고귀한
위의
투표
잘못이
도보

Puzzle 142

요즘
고무
온도의
감싸는
돌고래
시도를
베이
경로
암탉
신중한
사과
마우스
코스
원인
높이
야드
습관을
행동하라
비행
가득

문	제	바	집	로	이	문	높	이	요	즘	필	카	암	솔	감	을
굴	견	원	문	늘	용	찍	돌	베	로	풍	대	발	대	탉	싸	문
도	들	인	트	트	제	터	용	풍	위	범	자	퓨	트	쌀	는	공
끔	자	문	동	거	컴	셀	춤	쌀	결	야	드	한	문	도	위	한
느	집	터	집	바	레	을	적	발	을	동	다	전	바	바	자	은
돌	위	이	트	이	문	트	을	을	을	은	돌	로	도	쌀	말	받
도	주	을	올	부	로	쌀	도	돌	쌀	무	고	사	습	관	을	추
질	집	동	느	로	리	부	부	이	표	범	래	과	의	을	공	에
체	의	바	풍	은	을	의	절	용	결	제	달	문	리	셀	노	너
시	도	를	바	요	카	러	트	질	찍	법	부	느	고	용	문	너
자	온	돌	북	크	고	컴	리	한	다	을	느	은	올	이	바	사
행	를	굽	용	트	공	를	발	견	주	션	파	을	물	굽	달	늘
스	동	요	이	느	한	비	행	질	집	들	질	가	견	요	도	주
레	크	하	느	행	물	코	스	우	마	전	루	올	득	용	법	운
한	경	로	라	파	신	중	한	돌	발	을	한	견	요	늘	동	대

Puzzle 143

한	달	한	결	들	짓	이	날	은	세	문	발	공	주	에	짓	이
관	계	가	동	굽	바	전	인	상	금	레	도	다	이	북	문	돌
레	대	에	쌀	추	을	발	트	션	문	짓	날	카	국	자	운	올
의	언	에	문	의	러	끔	문	주	트	쌀	한	공	가	의	트	달
존	위	어	굽	컴	반	동	북	자	질	를	필	파	상	한	도	은
자	발	쓰	를	사	너	영	의	러	달	너	제	어	처	길	을	표
맞	행	기	로	집	다	공	에	부	굽	바	표	북	굽	쌀	법	표
를	한	러	질	에	트	생	날	서	결	어	고	용	퓨	받	들	사
범	공	스	트	루	을	강	측	북	를	을	문	바	들	짓	한	의
공	공	루	스	받	크	을	돌	법	트	벨	중	요	한	말	받	노
질	공	적	발	적	의	의	물	어	셀	트	카	터	집	달	트	제
춤	운	크	끔	발	낌	물	용	발	맞	을	측	져	너	맞	이	외
일	몰	젊	운	전	사	문	전	동	범	자	다	추	어	린	이	침
부	말	션	동	스	동	용	리	도	크	주	카	젊	바	떨	굴	을
늘	법	공	달	윙	늘	컴	표	굴	대	사	적	람	날	홍	수	도

떨어져
스윙
상처
길을
의존
중요한
외침을
인상
운전사
생강을
반영에서
어린이
세금
관계가
홍수
일몰
쓰기
벨트
언어를
국가

Puzzle 144

역	할	에	크	낌	변	전	체	노	불	루	끔	동	바	를	요	굽
감	리	받	람	날	리	위	터	용	구	강	탈	너	도	소	시	지
이	부	크	스	를	을	용	와	을	하	을	다	동	션	너	문	은
이	표	문	에	추	바	추	낌	서	고	맞	너	절	필	장	표	맞
고	쌀	기	셀	바	짓	제	부	션	문	절	장	추	동	한	필	제
찍	추	록	한	동	다	발	바	쌀	법	은	거	카	결	동	질	사
스	행	레	집	대	굴	견	퓨	용	다	너	위	리	트	굴	다	을
늘	쌀	옥	수	수	장	을	의	스	위	감	람	를	젊	한	문	다
쌀	낌	로	젊	크	카	발	풍	포	법	이	주	파	경	쟁	백	조
도	을	끔	의	동	용	주	셀	츠	은	들	장	필	날	문	루	람
동	동	한	사	주	동	카	쌀	가	북	동	굴	퓨	셀	장	짓	짓
젊	너	굽	동	풍	낌	거	감	한	해	션	제	질	주	쌀	릴	번
전	자	터	용	문	필	울	낌	부	질	제	끔	의	카	션	리	은
의	리	부	루	늘	감	표	문	젊	느	안	사	제	풍	다	스	한
행	절	춤	터	파	주	장	로	공	수	석	션	용	레	루	사	을

강탈
변위
제안
수석
불구하고
동의
와서
항해
의사
백조
역할에
릴리스
소시지
기록
고추
거울
스포츠가
수집
경쟁
옥수수

Puzzle 145

달	이	크	로	솔	레	한	풍	간	점	점	이	공	질	컴	제	거
동	을	추	용	고	물	한	한	너	다	올	에	돌	돌	도	견	러
어	부	리	용	노	젊	자	도	바	에	표	문	말	전	트	한	주
문	을	용	쌀	문	도	다	솔	한	질	레	느	문	아	주	루	할
한	공	한	을	트	행	문	을	적	북	루	짓	대	찍	마	크	아
쌀	선	언	끔	말	컴	파	스	트	찍	풍	너	공	문	다	도	버
한	로	전	찍	퓨	트	파	이	스	요	굽	은	정	션	적	젊	지
올	문	문	사	받	리	파	카	말	말	발	동	를	춤	견	짓	커
전	터	바	을	로	달	노	문	들	문	고	문	한	람	이	법	버
주	법	용	스	온	다	칫	용	행	행	크	트	수	부	손	맞	가
측	정	레	돌	결	트	솔	찍	공	이	짓	개	도	요	실	는	읽
추	은	동	은	동	확	장	느	다	의	범	발	컴	한	가	살	집
전	용	도	고	바	어	파	낌	절	체	질	특	느	바	제	아	느
람	를	북	젊	올	자	동	여	풍	한	트	히	대	고	대	있	레
에	느	트	이	돌	트	문	름	동	맞	동	날	크	용	받	는	동

간다
수요가
공정
손실
할아버지
아마도
읽는
선언
확장
특히
점점
맞는
측정
커버가
전문
개발
온다
여름
살아있는
칫솔

Puzzle 146

대표
바구니
거의
우리의
바지
회색
용어집
고블린
전쟁
버전
감기
벽화
코를하지
스케이트
아름다운
감지
첨부
케이스
직원
옵션

쌀	션	용	이	루	너	자	크	회	북	춤	고	대	은	트	바	바
춤	사	어	첨	부	노	을	동	색	춤	거	동	션	발	한	을	파
러	전	집	전	쟁	바	션	도	바	리	너	트	동	문	돌	자	젊
스	다	자	춤	트	구	공	퓨	자	감	주	굴	질	도	체	벽	화
감	케	전	로	위	니	부	부	집	주	도	부	굽	운	느	물	법
카	문	이	솔	느	노	동	발	한	바	이	동	터	동	끔	문	너
집	동	물	트	루	쌀	다	거	돌	고	블	린	쌀	문	러	동	풍
늘	느	제	이	집	도	컴	한	직	젊	의	결	거	제	트	범	이
문	바	지	레	을	레	주	로	우	원	찍	용	풍	스	파	낌	문
대	측	제	제	러	감	지	의	리	을	주	질	적	로	체	문	감
어	결	찍	셀	물	발	돌	대	의	대	표	질	너	행	풍	퓨	기
느	한	을	버	추	표	동	물	동	로	대	의	을	범	북	바	굴
스	문	의	전	결	어	주	발	견	로	표	대	추	퓨	션	러	어
운	공	달	물	찍	바	춤	코	를	하	지	옵	션	날	도	터	표
케	이	스	아	름	다	운	퓨	대	굽	한	에	북	거	의	질	주

Puzzle 147

제	람	은	적	끔	레	바	용	쌀	요	대	스	울	은	위	표	짓
공	행	집	레	션	너	카	운	파	법	바	키	타	북	체	돌	굽
발	동	용	대	끔	측	달	거	짓	을	로	를	리	굽	북	바	표
적	느	절	은	운	복	은	체	적	은	쌀	부	발	문	부	클	퓨
울	었	다	풍	전	구	동	발	적	동	굽	바	퓨	견	학	립	물
추	은	춤	동	발	문	용	트	견	절	적	카	다	쌀	업	시	늘
체	집	문	행	트	제	춤	쌀	맛	체	한	평	폐	기	물	계	에
은	물	문	말	랑	조	못	연	파	있	을	야	달	를	한	고	부
자	느	바	동	어	추	쌀	방	트	다	는	의	굴	북	제	를	거
부	취	맞	로	범	넥	타	이	은	견	바	너	자	고	을	부	견
주	미	날	바	젊	풍	고	젊	춤	도	주	스	러	카	필	어	발
쿠	페	장	동	법	달	북	찾	동	행	용	법	동	받	주	카	문
품	주	이	스	카	어	부	고	부	다	동	질	다	대	카	노	에
의	질	영	화	문	크	추	추	동	제	어	러	끔	성	장	한	다
공	적	트	바	굴	을	에	다	러	말	레	바	용	를	다	거	춤

성장한다
영화
취미
폐기물
평야
울었다
맛있는
쿠페
연방
클립시계
학업
부추
울타리
품질
복구
넥타이
찾고
연못조랑말
스키
적절한

Puzzle 148

현실의
우유지방
공원
긍정적
것은
추가
편지
통지
조건이
간단한
복숭아
나중에
가방
음성
트럭
방법을보고
복싱
얼룩말
포켓
갈등

감	사	파	크	감	바	나	풍	다	다	한	문	다	측	용	느	너
다	전	날	받	도	쌀	중	퓨	한	짓	자	트	용	을	법	로	낌
루	을	전	을	한	은	에	다	동	를	트	을	받	한	편	지	다
느	자	트	솔	용	올	복	숭	아	문	을	어	물	표	들	통	한
문	제	늘	굴	풍	솔	짓	동	람	주	솔	감	바	은	느	도	동
느	용	표	거	솔	로	자	컴	컴	로	제	문	늘	한	문	굽	춤
짓	셀	날	찍	들	트	행	간	스	션	법	동	복	싱	거	을	스
러	솔	거	파	긍	적	럭	단	요	짓	자	느	우	용	터	물	자
견	공	원	스	의	정	러	한	현	실	의	물	유	용	터	너	방
범	동	를	션	자	갈	적	표	카	은	것	은	지	물	발	굴	법
결	표	한	가	방	등	끔	조	건	이	찍	끔	방	바	음	로	을
추	가	필	위	용	카	풍	루	느	동	올	주	이	달	리	성	부
말	느	바	한	행	쌀	끔	절	을	사	용	범	운	끔	북	한	고
굴	을	쌀	요	느	동	동	요	북	얼	룩	말	달	젊	러	바	포
카	이	을	을	받	을	느	쌀	트	사	스	너	셀	받	로	컴	켓

Puzzle 149

과	트	굴	바	부	바	질	자	전	위	이	컴	쌀	고	끔	돌	법
학	접	착	제	부	자	견	자	견	절	이	카	찍	말	문	받	들
사	로	범	로	스	굽	쌀	도	한	바	동	로	당	근	케	이	스
로	받	한	굴	바	한	동	끔	을	소	파	표	면	레	말	부	발
발	감	너	문	질	올	로	사	로	금	요	로	발	측	사	부	한
로	감	의	날	트	동	노	발	동	찍	도	늘	노	대	들	춤	크
공	을	카	이	체	짓	동	올	잘	못	된	토	쌀	북	어	돌	주
션	낌	인	대	북	바	을	루	로	솔	부	양	날	를	컴	달	장
달	치	정	나	머	지	시	장	의	감	장	로	춤	돌	대	도	카
발	문	체	어	날	도	한	은	질	위	운	필	레	복	산	책	의
맞	측	한	러	굽	받	젊	바	구	요	문	이	느	로	잡	질	을
장	끔	감	날	트	전	트	람	리	들	질	젊	부	운	물	한	문
주	찍	동	레	발	동	거	은	루	휴	을	범	위	는	은	한	날
정	부	이	질	이	을	동	한	솔	솔	일	요	금	어	쩌	면	문
을	셀	은	돌	행	대	풍	를	셀	부	트	로	셀	공	전	파	문

어쩌면
복잡한
소금
정부
토양
잘못된
휴일
질문
인정
정치
금요일
구리
시장의
나머지
표면
당근케이스
접착제
과학
산책
범위는

Puzzle 150

블록
사람은
라이브러리
수행
옷을
가족에게
충족
이웃도
성공
혈액
시간시간
날씨
달이
협상
응답
캐치
제목
대접
박물관
스툴

라	크	대	트	솔	장	퓨	트	도	너	춤	위	달	도	이	추	젊
절	이	접	낌	짓	주	이	위	협	상	요	측	이	충	족	옷	굴
시	쌀	브	고	문	부	웃	파	견	질	바	올	올	에	말	범	을
간	젊	에	러	크	한	도	한	북	퓨	한	공	굴	트	트	쌀	을
시	굴	퓨	집	리	레	젊	러	을	주	필	러	말	제	물	로	행
간	위	도	션	집	도	부	루	이	문	짓	루	짓	사	적	들	에
발	도	너	집	자	날	씨	을	절	행	컴	다	범	션	카	전	위
공	동	람	거	에	퓨	컴	말	수	제	절	성	공	운	한	달	문
을	스	툴	이	행	을	추	위	맞	행	사	달	맞	감	굽	에	의
제	목	람	굴	응	답	의	퓨	동	를	추	질	올	스	질	로	추
사	람	은	혈	러	발	맞	추	측	노	받	박	트	로	달	동	전
적	문	굴	액	너	로	가	족	에	게	추	물	은	찍	터	전	전
한	한	맞	법	파	쌀	동	집	자	주	거	관	느	레	굽	쌀	요
을	발	위	맞	너	용	바	솔	캐	낌	굴	람	찍	셀	로	낌	거
블	록	결	물	루	바	굴	굽	치	쌀	주	을	람	문	바	스	루

Puzzle 151

다	문	정	적	이	결	한	를	젊	프	서	랍	받	은	람	달	람
사	거	도	동	절	를	결	들	물	로	이	느	를	을	바	발	한
슬	이	쌀	은	질	을	한	절	도	세	올	꼈	솔	의	늘	솔	을
픈	의	낌	문	굽	말	빈	곤	을	스	숟	다	컴	집	을	스	다
돌	부	표	도	로	컴	자	를	주	공	가	도	문	맞	동	자	달
고	카	깔	끔	한	공	식	적	으	로	락	발	느	짓	를	날	카
법	노	질	젊	굴	사	느	굽	필	휴	들	바	연	례	은	행	집
법	트	을	감	실	시	달	요	다	가	요	문	을	의	견	을	트
설	동	한	질	고	크	문	문	굽	를	발	을	날	제	춤	너	돌
동	명	고	을	날	람	사	트	루	추	돌	이	전	파	노	추	루
셀	자	받	운	자	주	에	터	에	공	밝	동	돌	바	용	요	노
용	낌	찍	사	관	은	위	스	달	노	로	은	잉	태	파	도	늘
요	스	측	체	퓨	찰	끔	한	회	피	에	한	사	짓	한	컴	달
절	늘	내	와	공	이	젊	발	받	주	문	추	견	터	트	위	체
를	물	도	파	젊	질	감	컴	측	낌	장	감	올	한	추	적	자

느꼈다
관찰
설명
공식적으로
빈곤을
도발
실시
잉태
깔끔한
슬픈
휴가를
숟가락
서랍
연례
회피에
프로세스
내와
밝은
정도
이동

Puzzle 152

공	어	돌	한	세	도	너	은	도	발	바	을	북	달	질	법	필
돌	전	낌	퓨	날	로	루	질	낌	리	레	용	한	크	쌀	범	범
파	범	추	춤	문	전	문	측	굴	매	문	추	찍	트	너	카	달
문	질	결	퓨	추	한	결	발	쌀	를	력	맞	제	결	거	위	발
운	용	호	텔	견	발	너	바	다	로	컴	적	집	과	트	로	플
한	공	달	많	은	측	날	리	러	카	젊	크	인	요	인	을	레
계	식	사	끔	크	은	의	동	을	쌀	트	다	바	보	거	주	이
레	획	사	문	데	이	지	요	절	체	늘	거	동	물	자	은	어
스	체	은	들	자	터	결	부	집	솔	장	집	람	문	주	굽	돌
토	동	필	한	체	터	동	수	많	은	파	운	드	루	루	측	위
랑	표	장	동	이	표	을	대	의	범	법	러	너	루	발	리	트
다	달	터	러	안	전	하	게	사	용	장	드	제	퓨	동	번	자
노	을	결	문	자	카	대	은	루	측	북	부	의	용	트	발	말
문	이	체	발	트	달	전	카	리	거	쇼	쌀	풍	젊	람	한	좌
람	거	문	스	용	주	동	한	사	업	를	한	짓	셀	거	굴	석

세로
파운드
사업
계획
많은
플레이어
부드러운
동물
매력적인
요인을
쇼를
호텔
수많은
좌석
레스토랑
식사
결과
바보
안전하게
데이지

Puzzle 153

건	짓	용	스	표	표	견	문	운	달	도	신	시	크	적	방	크
물	찍	동	문	장	매	바	낌	스	동	자	불	뢰	동	이	향	받
을	짓	맞	도	을	스	달	셀	존	체	셀	안	감	보	트	으	북
들	노	한	굽	용	공	대	려	중	은	전	표	질	거	을	로	부
쌀	말	한	를	바	표	스	필	적	발	국	춤	말	날	절	도	쌀
카	행	법	추	을	부	용	로	만	든	제	질	굽	다	다	찍	은
문	다	문	북	사	짓	돌	연	못	벽	일	감	옥	의	문	자	입
느	문	한	낌	부	문	다	용	늘	카	찍	문	발	정	착	본	트
복	잡	트	날	측	을	받	질	도	나	주	물	감	도	동	로	을
맞	북	노	질	러	셀	운	굴	고	리	운	주	결	퓨	행	한	스
젊	말	문	굴	질	질	절	장	쌀	아	트	퓨	자	추	도	를	장
집	트	어	제	셀	를	바	동	동	찍	을	문	스	문	이	적	낌
도	발	자	느	견	스	한	구	컴	이	한	솔	굴	공	를	쌀	발
문	루	체	리	스	프	행	추	색	을	집	은	동	결	굴	끔	날
한	절	을	솔	트	링	풍	운	느	필	셀	의	자	위	파	용	늘

입자
건물을
존중
시크
보트
방향으로
불안
연못벽
국제
매달려
복잡
일찍
감옥
스프링
자본
신뢰
카나리아
구색
정착
만든

Puzzle 154

가을
키스
지리
기능
구름
실패
허가
양쪽
플라스틱
박탈이
반대
상대
소년
미스
망치
카펫
물질
시스템
뾰족한
택시밴

문	제	거	발	들	풍	지	리	실	시	다	은	체	돌	행	구	추
굴	문	바	적	로	끔	션	올	패	틱	스	라	플	맞	스	름	돌
을	적	결	받	뾰	스	쌀	의	상	북	발	템	트	주	솔	한	을
한	스	택	집	족	춤	필	의	대	바	바	카	은	바	을	찍	질
돌	을	은	시	한	용	컴	적	반	물	필	람	펫	퓨	위	한	을
를	가	을	소	밴	바	을	도	법	받	위	동	바	한	문	풍	노
트	어	문	년	에	받	너	이	추	법	질	결	의	발	체	들	로
트	션	끔	은	받	미	한	주	말	동	요	위	다	솔	어	질	사
키	스	문	바	물	스	퓨	북	행	물	레	션	질	달	바	발	느
전	표	도	날	질	요	공	션	허	트	도	날	바	컴	을	낌	돌
범	한	어	트	올	을	늘	표	가	요	견	을	범	맞	로	전	크
레	필	어	느	절	파	적	받	질	풍	견	한	너	트	양	부	문
동	전	한	도	들	로	발	솔	주	올	낌	망	낌	박	쪽	대	이
레	공	솔	들	질	감	트	다	견	필	늘	치	질	탈	러	법	은
레	파	션	동	표	늘	위	컴	문	기	능	너	러	이	제	사	동

Puzzle 155

트	트	한	트	젊	솔	짓	를	트	동	체	날	퓨	로	한	문	이
거	바	도	농	담	전	법	영	파	들	다	맥	전	발	쌀	문	에
동	대	리	들	후	측	물	션	리	너	을	바	주	바	을	물	요
절	거	파	을	물	에	동	범	쌀	문	쌀	동	굽	문	용	트	표
스	장	낌	을	올	다	위	루	주	견	춤	한	표	솔	세	대	은
용	짓	은	솔	로	카	발	춤	은	발	바	이	물	감	한	터	감
행	문	젊	용	행	집	느	무	동	한	절	를	도	끔	춤	바	에
트	을	노	한	요	표	다	기	낌	대	녹	색	거	쌀	사	대	사
날	구	다	터	느	러	양	고	풍	집	동	쌀	요	위	발	카	질
한	멍	람	은	터	추	성	양	측	주	다	션	들	도	로	권	투
크	견	쥐	추	다	이	짓	로	노	노	솔	쌀	찍	문	돌	춤	풍
림	을	레	테	니	스	을	노	주	바	레	문	부	방	어	머	니
질	어	받	트	냅	감	느	느	한	문	질	사	문	에	루	바	로
발	바	션	쌀	타	끔	퓨	결	받	한	날	사	의	사	법	법	문
주	들	사	랑	나	이	질	레	물	트	테	이	블	질	크	돌	어

권투
양고기
맥주
농담
다람쥐
사랑
영리
무기
테이블
후에
구멍
녹색
방어머니
테니스
부문의
다양성
솔로
나타냅니다
세대
크림

Puzzle 156

보였다
파괴
순록
달팽이
예술
전체
무대
아가씨
문제가
플로트
식용
슬라이드
사람이
용어
엘프
침대
개별
좋아하는
정보
이슬

한	북	바	파	낌	바	측	표	에	침	날	자	도	트	정	파	굴
컴	찍	물	이	러	을	이	굴	을	대	트	문	다	였	보	괴	을
질	풍	에	받	한	절	문	한	고	무	체	제	집	로	쌀	제	문
용	어	고	루	도	크	들	컴	의	전	컴	가	식	용	순	록	고
대	개	사	들	달	젊	의	자	굴	느	춤	주	견	동	제	전	느
젊	별	람	다	팽	문	굴	바	젊	달	말	늘	다	부	공	필	동
퓨	자	이	드	이	라	슬	이	퓨	트	의	의	운	이	추	범	문
도	춤	거	주	전	질	은	스	물	예	람	풍	을	은	집	레	용
러	문	은	주	플	도	바	질	의	자	술	에	크	바	문	물	바
물	동	솔	굴	발	로	은	사	리	자	낌	사	로	루	좋	을	굽
말	주	적	부	절	다	트	필	낌	한	퓨	퓨	짓	도	아	부	레
느	트	다	은	결	이	슬	질	장	날	표	질	자	러	하	표	요
집	이	을	용	쌀	추	돌	전	적	로	바	늘	다	전	는	한	운
추	견	느	한	끔	아	가	씨	체	동	대	을	짓	느	자	한	를
엘	프	맞	바	찍	부	적	쌀	필	물	문	느	결	솔	전	추	사

Puzzle 157

루	끔	용	견	과	일	자	문	로	터	문	집	문	문	도	북	부
너	바	도	퓨	위	요	션	날	스	용	레	한	타	터	북	너	위
도	추	트	동	너	조	절	법	질	동	문	느	원	북	북	질	젊
마	계	정	을	표	트	식	퓨	손	이	동	을	형	파	은	웃	은
뱀	요	의	도	바	에	끔	물	실	유	령	쌀	리	액	션	었	물
찍	물	끔	트	문	물	공	레	을	을	을	동	솔	자	디	다	굽
을	을	주	신	비	터	도	질	끔	도	스	집	측	필	오	요	위
문	자	한	필	한	공	도	운	컴	바	을	필	올	쌀	다	이	연
터	북	전	적	낌	거	대	도	주	질	결	카	도	너	셀	필	기
바	거	절	트	질	너	표	주	쌀	장	솔	바	문	장	크	트	사
한	부	주	쌀	범	동	느	물	미	자	한	제	질	동	스	동	자
인	리	풍	제	동	발	감	원	자	러	동	추	젊	용	동	관	리
적	부	춤	레	루	올	운	파	로	한	동	예	전	어	우	울	트
형	발	을	제	부	들	퓨	절	카	을	문	장	측	절	끔	위	북
전	시	가	동	트	고	쌀	를	다	동	견	여	든	끔	용	발	트

원자
액션
신비
관리
전시가
예측
우울
미러
손실을
연기
조식
전형적인
여든
오디션
유령
웃었다
과일
타원형
계정을
도마뱀

Puzzle 158

인기
약한
노래를
도착
휴대용
마스터
플레이
용서
강아지
인치가
지혜
종종
불쾌
가난한
커튼
치즈
작업의
보통
공식
벨자전거

강	동	용	감	은	굴	발	풍	공	너	용	터	바	자	에	벨	어
주	아	절	문	느	다	필	받	한	춤	서	맞	을	를	굴	자	로
부	이	지	다	주	바	어	솔	굽	셀	자	로	고	러	공	전	젊
공	식	견	너	동	느	집	션	춤	돌	을	절	은	주	운	거	을
바	법	늘	전	문	느	카	전	발	바	돌	사	절	위	이	로	돌
레	젊	쌀	작	업	의	휴	대	용	노	인	기	장	도	노	발	법
크	스	트	에	요	행	이	컴	법	래	제	표	파	달	착	대	도
부	질	맞	를	제	발	루	를	자	를	지	체	인	치	가	마	쌀
터	행	부	거	문	결	종	사	필	찍	혜	질	측	리	동	스	어
은	전	불	한	이	이	종	달	늘	동	풍	러	문	거	끔	터	동
사	쌀	고	쾌	어	플	레	이	바	자	측	풍	짓	질	질	주	을
범	은	끔	커	튼	찍	치	한	젊	측	동	질	공	문	한	트	퓨
보	운	트	다	로	이	즈	거	도	스	풍	느	루	올	굽	동	동
통	바	질	동	맞	이	어	느	법	쌀	쌀	터	노	다	행	부	동
결	발	이	자	다	자	자	약	한	난	가	컴	문	늘	로	찍	질

Puzzle 159

자	다	문	리	동	쌀	컴	트	을	문	마	발	북	대	물	션	쌀
찍	굽	람	이	을	아	돌	소	리	문	지	춤	람	통	측	로	바
의	장	드	용	표	들	동	서	수	발	막	셀	을	령	발	한	고
루	을	래	말	현	이	결	주	둘	점	으	해	기	을	황	상	용
절	추	곤	바	파	러	로	바	바	러	로	안	술	노	야	요	끔
카	끔	물	바	바	컴	문	측	감	도	용	동	을	을	올	도	자
국	풍	을	이	파	양	파	맞	고	용	자	요	카	느	를	너	올
경	은	이	크	행	바	쌀	문	장	절	한	트	젊	을	괭	이	를
다	퓨	받	낌	바	솔	동	말	트	터	러	셀	을	필	발	한	행
질	도	러	감	루	풍	을	다	하	늘	질	넘	셀	어	용	주	을
거	굴	로	용	맞	끔	동	감	파	위	문	어	절	이	로	를	쌀
자	도	돌	리	들	셀	부	위	결	장	트	끔	주	거	체	낌	쌀
제	을	달	필	짓	이	장	견	맞	결	측	셀	체	체	발	크	대
다	바	전	짓	타	고	감	풍	컴	을	감	한	발	집	도	을	북
러	바	어	자	느	돌	문	동	이	을	크	루	스	주	끔	발	집

동결
괭이를
기술
넘어
소수점
감동
대통령을
마지막으로
국경
노을
타고
드래곤
상황
하늘
황야
해안
양파
표현
서둘러
아들이

Puzzle 160

완	다	장	낌	수	주	문	풍	고	공	을	이	바	늘	로	적	퓨
끔	전	한	말	풍	리	발	전	에	다	이	발	셀	노	날	올	견
견	사	히	바	현	대	를	문	쌀	레	말	도	찍	늘	부	다	공
체	크	맞	바	감	제	추	달	부	사	측	필	너	장	발	쌀	크
표	사	컴	공	은	바	주	루	절	북	고	물	트	날	어	트	컹
착	들	발	측	트	들	주	평	화	로	운	장	크	굴	를	댄	스
용	한	수	있	는	북	어	올	에	요	입	력	장	행	충	성	스
은	동	주	돌	쌀	동	카	용	절	요	청	에	적	다	이	질	부
문	전	을	아	마	체	유	운	진	정	한	튤	립	을	거	젊	발
카	루	파	범	의	행	채	주	을	한	솔	주	을	고	퓨	문	느
주	표	젊	굽	쌀	질	과	대	굴	발	컴	말	파	부	트	바	은
감	감	너	제	솔	돌	을	트	리	트	짓	문	을	부	한	대	터
한	굽	한	추	발	법	초	콜	릿	춤	위	협	자	용	결	한	동
새	끼	도	늘	자	다	션	위	바	동	바	위	맞	터	부	한	문
고	동	질	들	질	적	용	한	법	용	굽	터	주	받	질	동	운

유채과
요청
진정한
댄스
입력
위협
아마
착용
한정
평화로운
튤립
수리를
수있는
초콜릿
현대
충성
들어
새끼
완전히
스컹크

Puzzle 161

짓	동	이	선	짓	달	러	굽	달	용	무	은	굽	물	카	집	너
퓨	북	스	해	물	터	법	의	트	늘	엇	굴	날	어	를	자	문
람	필	을	의	에	느	라	운	드	위	을	카	법	러	이	체	늘
람	리	의	다	쌀	서	느	체	결	업	쌀	고	맞	결	이	로	받
느	이	바	올	끔	들	트	준	동	로	세	탁	도	추	대	느	질
동	동	이	통	치	는	공	비	용	뛰	어	한	느	바	를	사	용
임	대	길	늘	추	감	를	동	행	어	집	굴	쌀	트	감	분	견
행	러	사	위	받	독	스	행	체	을	을	트	문	도	적	모	파
쌀	은	트	션	장	립	크	젊	를	범	트	행	전	도	말	질	한
컴	다	문	말	도	크	솔	스	북	질	체	낌	주	절	동	한	부
동	문	이	은	인	자	문	돌	굽	트	퓨	도	말	어	코	용	용
용	고	은	결	용	어	측	솔	결	제	문	문	한	동	끼	노	굽
을	누	가	산	비	참	한	끔	바	늘	트	트	퓨	조	리	굽	바
다	에	행	만	느	트	주	거	의	주	말	달	달	약	운	바	한
끔	체	다	문	션	컴	날	물	을	받	자	물	집	션	바	터	용

위업
조약
준비
산만
누가
인용
코끼리
세탁
뛰어
무엇을
독립
선물
이해에서
통치는
분모
비참한
임대
고도
이길
라운드

Puzzle 162

발견
고백을
열대
인식
발을
마이그레이션
혼동
세기
유체
어두운
스카프
동안
먹다
실현을
두께의
위험
여섯
이상한
소녀
모험

열	를	도	이	로	너	결	이	고	문	동	을	두	절	굴	도	다
추	대	측	한	컴	이	션	위	션	위	험	운	께	카	로	레	람
날	를	로	동	은	짓	견	굴	이	상	한	발	의	사	을	풍	도
소	운	동	을	질	물	의	동	레	어	션	견	문	은	리	트	필
녀	쌀	바	짓	은	동	추	다	그	러	두	동	추	유	주	카	람
견	스	자	굽	질	의	람	의	이	낌	느	운	을	체	바	의	로
감	을	어	질	을	주	한	춤	마	바	대	을	달	발	은	풍	을
이	추	용	셀	너	컴	스	북	용	자	느	한	요	을	백	고	행
션	한	느	을	자	터	찍	적	이	크	물	동	전	현	북	노	질
끔	부	혼	낌	굴	세	올	적	절	주	굽	한	파	실	사	다	을
낌	안	동	느	자	바	기	러	집	낌	로	여	늘	도	법	솔	질
동	질	끔	늘	바	젊	쌀	레	문	에	스	섯	이	위	발	표	발
짓	발	받	행	부	절	고	공	문	의	카	한	모	험	들	퓨	루
바	굽	주	동	사	동	끔	느	먹	다	프	터	트	바	맞	문	문
솔	짓	한	로	스	문	을	운	측	늘	발	바	부	낌	을	인	식

Puzzle 163

괜	필	느	직	을	너	문	날	다	발	주	용	파	쌀	람	낌	표
찮	이	동	동	원	노	공	격	주	의	정	느	루	절	필	셀	를
느	트	다	고	짓	이	트	카	문	굴	중	다	농	장	질	로	춤
에	의	받	절	자	바	사	물	크	원	하	는	위	다	집	대	이
주	로	추	터	문	을	트	발	리	루	늘	다	다	바	견	질	트
스	낌	측	절	늘	집	트	젊	스	체	너	을	문	주	솔	로	을
발	전	노	쌀	의	물	운	전	마	솔	의	표	필	질	빌	려	유
가	받	명	크	솔	한	션	들	스	컴	트	결	늘	스	제	문	지
락	북	수	요	행	용	다	파	맞	젊	선	반	느	케	컴	러	할
을	춤	운	행	문	리	범	를	집	한	집	발	풍	이	어	션	노
부	공	다	바	하	의	느	주	용	요	동	다	문	트	을	솔	에
짓	너	계	터	한	는	카	물	감	집	바	로	고	스	체	부	굽
늘	문	란	짓	트	짓	셀	맞	체	은	이	달	느	케	집	바	루
장	바	리	재	미	사	러	중	가	까	이	은	탄	이	측	도	굴
전	에	한	동	어	절	셀	행	간	노	을	레	생	트	범	을	범

탄생
수명
재미
공격주의
스케이트스케이트
유지할
중간
정중
계란
빌려
크리스마스
원하는
괜찮
수행하는
전에
선반
가까이
발가락을
농장
직원이

Puzzle 164

추	바	컴	집	들	주	한	람	자	카	문	포	인	트	인	페	견
적	동	거	바	북	솔	한	한	운	문	견	어	을	체	다	필	조
늘	제	바	북	동	용	도	루	결	솔	퓨	쌀	한	트	에	들	심
트	견	동	션	을	의	퓨	결	입	술	거	굴	노	파	카	도	스
젊	에	들	를	적	용	올	노	젊	부	노	끔	찍	한	적	트	럽
동	들	범	올	퓨	느	결	로	너	문	범	한	다	를	경	찰	게
노	람	션	은	결	찍	결	절	굴	짓	한	트	문	자	풍	은	말
모	든	제	퓨	문	집	정	차	스	을	너	동	돌	굴	사	카	법
을	부	법	거	셀	크	하	적	블	테	대	고	컴	케	결	행	너
문	끔	발	요	굽	바	는	법	원	루	이	을	를	이	견	터	를
맞	은	천	으	로	필	요	거	질	이	용	션	이	크	을	은	질
대	셀	다	리	실	필	굴	신	한	러	젊	체	용	을	의	제	측
받	를	받	이	제	장	위	선	곡	리	은	퓨	부	람	파	노	운
측	법	무	릎	로	자	질	한	느	은	트	카	주	문	문	로	용
체	다	한	늘	한	로	바	셀	결	솔	필	바	트	춤	다	표	한

블루
끔찍한
절차
스테이션
법원
입술
천으로
포인트
경찰
곡선
실제로
결정하는
페인트
체인
무릎
모든
법적
조심스럽게
신선한
케이크

Puzzle 165

다	바	제	레	들	을	굴	솔	말	체	표	도	문	용	추	크	날
굽	루	전	리	운	결	쌀	빠	른	동	스	다	러	찍	을	위	트
찍	행	터	솔	달	문	방	문	환	주	동	찍	끔	장	느	이	다
용	도	끔	맞	추	로	지	감	영	한	중	앙	부	끔	좋	은	로
트	카	공	맞	북	상	자	느	이	카	도	동	들	카	물	높	쌀
들	집	터	를	맞	주	스	쌀	결	메	러	위	젊	도	대	문	젊
대	거	결	체	느	맞	이	마	음	을	추	공	솔	컴	을	부	주
견	클	제	집	어	을	한	이	레	바	굴	라	측	춤	트	을	한
바	파	동	요	체	오	이	한	집	표	법	장	기	을	스	을	트
웨	스	턴	반	용	리	질	트	을	짓	은	도	트	받	카	집	문
날	적	물	레	드	나	느	굽	부	를	제	적	추	견	루	주	발
행	러	적	스	요	시	들	행	부	대	컴	용	부	스	솔	대	루
굽	주	문	한	젊	분	리	올	법	을	컴	느	을	을	이	체	사
춤	터	터	위	용	짓	견	한	자	짓	풍	운	혼	합	문	달	너
행	지	금	너	요	용	집	을	문	공	도	발	허	리	케	인	이

분리
시나리오
영감
지금
중앙
반드시
메추라기
한도
빠른
웨스턴
좋은
방지
상자
적용
허리케인
높은
스파클
환영이
혼합
마음을

Puzzle 166

부정적인
인터뷰
금융
명예롭게
코요테
오일
관련
각종
사용이
밀도
경보
등을
것이다
포리스트에
스펀지
부패
뽑아
포도
적어도
에이전트가

다	자	바	동	동	달	관	춤	고	도	돌	도	받	주	견	람	느
바	카	날	느	집	쌀	련	추	받	바	자	돌	돌	느	측	주	체
쌀	사	이	동	동	자	자	쌀	터	을	러	굽	동	레	날	람	주
적	어	도	사	용	이	절	문	을	스	동	에	이	전	트	가	물
금	추	밀	을	낌	스	맞	법	바	트	펀	견	명	공	쌀	카	용
융	람	늘	퓨	늘	터	패	요	집	절	에	지	예	각	종	트	감
은	찍	굽	도	을	한	질	부	정	적	인	스	롭	문	발	법	느
주	물	터	파	스	범	범	터	도	북	의	레	게	셀	제	오	용
동	트	경	보	등	에	리	문	인	터	뷰	것	이	다	트	일	느
을	들	바	을	주	을	요	달	러	춤	한	추	루	다	발	다	셀
표	뽑	아	춤	동	션	카	낌	대	주	을	로	바	을	바	노	표
동	코	요	테	로	터	자	루	스	굴	문	포	도	용	문	풍	에
을	다	포	리	스	트	에	발	고	동	동	도	굴	노	전	한	너
끔	필	리	트	날	레	로	범	필	을	절	찍	문	물	결	를	말
동	트	집	거	루	트	들	로	동	바	사	발	위	굽	느	컴	을

Puzzle 167

물	주	느	한	생	명	을	세	부	위	람	로	굴	쌀	은	찍	제
달	고	춤	트	을	를	말	요	너	을	토	트	도	겁	동	달	문
의	크	기	늘	자	의	이	의	받	한	마	구	한	쟁	사	측	감
트	말	노	노	을	요	이	리	트	용	토	제	분	이	고	래	어
를	자	법	퓨	발	어	파	고	을	요	스	에	굽	향	필	굽	도
노	대	다	받	션	장	젊	짓	다	션	팀	루	자	경	느	을	풍
용	동	끔	표	로	주	압	은	견	바	한	바	찍	도	부	를	춤
범	거	전	한	을	로	운	력	처	벌	예	법	명	사	스	대	동
남	성	춤	사	포	크	끔	트	카	로	상	돌	러	감	바	적	늘
루	어	문	도	소	유	자	용	람	어	범	션	추	크	쌀	동	발
고	올	바	달	젊	로	장	필	로	고	도	리	위	도	견	다	발
고	쌀	바	셀	요	운	어	들	를	주	동	부	도	발	트	한	굴
대	풍	꿈	지	식	장	날	러	미	들	컴	느	장	바	동	로	물
바	람	의	다	위	낌	올	를	디	동	풍	카	동	집	을	을	자
범	다	션	바	쌀	문	끔	크	어	터	한	동	트	문	어	절	요

처벌
토마토
소유자
생명을
고래
명사
동사
세부
구분
겁쟁이
예상
포크
물고기
스팀
남성
미디어
경향이
지식
압력
꿈의

Puzzle 168

추	장	환	경	자	람	동	을	감	솔	용	바	러	텔	퓨	자	도
거	파	스	셀	레	다	행	엄	달	폭	풍	다	른	레	굽	크	짓
양	레	낌	크	풍	풍	문	동	마	다	젊	바	문	비	장	로	들
자	파	필	낌	동	발	장	감	돌	람	자	발	루	전	절	스	대
제	추	에	장	게	임	부	자	녹	달	질	발	전	범	레	결	절
루	문	컴	만	동	용	쌀	한	아	크	부	고	집	동	요	견	동
요	결	끔	짓	감	한	러	맞	전	다	동	굽	주	도	한	장	대
정	추	은	돌	저	자	기	관	찍	용	결	자	위	결	션	루	부
확	노	여	끔	유	리	한	찍	트	동	크	다	터	도	터	무	분
한	도	하	들	용	거	터	바	동	용	이	노	짓	네	일	게	의
바	쁘	지	만	트	장	결	동	다	솔	한	에	느	바	돌	찍	도
굴	은	간	질	발	바	주	람	늘	의	춤	인	바	느	늘	용	북
고	인	간	요	전	전	문	셀	의	을	견	원	질	한	쌀	춤	대
부	자	리	한	자	운	솔	눌	대	자	을	굽	컴	늘	북	터	고
범	은	동	션	문	을	러	컴	러	동	솔	맞	트	법	돌	용	발

대부분의
텔레비전
인간
게임
바쁘지만
환경
무게
임원
녹아
크로스
다른
폭풍
감지하여
저자기관
눌러
유리한
양파에만
정확한
엄마
네일

Puzzle 169

대	피	컴	말	트	러	굽	장	유	부	동	을	리	노	주	주	러
이	전	파	도	돌	유	측	발	연	견	크	을	단	로	방	로	달
바	견	션	이	션	용	범	쌀	한	추	대	군	락	안	느	쌀	범
굴	사	노	발	카	하	컴	명	앉	행	위	바	노	찍	문	날	어
측	회	젊	북	발	게	트	퓨	확	아	순	을	받	감	사	굽	을
질	공	굴	을	묶	효	과	발	터	히	종	요	동	에	은	우	드
견	행	파	사	여	을	바	집	문	한	바	이	스	너	에	공	낌
문	북	셀	체	젊	날	동	바	리	법	공	문	이	달	범	정	바
노	트	적	너	감	절	짓	제	노	오	는	부	범	로	셀	의	장
래	러	로	거	바	느	이	솔	고	리	다	도	견	이	계	도	온
하	돌	전	자	을	돌	젊	의	용	을	올	장	도	러	거	낌	너
기	동	사	젤	주	중	력	주	제	어	다	솔	위	느	셀	을	굴
터	한	부	리	션	다	퓨	람	이	바	컴	장	운	낌	늘	리	대
들	은	받	짓	느	은	문	표	노	젊	자	주	바	받	한	의	한
적	위	를	을	다	셀	은	을	이	공	범	트	한	늘	도	은	절

중력
온도계이
안락군대
젤리
노래하기
효과
앉아
명확히
우드
대피
사회
유용하게
오는
컴퓨터
주방
묶여
유연한
단락
정의도
순종

Puzzle 170

바	이	다	퓨	웜	은	뛰	람	셀	로	추	짓	동	운	돌	을	애
좋	끔	절	발	바	부	어	러	문	동	문	행	발	법	트	노	정
게	트	카	트	느	에	난	카	문	위	문	범	말	평	거	짓	운
문	바	솔	공	질	용	짓	터	장	이	대	질	에	방	끔	자	젊
어	전	이	운	자	을	범	감	대	장	동	리	를	주	북	를	동
문	견	로	자	춤	장	법	올	너	면	한	요	감	민	대	한	필
리	을	레	한	끔	용	셀	스	사	클	라	우	드	이	말	주	한
호	스	트	한	문	로	위	바	트	리	느	전	터	적	부	너	자
에	자	질	바	굴	날	어	루	퓨	자	말	루	낌	러	적	을	질
파	쌀	느	을	행	도	늘	질	문	레	절	춤	이	한	절	공	어
나	부	필	바	트	운	트	로	끔	감	션	풍	주	풍	한	필	집
햇	무	한	한	발	제	품	춤	자	체	엄	격	한	요	리	논	의
동	빛	한	너	주	부	달	용	젊	적	용	이	도	바	주	쌀	장
셀	트	거	바	도	표	파	발	주	사	발	요	어	용	들	바	퍼
체	표	를	트	자	끔	풍	느	젊	말	썰	매	주	을	용	문	핀

썰매
부적절한
좋게
장면
웜은
퍼핀
주말
호스트
클라우드
평방
제품
바느질
요리논의
햇빛
나무
애정
거짓
뛰어난
엄격한
주민이

Puzzle 171

범	을	부	바	게	럽	스	통	고	트	견	를	서	어	광	을	트
올	체	풍	셀	달	단	포	다	문	문	의	고	로	브	택	거	용
부	추	받	셀	컴	편	츠	행	들	자	쌀	고	위	쌀	컴	위	운
교	회	범	너	스	측	을	도	이	트	맞	노	레	소	한	팩	달
솔	동	주	이	발	한	질	을	풍	한	굴	카	결	심	추	끔	트
을	적	동	문	공	을	동	로	물	거	래	절	한	한	곤	피	볼
다	바	질	거	돌	전	돼	지	알	약	한	법	바	필	노	은	굴
자	늘	찍	용	셀	느	동	절	달	대	추	이	젊	측	굴	대	위
을	쌀	로	셀	에	한	거	도	거	위	집	솔	용	어	들	에	의
부	전	을	을	주	레	부	한	받	굴	바	감	누	용	바	질	스
족	고	면	굽	은	로	끄	공	셀	체	느	절	구	굴	용	자	을
솔	대	을	문	한	트	러	루	원	셀	를	부	를	자	주	적	을
표	동	바	자	을	결	워	모	숭	결	대	주	바	질	바	리	도
어	셀	에	스	받	행	다	두	이	낌	셀	람	고	언	풍	측	주
부	트	트	대	필	리	세	븐	표	을	받	트	용	바	급	풍	다

거래
누구
고통스럽게
교회
부끄러워
단편
원숭이
돼지알약
소심한
광택
부족
전면
볼트
모두
언급
서브컴팩트
세븐
범주
스포츠
피곤한

Puzzle 172

경기장
예를
화재
무료
보여
검색
명랑
깊은
지역은
연령
명백한
쉽게
토론
감사합니다
모래가
대학
블라우스
기계
붕괴에서
필수

질	너	문	을	행	찍	춤	받	표	람	필	자	바	이	느	을	돌
달	굽	레	한	감	에	연	령	에	용	크	위	대	모	사	북	사
돌	공	북	법	의	사	달	돌	도	붕	질	동	학	래	춤	질	용
을	찍	람	북	솔	장	합	굽	은	괴	문	한	낌	가	깊	체	질
로	범	측	거	의	행	트	니	맞	에	날	한	솔	파	은	역	지
사	한	한	한	요	에	이	절	다	서	바	감	문	추	컴	필	거
끔	늘	화	로	전	한	람	절	문	질	공	느	굴	바	물	동	북
스	문	재	발	늘	용	거	용	필	다	발	다	한	에	느	쉽	젊
검	색	셀	발	추	을	발	의	말	대	랑	명	추	한	이	문	게
을	춤	표	발	필	블	들	짓	무	료	토	백	적	에	운	요	풍
바	크	한	늘	수	들	라	낌	은	올	론	한	스	절	동	동	바
동	보	이	말	어	짓	노	우	너	부	한	노	춘	고	퓨	다	부
스	여	주	을	운	에	노	파	스	쌀	러	질	주	이	요	한	로
측	올	이	동	자	풍	올	장	기	경	쌀	예	추	집	젊	동	필
터	러	트	결	낌	바	끔	풍	계	말	달	를	퓨	문	노	요	퓨

Puzzle 173

질	질	물	법	즐	문	확	드	롭	사	결	농	풍	행	이	법	컴
은	문	용	도	리	길	실	참	여	속	람	부	설	파	마	사	받
거	짓	찍	클	거	측	히	을	다	성	부	에	정	공	커	발	카
초	대	레	립	루	사	은	주	솔	을	자	굽	게	굴	문	바	다
필	리	주	스	다	풍	풍	견	용	운	결	문	추	문	도	바	올
문	달	에	을	터	퓨	사	은	범	풍	은	동	범	로	문	늘	짓
집	용	트	쌀	올	어	잎	을	너	의	람	셀	쌀	어	끔	수	한
장	올	행	발	적	한	집	컴	고	사	측	도	스	스	로	박	올
스	리	발	주	질	고	단	계	를	퓨	를	들	동	굴	문	들	도
듣	동	도	용	받	고	퓨	부	바	결	노	부	로	부	리	의	운
려	고	거	질	표	집	다	람	레	동	추	물	클	리	어	파	맞
제	솔	는	자	질	운	추	레	다	로	을	한	여	느	셀	북	자
돌	에	부	거	북	굽	부	끔	동	주	문	람	왕	이	춤	한	스
트	공	트	달	춤	측	대	대	기	표	솔	운	의	느	젊	장	도
느	북	문	바	주	달	결	쌀	거	늘	노	카	전	이	법	돌	고

드롭
클리어
속성을
클립
확실히
단계를
수박
고려
사람에게
농부
초대
참여
대기
즐길
설정
듣고는
스스로
여왕의
잎을
마커

Puzzle 174

지	구	본	질	질	션	이	유	는	북	이	어	물	주	찍	커	늘
트	쌀	의	문	람	물	도	고	동	레	컴	사	공	물	적	뮤	찍
동	들	을	한	레	세	계	집	트	감	측	바	거	동	레	니	은
문	마	음	끔	낌	행	맞	날	쌀	절	행	요	러	젊	사	티	어
춤	라	필	운	낌	끔	굴	트	측	파	발	북	대	컴	표	컴	로
리	한	인	영	트	달	의	법	부	부	돌	말	견	주	돌	쌀	크
이	트	질	루	실	위	도	터	전	셀	측	절	올	터	끔	이	레
동	질	리	질	험	장	을	늘	은	대	자	한	동	한	춤	전	점
엄	청	난	만	큼	이	다	적	범	법	질	다	플	래	그	셀	문
제	루	람	분	을	바	한	위	공	너	다	의	바	이	표	집	을
구	로	용	자	연	결	노	결	감	문	동	공	날	다	자	결	맞
스	돌	달	투	행	물	바	리	끔	견	필	다	다	카	람	스	자
베	한	측	위	요	퓨	풍	한	더	공	개	쌀	춤	견	주	자	문
리	측	쌀	도	바	한	느	믿	기	다	늘	견	트	체	을	퓨	필
문	로	북	받	동	트	감	도	을	리	행	맞	카	루	부	굽	을

엄청난만큼이
리더
라인
마음
공개
실험
믿기
위장
운영
의도
투자
이점
지구본
분자
구스베리
이유는
플래그
세계
연결
커뮤니티

Puzzle 175

상	용	할	거	대	한	주	스	동	전	게	럽	스	랑	자	이	미
추	동	안	머	문	위	결	메	젊	송	러	을	타	동	발	을	주
오	도	경	노	니	션	굴	뚜	을	을	끔	바	부	도	한	노	컴
이	동	구	조	크	발	끔	기	질	셀	젊	굽	을	레	문	맞	바
달	굽	늘	컴	로	느	절	도	을	이	한	비	주	질	느	을	리
땅	을	자	루	위	를	장	로	말	쌀	자	제	판	문	다	받	문
을	의	용	를	측	람	다	돌	대	이	느	질	돌	에	날	한	적
어	을	한	시	도	올	스	고	자	크	요	어	질	이	체	이	동
컴	체	다	문	법	쌀	트	노	러	부	질	용	동	춤	절	견	끔
을	돌	굽	말	파	고	질	대	돌	션	은	제	다	트	의	다	주
이	이	물	발	범	용	오	형	제	문	추	법	은	장	로	노	동
장	트	노	도	달	을	히	절	동	문	발	한	풍	말	테	을	파
자	발	레	북	문	셀	려	제	쌀	내	람	문	바	동	마	장	을
동	텐	트	동	를	주	다	로	바	부	추	견	한	고	춤	소	물
리	결	자	쌀	한	사	카	리	동	을	필	트	파	제	들	전	컴

시도
오히려
땅의
주스
내부
메뚜기
이미
테마
거대한
장소
상추오이
텐트
구조
스타
전송을
자랑스럽게
할머니
형제
안경
비판

Puzzle 176

토	마	토	를	교	가	물	의	고	한	에	한	자	다	날	검	컴
거	스	셀	리	수	르	느	장	제	루	북	이	파	동	파	을	사
와	문	감	오	다	치	크	셀	다	들	의	거	전	트	도	한	사
인	션	을	짓	체	는	바	감	느	굽	질	제	느	트	즐	겁	게
범	문	빨	간	색	을	디	견	쌀	을	위	의	자	적	동	바	달
굽	굽	집	법	질	을	전	주	로	주	받	사	트	을	물	낌	들
셀	한	찍	은	동	쌀	다	범	집	행	말	맞	추	가	질	트	한
느	퓨	북	질	적	적	카	맞	질	체	위	셀	감	구	의	선	거
거	동	용	도	행	얻	를	를	문	람	들	트	도	카	을	파	돌
루	트	한	다	추	을	션	루	솔	주	표	짓	거	짓	로	용	바
말	너	달	경	제	를	돌	도	법	트	도	부	바	을	문	낌	법
솔	제	거	함	은	짓	사	트	을	짓	느	문	요	솔	문	노	바
요	자	루	은	께	문	체	버	스	루	리	어	굴	올	퓨	전	풍
표	용	을	스	동	스	허	수	아	비	올	도	을	추	굽	범	용
돌	트	장	카	날	표	늘	맞	을	춤	고	동	절	법	어	견	질

버스
에이전트
빨간색을
경제를
가르치는
오리를
바디
토마토를
가구
허수아비
즐겁게
함께
선거
물질의
의자
솔루션을
교수
얻을
와인
검사

Puzzle 177

적	언	공	호	찍	크	짓	추	굴	쌀	크	트	느	젊	군	질	질
크	트	덕	랑	로	솔	쌀	은	컴	버	발	추	너	한	인	은	부
트	트	필	이	부	측	자	람	한	팔	춤	도	이	발	솔	은	질
의	문	찍	자	받	흐	한	짓	주	로	용	범	절	다	법	고	로
집	말	퓨	문	트	린	들	람	어	스	문	너	한	동	안	루	용
트	도	바	도	감	크	을	요	어	솔	트	주	셀	말	녕	동	부
측	끔	쌀	람	고	를	풍	가	동	장	러	맞	한	블	하	의	풍
표	추	은	흔	들	었	다	르	다	카	한	도	측	랙	세	바	문
용	동	셀	법	올	문	늘	쳐	람	로	범	은	장	질	요	늘	이
느	피	견	더	솔	요	결	을	사	질	추	문	한	표	루	셀	을
용	자	박	쥐	러	자	확	다	이	이	민	속	필	를	셀	한	을
을	리	장	한	감	운	실	유	치	가	트	마	솔	도	계	법	젊
문	문	달	을	공	굽	은	셀	바	전	셀	일	을	사	속	률	을
도	동	전	추	동	람	러	은	솔	람	물	받	바	션	측	레	셀
션	맞	어	를	쌀	바	노	맞	자	표	문	주	를	한	찍	굽	에

법률
더러운
민속
마일
블랙
안녕하세요
유치가
피자
흔들었다
공동
박쥐
가르쳐
군인
언덕
사이트
버팔로
확실
흐린
계속
호랑이

Puzzle 178

트	에	용	들	트	주	대	풍	람	은	레	동	파	이	짓	찍	바
춤	느	바	부	법	올	질	문	어	바	로	전	을	종	운	집	리
해	바	라	기	북	트	날	컴	그	트	트	추	의	류	셀	날	장
굴	찍	트	트	부	트	집	야	늘	바	풍	자	문	의	행	에	쌀
주	전	바	노	컴	느	적	망	어	발	거	용	을	트	끔	풍	돌
질	행	션	도	집	노	감	카	풍	을	바	추	자	사	풍	법	리
도	토	리	문	쌀	집	쌀	받	공	항	목	을	감	을	크	문	용
은	로	문	위	을	다	러	풍	파	너	늘	표	풍	에	느	트	한
루	돌	지	금	까	지	콘	도	르	의	받	표	동	동	한	스	바
부	짓	문	스	발	공	파	적	한	러	표	날	체	문	바	다	집
방	한	발	파	문	고	발	을	솔	말	주	다	볼	측	상	거	끔
측	법	집	빙	이	다	법	러	동	로	늘	체	륨	돌	영	역	을
올	빼	미	필	등	론	속	동	싸	은	셀	위	자	한	동	파	끔
표	부	짓	낌	이	퓨	하	한	로	움	탈	출	카	거	수	한	대
로	솔	트	쌀	질	쌀	는	리	느	을	운	도	이	크	주	자	동

수동
영역을
지금까지
해바라기
탈출
항목을
볼륨
콘도르의
올빼미
동영상
싸움
등이
속하는
종류의
도토리
이론
다이빙
그늘
방법
야망

Puzzle 179

전	짓	의	달	소	질	바	의	결	날	은	풍	추	용	떨	러	바
레	그	을	도	리	부	범	문	물	동	카	한	전	문	어	은	젊
이	림	도	크	의	질	퓨	문	집	은	람	너	굽	굴	진	신	사
스	한	크	늘	다	한	주	이	트	젊	문	짓	컴	크	을	카	늘
스	을	질	루	발	결	이	부	부	들	에	주	부	집	은	문	용
맞	사	이	클	링	코	풍	용	용	한	맞	은	카	한	파	들	소
여	부	솔	바	트	올	트	을	도	대	추	리	파	바	물	파	유
상	한	부	셀	문	솔	퓨	올	바	무	지	개	바	날	도	을	사
굴	황	을	춤	러	받	분	석	루	범	표	먼	어	휘	용	감	부
맞	용	을	흔	마	늘	스	물	도	북	어	셀	의	표	을	올	를
용	어	들	집	솔	느	장	전	트	텍	파	러	동	젊	맞	바	대
위	소	필	다	용	필	퓨	문	자	전	스	찍	용	끔	노	문	스
들	설	요	문	올	춤	트	로	위	문	발	트	찍	한	람	맞	위
젊	찍	로	한	동	쌀	에	한	돌	트	감	필	굽	요	풍	자	한
동	로	크	셀	이	해	공	퓨	체	리	부	한	짓	주	제	질	을

소리의
필요로
결코
자위
여부
이해
상황을
떨어진
마흔을
소유
무지개
신사
텍스트
분석
먼지
레이스
그림
어휘
사이클링
소설

Puzzle 180

그룹
편안함을
거미
배가
인정받을
미소연기
기존의
여덟
종교
가능
자동
하우스는
도덕적
이벤트를
찾기
웨이크
바위
어제
실제
워드

다	견	은	측	사	자	용	주	찍	동	러	어	터	돌	짓	질	트
부	북	질	에	주	낌	날	퓨	들	션	달	스	공	끔	받	셀	다
느	전	동	리	노	추	끔	다	동	을	퓨	에	셀	문	발	루	한
을	발	동	자	람	다	용	말	의	러	짓	법	문	터	퓨	트	퓨
자	그	를	람	을	물	거	동	표	제	에	쌀	가	능	스	을	찍
다	동	룹	집	바	법	미	터	로	풍	미	바	배	노	바	춤	들
북	을	북	너	위	하	우	스	는	질	풍	소	제	짓	다	쌀	공
쌀	적	측	문	부	바	문	을	고	낌	주	날	연	바	느	로	크
날	표	노	웨	다	바	질	올	날	동	카	파	트	기	용	운	인
를	트	벤	이	말	을	트	쌀	문	주	발	파	을	찾	다	측	정
동	바	을	크	전	트	쌀	굴	은	범	여	덟	쌀	쌀	느	쌀	받
종	을	측	절	표	퓨	은	로	절	다	용	적	견	짓	대	제	을
교	측	끔	워	드	도	덕	적	다	늘	달	를	을	젊	맞	한	함
용	퓨	받	을	측	거	표	굽	부	실	끔	한	행	리	용	느	안
물	결	동	굴	을	을	기	존	의	제	어	다	춤	장	발	퓨	편

Puzzle 181

에	감	크	비	명	요	위	은	동	늘	늘	위	소	구	매	동	노
물	적	들	부	전	은	트	고	노	은	측	대	스	도	제	진	도
파	주	필	바	로	발	트	동	날	북	탐	색	을	발	요	술	보
늘	자	판	달	도	노	문	퓨	결	자	자	을	바	풍	을	동	드
주	집	요	결	한	요	결	굽	트	굽	을	춤	션	다	용	결	찍
주	요	견	트	동	바	풍	레	도	동	물	너	젊	주	돌	트	크
체	느	공	퓨	트	다	동	공	발	을	날	체	레	전	문	러	다
크	바	은	지	친	카	체	문	속	날	필	공	달	공	문	필	를
요	트	쌀	퓨	한	트	질	대	이	컴	사	부	리	성	법	문	도
견	동	경	법	찍	을	레	젊	는	부	적	북	을	분	러	다	문
연	용	험	용	루	용	자	질	트	퓨	북	생	노	쌀	북	굽	물
속	질	을	북	람	주	신	동	낌	절	이	이	각	발	자	화	가
트	러	대	범	올	느	북	절	파	용	짓	람	감	부	을	굴	은
덮	여	절	적	너	람	짓	젊	를	쌀	터	스	전	달	로	한	절
부	주	을	추	행	구	성	한	트	로	올	람	은	용	거	터	트

도구
소스
자신
구매
판결
구성
속이는
경험
주요
비명
지친
덮여
탐색을
성분
화가
연속
생각
진술
필사적
보드

Puzzle 182

받	의	풍	행	위	최	젊	레	젊	를	부	한	거	은	한	식	별
굽	에	돌	을	고	악	솔	다	위	의	결	람	을	다	사	동	집
결	더	을	올	이	의	은	한	크	날	춤	어	야	채	를	문	물
카	워	부	루	돌	에	추	어	문	퓨	너	너	람	감	문	풍	이
러	러	문	추	터	추	거	범	짓	트	스	사	바	제	늘	격	리
카	노	굽	람	용	춤	이	견	춤	결	러	의	요	트	리	질	컴
퓨	부	부	낌	쌀	죄	송	로	도	주	을	한	루	쌀	은	솔	느
측	돌	문	동	퓨	동	장	어	용	솔	용	적	용	을	을	카	어
돌	션	독	수	리	표	엘	절	트	을	터	동	쌀	느	바	추	에
운	한	춤	어	한	수	크	다	너	솔	이	파	풍	풍	을	에	다
리	은	받	굽	동	준	파	질	셀	자	쌀	거	전	러	낌	주	자
문	동	동	춤	법	하	발	인	장	의	고	굴	바	다	체	굴	한
컴	바	발	주	제	도	노	가	애	짓	판	운	발	한	날	받	요
을	은	카	전	동	록	션	사	감	플	문	매	판	사	친	구	리
생	존	를	적	질	을	찍	회	경	계	자	크	자	다	부	의	자

경계
행위
경사
회사가
야채를
더워
죄송
수준하도록을
식별
요리
감사
친구
격리
엘크
독수리
최악의
판사
판매자
파인애플
생존

Puzzle 183

극	측	결	노	자	견	사	진	트	문	전	카	주	동	한	말	발
트	단	필	란	이	디	변	행	카	올	매	회	원	위	집	수	질
발	한	적	색	느	다	호	을	능	기	듭	한	크	느	에	늘	달
춤	북	거	으	를	측	사	많	은	지	도	루	주	러	측	질	적
바	크	발	질	로	필	터	트	문	션	문	한	거	동	터	대	견
어	용	고	을	순	환	우	산	을	측	셀	루	터	일	반	장	을
솔	북	의	크	추	은	용	셀	이	올	감	를	날	트	주	결	리
파	들	람	너	요	공	스	문	로	한	키	자	말	도	쌀	를	람
늘	은	늘	선	문	법	트	굽	리	견	위	한	체	올	대	느	쌀
용	절	아	택	주	이	루	발	문	받	운	을	위	문	요	주	견
동	굴	거	이	부	너	한	부	러	달	올	용	자	대	전	도	스
노	위	들	을	디	표	대	자	발	레	용	거	한	발	집	바	부
거	제	소	다	날	어	질	발	다	로	문	컴	행	받	동	굴	굴
접	달	한	스	쌀	쌀	가	졸	쌀	바	노	짓	을	늘	느	쌀	용
근	바	너	고	짓	용	작	린	노	한	대	굽	컴	절	터	다	요

진행을
접근
졸린
견디다
선택
극단적으로
아이디어가
순환
일반
매듭
우산을
많은지도
키위
수집위원회
노란색
주위에
들소
기능을
변호사
작가

Puzzle 184

리	로	절	끔	찍	람	결	사	법	맞	퓨	낌	발	도	솔	고	트
용	표	용	북	말	발	를	깎	이	바	토	오	들	크	트	한	스
결	주	위	로	질	짓	느	사	량	늘	레	트	자	날	적	트	로
문	여	적	선	문	범	굴	루	괄	의	러	컴	에	문	로	동	문
느	발	자	택	을	오	렌	지	말	짓	체	절	동	문	을	대	로
대	요	감	은	출	바	찍	자	자	은	이	동	제	바	을	운	를
느	션	트	문	수	발	의	한	춤	리	솔	솔	범	솔	노	은	동
날	결	퓨	거	어	한	람	로	사	바	굽	전	감	러	감	루	바
에	자	한	스	리	범	체	결	리	사	레	느	음	악	물	은	바
동	고	표	쌀	카	노	위	쌀	측	람	트	늘	젊	제	동	필	목
외	필	문	소	화	메	귀	중	한	들	젊	을	의	받	발	을	록
행	로	물	에	은	행	라	트	닭	이	결	전	문	부	루	재	과
문	측	운	규	느	을	한	위	감	거	레	쌀	로	주	션	생	터
필	사	가	제	질	에	크	도	트	테	풍	루	을	느	도	젊	러
바	발	뭄	셀	자	감	적	한	은	디	리	을	결	트	러	요	문

소화
가뭄
재생
깎이
테디
오토바이
목록과
감자
수출을
외로운
규제
음악
오렌지
사람들이
선택은
여자
귀중한
카메라
질문을
말괄량이

Puzzle 185

을	트	동	섬	크	터	컴	용	동	요	문	성	레	행	자	쌀	요
굽	스	용	세	찍	기	셀	동	바	찍	부	공	풍	을	범	로	문
느	늘	을	한	제	결	월	날	카	로	운	적	운	너	굽	표	주
너	한	람	사	말	달	컴	요	받	부	센	인	동	결	찍	람	말
너	터	문	느	요	을	장	가	일	로	터	느	장	크	문	늘	동
달	발	젊	올	물	전	컴	격	풍	감	은	질	받	전	위	제	감
다	한	부	터	한	찍	체	맞	거	운	북	람	문	제	짓	굽	트
거	파	질	집	낌	결	루	바	리	기	늘	요	동	외	트	끔	북
쌀	절	바	감	말	감	자	로	대	간	터	한	흡	시	골	제	다
표	루	연	락	처	부	브	러	시	의	너	를	수	켰	동	파	주
부	법	늘	발	다	용	분	휴	식	도	바	용	쌀	다	품	용	동
트	끊	지	는	한	북	바	카	러	추	너	얇	은	적	쌀	바	동
주	트	주	조	참	솔	다	견	을	감	요	주	늘	밀	어	위	컴
바	장	부	면	부	동	찍	람	추	너	범	도	받	질	한	크	컴
주	행	트	칠	굽	북	위	한	컴	은	의	파	찍	파	로	쌀	트

흡수
얇은
성공적인
날카로운
가격
섬세한
부분
참조
센터
제외시켰다
끊지는
골동품
월요일
기간의
연락처
칠면조는
크기
밀어
브러시
휴식

Puzzle 186

이	론	이	카	문	쌀	굽	바	루	셀	한	트	조	드	은	굽	어
이	거	대	을	어	셀	로	다	달	를	제	굴	용	한	레	동	쌀
동	물	은	날	한	필	크	북	방	대	모	자	한	바	날	스	용
쌀	쌀	용	퓨	다	파	표	러	식	주	노	북	질	고	트	필	결
발	자	전	발	은	발	북	용	을	도	한	풍	장	러	동	러	한
측	바	을	트	동	공	도	결	받	강	아	지	를	범	위	을	발
측	동	한	자	발	다	완	한	파	고	문	동	터	운	사	다	문
파	자	젊	체	올	생	료	돌	쌀	리	절	감	주	사	들	모	방
들	발	달	사	거	용	문	범	이	동	은	문	능	거	전	차	을
트	집	크	법	받	제	도	망	원	경	야	구	력	위	감	결	동
낌	공	범	어	사	찍	결	다	노	질	행	추	도	적	찍	의	북
거	션	의	굽	다	자	춤	다	바	질	표	은	퓨	동	트	컴	공
적	쌀	풍	올	제	퓨	사	범	동	리	비	느	리	바	질	부	느
유	에	바	끔	제	트	끔	끔	말	용	은	극	말	셀	리	병	사
지	션	풍	말	측	다	돌	춤	북	을	느	바	적	느	쌀	원	솔

자체
모방
병원
능력
방식을
이론이
모자
동물은
완료
비극적
발생
바다
전차
유지
거위
조용한
드레스
망원경
야구
강아지를

Puzzle 187

채	우	기	하	곱	미	터	발	주	맞	받	도	굴	느	맞	다	다
포	착	측	전	분	기	소	순	로	결	노	이	적	날	발	라	이
춤	물	자	위	풍	올	범	무	노	질	을	주	느	크	공	일	바
물	한	감	주	어	한	말	필	러	장	가	솔	동	동	대	락	낌
웅	장	한	문	한	물	질	느	카	미	장	을	탐	주	상	자	필
도	결	심	법	퓨	집	장	끔	찍	래	고	그	구	받	을	를	받
로	로	세	노	카	사	느	동	말	솔	의	녀	절	에	물	한	견
한	용	동	로	거	측	자	추	셀	러	대	터	바	집	카	자	늘
리	쌀	절	젊	에	법	올	북	거	요	화	북	은	제	도	한	느
용	범	자	다	운	젊	모	양	의	필	너	을	체	셀	쌀	적	장
범	물	끔	람	했	문	굽	노	리	찍	용	표	점	용	카	말	을
주	이	에	문	풍	를	크	결	지	로	요	를	유	자	한	문	말
을	굽	로	용	측	돌	치	료	질	켜	굽	질	율	이	절	을	을
굽	를	용	북	크	북	찍	터	용	동	요	크	집	요	의	전	북
파	견	람	추	동	달	끔	운	동	도	문	범	절	젊	을	도	리

치료
채우기
미소
세심한
웅장한
그녀
모양의
곱하기
가장
분기
대상
대화
포착
순무
미래
지켜
탐구
터치를했다
점유율
라일락

Puzzle 188

부	을	터	표	질	이	한	을	부	자	발	얼	이	바	발	느	전
대	자	도	적	어	쌀	도	은	주	바	토	음	동	동	고	노	돌
끔	시	간	집	느	문	굽	드	거	사	요	졸	업	장	을	전	로
은	레	용	쌀	문	차	단	럼	노	은	일	도	침	망	행	늘	적
노	말	질	발	용	제	측	집	고	젊	은	올	느	실	분	출	질
공	부	바	춤	컴	동	돌	질	에	풍	의	들	거	범	은	을	표
셀	위	주	찍	이	사	물	받	주	끔	컴	셀	신	호	풍	동	전
위	자	굴	춤	을	행	공	너	북	솔	젊	바	루	너	필	측	돌
부	문	엄	주	트	견	달	들	운	레	질	바	들	전	러	용	절
문	질	청	다	루	스	한	달	퓨	션	문	질	느	주	풍	을	이
논	트	난	노	장	각	기	필	파	동	맞	동	결	끔	거	이	을
문	릭	법	을	주	퓨	받	쁜	한	트	리	돌	어	젊	트	를	발
도	질	감	을	을	결	도	를	를	을	동	북	절	감	을	용	컴
이	용	로	말	측	혼	를	한	재	사	용	을	동	받	달	감	은
낌	사	을	을	은	자	솔	결	존	리	한	결	은	풍	발	한	을

트릭
신호
결혼
졸업장
분출
기각
시간
침실
드럼
실망
문제
얼음
기쁜
재사용을
차단
토요일은
논문
엄청난
존재를
용감한

Puzzle 189

을	체	주	필	체	절	로	발	을	체	잡	끔	스	동	에	상	트
포	함	되	어	어	방	향	거	이	끔	지	쌀	커	루	터	스	업
트	로	맞	자	주	리	굽	쌀	용	달	돌	트	트	충	격	찍	법
다	맞	한	딸	증	거	를	측	범	늘	날	위	북	은	을	자	전
혜	택	을	이	도	자	끔	레	체	짓	너	스	을	느	카	소	날
해	필	의	스	측	을	을	집	동	에	로	켓	자	컴	전	형	느
쌀	결	매	니	저	자	문	춤	자	찍	고	낚	주	문	용	퓨	굽
발	낌	솔	집	쌀	요	러	주	범	트	바	시	말	터	장	법	루
바	적	주	자	한	한	쌀	다	굽	법	적	에	바	동	한	행	부
루	동	부	찍	람	에	북	굴	일	요	일	트	가	바	다	표	주
입	구	안	아	을	물	용	은	굽	주	도	너	쌀	딘	람	도	요
늘	대	찍	표	문	북	레	범	날	의	요	쌀	주	늘	어	절	쌀
마	풍	한	너	레	용	람	느	거	쌀	바	말	을	한	도	결	느
차	달	용	러	느	를	결	을	범	를	올	운	찍	다	질	러	운
질	젊	바	춤	한	제	리	은	굴	형	태	로	레	적	을	다	늘

입구
방향
충격
어딘가에
해결
마차
매니저
잡지
증거를
안아
형태로
소형
포함되어
딸이
로켓
일요일
스커트
혜택을
낚시에
상업

Puzzle 190

운	부	굽	체	법	법	늘	짓	집	질	노	멸	적	바	낌	마	련
공	적	고	다	동	필	부	발	맞	스	문	짓	망	한	선	한	도
의	젊	동	표	도	필	어	거	용	도	도	주	은	은	결	터	트
어	리	요	느	다	우	려	돌	들	동	발	춤	돌	어	동	물	측
리	끔	느	이	달	동	컴	파	돌	을	부	체	필	도	문	결	범
솔	끔	바	돌	고	굽	도	법	느	문	노	발	바	다	질	러	문
남	편	풍	질	은	질	문	질	주	선	카	다	체	파	이	한	이
굴	동	물	다	들	적	들	컴	람	찍	박	어	돌	장	미	바	작
결	트	풍	다	끔	날	견	너	시	견	질	용	짓	질	친	문	은
을	셀	동	러	쌀	퓨	위	공	굽	계	질	너	필	의	사	가	범
전	필	차	량	고	속	도	로	추	맞	위	너	발	다	출	현	법
제	한	로	사	전	이	노	은	코	뿔	소	트	부	문	장	대	컴
적	바	견	달	은	을	을	바	을	한	과	정	수	끔	용	을	춤
의	요	어	자	원	법	위	동	루	동	거	말	춤	질	자	거	한
가	시	적	환	쌀	이	부	늘	부	감	의	한	위	풍	굽	요	절

멸망은
선박
시계
작은
수정
코뿔소
미친
과거의
의사가
마련
고속도로
차량
남편
가시적
출현
우려
정말
너트
자원
환자

Puzzle 191

노	퓨	문	인	체	을	의	들	그	바	장	응	답	이	쌀	동	동
위	달	를	터	바	굽	국	퓨	감	리	셀	문	견	트	동	발	행
주	루	문	럽	올	가	미	요	필	한	견	돌	부	의	낌	질	퓨
람	을	스	트	크	동		늘	표	감	문	요	시	변	수	행	올
조	심	트	느	돌	다	법	의	운	쌀	은	북	느	험	은	자	한
면	사	동	바	들	질	표	낌	굽	문	발	날	입	돌	요	를	느
칠	동	집	고	용	생	한	다	이	크	트	자	올	학	쌀	집	짓
앞	치	마	말	견	파	일	쌀	위	부	주	늘	범	범	쌀	질	낌
도	공	문	느	적	풍	타	을	발	자	에	북	주	거	한	견	물
집	솔	한	춤	솔	문	스	한	적	필	늘	솔	컴	동	동	굽	찍
질	을	노	날	전	쌀	뉴	다	고	이	확	신	를	부	한	돌	엔
를	문	동	트	카	바	돌	범	감	짓	맞	부	바	느	돌	고	진
위	돌	에	공	쌀	문	풍	찍	질	도	로	이	늘	부	셀	발	이
날	쌀	느	운	쌀	문	굴	춤	로	느	발	음	을	편	집	수	건
범	고	맞	동	트	추	셀	돌	솔	을	다	찍	은	굴	굽	션	돌

생일을
올가미
발음을
스타일
수건
인터럽트
확신를
응답이
쌀쌀한
편집
앞치마
그들의
변수
칠면조
엔진이
조심
입학
시험
뉴스
미국의

Puzzle 192

복도
정신적
즉시
일이
문화
갑자기
스웨터
기사는
겨울
회원
아버지의
부자를
향해
제로
임의의
감독
좋아
우유
선글라스
표준

정	신	적	짓	바	문	에	우	짓	트	굴	짓	느	공	러	춤	느
러	은	문	달	찍	늘	기	유	동	발	법	을	루	집	회	원	람
다	을	화	갑	자	기	체	사	터	카	쌀	풍	노	복	느	너	러
루	자	이	장	문	공	범	션	는	제	로	말	제	도	추	사	루
로	고	크	질	체	짓	날	감	발	로	바	은	다	젊	필	레	한
필	견	한	다	전	공	향	해	짓	문	낌	문	발	표	준	올	람
어	맞	쌀	크	문	을	문	범	끔	받	이	말	부	측	일	이	견
문	견	동	트	맞	한	요	행	한	다	용	젊	도	찍	자	노	이
감	적	달	요	좋	법	발	루	찍	한	동	동	람	대	이	에	을
측	의	지	버	아	즉	시	스	웨	터	느	문	션	을	쌀	날	문
바	을	추	행	감	절	퓨	라	공	질	터	을	올	자	추	어	터
체	감	겨	람	발	한	한	글	임	의	의	이	말	춤	부	를	이
이	셀	전	울	돌	질	부	선	파	쌀	자	퓨	위	동	자	늘	위
올	위	트	한	에	노	젊	동	이	한	위	트	동	감	를	거	에
장	집	이	짓	대	운	동	로	범	문	셀	을	바	돌	독	젊	은

Puzzle 193

용	자	를	견	승	은	프	동	전	말	부	한	전	견	행	낌	사
공	법	발	받	리	절	수	영	터	동	물	을	돌	바	체	문	사
다	요	날	적	의	농	늘	절	끔	에	용	집	터	동	솔	찍	장
루	이	행	발	문	축	느	법	고	람	위	장	범	동	람	다	달
동	레	로	자	람	말	션	동	부	노	질	루	문	한	질	들	측
적	몬	책	가	방	셀	풍	레	출	행	복	한	받	한	굴	말	추
트	스	리	집	맞	장	카	솔	리	생	운	돌	노	그	릇	행	동
의	도	부	적	젊	위	결	퓨	행	한	운	쌀	발	낌	체	날	넓
요	법	낌	을	스	쿠	터	이	현	감	제	발	행	람	찍	규	은
법	행	은	동	래	자	시	셀	자	노	쌀	을	터	받	동	칙	굽
부	들	을	필	클	낌	험	측	사	동	적	트	늘	법	적	질	감
트	집	을	원	고	셀	한	느	질	말	대	를	문	측	돌	절	요
이	벤	트	한	더	도	다	을	을	러	주	바	표	주	한	바	터
데	젊	표	주	션	전	문	부	에	은	질	늘	올	용	을	동	을
업	추	필	솔	굽	돌	은	한	을	트	자	트	이	필	제	질	퓨

출생
이벤트
넓은
업데이트
스쿠터
클래스
현자
수영
행복한
농축
원더
규칙
수프
책가방
자발적
승리의
그릇
시험한다
레몬
도전

Puzzle 194

발명
정비사
고슴도치
지느러미
파도
크게
관용
머리
초점
버터
내내
와이어
시금치
공기
불안정한
폭력
드라이브
토크
잠금
대신

말	을	결	을	셀	대	받	짓	춤	관	션	다	느	셀	바	전	맞
퓨	로	루	노	을	로	맞	질	버	용	셀	너	문	노	거	질	들
범	터	부	어	맞	측	받	주	견	터	루	를	공	어	찍	주	을
자	굽	문	거	거	정	지	제	표	발	명	문	기	제	발	대	로
굴	절	낌	물	젊	비	터	느	바	드	라	이	브	집	절	느	동
트	쌀	용	물	트	사	전	람	러	도	은	스	굽	을	쌀	트	올
도	집	다	대	신	한	컴	너	람	미	주	람	질	바	법	체	부
적	문	결	말	문	추	문	불	고	풍	카	동	공	춤	굽	의	토
와	바	컴	필	들	젊	문	안	장	집	용	낌	도	측	도	게	크
이	한	의	노	용	파	바	정	운	용	공	션	트	들	전	적	문
어	질	카	파	용	고	크	한	올	리	트	법	체	대	전	법	춤
발	용	굽	치	도	슴	고	의	발	돌	을	북	돌	을	행	바	에
트	다	은	금	잠	올	장	로	은	받	느	달	적	문	달	파	받
발	머	문	시	발	초	점	젊	제	을	루	굴	결	내	은	폭	력
카	리	퓨	위	어	짓	주	솔	로	파	를	거	맞	내	체	공	받

Puzzle 195

끔	한	결	너	셀	운	션	추	동	어	은	결	로	솔	터	느	동
날	흰	셀	컴	대	용	고	문	질	너	로	결	늘	쌀	을	도	추
공	견	색	낌	쌀	카	질	스	터	한	용	체	트	바	한	스	체
날	크	자	동	션	문	요	문	러	리	적	젊	배	쌀	한	한	위
굴	용	를	로	크	대	거	굽	체	의	젊	감	개	우	지	전	파
을	문	루	컴	위	덴	보	물	것	이	결	동	카	용	에	결	한
제	스	교	에	측	웨	섹	션	의	을	자	트	들	들	느	서	끔
질	다	육	킹	타	스	켈	레	톤	루	자	달	추	한	루	주	질
를	동	카	위	찍	결	늘	이	에	견	짓	퓨	구	동	보	고	서
러	찍	노	대	퓨	용	주	찍	고	다	동	낌	은	루	현	명	한
사	춤	부	질	로	자	이	감	은	결	젊	고	한	트	감	연	대
게	물	용	부	용	루	은	로	대	끔	늘	이	올	리	정	습	도
표	시	이	견	범	을	춤	부	부	의	약	햄	버	거	조	풍	제
늘	표	말	를	트	한	크	동	돌	의	어	트	문	루	달	문	전
에	람	이	측	용	자	체	질	풍	부	도	다	범	공	굽	크	문

스타킹
트리
추구
교육
햄버거
것이
조정
흰색
배우에서
보물
스켈레톤
현명한
약어
스웨덴
보고서
게시
지우개
정리
연습
섹션의

Puzzle 196

러	물	로	람	루	동	민	타	비	노	은	문	루	낌	을	을	위
늘	공	견	사	실	들	추	너	프	오	주	행	거	전	말	견	이
고	은	결	눈	을	짓	터	추	한	스	는	굵	게	문	미	들	터
체	견	한	노	솔	을	갤	럽	낌	돌	자	도	한	견	잘	트	솔
절	용	전	레	리	동	션	용	고	레	쌀	주	늘	대	동	을	필
문	한	문	션	다	공	주	범	필	추	크	제	설	탕	레	고	은
어	주	끔	느	달	지	자	질	노	들	을	람	문	리	은	맞	늘
에	위	표	한	노	배	절	주	적	맞	다	당	근	를	절	추	춤
필	도	이	달	자	적	사	은	문	은	한	셀	노	동	동	느	질
말	발	느	쌀	문	북	굽	트	동	굴	야	올	자	북	도	도	추
장	을	러	을	자	캡	처	춤	션	체	위	생	자	느	한	돌	트
레	모	네	이	드	올	맞	권	트	를	치	동	제	감	견	바	동
말	굴	을	로	터	사	장	한	행	받	용	행	추	질	발	솔	제
운	법	전	거	솔	낌	트	이	동	올	고	활	로	겸	손	물	크
운	행	감	굽	동	바	고	말	리	적	용	성	루	건	강	을	늘

은행
당근
권한
건강
지배적
눈사람
레모네이드
위치
갤럽
비오는
굵게
말미잘
사실
설탕
야생
비타민
활성
겸손
캡처
오프너

Puzzle 197

피	해	자	보	기	을	표	끔	사	레	짓	레	바	루	를	문	은
필	풍	느	공	적	보	동	다	질	람	과	를	션	카	크	바	동
크	견	은	격	주	장	동	발	람	카	학	다	늘	이	동	이	굴
을	요	들	리	행	측	부	필	굽	하	자	장	문	결	션	은	동
한	스	짓	은	체	이	을	이	주	문	이	색	쌀	질	이	풍	찍
결	잔	디	바	말	어	춤	터	바	부	촌	라	문	동	도	람	컴
헤	말	어	바	레	의	법	로	고	절	삼	보	이	감	도	은	이
이	로	주	전	도	용	끔	바	리	은	제	법	이	트	로	찍	한
감	한	노	풍	끔	용	느	감	자	동	이	혼	자	동	어	셀	이
한	도	자	북	셀	굴	다	파	당	완	발	북	한	행	은	트	도
거	필	노	적	끔	주	문	바	나	화	용	날	리	풍	노	동	어
어	친	파	절	바	필	서	리	귀	자	들	고	한	동	끔	추	바
레	스	굴	주	늘	굴	법	모	양	을	거	발	을	체	한	트	퓨
도	러	람	동	느	질	굴	느	결	퓨	않	루	이	컴	표	낮	은
컴	한	문	물	자	트	바	을	행	절	로	는	스	타	일	의	북

낮은
서리
삼촌이
스타일의
동행
헤이
잔디
완화
공격
거친
하이라이트
바늘
피해자보기
모양을
않는
보라색
과학자
보장
당나귀
혼자

Puzzle 198

노	레	다	은	물	범	주	터	을	을	트	북	은	위	너	의	필
북	고	적	용	필	러	고	주	주	저	부	리	어	문	은	부	받
체	운	어	스	체	루	감	도	이	질	끔	장	거	집	찍	이	요
되	돌	리	기	바	질	집	행	받	맞	범	로	북	노	리	질	이
감	지	출	한	부	느	대	춤	대	적	돌	사	한	력	트	비	용
용	한	공	동	바	어	부	견	문	은	제	견	부	발	말	서	장
모	발	측	범	로	터	장	측	전	거	문	북	로	굽	바	위	트
동	니	샴	푸	컴	동	주	자	질	바	너	자	평	굴	루	의	장
셀	물	터	말	제	카	공	고	리	퓨	부	신	면	사	검	행	다
카	위	범	링	두	려	움	테	스	트	를	이	의	문	은	들	퓨
발	레	크	바	돌	차	례	은	은	공	자	많	포	한	핑	트	법
비	교	들	표	로	션	굴	고	너	젊	결	로	함	체	도	크	법
루	거	들	굽	트	어	굽	끔	바	터	요	운	측	결	동	아	질
다	범	대	을	을	로	의	낌	에	로	장	자	요	람	을	침	용
결	돌	한	너	짓	범	젊	말	절	람	동	의	바	을	늘	끔	을

비서
샴푸
자신이
부어
아침
많이
모니터링
핑크
되돌리기
주저
평면의
검은
비교
대한
포함
차례
지출
두려움
테스트를
노력

Puzzle 199

들	침	카	날	고	한	절	션	발	다	운	너	도	의	용	을	운
자	결	입	치	약	한	한	한	짓	들	전	조	바	맞	루	들	동
북	람	도	느	러	측	절	카	사	솔	찍	맞	류	견	절	물	동
레	전	끔	은	적	문	은	파	리	자	느	을	을	표	크	요	일
감	결	추	늘	러	고	트	션	한	들	범	결	젊	은	춤	끔	결
같	결	혼	식	긴	장	된	결	한	에	을	문	부	전	로	러	컴
아	리	스	다	우	박	찍	카	사	자	노	을	트	굽	결	견	들
요	빨	리	을	이	를	지	잊	짓	동	조	문	다	트	도	문	물
집	문	받	셀	견	노	루	굽	올	날	직	물	감	풍	설	탕	에
다	채	로	운	한	트	동	문	동	스	추	용	다	결	카	트	외
자	너	표	범	바	감	사	컴	날	다	북	솔	한	솔	스	쌀	카
다	극	올	결	달	에	날	추	퓨	문	바	주	어	다	자	행	물
추	적	추	요	범	측	풍	견	바	쌀	셀	낌	다	울	용	들	발
날	인	크	결	한	용	솔	부	긴	리	제	낌	집	새	자	동	은
젊	용	짓	을	법	이	을	리	파	장	도	법	터	문	러	굽	견

극적인
조류
침입
울새
지루
파리
빨리
치약
잊지
표범
외에
설탕에
긴장된
긴장
우박
같아요
동일
결혼식
조직
다채로운

Puzzle 200

을	한	견	짓	에	은	고	구	의	견	물	날	동	달	감	견	퓨
주	스	트	립	터	용	공	울	열	를	를	느	늘	질	집	퓨	측
주	대	이	은	한	너	로	을	이	이	굴	자	두	주	리	범	질
태	양	문	트	물	로	위	질	의	을	다	로	로	문	문	솔	레
동	북	트	결	스	자	짓	동	적	루	동	한	너	운	풍	다	운
문	도	낌	지	상	로	발	필	찍	느	보	고	서	는	을	공	부
스	체	받	카	돌	이	올	파	을	지	전	운	굽	동	법	바	스
느	짓	행	문	받	한	답	표	은	리	점	을	파	리	자	결	굴
바	젊	주	대	오	필	변	느	한	브	풍	러	날	운	문	한	측
한	적	주	문	을	징	람	문	적	감	장	견	람	받	을	느	문
리	풀	을	참	가	자	어	문	발	바	의	카	레	다	북	오	캥
올	리	격	한	블	리	드	집	사	추	표	다	물	행	진	리	거
필	주	자	파	을	동	적	거	트	제	스	짓	대	발	정	람	루
간	호	사	에	발	달	컴	로	문	늘	바	위	끔	남	부	확	바
카	풍	느	물	바	람	노	거	로	질	문	용	문	쌀	레	풍	성

답변
풀을
브리지
보고서는
캥거루
구울
열이
참가자
스트립
정확성
지점
블리드
지상
자두
오리
태양
오징어
자격을
남부
간호사

Puzzle 201

춤	크	쌀	바	문	문	올	위	레	석	들	집	한	느	트	션	어
너	이	트	정	물	짓	끔	로	두	탄	표	위	비	정	확	히	션
리	다	의	풍	지	말	결	다	려	부	레	동	전	크	을	은	주
적	질	증	공	주	한	대	제	워	결	굽	위	돌	주	공	은	추
질	부	가	바	파	카	을	질	거	올	의	에	도	거	대	장	추
한	측	자	을	공	찍	춤	용	바	굴	람	자	돌	위	바	쌀	로
너	춤	쌀	필	기	대	해	견	를	다	사	트	을	부	노	트	바
절	문	대	션	본	문	집	용	동	터	냥	행	을	바	게	으	른
견	파	동	션	동	표	에	크	부	위	자	문	레	굽	걸	감	쌀
레	동	낌	을	필	션	한	을	트	터	법	낌	범	을	핏	어	늘
질	풍	올	솔	도	도	문	솔	동	감	절	셀	부	견	하	춤	쌀
트	션	용	운	범	공	비	정	올	법	끔	들	올	문	면	소	약
에	거	동	노	트	북	격	를	문	트	감	문	도	행	대	녀	물
주	말	견	에	법	대	발	적	트	남	아	는	받	레	날	가	로
도	이	필	느	어	질	끔	트	전	도	한	풍	셀	표	짓	찍	체

대해
남아는
두려워
기본
제거
공격적
게으른
걸핏하면
증가
사람의
정지
정확히
사냥
노트북
정비공
비전
소녀가
약물
거대
석탄

Puzzle 202

거북이
물린
장애
회사
상점
경제
스크럽
의무
개선
바닥
괜찮아도
셔츠
얼굴
색상이
우스운
모래
동전
노래
여전히

우	스	운	말	감	감	문	개	선	한	문	얼	솔	말	동	컴	들
문	용	다	의	터	굴	도	장	애	자	퓨	리	굴	집	전	은	부
파	사	부	터	한	쌀	바	닥	을	운	주	북	의	트	쌀	의	이
어	솔	주	문	바	바	느	측	모	한	범	공	쌀	트	맞	젊	운
도	거	공	트	동	바	이	한	래	장	부	적	발	젊	사	행	자
춤	을	문	들	질	쌀	자	리	노	이	맞	트	트	동	젊	집	발
은	색	공	느	용	적	을	션	루	파	추	은	날	한	질	추	어
점	상	노	거	북	이	물	린	표	대	사	발	의	바	에	은	쌀
견	이	한	바	제	을	표	문	돌	느	동	집	스	무	여	전	히
풍	트	트	주	어	느	괜	발	한	노	로	필	동	크	한	주	다
문	스	루	올	바	거	찮	공	느	고	주	람	풍	다	럽	한	루
거	감	루	솔	문	질	아	날	를	결	바	셔	돌	부	동	바	추
동	감	감	한	러	날	도	짓	느	법	은	츠	위	요	발	다	말
한	한	올	자	짓	체	경	한	주	전	루	측	받	을	회	질	공
루	들	다	스	말	노	제	한	을	에	대	올	사	물	사	주	풍

Puzzle 203

스	문	너	자	절	돌	대	을	자	느	은	자	표	컴	바	굴	체
운	느	이	매	의	문	용	발	바	션	물	위	문	로	이	자	젊
이	돌	달	우	쌀	도	다	컴	느	부	도	은	로	부	의	행	요
바	익	메	이	크	업	발	리	노	트	체	을	트	용	체	리	추
범	람	레	추	부	바	주	날	바	한	에	적	달	다	스	낌	바
바	가	족	에	게	회	사	인	을	질	에	바	물	을	부	찍	한
박	국	로	에	결	동	카	상	전	문	문	로	제	졸	하	굽	돌
부	탈	바	문	람	크	파	부	한	다	트	노	들	업	마	운	을
모	동	이	주	제	동	위	션	문	추	용	공	러	바	동	람	너
파	전	동	문	트	받	문	고	들	로	를	은	도	루	끔	을	바
자	전	거	날	트	질	법	지	바	올	자	질	춤	공	바	운	주
바	을	끔	영	향	을	기	가	은	어	셀	적	션	필	션	루	체
의	은	을	솔	한	방	각	르	범	쩌	춤	고	바	을	파	받	쌀
붕	괴	에	서	추	풍	트	치	올	면	질	집	행	견	돌	문	요
용	측	쌀	토	끼	짓	바	는	어	춤	을	터	범	끔	주	맞	리

메이크업
매우
영향을
부모
가지고
토끼
하마
졸업
이익
자전거
국가
인상
어쩌면
가족에게
박탈이
붕괴에서
가르치는
기각
방향
회사

Puzzle 204

다	바	올	가	미	한	주	컴	느	요	위	제	용	크	대	고	션
채	파	한	문	발	맞	은	주	안	아	운	자	쌀	추	람	맞	추
로	션	거	측	체	다	낌	카	셀	같	러	범	의	느	위	춤	스
운	굽	로	을	돌	달	도	나	춤	도	전	적	한	짓	트	찍	받
감	용	러	날	적	너	대	리	범	범	대	주	말	물	을	이	바
자	한	동	문	무	발	소	아	찍	독	립	람	동	부	동	범	다
문	풍	발	도	풍	대	컴	유	쪽	동	자	사	동	동	람	도	질
러	끔	발	동	트	셀	터	로	자	안	퓨	크	짓	문	법	고	션
루	거	제	공	짓	셀	결	활	에	부	주	날	제	느	결	노	이
션	을	람	솔	결	느	리	성	문	트	한	굽	로	스	표	로	예
션	질	체	행	사	이	위	행	바	한	스	한	대	도	자	날	외
주	질	감	람	션	주	낌	문	견	터	을	동	끔	을	풍	컴	맛
을	심	각	한	중	귀	측	자	동	자	트	퓨	견	에	느	셀	표
질	한	풍	농	절	용	올	크	물	위	에	발	컴	의	퓨	감	을
표	행	느	느	장	책	친	구	은	이	러	션	이	러	이	다	필

예외
심각한
제공
책장
동쪽
카나리아
무대
독립
동안
농장
소유자
자동
친구
귀중한
동물은
안아
올가미
활성
다채로운
같아요

Puzzle 205

동	늘	션	운	아	내	퓨	질	견	끔	짓	리	한	파	람	물	끔
요	집	물	쌀	요	노	표	부	은	집	필	부	스	짓	자	파	트
루	레	을	람	감	위	고	자	너	노	문	크	부	느	입	력	너
문	표	텐	트	위	험	하	게	공	다	정	중	도	셀	측	파	낌
은	사	말	노	동	파	구	용	질	사	결	로	션	도	굽	문	발
체	끔	측	자	도	스	불	한	크	은	감	로	말	발	바	제	질
장	이	고	춤	다	체	쌀	파	을	은	제	파	한	람	감	션	을
부	솔	용	한	행	손	실	괴	통	치	는	운	쌀	을	버	행	굽
도	크	도	노	범	을	북	주	노	에	범	맞	춤	법	드	리	션
를	올	트	무	게	부	사	이	을	용	웜	이	다	필	용	끔	짓
도	파	찍	짓	문	측	러	수	필	어	을	은	바	한	물	결	부
이	셀	사	비	루	부	한	위	행	보	크	자	적	용	한	카	굽
은	레	행	누	짓	자	발	바	손	다	주	필	낌	사	주	문	루
물	은	컴	카	로	부	터	스	실	동	동	추	이	바	이	북	자
터	자	측	감	파	이	날	컴	을	굽	부	질	행	부	트	바	문

부러
용어보다
리드
아내
맞춤법
비누
버드
결정
위험하게
불구하고
손실
수행
파괴
손실을
입력
통치는
정중
무게
웜은
텐트

Puzzle 206

동	춤	동	돌	카	리	풍	람	칫	소	주	퓨	북	발	날	체	은
빨	간	색	을	침	짓	감	주	솔	원	초	한	어	문	터	람	적
동	쌀	표	발	주	입	발	을	물	없	전	발	범	사	트	도	러
발	게	임	전	풍	파	을	의	북	이	을	차	가	워	사	질	바
바	파	집	리	맞	이	이	주	다	진	주	찍	도	캠	페	인	라
퓨	용	너	동	굴	이	크	동	이	엔	고	을	솔	맞	자	상	부
공	달	절	굽	다	감	리	자	주	을	돌	위	트	성	솔	대	주
도	스	쌀	도	많	키	스	바	촛	리	은	업	전	공	젊	스	북
부	발	쌀	의	로	은	마	달	달	불	절	동	주	러	트	굽	요
부	범	북	짓	전	략	스	감	늘	로	한	노	굽	대	부	트	날
집	느	주	트	을	질	도	은	추	운	장	래	을	측	람	낌	쌀
다	짓	질	이	느	이	바	느	바	거	트	받	부	의	춤	레	느
받	람	발	낌	맞	거	카	쌀	을	한	스	을	날	필	부	을	컴
발	파	대	이	감	쌀	대	한	운	행	을	절	의	측	발	필	느
대	올	문	굽	쌀	다	필	요	로	노	받	스	너	을	어	셀	발

촛불
주소
차가워
캠페인
초원
전략
소원없이
칫솔
스키
성공
많은
상대
위업
크리스마스
게임
라인
빨간색을
엔진이
침입
노래

Puzzle 207

러	용	바	주	춤	체	찍	맞	은	블	터	받	도	옵	션	너	거
한	법	가	름	셀	터	맞	을	컴	라	알	고	있	는	오	징	어
용	로	위	용	행	한	경	용	를	우	바	바	세	공	크	조	직
거	느	답	들	의	을	계	은	자	스	제	풍	도	탁	체	리	춤
동	결	변	동	쌀	은	대	맞	이	트	쌀	용	동	도	레	올	날
측	솔	은	발	은	파	도	바	운	션	행	측	쌀	느	쌀	표	순
은	질	결	부	부	장	다	필	은	한	위	부	명	로	도	시	환
솔	고	집	공	부	로	카	로	끔	한	맞	행	예	로	추	공	견
자	북	측	셀	리	트	요	을	용	이	파	끔	롭	지	추	받	람
퓨	올	느	주	퓨	노	측	문	느	너	견	컴	게	받	능	용	트
들	말	전	거	날	느	의	사	적	느	돌	파	쌀	끔	질	형	표
전	이	용	인	치	가	물	위	에	노	부	한	로	너	용	적	루
집	끔	절	터	책	범	달	한	터	집	을	거	느	추	추	표	문
다	말	올	부	춤	임	편	집	쌀	카	공	춤	다	음	에	질	문
에	을	의	쌀	에	날	한	카	춤	이	전	감	끔	풍	질	맞	문

가위
책임
알고있는
주름
다음에
지능형
도시
옵션
인치가
동결
세탁
명예롭게
블라우스
행위
경계
순환
편집
조직
오징어
답변

Puzzle 208

겁	로	도	맞	동	문	자	넣	주	측	포	인	트	차	솔	바	터
쟁	부	동	컴	한	은	감	도	어	풍	느	적	노	례	견	범	리
이	짓	돌	주	느	결	다	주	자	주	자	력	트	말	표	적	찍
은	풍	이	너	날	받	크	바	범	젊	춤	매	올	컴	찍	젊	주
발	에	달	느	발	물	젊	도	절	솔	은	쌀	의	문	표	은	전
소	스	자	북	운	트	를	적	을	풍	퓨	이	설	용	달	고	루
료	통	지	다	이	용	모	텔	자	도	을	자	탕	주	바	솔	젊
치	전	은	짓	트	절	파	용	터	젊	오	장	위	받	이	한	날
즈	기	람	거	순	리	한	자	용	이	일	적	측	말	사	람	주
를	바	집	은	쌀	서	돌	스	위	을	전	전	동	공	트	은	도
장	행	용	거	리	을	어	대	학	굽	바	송	발	람	문	달	운
감	바	크	측	풍	굽	문	끔	굽	파	측	바	바	춤	다	솔	을
대	터	숨	너	법	감	마	질	문	자	받	측	운	달	측	북	필
바	다	기	위	부	쌀	커	을	느	용	추	공	기	집	젊	견	발
의	너	기	적	카	동	문	너	낌	범	제	올	루	굽	노	위	퓨

숨기기
전송
넣어
젊은
모텔
순서
전기
통지
매력적인
치즈
포인트
오일
겁쟁이
대학
마커
소스
치료
공기
설탕
차례

Puzzle 209

은	많	자	풍	차	마	날	달	외	절	어	낌	각	솔	돌	느	스
컴	은	훌	체	크	지	한	문	침	트	한	트	종	결	물	용	느
다	지	춤	륭	북	막	대	자	을	퓨	을	자	낌	끔	문	맞	한
발	도	은	들	함	으	도	컴	고	바	문	동	거	범	쌀	도	노
트	법	을	대	물	로	끔	발	한	굽	한	를	체	리	주	들	대
부	낌	을	올	쌀	도	굽	션	체	고	쌀	범	퓨	운	추	쌀	셀
느	사	컴	바	주	요	부	은	사	추	받	춤	발	감	질	문	솔
실	버	대	주	한	도	셀	은	다	한	하	우	스	는	의	받	스
고	풍	바	이	한	찍	주	러	문	거	춤	한	을	고	러	어	전
문	소	헤	동	크	주	리	을	주	의	들	표	강	아	지	를	원
트	녀	이	을	문	셀	바	션	쌀	의	끔	춤	우	려	한	고	도
동	측	리	을	셀	올	질	바	발	감	세	제	목	말	느	바	어
말	젊	감	이	점	은	이	달	어	찍	날	기	발	들	장	맞	을
날	을	사	법	운	를	다	바	사	짓	요	주	위	동	용	자	젊
끔	어	올	문	션	부	되	돌	리	기	표	동	위	좋	은	레	원

훌륭함

실버

전원

외침을

거의

제목

마지막으로

소녀

세기

좋은

각종

이점

하우스는

많은지도

강아지를

마차

자원

우려

헤이

되돌리기

Puzzle 210

무역

호수

평면

저장

지난

최초의

수요일

의존

수집

임대

커뮤니티

에이전트

유치가

항목을

신사

탐색을

점유율

책가방

원더

피해자보기

에	이	전	트	감	이	느	부	늘	루	발	바	러	문	고	감	를
용	터	바	점	늘	문	문	카	한	자	부	젊	다	임	대	유	자
피	용	굴	유	커	뮤	니	티	신	사	굴	감	솔	거	일	치	문
바	해	찍	율	리	사	굽	루	동	한	거	느	한	트	요	가	부
낌	범	자	은	도	레	쌀	돌	을	춤	춤	장	리	물	수	집	퓨
굴	이	한	보	솔	낌	적	문	을	굽	용	은	로	고	부	문	자
말	대	낌	은	기	솔	평	발	이	필	돌	동	범	션	노	러	책
다	자	자	리	션	느	면	감	을	춤	동	루	람	트	느	용	가
리	위	쌀	문	에	카	북	어	파	은	바	거	은	제	문	굴	방
원	더	고	추	대	솔	느	추	감	자	션	을	한	리	의	저	장
자	바	돌	은	짓	측	달	적	용	동	용	문	장	무	탐	지	법
이	호	수	은	절	발	리	감	항	의	필	을	존	역	색	대	난
에	쌀	에	을	요	받	북	자	한	목	최	초	의	집	을	적	바
공	퓨	감	파	를	루	운	맞	말	돌	을	사	낌	자	범	를	로
파	루	올	크	트	이	요	문	제	운	도	운	용	트	절	끔	전

Puzzle 211

고	제	낌	찍	굽	물	어	이	파	뱀	패	용	바	어	스	로	필
트	문	버	범	용	행	요	합	도	도	턴	컴	크	들	동	맞	운
찍	주	터	자	맞	도	동	조	태	문	을	솔	문	블	트	질	범
동	솔	다	퓨	루	체	람	들	이	문	카	견	한	록	자	돌	로
솔	굴	은	은	루	바	경	기	장	스	부	트	리	위	굽	늘	노
은	필	쌀	느	부	주	도	노	자	집	계	대	파	호	느	쌀	측
문	재	젊	문	행	제	올	짓	레	문	피	굴	문	랑	토	끼	가
견	날	고	바	퓨	물	질	의	들	크	러	한	수	이	동	바	운
에	풍	퓨	로	문	발	받	멸	종	필	동	컴	석	람	짓	측	러
춤	올	달	노	범	리	트	도	부	을	을	체	을	춤	짓	솔	물
늘	카	달	추	너	위	을	보	용	바	을	이	시	크	다	맞	받
돌	에	북	을	레	맞	로	느	션	트	람	한	을	리	자	받	위
주	위	북	집	전	절	문	다	학	생	렁	절	자	한	즈	제	말
물	용	러	은	셀	위	달	이	공	트	발	크	동	감	낌	를	행
주	풍	자	이	물	동	한	해	용	션	집	을	에	퓨	파	위	동

뱀파이어
멸종
트렁크
시리즈를
토끼가
재고
계피
패턴
조합이
태도
학생
도보
수석
블록
경기장
물질의
호랑이
이해
버터
파도

Puzzle 212

문	도	적	다	재	사	공	도	표	늘	부	들	사	문	춤	부	견
천	외	로	운	킷	동	요	날	풍	트	추	을	행	범	표	측	주
국	이	도	검	너	위	절	너	한	다	질	고	의	느	에	동	트
괜	찮	절	북	사	용	션	루	트	부	용	돌	질	젊	적	로	제
셀	컴	터	을	솔	션	견	주	크	한	운	루	은	문	자	추	행
공	행	상	승	러	을	돌	체	이	불	어	맞	솔	결	늘	찍	적
장	주	말	러	낙	타	선	분	석	규	날	코	발	에	요	체	대
요	을	이	꼼	올	그	택	한	춤	칙	트	결	바	트	집	셀	적
은	대	발	물	도	룹	은	크	은	셀	은	론	문	은	체	도	장
문	굽	행	의	트	러	돌	을	에	이	얻	사	집	한	물	운	션
쌀	을	거	대	이	질	도	풍	문	좋	을	풍	너	느	찍	을	을
리	느	은	장	한	공	반	스	돌	은	문	올	컨	범	사	굴	필
문	짓	물	질	자	한	을	동	을	안	느	굽	법	개	트	행	요
을	웃	었	다	춤	올	를	짓	염	녕	부	스	물	동	미	느	고
감	러	파	이	트	크	트	집	이	소	카	공	개	루	짓	질	필

천국
불규칙
염소
좋은안녕
상승
결론
낙타
재킷
개미
물개
웃었다
괜찮
검사
얻을
분석
결코
그룹
선택은
외로운
거대

Puzzle 213

날	받	문	바	한	동	은	션	돌	북	말	풍	파	사	느	주	질
날	솔	굴	춤	을	절	도	문	부	문	퓨	을	러	운	건	대	리
션	사	쌀	파	문	느	행	카	받	올	타	다	질	선	언	말	날
다	다	용	트	이	들	물	결	사	문	원	젊	감	은	크	다	적
측	부	법	너	비	해	거	먼	지	결	형	체	컴	거	을	너	션
다	느	끔	파	트	바	에	춤	법	체	자	쌀	질	질	공	을	질
엄	청	난	티	을	무	기	서	부	사	솔	달	풍	필	느	은	도
터	돌	견	범	늘	적	쌀	자	체	부	이	물	문	필	느	쌀	주
진	행	을	위	로	튤	립	스	맞	다	용	오	히	려	견	트	이
스	툴	말	는	람	루	주	바	문	제	가	바	낌	람	문	카	받
트	표	한	부	올	행	쌀	낌	필	젊	동	선	주	범	션	러	람
북	러	춤	추	다	늘	문	운	루	표	카	조	질	짓	트	올	문
복	짓	러	트	결	말	미	잘	견	맞	물	정	션	다	질	느	요
문	잡	주	말	리	도	법	발	느	문	로	스	을	인	를	유	사
동	이	한	감	견	어	적	동	용	바	문	자	주	정	트	지	에

파트너파티
사건
비트
선언
범위는
인정
복잡한
스툴
무기
문제가
타원형
튤립
이해에서
오히려
먼지
진행을
유지
엄청난
조정
말미잘

Puzzle 214

한	전	파	문	법	퓨	장	범	키	춤	받	추	멸	범	문	차	피
거	부	끔	크	모	루	추	은	가	트	담	이	망	표	전	이	하
행	젊	트	을	래	발	문	발	은	트	비	날	은	한	격	가	기
쌀	거	한	솔	이	적	필	충	분	한	을	어	이	를	발	크	문
한	도	감	법	이	람	컴	사	도	한	용	질	스	발	셀	은	한
물	장	부	위	레	느	다	질	운	질	들	대	한	운	셀	추	장
필	셀	공	주	로	절	레	다	에	용	문	다	동	동	웨	이	크
너	터	제	굴	터	다	주	느	이	이	을	말	퓨	의	견	테	터
예	뻐	를	집	도	말	트	문	에	사	전	를	느	한	퓨	스	주
고	추	를	지	노	바	요	물	풍	부	바	트	도	람	한	자	스
경	트	풍	동	속	끔	러	구	늘	견	부	컴	가	말	쌀	을	이
보	발	주	트	한	제	트	짓	름	평	물	짓	견	짓	을	너	젊
를	트	카	션	느	부	제	올	부	균	치	낌	요	찍	동	결	찍
견	바	한	늘	행	날	절	로	끔	어	약	은	질	표	트	날	을
풍	절	바	거	쌀	동	부	측	한	늘	발	크	이	집	말	필	트

키가
예뻐를
지속
고추를
담비
피하기
충분한
운동의
거부
차이가
평균
스테이
구름
에이전트가
경보
웨이크
가격
멸망은
치약
모래

Puzzle 215

돌	문	전	굽	경	한	도	부	집	끔	컴	놀	서	거	컴	모	낌
말	찍	복	에	향	말	맞	족	부	동	절	문	라	올	바	양	스
제	말	용	문	이	을	찍	한	강	건	한	달	따	운	들	을	전
임	을	다	집	요	컴	범	끔	한	리	도	레	너	요	시	도	를
자	의	로	측	동	지	배	적	결	에	달	걀	레	달	결	돌	을
동	동	의	어	레	이	의	발	문	솔	를	동	위	트	동	질	짓
람	의	장	표	한	질	요	사	크	느	바	부	동	굽	투	결	물
느	파	수	한	흔	파	대	거	대	바	을	절	노	견	명	트	동
은	바	로	동	들	추	요	노	셀	질	도	동	스	말	젊	셀	다
트	퓨	위	을	었	로	믹	스	결	문	주	부	적	표	측	질	절
바	을	를	견	다	춤	클	리	어	벨	자	전	거	문	다	터	을
짓	에	점	표	날	북	쌀	감	늘	용	퓨	끔	장	사	돌	굴	부
문	바	심	면	션	제	풍	결	절	자	은	바	은	거	받	로	쌀
다	다	사	자	추	퓨	결	굽	굽	돌	바	늘	을	낌	도	들	크
공	러	행	이	고	공	짓	표	질	한	춤	질	쌀	노	용	를	트

따라서
건강한
점심
달걀
도용
믹스
복용
놀라운
투명
부족한
시도를
표면
벨자전거
경향이
클리어
흔들었다
수동
임의의
지배적
모양을

Puzzle 216

로	트	장	트	법	도	전	질	루	한	셀	느	맞	올	찍	로	느
범	부	문	동	유	부	션	루	맞	바	로	적	우	달	발	끔	문
너	로	을	춤	션	지	한	풍	법	트	느	용	드	자	션	달	부
법	스	로	루	위	햇	할	쌀	로	끔	돌	한	이	끔	행	질	위
터	트	한	다	카	빛	을	대	러	로	풍	한	스	한	결	위	북
의	필	람	맞	거	동	끔	바	행	문	이	부	측	너	고	고	고
표	농	느	자	북	다	동	동	은	한	은	행	션	문	들	리	자
제	축	동	들	동	용	날	용	스	측	너	굴	부	물	굽	를	발
행	느	행	동	를	한	바	크	폰	특	별	한	다	바	끔	트	찍
감	대	문	은	한	발	자	최	지	노	돌	이	로	컴	로	질	쌀
요	굴	키	행	말	한	바	파	근	상	디	파	제	퓨	용	노	돌
선	호	하	는	하	정	결	리	위	점	이	자	반	동	쌀	들	견
동	퍼	핀	행	짓	안	굽	굽	견	장	지	방	인	적	공	성	디
날	범	을	이	풍	불	용	컴	다	에	자	들	감	람	쌀	스	다
질	용	퓨	은	필	행	을	한	어	말	셀	도	리	질	은	문	문

디자인
지방
하키
선호하는
스폰지
최근
특별한
동반자
유지할
결정하는
우드
햇빛
퍼핀
견디다
성공적인
농축
불안정한
은행
파리
상점

Puzzle 217

라	운	드	를	다	질	받	견	의	용	들	도	측	설	공	법	주
에	바	퓨	의	굴	받	추	레	레	레	질	트	동	정	바	느	트
도	질	을	물	질	법	찍	물	셀	날	필	필	범	은	자	바	동
퓨	트	북	위	춤	굴	션	체	문	루	절	물	다	요	의	질	쌀
배	를	범	문	은	짓	절	자	레	낌	은	린	짓	돌	하	셀	발
필	우	위	젊	사	위	행	찍	맞	표	발	을	한	장	행	드	날
바	물	에	에	라	로	물	벽	화	영	자	용	짓	젊	러	행	을
적	감	범	서	한	날	발	끔	한	양	고	셀	의	문	트	달	체
받	트	주	돌	쌀	러	을	스	어	분	시	험	한	다	질	춤	범
표	로	용	굽	주	젊	문	바	문	을	올	러	북	문	집	한	을
극	단	적	으	로	도	질	고	사	퓨	증	물	물	문	표	대	달
동	휴	짓	트	대	솔	동	스	러	동	명	질	운	측	다	결	날
짓	일	낌	받	한	장	카	데	웨	늘	을	굽	초	등	학	교	확
집	받	고	를	찍	을	정	이	문	터	혼	동	을	낌	한	이	실
퓨	문	레	측	견	요	말	지	마	이	그	레	이	션	석	탄	표

하드
초등학교
사라
영양분을
증명
벽화
휴일
데이지
라운드
혼동
마이그레이션
설정
확실
극단적으로
정말
스웨터
시험한다
배우에서
석탄
물린

Puzzle 218

주	침	너	들	운	이	감	젊	표	부	컴	너	체	거	위	터	바
결	실	물	날	다	집	을	문	동	다	적	측	집	날	스	동	동
도	이	동	물	에	휴	이	문	날	바	풍	절	쌀	어	너	부	행
말	견	장	낌	의	식	체	용	위	젊	용	도	한	을	셀	자	맞
달	한	의	카	도	이	물	바	대	추	러	셀	위	법	이	도	레
컴	물	컴	필	아	앉	단	계	를	끔	대	결	바	자	풍	이	은
너	연	들	이	웃	요	트	람	법	컴	이	노	장	맞	이	용	돌
들	찍	못	을	이	바	쌀	춤	용	금	질	문	달	대	올	짓	너
추	측	진	벽	을	들	퓨	돌	들	요	에	을	체	리	어	질	적
바	를	날	술	굴	요	한	동	트	일	어	너	의	자	실	행	대
느	국	제	고	정	원	발	트	로	볼	용	은	너	장	을	부	질
장	운	문	법	은	다	올	손	바	트	서	센	터	가	돌	도	동
측	도	로	표	측	위	컴	가	이	한	젊	솔	리	션	을	레	고
체	사	돌	거	위	자	사	락	다	전	발	가	시	적	주	을	쌀
동	스	자	션	동	트	를	바	에	전	한	컴	리	앞	치	마	한

실행
가장자리
아웃
손가락
정원
금요일
국제
연못벽
용서
앉아
부적절한
볼트
단계를
의자
진술
휴식
센터
침실
가시적
앞치마

Puzzle 219

서	쌀	사	파	들	북	문	적	질	표	를	사	굽	대	추	은	쌀
리	짓	감	적	람	젊	행	용	용	너	한	자	질	셀	카	위	올
사	용	이	공	루	을	절	늑	대	지	출	위	다	문	말	람	적
결	은	등	날	어	측	를	퓨	자	한	모	문	파	거	범	결	문
람	한	점	발	바	을	표	필	도	를	두	쌀	파	트	동	한	을
트	체	점	운	카	루	발	낌	거	북	운	노	범	컴	위	법	부
에	한	절	이	세	날	스	자	어	달	맞	필	충	돌	맞	치	이
질	느	스	로	로	이	은	찍	제	맞	트	춤	집	풍	파	부	파
카	올	퓨	체	예	측	람	고	루	낌	주	문	러	루	추	수	컴
제	느	이	뒤	제	노	명	쌀	션	이	션	어	부	느	문	많	바
범	운	거	에	문	적	병	시	동	동	완	맞	컴	다	범	은	거
동	한	어	결	의	물	아	꿈	의	트	화	질	날	리	쌀	로	말
용	쌀	발	범	셀	행	리	을	표	퓨	표	한	맞	은	발	복	를
열	용	도	카	문	셀	바	한	카	법	쌀	집	절	쌀	한	잡	너
문	이	짓	춤	고	쌀	질	솔	문	북	운	절	을	행	동	발	루

늑대
명시
뒤에
충돌
병아리
점점
수많은
세로
복잡
예측
적용
사용이
꿈의
모두
등이
위치
완화
서리
지출
열이

Puzzle 220

타격
시게
그려
속도
철회
표시
옥수수
버전
만든
녹색
정보
플레이
중간
피곤한
농부
가뭄
정신적
고슴도치
자신이
셔츠

문	올	사	다	버	녹	색	플	동	람	한	한	달	주	이	북	굴
부	필	트	터	파	전	체	레	늘	질	측	질	돌	느	크	을	집
터	타	그	려	결	돌	표	이	정	동	을	솔	공	발	문	주	바
끔	한	격	느	정	적	션	신	보	속	옥	수	수	적	질	느	장
한	문	표	컴	신	부	레	자	운	도	바	느	트	쌀	달	다	퓨
파	맞	은	크	적	피	곤	한	부	장	끔	용	도	을	철	회	카
트	추	찍	을	거	거	절	동	트	문	올	질	찍	집	퓨	을	법
바	끔	문	제	행	풍	도	표	자	중	간	다	문	람	컴	동	절
절	굴	주	사	동	이	적	다	공	트	느	쌀	트	퓨	추	북	문
컴	은	로	대	운	굴	범	사	로	로	다	자	찍	동	주	람	레
느	리	바	도	발	러	절	행	사	추	범	셔	표	시	부	동	끔
고	슴	도	치	이	문	다	동	어	질	문	들	츠	농	부	올	누
올	물	퓨	크	러	전	찍	발	북	셀	달	파	션	맞	시	요	주
문	들	트	쌀	올	은	카	동	스	도	위	바	자	위	게	가	뭄
적	문	바	문	도	을	공	사	체	바	만	든	고	북	을	문	측

Puzzle 221

바	날	퓨	션	짓	물	착	한	어	로	션	낌	통	들	용	도	전
람	용	다	카	문	인	정	받	을	범	은	결	증	카	로	이	범
한	대	가	까	운	트	체	바	사	리	곱	셈	이	들	발	쌀	에
엘	솔	한	느	범	다	들	쌀	굴	로	젊	주	토	크	해	결	맞
크	바	고	트	메	모	리	문	스	커	트	대	은	맞	맞	뽑	아
을	크	대	동	발	질	한	한	은	도	늘	카	받	문	문	전	짓
올	들	동	컴	법	퓨	장	요	느	물	문	고	말	을	올	문	체
동	굴	동	셀	북	다	함	날	을	낌	컴	문	체	바	바	람	이
어	메	이	대	다	문	질	께	자	트	공	스	법	칩	트	끔	찾
문	견	시	러	늘	분	자	굽	주	바	도	트	퓨	니	의	사	고
공	셀	노	지	적	코	바	다	먹	다	은	감	다	다	트	셀	로
레	굴	올	주	도	법	트	파	의	체	행	한	표	동	질	북	발
주	발	러	을	문	로	장	를	주	대	느	솔	노	을	에	법	올
호	기	심	춤	추	돌	노	바	위	젊	너	맞	돌	굽	말	돌	한
동	주	고	말	을	짓	크	터	대	리	제	은	추	퓨	카	짓	어

메시지
코트를
호기심
곱셈
가까운
메모리
통증이
바칩니다
의사
찾고
정착
먹다
뽑아
분자
함께
인정받을
엘크
스커트
해결
토크

Puzzle 222

베이킹
위해
딱정벌레
사막
눈물
기관
넥타이
잘못된
박물관
사업
과일
스컹크
절차
소설
부분
존재를
감독
스웨덴
잔디
많이

용	감	도	운	풍	문	범	절	컴	발	어	을	사	굴	리	다	위
로	로	질	파	절	트	추	차	견	도	제	들	을	체	운	자	한
장	은	부	운	에	전	거	문	한	올	올	결	올	북	범	맞	발
주	리	한	추	어	트	자	한	질	컴	카	장	거	감	굽	을	트
스	컹	크	문	넥	위	해	터	낌	질	행	존	의	독	용	쌀	부
들	잔	한	돌	타	적	견	킹	부	셀	스	재	사	운	적	북	의
잘	찍	디	과	이	대	많	이	문	늘	바	를	이	춤	주	퓨	필
맞	못	운	늘	일	기	관	베	들	주	동	의	자	동	풍	스	짓
제	동	된	막	동	춤	물	짓	절	카	전	늘	을	눈	물	늘	이
부	늘	올	사	업	물	박	질	돌	한	올	결	전	끔	람	이	은
결	굽	들	측	결	질	끔	레	발	딱	정	벌	레	스	웨	덴	루
용	요	낌	도	카	바	을	문	한	거	운	은	공	날	짓	을	맞
트	돌	굴	전	감	셀	퓨	동	문	다	이	느	말	북	소	설	늘
도	범	북	날	를	로	운	받	견	부	분	고	끔	한	질	견	문
한	퓨	크	어	쌀	전	자	부	용	트	날	트	굽	의	를	젊	어

Puzzle 223

고	카	부	스	굽	루	솔	법	풍	거	도	을	한	질	올	한	질
젊	기	질	요	타	위	부	동	굴	행	를	한	행	어	다	추	트
카	다	느	셀	주	스	받	파	도	문	느	자	장	다	다	러	레
고	도	찍	문	다	구	탠	문	동	물	내	를	스	느	바	문	대
올	질	적	립	양	말	스	드	달	미	일	은	법	도	은	트	용
북	거	평	동	성	바	적	베	쌀	소	동	물	로	찍	바	동	늘
스	부	가	용	느	로	전	를	리	늘	찍	적	카	문	의	바	굽
늘	펜	싱	캥	요	제	필	그	릇	단	지	쌀	춤	추	찍	전	굴
기	후	바	거	쌀	찍	용	굽	북	맞	솔	문	발	이	한	바	한
문	제	로	루	를	찍	달	거	절	로	자	추	바	문	날	한	필
러	문	돌	부	부	종	제	러	아	찍	들	한	문	느	거	주	장
에	삼	촌	이	일	교	크	거	버	운	물	쌀	을	올	결	로	요
바	절	람	바	운	너	솔	대	지	필	동	견	터	이	다	바	범
낌	부	트	토	용	레	스	어	의	업	작	어	제	한	한	부	은
바	거	문	오	운	날	루	장	너	행	부	장	을	바	동	달	다

적립
고기
내일
동굴
스타스탠드
단지
펜싱
평가
기후
다양성
작업의
구스베리
종교
오토바이
미소
아버지의
일이
그릇
삼촌이
캥거루

Puzzle 224

아이
거리
제공하는
유죄
전문가
벽난로
양말
방법을보고
과학
프로세스
입자
스카프
천으로
처벌
세븐
흐린
탈출
졸업장
부자를
스켈레톤

레	터	사	받	바	물	을	대	한	셀	적	이	문	톤	레	켈	스
부	트	찍	거	리	문	벽	위	사	노	스	바	문	찍	이	동	카
로	표	트	너	거	의	난	자	이	은	은	고	세	프	바	한	프
자	도	터	법	돌	트	로	한	부	컴	물	질	븐	로	필	측	동
한	젊	로	쌀	필	동	한	주	이	달	은	동	한	세	의	질	젊
로	이	은	들	러	주	루	너	부	과	측	로	어	스	션	을	표
올	견	쌀	트	질	춤	춤	을	바	어	학	젊	집	질	맞	부	낌
측	한	어	주	위	양	파	돌	받	로	문	느	고	은	트	사	은
제	절	요	은	를	말	방	법	을	보	고	젊	집	공	다	쌀	맞
행	공	장	입	자	유	발	은	이	어	고	올	끔	전	발	문	북
한	에	하	레	부	죄	부	졸	업	장	공	늘	고	느	도	공	말
올	맞	카	는	이	위	전	문	가	로	대	한	문	파	다	에	한
을	굽	발	거	고	측	집	크	사	탈	한	전	요	날	을	올	이
에	공	흐	린	한	처	벌	천	으	로	출	전	아	이	한	은	집
이	부	너	루	운	러	다	견	쌀	올	질	동	솔	운	적	거	이

Puzzle 225

고	문	질	트	바	성	장	한	다	질	을	누	올	도	동	다	집
북	람	리	질	동	바	질	여	행	헤	용	가	절	로	들	자	다
받	카	굴	필	체	사	집	굽	체	론	제	출	를	방	지	주	위
동	트	늘	로	느	션	질	을	동	고	맞	현	동	느	동	발	이
측	을	을	부	노	돌	크	요	대	행	법	한	범	한	한	어	돌
이	터	솔	위	스	짓	라	너	이	요	필	러	동	의	끔	춤	집
요	장	용	용	문	젊	운	신	발	쌀	백	용	바	크	버	섯	동
노	로	대	주	텍	루	로	트	표	고	조	맞	어	스	터	바	표
체	동	을	한	그	스	파	운	드	체	느	젊	필	용	공	추	동
로	문	자	이	인	들	트	긴	한	자	추	솔	요	동	추	견	트
을	동	느	결	치	절	이	장	짓	카	은	로	셀	을	레	다	쌀
동	범	달	혼	늘	말	트	된	공	끼	결	바	범	은	굽	크	견
동	레	블	식	상	상	족	문	용	위	측	리	션	람	장	노	북
트	도	절	루	태	절	제	너	한	돌	들	절	문	쌀	를	도	은
절	문	동	바	부	행	비	들	용	이	로	적	올	로	질	자	이

상상
여행
크라운
그들이
족제비
신발
헤론
상태
버섯
인치
백조
성장한다
파운드
누가
블루
방지
텍스트
출현
결혼식
긴장된

Puzzle 226

햄	범	소	주	이	행	물	돌	제	법	다	장	컴	를	컴	측	범
스	시	금	트	바	셀	집	표	물	드	측	대	은	상	루	션	춤
터	간	쌀	측	젊	은	크	노	로	레	동	파	견	에	황	새	끼
질	시	표	제	느	북	고	젊	래	스	는	은	부	문	터	을	장
의	간	느	절	을	솔	로	크	추	하	사	표	트	트	을	카	도
바	자	고	바	카	바	람	맞	체	자	기	요	도	어	찍	찍	올
굽	노	물	트	을	들	트	발	돌	돌	셀	요	동	들	날	솔	집
러	끔	늘	쌀	레	로	트	발	을	쌀	트	북	부	주	문	설	계
받	표	동	바	짓	다	문	부	레	질	유	연	한	공	말	셀	찍
젊	위	굽	용	이	노	다	적	굴	도	문	집	대	들	느	올	부
쌀	컴	션	을	결	퓨	파	젊	루	완	전	히	들	워	웃	음	체
한	측	굴	거	도	말	돌	고	동	의	전	서	둘	러	범	결	선
터	안	솔	동	짓	리	용	스	표	쌀	레	로	용	끄	러	문	물
은	션	경	을	루	트	공	편	집	을	이	올	트	부	마	스	크
이	바	용	이	다	솔	적	지	더	러	운	축	하	하	다	거	스

축하하다
햄스터
마스크
웃음
설계
소금
시간시간
서둘러
완전히
새끼
선물
스펀지
유연한
노래하기
부끄러워
안경
더러운
상황을
드레스
기사는

Puzzle 227

끔	늘	거	스	올	부	동	늘	퓨	위	장	에	발	사	너	무	비
감	주	을	노	절	주	너	를	한	장	도	제	날	젊	회	한	오
풍	들	터	에	낌	용	풍	바	결	이	돌	바	굽	측	이	파	는
문	바	바	주	결	곡	선	부	말	고	자	동	북	느	트	날	달
이	법	외	로	를	과	즙	이	굴	범	주	반	기	지	견	문	한
루	미	국	을	노	이	한	리	리	더	느	굽	한	은	문	동	트
이	위	범	부	을	문	레	법	러	다	굽	느	을	트	법	위	젊
맞	이	적	용	리	대	땅	의	범	주	노	집	견	전	면	쌀	어
컴	결	로	트	에	바	카	들	질	질	트	셀	터	풍	춤	은	셀
카	노	의	적	스	제	출	젊	쌀	주	공	바	올	트	카	을	끔
을	낌	을	받	어	람	장	위	사	삽	느	터	서	식	지	공	젊
자	달	브	공	쌀	말	션	한	동	입	절	치	도	맞	범	범	터
용	견	러	루	로	체	필	노	동	여	굽	를	크	적	질	받	이
한	맞	시	바	를	굽	다	터	고	다	부	했	찍	문	도	컴	리
자	바	작	업	부	질	문	부	제	다	너	다	부	을	트	낌	을

반기지
과즙이
제출
너무
서식지
외국
작업
삽입
곡선
사회
범주
전면
위장
리더
이미
땅의
여부
브러시
터치를했다
비오는

Puzzle 228

고	이	할	적	용	결	느	노	완	문	진	들	느	셀	한	쌀	절
동	스	머	문	도	은	낌	썩	두	동	정	쌀	표	젊	크	물	발
도	타	니	짓	주	거	파	은	콩	돌	한	괜	찮	아	도	이	낌
동	젊	트	느	질	들	북	리	최	바	운	파	저	다	주	범	맞
집	한	람	거	느	춤	를	장	대	문	다	받	어	항	전	도	발
늘	발	범	한	한	행	굽	문	감	절	퓨	에	법	절	자	로	질
물	주	요	받	파	리	측	주	연	트	발	은	전	결	사	노	짓
용	용	솔	도	바	퓨	발	운	령	노	표	너	바	범	어	대	사
션	용	리	너	들	트	물	루	점	수	방	어	머	니	휘	도	트
낌	부	부	적	질	다	낌	달	주	풍	컴	을	어	결	도	컴	이
질	행	날	도	달	대	절	자	장	문	공	한	컴	문	받	한	주
동	스	말	을	리	감	표	동	제	문	쌀	개	동	동	감	동	이
자	션	결	파	의	위	체	션	용	요	운	주	형	식	소	사	끔
발	자	늘	람	남	부	터	위	질	스	날	질	년	자	트	러	맞
이	제	레	파	풍	굴	주	범	을	운	측	추	고	낌	요	부	이

썩은
주전자
감소
최대
형식
완두콩
저항
주년
점수
방어머니
진정한
동사
연령
공개
할머니
스타
어휘
도전
남부
괜찮아도

Puzzle 229

문	너	을	돌	늘	춤	찍	을	차	문	레	자	사	부	거	발	셀
후	에	낌	들	용	결	모	바	동	용	모	신	낌	바	굽	젊	주
문	맞	어	레	리	들	양	컴	문	추	네	느	레	한	주	너	측
들	행	주	공	격	적	완	벽	느	낌	이	바	공	풍	한	추	어
고	은	방	행	적	전	을	은	발	문	드	돌	을	컴	젊	필	퓨
느	의	트	쌀	컴	부	노	찍	자	요	굴	이	도	션	문	을	체
물	학	용	운	질	을	로	늘	카	요	주	고	대	사	견	컴	추
한	교	측	올	가	치	를	받	은	늘	말	향	퓨	크	돌	크	도
필	응	시	선	호	끔	동	법	다	법	동	낌	한	문	느	에	카
북	감	견	이	한	위	쌀	예	터	쌀	바	공	도	바	춤	날	쌀
북	주	도	문	로	법	범	에	비	용	대	추	비	바	물	표	이
찍	파	어	느	한	을	한	결	공	말	바	자	위	싼	바	한	문
다	짓	감	필	달	문	발	법	루	위	바	용	용	발	올	거	터
이	의	정	파	로	자	굴	범	리	집	바	러	거	견	을	느	현
필	에	도	질	문	이	한	질	다	행	제	들	을	바	루	스	대

예비
가치를
모양
학교
감정
비싼
완벽
고향
응시
느낌
정의
차용
선호
후에
현대
발견
주방
자신
레모네이드
공격적

Puzzle 230

이	퓨	결	측	날	한	자	느	부	거	을	비	워	한	달	풍	필
바	쥐	절	혼	끔	성		미	국	의	증	오	문	너	발	학	찍
사	람	딸	이	은	숙	돌	셀	문	법	맞	람	자	루	질	업	시
풍	다	필	요	한	질	한	젊	받	춤	용	올	적	문	젊	문	도
용	이	적	연	방	대	의	러	크	을	굽	결	한	빈	도	느	결
표	것	벤	요	발	낌	너	문	션	은	느	러	버	견	번	견	트
풍	표	요	트	문	문	이	끔	루	문	너	한	스	끔	낌	한	행
집	부	늘	질	를	거	굽	션	문	노	한	달	트	주	올	동	문
낌	행	제	컴	한	도	감	거	의	날	에	달	를	맞	젊	젊	쌀
다	굴	한	문	질	찍	부	를	퓨	도	용	발	동	적	받	과	자
이	발	달	루	결	질	파	거	용	보	트	을	다	요	대	을	레
자	달	풍	퓨	너	동	느	한	바	존	부	퓨	올	용	맞	터	필
레	동	범	크	요	넘	어	결	루	문	대	로	동	물	자	에	대
젊	자	문	부	을	트	돌	풍	올	문	전	문	감	사	합	니	다
다	도	노	트	리	공	어	러	를	한	차	을	범	들	람	주	로

결혼은
빈번한
필요한
보존
성숙
버스트를
증오
비워
과자
학업
연방
다람쥐
넘어
것이다
감사합니다
시도
이벤트를
전차
딸이
미국의

Puzzle 231

트	터	느	다	을	들	스	어	용	은	코	너	은	아	공	용	문
다	을	바	전	루	집	부	자	여	위	바	를	받	픈	식	너	카
돌	반	영	에	서	돌	한	드	러	왕	자	도	하	이	적	쌀	을
트	선	공	은	다	다	스	온	러	질	의	물	어	지	으	바	크
한	전	레	용	어	트	찍	도	사	운	법	맞	전	짓	로	을	에
표	동	의	느	물	표	도	의	을	바	날	부	문	문	전	동	전
회	솔	표	짓	바	동	을	러	문	컴	문	람	느	동	물	행	찍
사	대	맞	쌀	위	크	도	도	연	돌	젊	다	을	감	션	맞	굽
가	문	돌	돌	집	물	퓨	물	속	발	달	날	를	은	개	아	마
물	도	문	공	바	견	폐	법	쌀	결	용	을	너	젊	인	문	한
터	늘	질	솔	표	발	기	거	체	은	이	한	적	올	파	션	바
은	람	표	로	루	감	물	터	바	용	노	토	다	크	측	공	끔
주	이	어	를	법	도	카	견	을	견	동	양	관	장	솔	말	스
부	감	어	솔	공	퓨	트	에	문	수	바	풍	용	바	범	퓨	표
돌	발	표	을	맞	물	쌀	한	을	정	측	범	에	어	한	람	로

아픈
개인
행동을
온도의
반영에서
측정
코를하지
폐기물
토양
공식적으로
부드러운
솔로
아마
선반
여왕의
연속
회사가
수정
관용
동전

Puzzle 232

카	추	풍	선	찍	컴	절	물	어	의	동	어	이	도	주	별	달
동	노	날	도	찍	느	문	전	리	쌀	느	다	트	람	맞	사	개
위	이	유	가	로	트	추	올	대	다	사	견	동	춤	람	레	발
표	견	법	문	굽	절	너	적	트	조	각	어	디	에	있	는	을
한	로	다	한	파	풍	질	미	션	레	집	말	을	기	이	을	락
한	범	느	달	도	노	강	우	용	돌	장	트	제	읽	을	바	가
카	사	짓	을	카	른	트	날	쌀	자	사	을	를	거	법	굽	발
트	적	가	정	이	다	로	고	고	퓨	한	제	말	을	요	솔	늘
문	한	자	트	친	고	스	제	필	도	부	을	람	거	트	한	동
필	법	바	굽	애	표	다	풍	착	받	다	문	문	자	용	의	트
자	바	트	추	하	행	러	람	표	용	결	범	말	람	젊	동	메
춘	부	존	중	는	범	바	은	발	끔	레	에	어	클	진	퓨	일
스	짓	제	질	동	짓	달	컴	적	러	공	비	리	이	럽	문	을
로	견	자	고	맞	안	전	하	게	느	트	극	것	이	한	로	주
올	퓨	트	굴	찍	절	터	크	을	발	문	적	이	은	로	션	다

조각
읽기에
가정이다
미션
개발을
강우
친애하는
풍선
이유가
클럽
메일을
어디에있는
안전하게
존중
개별
착용
발가락을
다른
비극적
것이

Puzzle 233

을	여	쌀	테	집	로	풍	굴	용	고	타	에	의	셀	공	맞	로
감	하	멋	이	한	집	쌀	은	춤	발	에	스	들	한	굽	을	발
바	지	진	크	을	필	어	문	카	이	동	람	거	크	셀	체	받
에	감	찍	날	셀	짓	이	질	실	터	전	을	굽	을	필	로	달
견	체	고	낌	용	동	올	달	제	돌	자	용	동	질	파	를	말
트	맞	집	자	무	료	질	결	다	용	맞	동	한	퓨	은	한	전
바	요	물	북	에	광	낌	북	솔	젊	부	로	짓	범	낌	람	올
공	카	퓨	돌	늘	거	산	노	을	추	스	셀	적	도	은	발	이
로	견	용	동	젊	트	파	트	터	제	은	파	올	날	용	적	름
부	소	끔	컴	수	낌	대	동	찍	조	굴	결	한	주	문	의	도
도	주	요	냄	행	트	컴	에	대	공	계	주	질	장	측	를	에
에	크	공	새	하	돌	위	리	결	감	쌀	속	풍	부	요	받	이
자	한	목	요	는	적	합	러	트	너	한	문	주	의	감	리	체
감	너	록	짓	트	트	주	도	바	집	바	러	용	러	캐	치	짓
돌	셀	과	굴	장	발	발	이	찍	느	사	이	바	거	노	끔	용

이름
고발
테이크
고용
소요
냄새
제조
멋진
광산
적합
바지
캐치
타고
노을
수행하는
감지하여
무료
계속
실제
목록과

Puzzle 234

범	스	의	용	한	감	짓	범	장	자	사	찍	허	파	명	행	동
한	문	쌀	행	카	주	올	춤	짓	카	한	절	가	질	장	확	을
받	질	크	어	짓	풍	문	장	동	풍	너	대	맞	문	을	고	히
문	이	트	한	사	추	션	도	를	범	법	문	명	사	느	문	북
개	동	은	퓨	늘	션	굽	짓	퓨	한	측	발	리	를	트	바	무
운	인	쌀	동	바	다	를	사	발	동	에	한	도	화	행	돼	리
굽	스	적	풍	돌	대	풍	끔	운	다	션	견	다	요	낌	지	서
찍	물	받	으	을	에	대	카	러	드	속	이	는	일	금	알	른
물	전	을	자	로	들	자	적	자	의	러	크	래	들	지	약	풍
체	에	한	지	혜	체	감	노	결	행	사	낌	발	견	하	견	짓
스	범	제	부	은	퓨	바	주	말	늘	신	비	질	위	는	파	한
카	동	동	젊	거	질	레	솔	북	장	러	카	낌	은	파	어	춤
쌀	은	동	맞	트	낌	접	범	은	공	평	추	물	추	쌀	션	컴
칠	면	조	제	적	밴	시	택	사	달	면	러	문	체	풍	이	터
발	리	사	날	물	문	춤	바	필	솔	의	발	느	발	트	사	이

무리
크래들
접시
바다를
사운드
개인적으로
화요일
서른
금지하는
택시밴
허가
신비
지혜
명사
명확히
돼지알약
속이는
칠면조
바늘
평면의

Puzzle 235

컴	문	느	트	부	을	굽	전	를	질	퓨	탐	고	집	던	바	가
동	부	트	한	리	에	로	람	발	좁	받	구	백	끔	느	져	스
주	거	의	범	날	이	집	레	노	은	한	바	을	부	한	을	질
낌	요	끔	바	측	사	트	추	문	발	받	스	견	위	바	결	을
찬	일	마	음	체	솔	도	을	결	끔	느	굽	문	북	고	리	맞
장	제	날	션	공	크	결	동	화	울	전	컴	맞	한	적	쌀	퓨
확	자	말	이	끔	로	트	체	창	타	풍	장	의	용	찍	기	다
문	서	브	컴	팩	트	트	물	한	리	발	카	파	거	젊	집	회
퓨	들	자	트	젊	끔	한	질	문	을	날	용	대	필	젊	발	측
날	사	물	끔	도	나	쌀	제	동	느	동	낌	장	문	자	주	컴
문	셀	범	적	바	머	용	셀	느	페	니	추	주	도	법	전	체
도	질	로	컴	주	지	문	전	운	에	사	고	도	달	운	들	자
법	를	올	법	한	용	고	선	박	용	주	들	도	사	바	부	노
의	한	동	션	찍	결	집	끔	받	대	거	올	이	을	문	자	트
발	한	바	트	동	전	다	낌	측	해	절	질	을	만	들	솔	동

- 화창한
- 만들
- 좁은
- 페니
- 찬장
- 기회
- 던져
- 도달
- 가스
- 확장
- 울타리
- 나머지
- 고백을
- 서브컴팩트
- 마음
- 마일
- 주요
- 탐구
- 선박
- 대해

Puzzle 236

- 점프는
- 전화
- 실현
- 샤이
- 길이
- 누구아무것도
- 연기를
- 가난한
- 도착
- 인용
- 세부
- 모래가
- 명백한
- 피자
- 매듭
- 포착
- 그들의
- 낮은
- 지루
- 얼굴

샤	주	거	전	굴	한	바	도	가	난	한	을	굴	트	집	로	날
트	이	문	화	바	굴	어	착	것	명	백	한	길	트	노	느	한
의	루	솔	지	주	돌	바	춤	쌀	무	북	바	스	이	발	주	너
대	집	다	루	질	주	을	셀	한	트	아	한	로	동	고	발	한
퓨	션	동	의	를	셀	셀	부	위	터	션	구	은	추	바	주	올
매	문	풍	물	질	크	어	장	용	러	에	을	누	문	장	체	부
듭	터	장	의	은	모	래	가	리	포	착	로	굽	필	레	낮	은
끔	터	너	달	문	감	위	절	도	도	행	용	트	풍	제	셀	노
실	현	를	람	들	발	다	루	리	한	리	바	측	람	세	말	인
운	풍	문	부	문	달	발	굽	피	자	로	솔	젊	문	부	동	용
행	은	바	바	절	거	다	맞	문	절	로	표	위	은	크	찍	느
굴	터	물	러	동	얼	북	절	집	루	적	루	법	북	자	람	동
쌀	에	문	한	올	굴	부	그	거	은	물	발	감	적	솔	북	어
연	기	를	트	점	프	는	들	리	트	레	감	트	발	견	동	에
이	부	찍	질	의	끔	찍	의	쌀	바	노	질	부	자	질	도	올

Puzzle 237

젊	북	트	표	냉	감	행	제	체	노	체	물	고	느	조	문	표
람	문	부	어	장	일	한	트	들	파	노	너	퓨	늘	심	느	요
리	감	동	문	고	타	터	올	를	문	대	올	부	부	스	바	돌
트	트	주	질	트	스	윙	두	부	날	바	북	트	부	럽	루	쌀
리	홀	바	견	솔	트	굽	려	물	바	컴	을	문	낌	게	문	고
역	할	에	장	북	어	도	움	적	춤	다	을	동	의	표	현	용
로	바	한	퓨	쌀	동	한	컴	듣	법	자	사	견	을	터	필	사
질	낌	주	를	쌀	행	의	날	춤	고	노	장	셀	동	장	바	은
어	감	문	느	찍	성	러	장	이	체	는	한	로	용	동	견	용
에	늘	도	미	래	를	발	굽	춤	한	바	운	필	동	느	트	느
제	돌	굽	이	문	의	고	트	관	동	자	발	제	요	쌀	감	동
침	춤	문	제	쌀	문	위	노	심	비	행	기	가	물	측	부	추
시	묵	은	파	어	날	씨	자	바	숟	가	락	크	문	질	말	끔
느	크	을	슬	셀	트	제	문	을	로	올	을	노	늘	션	낌	고
셀	전	주	픈	범	북	다	바	한	달	체	동	제	수	명	절	올

침묵을
관심
행성
비행기가
홀리
냉장고
스윙
역할에
날씨
숟가락
슬픈
시크
표현
수명
조심스럽게
듣고는
미래
스타일
트리
두려움

Puzzle 238

풍	요	을	들	문	터	느	날	케	파	로	낌	파	을	명	한	컴
물	문	컴	문	동	전	느	스	리	이	아	터	어	필	확	식	문
측	바	표	끔	바	너	범	바	바	장	크	쌀	리	느	하	사	를
발	을	범	느	부	터	사	거	범	동	퓨	을	견	표	게	마	끔
추	퓨	깊	은	늘	한	올	제	동	끔	동	너	쌀	굽	문	녀	터
트	짓	러	물	컴	러	사	트	행	우	스	운	바	트	퓨	집	공
미	소	연	기	거	어	과	의	용	복	동	체	젊	도	동	을	컴
도	마	아	아	을	느	동	러	전	사	카	공	불	에	낌	발	따
어	지	다	로	법	북	자	행	이	쌀	쌀	간	바	자	필	용	뜻
대	막	일	체	한	돌	이	맞	소	음	발	절	물	맞	셀	찍	한
받	트	다	요	집	주	받	물	체	날	터	낌	트	터	발	부	다
셀	요	이	을	일	이	운	솔	트	물	느	전	문	감	은	다	맞
로	제	굴	를	도	루	문	늘	도	터	요	감	이	너	문	도	도
문	끔	한	위	바	셀	찍	느	트	노	끔	느	한	리	파	체	문
발	코	니	맞	문	찍	굽	춤	문	솔	문	전	날	문	자	을	느

아이리스
아기
명확하게
소음
마지막
행복
불에
따뜻한
공간
발코니
마녀
사과
전문
아마도
식사
케이크
깊은
미소연기
일요일
우스운

Puzzle 239

자	여	말	궤	사	용	자	결	짓	동	굴	행	절	공	젊	찍	추
용	신	은	도	도	발	을	트	질	추	찍	동	동	문	바	사	작
구	문	의	낌	한	카	운	어	어	문	찍	트	체	컴	에	적	업
발	분	발	쌀	문	찍	견	파	다	사	회	는	자	끔	도	견	이
용	어	집	돌	은	도	체	레	올	치	아	늘	굴	감	표	올	용
데	이	터	가	운	요	루	대	추	부	거	파	맞	질	위	문	적
문	거	도	대	문	결	문	어	굴	문	터	맞	부	유	감	체	전
표	받	리	발	람	풍	용	찍	발	발	범	레	결	령	자	요	레
쌀	사	행	제	발	다	문	부	주	의	감	로	러	느	로	용	위
을	제	짓	여	대	의	운	적	리	한	발	한	할	은	필	추	행
운	느	을	덟	러	퓨	감	쌀	감	범	문	맞	당	은	시	절	느
맞	문	용	체	문	카	한	시	스	템	어	전	에	결	장	쌀	위
속	부	장	말	노	발	람	동	체	라	퓨	의	집	에	의	한	부
하	을	의	부	을	이	풍	용	체	인	글	의	집	바	느	람	스
는	절	문	한	노	문	다	측	말	질	도	선	어	디	서	나	날

치아
사용자
할당
작업이
사회는
데이터가
궤도
어디서나
자신의
용어집
시장의
시스템
유령
전에
체인
구분
속하는
여덟
여자
선글라스

Puzzle 240

현재
결과를
열한
기간
왕자
무시
플레이어
물질
불쾌
빌려
코요테
폭풍
텔레비전
온도계이
자랑스럽게
즐겁게
민속
분기
차량
대신

셀	즐	민	속	자	쌀	로	굴	결	날	로	무	달	한	트	감	추
주	겁	거	공	랑	노	날	로	과	크	말	시	발	주	루	크	을
컴	게	늘	을	스	카	행	위	를	트	사	부	법	끔	현	용	플
크	위	자	느	럽	사	간	를	요	질	바	질	적	발	재	대	레
폭	풍	표	람	게	분	기	텔	빌	려	질	행	자	파	제	동	이
차	다	물	트	은	공	리	동	레	스	풍	젊	왕	카	자	제	어
람	량	질	스	파	고	날	받	적	비	트	도	자	절	낌	문	낌
날	카	질	션	어	문	발	질	바	춤	전	맞	쌀	을	한	에	를
느	은	물	발	온	발	주	에	션	션	질	다	쌀	부	터	자	을
장	코	요	테	어	도	북	동	동	동	달	달	컴	위	동	춤	공
파	표	자	은	제	트	계	로	어	다	이	추	바	돌	다	쌀	공
쌀	문	자	감	로	너	물	이	너	측	낌	동	늘	공	퓨	받	어
도	자	추	동	사	러	질	을	고	동	측	대	바	견	을	범	이
로	범	은	날	이	을	열	한	러	문	추	신	의	트	느	트	람
트	받	부	크	춤	자	들	리	도	용	불	쾌	견	은	짓	은	요

Puzzle 241

후	보	곱	하	기	긴	추	의	의	측	카	사	달	쌀	적	달	발
범	바	카	받	문	급	발	션	늘	맞	문	견	받	바	질	문	다
집	너	굽	루	동	용	받	을	절	한	행	쌀	절	동	제	를	느
추	체	발	측	돌	러	체	풍	올	잎	찍	올	행	노	문	목	레
두	려	워	도	덕	적	맞	사	을	을	들	문	러	주	발	체	욕
스	거	퓨	측	어	동	부	젊	통	늘	터	의	동	쌀	어	체	자
레	셀	미	제	동	경	가	지	고	있	다	가	알	굽	고	고	달
체	불	라	전	체	크	고	을	느	끔	를	위	려	올	용	거	주
행	추	안	계	약	에	물	했	용	을	이	추	진	북	퓨	솔	레
용	솔	너	다	쌀	시	부	주	다	를	용	느	동	자	어	바	을
지	네	루	적	요	다	도	한	젊	너	공	문	위	돌	돌	질	문
트	주	필	러	솔	주	로	카	을	쌀	절	은	다	무	릎	대	고
터	발	달	트	로	트	공	동	동	사	표	크	리	주	한	적	필
셀	굴	늘	동	바	이	엄	청	난	만	큼	이	구	스	루	사	사
발	찍	자	바	굽	쌀	스	맞	에	사	쌀	바	개	셀	행	다	로

고통을
다리
후보
목욕
계약에
가지고있다가
개구리
알려진
다시에
긴급
경고했다
지네
미라
불안
무릎
잎을
엄청난만큼이
도덕적
곱하기
두려워

Puzzle 242

불	행	기	파	터	카	쌀	대	람	을	당	다	낌	션	노	정	자
늘	트	인	용	절	어	레	션	너	은	나	로	굴	발	래	거	책
크	사	간	질	요	다	노	을	상	업	귀	발	음	을	를	적	올
문	을	어	견	법	바	느	사	어	한	동	고	문	자	체	컴	터
발	쌀	쌀	한	제	다	슨	늘	제	은	받	굽	풍	결	에	주	러
다	용	문	부	늘	를	한	장	쌀	트	감	은	스	받	사	범	표
드	럼	연	기	스	행	파	동	퓨	짓	용	을	레	짓	동	대	한
질	결	절	느	스	탬	프	엘	노	쌀	추	이	테	달	견	의	트
문	측	주	러	느	다	셀	자	느	셀	트	전	하	디	너	공	발
올	로	늘	문	제	북	을	러	러	운	필	질	동	나	크	리	바
동	너	로	쌀	견	너	미	친	로	느	바	발	느	이	의	로	위
필	카	카	겸	물	추	요	짓	자	거	늘	어	너	사	레	쌀	발
퓨	너	을	손	자	질	전	맞	람	용	의	위	도	로	발	의	카
공	용	측	다	이	셀	송	도	다	절	문	밀	자	용	노	다	측
스	문	필	로	를	쌀	을	주	를	바	느	어	레	사	크	발	달

정책
스탬프
느슨한
불행
하나의
엘프
연기
노래를
인기
인간
전송을
테디
밀어
드럼
상업
미친
쌀쌀한
발음을
겸손
당나귀

Puzzle 243

굴	공	자	행	대	표	문	를	들	쌀	느	풍	버	람	루	주	이
넓	찍	은	터	한	도	분	모	신	생	너	느	팔	이	이	늘	감
은	부	리	노	트	자	수	쌀	호	명	도	스	로	견	날	다	말
짓	도	로	를	질	노	이	집	어	을	망	욕	도	체	로	대	운
뾰	족	한	부	범	의	를	파	위	파	퓨	젊	은	견	동	자	끔
동	종	의	람	어	도	들	부	질	원	얽	견	풍	추	찍	견	의
마	흔	을	용	동	야	생	발	견	파	회	힌	올	표	끔	요	행
한	공	부	맞	맞	이	굽	한	리	을	한	한	동	문	장	집	맞
쌀	돌	한	은	은	굴	동	을	춤	한	한	적	은	바	주	물	다
션	한	의	돌	용	자	느	범	굴	너	를	동	람	은	느	컴	쌀
레	이	스	우	마	부	을	자	를	을	사	거	대	을	올	달	터
젊	문	트	달	이	한	맞	위	컴	트	사	용	한	에	주	도	노
치	명	적	어	한	대	끔	크	풍	낌	측	발	을	레	질	집	제
의	어	가	까	이	를	한	표	을	다	돌	느	필	한	스	다	셀
운	표	절	물	을	견	러	감	측	대	느	을	거	들	레	절	짓

종의
치명적
얽힌
욕망을
마우스
대표
뾰족한
분모
가까이
생명을
의도
버팔로
레이스
마흔을
수집위원회
신호
넓은
야생
대한
부어

Puzzle 244

살쾡이
대비
열망
비용면
사람들의
스푼
시리즈
보안
아빠
경험을
발굽
습관을
대접
혈액
와인
편안함을
판사
독수리
머리
모니터링

을	아	보	를	주	은	풍	트	추	람	독	집	셀	퓨	을	측	로
도	빠	맞	안	질	바	맞	한	장	풍	결	수	혈	액	경	에	스
은	다	문	측	측	느	표	굴	문	거	쌀	즈	리	시	험	말	다
풍	말	션	춤	문	대	바	주	을	카	짓	들	거	을	을	스	푼
거	파	문	젊	동	에	맞	스	로	에	법	동	부	돌	관	셀	크
머	리	을	은	날	물	체	발	굽	카	트	거	운	퓨	습	질	돌
를	부	찍	돌	거	체	춤	북	부	터	절	발	쌀	은	발	위	의
젊	발	고	들	이	터	퓨	날	동	굴	법	거	의	맞	운	부	바
트	받	견	질	돌	끔	필	을	이	트	전	트	들	문	짓	살	찍
동	춤	짓	카	를	느	열	망	도	굴	로	판	람	파	발	쾡	물
문	올	람	트	동	젊	와	인	날	러	어	의	사	끔	춤	이	풍
짓	바	풍	편	안	함	을	크	다	동	를	날	람	셀	루	루	모
은	리	스	사	들	트	물	날	말	로	을	끔	접	늘	필	용	니
한	집	필	굴	부	로	거	트	끔	리	어	도	대	법	퓨	러	터
범	은	부	동	낌	은	솔	자	짓	위	말	루	비	비	용	면	링

Puzzle 245

치	동	자	판	을	부	표	맞	카	날	최	다	낌	너	떨	굴	이
열	법	트	매	부	굴	감	를	질	터	종	솔	공	젊	어	느	요
한	문	문	자	카	요	굽	리	부	느	거	의	바	위	져	거	요
부	크	늘	전	맞	부	고	람	션	북	결	부	도	동	찍	용	절
터	를	도	감	대	용	귀	동	한	올	을	도	즉	시	질	션	은
질	너	동	도	어	션	한	측	바	크	낌	느	동	뛰	어	난	솔
다	동	어	에	바	동	의	절	행	문	한	동	바	동	용	자	부
문	위	올	호	노	로	를	트	부	요	바	루	전	션	요	표	결
한	맞	감	흡	을	모	바	거	학	을	주	파	문	절	파	로	도
트	질	로	으	향	방	셀	파	년	제	스	동	자	이	어	감	의
절	발	범	필	트	모	필	수	질	문	크	절	바	견	의	을	돌
느	클	이	견	장	제	든	레	다	젊	들	볼	달	을	집	루	동
행	로	파	뉴	람	요	셀	부	젊	바	끔	말	륨	노	부	크	사
이	에	팀	스	풍	너	트	대	카	자	적	이	사	트	솔	견	러
트	느	전	형	적	인	한	노	느	자	부	자	한	들	자	스	동

호흡
학년
최종
치열한
고귀한
떨어져
질문
방향으로
전형적인
모든
스파클
스팀
뛰어난
필수
볼륨
바위
판매자
모방
뉴스
즉시

Puzzle 246

범	운	올	젊	바	주	문	올	우	자	포	운	지	원	을	이	다
를	동	올	의	쁘	사	람	추	문	산	켓	도	제	측	션	굽	람
날	카	제	트	지	문	느	젊	공	낌	을	자	날	거	을	동	부
표	솔	느	측	만	진	리	장	동	춤	풍	집	바	비	도	주	을
말	올	질	스	필	느	로	추	거	용	를	을	바	전	동	전	자
운	장	달	를	동	달	갤	을	용	공	이	도	가	동	짓	굽	운
발	견	컴	행	이	한	럽	말	동	동	달	찍	춤	장	동	두	풍
발	감	문	부	트	느	사	의	날	느	문	트	주	굽	굴	꺼	찍
을	퓨	발	러	의	은	장	노	한	트	풍	자	트	풍	퓨	비	발
문	화	리	전	녹	루	질	을	도	받	범	너	행	도	달	맞	을
를	위	사	터	체	아	조	트	다	받	쌀	대	문	끔	솔	말	요
러	행	터	낌	한	토	건	한	문	트	남	편	보	장	을	달	측
레	고	한	포	세	마	이	너	맞	굽	위	부	찍	받	은	어	동
책	상	을	날	트	토	퓨	발	날	올	낌	전	위	용	크	올	늘
부	추	일	정	를	를	은	동	도	한	질	용	환	경	은	풍	컴

책상
지원을
일정
세트를
진리
세포
두꺼비
포켓
조건이
녹아
환경
바쁘지만
토마토를
우산을
가장
남편
문화
갤럽
보장
비전

Puzzle 247

말	괄	량	이	위	파	자	파	밀	크	동	노	절	대	동	트	장
일	반	을	못	발	트	찍	바	도	전	한	용	공	조	약	노	트
객	체	를	잘	로	낌	바	동	션	을	로	받	도	정	루	란	한
셀	한	굴	문	로	을	레	을	트	체	법	컴	고	문	로	색	파
늘	터	바	트	물	사	올	발	퓨	낌	률	발	느	풍	돌	문	고
동	물	부	바	문	동	전	측	낚	추	소	다	션	말	을	받	라
의	발	루	은	짓	터	굴	달	시	말	구	찍	동	법	돌	러	출
드	레	이	크	질	물	솔	맞	에	들	주	그	트	시	력	기	호
한	문	낌	거	러	를	을	셀	제	러	노	래	제	쌀	다	감	람
고	대	한	대	세	대	사	느	션	동	문	프	발	바	범	한	컴
용	노	전	한	을	질	은	트	동	집	굽	은	쌀	트	맞	트	동
부	셀	트	도	트	필	사	카	로	을	견	맞	느	쌀	스	을	발
돌	발	로	션	한	다	카	발	체	러	요	느	굽	받	측	용	트
은	고	통	스	럽	게	위	셀	이	퓨	견	추	를	부	바	춤	한
운	질	표	코	느	집	은	고	짓	한	적	은	레	풍	발	레	을

드레이크
노트
호출라고
소다
그래프
객체를
시력기호
잘못이
코스
공정
세대
조약
밀도
고통스럽게
법률
노란색
일반
말괄량이
낚시에
추구

Puzzle 248

파	둥	행	물	포	크	늘	추	파	문	들	필	묶	자	질	법	용
션	지	달	들	돌	크	물	동	한	견	쌀	이	여	바	공	집	위
동	쌀	주	주	늘	동	사	부	어	자	측	제	제	찍	낌	제	제
집	한	품	사	람	달	결	용	집	을	은	한	도	위	추	풍	말
장	주	질	고	한	늘	측	문	말	굽	은	느	러	을	문	다	바
스	일	몰	질	늘	범	집	루	날	너	레	자	견	트	감	너	달
스	이	케	근	당	끔	낌	들	끔	리	날	젊	한	언	느	동	대
로	문	레	어	이	달	부	을	젊	부	견	물	요	급	절	자	의
스	굴	달	한	성	인	도	바	자	고	을	추	리	컴	문	의	느
크	늘	리	스	관	계	가	올	쿠	페	굽	트	람	터	부	체	감
용	을	발	장	크	솔	짓	느	한	발	문	동	주	파	이	날	기
솔	션	동	맞	스	절	결	올	시	카	레	범	주	한	날	지	공
한	로	낌	동	들	달	한	빼	표	계	범	집	부	은	측	풍	친
민	주	찍	추	문	문	바	미	추	격	사	늘	문	트	표	의	트
굴	제	쌀	요	체	부	끔	필	문	쌀	을	은	다	시	트	료	한

둥지
추격
성인
의료
민주
다시
일몰
관계가
감기
품질
쿠페
당근케이스
포크
묶여
언급
스스로
올빼미
지친
요리
시계

Puzzle 249

스	문	집	한	다	자	거	주	느	위	느	돌	을	파	발	북	표
어	바	이	요	문	운	어	도	느	트	솔	북	동	동	로	한	로
을	솔	문	한	을	용	다	를	느	굽	쌀	춤	보	통	재	미	의
노	견	견	노	젊	트	로	은	날	추	젊	스	사	한	주	문	바
느	트	바	솔	전	트	스	집	표	물	문	견	바	문	느	를	영
상	가	문	계	다	스	용	휴	가	를	노	동	날	범	사	문	역
추	날	대	절	견	을	이	도	쌀	제	셀	여	낌	동	표	표	을
고	범	루	로	파	은	주	리	국	경	행	든	짓	너	물	람	고
션	찍	법	트	너	장	로	은	한	경	험	을	을	인	파	느	부
을	리	다	를	리	수	을	은	다	장	사	결	젊	적	코	뿔	소
올	질	느	전	쌀	트	면	을	도	범	적	솔	짓	정	쌀	한	스
소	젊	운	굴	컴	결	동	올	바	위	도	한	바	부	부	바	용
리	은	장	다	견	춤	트	리	션	북	육	상	느	한	바	의	을
의	행	정	추	추	질	끔	동	러	들	위	말	범	올	달	올	을
루	문	춤	치	용	달	결	장	법	바	측	체	범	한	동	북	셀

계절
노동
상추
절대
육상
정부의
수면
가상
정치
휴가를
여든
보통
국경
수리를
재미
부정적인
영역을
소리의
경험
코뿔소

Puzzle 250

추천
나라
지수
색상
식품
사소한
건포도
스틸훔쳐
자연에
앞으로
사랑
전시가
주민이
들소
증거를
표준
발명
샴푸
자격을
사람의

한	바	용	고	파	카	제	전	시	가	운	고	돌	운	도	사	문
션	장	스	을	바	쌀	받	날	적	집	추	물	위	이	공	위	문
동	트	틸	위	느	맞	굴	크	트	너	터	도	문	건	동	표	굽
퓨	집	훔	감	쌀	은	트	이	바	굽	를	젊	장	포	앞	으	로
샴	푸	쳐	범	북	장	를	람	질	결	운	람	동	도	돌	거	추
용	한	요	춤	전	체	체	동	로	감	달	스	자	용	굽	찍	천
표	준	느	스	젊	전	동	제	체	올	나	적	굽	다	은	의	로
절	로	자	를	표	행	동	어	러	증	셀	라	다	달	카	람	은
날	운	를	풍	거	에	굴	낌	컴	거	물	대	을	한	주	민	이
주	색	상	한	적	찍	굴	다	트	를	을	사	크	로	행	의	감
동	추	을	격	자	의	주	트	쌀	발	에	부	람	부	늘	크	끔
제	견	지	결	을	연	법	식	품	명	주	들	랑	의	용	견	용
바	트	수	너	스	행	에	카	감	터	한	소	사	람	다	주	쌀
추	표	쌀	동	바	람	쌀	컴	을	바	트	다	젊	문	터	필	다
감	측	트	컴	트	발	리	굽	을	동	견	동	결	은	바	용	돌

Puzzle 251

낌	낌	도	카	맞	문	파	자	을	을	말	날	동	발	주	동	다
감	싸	는	풀	을	로	발	한	늘	끔	질	발	문	쌀	거	크	견
한	전	표	북	은	람	느	전	로	컴	솔	행	솔	날	고	춤	을
체	레	부	이	자	위	대	를	한	사	북	크	한	측	동	셀	늘
다	적	쌀	달	견	하	적	바	법	이	루	끔	발	질	도	느	도
부	굴	낌	이	문	강	요	적	어	한	관	행	아	젊	맞	찍	느
결	종	용	를	다	파	거	을	들	제	찰	트	이	사	문	질	어
짓	필	종	은	감	크	느	카	돌	바	춤	벨	디	젊	람	거	법
올	다	한	집	부	수	추	부	젊	을	터	터	어	범	맞	적	공
츠	로	문	견	트	법	량	집	주	트	동	자	가	람	짓	쌀	끔
포	루	레	부	자	웨	스	턴	해	안	동	거	한	요	굽	스	바
스	쿠	터	체	동	물	퓨	터	바	을	발	입	학	체	용	러	위
위	견	거	체	리	날	용	장	제	여	유	가	감	자	운	퓨	낌
풍	솔	고	찍	셀	질	스	슬	라	이	드	레	바	도	파	트	크
연	습	부	주	질	용	운	제	컴	바	나	나	느	바	트	달	느

바나나
체리
하강
여유가
수량
감싸는
벨트
관찰
동물
슬라이드
종종
해안
웨스턴
스포츠
사이트
아이디어가
입학
스쿠터
연습
풀을

Puzzle 252

서	질	쇼	필	름	요	굽	물	부	러	범	들	동	을	람	운	체
바	비	추	를	표	북	끔	굴	집	견	늘	다	로	주	러	도	끔
터	을	스	부	은	노	에	감	조	운	이	고	퓨	행	굴	견	람
컴	다	요	을	장	부	문	절	건	짓	부	은	자	한	체	결	필
야	망	바	로	굽	제	퓨	동	의	유	료	받	바	집	람	쌀	끔
을	법	러	자	솔	행	바	행	단	순	한	거	트	느	트	전	주
고	젊	투	표	바	한	바	러	을	주	컴	시	트	바	은	범	을
은	끔	용	찍	셀	위	배	문	인	날	로	바	인	다	크	부	느
문	문	자	을	에	바	치	제	터	달	공	다	페	굽	전	거	트
풍	한	용	범	문	쌀	컴	전	럽	느	바	를	셀	춤	어	로	위
을	이	늘	솔	험	실	행	을	트	이	집	환	영	이	물	집	자
파	요	동	적	동	자	북	람	범	집	적	젊	문	집	바	돼	루
제	체	당	문	리	운	맞	자	범	을	문	범	이	너	컴	지	전
동	쌀	근	돌	필	로	잉	태	적	을	요	은	굴	적	전	용	춤
카	레	춤	올	올	늘	를	행	달	체	받	날	이	어	발	은	트

실행을
시트
단순한
유료
배치
돼지
운이
서비스
조건
투표
필름
잉태
쇼를
페인트
환영이
실험
야망
거위
인터럽트
당근

Puzzle 253

동	촬	러	고	한	터	주	이	문	파	컴	발	동	자	한	다	다
날	레	영	견	절	은	터	풍	카	거	자	언	제	체	견	을	동
예	들	이	로	느	치	달	결	합	친	올	을	션	트	법	동	절
상	발	한	위	셀	금	도	팽	굴	문	필	요	문	추	적	트	발
메	뚜	기	제	외	시	켰	다	이	더	블	질	카	대	어	한	위
집	들	주	한	로	파	전	바	을	느	끔	범	맞	노	느	트	대
가	구	로	집	거	동	측	트	발	끔	솔	느	주	바	발	카	전
부	터	쌀	부	카	말	레	결	행	발	바	질	용	상	자	절	범
솔	을	행	월	문	노	듣	고	올	무	용	장	동	동	쌀	고	돌
카	젊	주	로	요	필	한	제	운	레	리	을	문	용	문	추	를
자	달	동	에	전	일	쌀	동	크	운	질	북	자	행	을	크	을
터	트	주	을	굽	감	굽	람	이	낌	스	컴	도	받	셀	트	로
체	결	은	위	올	받	대	부	받	날	날	행	여	말	러	너	어
말	물	발	대	의	을	난	사	의	되	감	기	전	바	리	춤	느
범	한	리	부	짓	받	로	수	있	는	물	자	히	물	고	트	자

언제
듣고
되감기
촬영
무례
결합
난로
셀러리
더블
달팽이
수있는
상자
예상
메뚜기
가구
월요일
제외시켰다
시금치
거친
여전히

Puzzle 254

동	람	컴	달	이	주	문	돌	위	기	자	대	로	요	다	한	그
카	을	굽	북	러	춤	맞	질	젖	은	퓨	래	현	자	도	측	녀
문	끔	퓨	크	말	진	행	경	발	단	무	거	운	주	부	질	문
달	요	트	바	바	풍	올	로	범	를	순	결	날	너	짓	주	로
노	도	이	트	고	한	범	바	자	결	로	화	춤	장	낌	주	어
동	다	동	용	이	용	쌀	장	트	맞	대	굽	쌀	표	용	질	바
바	이	레	집	컴	짓	절	필	풍	레	자	이	리	끔	도	주	행
를	법	스	크	문	감	레	주	결	부	올	람	관	을	트	동	주
추	자	굽	을	제	사	경	에	올	한	자	솔	제	계	위	동	거
솔	굴	적	운	의	맞	거	바	올	터	한	문	대	현	거	퓨	주
장	루	적	트	낌	문	람	로	쌀	주	발	은	레	명	쌀	사	냄
가	문	어	찍	장	쌀	로	솔	북	늘	결	한	자	한	한	경	비
정	도	느	바	발	너	공	한	을	부	트	크	풍	한	거	거	쟁
젊	늘	루	한	굴	내	레	이	터	주	받	끔	은	을	문	대	동
이	레	열	대	발	트	느	케	이	스	끔	어	을	바	동	를	동

무거운
위기
관계
가정
진행
단순화
젖은
내레이터
냄비
경로
경쟁
케이스
관리
열대
거래
감사
경사
그녀
현자
현명한

Puzzle 255

대	절	리	에	원	도	공	동	은	용	결	로	아	에	셀	위	견
고	위	한	싱	말	하	을	범	운	늘	북	너	직	행	맞	동	로
북	크	표	문	크	협	는	질	바	고	정	문	도	결	트	람	집
요	공	테	고	솔	력	발	분	출	금	지	트	찍	대	맞	적	파
쌀	평	니	제	주	용	굴	섬	도	굴	다	그	림	사	춤	가	젊
로	야	스	로	을	물	보	물	세	람	범	도	굴	제	트	득	한
늘	풍	로	노	동	트	고	사	고	한	에	질	너	발	을	명	랑
사	람	에	게	러	한	서	짓	션	도	달	다	적	너	한	용	로
역	을	바	행	동	한	동	체	들	짓	은	전	거	장	느	발	올
느	필	트	다	람	문	한	공	법	도	에	절	트	바	을	느	삼
노	공	생	일	을	파	쌀	질	셀	솔	바	견	부	왼	쪽	질	각
문	말	젊	노	터	레	다	를	의	러	솔	파	운	필	제	늘	형
노	달	다	동	바	을	거	질	신	전	물	로	날	셀	북	스	달
로	트	를	굽	춤	표	을	다	뢰	노	크	끔	은	자	쌀	바	문
끔	장	문	견	낌	을	측	적	젊	사	루	동	러	크	찍	공	발

아직
싱크
협력
삼각형
역사
왼쪽
가득
평야
신뢰
테니스
원하는
지금
명랑
사람에게
그림
섬세한
분출
생일을
보고서
정지

Puzzle 256

로	로	공	거	노	물	을	자	솔	체	맞	로	감	법	발	끔	동
절	바	의	바	법	문	필	동	솔	느	부	는	추	로	느	셀	운
발	파	풍	도	구	것	들	고	전	한	절	풍	성	분	카	굴	노
주	션	조	끔	리	들	다	은	느	노	집	문	맞	용	코	격	리
늘	서	문	사	주	풍	질	간	질	측	트	끔	표	은	치	어	질
문	낌	랍	의	요	춤	굵	다	약	너	은	끔	도	굴	카	젊	카
한	날	다	섯	견	굴	게	노	속	느	받	장	끔	퓨	로	퓨	한
행	쌀	결	질	도	법	이	에	다	트	질	범	적	용	이	견	견
소	방	관	컴	로	트	필	한	표	대	사	외	부	를	리	굽	은
질	를	노	날	로	퓨	달	동	을	발	이	견	필	결	미	디	어
노	리	을	노	문	결	낌	물	은	다	클	동	젊	올	표	젊	들
용	퓨	한	맞	한	필	용	러	발	고	링	램	프	너	끔	달	발
들	큐	젊	올	견	요	법	다	레	컴	굽	받	전	장	부	파	한
너	피	위	의	한	로	트	도	감	컴	를	달	낌	퓨	부	다	카
한	드	레	짓	파	문	다	늘	동	거	돌	동	날	결	범	용	요

약속
램프
큐피드
것들
소방관
필요
조사
외부를
다섯
코치
위의
맞는
간다
서랍
미디어
사이클링
성분
도구
격리
굵게

Puzzle 257

날	이	문	행	메	키	풍	미	용	동	전	용	어	맞	로	트	러
공	한	질	솔	리	틸	스	거	짓	에	람	추	필	너	부	제	사
노	격	돌	지	원	끔	레	느	날	주	문	비	터	크	패	찍	대
느	을	주	는	분	용	한	모	은	바	낌	명	스	발	컴	중	지
터	트	공	의	홍	문	절	자	트	로	체	은	돌	고	래	늘	문
제	쌀	다	회	색	감	을	거	낌	퓨	을	쌀	감	쌀	이	다	동
을	동	요	질	굴	레	레	람	도	아	가	씨	한	굴	부	은	동
요	행	운	적	낌	자	올	북	운	을	받	올	루	문	이	요	바
동	문	굴	느	고	퓨	운	한	트	스	트	범	한	체	루	바	고
파	로	낌	쌀	동	짓	문	동	다	노	실	받	느	굴	쌀	한	람
션	느	용	범	도	도	문	을	을	다	현	루	한	공	고	추	바
은	굽	트	동	레	짓	바	말	을	주	을	범	표	질	레	동	굴
주	낌	전	로	켓	파	인	애	플	주	바	동	주	레	체	동	스
쌀	체	자	주	바	춤	솔	동	션	트	를	말	러	대	도	거	자
트	러	거	이	집	용	말	조	직	에	은	대	노	솔	노	에	견

지원
회의는
조직에
중지
스틸
분홍색
메리
바람
돌고래
키스
아가씨
실현을
공격주의
부패
거짓
거미
비명
파인애플
모자
로켓

Puzzle 258

사용시까지
결정을
요약
장난
세척
종료와
점진적
중요한
직원
연례
건물을
감동
드롭
형제
깎이
크기
혜택을
지느러미
정비사
블리드

다	굽	다	한	로	받	질	범	늘	말	종	받	주	돌	로	요	한
올	에	동	직	적	절	끔	스	레	자	료	에	날	리	너	적	를
늘	집	한	원	지	은	컴	도	도	견	와	에	전	을	문	셀	트
한	굽	견	한	느	리	문	사	트	느	파	깎	이	필	을	용	한
한	바	집	은	러	트	적	부	세	척	끔	문	바	감	정	추	거
전	표	동	도	미	트	공	공	추	터	위	셀	낌	동	결	비	끔
질	법	절	을	한	연	리	부	형	은	약	받	를	표	돌	션	사
트	스	요	발	대	례	블	리	드	제	중	요	한	크	기	점	끔
요	바	문	의	쌀	루	로	춤	을	동	풍	리	셀	로	을	진	러
문	주	다	를	젊	결	컴	을	트	이	리	한	필	한	젊	적	발
리	을	을	적	찍	끔	용	로	감	노	자	도	필	을	문	결	제
추	질	추	발	주	을	위	자	용	장	난	공	한	터	퓨	노	노
표	느	올	찍	거	동	쌀	집	동	물	제	이	바	다	러	굽	올
전	크	부	질	발	다	질	을	고	을	거	자	결	쌀	행	올	대
사	용	시	까	지	달	춤	을	북	끔	건	물	을	택	혜	드	롭

Puzzle 259

필	트	물	다	거	공	풍	바	공	운	감	결	이	확	신	를	물
앵	요	운	제	대	를	한	물	체	고	다	용	미	양	의	문	법
무	한	로	한	한	말	은	위	도	한	컴	개	지	무	고	러	표
새	문	션	스	제	도	문	느	문	행	공	한	에	너	느	시	주
춤	트	범	용	요	람	노	자	크	을	발	레	레	솔	셀	를	거
퓨	운	대	체	를	법	북	동	퓨	테	마	굴	견	솔	끔	북	스
북	발	말	운	대	낌	결	문	루	발	동	법	젊	의	제	레	동
바	한	적	부	감	을	카	올	늘	션	용	이	북	자	용	컴	주
에	표	도	법	돌	레	을	체	크	먹	주	결	다	노	굴	추	용
부	컴	트	동	을	용	도	을	물	고	절	배	포	위	굽	말	이
물	을	용	제	러	파	리	말	바	발	느	말	필	을	한	법	의
문	파	범	품	정	리	크	컴	문	터	카	수	세	개	강	비	서
동	자	행	대	거	견	자	동	참	가	을	달	금	혁	파	한	에
한	날	절	쌀	북	트	다	느	를	을	한	문	도	의	젊	순	록
젊	질	이	주	느	동	맞	굽	전	바	트	돌	을	적	이	견	들

고양이
개혁의
강한
참가을
배포
이미지에
먹고
러시를
수달
앵무새
세금
순록
제품
거대한
테마
무지개
필요로
확신를
정리
비서

Puzzle 260

주	운	문	파	발	감	한	터	굽	집	문	느	람	노	파	아	추
발	은	말	늘	다	맞	에	짓	짓	동	올	돌	감	양	카	래	한
공	식	젊	동	이	질	을	트	적	터	이	자	거	파	카	에	이
두	잃	해	시	계	발	겨	울	문	문	원	솔	굴	에	파	들	문
께	게	사	너	법	한	파	행	질	찍	인	트	결	만	감	람	자
의	한	다	맞	형	문	리	션	동	동	전	주	들	동	트	젊	견
짓	끔	로	노	태	범	결	찍	스	하	레	크	부	자	카	은	한
체	도	스	자	로	들	동	트	집	토	라	메	카	자	러	동	측
행	쌀	다	집	솔	춤	굽	트	달	드	요	도	다	젊	리	필	들
를	집	로	결	한	고	낌	카	공	야	물	일	션	바	주	고	트
크	쌀	바	용	사	은	크	기	록	외	상	북	은	추	너	질	동
전	풍	금	융	한	은	솔	한	고	제	다	황	한	전	두	한	범
견	어	느	의	고	에	매	달	려	카	결	발	셋	굴	문	운	스
올	션	은	셀	요	동	러	발	짓	크	자	젊	째	쌀	도	질	파
바	짓	리	제	퓨	용	어	카	을	맞	로	노	도	날	발	질	을

야외
해시계
잃게
아래에
셋째
문자
행동하라
야드
원인
기록
매달려
공식
상황
두께의
금융
양파에만
카메라
토요일은
형태로
겨울

Puzzle 261

반	트	문	행	물	장	요	질	파	말	올	끔	위	이	마	끔	범
응	스	돌	문	솔	은	바	파	느	제	풍	셀	낌	한	을	발	리
을	카	러	자	문	트	로	션	범	늘	바	에	젊	로	거	물	표
법	굽	발	문	맞	로	오	리	를	동	고	올	이	러	아	공	루
문	맞	리	대	속	컴	실	패	물	굴	크	부	쌀	스	이	퓨	질
제	바	질	전	다	성	고	돌	레	쌀	주	가	질	문	를	트	의
전	로	장	파	절	측	을	굴	거	추	를	솔	로	루	굴	감	한
한	도	코	북	동	컴	보	업	춤	경	공	린	블	고	노	자	문
집	너	끼	맞	특	선	류	발	산	에	찰	관	부	낌	리	질	행
바	루	리	표	히	고	발	제	을	한	맞	기	표	받	질	은	적
사	을	결	법	거	들	풍	스	바	참	가	자	젊	를	을	러	올
굽	문	행	한	터	집	컴	한	물	너	트	저	자	트	들	다	한
도	이	짓	문	체	느	낌	스	한	이	루	집	올	말	트	운	범
동	은	범	달	전	무	서	워	느	제	돌	을	남	짓	필	어	쌀
를	달	달	굴	범	의	굴	도	바	측	을	바	성	구	멍	어	바

선고
마을
반응을
보류
무서워
가솔린
아이를
산업을
특히
고블린
실패
구멍
코끼리
경찰
남성
저자기관
속성을
오리를
참가자
의무

Puzzle 262

빛의
해설
통과
개방
때문에
드물게
페이지
모기
브라운
협상
포리스트에
바느질
장면
초대
떨어진
보라색
주저
노트북
정확히
색상이

동	부	요	자	리	맞	셀	도	용	통	찍	트	해	파	바	초	문
개	을	레	집	끔	어	포	제	운	과	은	떨	설	루	달	느	대
방	빛	돌	바	낌	젊	리	보	라	색	어	어	물	바	로	러	질
로	의	바	레	돌	젊	스	풍	브	말	러	진	리	체	장	다	장
쌀	적	션	동	맞	달	트	질	한	크	다	느	에	굴	을	추	셀
용	질	거	문	맞	받	에	트	너	을	질	자	질	달	표	로	도
달	레	을	짓	동	레	감	드	제	문	풍	장	면	은	주	낌	동
한	올	동	다	운	도	모	물	춤	전	거	부	퓨	이	파	컴	추
올	스	발	이	용	한	기	게	어	적	퓨	전	젊	맞	을	다	주
스	이	을	동	적	거	문	굴	도	로	때	어	발	노	트	북	저
솔	달	컴	은	정	주	의	행	너	문	문	셀	트	쌀	노	질	람
페	레	행	장	확	카	파	쌀	전	결	에	결	문	올	자	부	로
쌀	이	다	어	히	물	범	주	러	풍	집	젊	셀	자	바	전	측
달	상	지	의	트	다	주	너	자	요	범	동	도	들	파	을	바
주	색	주	적	협	상	질	위	자	퓨	문	요	스	바	도	스	문

Puzzle 263

짓	신	한	굴	트	대	스	을	지	트	춤	이	대	너	위	자	신
용	운	발	제	스	쌀	스	침	대	우	도	전	집	말	용	말	문
주	퓨	추	샴	사	컴	발	물	견	을	개	도	풍	사	문	찍	날
돌	을	회	원	푸	부	레	스	쌀	람	동	부	집	러	추	동	웨
느	람	다	날	견	하	용	돌	레	들	증	거	목	표	염	소	스
를	굴	제	바	을	고	여	말	솔	공	파	을	문	감	받	거	트
동	바	표	러	너	문	결	야	북	필	굴	안	사	쌀	컴	견	했
트	레	쌀	사	한	공	돌	찍	한	우	유	전	요	한	을	체	다
추	크	날	낌	망	리	바	쌀	문	다	제	동	행	동	행	측	은
컴	동	파	교	실	한	북	이	너	리	스	취	운	은	로	동	운
다	범	충	격	사	맞	돌	한	노	크	가	능	미	발	파	을	느
굴	고	주	올	돌	젊	적	문	질	주	의	간	기	바	젊	문	용
솔	제	문	을	부	젤	셀	절	로	거	견	파	쌀	부	받	주	북
받	어	을	한	동	리	동	카	행	필	체	로	리	바	트	고	필
올	리	제	한	카	느	션	요	한	거	풍	적	맞	굴	쌀	용	한

목표염소
신문
안전
의견
신발샴푸하여야한다
웨스트했다
노크
교실
증거
취미
침대
젤리
가능
기간의
실망
충격
우유
회원
지우개
동행

Puzzle 264

추	에	자	옷	설	능	력	북	동	솔	결	정	소	좋	아	하	는
바	주	짓	장	리	명	운	측	영	약	물	확	유	터	감	동	고
체	받	로	문	춤	필	용	한	상	낌	쌀	성	은	문	터	동	늘
너	한	느	퓨	필	부	용	받	들	컴	카	트	운	노	안	발	트
제	눈	배	울	올	집	어	운	문	말	주	셀	자	동	한	녕	범
범	터	송	느	돌	범	다	고	크	행	스	가	족	거	측	위	협
다	레	동	이	범	죄	솔	은	리	주	전	문	루	운	전	사	문
끔	찍	한	셀	체	의	발	굽	크	발	용	쌀	동	동	문	거	의
행	바	찍	터	표	학	러	용	찍	은	동	운	을	레	셀	같	젊
솔	행	요	셀	향	동	쌀	러	낌	북	질	노	장	트	람	은	돌
법	바	노	맞	해	행	문	쌀	느	트	문	문	트	질	동	바	집
올	한	부	션	노	한	질	물	이	체	측	추	낌	균	늘	문	행
굴	말	추	바	을	추	바	동	찍	루	들	동	들	부	리	션	북
트	어	늘	문	다	측	짓	을	은	러	운	그	문	컴	법	문	주
법	어	굽	동	전	어	용	션	한	체	션	늘	장	굴	법	굽	너

의학
눈송이
같은
가족
범죄
배울
안녕
옷장
운전사
설명
좋아하는
위협
끔찍한
그늘
동영상
소유
능력
향해
정확성
약물

Puzzle 265

들	바	트	기	리	용	어	행	적	리	공	도	에	괴	파	의	늘
질	한	추	계	로	문	발	물	표	의	동	맞	토	크	동	장	젊
길	을	북	늘	크	질	카	한	쌀	늘	루	컴	너	리	관	느	돌
로	을	한	필	측	말	견	들	달	동	바	화	가	은	련	날	올
을	돌	요	문	말	행	북	풍	레	질	도	운	굴	말	트	입	어
사	이	클	루	운	유	끊	표	루	로	용	다	달	바	체	술	사
바	은	쌀	예	술	리	지	을	운	젊	한	느	공	받	핑	돌	북
루	바	부	을	동	루	는	도	자	크	한	를	은	한	크	발	전
을	귀	여	운	물	운	도	노	도	견	부	카	쌀	스	루	바	동
카	쌀	용	워	원	춤	물	제	용	이	사	크	문	문	션	터	션
트	풍	느	드	법	을	측	체	박	문	감	운	를	절	굴	찍	동
지	춤	말	들	트	측	솔	한	쥐	느	부	제	스	요	쌀	부	컴
트	식	다	발	요	다	셀	필	질	풍	개	발	요	자	요	파	거
장	달	절	사	도	감	받	표	감	혼	발	은	은	한	측	범	필
셀	쌀	표	행	션	체	느	한	언	덕	합	위	발	트	굴	낌	바

사이클
파괴에도
유리
동물원
귀여운
길을
개발
예술
입술
혼합
관련
지식
기계
언덕
박쥐
도토리
워드
화가
끊지는
핑크

Puzzle 266

만족
성능을
에너지
행운
일회용
연구
릴리스
회피에
바보
플라스틱
도마뱀
유리한
유용하게
생각
변호사
음악
트릭
게시
긴장
정비공

트	의	의	은	바	거	은	셀	람	솔	노	주	날	플	러	은	다
을	날	이	측	보	느	필	거	문	한	감	굴	체	라	대	굴	루
범	자	크	부	노	한	람	행	운	음	악	찍	질	스	발	트	결
트	대	어	맞	자	트	을	북	견	레	크	카	로	틱	셀	용	거
릭	을	용	운	스	트	스	올	요	주	람	요	동	을	낌	생	각
문	어	동	굽	위	에	게	하	용	유	굽	리	맞	트	한	측	릴
자	굴	추	측	자	행	부	도	회	바	춤	한	젊	용	다	질	리
체	문	에	람	게	성	바	마	일	피	부	질	다	위	용	낌	스
을	한	법	변	시	능	발	뱀	필	부	에	루	사	정	비	공	러
만	족	크	쌀	호	을	주	고	바	문	느	법	긴	에	너	지	은
물	북	적	유	굽	사	연	구	늘	리	동	추	한	장	한	고	이
제	전	션	리	끔	돌	거	스	로	노	결	문	말	은	의	쌀	견
제	자	전	한	문	견	부	늘	젊	짓	짓	쌀	낌	결	부	질	받
풍	람	찍	거	장	바	를	찍	을	말	을	찍	필	을	부	바	찍
러	위	한	도	이	바	동	부	루	질	루	문	한	법	용	문	바

Puzzle 267

표	스	을	질	루	의	러	슬	솔	망	소	말	러	물	날	솔	을
사	거	늘	체	날	트	러	립	날	치	로	녀	퓨	물	한	셀	올
문	트	에	터	솔	한	이	동	에	레	바	말	가	고	굽	주	동
굽	은	람	터	동	날	이	질	어	문	동	돌	동	말	젊	표	들
러	북	제	추	한	로	한	을	도	체	한	법	트	맞	로	운	어
느	를	파	와	병	원	용	동	북	극	이	용	추	트	바	러	딘
트	춤	측	느	서	한	크	음	성	복	바	주	동	트	퓨	을	가
토	론	쌀	춤	겸	손	한	검	토	숭	필	조	언	을	절	질	에
이	달	흰	색	빨	리	견	자	컴	아	질	결	전	부	적	체	도
없	낌	표	측	쌀	돌	요	금	판	매	바	리	도	스	집	솔	행
집	음	문	주	클	한	스	쌀	동	제	집	공	물	솔	도	다	들
터	절	도	제	래	결	농	담	질	레	동	사	물	제	다	셀	위
크	트	전	춤	스	자	집	을	을	레	절	공	북	을	견	람	러
을	집	주	노	람	공	고	절	측	용	전	측	문	한	질	도	트
거	스	셀	찍	견	들	람	요	느	느	올	람	행	루	을	동	자

판매
겸손한
없음도
요금
북극이
검토
조언을
슬립
와서
음성
복숭아
망치
농담
토론
병원
어딘가에
클래스
흰색
빨리
소녀가

Puzzle 268

프로그램
항상
까마귀
차지
도서관
게이트에서
사탕
종이
나중에
빈곤을
계획
카펫
양고기
대피
소심한
경제를
가르쳐
판결
조심
눈사람

리	경	소	법	러	의	조	추	쌀	파	질	차	한	공	로	필	끔
요	제	람	심	한	질	심	필	사	전	자	지	질	은	컴	측	트
한	를	감	문	한	한	동	사	레	파	범	셀	한	람	를	굴	도
발	질	은	날	굴	판	결	장	결	결	한	요	람	늘	카	펫	춤
스	질	맞	고	대	주	가	르	쳐	항	상	도	이	찍	끔	을	람
쌀	리	컴	부	바	어	필	견	로	결	카	서	에	트	이	게	적
바	굴	춤	추	에	리	너	집	끔	셀	동	관	바	을	도	부	너
양	물	감	한	나	중	에	리	노	은	컴	고	끔	도	받	말	젊
북	고	느	동	종	동	질	까	받	들	바	고	트	굴	어	트	한
풍	말	기	주	이	짓	견	춤	마	다	을	위	터	부	도	러	질
느	느	달	터	트	용	한	용	바	귀	어	파	절	카	질	고	파
바	이	문	행	문	위	한	바	리	물	다	ㄴ	루	찍	ㅍ	한	찍
동	에	의	올	사	람	운	대	은	터	올	늘	집	자	로	느	노
말	카	위	계	획	사	탕	피	주	트	결	용	측	굽	그	로	퓨
짓	빈	곤	을	북	눈	동	용	크	바	한	바	견	받	램	바	크

Puzzle 269

일	곱	주	발	자	추	추	로	을	위	감	사	돌	도	어	고	발
거	낌	필	거	날	동	로	체	결	추	집	진	바	올	결	레	몬
컴	찍	올	셀	북	감	북	동	션	은	돌	춤	한	추	표	재	자
살	고	있	는	프	이	테	액	세	스	범	루	맞	을	늘	해	위
너	트	부	솔	동	다	를	을	체	도	개	짓	퓨	을	도	를	측
날	바	느	감	로	트	젊	자	법	션	추	미	느	어	추	찍	공
죄	맞	동	이	의	행	한	거	질	루	자	의	성	대	이	러	결
법	송	한	문	표	공	질	로	풍	은	자	한	동	가	문	을	전
동	측	은	을	운	운	공	책	달	감	일	주	문	권	깜	용	한
크	풍	스	짓	이	쌀	이	상	돌	을	반	한	자	투	짝	결	을
측	질	문	들	한	쌀	동	을	미	러	적	은	들	한	끔	돌	레
돌	이	전	전	고	결	크	낌	짧	은	으	범	끔	받	스	람	위
람	을	날	범	늘	절	짓	전	문	을	로	받	물	체	받	발	필
맞	동	동	북	셀	발	컴	채	퓨	동	들	을	굽	새	날	달	션
굴	행	느	찍	트	날	을	택	에	견	호	텔	달	벽	집	바	받

짧은
일곱
책상을
재해를
테이프
깜짝
일반적으로
살고있는
거북이를
액세스
개미성가
새벽
사진
채택
호텔
권투
미러
자위
죄송
레몬

Puzzle 270

조립
어깨한다
원형
포스트
오두막
혜택
거짓말
부분은
살아있는
울었다
공원
접착제
스테이션
확실히
기존의
야채를
완료
재사용을
입구
규칙

재	행	이	짓	을	전	행	전	도	입	한	살	파	집	위	문	주
사	동	동	한	사	적	낌	을	말	셀	구	규	아	돌	동	물	기
용	트	셀	셀	느	솔	말	질	조	제	사	칙	셀	있	의	쌀	존
을	도	굴	의	문	한	다	셀	립	질	자	적	굴	너	는	문	의
찍	한	부	부	필	받	결	체	한	션	션	쌀	크	거	짓	말	달
들	늘	울	었	다	한	깨	어	부	분	은	바	람	혜	택	문	문
다	을	범	접	이	한	한	완	료	문	을	을	을	문	달	적	형
은	카	을	문	착	트	끔	집	말	춤	찍	적	표	를	사	공	원
감	문	결	의	물	제	발	굽	문	장	적	동	솔	을	범	크	결
노	노	장	공	너	동	달	짓	결	요	끔	끔	쌀	주	쌀	동	동
오	에	바	레	바	스	추	레	러	도	찍	집	사	바	장	을	동
두	결	측	도	젊	범	찍	부	한	끔	짓	트	스	포	확	바	솔
막	느	굽	고	용	다	을	컴	받	올	문	이	테	장	실	필	감
도	전	들	자	느	한	도	바	야	채	를	크	이	받	히	의	표
느	질	다	제	도	짓	쌀	한	주	적	이	젊	션	사	낌	을	대

Puzzle 271

퓨	한	받	범	발	바	레	이	북	한	바	거	도	결	거	도	늘
우	박	느	한	파	행	용	고	은	느	절	쌀	추	컴	측	이	솔
날	부	측	거	표	젊	러	동	은	어	대	동	낌	카	레	질	전
솔	의	젊	장	북	도	공	감	이	전	사	찍	사	운	표	위	문
법	북	레	다	다	노	자	을	그	범	한	트	제	은	을	집	바
문	달	람	를	이	괭	로	느	림	한	언	노	문	체	추	루	표
자	억	광	도	빙	은	느	공	자	주	어	견	동	컴	주	주	자
문	기	차	택	마	주	어	진	주	는	를	컴	아	의	동	동	느
공	야	가	한	문	음	젊	어	린	이	발	감	름	파	운	동	대
한	이	트	능	결	발	을	전	북	문	이	너	다	체	사	이	커
카	을	표	발	성	루	솔	안	녕	하	세	요	운	레	카	달	버
필	전	맞	한	공	셀	이	액	풍	짓	한	노	도	말	용	표	가
거	날	을	끔	돌	쉽	게	션	쌀	너	말	장	범	문	한	전	배
기	올	찍	달	부	풍	스	은	어	루	셀	로	달	셀	추	북	을
린	견	체	돌	문	올	대	한	추	견	짓	은	다	바	발	을	장

기린
기억
가능성
이야기
그림자
기차
주어진주는
언어를
어린이
커버가
아름다운
액션
괭이를
마음을
광택
쉽게
안녕하세요
다이빙
배가
우박

Puzzle 272

보	느	들	자	대	어	측	적	어	은	쌀	을	느	브	션	행	집
물	퓨	크	주	돌	루	늘	동	동	한	맞	굴	용	리	측	느	동
바	집	이	문	터	범	이	동	수	바	을	적	찍	지	로	법	동
트	에	다	체	조	바	로	추	바	출	를	절	장	감	주	달	스
바	한	도	솔	용	쌀	노	로	트	집	을	한	용	추	로	한	동
들	에	카	느	한	은	질	짓	주	동	대	파	위	모	양	의	을
올	를	동	바	짓	위	부	공	적	한	물	사	요	물	작	이	돌
받	어	위	사	대	자	은	로	사	따	라	젊	스	짓	가	제	문
로	낌	낌	리	로	문	을	션	말	하	는	하	랑	사	퓨	감	고
올	로	질	주	을	한	파	노	동	러	한	한	표	로	맞	자	에
질	은	터	원	자	오	프	너	집	을	정	바	낌	주	동	돌	레
전	게	스	케	이	트	스	케	이	트	바	러	를	주	동	풍	대
추	전	으	돌	베	요	트	문	이	부	표	자	범	집	트	트	트
문	자	발	른	사	의	부	추	에	로	람	동	감	트	을	말	을
짓	제	스	생	실	측	소	년	바	말	사	이	용	션	대	동	쌀

따라
사랑하는
말하는
베이
적절한
부추
소년
원자
한정
스케이트스케이트
작가
수출을
조용한
발생
모양이
보물
오프너
사실
브리지
게으른

Puzzle 273

션	다	트	굽	트	법	크	에	을	북	춤	느	어	집	쌀	이	스
한	바	트	한	이	축	구	젊	늘	람	카	고	어	주	부	주	결
문	양	다	굴	체	젊	다	돌	트	주	젊	을	터	문	부	은	이
끔	컴	쪽	영	화	파	은	견	낌	짓	용	로	어	늘	돌	절	결
느	의	용	절	트	슬	흔	들	리	는	어	어	동	바	용	한	굴
드	이	문	달	한	리	동	풍	필	허	리	케	인	주	감	터	로
필	사	적	한	문	황	위	발	들	컴	자	찍	물	레	날	끔	한
운	풍	을	파	우	야	트	러	들	용	느	측	리	한	굴	주	카
스	케	이	트	울	문	범	늘	바	쌀	션	은	쌀	바	을	낌	제
한	의	고	레	공	사	말	노	받	감	날	적	셀	굴	문	션	람
감	용	대	날	트	동	집	동	추	스	집	로	운	터	집	자	낌
션	바	법	적	경	찰	관	쌀	젊	은	쌀	을	주	리	이	로	쌀
전	요	질	다	은	로	끔	은	퓨	바	쌀	카	법	로	동	연	리
오	수	건	레	스	토	랑	공	북	발	한	트	북	부	문	필	문
사	는	제	도	동	운	한	다	표	질	달	리	고	로	카	맞	위

필드
연필
흔들리는
사이의
주제
파슬리
축구
경찰관
스케이트
영화
레스토랑
양쪽
용어
우울
황야
법적
허리케인
오는
필사적
수건

Puzzle 274

교	춤	을	람	이	안	도	문	졸	을	물	느	포	동	느	자	체
실	법	캡	춤	한	어	락	이	맞	린	파	다	도	달	활	굽	견
을	컴	처	너	로	사	맞	군	의	사	가	풍	감	장	동	도	날
정	동	소	수	거	부	늘	결	대	달	맞	부	터	감	요	어	적
계	제	쌀	을	용	션	공	너	날	요	사	트	미	산	책	굴	이
필	굽	감	발	이	사	를	바	제	물	동	종	기	세	도	장	요
받	들	다	감	추	은	장	춤	공	문	바	찍	전	범	한	다	파
우	유	지	방	주	한	한	주	표	바	어	발	자	라	트	대	용
올	제	잡	느	자	노	트	법	크	풍	노	장	낌	디	결	느	결
문	카	트	리	잠	받	바	을	로	적	느	고	절	오	끔	발	질
이	들	스	너	자	춤	느	은	셀	측	동	거	날	전	범	너	법
한	도	노	트	리	바	대	추	장	트	대	레	측	모	을	날	발
유	채	과	바	닥	주	을	동	비	타	민	스	제	의	을	필	들
문	이	절	문	거	에	위	트	카	전	사	용	요	추	크	한	도
을	질	다	람	질	굽	발	범	러	솔	표	노	운	발	쌀	장	바

라디오
잠자리
미세한
종기
모의
소수
교실을
활동
우유지방
산책
계정을
유채과
포도
안락군대
졸린
잡지
의사가
캡처
비타민
바닥

Puzzle 275

법	퓨	파	결	적	도	돌	평	이	집	크	홍	발	젊	도	한	느
사	리	거	러	한	리	동	화	돌	법	에	크	수	다	햄	버	거
람	느	을	스	거	집	터	로	전	북	문	날	범	찍	로	컴	자
은	말	카	컴	법	동	동	운	공	올	날	주	위	에	자	다	로
용	한	풍	한	장	을	결	부	부	의	스	부	용	체	표	부	질
요	바	적	발	을	사	혼	한	문	레	자	맞	퓨	은	쌀	결	다
루	굴	문	대	기	를	애	굽	젊	높	은	달	견	끔	흔	들	장
제	질	셀	람	문	받	정	달	발	은	필	부	크	짓	짓	자	유
운	다	은	발	렌	타	인	유	맞	역	스	위	동	오	날	리	사
늘	문	젊	필	자	필	전	달	용	지	견	법	터	리	이	공	한
트	운	결	동	용	동	이	필	날	다	춤	날	적	굴	로	장	늘
문	다	행	용	다	말	한	날	장	운	도	질	풍	격	추	짓	쌀
조	류	달	법	카	은	비	참	한	한	루	행	션	문	문	장	젊
바	트	필	한	도	문	감	로	전	맞	스	굽	부	필	제	체	동
동	전	을	절	전	용	올	올	이	자	느	풍	범	법	적	터	짓

다운
유사한
적격
공장
유용
발렌타인
흔들
홍수
사람은
평화로운
비참한
높은
애정
지역은
대기
주위에
결혼
햄버거
조류
오리

Puzzle 276

기금
대안
반복
사자
계산
히트
헌신
사무실
단위를
발휘
맛있는
맥주
전체
산만
모험
사람들이
골동품
참조
망원경
보고서는

션	늘	계	산	다	을	주	늘	솔	에	을	을	참	젊	위	바	고
굴	견	루	루	로	한	부	노	느	크	춤	람	조	션	물	을	젊
고	동	끔	문	낌	은	결	산	퓨	부	파	위	헌	고	도	쌀	달
히	용	이	춤	돌	바	반	만	러	장	레	결	신	발	문	전	체
솔	트	한	굴	셀	바	법	복	동	법	한	터	문	전	주	이	셀
리	전	질	낌	도	주	대	거	트	션	크	션	문	부	장	풍	발
집	결	제	쌀	로	람	로	문	자	사	리	크	을	바	을	감	을
대	은	올	받	단	절	전	을	받	무	한	트	트	문	질	날	러
찍	동	표	자	위	자	짓	자	을	실	발	휘	파	사	필	사	제
기	대	돌	끔	를	러	자	전	트	발	날	범	주	전	감	람	굴
금	이	안	바	맛	도	러	골	용	집	부	을	다	문	문	들	컴
컴	이	모	망	있	진	느	동	쌀	에	춤	전	쌀	은	바	이	에
맥	주	험	원	는	용	션	품	보	고	서	는	질	법	올	자	체
찍	다	필	경	은	늘	발	동	퓨	결	추	파	트	문	사	자	문
파	풍	동	적	레	파	춤	한	질	젊	낌	낌	바	받	로	을	문

Puzzle 277

트	동	자	바	날	동	굴	퓨	체	행	굴	프	수	은	트	쌀	쌀
자	이	행	부	다	측	춤	범	들	들	느	굽	준	결	범	받	말
쌀	컴	동	짓	이	찍	한	션	발	부	찾	누	하	솔	추	트	트
를	풍	동	올	절	받	발	도	동	레	기	군	도	위	문	사	부
굽	터	시	표	스	장	요	추	동	법	전	가	록	굽	레	를	파
컴	의	나	떠	으	르	렁	트	컴	교	한	로	을	션	루	솔	를
파	발	리	구	자	문	쌀	올	로	육	주	로	쌀	발	감	위	트
적	체	오	승	굴	발	카	느	은	결	을	행	번	호	요	스	다
도	로	다	요	용	도	요	레	굽	젊	쌀	부	은	장	립	마	들
로	한	로	카	견	문	스	자	굽	고	요	을	위	에	발	트	바
쌀	필	어	표	다	리	러	천	사	을	추	전	법	에	쌀	을	스
을	찍	자	춤	파	쌀	비	사	사	를	터	동	질	질	법	결	로
문	자	젊	들	올	를	판	어	견	올	절	반	들	필	트	쌀	터
요	가	끔	동	춤	풍	도	뛰	제	다	대	도	춤	자	루	찍	용
발	은	바	날	크	한	집	발	부	집	맞	카	쌀	람	셀	한	결

천사
절반
스마트
떠나
누군가
가끔
번호
으르렁
구리
뛰어
시나리오
비판
솔루션을
어제
찾기
수준하도록을
승리의
수프
교육
스트립

Puzzle 278

남쪽
코너
어려운
육두구
운송
다수
돌풍
우리의
클립시계
식용
플로트
이상한
인식
참여
이유는
더워
선택
세심한
채우기
외에

위	클	자	남	동	짓	돌	풍	트	도	람	사	동	루	한	상	이
끔	요	립	동	쪽	한	문	위	은	체	동	견	자	다	심	동	유
채	우	기	시	다	추	은	카	다	수	바	필	사	전	세	체	는
풍	를	을	육	계	인	식	풍	크	리	로	한	이	측	주	추	끔
문	장	스	두	돌	션	자	필	노	을	트	로	코	돌	을	감	쌀
대	자	찍	구	동	부	부	바	어	솔	행	자	너	부	트	물	바
느	들	측	필	로	솔	솔	를	달	말	굴	트	올	노	장	다	맞
루	어	려	운	람	법	를	느	을	스	체	견	한	거	받	은	표
솔	동	어	플	체	용	러	스	한	션	크	운	을	한	돌	맞	다
셀	한	굽	로	너	문	퓨	발	크	올	느	주	감	동	날	셀	표
어	쌀	절	트	부	동	찍	필	부	풍	표	우	이	퓨	전	스	감
의	느	낌	을	문	솔	선	택	를	은	러	리	셀	공	체	낌	느
부	행	체	운	한	도	컴	견	주	쌀	풍	의	문	에	늘	주	한
외	에	를	스	찍	느	의	표	은	더	범	운	식	다	굴	대	풍
위	굽	올	부	맞	참	여	바	을	달	워	송	용	한	동	질	컴

Puzzle 279

셀	자	루	용	중	을	다	한	크	은	파	체	도	질	투	이	도
이	말	춤	가	력	리	트	제	절	결	수	셀	도	거	자	결	퓨
감	야	받	축	풍	교	결	대	을	도	범	영	날	상	처	선	거
로	능	기	다	절	사	체	굴	발	북	감	레	거	맞	를	용	로
주	터	동	는	다	수	끔	춤	주	질	의	들	느	장	느	낌	이
를	스	다	카	동	요	표	공	견	를	요	발	전	느	굽	말	춤
토	마	토	올	션	가	굽	트	북	터	젊	대	주	용	느	발	스
주	를	받	러	늘	한	거	크	춤	이	받	굴	굴	날	트	짓	한
리	절	받	돌	질	들	동	달	추	크	카	대	로	측	풍	도	루
용	행	견	람	병	달	콤	한	솔	도	한	트	람	젊	컴	을	용
동	찍	적	춤	적	용	발	운	거	움	범	간	이	주	셀	제	질
위	긍	정	적	대	주	에	바	한	말	위	단	체	라	소	형	절
용	느	대	전	을	을	질	공	전	낌	절	한	원	숭	이	너	받
문	문	다	이	동	문	바	한	트	를	은	행	굽	의	은	하	너
자	부	법	어	바	쌀	받	문	풍	어	짓	이	바	문	북	도	들

가축
달콤한
도움말
교사
질병
이야기는
상처
수요가
간단한
긍정적
기능
마스터
토마토
중력
원숭이
투자
선거
소형
수영
하이라이트

Puzzle 280

를	쌀	에	동	자	발	집	크	쌀	을	트	범	춤	이	벤	트	추
마	모	감	을	크	컴	추	은	파	파	문	동	한	물	체	대	션
법	돌	너	감	결	을	감	계	산	기	강	체	바	한	은	문	거
위	의	법	느	달	은	표	파	오	극	발	탈	커	튼	생	고	레
거	어	쌀	솔	질	이	적	대	렌	거	장	발	풍	찍	각	급	크
파	올	사	결	를	다	접	공	지	을	춤	필	바	북	이	자	로
제	거	장	제	말	로	퓨	근	대	상	행	공	동	블	랙	동	스
범	장	용	에	한	를	을	문	부	문	동	한	표	질	에	차	법
표	트	너	표	춤	파	동	을	루	람	한	끔	적	짓	필	발	결
대	감	위	동	운	쌀	다	법	범	제	을	대	동	추	리	북	로
운	동	루	교	수	감	지	드	라	이	브	문	주	요	늘	레	필
질	을	을	스	을	물	거	부	레	용	도	젊	문	을	주	트	터
문	대	올	션	편	안	로	주	을	트	요	들	춤	찍	용	바	발
측	물	쌀	바	문	법	올	의	로	파	한	파	을	루	발	노	발
주	찍	낌	굴	터	을	바	쌀	들	발	은	트	쌀	맞	결	고	날

계산기
생각이
마모
편안
고급
자동차
극장
부주의
강탈
감지
커튼
크로스
교수
블랙
접근
오렌지
대상
이벤트
드라이브
제거

Puzzle 281

짓	북	적	맞	혼	주	바	크	컴	용	구	위	장	애	문	문	을
발	찍	쌀	이	자	굴	한	림	낌	은	울	션	를	장	법	을	동
문	동	북	한	용	반	대	문	문	터	트	파	셀	발	감	에	거
돌	질	람	어	은	트	질	한	람	체	레	부	의	측	달	에	측
장	문	록	달	거	트	젊	짓	굽	무	엇	을	족	순	바	범	를
허	수	아	비	퓨	표	받	늘	고	솔	범	의	류	종	견	주	발
파	감	로	너	물	터	을	동	장	절	질	일	표	사	늘	맞	카
등	측	공	트	공	급	쌀	크	표	도	전	타	느	노	트	쌀	한
을	낌	범	날	크	방	어	카	드	범	파	스	에	트	전	을	동
바	감	요	견	다	을	주	스	맞	돌	견	끔	한	집	을	바	용
제	트	루	춤	을	루	들	자	용	사	의	주	레	너	운	을	에
고	체	발	부	오	문	을	컴	견	들	느	한	끔	도	운	다	너
의	대	집	달	소	파	올	를	자	문	솔	고	람	쌀	어	문	쌀
젊	문	물	루	리	한	문	문	춤	나	바	장	낌	컴	필	용	자
에	바	굽	파	감	달	측	주	고	무	올	문	끔	느	문	솔	로

비록
카드
방어
오소리
공급
반대
크림
무엇을
등을
순종
나무
부족
주스
허수아비
종류의
혼자
스타일의
표범
구울
장애

Puzzle 282

집	제	체	핸	주	동	제	체	물	문	아	자	체	위	부	트	동
엄	적	올	질	들	로	다	동	터	도	래	발	문	트	사	이	감
주	격	쌀	파	을	을	의	와	이	어	층	적	공	한	주	문	결
절	말	한	을	받	발	카	너	돌	한	공	늘	올	부	측	한	트
춤	감	바	질	노	리	표	주	굽	말	용	결	누	구	부	달	람
문	을	말	느	터	요	주	굽	대	크	의	법	션	동	주	공	사
말	했	다	션	과	거	의	사	나	행	다	로	느	러	위	행	쌀
찍	솔	추	스	포	츠	가	냥	타	너	람	굽	을	주	동	노	돌
추	파	정	트	부	을	터	레	냅	경	용	북	도	낌	을	위	필
운	동	측	굴	은	퓨	적	자	니	제	동	굽	요	즘	스	문	동
표	솔	에	문	용	절	않	파	다	트	춤	로	대	동	부	요	쌀
질	여	름	로	풍	쌀	는	행	을	굽	의	법	문	감	문	기	술
치	루	측	대	견	늘	절	트	견	부	자	위	여	올	고	도	문
자	킨	들	공	젊	너	감	용	요	퓨	노	람	섯	을	파	노	루
자	젊	파	체	도	람	람	에	절	말	한	발	달	행	느	을	부

운동
추정
말했다
핸들을
치킨
아래층
요즘
스포츠가
여름
나타냅니다
기술
여섯
엄격한
누구
과거의
자발적
와이어
않는
사냥
경제

Puzzle 283

터	시	간	레	낌	표	을	전	에	용	질	거	사	낌	고	한	굴
낌	한	젊	동	에	트	컴	퓨	터	콥	리	헬	리	질	무	파	러
공	을	자	이	에	결	달	발	춤	문	법	의	러	변	집	위	발
을	문	집	요	질	크	필	트	러	낌	날	한	람	위	거	동	이
주	동	자	다	의	범	춤	늘	이	요	북	들	날	부	동	풍	공
달	공	람	람	트	부	물	도	북	리	동	공	결	쌀	한	받	물
늘	리	다	거	전	위	견	날	문	논	컴	도	운	집	너	문	어
북	추	동	로	쌀	주	느	레	젊	의	촌	삼	도	문	받	솔	실
늘	도	동	을	노	운	부	너	다	회	악	이	도	찍	굴	리	수
깔	끔	한	절	동	주	절	트	내	표	스	최	체	카	파	적	달
용	로	로	운	의	이	한	문	한	내	너	로	스	집	낌	표	크
루	절	트	주	을	트	굽	자	고	풍	용	주	러	추	절	프	읽
가	지	고	가	는	행	요	어	드	다	들	터	람	행	굴	리	는
어	스	장	을	자	질	동	쌀	름	절	올	문	크	은	거	지	너
응	답	첨	부	를	바	동	질	솔	에	자	풍	트	늘	동	아	러

가지고가는
삼촌의
고드름
회의
프리지아
헬리콥터
실수
고무
변위
읽는
첨부
응답
깔끔한
한도
컴퓨터
요리논의
최악의
논문
시간
내내

Puzzle 284

돌	어	도	자	찍	느	파	질	문	질	노	다	말	것	굴	로	감
받	문	문	동	맞	루	도	범	늘	쌀	트	은	고	은	늘	동	발
퓨	주	위	제	질	카	추	휴	용	의	위	북	바	를	사	트	전
트	션	이	발	을	어	바	짓	대	리	달	의	돌	측	크	고	발
대	을	장	들	전	절	쌀	용	카	용	측	동	자	매	니	저	인
이	터	북	부	러	어	대	발	거	북	집	셀	은	한	대	장	형
터	운	들	사	적	결	파	레	리	터	쌀	다	발	결	화	노	을
바	다	크	은	달	받	부	젊	을	션	결	드	션	체	측	력	경
반	트	문	의	이	법	자	테	받	고	대	라	레	쌀	컴	달	레
고	드	쌀	싸	결	을	어	제	이	공	날	이	솔	집	로	사	주
주	말	시	움	로	춤	질	이	굴	블	제	버	바	카	한	한	달
두	낌	문	체	맞	북	굴	어	발	올	느	루	동	이	주	측	부
수	분	바	컴	퓨	한	바	약	한	장	웅	굽	적	바	용	동	드
추	로	행	한	을	동	절	을	운	율	러	춤	은	발	적	절	럽
트	로	쌀	년	간	머	그	잔	전	파	트	셀	의	굴	을	낌	게

운율
부드럽게
머그잔
드라이버
인형
년간
경력
수분
고대
것은
테이블
휴대용
약한
반드시
싸움
대화
웅장한
매니저
약어
노력

Puzzle 285

법	용	퓨	교	주	트	트	로	달	체	범	재	생	기	발	질	부
발	러	체	회	바	람	제	쌀	전	필	달	영	어	사	주	들	느
도	파	은	요	표	리	돌	요	올	스	찍	받	제	를	너	맞	날
문	고	려	동	바	결	이	노	트	필	끔	풍	트	적	견	공	북
러	다	다	로	셀	충	전	람	쌀	컴	젊	찍	부	션	루	굽	발
은	스	용	퓨	문	너	족	자	용	필	리	늘	주	한	짓	부	받
를	한	한	찍	받	한	에	법	을	한	을	위	협	이	추	장	쌀
결	람	리	맞	법	을	트	쌀	주	돌	질	풍	로	로	끔	소	주
요	리	문	고	크	측	북	체	로	동	퓨	요	식	물	로	춤	문
영	감	위	걱	카	은	굽	를	로	올	한	트	날	주	파	굽	람
뜨	발	구	정	확	산	쌀	추	자	네	이	적	이	춤	물	찍	문
용	거	색	발	돌	거	제	레	주	일	대	바	동	요	한	동	문
한	주	운	의	발	스	체	부	감	거	의	거	편	레	쌀	로	도
올	자	주	추	공	루	적	을	퓨	한	임	사	지	까	한	명	유
바	발	물	한	거	주	체	다	를	너	원	문	바	도	부	견	을

확산
걱정
영어
기사
풍부한
이전
위협이
뜨거운
유명한까지
식물로
편지
충족
구색
영감
네일
임원
교회
고려
장소
재생

Puzzle 286

다행히도
밀가루
아무것도
뭔가
해변
무효
배지
음료
소파
오류
높이
복구
직원이
인터뷰
기능을
순무
환자
섹션의
태양
남아는

늘	바	적	추	돌	태	쌀	굽	절	올	들	문	카	바	크	부	맞
트	다	행	히	도	양	환	자	북	운	밀	감	달	동	를	주	올
노	용	법	맞	자	대	쌀	집	해	변	트	가	도	의	트	음	한
션	이	용	동	람	은	질	물	동	위	쌀	뭔	루	맞	동	료	바
돌	위	을	을	풍	날	추	사	동	문	오	류	동	문	필	한	한
결	거	절	돌	문	자	을	돌	에	동	대	바	카	에	문	로	올
한	춤	셀	찍	자	러	춤	제	션	도	다	표	한	표	루	부	추
직	터	표	추	동	트	발	결	순	것	부	용	섹	견	체	굴	너
원	장	운	셀	배	부	동	로	고	무	에	끔	바	션	집	표	카
이	받	부	문	지	기	능	을	는	아	남	높	이	발	의	동	부
다	이	을	동	물	굽	끔	굽	동	요	한	늘	트	은	한	달	위
자	셀	의	끔	제	제	적	문	솔	문	문	람	견	한	트	복	늘
람	대	이	부	감	물	셀	거	문	문	루	북	범	인	문	구	자
무	효	전	질	레	주	결	굴	문	북	자	을	동	터	을	굴	문
한	은	동	셀	다	도	트	맞	이	을	요	소	파	뷰	올	문	느

Puzzle 287

도	도	컴	문	도	자	들	주	바	컴	문	이	젊	공	찍	을	주
짓	을	거	울	발	끔	범	동	공	추	요	한	루	늘	도	터	돌
대	한	퓨	트	어	러	짓	자	을	문	바	풍	위	션	도	주	루
트	로	바	느	리	루	체	동	동	을	다	갔	고	발	대	고	러
검	색	결	받	장	도	필	동	풍	필	동	바	도	한	받	한	거
체	바	도	션	문	농	행	트	트	추	크	법	샤	워	파	낌	표
컴	을	노	한	바	구	법	원	커	플	운	문	노	올	동	을	질
늘	용	젊	을	공	장	어	카	받	오	이	찍	말	을	날	질	결
을	운	물	질	발	고	돌	를	적	물	위	주	공	발	은	로	트
바	위	을	댄	은	운	바	노	낌	이	견	퓨	퓨	자	위	동	동
걸	핏	하	면	스	물	견	에	귀	올	돌	동	거	셀	꿀	부	을
절	공	필	찍	다	사	어	터	족	루	한	절	리	동	표	벌	장
추	집	공	바	바	도	제	한	트	이	낌	어	러	용	은	주	부
문	를	받	끔	러	트	준	범	다	낌	고	올	평	방	람	이	은
연	못	조	랑	말	문	비	다	느	굴	를	전	부	늘	부	자	문

오이
샤워
물어
말을
꿀벌
커플
농구
갔다
귀족
제어
거울
연못조랑말
도발
댄스
준비
법원
평방
검색
바다
걸핏하면

Puzzle 288

돌	주	적	크	솔	절	카	굽	집	동	카	문	다	당	도	굴	의
의	쌀	위	올	적	문	를	올	끔	거	이	노	범	신	물	부	은
들	문	게	체	어	골	절	박	반	딧	불	썰	매	의	결	바	퓨
대	올	바	쁘	도	고	객	수	입	주	동	짓	은	전	컴	대	파
이	을	갑	자	기	야	다	리	션	주	체	낌	주	자	달	파	노
끔	바	터	법	크	구	람	용	한	체	발	추	쌀	대	젊	컴	트
방	식	을	부	한	은	늘	문	바	이	은	바	이	견	올	전	사
쌀	트	부	춤	로	발	젊	쌀	끔	솔	짓	션	한	러	발	끔	카
은	요	한	젊	로	쌀	스	파	이	추	솔	굽	부	트	용	짓	적
로	들	받	리	체	를	희	용	느	문	발	문	춤	찍	받	트	트
추	공	발	제	바	리	망	내	와	은	퓨	용	끔	컴	문	이	늘
문	느	셀	받	레	적	문	에	너	감	결	트	질	물	파	공	사
한	낌	잊	점	루	말	운	범	스	크	질	적	올	적	이	러	한
대	의	동	지	문	짓	동	양	문	한	자	환	한	문	풍	견	은
문	구	성	크	플	래	그	파	부	동	질	굽	위	바	부	질	한

반딧불
골절
희망
기쁘게
수입
고객
질환
당신의
내와
양파
적어도
썰매
수박
플래그
구성
야구
방식을
갑자기
잊지
지점

Puzzle 289

로	동	동	딸	기	다	견	리	문	적	크	장	암	트	동	침	질
집	느	거	한	위	날	체	쌀	견	루	러	트	트	탉	적	착	감
질	바	부	요	용	범	다	절	감	절	전	쟁	트	스	에	이	낌
트	다	트	물	들	람	돌	달	집	폭	필	부	한	쌀	에	차	체
자	한	절	한	주	다	을	을	동	한	력	대	집	한	한	늘	쌀
말	들	메	추	라	기	위	용	다	를	리	컴	인	신	선	한	운
용	터	장	도	측	발	부	트	질	문	문	이	구	리	트	끔	셀
회	색	어	두	운	공	로	러	필	문	바	문	연	주	바	범	행
낌	자	오	절	도	춤	지	풍	문	법	장	로	결	짓	레	질	다
흡	수	후	감	질	운	시	터	발	컴	체	질	질	을	바	다	감
법	카	을	고	부	날	소	주	카	문	다	을	측	체	컴	추	람
동	동	크	위	은	부	프	트	부	우	였	레	측	충	피	아	노
느	로	찍	셀	견	대	트	컴	짓	맞	보	한	집	성	솔	적	공
루	바	이	용	질	늘	문	은	컴	솔	동	이	션	의	받	사	러
용	찍	들	바	견	날	문	들	부	맞	말	파	한	범	문	를	어

피아노
오후
소프트
카우보이
인구
침착이
차이
딸기
암탉
소시지
전쟁
회색
보였다
충성
어두운
신선한
메추라기
연결
흡수
폭력

Puzzle 290

바	칠	요	문	용	러	끔	질	고	떨	위	풍	을	발	문	주	날
집	면	이	론	너	노	의	필	레	셀	어	짓	이	도	셀	대	셀
바	조	위	고	행	자	춤	문	을	은	용	졌	감	바	통	회	위
은	는	도	공	고	크	검	은	을	문	질	이	다	중	해	연	바
범	문	짓	을	을	전	어	셀	자	다	춤	은	솔	복	문	락	받
을	도	올	발	절	동	한	짓	버	트	좋	스	타	킹	을	처	을
퓨	트	파	크	다	물	어	크	스	문	아	춤	이	쌀	에	터	받
물	맞	늘	문	람	셀	질	세	다	맞	한	자	껍	법	건	말	돌
집	이	받	올	다	이	감	계	바	한	한	문	거	질	강	받	맞
바	사	사	결	파	를	감	제	로	로	도	바	늘	절	쌀	스	도
트	받	바	짓	제	사	도	을	러	러	쌀	에	한	러	리	람	물
짓	동	쌀	도	은	질	대	맞	용	람	측	들	달	대	컴	맞	건
찍	대	스	동	맞	느	을	맞	부	도	자	바	절	장	효	을	결
풍	자	문	문	올	사	쪼	쌀	카	전	북	느	동	맞	과	바	측
풍	받	를	질	을	발	아	말	로	방	문	파	돌	체	느	굴	제

껍질
대회
중복
물건
방문
떨어졌다
통해
바로
쪼아
효과
세계
버스
이론
칠면조는
연락처
좋아
제로
스타킹
건강
검은

Puzzle 291

주	동	동	운	다	발	찍	너	장	한	느	문	견	션	복	을	운
체	전	체	굽	영	용	굽	를	션	받	솔	악	문	의	르	도	콘
문	퓨	집	부	을	문	문	트	집	자	절	어	잊	솔	이	카	한
크	쌀	찍	부	쌀	공	감	질	측	질	굴	문	거	올	필	체	의
이	문	동	컴	찍	운	솔	올	문	문	션	추	바	리	동	바	발
계	란	주	쌀	로	낌	표	도	눌	러	늘	낌	결	부	다	바	느
트	견	물	날	북	이	다	고	필	제	견	물	부	을	가	필	장
찍	늘	한	한	젊	견	길	북	을	문	자	전	한	들	방	을	프
법	운	견	바	바	연	사	쪽	루	대	트	문	에	굴	이	트	로
추	쌀	로	주	바	민	맞	으	스	프	링	파	트	용	한	지	젝
절	주	늘	션	구	스	을	로	굴	로	어	퓨	컴	사	질	켜	트
의	표	한	셀	니	트	북	쌀	거	느	결	오	노	용	젊	에	를
를	바	발	발	날	집	범	트	문	다	문	늘	견	지	구	를	북
끔	절	비	돌	운	로	달	크	한	찍	체	낌	거	의	루	용	발
자	체	행	거	제	맞	을	발	바	트	대	발	굴	결	다	받	바

북쪽으로
오늘
연민
악어
지구를
프로젝트를
잊어
비행
바구니
가방
스프링
가을
이길
계란
눌러
운영
콘도르의
자체
지켜
복도

Puzzle 292

를	법	낌	북	물	다	고	방	표	동	레	미	필	필	이	한	바
공	낌	발	동	카	에	추	해	통	치	자	스	로	동	거	람	북
풍	바	늘	파	찍	대	문	를	받	받	스	다	한	크	을	노	풍
은	주	솔	거	풍	물	은	러	범	늘	를	은	측	퓨	이	질	을
다	솔	자	동	노	발	동	절	셀	끔	느	맞	풍	상	추	오	이
돌	사	북	어	날	춤	주	장	질	동	람	도	행	부	주	이	로
절	용	굽	느	새	질	작	체	측	부	이	컴	을	끔	스	결	쌀
달	한	반	받	절	로	은	느	루	춤	집	레	감	분	다	쌀	문
옷	을	환	파	일	럿	운	탄	한	춤	트	공	한	를	수	자	하
달	늘	굽	표	파	보	일	생	표	춤	발	크	찍	컴	위	의	늘
받	범	람	견	물	말	컴	부	표	집	도	느	한	쌀	적	문	은
리	체	의	받	낌	갈	부	문	거	바	자	지	늘	퓨	피	부	질
장	공	발	위	운	등	쌀	의	바	동	대	레	역	자	달	레	한
북	람	리	끔	레	도	을	공	을	카	부	퓨	제	매	도	이	법
전	문	대	통	령	을	추	쌀	느	젊	레	풍	로	문	올	크	도

통치자
파일럿
방해를
새로운
분수
자매
반환
피부
지역
보일
고추
갈등
옷을
미스
부문이
하늘
대통령을
탄생
상추오이
작은

Puzzle 293

굽	레	다	사	어	용	동	행	물	즐	길	스	문	결	대	체	유
를	다	문	람	도	다	레	트	주	고	동	크	스	집	자	중	다
의	들	결	이	의	절	맞	한	춤	느	기	단	순	히	로	도	션
범	물	너	한	달	동	동	너	동	쌀	낌	용	을	를	들	쌀	측
도	용	어	짓	어	집	소	느	받	돌	도	션	바	질	션	필	범
범	를	을	발	도	터	개	로	을	크	생	루	동	을	굽	한	느
한	컴	쌀	끔	노	람	에	셀	행	체	존	트	저	맞	문	느	에
굴	풍	질	솔	쌀	테	추	날	복	다	달	입	이	녁	용	바	느
범	이	바	카	필	러	루	굴	한	트	로	도	자	대	운	션	견
자	젊	날	문	북	노	위	느	소	수	점	랑	동	일	춤	션	집
적	의	퓨	전	바	로	운	상	람	에	한	터	트	절	고	노	느
어	집	터	트	한	기	쁜	을	솔	행	한	올	받	견	젊	네	제
감	짓	에	범	셀	요	바	행	한	도	추	좋	에	느	체	트	발
대	용	을	찍	날	부	이	질	동	느	문	게	동	체	물	워	느
를	굴	사	고	느	발	을	의	맞	춤	동	표	동	끔	제	크	람

체중
도랑
위상
단순히
도입
네트워크
소개에
테러
저녁
사람이
소수점
유체
발을
물고기
좋게
즐길
생존
기쁜
행복한
동일

Puzzle 294

터	을	쌀	너	전	리	설	받	찍	문	달	용	위	한	측	문	느
을	를	재	파	터	크	득	퓨	올	부	성	굴	동	어	물	젊	에
필	로	문	능	달	북	자	을	쌀	집	전	크	표	은	용	너	셀
문	을	낌	개	선	쌀	파	트	풍	용	느	견	파	거	한	를	끔
자	크	동	바	설	탕	에	운	바	춤	감	사	슴	여	기	로	도
감	다	올	추	을	느	를	말	동	발	낌	한	차	단	바	위	공
맞	전	젊	짓	솔	크	고	도	견	문	로	권	동	에	어	다	그
늘	리	받	물	한	정	레	날	느	집	트	들	올	다	터	노	녀
필	굴	문	동	쌀	이	부	바	러	카	공	카	자	풍	문	이	의
쌀	문	바	고	카	컴	주	전	트	물	람	문	레	맞	바	말	말
달	코	트	한	운	말	그	랜	드	법	문	표	질	도	의	다	용
낌	을	에	터	람	한	카	도	우	컴	얼	룩	말	소	문	트	춤
람	한	위	파	집	다	트	자	라	체	달	에	행	화	트	체	감
측	은	크	셀	솔	용	로	컴	클	동	한	온	다	끔	문	범	을
리	적	낌	트	이	발	질	늘	늘	측	한	법	한	추	낌	법	도

그녀의
사슴
말한다
여기
설득
코트
그랜드
재능
달성
온다
얼룩말
정부
고도
클라우드
소화
용감한
차단
권한
설탕에
개선

Puzzle 295

용	로	로	한	젊	다	주	올	풍	정	노	절	루	트	은	춤	스
요	위	운	로	바	느	은	러	춤	동	의	터	크	스	쌀	에	한
여	행	문	제	일	어	한	결	행	러	집	도	측	증	가	제	부
크	젊	문	실	부	카	결	트	표	질	절	춤	셀	션	용	어	를
퓨	한	춤	파	동	변	날	법	굴	동	은	쌀	체	발	추	이	주
주	공	레	를	리	수	션	용	결	로	돌	다	제	대	발	션	을
쌀	집	측	에	적	바	부	카	견	도	주	이	한	한	낌	트	바
제	적	인	바	추	젊	오	체	을	람	바	모	결	바	용	한	동
이	다	덱	솔	문	한	디	을	을	올	루	행	바	낌	리	발	을
슬	답	스	의	질	쌀	션	택	지	금	까	지	동	다	문	참	석
다	다	응	날	카	로	운	시	끔	공	동	춤	에	풍	체	동	다
행	은	리	컴	셀	요	굴	다	한	문	다	법	셀	표	을	은	발
올	들	주	한	루	인	을	체	범	올	카	다	받	한	발	춤	한
예	스	크	럽	장	을	바	도	은	외	부	범	파	들	집	정	도
쌀	를	측	터	결	풍	바	감	늘	받	장	에	달	굽	짓	결	컴

외부
택시
이모
여행문제
인덱스
참석
일부
정도
요인을
이슬
오디션
실제로
정의도
예를
지금까지
날카로운
변수
응답이
증가
스크럽

Puzzle 296

그러나
풍부
괴물
변화의
계단
상단
조류가
다음과
추가
들어
중앙
믿기
바디
군인
방법
키위
규제
얼음
지상
기본

변	범	굽	감	문	은	용	어	너	들	바	어	리	루	행	추	가
화	표	람	을	스	굴	요	올	요	위	디	북	로	한	공	문	트
의	키	한	퓨	파	람	자	에	노	적	바	트	문	감	리	운	감
낌	위	동	크	이	위	느	느	도	노	결	느	조	노	도	돌	너
추	컴	트	자	주	동	감	자	들	의	발	로	낌	류	늘	동	를
들	군	문	동	한	카	람	은	을	요	스	사	말	컴	가	을	한
젊	인	퓨	카	장	굴	용	방	사	로	리	느	리	너	굴	은	트
컴	은	물	규	어	맞	그	트	법	로	발	문	풍	짓	부	질	을
을	체	춤	제	법	낌	러	를	한	퓨	집	바	루	젊	상	지	부
얼	음	결	발	에	한	나	돌	돌	셀	션	부	맞	젊	맞	단	바
물	한	발	적	날	너	행	다	괴	물	행	말	쌀	달	받	계	은
을	션	올	기	믿	제	요	음	다	동	감	번	컴	트	맞	중	앙
풍	부	결	본	맞	카	한	과	받	느	굴	은	을	주	자	를	법
부	느	한	셀	을	도	도	문	로	셀	문	도	퓨	달	들	이	젊
루	제	거	북	범	맞	느	다	리	너	측	행	동	퓨	어	용	북

Puzzle 297

특	정	올	단	달	춤	필	로	에	라	님	생	선	크	쌀	트	바
문	부	풍	락	스	은	용	너	결	이	용	스	산	분	리	고	컴
압	바	늘	고	동	의	를	공	레	브	느	퓨	돌	너	조	식	받
력	젊	을	문	느	생	강	을	춤	러	린	트	장	노	트	자	두
느	자	견	짓	도	범	을	도	체	리	요	측	다	루	동	터	굽
사	본	법	고	적	범	절	은	자	절	주	위	을	측	로	물	솔
음	다	바	물	질	표	루	도	개	최	부	한	솔	바	질	결	견
러	너	리	공	굽	퓨	레	도	트	느	감	의	낌	을	은	트	들
부	물	달	격	문	주	용	달	카	춤	문	들	쌀	전	자	추	문
사	션	공	늘	행	동	젊	솔	질	다	집	집	쌀	크	받	운	전
주	로	동	다	법	을	에	동	부	맞	이	이	도	필	은	션	복
문	한	늘	을	집	바	춤	트	위	을	스	결	이	의	셀	들	싱
질	필	질	도	를	부	이	트	로	트	한	문	감	다	문	로	바
바	한	이	을	늘	누	달	말	트	솔	로	스	쌀	낌	견	적	낌
표	젊	표	물	굴	한	출	감	춤	결	솔	감	요	비	교	동	적

생산
누출
선생님
사다리
다음
느린
개최
특정
생강을
복싱
라이브러리
자본
조식
분리
압력
단락
공동
공격
비교
자두

Puzzle 298

보	장	측	행	로	로	장	동	무	바	문	크	도	적	동	흥	발
트	법	질	물	로	돌	갑	의	찍	의	트	표	느	리	문	말	분
리	도	춤	법	동	어	적	트	동	이	미	집	굽	부	노	셀	문
젊	동	바	전	스	다	질	문	북	웃	이	한	위	장	스	이	바
리	측	발	질	로	요	체	적	집	도	너	집	동	이	틱	올	용
행	바	문	집	한	카	포	초	드	래	곤	끔	행	을	은	발	발
삼	촌	발	용	람	문	동	바	콜	결	카	파	쌀	동	을	자	공
부	트	달	공	너	표	스	파	다	릿	질	쌀	말	의	트	크	퓨
용	력	로	를	올	을	굴	솔	운	트	끔	주	질	추	부	션	고
어	쌀	동	레	동	용	문	루	일	건	이	레	루	느	동	고	이
떤	받	공	을	쌀	다	바	어	찍	조	양	배	추	을	감	사	한
을	필	동	고	너	람	카	돌	에	표	흥	어	문	대	러	부	컴
굴	절	간	솔	러	추	공	대	이	을	미	부	바	가	에	퓨	로
날	다	호	한	용	크	질	추	말	부	로	바	집	져	트	짓	동
날	장	사	받	트	파	낌	절	용	대	운	자	올	주	동	표	을

삼촌
흥분
스틱은
장갑
무의미한
흥미로운
어떤
가져
양배추
건조
체포
동의
트럭
이웃도
이동
일찍
보트
드래곤
초콜릿
간호사

Puzzle 299

배	장	찍	주	파	트	짓	동	라	밝	마	테	스	트	를	감	다
발	심	도	추	한	질	측	은	일	은	엄	련	이	한	공	조	상
제	풍	원	사	바	도	로	앞	락	정	람	쌀	쌀	은	춤	노	견
어	덮	여	을	의	다	의	서	파	확	순	동	을	느	추	바	동
은	법	말	맛	솔	은	부	은	은	한	찍	간	솔	한	행	한	에
자	느	을	문	한	공	쌀	풍	질	루	대	질	로	한	표	느	문
트	집	한	바	울	새	레	돌	자	을	도	올	굴	대	찍	바	트
발	용	적	이	도	람	범	돌	용	끔	터	의	절	람	을	로	전
이	단	편	풍	범	스	바	레	너	발	물	부	대	부	분	의	북
공	를	항	굴	문	컴	거	풍	문	젊	러	용	을	위	문	결	용
트	을	해	트	노	대	로	행	낌	쌀	바	다	운	젊	주	쌀	감
운	를	행	동	리	을	견	스	낌	받	날	과	학	자	솔	용	동
부	도	크	트	올	솔	도	도	한	대	트	결	부	은	카	주	공
자	문	질	범	찍	을	달	셀	쌀	다	로	자	카	다	절	장	젊
너	달	받	견	를	용	은	러	부	을	퓨	젊	풍	발	은	범	법

심장
앞서
조상
동공
배심원을
순간
맛을
항해
밝은
결과
엄마
정확한
대부분의
단편
덮여
라일락
마련
과학자
테스트를
울새

Puzzle 300

춤	맞	요	다	부	한	일	쌀	행	위	노	전	고	도	필	을	을
카	본	한	했	캠	을	날	반	부	맞	발	초	점	느	은	받	주
스	구	매	께	프	현	실	의	적	달	퓨	문	파	짓	션	올	돌
끔	지	포	함	을	다	운	측	법	인	위	젊	동	받	케	말	질
받	에	부	동	범	절	구	을	발	표	리	너	발	카	이	러	쌀
을	파	법	에	션	필	조	은	전	고	한	말	션	스	지	자	문
러	어	위	늘	발	이	짓	주	주	굽	한	을	터	질	굴	트	거
은	너	로	퓨	적	바	짓	부	말	로	이	용	문	도	쌀	춤	한
너	굴	부	다	거	어	필	스	좌	교	훈	은	굽	제	거	을	바
느	을	집	부	너	추	퓨	터	석	낌	젊	문	도	느	꼈	다	범
들	적	굽	실	문	노	자	제	이	어	리	운	파	동	솔	러	에
사	을	주	어	시	감	옥	주	북	북	두	루	주	문	늘	물	춤
여	성	트	견	받	도	도	춤	문	크	풍	한	운	말	굴	문	낌
전	낌	어	북	한	끔	컴	문	들	결	군	견	한	쌀	느	용	다
낌	필	클	립	부	카	굴	맞	위	주	사	달	느	발	파	낌	느

여성
함께했다
군사
일반적인
교훈은
케이지
캠프
현실의
실시
느꼈다
좌석
감옥
주말
클립
지구본
구조
구매
문제
초점
포함

Puzzle 301

결	역	주	를	러	발	측	필	발	퓨	파	람	문	견	잠	늘	노
솔	할	달	느	감	트	동	은	의	포	의	너	크	북	금	공	위
러	로	자	문	굽	사	거	어	결	함	문	질	레	굴	달	측	컴
한	쌀	젊	은	을	바	질	카	느	되	주	장	용	퓨	트	동	견
의	굽	절	트	여	체	동	범	결	어	돌	크	루	쌀	느	문	은
나	쁜	을	스	우	의	바	은	한	제	이	게	동	트	컴	바	대
부	범	화	재	말	굴	북	한	추	집	북	측	행	다	트	한	측
해	러	루	춤	쌀	공	이	를	루	질	바	로	로	은	쌀	빠	른
바	자	바	주	날	컴	문	생	물	학	젊	말	레	람	파	카	발
라	다	은	너	부	적	장	파	받	적	받	내	용	문	돌	이	너
기	동	북	굽	자	질	요	문	로	달	용	부	컴	굴	추	감	굴
체	친	표	북	늘	절	말	운	사	발	운	절	적	돌	트	퓨	목
짓	화	로	한	알	도	문	장	말	아	카	바	자	동	굴	은	적
질	적	풍	말	달	고	들	러	범	도	침	람	늘	자	체	자	한
공	날	다	트	를	이	쾡	살	장	을	주	느	용	연	측	이	쌀

역할
주장
여우
생물학
목적
나쁜
알고
자연
크레용
내용
살쾡이를
친화적
달이
빠른
화재
해바라기
포함되어
잠금
크게
아침

Puzzle 302

임명
빌드
시작
나비
쓰기
제안
할아버지
지리
영리
강아지
아들이
요청
보여
내부
보드
감자
너트
고속도로
업데이트
출생

션	들	찍	감	나	비	동	늘	행	을	적	을	파	부	느	문	돌
용	트	이	을	결	너	트	한	바	짓	찍	솔	로	풍	끔	동	사
쓰	범	고	속	도	로	쌀	사	리	다	을	션	굴	늘	스	셀	전
기	문	컴	올	바	느	절	로	질	은	동	쌀	의	트	사	표	다
한	필	동	느	굽	물	크	션	셀	동	질	법	쌀	느	시	대	쌀
표	말	짓	셀	한	사	대	동	도	리	쌀	바	사	다	작	들	카
느	견	션	사	법	굽	부	한	강	아	지	내	부	영	리	필	고
표	도	리	체	맞	말	북	솔	다	션	노	버	문	자	업	로	위
감	은	요	청	찍	도	한	요	션	문	노	젊	아	장	데	솔	을
러	낌	결	찍	공	어	을	느	춤	말	발	션	문	할	이	제	이
다	이	북	들	문	동	운	문	를	추	아	북	의	풍	트	안	이
컴	춤	대	제	올	굽	터	달	쌀	대	들	전	끔	행	보	한	출
자	발	들	도	위	로	루	의	주	바	이	러	측	솔	여	바	생
자	임	파	추	빌	드	보	받	문	사	이	다	적	을	감	도	용
동	낌	명	굽	대	느	트	터	범	동	견	트	자	파	자	문	에

Puzzle 303

파	물	제	을	카	문	주	느	를	스	발	문	노	자	트	어	셀
리	고	도	바	받	을	자	찍	끔	동	트	굴	집	굽	트	발	요
말	낌	에	이	러	측	문	표	을	찍	스	림	도	에	행	컴	늘
발	제	바	론	동	자	러	끔	체	퓨	호	법	발	말	올	견	거
문	션	짓	이	거	얇	감	시	민	신	필	바	측	굴	달	행	주
장	로	파	크	북	은	컴	쌀	트	호	에	자	장	도	견	풍	동
공	부	카	자	이	스	퓨	제	람	를	행	고	도	측	동	감	다
컴	원	주	법	퓨	은	바	한	극	적	인	말	고	레	한	고	파
굴	정	을	신	중	한	체	돌	범	바	요	을	적	표	견	문	을
쌀	발	을	동	풍	문	날	한	에	고	자	받	를	자	발	트	공
레	측	을	트	사	크	측	로	노	전	래	견	한	유	결	도	질
용	트	을	받	문	춤	달	카	데	레	요	대	동	바	장	발	문
에	의	고	로	거	식	별	터	이	솔	늘	로	범	문	질	용	을
카	위	굽	한	쌀	맞	운	전	터	절	너	표	을	법	물	리	장
문	로	험	시	발	한	을	로	적	굴	자	람	주	끔	바	도	성

요인
원정
자유
데이터
성장을
신호를
스트림
시민
신중한
위험
고래
호스트
식별
질문을
얇은
이론이
시험
극적인
거북이

Puzzle 304

문	도	장	외	을	은	노	질	한	동	쌀	트	러	대	을	쌀	문
으	표	부	국	엔	진	이	러	은	들	터	주	트	대	절	을	돌
르	도	한	절	루	대	퓨	들	동	소	돌	한	고	한	제	날	루
렁	레	바	트	뛰	어	난	동	춤	문	생	질	파	동	동	카	은
질	짓	크	날	굴	주	용	용	쌀	질	강	한	표	쌀	루	로	낌
응	시	공	리	위	발	러	날	전	한	을	션	제	느	거	운	문
가	질	범	결	스	간	단	한	필	동	춤	공	자	루	부	한	루
치	료	쌀	루	로	마	늘	자	날	굽	한	달	불	안	은	질	북
인	자	질	풍	을	요	스	풍	스	동	로	터	쌀	추	크	로	감
거	적	은	위	느	들	을	끔	로	체	절	북	쌀	션	부	적	바
느	행	지	친	쌀	로	스	늘	굴	그	가	상	제	법	받	찍	자
결	전	체	추	느	한	바	용	요	터	린	퓨	용	문	러	은	장
바	스	테	이	션	람	한	리	끔	기	을	용	문	서	터	너	결
레	돌	받	람	한	의	절	날	로	본	질	임	의	의	식	표	위
고	질	쌀	절	고	측	표	절	추	들	문	고	체	자	굴	지	레

엔진이
크리스마스
인치가
치료
임의의
외국
서식지
응시
불안
뛰어난
지친
가상
들소
그림
스테이션
으르렁
간단한
날카로운
기본
생강을

Puzzle 305

제	주	은	문	로	발	솔	맞	결	터	바	동	한	을	동	루	측
비	행	기	가	동	부	집	셀	와	이	어	다	음	에	감	감	느
을	법	젊	느	이	퓨	도	를	행	질	다	운	카	한	레	물	발
낌	사	동	장	사	요	을	용	늘	한	젊	노	제	굽	부	풍	북
적	문	종	이	체	간	어	너	셀	한	읽	이	돌	성	인	터	이
용	노	한	젊	쌀	적	다	허	프	필	는	북	낌	부	범	쌀	트
을	맞	대	춤	쌀	돌	동	리	풍	오	은	솔	노	동	대	표	행
공	트	범	한	표	맞	거	케	다	리	셀	용	절	춤	낌	요	트
서	규	칙	복	말	쌀	대	인	쌀	추	용	에	리	적	트	리	를
다	비	트	구	한	추	퓨	자	을	도	법	춤	결	물	한	짓	을
파	에	스	굽	다	이	말	도	열	대	체	로	은	느	표	장	를
유	시	사	이	은	요	질	북	한	절	트	쌀	장	표	산	업	을
령	장	바	한	의	들	위	범	주	주	사	견	다	로	문	짓	제
젊	의	측	사	요	크	용	운	한	를	동	견	바	발	질	동	올
노	이	동	늘	느	를	위	감	전	이	고	점	수	발	발	사	적

다음에
거대
점수
비행기가
유령
시장의
열한
성인
서비스
간다
산업을
종이
규칙
오프너
허리케인
오리
와이어
읽는
복구
말한다

마이그레이션
상상
리더
가정이다
캐치
길이
전문
왕자
볼륨
의료
셋째
긴장
게이트에서
다운
응답
삼촌의
남아는
물어
고객
소시지

Puzzle 306

견	컴	질	을	측	를	굽	끔	을	셋	리	한	견	달	필	카	감
러	한	동	용	받	문	션	왕	자	째	물	어	소	시	지	어	주
트	낌	자	도	바	문	용	이	로	은	컴	은	집	물	북	측	문
감	체	발	다	이	정	가	바	에	요	루	굽	삼	터	너	를	한
젊	문	다	용	운	공	리	문	리	물	을	낌	촌	들	한	바	을
측	한	제	고	발	고	객	발	더	션	표	문	의	응	주	날	너
바	장	을	리	맞	받	크	대	게	이	트	에	서	의	답	을	카
루	션	고	크	절	로	문	적	다	레	에	날	범	료	동	주	범
을	용	체	의	한	루	공	적	발	그	법	바	에	한	맞	셀	행
법	공	트	집	루	바	달	달	용	이	길	러	도	들	러	이	집
바	한	바	이	볼	륨	한	범	를	마	감	로	한	발	질	감	레
감	을	표	바	젊	범	늘	한	감	굴	캐	긴	장	굴	짓	돌	을
에	표	동	행	이	용	다	달	너	을	치	춤	낌	람	셀	문	문
전	부	솔	물	제	상	상	파	굽	너	리	은	람	주	부	운	한
컴	문	남	아	는	전	카	결	집	운	굴	의	의	돌	레	카	바

Puzzle 307

이	로	에	동	카	크	가	루	끔	낌	결	장	측	장	장	찍	크
요	필	문	무	나	쁜	거	을	발	한	부	어	정	문	맞	중	견
위	주	굽	북	최	악	의	추	굽	행	한	질	한	필	너	간	제
고	위	솔	느	제	견	받	결	들	손	실	말	문	레	다	문	을
끔	루	노	찍	의	이	문	부	사	질	파	달	아	이	디	어	가
한	크	말	결	젊	다	두	올	용	부	도	대	요	전	느	러	한
선	호	하	는	리	동	려	자	동	추	법	노	받	을	로	을	요
자	결	적	늘	레	노	움	측	연	한	레	을	장	돌	문	크	다
크	도	날	한	범	한	동	바	받	로	다	벽	스	맞	람	발	부
낌	동	질	퓨	행	문	외	침	을	를	물	화	은	솔	부	굽	크
굽	끔	를	발	을	한	명	퓨	은	어	동	로	북	풍	스	질	크
고	을	을	질	트	끔	사	부	표	지	맞	자	늘	범	견	질	원
을	문	바	를	솔	이	레	위	협	금	적	로	끔	추	보	통	형
건	강	들	물	람	셀	러	북	절	까	도	의	쌀	측	이	을	은
느	체	받	주	너	쌀	스	짓	받	지	필	춤	쌀	낌	거	공	올

손실
외침을
선호하는
벽화
중간
측정
명사
두려움
보통
노동
아이디어가
위협
원형
나무
최악의
건강
가을
지금까지
자연
나쁜

Puzzle 308

체	로	추	이	동	돌	접	로	느	발	가	락	을	한	의	양	도
스	을	노	풍	법	부	한	착	대	로	요	로	식	자	학	과	말
문	북	카	컴	용	백	조	받	제	쌀	낌	늘	방	들	북	전	장
용	받	심	장	보	발	대	사	느	카	풍	실	현	카	을	바	주
행	맞	물	부	자	동	을	발	집	느	전	장	로	트	행	거	의
적	바	바	퓨	세	븐	한	문	질	받	휴	대	용	법	부	동	자
말	을	질	요	바	장	비	람	문	맞	젊	퓨	행	쌀	찍	이	대
느	주	발	루	을	을	워	잡	지	기	린	러	맞	올	질	거	발
부	도	트	도	문	문	람	스	이	찍	크	필	추	날	로	을	에
문	카	자	받	솔	한	발	적	케	받	체	에	동	필	동	요	루
춤	북	노	요	부	문	맞	추	굽	스	은	크	동	너	대	러	올
한	겹	물	부	트	끔	누	유	크	문	절	달	트	퓨	다	바	범
람	트	동	달	늘	문	의	셀	사	제	로	루	발	쌀	섯	너	트
동	풍	젊	를	동	주	젊	질	전	한	용	굽	올	느	법	트	입
을	요	들	추	필	주	요	용	이	트	표	바	추	문	을	한	술

세븐
양말
백조
비워
발가락을
실현
보장
다섯
의학
입술
접착제
기린
잡지
유사한
휴대용
방식을
과학자
심장
케이지
너트

Puzzle 309

사	굴	지	북	극	이	바	위	영	자	발	제	쌀	동	추	노	풍
막	음	발	역	자	신	용	집	역	고	집	전	부	부	을	동	크
바	용	성	쌀	은	좋	발	도	을	운	물	고	카	이	동	전	다
스	을	문	솔	주	질	반	영	에	서	문	참	트	트	집	끔	너
견	퓨	물	춤	범	물	추	범	노	검	물	가	용	행	다	절	견
집	끔	공	를	문	전	어	츠	부	퓨	은	을	표	축	하	하	다
트	짓	솔	로	느	은	제	집	찍	츠	질	소	유	자	한	다	람
끔	어	쌀	노	낌	표	필	풍	솔	행	춤	를	을	운	체	절	반
공	쌀	위	제	느	질	젊	들	퓨	문	어	을	주	바	체	람	카
어	굽	자	츠	행	범	로	날	션	문	동	범	로	풍	트	풍	를
자	사	이	질	람	위	법	거	자	트	운	터	한	주	점	진	적
츠	적	한	솔	을	짓	추	용	말	용	사	모	험	말	한	동	발
도	터	굴	굽	셀	돌	필	들	적	루	은	말	세	주	파	터	유
질	카	의	을	받	운	솔	을	트	러	바	느	금	로	이	체	치
결	짓	달	은	츠	젊	요	받	날	표	은	돌	다	츠	주	터	가

소유자
좋은
유치가
사막
축하하다
자신
솔로
반영에서
바위
영역을
점진적
세금
참가을
음성
북극이
지역은
모험
절반
검은
주말

Puzzle 310

제	젊	천	대	바	바	받	체	절	굴	로	트	견	범	람	터	필
어	짓	은	국	사	돌	용	질	동	쌀	러	이	트	운	행	복	한
이	바	요	컴	냥	은	한	레	한	돌	풍	문	범	젊	고	동	창
리	날	거	날	전	파	전	이	제	질	맞	셀	동	은	집	을	화
이	맞	발	결	날	주	물	날	견	돌	에	이	표	행	을	스	배
재	로	루	발	감	동	터	도	람	동	츠	굽	고	한	법	맞	가
능	트	전	소	요	법	질	말	츠	문	북	제	부	법	낌	을	군
문	요	동	어	압	력	루	풍	크	체	집	너	자	이	적	적	누
들	궤	도	절	받	어	도	끔	쌀	발	터	을	루	은	발	이	젊
공	바	도	질	로	짓	츠	절	스	행	러	퓨	다	은	맞	을	퓨
체	확	결	범	전	도	도	트	지	굽	주	위	견	끔	에	다	스
표	실	동	어	법	감	용	거	원	로	을	발	짓	솔	노	질	행
노	히	촛	이	너	레	절	도	을	고	감	수	동	질	기	을	자
고	추	불	부	족	한	찍	끔	어	를	행	석	문	감	사	굽	를
돌	로	견	주	은	러	트	질	터	카	바	주	말	을	는	적	쌀

촛불
젊은
수석
천국
부족한
기사는
소요
화창한
궤도
지원을
끔찍한
확실히
배가
누군가
사냥
제어
고추
행복한
재능
압력

Puzzle 311

사	동	문	대	감	트	젊	퓨	질	집	파	북	동	받	올	주	용
맞	절	을	은	거	느	느	를	션	짓	인	들	람	을	크	림	셀
자	의	받	말	찍	찍	파	받	젊	결	애	람	추	요	한	맞	껌
이	문	을	고	질	문	동	춤	굴	풍	플	들	집	질	체	쌀	느
브	러	시	보	일	절	카	풍	용	러	행	칠	면	조	스	질	감
느	부	제	생	물	학	문	감	풍	플	풍	문	너	레	솔	추	문
운	사	어	사	질	포	저	을	굽	라	집	달	을	절	주	동	장
자	다	용	공	도	날	켓	녁	진	스	일	마	짓	리	절	노	소
잎	을	거	미	러	동	문	올	술	틱	이	쌀	흔	람	루	도	절
체	의	트	올	자	바	은	문	위	을	짓	달	공	을	테	감	바
트	트	크	을	을	찍	컴	셀	리	요	감	노	식	쌀	이	필	위
쌀	문	질	집	컴	요	행	집	장	즘	발	파	장	부	블	름	질
한	측	문	바	맞	은	러	에	용	결	추	문	운	풍	끔	사	레
고	굽	한	느	올	찍	파	셀	장	퓨	이	부	용	말	미	잘	주
감	한	솔	문	굽	사	동	행	풍	를	고	너	바	문	추	문	북

말미잘
진술
브러시
칠면조
마일
잎을
마흔을
포켓
필름
파인애플
거미
공식
플라스틱
크림
요즘
테이블
장소
보일
저녁
생물학

Puzzle 312

뉴	적	북	솔	한	측	느	을	자	가	야	대	느	로	공	로	컴
찍	스	질	굴	동	들	문	고	노	치	채	크	로	공	루	자	을
람	을	트	트	루	쌀	부	카	절	를	를	문	레	발	클	럽	질
동	질	을	요	고	위	무	릎	발	한	달	범	로	굽	자	질	셀
도	동	끔	한	어	대	이	들	신	렌	쌀	로	사	발	퓨	거	주
측	제	풍	용	트	부	동	족	션	바	타	주	아	위	행	측	퓨
제	동	커	얇	은	을	춤	귀	중	한	풍	인	버	고	느	문	품
트	집	튼	짓	동	끔	말	제	돌	도	을	돌	지	루	크	맞	질
트	장	나	나	바	은	바	로	한	부	카	끔	의	들	풍	동	물
을	받	질	떨	장	보	용	한	로	크	바	람	법	을	를	풍	동
문	퓨	용	어	괜	찮	아	도	어	느	주	행	용	한	추	어	바
풍	결	위	져	도	트	발	춤	솔	균	컴	운	자	공	사	셀	진
솔	발	을	저	장	에	자	쌀	감	한	용	견	바	자	회	로	다
한	도	질	컴	쌀	말	대	한	그	문	어	부	질	솔	말	을	동
스	질	동	이	너	한	트	문	룹	돌	동	절	퓨	주	돌	돌	동

귀중한
저장
그룹
아버지의
신발
사회
괜찮아도
가치를
클럽
무릎
뉴스
떨어져
품질
바나나
바보
야채를
발렌타인
커튼
귀족
얇은

Puzzle 313

거	물	느	끔	용	결	쌀	자	다	제	션	에	저	결	파	장	법
올	행	말	다	쌀	전	모	잠	금	자	올	느	항	혼	위	낌	다
절	도	다	트	은	터	발	니	람	법	대	요	로	은	한	연	령
받	장	날	적	젊	한	크	은	터	루	로	도	적	거	낌	행	바
물	동	물	원	표	올	바	카	동	링	을	발	올	측	솔	을	결
발	올	튤	을	면	말	법	발	부	사	진	파	용	행	용	고	달
북	리	측	립	동	감	자	동	질	를	즈	리	시	주	은	짓	대
풍	다	부	은	노	날	말	와	문	질	한	어	루	주	자	문	굽
솔	돌	운	부	트	역	아	내	견	시	스	템	트	막	자	한	제
컴	운	을	자	발	할	문	제	고	결	춤	은	행	은	지	람	도
알	문	스	체	낌	어	을	춤	올	터	쌀	맞	질	루	로	마	한
고	느	법	행	용	쌀	법	용	부	제	한	풍	측	달	퓨	음	부
위	험	위	로	파	받	트	용	찍	말	부	솔	솔	한	물	을	짓
행	주	스	법	을	쌀	바	로	올	날	어	받	를	크	을	감	풍
문	달	한	견	한	느	풍	은	요	주	바	늘	로	필	도	을	짓

아내
시리즈를
튤립
표면
파리
연령
저항
결혼은
마지막
시스템
부어
모니터링
동물원
사진
마음을
내와
잠금
알고
역할
위험

Puzzle 314

점	대	질	칠	동	일	를	동	요	파	레	견	전	한	공	추	동
터	프	젊	면	에	의	보	터	젊	다	주	셀	손	운	한	풍	트
고	행	는	조	제	자	존	부	돼	머	그	잔	자	가	돌	들	을
발	동	트	는	행	동	트	드	지	기	간	의	짓	어	락	풍	의
꿈	도	용	견	달	이	느	럽	알	교	바	이	견	리	을	을	너
퓨	트	셀	동	문	맞	올	게	약	거	육	회	색	이	의	솔	밀
괭	트	한	은	어	동	발	하	동	맥	주	유	지	맞	리	결	도
이	트	늘	한	레	장	짓	험	주	트	북	너	도	거	질	을	트
를	레	질	트	찍	올	크	위	너	어	한	느	다	하	리	동	도
젊	짓	대	동	행	바	트	돌	용	의	로	은	공	나	레	굽	문
솔	동	발	자	쌀	돌	필	들	리	을	결	표	다	의	한	감	집
신	선	한	짓	한	강	트	용	을	질	돌	트	올	전	어	돌	도
주	동	러	한	공	우	동	을	트	러	제	끔	동	위	공	컴	자
물	돌	이	집	도	견	레	퓨	트	집	춤	을	말	자	거	바	바
문	질	을	장	집	용	공	너	문	컴	크	를	크	바	이	전	을

위험하게
유지
손가락
보존
강우
제조
돼지알약
점프는
하나의
밀도
기간의
괭이를
맥주
교육
머그잔
부드럽게
신선한
회색
칠면조는
동일

Puzzle 315

열	션	절	늘	낌	늘	춤	경	공	전	낌	주	포	끔	체	주	다
망	션	리	날	쌀	적	춤	로	향	트	체	바	리	사	발	저	고
트	러	질	한	달	사	운	드	어	이	레	플	스	느	고	짓	전
대	을	법	부	사	위	행	운	바	사	젊	람	트	다	말	아	웃
견	다	느	굴	돌	의	한	파	주	매	이	스	에	햄	버	거	북
풍	부	한	견	거	너	고	이	장	문	듭	부	풍	퓨	찍	날	체
감	범	전	솔	올	문	춤	파	동	주	과	집	적	용	한	솔	굽
거	쌀	공	야	춤	제	동	한	다	터	일	트	자	솔	셀	동	굽
너	컴	다	적	망	솔	요	달	의	바	법	발	의	람	터	터	질
크	고	식	용	트	도	이	문	동	견	주	용	들	러	을	이	날
질	바	절	감	풍	말	범	바	다	를	다	거	이	도	제	로	춤
올	올	공	돌	장	올	표	한	너	한	동	맞	적	영	을	달	날
동	로	치	을	스	로	션	풍	사	날	요	표	쌀	양	체	고	북
어	체	명	퓨	결	감	노	모	전	말	러	감	질	분	다	바	바
용	동	적	북	러	자	풍	의	한	제	행	느	병	을	용	사	재

경향이
영양분을
아웃
과일
사운드
바다를
매듭
플레이어
치명적
열망
야망
주저
포리스트에
재사용을
모의
햄버거
식용
질병
풍부한
제로

Puzzle 316

을	장	말	결	이	션	한	발	늘	을	말	견	바	한	크	범	람
추	한	션	맞	은	발	감	말	부	감	노	사	고	션	카	물	람
한	람	가	축	위	코	추	날	셀	솔	바	바	많	용	이	크	질
전	물	을	표	대	니	비	록	바	문	트	끔	느	이	도	다	올
달	문	모	현	장	돌	범	리	발	맞	받	적	트	자	레	한	너
용	람	양	받	감	문	동	대	춤	을	도	자	터	맞	도	한	을
동	운	의	추	용	들	도	받	경	바	한	그	러	나	바	을	짓
위	션	문	솔	요	요	자	발	젊	찰	운	터	한	찍	용	바	들
받	받	전	적	트	문	위	한	다	한	관	을	아	이	를	러	쌀
법	로	을	질	용	바	한	한	결	바	동	도	부	불	견	춤	달
쌀	늘	굽	발	짓	여	우	오	정	굴	풍	절	은	어	쾌	문	굴
에	물	늘	전	부	루	한	늘	을	을	젊	핌	을	터	두	레	끔
말	견	셀	결	카	뒤	천	사	절	옥	수	수	퓨	쌀	늘	은	굴
하	부	을	를	돌	에	셀	견	맞	남	체	요	사	문	동	을	북
는	문	로	스	도	문	낌	한	법	성	낌	들	법	률	플	레	이

뒤에
플레이
옥수수
많이
표현
발코니
불쾌
법률
결정을
남성
아이를
모양의
말하는
경찰관
천사
가축
비록
오늘
그러나
여우

Puzzle 317

표	전	거	짓	굴	터	찍	을	쌀	위	전	느	수	늘	트	퓨	느
러	은	말	로	용	찍	찍	찍	발	문	바	물	프	결	동	말	적
자	사	은	자	로	바	대	양	배	추	결	혼	식	바	날	달	자
체	랑	문	이	문	젊	솔	지	혜	자	질	측	문	은	늘	들	늘
집	크	스	적	행	발	트	루	존	질	크	한	에	굴	퓨	은	노
자	주	날	럽	문	한	체	느	고	재	발	를	이	들	에	레	느
도	용	젊	감	게	도	크	바	스	동	를	의	리	션	파	로	트
한	리	이	을	달	자	날	터	끔	작	은	크	운	낌	느	은	바
퓨	행	주	한	노	자	동	요	동	감	주	을	발	문	파	질	도
용	적	쌀	동	션	문	거	은	체	트	돌	풍	찍	고	트	측	를
썩	은	전	버	발	로	전	문	어	루	행	적	아	전	송	사	장
북	어	화	과	즙	이	동	을	계	정	을	퓨	래	젊	엘	크	컴
물	거	을	돌	사	춤	결	나	운	끔	범	을	층	바	터	들	법
달	퓨	다	다	로	을	의	라	기	한	느	컴	다	부	느	견	이
신	비	바	주	돌	트	트	솔	아	금	이	달	고	춤	도	필	위

전송
버전
엘크
존재를
결혼식
과즙이
썩은
지혜
신비
전화
아기
자랑스럽게
나라
계정을
사자
기금
수프
아래층
작은
양배추

Puzzle 318

감	감	용	루	굴	고	춤	가	뭄	을	감	러	행	범	자	운	말
동	기	법	격	질	하	부	의	질	체	견	을	측	장	법	파	은
표	을	춤	달	리	마	용	견	측	로	너	의	자	질	트	레	요
은	대	을	오	후	문	친	애	하	는	색	상	이	풍	탈	바	절
동	로	짓	션	을	문	부	크	표	도	휴	주	쌀	굴	로	출	크
도	쌀	체	로	젊	받	굴	동	파	동	일	레	컴	제	긍	굴	를
은	돌	돌	파	주	러	로	도	표	적	크	리	루	를	정	용	러
동	문	카	더	러	운	돌	레	컴	제	자	감	션	행	적	느	을
문	체	컴	동	북	북	맞	러	트	물	카	을	뭔	스	짓	공	리
날	감	적	짓	다	발	맞	을	쌀	스	션	전	가	케	제	카	어
찍	장	을	동	공	바	느	트	거	문	스	동	원	이	올	카	요
다	동	에	달	레	농	담	표	굽	올	발	요	고	트	전	면	부
어	사	한	문	요	바	너	말	느	를	체	도	올	필	발	주	트
발	전	찍	제	집	견	짓	문	쌀	지	능	형	감	장	스	끔	한
찍	운	달	셀	부	터	동	찍	로	을	견	느	발	달	문	감	표

하마
지능형
전원
휴일
가뭄
탈출
더러운
전면
동사
친애하는
감기
격리
색상이
의견
운전사
농담
스케이트
긍정적
뭔가
오후

Puzzle 319

트	로	로	을	터	필	문	필	전	표	거	북	이	를	까	늘	로
을	문	제	법	트	표	필	요	위	추	사	이	동	괭	거	마	한
바	람	발	바	결	적	부	로	늘	물	람	자	느	무	살	날	귀
거	젊	솔	트	결	적	로	바	리	한	이	흐	린	효	을	추	올
달	로	질	파	북	사	운	쌀	러	트	션	를	발	달	쌀	한	달
결	올	쿠	초	등	학	교	서	브	컴	팩	트	자	루	솔	문	사
트	쌀	페	부	솔	트	비	전	바	파	요	달	너	바	부	거	건
바	끔	용	제	파	컴	집	적	주	끔	주	노	터	부	춤	굴	동
로	오	범	전	물	집	주	맞	이	루	퓨	날	주	표	비	거	이
낌	류	주	파	체	굽	짓	해	바	라	기	이	야	기	는	참	파
바	바	풍	어	을	절	문	션	적	공	이	로	문	용	파	굴	한
표	날	적	문	한	장	올	굴	한	루	버	스	크	쌀	적	사	자
람	자	행	람	문	난	말	솔	젊	크	루	의	올	을	공	쌀	스
노	질	도	너	위	바	들	노	풍	루	바	용	감	바	거	어	스
바	파	굴	발	잉	태	질	표	부	풍	노	절	문	들	추	이	도

사건
초등학교
흐린
서브컴팩트
살괭이
비전
쿠페
잉태
장난
필요로
까마귀
거북이를
비참한
이야기는
오류
무효
버스
사람이
풍부
해바라기

Puzzle 320

에이전트
검사
결론
현대
마녀
경고했다
표준
당근
배포
양파에만
정확히
협상
양고기
자위
포스트
원자
남쪽
교사
회의
감자

표	동	동	달	짓	자	로	질	트	람	문	거	느	만	에	파	양
동	준	결	론	춤	람	제	주	찍	느	마	녀	검	사	이	셀	동
측	스	물	러	교	맞	장	견	적	스	당	적	로	장	전	부	람
양	고	기	도	사	한	어	동	날	문	근	거	고	느	트	늘	을
이	감	발	트	로	부	짓	운	결	은	을	스	감	컴	스	너	대
법	자	자	경	굴	스	제	현	표	한	체	질	거	문	포	견	요
사	날	찍	체	고	추	거	대	셀	사	적	은	을	로	배	표	은
행	느	을	동	주	했	필	문	집	한	은	을	달	이	필	거	돌
을	도	측	바	동	용	다	춤	느	한	부	레	에	주	동	협	을
다	리	문	이	자	션	돌	장	추	카	동	어	발	북	전	상	달
적	문	퓨	낌	거	은	동	원	노	주	들	은	용	다	러	풍	바
파	자	히	이	을	측	을	자	바	동	쌀	거	은	노	다	위	진
컴	위	바	물	도	공	이	춤	문	주	거	의	말	부	행	결	자
자	문	트	짓	고	감	느	장	견	거	남	동	행	주	고	질	젊
정	확	히	퓨	트	문	셀	부	솔	용	쪽	들	찍	짓	쌀	질	로

Puzzle 321

법	에	풍	열	터	질	배	느	은	트	노	절	이	을	학	교	동
견	표	풍	대	한	트	우	바	트	절	들	용	절	용	느	을	말
운	한	껍	문	감	터	에	위	주	거	이	너	러	트	을	파	파
동	바	질	의	다	로	서	러	의	트	바	집	션	굴	문	카	용
안	대	자	동	고	절	스	시	도	를	표	공	한	체	전	주	굽
바	트	을	람	을	로	문	트	부	용	은	거	운	질	느	사	달
블	랙	운	집	이	춤	바	늘	후	박	쥐	짓	적	절	한	쌀	말
발	어	바	행	돌	측	측	측	문	보	필	트	을	범	바	부	측
를	발	굽	을	받	용	체	너	감	물	도	추	컴	동	파	끔	다
주	단	퓨	용	무	트	너	쌀	늘	찍	사	을	법	카	영	외	부
굽	한	순	필	의	요	터	한	다	자	주	운	찍	너	로	상	체
군	을	감	히	미	범	용	다	말	격	측	공	스	절	찍	한	굽
사	러	쌀	낌	한	리	발	바	위	을	바	결	추	사	느	터	춤
호	을	날	로	질	을	늘	제	스	타	킹	동	날	용	한	다	물
변	도	받	어	표	을	동	발	위	동	요	적	들	돌	동	카	제

동안
시도를
배우에서
학교
후보
자격을
열대
거짓
동영상
박쥐
변호사
적절한
주위에
블랙
스타킹
껍질
단순히
외부
무의미한
군사

Puzzle 322

편집
소녀
이해에서
발견
예비
부드러운
의도
얽힌
색상
하강
감사
케이스
가정
노트북
회원
따라
순종
수분
상단
조식

물	루	크	젊	스	주	트	이	트	달	션	크	이	부	드	러	운
을	의	도	늘	감	트	끔	견	느	느	고	낌	너	해	노	트	북
풍	절	한	들	쌀	짓	상	단	은	솔	파	낌	행	질	에	공	요
발	노	달	체	대	에	트	제	굴	전	하	발	문	부	한	서	셀
람	레	부	필	고	에	부	행	바	표	강	견	은	바	솔	쌀	문
한	부	솔	은	주	들	절	끔	을	자	솔	다	로	결	달	얽	솔
받	절	조	의	자	은	말	말	짓	터	측	의	을	요	위	한	힌
소	한	식	회	수	분	은	바	요	에	이	카	를	문	날	발	어
녀	쌀	행	원	물	한	고	법	굴	편	한	부	루	터	이	주	측
젊	동	순	찍	부	컴	용	받	행	동	집	부	부	트	이	파	어
느	늘	종	행	말	느	색	상	의	표	발	동	범	달	끔	이	도
셀	용	동	은	달	짓	느	법	도	가	정	셀	문	쌀	감	에	케
물	이	발	레	셀	쌀	예	리	트	람	대	사	를	고	사	거	이
카	따	라	측	도	감	비	공	에	한	레	를	날	거	날	루	스
한	이	에	러	퓨	도	발	용	션	동	북	문	셀	굴	용	어	트

Puzzle 323

터	느	이	느	프	도	견	절	계	피	전	를	람	셀	찍	고	동
트	달	동	쌀	북	로	느	노	짓	측	다	헌	에	다	로	부	자
느	을	주	부	북	도	젝	북	문	트	컴	신	동	질	느	방	어
파	끔	로	발	셀	찍	느	트	요	한	결	흰	색	돌	바	체	추
흥	분	켓	의	트	낌	솔	텐	를	퓨	파	카	의	법	추	동	늘
물	운	늘	추	트	늘	크	용	돌	고	느	추	발	트	한	대	동
늘	을	짓	바	범	달	문	솔	노	골	절	세	올	주	트	러	문
을	트	받	문	루	어	쌀	올	운	북	가	질	부	방	솔	람	달
체	풍	에	을	견	자	쌀	위	다	법	지	머	나	션	대	집	거
집	다	바	주	물	필	셀	크	찍	낌	고	달	극	한	쌀	굴	발
사	굴	을	견	올	도	결	동	어	절	있	다	장	확	소	수	점
체	터	짓	바	느	날	올	전	을	필	다	말	스	만	산	실	춤
한	쌀	루	춤	동	로	요	위	발	은	가	올	셀	로	문	집	이
추	을	범	캠	프	행	필	견	동	도	부	젊	받	한	터	질	짓
문	트	바	말	맞	주	루	범	낌	고	귀	한	도	운	주	컴	짓

텐트
계피
주방
나머지
세부
가지고있다가
고귀한
로켓
흰색
산만
헌신
극장
방어
실수
확산
골절
프로젝트를
소수점
흥분
캠프

Puzzle 324

의	로	에	을	발	추	장	갑	트	물	시	달	말	카	스	공	슬
노	고	느	거	받	적	파	춤	동	눌	문	간	문	러	의	부	립
다	부	를	동	이	이	이	맞	부	러	제	을	방	지	성	사	주
동	느	람	퓨	다	결	동	문	행	람	북	측	운	날	공	동	쌀
고	백	을	원	심	배	물	끔	필	행	방	호	로	트	적	약	물
느	을	을	견	찍	들	행	동	문	필	해	스	춤	필	인	끔	받
끔	법	문	전	북	루	필	중	로	로	를	트	크	컴	터	장	측
적	솔	스	물	동	한	올	복	추	문	터	터	이	쌀	장	도	결
객	체	를	굴	바	표	늘	을	발	고	쌀	돌	퓨	동	너	쌀	범
행	용	짓	퓨	솔	받	람	터	찍	주	받	트	동	이	문	한	동
절	을	날	동	도	풍	을	낌	느	덮	여	너	람	션	깜	부	춤
개	선	위	증	거	를	좋	게	늘	부	를	받	절	바	이	짝	측
을	로	트	고	트	한	주	주	측	견	로	쌀	람	을	바	용	전
인	한	물	트	을	올	들	바	파	도	서	관	말	솔	받	자	말
젊	상	받	문	젊	고	노	굴	굽	너	을	동	요	법	트	터	을

인상
성공적인
방지
고백을
객체를
증거를
약물
슬립
도서관
깜짝
시간
중복
눌러
방해를
좋게
개선
장갑
덮여
배심원을
호스트

Puzzle 325

다	동	카	지	방	사	문	사	낌	굴	셀	식	날	견	부	바	은
쌀	퓨	션	올	장	파	로	달	이	굽	에	솔	품	사	돌	견	발
트	컴	한	발	느	스	에	느	날	솔	올	추	을	물	질	의	문
사	대	퓨	거	문	측	날	한	위	용	쌀	이	사	문	운	주	이
올	추	문	솔	늘	행	트	도	은	재	리	한	컴	질	동	격	트
은	리	제	게	한	바	러	장	용	미	너	도	문	찍	대	공	들
운	컴	한	에	찍	트	발	루	서	체	운	솔	견	질	하	신	로
문	션	질	람	고	쌀	토	들	랍	장	견	돌	동	북	드	도	구
이	상	한	사	다	리	크	추	부	받	도	느	질	장	터	말	바
컴	감	약	역	문	을	다	을	법	적	제	물	감	의	들	괄	행
모	양	들	낌	한	춤	은	범	을	북	솔	용	들	북	장	량	람
주	맞	의	도	를	절	루	전	을	노	고	한	을	을	양	이	젊
특	히	동	셀	어	돌	은	동	요	한	감	자	트	솔	러	쪽	대
을	아	픈	를	고	이	체	날	도	크	카	요	카	너	질	요	노
바	파	질	용	노	쌀	물	제	이	문	스	체	도	집	추	트	을

물질의
지방
하드
토크
모양
아픈
대신
말괄량이
재미
식품
사람에게
역사
도구
서랍
공격주의
특히
양쪽
이상한
약한
사다리

Puzzle 326

붕괴에서
먼지
무기
투명
상점
동반자
극단적으로
사용이
셔츠
처벌
곡선
지루
무례
순록
가족
끊지는
나중에
비판
드라이버
신호를

요	감	춤	풍	추	부	용	다	드	라	이	버	대	크	을	용	발
퓨	견	거	례	람	필	바	제	발	쌀	용	달	말	이	컴	에	늘
도	비	동	무	주	요	느	한	장	행	사	짓	크	로	신	호	를
한	파	판	가	기	컴	붕	사	추	동	날	장	절	용	상	점	컴
굴	로	노	족	투	한	괴	솔	바	날	카	필	말	크	션	느	표
트	이	쌀	쌀	돌	명	에	셔	츠	순	컴	의	굽	들	동	반	자
쌀	을	추	북	문	을	서	추	돌	록	주	한	질	다	공	도	절
도	을	사	법	람	거	솔	나	한	도	터	은	느	컴	에	퓨	용
퓨	바	을	러	주	동	범	중	한	거	극	주	곡	문	파	카	의
끊	지	는	감	굽	을	동	에	말	부	단	루	선	돌	절	범	션
바	먼	바	들	동	지	측	짓	을	제	적	한	이	셀	트	짓	카
로	질	너	질	부	루	로	낌	동	달	으	요	파	처	솔	용	한
찍	바	표	에	레	제	바	법	견	감	로	발	동	벌	람	체	자
한	제	루	굽	북	견	한	낌	표	로	운	필	쌀	문	한	한	컴
낌	측	짓	쌀	범	한	은	스	위	굴	전	한	법	거	쌀	바	법

Puzzle 327

가	르	치	는	느	은	동	어	느	너	맞	로	컴	트	단	용	일
굴	요	어	크	한	대	굽	행	를	거	날	카	바	너	지	발	곱
추	느	수	로	이	은	동	문	노	공	을	발	사	달	퓨	다	고
용	을	다	스	의	너	춤	말	굽	끔	카	문	루	을	제	용	부
편	안	함	을	다	체	은	결	터	날	동	고	추	말	물	을	필
집	트	측	카	장	바	자	전	주	루	파	교	질	올	주	울	새
집	도	북	레	자	법	두	운	느	표	트	회	다	을	어	어	절
낌	을	풍	대	트	터	감	짓	트	솔	운	찍	문	장	쌀	자	사
를	동	체	사	노	북	동	이	법	소	적	카	솔	션	맞	루	달
풍	컴	운	자	쌀	받	느	너	러	제	설	한	추	부	굽	람	에
루	올	들	홀	추	체	질	농	장	레	요	물	이	행	찍	도	의
도	질	트	리	유	채	과	로	위	을	발	다	동	표	문	확	실
예	측	여	자	터	바	파	리	용	춤	바	운	바	의	션	수	찍
동	을	범	공	바	대	추	솔	도	션	바	절	제	들	법	주	량
한	받	루	용	짓	크	고	무	만	들	필	을	의	레	부	집	로

가르치는
농장
확실
예측
소설
단지
주전자
만들
홀리
여자
편안함을
수량
일곱
유채과
수요가
크로스
고무
교회
자두
울새

Puzzle 328

규	제	발	거	맞	루	계	맞	크	리	사	수	넣	어	회	터	한
동	발	은	한	문	감	트	속	발	너	위	트	박	트	의	한	공
에	맞	트	강	아	지	달	사	한	날	바	고	노	부	는	바	도
감	한	발	이	낌	러	컴	돌	자	늘	견	다	집	측	한	문	부
에	북	을	느	굽	올	퓨	등	법	올	견	장	고	표	이	로	낌
로	크	도	문	섬	세	한	이	범	이	추	쌀	필	법	발	용	퓨
결	의	자	짓	짓	동	절	을	트	스	퓨	날	추	은	이	솔	돌
굽	부	측	쌀	트	낌	적	문	트	늘	동	동	표	트	카	문	요
공	크	말	동	젊	부	부	맞	올	낌	한	션	트	공	멸	트	발
다	집	셀	제	분	석	찍	집	션	범	사	전	바	절	늘	종	크
범	이	바	결	도	전	한	에	적	측	기	능	스	은	돌	을	위
람	위	끔	굽	끔	자	동	한	을	굴	달	짓	를	체	들	맞	파
레	컴	루	낮	은	제	퓨	쌀	주	은	한	견	용	용	원	초	동
체	동	쌀	동	에	거	감	절	스	파	리	파	행	올	상	콜	달
동	미	러	션	의	울	느	주	리	운	맞	이	위	주	처	릿	컴

초원
넣어
멸종
분석
부적절한
등이
계속
낮은
섬세한
회의는
미러
기능
상처
주스
기사
거울
수박
규제
초콜릿
강아지

Puzzle 329

용	문	받	용	낌	젊	문	전	감	카	루	발	거	동	루	도	짓
용	느	느	은	평	전	주	선	밀	가	루	찍	쌀	바	필	고	문
새	벽	자	측	가	퓨	대	생	측	맞	터	은	질	트	이	측	절
문	사	트	동	러	게	노	님	발	집	한	이	문	짓	로	주	을
소	바	느	대	위	짓	임	터	맞	현	명	한	주	바	거	견	바
러	원	주	름	북	북	터	컴	스	운	어	읽	람	컴	절	도	션
도	굴	없	이	을	한	용	문	부	필	느	기	다	대	션	터	헤
돌	터	느	이	이	동	물	썰	위	루	말	에	한	은	션	날	론
동	문	올	원	자	이	자	추	매	웜	은	물	트	들	로	셀	레
끔	고	을	직	질	절	절	쌀	트	에	다	루	솔	은	주	느	러
젊	셀	노	운	이	에	선	행	체	문	법	동	들	발	션	이	루
결	집	래	대	상	크	문	결	어	대	바	법	자	리	한	난	로
춤	결	하	정	범	굽	솔	트	로	레	적	동	요	을	사	전	은
장	결	기	부	트	끔	너	스	다	풍	발	끔	문	전	받	트	한
들	법	거	리	바	은	발	자	마	스	터	문	말	찍	북	를	들

웜은
게임
소원없이
주름
평가
헤론
노래하기
읽기에
노을
난로
현명한
새벽
마스터
대상
직원이
밀가루
썰매
정부
선생님
이동

Puzzle 330

벨	문	영	위	가	를	를	춤	문	카	러	한	목	표	염	소	낌
느	트	어	업	운	능	리	굴	체	레	터	동	부	컴	체	낌	한
은	달	션	표	퓨	을	성	북	무	거	운	주	러	한	들	문	체
한	운	체	부	문	러	말	에	제	트	을	거	트	레	함	동	주
질	노	용	한	로	대	풍	한	들	쌀	행	들	굽	동	께	범	이
일	부	장	다	코	람	굴	솔	다	한	끔	적	결	솔	의	물	법
범	문	레	올	스	은	을	견	터	전	세	계	을	말	바	로	를
측	주	셀	들	요	받	을	트	요	늘	러	질	무	셀	행	바	을
레	을	들	측	용	법	카	우	보	이	아	지	리	프	행	굽	느
물	자	춤	문	도	한	바	운	맞	높	달	필	장	전	를	느	스
로	로	을	은	자	한	컴	자	선	용	쌀	동	부	주	루	식	별
동	적	을	쌀	웅	장	한	문	거	찍	한	크	주	부	문	트	도
쌀	계	란	법	감	트	이	을	주	바	솔	퓨	부	대	늘	자	위
너	셀	춤	들	공	을	한	위	장	운	견	맞	늘	이	은	측	발
루	법	전	이	트	개	을	셀	도	이	바	컴	적	사	랑	하	는

위업
함께
공개
무리
코스
벨트
무거운
목표염소
가능성
사랑하는
선거
프리지아
웅장한
영어
높이
카우보이
세계
계란
일부
식별

Puzzle 331

동	요	스	위	너	동	크	의	트	위	트	측	다	위	이	위	이
사	결	테	형	태	로	굽	발	발	질	크	을	느	올	바	발	장
션	판	이	추	야	집	없	음	도	운	돌	추	북	리	파	표	확
굽	문	을	달	드	풍	필	파	맞	로	은	눈	짓	쌀	바	터	질
표	노	절	겸	춤	트	자	법	에	물	용	물	풍	체	은	바	문
다	받	대	손	노	동	질	춤	루	질	카	주	맞	을	정	비	공
러	동	한	한	강	터	터	고	대	다	동	에	를	풍	터	주	너
필	올	견	요	를	파	은	너	춤	춤	트	다	거	자	사	말	을
너	쌀	를	이	리	주	필	쌀	용	동	션	짓	주	느	꼼	레	북
고	크	이	트	렁	크	체	바	질	질	돌	를	날	범	고	트	러
동	접	근	차	용	착	추	도	이	자	필	이	크	장	측	자	루
굽	자	북	을	고	맞	절	바	을	굽	레	동	트	을	춤	측	트
를	에	부	의	문	로	동	느	부	동	들	절	자	원	노	굽	풍
로	질	풍	부	늘	바	을	솔	퓨	운	굽	터	건	느	위	부	카
느	풍	주	트	발	부	도	이	한	레	느	참	조	이	질	물	요

동결
자원
트렁크
스테이
눈물
위장
차용
착용
확장
조건
강한
형태로
야드
정비공
없음도
겸손한
판결
참조
접근
달이

Puzzle 332

로	용	집	부	체	션	은	행	다	절	달	너	범	을	제	고	을
을	책	바	노	범	루	다	굽	낌	물	노	문	맞	를	범	다	동
굴	장	체	람	제	자	동	터	을	무	법	카	찍	돌	은	맞	쌀
건	포	도	한	자	션	를	초	점	시	노	용	물	찍	스	레	한
쁜	쌀	도	문	늘	문	레	맞	달	한	솔	들	공	문	트	올	자
기	모	컴	퓨	터	를	거	찍	트	북	받	감	리	을	절	올	행
적	록	쌀	들	노	발	거	행	대	을	에	동	들	러	람	돌	날
노	트	어	말	트	부	문	용	동	전	측	부	트	질	을	로	레
바	낌	돌	전	동	루	낌	범	을	위	은	너	굽	측	육	터	요
노	결	과	춤	너	쌀	결	을	다	알	려	진	너	굽	두	부	물
발	부	도	가	추	북	한	굽	조	표	돌	올	요	물	구	터	로
쌀	자	젊	져	결	부	전	느	짓	심	션	다	북	자	람	체	을
느	이	날	집	법	문	문	바	짓	기	동	주	다	광	택	날	표
위	요	표	리	다	수	터	어	견	호	날	트	올	일	몰	행	부
트	상	공	대	자	컴	도	스	트	셀	바	발	늘	문	트	날	굽

책장
호기심
무시
알려진
다리
일몰
건포도
기록
모기
조심
광택
다수
육두구
컴퓨터
한도
기쁜
위상
가져
결과
초점

Puzzle 333

동	트	이	컴	집	동	용	고	동	셀	공	은	파	견	들	돌	셀
카	올	용	을	동	다	견	문	받	바	늘	법	도	범	말	평	야
찍	동	도	셀	행	젊	늘	문	동	터	용	발	시	고	은	다	젊
셀	적	여	트	러	한	람	행	물	적	크	표	굽	이	한	한	의
레	도	부	춤	기	리	돌	되	은	엄	위	자	를	을	이	삼	촌
문	집	람	용	거	의	늘	쌀	공	한	마	위	낌	다	발	질	터
굽	용	를	노	대	짓	젊	적	표	스	레	표	고	리	문	말	션
크	을	람	끔	주	위	제	운	어	삼	촌	이	동	집	의	젊	찍
제	바	노	굴	어	러	대	은	션	질	트	스	동	을	집	위	견
이	한	행	날	루	장	적	레	장	감	동	한	로	으	적	반	일
크	공	한	문	동	찍	테	니	스	을	크	트	연	맞	컴	복	날
물	날	주	쌀	을	장	은	달	을	이	로	체	례	요	쓰	전	법
컴	이	용	스	솔	범	행	법	말	제	질	올	도	파	바	기	적
부	짓	람	은	대	변	고	북	춤	올	공	물	느	에	북	문	크
행	은	에	달	성	수	교	공	의	풍	람	법	문	정	의	동	리

동물은
되돌리기
거의
파도
삼촌이
여부
정의
시도
셀러리
테니스
평야
연례
일반적으로
반복
교수
달성
변수
삼촌
엄마
쓰기

Puzzle 334

문	어	동	들	다	이	크	바	바	들	받	종	터	미	동	바	맞
주	맞	러	측	젊	말	션	적	춤	한	발	관	료	래	굴	도	동
전	굽	측	결	문	루	한	한	로	짓	브	리	말	와	받	사	동
자	표	퓨	느	로	늘	한	요	부	동	카	라	솔	트	받	로	적
측	용	동	리	트	승	운	등	동	퓨	장	들	운	맞	루	체	로
감	한	문	을	북	맞	리	을	크	크	바	터	어	동	부	법	을
이	자	찍	말	러	감	낌	의	셀	정	지	전	로	한	솔	올	람
레	요	측	감	날	문	문	처	북	느	운	춤	바	이	트	냄	행
이	한	느	부	자	루	루	락	은	은	을	사	이	다	재	비	을
감	제	댄	스	범	날	크	연	못	벽	요	슴	찍	감	킷	범	문
부	공	파	크	러	션	운	좌	석	문	문	을	추	요	표	레	주
최	는	자	이	쌀	로	한	도	발	결	컴	용	자	일	찍	루	를
대	하	로	동	동	범	이	문	달	용	누	춤	터	요	자	물	을
문	행	동	달	추	리	추	추	스	로	가	돌	너	일	레	을	집
문	수	집	집	주	동	로	돌	노	측	을	발	적	루	에	범	을

수집
재킷
연못벽
동굴
누가
최대
수행하는
미래
일요일
관리
냄비
정지
종료와
브라운
승리의
등을
댄스
연락처
사슴
좌석

Puzzle 335

굽	바	은	트	굴	레	표	블	을	위	굴	맞	부	의	느	돌	문
스	용	끔	션	결	한	굴	리	파	문	물	장	자	자	러	터	스
질	돌	선	문	절	공	질	드	짓	쌀	부	맞	를	기	쁘	게	절
바	바	박	고	자	바	셀	을	쌀	퓨	은	필	를	발	한	자	운
전	마	을	을	문	스	문	위	컴	집	트	짓	거	위	스	짓	루
체	용	한	퓨	받	굴	부	절	문	감	을	다	을	사	느	어	션
장	은	람	한	퓨	돌	한	로	느	날	적	공	을	고	수	명	바
부	공	급	문	감	루	쌀	거	도	감	늘	어	질	에	용	제	행
자	루	를	리	단	들	동	블	희	을	전	체	필	전	끔	거	동
찾	기	주	짓	락	오	렌	지	라	망	립	물	동	평	화	로	운
전	산	들	이	러	묶	트	노	위	우	트	질	리	느	짓	셀	쌀
달	계	동	한	질	결	여	로	느	팀	스	발	느	은	분	에	이
생	노	측	부	끔	물	전	체	를	용	발	카	한	체	리	용	자
각	부	부	늘	셀	거	루	을	션	트	트	동	짓	발	적	셀	추
의	션	들	말	자	적	노	크	체	에	스	범	레	트	장	쌀	추

블라우스
부자를
선박
수명
스팀
묶여
블리드
마을
생각
평화로운
스트립
찾기
제거
오렌지
계산기
공급
기쁘게
희망
단락
분리

Puzzle 336

경계
많은지도
복잡한
아이
여행
비싼
민속
다시에
상자
현자
신뢰
상황
해시계
옷장
파슬리
수영
편안
조류가
목적
시작

로	늘	한	돌	문	공	맞	동	용	솔	받	집	의	트	고	자	달
범	적	적	노	문	바	추	터	문	용	은	션	동	주	루	람	문
파	추	문	북	전	편	레	용	한	말	주	이	돌	발	느	을	어
여	현	자	상	스	안	아	옷	장	부	조	쌀	전	발	대	의	용
도	행	주	쌀	끔	동	레	이	부	발	류	솔	에	도	문	스	목
거	주	복	고	늘	바	한	이	리	물	가	민	해	시	계	표	적
도	날	잡	낌	이	트	바	동	경	계	바	속	달	제	다	측	춤
파	자	한	늘	솔	감	질	이	늘	쌀	말	레	은	셀	들	비	싼
슬	풍	한	컴	의	셀	문	람	받	달	느	을	질	견	주	느	받
리	집	표	다	셀	수	카	이	상	황	찍	느	쌀	동	올	범	짓
맞	제	물	받	표	영	바	견	한	느	쌀	이	을	질	결	스	측
표	주	맞	솔	적	리	균	러	다	전	핀	찍	도	이	트	이	터
에	행	문	한	말	바	질	주	전	한	에	말	찍	시	작	행	다
도	부	트	행	을	신	뢰	굴	한	고	어	날	공	을	맞	솔	트
컴	은	다	많	은	지	도	주	스	북	파	바	굴	거	공	부	트

Puzzle 337

주	를	절	물	맞	전	메	모	리	행	을	결	도	로	요	늘	스
감	춤	한	달	도	노	풍	찍	자	카	레	로	동	질	문	바	트
자	프	로	세	스	사	연	파	의	컴	퓨	달	견	정	문	너	행
가	난	한	순	들	장	습	동	이	사	필	자	도	부	동	견	장
터	로	헤	간	측	이	주	주	을	달	을	공	받	의	동	북	돌
찍	트	이	위	질	로	질	로	동	고	굽	의	낌	고	쌀	국	경
너	발	팽	동	쌀	산	책	한	어	장	바	한	로	짓	북	질	찍
텍	공	달	문	한	부	절	측	필	다	한	끔	너	풍	로	스	공
동	스	굴	한	도	주	장	면	동	범	젊	용	컴	의	크	인	동
동	다	트	한	명	랑	자	올	낌	바	문	가	감	소	쌀	덱	젊
거	로	문	이	스	달	전	문	쌀	느	카	위	크	라	운	스	짓
동	견	자	셀	사	용	금	감	이	결	동	발	날	이	이	로	레
스	쌀	풍	동	노	동	융	물	동	바	문	션	운	위	표	에	이
도	리	날	표	달	요	션	적	질	짓	다	용	짓	던	법	용	솔
젊	제	공	에	은	바	북	돌	로	늘	감	람	쌀	쌀	져	돌	은

가위
헤이
메모리
프로세스
텍스트
크라운
감소
던져
가난한
국경
정부의
연습
사이트
달팽이
명랑
금융
장면
산책
인덱스
순간

Puzzle 338

을	법	동	이	이	레	쌀	을	체	을	동	용	점	에	춤	새	북
한	동	추	문	추	바	행	를	필	젊	너	셀	심	리	용	끼	고
은	절	직	아	로	문	예	상	달	들	필	한	동	이	쌀	문	문
발	은	발	법	무	컴	적	들	이	날	행	끔	어	추	고	람	너
질	질	운	로	질	것	덕	문	도	북	바	고	한	퓨	집	다	춤
자	다	터	굴	의	측	도	말	버	드	공	받	문	절	컴	용	문
노	트	절	액	젊	젊	정	이	어	집	리	러	올	쌀	감	표	느
블	루	제	세	동	맞	용	문	적	안	솔	거	들	들	들	공	낌
고	레	측	스	법	문	로	법	쌀	락	표	컴	용	스	용	문	주
용	맞	굴	굽	쌀	제	느	들	범	군	재	해	를	공	부	풍	자
북	물	바	바	러	로	물	물	위	대	돌	물	너	거	한	러	한
용	포	늘	파	인	기	을	부	리	스	트	레	용	문	발	필	한
이	도	핸	들	을	판	매	노	것	은	에	들	을	노	한	한	리
한	한	물	을	트	컴	편	솔	은	자	거	셀	필	요	을	전	을
신	중	한	질	바	쌀	도	지	발	물	로	를	춤	다	들	트	컴

버드
점심
블루
새끼
물질
도덕적
인기
예상
아직
판매
액세스
재해를
안락군대
포도
핸들을
것은
편지
아무것도
정도
신중한

Puzzle 339

돌	은	스	춤	쌀	감	추	전	들	이	당	날	주	스	늘	용	카
이	사	동	법	돌	은	트	솔	고	날	을	나	필	를	리	바	사
도	느	한	다	문	운	바	트	찍	소	운	로	귀	찍	문	트	고
의	존	완	두	콩	송	고	대	젊	파	맞	감	문	터	자	공	말
날	로	맞	거	느	을	질	셀	카	늘	견	용	자	필	도	토	리
맞	말	춤	을	대	사	짓	부	셀	돌	날	느	다	절	한	대	을
공	다	쌀	러	망	치	증	거	요	은	측	찍	올	끔	말	날	범
적	주	젊	범	에	다	체	루	너	질	지	굴	다	부	주	솔	레
바	어	결	돌	느	돌	발	도	질	의	점	끔	동	은	동	셀	자
스	끔	메	자	감	로	맞	받	션	은	찍	올	이	대	돌	날	를
켈	셀	추	범	의	컴	춤	짓	사	너	애	돌	길	명	예	롭	게
레	짓	라	전	퓨	컴	법	동	느	부	돌	정	문	자	을	로	견
톤	트	기	요	금	파	어	을	동	감	트	거	풍	바	올	한	한
용	러	앞	으	로	솔	한	위	범	굴	적	부	크	젊	행	한	문
퓨	서	너	쌀	짓	카	법	의	견	체	요	을	부	크	노	솔	루

맞춤법
명예롭게
의존
거부
용서
스켈레톤
완두콩
당나귀
앞으로
증거
도토리
망치
요금
애정
운송
고대
소파
지점
메추라기
이길

Puzzle 340

방향
수행
충분한
퍼핀
시험한다
설정
이미
무료
피자
대한
충격
배울
부분은
높은
보고서는
발휘
수준하도록을
어려운
투자
부족

느	결	낌	고	람	도	질	절	로	느	젊	발	발	측	을	춤	추
말	운	동	운	질	범	짓	파	풍	무	료	날	휘	올	용	자	트
너	너	들	범	바	한	루	감	카	이	풍	바	을	노	어	공	필
운	부	느	파	낌	크	늘	쌀	문	끔	달	필	한	주	크	트	용
쌀	에	적	한	법	달	용	측	은	젊	솔	절	다	문	컴	에	자
카	자	짓	발	굴	러	대	리	절	집	받	장	을	은	굽	범	투
카	한	러	배	법	퓨	한	어	려	운	문	문	도	굴	부	사	자
받	질	느	울	을	견	고	사	범	너	체	위	설	트	족	트	체
발	발	수	준	하	도	록	을	다	파	한	로	의	정	다	한	쌀
부	퍼	핀	격	충	부	적	리	절	로	수	행	집	방	맞	를	물
분	받	바	질	분	피	주	공	필	의	발	날	부	향	높	은	셀
은	달	트	바	한	트	자	사	를	문	측	받	풍	람	받	바	시
대	받	트	동	날	물	퓨	느	셀	을	춤	법	주	행	용	부	험
이	날	부	물	파	너	부	동	파	를	크	받	돌	쌀	범	루	한
굴	미	터	추	보	고	서	는	추	올	루	집	도	부	스	은	다

Puzzle 341

크	바	발	도	로	노	듣	퓨	날	퓨	주	문	거	메	견	로	제
문	날	질	장	젊	트	고	을	자	쌀	용	견	견	리	올	바	늘
파	다	절	젊	요	늘	는	다	거	적	사	트	시	금	치	한	로
루	물	한	적	이	트	공	낌	굴	러	풍	리	트	션	들	한	음
은	건	부	크	터	필	자	춤	제	찍	코	발	러	느	제	돌	료
오	일	광	산	느	발	찍	션	제	느	이	트	굴	문	절	사	용
을	추	질	달	받	행	느	노	은	을	션	다	굽	션	장	용	추
크	친	위	문	콤	바	쌀	주	문	로	금	부	날	쌀	전	자	풍
을	화	추	트	을	한	느	리	안	들	요	독	립	이	퓨	다	사
다	적	맞	굴	들	거	느	컴	녕	운	일	요	화	달	너	트	풍
감	감	어	집	크	부	용	집	하	달	체	지	배	적	느	이	추
견	돌	을	터	제	법	노	로	세	결	토	끼	주	를	을	범	말
더	워	바	쌀	진	발	결	문	요	사	사	부	표	굴	느	행	육
맞	공	동	동	레	행	받	젊	끔	추	발	적	쌀	용	받	젊	상
문	리	을	체	문	를	범	트	문	레	을	은	끔	을	용	크	러

토끼
독립
오일
지배적
금요일
광산
화요일
듣고는
사용자
육상
시금치
진행
메리
안녕하세요
더워
달콤한
음료
물건
코트
친화적

Puzzle 342

긴장된
상태
선물
서둘러
필요한
코를하지
페니
행성
여덟
성분
코끼리
게시
와서
가르쳐
소수
결혼
누구
참석
택시
바디

용	물	참	코	를	하	지	다	달	집	운	셀	성	분	주	느	운
부	스	석	동	요	에	리	돌	위	쌀	여	덟	북	대	전	체	레
용	집	동	북	를	한	절	굴	이	부	쌀	사	을	바	다	돌	동
집	행	트	션	범	북	터	소	수	감	운	결	공	가	르	쳐	쌀
쌀	이	풍	장	한	문	다	이	낌	요	요	러	범	찍	법	자	운
짓	용	로	은	크	한	절	스	쌀	발	은	굽	바	레	자	맞	을
추	요	전	셀	누	구	와	서	거	용	달	다	체	디	사	발	행
말	한	도	컴	위	바	한	을	발	트	돌	결	서	카	감	카	성
집	어	주	주	노	쌀	이	짓	크	어	부	션	둘	쌀	바	셀	너
스	한	행	로	사	주	측	한	선	로	솔	감	러	늘	페	니	카
람	코	에	발	짓	춤	주	들	들	물	긴	필	운	견	카	레	전
제	끼	은	의	바	젊	을	한	결	은	장	트	요	질	너	용	터
동	리	택	대	체	바	로	대	을	상	된	요	을	한	리	셀	대
질	문	시	을	표	발	사	이	바	태	퓨	요	추	에	결	짓	너
레	춤	게	다	주	춤	받	집	제	터	너	장	굴	의	혼	문	용

Puzzle 343

받	솔	도	주	요	주	이	쌀	절	문	오	행	공	기	장	대	받
맞	제	을	주	동	동	대	요	달	스	소	동	법	제	어	맞	동
절	풍	대	통	령	을	이	론	동	트	리	하	다	부	동	셀	동
법	은	젊	지	물	은	을	한	집	물	춤	라	바	부	장	파	집
젊	한	적	상	크	발	크	쌀	말	유	용	하	게	돌	의	을	컴
사	과	학	를	적	이	질	동	행	트	낌	이	션	을	이	이	파
돌	부	를	루	을	자	절	달	파	물	한	다	솔	을	그	로	표
끔	질	트	루	위	체	느	러	솔	동	도	늘	채	운	랜	보	노
스	운	짓	에	바	주	셀	체	낌	표	자	풍	날	로	드	트	풍
자	쿠	어	대	맞	트	은	범	람	을	전	받	도	아	운	문	요
굽	파	터	파	측	이	감	은	올	바	쌀	느	람	들	쌀	한	북
느	체	션	문	불	익	람	도	문	낌	졸	업	장	이	한	의	부
전	한	컴	문	구	위	람	발	러	거	에	주	달	필	느	한	질
풍	트	인	포	하	치	말	질	문	대	러	위	를	주	들	위	기
셀	문	력	바	고	적	위	장	문	트	트	춤	한	감	자	용	문

이익
다채로운
불구하고
공기
포인트
위치
졸업장
과학
스쿠터
위기
행동하라
유용하게
오소리
이론
대통령을
그랜드
지상
보트
트럭
아들이

Puzzle 344

낌	다	추	한	받	결	필	동	다	퓨	구	성	도	이	낌	감	행
문	행	이	한	동	이	트	트	을	은	바	로	문	받	주	레	고
설	람	측	젊	공	성	돌	자	터	질	러	자	쌀	은	풍	한	파
일	탕	집	행	트	숙	을	이	을	퓨	트	을	찍	석	탄	다	끔
끔	반	에	질	한	은	표	고	적	동	트	발	문	절	굴	날	람
즉	문	적	감	스	키	부	용	젊	트	끔	도	한	쌀	공	부	다
시	범	간	인	툴	바	를	전	노	용	절	다	트	다	파	용	동
바	동	바	필	공	문	학	년	법	추	도	발	을	한	트	거	바
늘	쌀	다	트	어	낌	자	거	크	다	전	요	터	침	동	아	달
그	레	은	사	용	낌	행	컴	퓨	에	부	낌	절	필	묵	침	바
소	리	의	솔	질	절	쌀	트	느	짓	질	적	끔	터	시	을	트
돌	람	쌀	감	맞	컴	들	체	컴	필	절	장	문	공	력	은	문
고	트	체	굴	쌀	부	부	다	용	바	바	문	제	가	기	을	바
한	트	필	북	을	북	솔	자	을	표	용	어	집	카	호	운	견
표	받	느	을	추	로	러	한	짓	자	부	로	은	현	재	쌀	부

문제가
스툴
석탄
도전
성숙
바늘
침묵을
용어집
현재
인간
즉시
학년
시력기호
소리의
키스
그늘
구성
설탕에
일반적인
아침

Puzzle 345

표	시	행	결	바	사	짓	한	너	레	문	춤	용	람	을	쌀	솔
어	다	견	주	추	을	터	퓨	문	도	필	요	동	쌀	늘	한	이
레	컴	한	혜	택	을	션	필	거	부	집	의	집	대	레	절	한
주	물	찍	루	풍	복	늘	로	의	다	테	추	한	컴	을	주	동
어	을	루	감	은	숭	돌	발	교	기	술	이	농	축	자	제	법
의	발	견	용	견	아	을	적	실	에	고	트	프	자	한	질	주
통	지	션	공	절	절	파	컴	을	북	로	어	콘	도	르	의	터
스	이	케	근	당	필	감	다	스	사	문	필	깨	통	터	감	의
발	데	경	피	아	노	대	트	날	범	조	에	찍	한	치	파	제
자	장	보	문	질	쌀	절	의	은	운	정	견	솔	문	다	자	너
로	호	출	라	고	를	추	파	견	주	물	고	풍	션	늘	달	자
운	견	어	맞	충	성	셀	견	자	을	트	를	풍	한	을	맞	제
람	동	문	한	한	전	추	전	동	느	도	필	동	체	러	다	에
낌	감	터	터	은	퓨	견	발	문	스	전	다	자	달	표	전	전
퓨	너	러	요	받	용	루	이	측	사	바	노	퓨	짓	제	스	은

자동
통지
조정
경보
농축
데이지
표시
호출라고
당근케이스
혜택을
복숭아
테이프
어깨한다
주제
교실을
기술
충성
피아노
콘도르의
통치자

Puzzle 346

바	주	펜	범	용	터	결	를	짓	한	다	장	최	종	굴	법	스
요	받	너	싱	측	을	맞	다	해	안	트	사	필	사	적	전	절
늘	필	발	바	느	굴	퓨	자	카	한	춤	회	쌀	리	짓	질	이
감	맞	맞	쁘	쌀	물	고	기	대	해	받	는	을	을	감	터	로
다	북	한	지	짓	늘	노	을	문	쌀	션	동	용	장	물	거	라
바	스	사	만	다	람	레	에	리	법	행	다	측	주	을	솔	인
충	낌	체	한	을	체	러	발	돌	절	요	한	행	들	표	돌	느
돌	부	발	퓨	전	찍	의	쌀	견	따	션	문	동	카	쌀	대	굽
늘	문	절	한	션	너	국	가	말	결	뜻	로	을	표	어	로	주
날	행	필	요	굴	를	고	주	거	짓	의	한	낌	루	필	발	트
크	자	을	은	고	용	한	바	날	강	낌	문	공	낌	쌀	트	문
도	다	동	컴	낌	물	발	맞	문	위	탈	문	동	날	견	다	올
매	스	위	부	받	위	결	한	달	사	람	꿀	벌	을	자	은	굴
우	은	쌀	장	상	업	합	문	주	굽	솔	한	할	머	니	발	절
젊	쌀	셀	늘	말	부	제	위	이	낌	자	본	이	요	션	도	굽

국가
매우
라인
충돌
펜싱
할머니
행동을
대해
따뜻한
사회는
상업
최종
바쁘지만
해안
결합
필사적
강탈
꿀벌
물고기
자본

Puzzle 347

람	다	한	레	좋	필	적	고	감	트	굴	바	문	너	필	자	러
지	러	요	표	거	아	터	치	를	했	다	위	범	동	느	도	발
금	부	문	용	로	문	하	을	컴	맞	범	요	생	느	부	감	션
범	바	돌	절	공	장	바	는	트	질	셀	풍	명	법	션	트	트
받	동	철	회	터	도	커	굽	트	로	바	용	을	문	사	물	한
은	의	맞	표	말	발	버	부	문	동	은	바	엇	이	범	을	트
질	말	퓨	집	장	돌	가	자	부	절	샤	고	무	터	이	트	동
바	환	영	이	대	굴	추	맞	달	크	워	도	크	로	풍	동	너
클	래	스	문	발	바	부	측	고	끔	사	대	사	동	동	체	람
표	용	션	주	은	바	퓨	패	다	고	필	요	카	솔	운	셀	거
동	올	엄	격	한	심	소	동	자	스	바	이	퓨	받	트	스	용
람	도	가	컴	은	문	법	동	을	푼	놀	주	대	필	의	도	트
날	어	행	미	스	솔	원	한	굴	표	라	요	테	위	솔	늘	트
로	올	리	한	션	을	동	이	동	날	운	은	러	문	범	동	로
부	고	절	바	러	람	로	짓	끔	로	부	들	트	고	물	문	문

올가미
놀라운
철회
터치를했다
주요
생명을
스푼
환영이
지금
부패
좋아하는
클래스
소심한
커버가
무엇을
엄격한
법원
도발
샤워
테러

Puzzle 348

제공
불규칙
오히려
피곤한
일이
소음
지네
큐피드
확신를
고블린
아름다운
반대
나타냅니다
대화
싸움
년간
중앙
특정
어떤
화재

을	나	질	감	쌀	춤	법	트	싸	로	지	사	쌀	루	불	터	굴
짓	타	큐	피	드	운	문	요	움	이	찍	네	솔	루	전	규	고
표	냅	바	부	찍	크	용	동	의	을	자	들	다	을	부	느	칙
북	니	고	다	감	필	을	문	적	감	위	이	발	필	달	문	표
받	다	트	년	짓	느	어	전	부	문	람	쌀	도	동	소	바	찍
바	주	노	간	춤	을	화	재	문	늘	스	어	떤	동	너	음	은
한	동	사	받	한	트	느	운	북	아	쌀	제	거	대	로	주	이
터	고	자	은	제	대	화	은	레	름	루	질	오	확	신	를	행
절	고	체	은	공	반	특	정	을	다	한	부	히	일	받	문	동
스	러	도	필	러	적	도	결	트	운	달	느	려	이	중	찍	말
한	짓	자	체	굽	추	다	다	체	굽	솔	바	발	전	앙	카	질
문	누	파	낌	감	음	공	람	을	루	물	받	체	견	퓨	끔	문
에	바	감	문	동	셀	로	이	한	고	로	셀	을	로	너	을	로
파	의	운	문	측	고	블	린	공	너	결	한	트	문	용	용	발
추	카	터	부	은	이	발	전	쌀	다	제	피	곤	한	솔	은	추

Puzzle 349

대	한	러	러	다	컴	도	돌	적	문	전	에	바	고	다	느	짓
작	업	의	동	동	질	람	한	사	다	크	굽	한	위	이	리	달
람	동	거	용	은	젊	굽	용	컴	솔	주	필	다	솔	이	측	전
그	자	노	다	한	말	운	굴	굴	에	적	람	을	풍	필	운	풍
사	녀	물	사	공	로	주	고	굽	키	돌	운	쌀	느	문	다	문
공	퓨	의	웨	이	크	날	크	용	가	장	찍	자	트	물	적	필
파	한	다	자	들	받	한	바	의	법	찍	체	체	바	날	물	한
노	크	운	춤	람	짓	동	제	에	한	한	솔	발	바	은	레	필
발	낌	이	노	사	리	발	쌀	람	노	발	부	한	감	젊	무	게
용	전	굽	문	열	이	추	느	추	트	컴	솔	입	낌	식	낌	잃
범	견	용	이	바	발	발	대	굽	다	질	트	을	력	물	질	집
너	부	다	대	택	물	크	주	위	한	짓	위	이	부	로	자	사
플	다	추	부	시	보	적	집	받	운	제	스	날	받	굴	말	한
말	래	거	호	밴	고	밀	어	용	통	치	는	용	이	동	러	쌀
도	절	그	텔	트	서	동	달	요	람	돌	말	트	운	부	카	맞

무게
통치는
입력
웨이크
키가
열이
작업의
택시밴
전에
밀어
운이
보고서
잃게
노크
호텔
보물
사람들이
식물로
플래그
그녀의

Puzzle 350

굴	올	동	문	자	말	도	들	레	질	미	자	느	트	카	러	측
도	문	한	견	트	자	전	한	도	법	소	도	굴	를	동	의	이
트	표	이	흔	션	을	번	호	그	로	연	에	이	전	트	가	운
되	용	람	루	들	굴	이	러	은	들	기	괴	절	사	용	말	도
람	감	문	주	행	었	넘	어	물	발	의	파	문	퓨	받	파	질
한	달	기	파	컴	대	다	했	말	사	한	을	쌀	의	마	스	크
동	크	행	찍	느	짓	솔	끔	발	발	용	트	질	러	문	어	달
어	돌	치	약	을	루	받	의	행	대	드	필	노	받	트	크	트
장	장	달	소	노	필	파	바	받	대	롭	낌	부	션	결	테	주
바	지	감	유	물	잔	측	한	감	요	은	날	표	은	용	디	다
토	시	나	리	오	디	주	쌀	이	필	쌀	주	말	행	에	퓨	맞
마	메	요	감	돌	질	동	람	릴	리	스	발	발	말	부	한	대
토	동	로	리	춤	부	결	트	요	어	러	파	질	트	이	쌀	북
주	법	파	한	행	감	은	발	레	질	풍	크	노	파	도	파	물
맞	주	람	스	파	도	받	집	견	레	용	트	요	은	젊	환	자

치약
에이전트가
흔들었다
메시지
잔디
마스크
넘어
그들의
미소연기
테디
되감기
드롭
소유
파괴에도
릴리스
시나리오
번호
토마토
말했다
환자

Puzzle 351

미	집	레	표	발	문	발	요	물	인	견	피	이	들	제	바	거
스	트	받	장	법	은	터	바	이	터	위	찍	대	표	크	셀	이
주	젊	바	거	자	체	퓨	느	동	럽	사	바	동	주	맞	러	동
은	쌀	이	법	을	을	맞	문	릭	트	자	용	부	한	의	쌀	문
컴	트	질	해	바	만	달	운	굴	낌	느	퓨	장	북	법	춤	동
자	이	카	은	주	족	발	돌	감	발	느	트	다	컴	많	리	다
컴	터	대	문	범	고	범	부	요	크	바	범	주	북	은	뱀	을
크	로	날	주	용	바	트	주	자	부	거	도	장	적	을	파	솔
동	너	물	을	표	젊	법	대	동	제	들	부	문	바	카	이	금
은	맛	트	셀	풍	바	요	필	문	자	발	리	풍	말	트	어	지
발	을	일	회	용	민	젊	터	한	표	에	은	발	질	로	질	하
문	문	어	필	람	주	테	마	을	용	감	개	관	날	갑	루	는
느	문	종	컴	집	투	표	공	너	굽	측	말	방	문	자	을	운
터	거	종	결	동	운	주	한	질	트	장	크	소	동	기	노	카
짓	필	들	도	동	절	끔	도	을	바	은	쌀	바	션	파	집	쌀

많은
이해
뱀파이어
범주
금지하는
대표
민주
종종
인터럽트
투표
소방관
테마
개방
트릭
일회용
만족
대피
갑자기
미스
맛을

Puzzle 352

사	운	을	강	을	루	로	풍	레	의	대	의	장	타	운	문	짓
요	발	사	아	바	바	달	자	트	요	감	질	애	원	상	승	한
은	끔	범	지	용	용	위	느	발	늘	견	어	을	형	어	거	트
들	의	부	를	너	질	풍	조	다	적	발	적	트	찍	달	범	젊
은	질	끔	굴	범	문	말	합	범	질	배	컴	에	람	달	요	주
바	부	로	장	느	람	노	이	민	주	치	감	젊	을	굽	한	을
자	필	굽	말	이	고	연	필	스	포	츠	자	풍	위	춤	측	노
말	터	절	돌	범	교	너	들	굽	행	발	한	도	한	전	느	이
춤	법	을	트	카	실	견	고	람	대	한	돌	절	한	맞	을	스
은	네	를	에	범	낌	레	주	조	공	문	적	발	감	카	주	쌀
동	발	일	종	발	한	찍	이	심	동	쌀	주	받	을	용	질	이
레	바	카	의	쌀	자	어	앞	스	들	쌀	감	부	다	젊	세	집
절	질	이	동	의	어	리	서	럽	부	쌀	한	뛰	고	느	심	문
들	레	들	범	범	거	요	북	게	임	명	고	법	어	발	한	은
카	문	달	은	의	셀	은	느	요	필	을	문	필	들	로	컴	용

강아지를
조합이
상승
타원형
서리
조심스럽게
종의
주민이
스포츠
배치
교실
연필
뛰어
세심한
장애
자발적
네일
공동
앞서
임명

Puzzle 353

맞	제	크	터	문	마	련	문	터	에	이	주	단	행	느	감	운
셀	을	을	거	제	쌀	을	한	체	도	태	범	늘	순	절	바	느
쌀	말	러	부	한	이	풍	을	방	어	머	니	종	리	화	문	용
체	자	실	솔	이	문	스	늘	자	적	늘	바	류	측	사	신	거
추	자	패	제	목	자	표	루	퓨	체	자	도	의	느	소	울	크
노	고	솔	부	터	자	말	발	가	로	자	일	내	바	한	타	퓨
샴	필	퓨	제	이	운	올	찍	의	족	찍	찍	문	젊	위	리	파
너	푸	은	말	솔	돌	동	리	자	필	에	문	은	고	풍	자	다
질	질	의	한	용	이	맞	꼼	돌	운	전	게	자	찍	이	제	트
공	아	굽	저	임	행	을	동	다	트	부	전	다	을	다	쌀	결
은	가	말	자	원	자	찍	늘	솔	문	맞	주	절	느	측	문	법
집	씨	을	기	쌀	말	발	부	컴	션	고	전	션	질	들	젊	말
용	행	굴	관	트	운	날	바	다	다	대	끔	파	사	크	은	들
레	말	동	발	레	맞	션	한	받	대	문	트	다	접	운	솔	전
할	아	버	지	문	날	법	리	은	은	풍	루	달	시	을	쌀	절

가족에게
제목
신사
태도
내일
방어머니
접시
울타리
샴푸
사소한
단순화
아가씨
저자기관
실패
종류의
임원
적어도
일찍
마련
할아버지

Puzzle 354

전기
단계를
가장자리
스커트
정착
박물관
방법을보고
존중
어디에있는
적합
시크
식사
발굽
더블
삼각형
정비사
감동
신발샴푸하여야한다
레스토랑
이웃도

위	달	젊	측	션	공	도	에	한	들	람	문	노	전	표	부	운
솔	늘	문	한	춤	자	발	굽	질	사	질	다	이	위	주	주	동
동	표	다	은	동	노	한	날	자	을	스	제	웃	쌀	견	문	카
노	을	컴	전	어	부	절	동	결	스	커	자	도	측	카	쌀	집
방	동	부	트	디	로	돌	달	의	노	트	바	바	레	더	존	한
셀	법	찍	퓨	에	전	동	측	늘	위	부	끔	돌	스	블	중	로
의	크	을	말	있	바	주	한	션	요	받	정	컴	토	쌀	전	컴
측	정	견	보	는	레	가	삼	각	형	대	비	운	랑	다	위	도
문	착	굽	자	고	로	장	낌	끔	카	도	사	바	공	에	트	감
터	식	단	계	를	너	자	신	발	샴	푸	하	여	야	한	다	동
부	사	말	거	다	한	리	느	춤	적	받	돌	바	문	풍	행	한
바	사	을	공	어	짓	문	달	행	쌀	젊	대	전	발	레	느	맞
주	러	동	한	파	로	로	한	용	도	결	적	너	제	풍	전	느
찍	다	굴	시	크	이	춤	셀	용	션	자	를	굴	찍	쌀	기	부
박	물	관	느	도	발	추	문	적	합	을	발	트	로	부	한	전

Puzzle 355

을	전	쌀	다	체	추	심	을	맞	달	주	문	행	문	부	질	대
셀	문	도	춤	이	쌀	각	루	문	람	사	이	파	발	질	필	학
요	가	끔	발	떨	날	한	용	말	춤	적	측	자	결	들	이	레
동	문	들	관	어	루	체	이	션	주	용	한	로	어	컴	낌	북
거	북	이	계	진	달	짓	바	구	니	동	동	노	장	을	바	람
찍	추	북	필	이	동	장	북	수	북	로	검	스	말	법	도	젊
공	프	로	그	램	서	노	추	입	요	원	말	색	주	의	러	리
쌀	바	이	람	퓨	른	찍	굽	풍	감	숭	옷	젊	수	카	어	크
느	자	레	동	북	은	동	을	바	를	이	자	을	동	유	감	바
다	물	러	절	약	속	질	은	대	트	한	전	견	다	제	체	들
를	을	주	대	을	춤	을	공	한	절	달	리	요	동	은	자	행
컴	운	문	임	트	주	찍	자	을	장	바	자	감	말	를	쌀	측
리	퓨	을	다	트	이	질	계	약	에	전	은	동	용	퓨	올	날
달	행	을	동	문	쌀	북	에	문	할	러	을	찍	로	느	문	러
주	느	셀	에	레	부	법	부	어	역	로	에	이	집	트	터	문

심각한
대학
임대
수동
전문가
서른
역할에
계약에
절대
관계
약속
떨어진
프로그램
원숭이
검색
수입
바구니
옷을
유체
거북이

Puzzle 356

자전거
항목을
무역
버섯
스타
속하는
경쟁
원인
지식
조용한
미세한
맛있는
선택
드라이브
이전
인구
복도
다음
건조
시민

춤	바	바	을	람	터	맛	문	늘	선	자	스	항	목	을	표	자
터	쌀	춤	문	이	결	있	부	적	택	대	셀	자	용	용	결	부
맞	추	측	문	쌀	로	는	하	속	낌	로	은	컴	문	절	동	결
적	절	사	거	주	파	달	을	을	부	말	러	문	부	동	결	범
도	거	전	자	집	인	구	한	터	경	굴	지	낌	트	에	발	질
드	라	이	브	건	조	견	한	굴	쟁	문	한	식	미	세	한	짓
이	다	너	은	들	컴	추	달	을	의	제	받	돌	를	맞	용	감
퓨	스	고	을	퓨	찍	동	다	음	제	한	대	무	역	너	조	셀
시	민	질	춤	법	느	장	을	짓	러	도	감	견	질	결	로	제
맞	문	춤	집	젊	동	올	스	타	너	트	바	은	은	다	집	발
요	너	동	필	견	버	굴	돌	늘	문	복	도	부	트	느	로	필
적	제	물	동	제	원	섯	솔	질	리	한	트	거	크	트	풍	찍
자	견	자	느	맞	추	인	측	도	필	에	주	트	견	견	을	부
들	로	의	감	노	운	주	북	람	춤	용	부	스	어	풍	트	의
용	다	공	을	다	제	부	말	맞	사	도	굴	제	전	루	느	장

Puzzle 357

개	인	적	으	로	다	느	적	도	찍	트	션	대	스	라	글	선
자	측	용	동	발	동	짓	카	체	물	션	다	부	타	범	로	트
을	주	전	필	주	을	법	한	스	맞	위	경	분	스	크	정	바
감	에	을	다	부	에	한	동	컹	질	트	제	의	탠	주	보	다
동	를	주	고	멸	망	은	션	크	을	신	를	감	드	질	은	참
한	찍	부	슴	너	말	어	어	을	컴	문	추	받	공	터	도	여
춤	추	리	도	한	운	굽	트	집	날	리	고	세	느	바	은	찍
필	받	한	치	을	자	늘	물	레	루	올	문	문	포	화	풍	풍
노	대	느	법	문	바	바	곱	집	조	립	사	동	문	퓨	가	은
공	전	맞	체	제	을	억	하	주	행	제	체	맞	트	표	바	끔
집	용	리	한	외	법	관	기	트	자	러	자	집	노	달	바	에
효	과	거	맞	시	춤	운	맞	람	낌	돌	크	측	위	굴	받	로
찍	바	쌀	견	켰	낌	도	범	젊	전	용	루	리	느	견	어	레
스	들	부	의	다	한	느	올	바	짓	들	느	문	을	에	제	셀
로	발	을	바	질	레	적	발	동	퓨	에	어	돌	느	전	문	자

멸망은
고추를
고슴도치
정보
스컹크
기관
스타스탠드
개인적으로
선글라스
곱하기
세포
제외시켰다
신문
화가
경제를
조립
기억
참여
효과
대부분의

Puzzle 358

에	트	트	말	용	말	도	행	리	도	한	트	범	풍	도	달	결
발	법	주	자	절	적	고	수	건	올	노	노	발	터	부	한	카
바	필	맞	장	의	젊	젊	발	쌀	위	해	다	체	공	용	솔	체
다	부	스	제	안	쌀	발	파	션	복	측	작	운	끔	부	자	트
문	거	후	위	느	부	예	술	필	용	동	가	쌀	결	솔	레	달
도	동	에	카	법	카	트	한	측	측	터	용	용	자	리	늘	답
쌀	을	동	질	은	결	주	한	바	전	너	춤	느	부	러	제	변
쌀	추	쌀	어	표	문	부	을	굽	한	이	젊	쌀	느	로	셀	이
한	바	로	동	바	풍	유	들	다	풍	한	카	드	발	문	전	론
체	루	찍	동	걸	한	죄	용	문	를	크	다	사	러	을	트	이
범	한	운	고	다	핏	느	고	바	충	족	체	법	측	말	바	것
대	을	운	다	동	쌀	하	고	달	문	법	문	어	크	루	맞	들
노	카	문	받	위	은	보	면	터	파	문	비	을	를	은	측	카
한	은	측	어	도	터	리	드	은	올	스	명	찍	대	다	셀	러
법	로	날	동	들	결	자	을	한	굽	주	트	컴	을	풍	바	돌

부러
답변
복용
위해
유죄
후에
고발
쌀쌀한
것들
비명
예술
작가
수건
카드
충족
걸핏하면
바로
보드
제안
이론이

Puzzle 359

자	동	주	셀	치	즈	도	날	질	을	한	한	올	루	풍	부	를
용	파	을	바	트	필	카	부	느	맞	적	은	부	크	의	솔	러
레	감	트	젊	션	요	퓨	북	한	북	들	동	돌	다	을	너	트
문	도	한	날	북	찍	늘	도	올	다	은	돌	너	자	동	차	늘
운	의	로	을	춤	절	자	트	문	퓨	용	고	드	름	주	필	거
로	받	굴	느	논	을	전	발	자	풍	운	이	쌀	로	전	은	다
로	장	문	파	공	문	은	버	팔	로	요	자	셀	엘	프	쌀	을
한	늘	부	질	도	주	어	이	을	트	을	신		미	국	의	쌀
셀	쌀	물	측	춤	장	레	을	말	동	로	의	발	결	로	한	은
너	풍	트	느	핑	너	굽	굽	카	바	한	퓨	동	다	레	트	낌
굴	사	운	율	크	부	이	한	리	을	로	절	카	느	를	공	실
인	낌	집	늘	질	끄	미	결	트	질	파	문	겸	손	찍	문	현
터	을	이	은	쌀	러	소	달	거	을	법	쌀	이	너	가	증	을
뷰	한	자	을	용	워	동	부	리	람	러	발	집	물	젊	구	친
문	동	범	쌀	도	리	발	은	문	발	람	거	한	제	셀	사	늘

친구
치즈
미소
거리
부끄러워
미국의
자신의
겸손
엘프
버팔로
가구
실현을
핑크
자동차
논문
고드름
운율
인터뷰
용감한
증가

Puzzle 360

감	독	안	아	을	의	도	로	고	파	달	굴	느	춤	트	맞	노
달	받	수	녹	요	자	발	한	굽	북	결	적	달	질	말	바	트
진	북	셀	리	이	도	한	질	고	동	자	자	다	장	느	동	동
정	을	동	람	의	맞	도	바	운	향	다	한	굽	문	적	바	레
한	의	파	위	로	주	용	러	빛	러	조	직	쌀	들	돌	적	격
로	한	달	날	은	바	견	문	의	한	크	결	컴	이	질	끔	솔
받	자	갈	너	절	발	측	문	끔	문	한	한	어	고	한	요	받
공	셀	스	을	레	셀	은	트	감	다	루	질	체	감	한	가	늘
실	행	을	상	추	오	이	보	동	표	굴	사	한	동	어	시	러
춤	젊	찍	한	찍	에	바	안	올	람	늘	레	바	주	문	적	굴
동	범	다	고	제	집	트	부	바	바	터	추	문	굴	돌	컴	젊
생	일	을	느	추	늘	질	풍	한	동	어	이	션	필	날	돌	굽
셀	러	초	대	차	솔	문	컴	레	주	필	느	돌	리	발	에	쌀
영	감	파	짓	량	터	파	운	드	쌀	이	문	크	퓨	을	검	느
감	집	용	컴	을	카	이	바	느	카	고	카	어	너	낌	동	토

안아
조직
달걀
가시적
파운드
진정한
고향
차량
독수리
보안
녹아
실행을
생일을
초대
빛의
검토
적격
영감
상추오이
발을

Puzzle 361

풍	웨	사	솔	탄	러	건	도	마	뱀	이	전	카	스	로	찍	결
전	한	스	절	다	생	강	굴	필	로	행	짓	펫	날	올	자	제
견	한	주	턴	한	람	한	풍	필	찬	다	용	찍	은	감	이	문
트	카	람	컴	파	의	추	측	말	장	끔	질	공	대	위	운	로
늘	느	파	용	로	트	을	질	쌀	말	어	공	을	문	운	터	감
절	루	다	주	쌀	센	부	장	트	필	스	질	솔	한	동	결	위
리	부	쌀	스	을	터	카	이	수	느	행	이	달	동	대	이	한
루	달	셀	바	날	필	민	너	측	있	동	짓	에	발	바	바	쌀
을	올	레	추	씨	자	연	에	거	동	는	풍	거	동	주	주	용
돌	적	한	달	늘	발	굴	사	즐	길	을	문	풍	체	너	션	위
동	주	동	범	에	문	너	트	이	발	한	파	의	러	러	너	결
람	말	늘	녹	결	측	문	질	올	북	름	의	은	트	폭	법	결
러	은	도	색	부	입	학	사	사	다	이	빙	젤	달	력	레	필
왼	쪽	문	도	운	크	맞	로	맞	바	쟁	로	리	용	운	부	트
람	고	측	집	쌀	범	을	제	파	문	겁	어	셀	트	한	문	요

겁쟁이
건강한
센터
녹색
이름
찬장
날씨
자연에
입학
웨스턴
수있는
왼쪽
젤리
도마뱀
카펫
다이빙
폭력
연민
탄생
즐길

Puzzle 362

칫솔
블록
낙타
진행을
캥거루
소금
주년
바지
불에
즐겁게
경험
관찰
모자
세척
흔들리는
솔루션을
이벤트
바다
떨어졌다
여행문제

필	크	동	운	돌	말	블	흔	들	리	는	늘	표	범	젊	부	의
춤	을	러	견	로	날	을	록	한	적	다	추	바	바	크	사	로
너	주	의	전	너	받	낙	고	너	레	문	장	질	자	제	퓨	용
찍	로	바	다	졌	어	떨	타	의	은	한	한	파	다	어	부	문
필	바	결	칫	솔	필	표	자	행	트	낌	제	은	트	굽	질	질
절	돌	절	세	척	찍	추	짓	느	감	루	문	한	이	용	바	장
주	즐	맞	의	자	추	결	을	돌	체	진	행	을	필	소	의	제
한	겁	측	질	트	컴	동	바	람	늘	사	여	모	이	금	스	동
범	게	짓	대	바	지	느	절	굴	필	주	동	필	자	은	러	적
퓨	늘	발	터	이	전	한	에	끔	스	쌀	자	바	이	리	로	부
을	러	을	을	들	한	을	경	험	맞	요	다	낌	벤	발	감	제
러	트	쌀	법	에	다	불	용	캥	자	트	동	낌	트	달	퓨	제
쌀	들	관	찰	레	받	에	들	거	젊	질	레	트	주	쌀	운	법
너	문	감	찍	한	부	을	션	루	솔	동	문	한	년	장	행	필
측	을	행	자	체	다	느	을	풍	결	측	로	체	은	부	발	자

Puzzle 363

추	짓	굽	한	용	발	발	에	늘	어	동	리	감	풀	어	제	바
문	차	들	밝	은	시	전	어	을	은	낌	날	장	퓨	을	부	동
고	가	의	은	발	계	낌	노	카	다	예	뻐	를	솔	감	요	도
어	워	도	를	은	트	쌀	리	질	의	느	들	쌀	주	굴	젊	다
결	느	표	쌀	추	로	춤	다	굽	날	개	별	문	제	물	카	카
정	트	견	을	부	찍	젊	다	날	트	받	짓	위	북	바	공	견
러	마	차	느	질	주	도	선	파	트	쌀	증	오	책	임	물	의
한	적	사	주	레	범	동	파	언	물	퓨	루	대	의	법	션	동
무	지	개	레	찍	은	도	보	춤	안	녕	느	접	션	한	문	노
대	감	견	의	물	집	다	절	질	적	대	트	파	레	요	한	풍
동	견	체	디	부	끔	리	사	풍	을	제	감	도	체	받	장	용
한	감	클	립	다	추	을	동	쌀	컴	운	법	춤	크	은	감	트
올	어	맞	스	리	돌	동	로	체	법	낌	춤	솔	요	터	트	범
견	받	자	발	법	의	책	가	방	대	물	물	굽	전	문	은	물
주	절	사	제	에	굽	노	감	절	용	노	말	이	느	솔	도	발

결정
차가워
책임
마차
책가방
도보
선언
예뻐를
견디다
증오
개별
대접
시계
풀을
무지개
안녕
어제
밝은
문제
클립

Puzzle 364

경기장
스웨터
휴식
베이킹
공격적
숟가락
시리즈
올빼미
페인트
거래
울었다
소년
우울
중력
경제
노력
인형
지역
계단
자유

중	레	한	스	쌀	적	솔	느	느	루	을	제	고	찍	너	솔	결
계	력	노	웨	퓨	제	러	을	들	루	트	느	위	장	기	경	제
단	지	주	터	로	를	부	다	끔	말	소	주	문	션	거	이	트
제	필	역	법	노	적	집	쌀	크	느	년	울	용	표	래	셀	스
레	발	이	젊	문	체	터	에	느	필	견	었	전	이	루	올	찍
체	동	달	북	행	추	시	리	즈	요	도	다	로	자	유	로	질
바	트	결	춤	운	한	법	한	람	노	도	러	한	이	굴	바	다
장	루	찍	사	쌀	공	격	적	휴	식	베	이	킹	문	전	맞	굽
낌	을	다	거	체	우	울	질	필	맞	북	쌀	자	고	쌀	물	어
체	리	을	질	견	받	절	문	쌀	요	필	스	범	범	찍	트	낌
다	이	문	문	레	표	끔	끔	적	결	올	레	추	거	트	에	법
요	용	스	용	한	트	숟	가	락	문	빼	결	거	자	공	동	퓨
전	부	결	를	장	인	솔	받	추	에	미	돌	솔	늘	낌	제	트
이	다	운	전	루	페	형	동	맞	용	요	도	은	늘	자	사	느
의	굴	바	용	절	다	올	범	날	부	로	짓	바	다	도	노	낌

Puzzle 365

문	사	부	사	로	날	이	다	을	이	퓨	람	크	돌	다	다	도
한	발	표	람	적	측	분	도	너	날	늘	다	한	절	공	바	트
맞	말	다	베	춤	이	신	자	를	한	카	카	한	물	파	동	한
느	받	필	이	자	느	컴	물	션	질	도	춤	자	한	은	너	결
동	어	루	전	감	을	말	질	한	한	공	늘	스	순	무	너	람
바	트	감	감	트	바	느	질	대	끔	짓	발	절	발	자	구	컴
자	추	동	은	부	바	춤	동	비	모	트	한	법	결	러	행	름
운	이	터	레	추	감	들	집	고	래	절	결	거	바	짓	를	너
를	카	춤	부	도	한	를	적	터	올	춤	위	견	찍	춤	제	러
문	공	루	레	를	바	퓨	을	솔	을	찍	북	도	을	올	운	품
용	문	춤	적	립	루	루	한	쌀	셀	자	찍	출	생	트	추	자
크	너	하	바	표	장	스	을	주	션	제	한	캡	쌀	로	커	추
체	문	키	로	필	문	올	짓	돌	정	셀	셀	처	일	정	플	날
구	울	발	너	레	거	스	러	제	의	제	퓨	굴	어	적	필	측
발	명	노	의	춤	질	바	올	션	도	동	감	의	춤	리	요	바

모래
구름
하키
자신이
분자
적립
대비
일정
요리
발명
필요
제품
바느질
베이
캡처
구울
순무
커플
정의도
출생

Puzzle 366

세기
실버
엄청난
따라서
복잡
만든
출현
인치
선호
단순한
페이지
계획
레몬
살고있는
살아있는
거짓말
침착이
얼음
공격
포함

감	스	들	을	도	주	측	루	위	인	받	문	도	의	전	한	공
짓	맞	동	문	도	장	위	루	셀	춤	치	이	돌	을	요	계	굽
추	공	격	복	풍	로	날	동	문	크	을	동	적	감	솔	획	받
세	기	말	잡	동	견	노	부	체	문	견	거	로	의	운	문	을
자	맞	를	컴	들	운	솔	루	로	발	카	짓	굽	행	단	순	한
느	이	얼	을	람	달	트	이	문	젊	거	말	장	한	따	출	쌀
은	운	감	음	자	을	올	를	질	느	을	동	에	로	라	현	쌀
다	굽	을	은	한	춤	용	맞	퓨	너	파	느	루	퓨	서	리	이
로	고	행	받	용	법	로	체	물	카	젊	끔	선	호	실	다	느
을	물	을	은	이	어	을	컴	행	침	착	이	러	동	스	버	도
로	파	행	동	한	은	부	달	셀	페	이	지	엄	청	난	젊	공
동	풍	어	들	살	물	동	맞	견	맞	노	동	리	러	전	운	이
레	행	한	루	아	체	문	바	측	다	말	이	을	굽	법	셀	을
몬	굴	로	는	있	고	살	주	포	거	측	다	달	낌	견	달	들
을	주	굽	물	는	만	든	대	함	느	이	트	파	젊	발	로	범

Puzzle 367

레	숨	다	행	히	도	바	리	문	끔	굽	주	마	문	표	한	북
모	기	너	자	루	전	동	람	질	컴	결	운	음	공	퓨	동	크
네	기	풍	이	이	쌀	도	굽	컴	다	을	동	다	결	한	러	한
이	협	위	동	람	절	동	동	맞	동	퓨	대	을	제	부	굴	행
드	짓	요	느	이	질	적	야	바	맞	제	고	달	거	트	끔	수
노	바	도	컴	러	춤	도	외	파	컴	스	은	동	에	로	달	리
바	쌀	부	카	요	굽	트	트	전	루	요	굽	의	어	감	에	를
발	너	전	입	바	절	바	발	사	주	용	고	터	을	고	굴	젊
트	행	요	구	농	장	트	낌	법	동	람	문	고	사	가	방	말
람	위	적	바	전	퓨	너	액	션	볼	트	동	측	실	스	용	부
느	표	동	물	운	러	범	용	혈	셀	을	레	너	루	발	로	로
동	질	행	람	전	견	이	적	날	느	돌	한	동	행	스	돌	절
문	춤	의	낌	용	말	문	터	행	동	삽	감	발	주	느	카	동
람	바	레	동	추	파	개	인	사	업	입	느	리	솔	아	셀	에
대	풍	질	측	주	전	자	달	질	스	찍	를	받	굴	표	빠	한

행위
숨기기
볼트
사업
삽입
레모네이드
개인
마음
혈액
아빠
수리를
바람
야외
입구
액션
사실
위협이
다행히도
농구
가방

Puzzle 368

함	께	했	다	북	물	공	필	집	부	용	질	너	바	들	주	을
륭	언	돌	다	받	찍	바	셀	을	바	다	동	한	법	한	동	올
훌	급	러	을	대	표	바	부	발	느	위	달	제	이	을	표	어
굴	문	로	물	사	전	행	트	크	을	체	중	공	요	트	동	어
받	굴	회	동	파	날	바	쌀	거	들	도	겨	고	돌	짓	로	달
사	다	사	컴	공	올	스	찍	쌀	은	동	문	울	표	범	을	셀
솔	구	퓨	을	대	우	리	의	생	돌	리	돌	한	주	터	풍	트
주	추	분	굴	쌀	모	이	퓨	각	호	흡	풍	을	한	은	거	굽
공	거	운	을	굽	파	아	끔	이	질	부	션	주	루	은	낌	을
한	추	동	결	션	표	러	시	를	법	표	대	체	바	다	결	용
자	은	다	셀	를	에	파	결	짓	고	늘	질	달	가	동	퓨	올
어	낌	굽	절	질	추	대	부	션	들	느	늘	을	솔	장	솔	찍
파	제	감	크	용	솔	기	도	짓	로	솔	오	는	린	컴	에	컴
바	받	법	정	굽	이	끔	대	측	집	한	한	한	낌	너	범	질
문	크	전	셀	비	서	조	언	을	의	늘	찍	끔	견	쌀	들	장

회사
훌륭함
감정
아이리스
구분
호흡
언급
비서
러시를
겨울
가솔린
조언을
오는
대기
우리이
생각이
표범
체중
이모
함께했다

Puzzle 369

짓	터	측	굴	추	용	동	전	카	위	늘	한	한	동	바	자	트
에	문	주	자	동	질	필	행	고	쌀	질	절	표	발	로	체	북
찍	로	을	동	트	대	말	컴	올	쌀	결	체	동	요	너	이	표
짓	로	적	요	필	이	셀	자	찍	느	표	행	찍	스	동	낌	을
달	전	굽	고	는	찍	쌀	달	단	범	문	공	말	편	위	셀	러
이	로	한	다	오	대	범	다	동	위	어	감	요	지	굽	를	굴
쌀	대	로	나	비	한	전	결	로	빨	를	판	딸	이	도	문	솔
집	문	어	맞	카	끔	절	추	션	간	맞	사	주	스	바	찍	션
장	굴	트	외	자	견	돌	들	맞	색	행	테	로	적	기	계	노
특	별	한	한	에	조	각	찍	레	을	주	용	스	체	법	크	을
받	대	측	돌	위	북	의	용	질	정	중	법	스	트	리	맞	이
추	용	도	다	물	추	부	문	짓	거	끔	션	용	북	를	문	질
스	키	의	어	린	요	맞	질	장	한	용	쌀	늘	쌀	안	부	을
굽	공	문	발	행	춤	포	외	부	를	북	컴	다	을	전	집	찍
한	발	부	은	용	늘	착	음	악	풍	트	늘	파	굴	트	트	퓨

정중
빨간색을
스키
특별한
물린
스펀지
비오는
딸이
조각
포착
판사
스스로
외부를
안전
기계
음악
단위를
외에
테스트를
나비

Puzzle 370

지	변	루	주	을	문	에	추	은	스	찍	을	용	굴	로	요	범
출	돼	화	동	파	맞	션	로	바	달	크	달	다	트	은	젊	미
러	지	문	의	법	질	문	문	필	컴	짓	바	세	솔	문	절	디
공	스	바	끔	어	감	람	올	터	비	용	면	도	로	추	문	어
대	찍	측	장	두	적	은	문	도	트	들	추	동	으	찍	날	발
레	젊	찍	굽	운	운	날	우	쌀	셀	트	문	날	향	대	터	을
은	감	문	운	동	쌀	용	스	날	적	을	도	들	방	주	물	운
로	굽	한	주	젊	굽	의	운	적	절	자	빈	을	쌀	법	동	쪽
부	러	부	필	동	코	공	쌀	북	에	미	번	노	문	집	에	바
파	젊	레	용	로	너	문	크	은	을	션	한	집	추	가	로	컴
동	주	북	도	발	한	젊	에	운	행	한	낌	응	답	이	트	트
짓	북	견	을	완	화	필	이	필	끔	에	부	바	파	장	물	퓨
람	한	내	뾰	족	한	견	문	물	은	도	다	달	법	물	어	올
파	범	스	부	느	자	용	찍	집	짓	올	발	발	감	도	용	맞
터	솔	날	로	로	망	원	경	파	리	결	발	범	도	고	급	자

동쪽
지출
완화
세로
빈번한
미션
우스운
뾰족한
비용면
방향으로
돼지
미디어
망원경
코너
고급
어두운
응답이
추가
변화의
내부

Puzzle 371

달	로	들	느	순	서	와	바	문	적	은	전	퓨	용	문	문	한
수	많	은	회	피	에	인	공	물	집	의	젊	셀	허	거	추	셀
은	사	퓨	기	요	느	솔	도	주	개	감	질	표	수	질	장	바
절	바	돌	달	리	이	이	의	공	올	바	사	젊	아	낌	동	용
동	의	터	요	측	은	날	중	요	한	굴	영	늘	비	추	결	늘
필	한	은	요	세	끔	법	춤	대	사	끔	향	굴	용	춤	사	러
쌀	퓨	쌀	법	짓	탁	필	용	안	트	션	을	받	정	인	동	도
크	굴	부	너	탐	한	짓	부	장	제	발	어	셀	굴	요	쌀	은
낌	견	바	을	색	카	트	필	춤	쌀	추	너	퓨	너	여	범	사
측	거	전	거	을	셀	주	한	의	카	춤	견	북	스	다	전	용
를	노	표	을	날	적	람	다	동	주	도	깔	끔	한	문	자	히
북	공	스	용	러	절	동	을	위	인	집	돌	문	바	동	에	바
이	바	람	이	발	다	을	솔	트	용	각	들	돌	카	풍	전	스
사	맞	용	점	한	공	공	풍	스	도	종	농	부	제	집	레	은
은	한	용	트	공	물	셀	들	주	어	달	부	크	발	의	한	체

영향을
세탁
순서
이점
각종
탐색을
물개
수많은
농부
인정받을
기회
인용
와인
여전히
중요한
수달
회피에
대안
허수아비
깔끔한

Puzzle 372

사	다	적	맞	전	션	바	날	의	도	이	동	맞	다	토	문	젊
은	받	달	사	적	집	발	발	다	북	저	트	다	동	끼	북	한
버	스	트	를	래	노	비	위	양	한	니	한	낌	내	가	한	은
터	러	풍	포	함	되	어	트	성	노	매	터	문	레	을	한	의
레	유	용	고	거	암	탉	은	전	방	력	터	트	이	공	문	동
질	연	고	트	표	루	용	달	크	문	적	질	이	터	를	질	셀
트	한	범	감	다	필	올	표	한	레	인	부	다	감	동	주	북
카	퓨	필	측	리	라	한	발	감	운	용	용	날	크	전	러	한
거	가	제	한	젊	디	과	자	달	쌀	풍	북	은	을	돌	문	이
달	지	한	요	바	오	찍	동	문	낌	사	사	감	독	풍	을	야
바	고	솔	찍	스	돌	부	리	문	이	다	로	북	추	견	고	기
바	거	러	을	발	를	한	한	운	늘	루	장	대	집	어	에	전
물	고	은	전	을	은	이	물	문	레	젊	도	실	질	루	적	영
동	바	리	절	자	맞	느	들	쌀	한	션	트	문	험	춤	을	리
을	법	너	용	공	끔	동	대	도	컴	들	자	을	루	찍	북	에

가지고
매력적인
토끼가
비트
감독
다양성
유연한
과자
버스트를
노래를
실험
내레이터
이야기
라디오
매니저
암탉
방문
포함되어
크레용
영리

Puzzle 373

바	낌	맞	성	절	트	젊	굴	을	발	맞	받	견	를	에	짓	터
구	루	젊	공	은	결	바	동	문	부	모	기	존	의	실	리	젊
스	카	의	루	전	문	동	맞	한	을	이	래	전	노	시	동	자
베	어	체	한	크	러	발	낌	을	맞	터	감	가	들	지	구	본
리	쌀	다	느	을	느	낌	견	주	행	로	질	맞	대	맞	을	들
전	바	용	달	다	문	달	질	를	물	개	로	용	발	트	트	터
을	리	을	표	한	체	견	올	자	다	발	춤	트	한	절	젊	동
굴	문	물	찍	다	필	주	문	동	을	크	북	리	스	한	용	바
달	로	춤	로	이	홍	수	흡	수	찍	로	달	어	솔	바	터	느
한	사	불	운	온	을	받	춤	오	범	체	전	이	문	요	늘	주
루	적	안	동	도	원	람	공	웨	토	레	파	북	스	말	노	래
쌀	돌	정	물	계	동	하	달	스	젊	바	로	결	북	은	이	결
바	한	한	공	이	한	발	는	트	범	측	이	물	솔	레	동	러
발	체	스	느	사	짓	요	체	했	공	맞	느	문	짓	을	셀	요
점	유	율	표	랑	간	호	사	다	북	도	끔	동	굴	트	바	받

노래
성공
점유율
불안정한
오토바이
구스베리
느낌
모래가
온도계이
사랑
동물
원하는
웨스트했다
개발
기존의
홍수
흡수
간호사
지구본
실시

Puzzle 374

용	자	스	낌	대	낌	동	여	유	가	위	의	트	리	분	루	한
너	달	쌀	제	위	동	거	이	측	컴	러	정	치	크	장	수	측
질	돌	받	자	크	북	문	람	문	동	굽	셀	늘	춤	은	를	장
에	자	문	은	은	에	집	사	질	바	이	장	을	고	람	위	로
계	산	너	측	문	문	을	문	로	을	로	발	집	회	발	춤	이
로	느	을	돌	추	로	결	들	요	문	을	한	제	사	적	루	유
속	이	는	거	짓	도	과	러	한	한	행	트	굽	가	느	들	는
거	퓨	을	발	춤	러	를	다	크	용	굽	동	바	트	트	굴	날
늘	절	를	트	의	문	고	을	거	집	찍	굴	퓨	늘	북	돌	은
한	퓨	루	전	느	견	퓨	발	절	트	쌀	에	한	바	굴	를	결
장	운	이	송	은	기	간	측	부	스	레	올	필	용	을	한	노
루	돌	파	을	메	이	크	업	람	건	소	션	션	절	감	그	릇
아	한	풍	견	제	공	하	는	드	물	발	화	그	들	이	을	한
짓	래	문	자	날	부	표	풍	래	을	발	한	스	을	트	범	맞
낌	측	에	공	물	용	바	루	곤	집	리	주	부	크	한	바	터

메이크업
그릇
제공하는
그들이
회사가
속이는
트리
기간
결과를
전송을
정치
여유가
위의
건물을
아래에
계산
이유는
분수
소화
드래곤

Puzzle 375

도	을	전	용	자	돌	을	바	자	위	다	날	동	피	문	옵	션
용	느	레	레	동	리	풍	굴	질	올	행	레	바	부	느	집	스
춤	감	부	을	법	로	받	파	부	을	굽	터	우	장	시	맞	로
온	도	의	이	젊	범	춤	결	셀	쌀	동	션	전	드	험	굽	용
전	끔	끔	트	굽	문	공	문	도	물	사	컴	바	거	의	너	파
로	도	제	어	찍	법	크	어	들	추	측	로	부	자	끔	다	문
대	감	측	사	다	쌀	전	감	바	필	문	한	굽	향	해	찍	러
자	을	을	젊	을	컴	질	은	짓	부	절	운	측	한	북	발	필
지	속	도	말	부	집	통	은	측	로	제	재	굴	파	에	트	적
굽	용	고	필	크	동	해	토	자	법	쌀	고	굴	루	발	터	은
레	제	고	트	문	발	로	마	로	너	늘	먹	고	동	느	요	솔
다	을	이	낌	한	트	늘	토	공	러	사	적	운	받	문	크	한
요	동	괴	트	이	증	명	를	트	세	발	음	을	올	러	거	느
파	들	물	공	정	바	주	제	출	찍	춤	대	뽑	동	굴	로	어
질	북	늘	에	발	인	로	사	동	거	도	을	공	아	쪼	법	리

옵션
재고
인정
지속
우드
증명
뽑아
제출
온도의
발음을
토마토를
세트를
공정
먹고
향해
쪼아
통해
피부
괴물
시험

Puzzle 376

을	트	을	요	돌	이	트	동	용	어	전	말	네	깊	은	선	고
고	트	끔	춤	쌀	쌀	감	위	전	바	쩌	질	트	느	를	위	터
레	카	필	풍	낌	어	노	트	동	에	날	면	워	굽	풍	받	굽
이	용	스	동	을	크	느	동	체	터	질	터	크	바	쌀	의	을
솔	동	크	바	제	물	의	카	자	이	추	에	바	루	이	은	은
은	부	춤	행	문	북	느	느	을	견	도	견	부	솔	들	동	이
로	제	표	견	을	너	부	집	동	자	필	다	준	비	말	공	레
질	바	솔	주	촬	영	분	달	돌	다	풍	날	고	컴	루	맞	문
슬	라	이	드	이	표	고	트	감	짓	감	문	전	어	터	발	레
느	바	결	끔	부	문	돌	을	범	장	부	을	트	문	은	쌀	주
행	체	느	트	도	부	법	낌	을	행	법	행	비	제	소	누	출
요	질	질	너	무	법	문	트	부	측	춤	바	누	을	트	다	스
청	지	집	범	젊	동	위	로	추	트	받	굽	다	스	탬	프	끔
행	난	젖	은	표	자	발	문	솔	질	짓	을	법	다	월	요	일
부	리	자	바	부	물	끔	체	은	질	로	좁	은	측	주	달	은

어쩌면
비누
지난
부분
너무
동전
좁은
깊은
스탬프
소다
슬라이드
월요일
촬영
젖은
선고
부추
준비
네트워크
누출
요청

Puzzle 377

알	카	짓	트	문	루	제	노	풍	파	괴	절	동	적	동	국	크
도	고	장	냉	종	교	돌	션	다	다	도	집	거	거	주	제	을
개	을	있	사	적	도	집	의	바	의	용	쌀	행	감	용	은	이
카	미	장	는	죄	을	파	컴	동	자	풍	반	환	집	견	말	너
동	질	에	필	송	돌	을	루	질	위	늘	노	주	바	날	동	을
절	레	좋	은	안	녕	루	동	적	맞	러	늘	을	스	우	장	받
발	젊	트	고	을	돌	견	용	솔	용	문	기	은	트	박	유	한
은	레	제	용	받	컴	감	문	카	북	너	각	말	개	날	료	트
고	발	문	동	사	크	옥	위	돌	은	물	션	트	발	바	동	한
달	적	바	한	짓	파	이	이	운	행	노	한	를	을	끔	결	쌀
고	올	에	견	다	사	트	풍	법	동	로	맞	한	물	을	크	쌀
러	문	쉽	한	러	말	감	다	다	스	주	쌀	부	북	용	발	느
은	받	게	도	동	평	션	동	조	직	에	어	동	집	필	표	법
공	를	집	짓	견	면	어	찍	느	터	돌	위	컴	위	낌	낌	은
전	점	점	동	필	쌀	맞	리	트	고	짓	맞	솔	북	맞	감	고

기각
파괴
알고있는
평면
개미
좋은안녕
은행
국제
점점
종교
개발을
냉장고
유료
조직에
죄송
우박
쉽게
말을
반환
감옥

Puzzle 378

리드
호랑이
스카프
아마
비극적
누구아무것도
경험을
전형적인
굵게
거대한
보라색
범죄
성능을
한정
요리논의
소개에
고도
얼룩말
보여
극적인

풍	결	솔	을	셀	자	발	측	요	의	를	노	질	발	감	도	동
누	한	정	부	자	필	주	이	늘	도	리	감	도	풍	이	자	바
를	구	문	의	올	질	이	를	리	감	은	부	트	트	동	결	늘
용	을	아	전	형	적	인	질	질	로	체	결	날	너	고	주	로
말	은	노	무	을	쌀	문	올	측	레	발	을	측	바	다	을	트
레	크	고	한	것	전	굴	춤	을	감	짓	굽	다	은	운	얼	행
거	느	문	용	을	도	제	이	자	도	경	험	을	능	성	룩	트
대	동	용	대	찍	트	적	제	너	한	요	스	람	리	올	말	느
한	소	리	드	북	질	쌀	를	장	전	을	카	올	트	셀	집	굽
운	범	개	호	랑	이	쌀	로	낌	에	돌	프	쌀	파	법	사	부
을	아	용	에	로	솔	굴	고	도	한	트	한	낌	루	다	굵	쌀
날	바	마	주	요	리	논	의	의	자	결	자	을	필	공	게	들
보	셀	주	비	감	춤	물	를	맞	도	행	범	죄	요	노	도	대
라	공	솔	극	보	여	쌀	동	한	굽	표	돌	표	다	젊	체	적
색	을	인	적	극	퓨	발	부	한	를	부	터	추	부	이	리	리

Puzzle 379

동	은	트	발	리	의	발	발	질	분	적	에	람	견	족	맞	돌
살	쾡	이	를	스	사	의	트	질	홍	평	방	맞	용	스	제	북
혼	자	까	집	프	가	풍	쌀	바	색	동	날	햇	빛	도	다	비
필	맞	가	터	링	스	문	사	고	고	바	을	쌀	주	사	랑	자
바	법	레	날	자	터	도	측	절	풍	로	북	를	부	찍	전	표
북	바	느	라	이	브	러	리	고	카	범	을	굴	은	체	발	주
히	트	노	북	질	동	추	연	속	너	도	도	션	끔	동	너	장
제	을	느	부	루	문	표	속	도	다	위	레	버	짓	바	은	문
들	바	풍	발	어	쌀	을	공	로	적	노	발	터	표	도	결	느
느	러	크	필	젊	노	파	트	공	견	질	동	로	동	한	솔	필
말	노	감	돌	물	러	절	이	클	립	시	계	스	늘	장	부	이
다	문	을	느	사	를	젊	동	자	동	크	체	거	한	전	한	견
들	션	바	거	굴	표	은	발	용	올	느	로	한	짓	에	장	은
느	행	측	위	찍	동	말	찍	사	부	문	자	을	낌	한	너	너
측	부	느	슨	한	은	느	용	한	측	부	달	풍	체	를	람	노

버터
햇빛
족제비
연속
느슨한
가까이
분홍색
문자
의사가
히트
클립시계
혼자
평방
스프링
도랑
라이브러리
살쾡이를
주장
고속도로
질문을

Puzzle 380

한	발	결	적	동	에	루	부	용	거	찍	스	을	카	짓	문	터
트	트	터	굴	제	동	파	트	사	부	레	다	바	트	끔	표	를
요	자	동	도	물	터	견	주	이	트	질	범	대	리	어	물	동
맞	맞	한	트	트	퓨	동	문	클	추	도	집	자	다	체	젊	절
을	고	북	요	풍	동	이	션	링	용	짓	파	자	동	발	쌀	풍
원	셀	쌀	북	위	북	를	스	퓨	한	바	믿	기	받	퓨	은	굴
정	바	한	바	을	동	퓨	은	바	파	이	은	북	발	라	운	드
다	공	제	연	람	위	셀	문	도	동	을	필	도	말	추	들	워
올	추	부	로	결	말	받	용	선	견	바	날	셀	자	조	트	자
고	통	스	럽	게	표	돌	굽	반	다	부	감	달	파	략	구	색
라	행	자	말	어	다	그	에	말	노	주	한	벨	자	전	거	부
일	춤	제	느	다	들	래	문	크	무	의	왕	여	바	사	일	문
락	리	장	한	를	표	프	적	용	문	은	제	미	러	느	지	반
도	을	자	발	너	운	표	달	바	짓	다	절	필	운	도	구	한
필	발	제	레	주	문	느	용	운	동	스	에	로	날	을	를	노

전략
벨자전거
라운드
여왕의
선반
일반
고통스럽게
그래프
사이클링
지느러미
의무
워드
부주의
구색
연결
지구를
믿기
라일락
구조
원정

Puzzle 381

교	을	한	문	받	두	은	로	주	이	감	풍	를	빠	로	로	달
훈	리	장	사	거	려	크	행	법	션	컴	들	을	른	반	딧	불
은	트	다	느	의	워	파	거	람	러	너	바	문	의	러	집	들
셀	견	션	풍	하	표	을	노	루	한	필	용	질	자	춤	공	달
들	카	쌀	을	너	이	적	설	득	너	늘	문	스	도	적	한	바
첨	부	거	람	이	동	라	도	운	동	날	크	래	들	제	스	춤
공	들	달	법	카	부	셀	이	카	쌀	맞	을	에	행	짓	감	운
절	식	동	북	은	낌	제	장	트	다	컴	스	절	한	절	트	물
날	굴	적	러	바	을	달	공	위	다	돌	추	연	대	북	동	이
체	크	느	으	들	찍	러	다	달	동	람	한	못	범	짓	퓨	레
루	주	돌	실	로	구	멍	은	은	터	동	쥐	조	슬	픈	장	대
바	너	집	행	동	도	이	행	늘	위	솔	흔	랑	로	굽	자	현
발	가	능	황	행	자	한	짧	은	필	북	들	말	범	을	용	실
터	다	쌀	야	필	을	람	찍	퓨	로	표	받	동	찍	대	필	의
짓	느	을	트	절	도	주	결	표	노	퓨	받	바	고	동	발	주

의자
실행
다람쥐
공식적으로
크래들
슬픈
두려워
구멍
가능
짧은
황야
흔들
하이라이트
첨부
연못조랑말
반딧불
설득
현실의
교훈은
빠른

Puzzle 382

자	이	고	머	맞	시	집	요	터	들	체	부	개	결	범	용	부
한	끔	한	동	리	간	질	람	카	굴	제	크	혁	트	집	동	동
를	감	을	크	올	시	측	을	로	짓	측	쌀	의	거	과	적	도
찍	을	문	고	짓	간	사	바	풍	올	다	문	견	도	셀	문	착
필	늘	노	트	올	부	필	파	문	거	을	차	범	표	북	도	질
의	한	측	흥	미	로	운	필	션	을	크	기	다	한	로	전	날
을	를	자	에	듣	고	활	거	은	레	로	필	이	주	쌀	다	집
질	늘	적	발	퓨	용	동	다	장	날	문	한	이	적	경	동	한
의	은	마	커	공	원	자	혜	문	부	한	문	느	체	로	짓	제
한	문	낌	에	자	늘	측	택	터	컴	맞	날	질	루	문	파	이
늘	의	말	도	물	분	기	굴	느	한	느	용	필	셀	행	바	루
느	대	어	추	결	터	루	리	갤	다	쌀	날	트	적	바	물	운
느	올	행	린	느	느	질	용	럽	채	문	풍	동	션	을	대	속
찍	속	성	을	이	법	필	를	전	한	우	굽	범	동	들	북	도
공	도	의	표	공	션	션	동	이	트	로	기	필	측	범	로	어

마커
속도
시간시간
도착
분기
머리
갤럽
듣고
경로
크기
개혁의
속성을
공원
혜택
어린이
기차
활동
채우기
과거의
흥미로운

Puzzle 383

다	사	입	자	시	부	자	다	고	굴	부	소	스	낌	발	행	바
주	동	도	행	젊	트	이	데	업	스	한	동	염	대	절	바	협
감	질	자	측	견	느	솔	주	을	케	을	다	주	은	문	끔	력
도	달	너	을	발	제	반	크	셀	이	범	도	로	도	풍	긴	급
주	찍	한	문	동	도	응	쌀	이	트	행	복	달	바	집	굴	느
러	매	장	발	도	퓨	을	의	바	스	낌	컴	느	부	대	자	견
다	달	차	조	사	전	바	거	측	케	늘	질	를	날	결	트	을
동	려	지	낌	사	한	에	퓨	바	이	을	범	발	을	에	잘	다
운	거	발	이	이	느	트	발	질	트	어	감	돌	자	결	못	발
용	스	트	공	범	적	집	가	지	고	가	는	완	전	히	이	을
끔	행	느	린	로	스	적	파	리	크	받	을	자	자	이	장	굴
견	자	말	사	쌀	운	달	쌀	춤	로	질	컴	운	북	변	를	이
한	노	발	리	풍	트	을	동	루	한	공	은	셀	을	바	위	굴
행	끔	적	끔	춤	물	질	문	을	달	여	맞	젊	다	어	용	집
도	끔	행	대	늘	질	을	용	느	크	름	이	동	느	어	돌	문

소스
염소
입자
완전히
도달
행복
긴급
잘못이
시트
협력
조사
매달려
반응을
차지
스케이트스케이트
여름
변위
가지고가는
느린
업데이트

Puzzle 384

멋	굽	느	들	한	느	부	을	사	드	문	질	어	공	터	위	은
을	진	스	러	트	행	문	예	춤	레	트	말	로	부	한	부	도
션	용	셀	견	다	부	의	파	를	스	용	션	동	노	장	바	추
적	셀	운	다	너	를	고	올	자	고	젊	사	이	클	날	문	적
너	위	물	바	내	용	굴	용	질	을	러	트	맞	솔	도	굽	집
끔	맞	에	이	온	다	찍	도	감	퓨	사	헬	리	콥	터	표	물
표	너	한	미	에	유	명	한	까	지	과	도	트	집	발	직	적
도	자	부	지	위	너	컴	솔	짓	동	크	자	의	사	측	원	트
질	루	을	에	어	들	지	주	너	문	빈	를	공	컴	동	올	어
달	동	동	쌀	느	체	션	어	부	용	곤	에	끔	트	날	측	바
제	문	터	견	바	를	바	진	용	동	을	해	결	스	자	짓	추
법	통	날	도	발	표	컨	주	질	곤	벼	이	표	맛	행	달	파
용	과	집	어	행	주	감	는	날	은	난	느	감	범	주	문	문
대	곱	셈	풍	발	너	터	부	어	질	로	로	자	받	동	집	굽
질	바	도	을	문	로	표	측	이	을	집	을	끔	트	느	느	도

해결
곱셈
벽난로
드레스
멋진
사과
직원
이미지에
통과
사이클
에너지
빈곤을
주어진주는
헬리콥터
유명한까지
부문의
온다
예를
동공
내용

Puzzle 385

다	노	땅	추	한	미	북	바	사	운	제	트	의	로	문	다	동
쌀	믹	의	바	트	라	바	근	바	람	주	얻	사	결	한	루	을
들	스	돌	용	느	컴	느	최	초	의	은	을	로	찍	집	션	트
컴	를	찾	션	주	추	이	적	러	솔	적	적	표	것	자	낌	말
은	들	고	늘	은	은	한	질	운	트	쌀	감	의	이	도	바	사
낌	를	질	용	바	풍	퓨	사	굴	요	한	풍	젊	차	집	오	이
운	크	에	컴	은	공	을	적	용	자	범	도	전	감	이	조	굽
굴	노	발	생	장	바	문	바	느	트	한	결	동	젊	한	에	약
받	다	느	노	동	문	집	견	용	풍	고	짓	로	제	발	견	컴
요	트	자	체	욕	바	이	주	용	자	한	부	한	도	위	터	다
딱	돌	션	춤	망	로	을	스	범	리	자	을	문	주	적	스	끔
위	정	전	결	을	결	대	스	한	한	범	낌	필	수	체	들	장
한	쌀	벌	늘	집	은	돌	요	부	맞	용	제	파	로	레	레	느
발	올	설	레	이	한	받	은	필	한	고	위	한	굴	동	제	찍
솔	쌀	계	젊	끔	행	달	법	은	컴	바	도	시	체	자	법	주

도시
최초의
얻을
믹스
최근
찾고
의사
딱정벌레
설계
땅의
것이
미라
욕망을
필수
조약
발생
사람은
오이
차이
자체

Puzzle 386

리	은	로	절	부	절	바	셀	루	문	로	찍	도	도	느	터	결
위	쌀	션	북	체	은	낌	풍	젊	느	터	을	동	동	물	찍	연
요	약	을	를	주	질	도	찍	을	션	주	질	운	행	타	공	기
터	람	다	다	부	리	부	굽	한	패	위	젊	쌀	래	고	돌	를
풍	다	찍	컴	들	발	고	쌀	로	턴	필	낌	을	한	전	올	가
람	터	북	루	의	풍	표	동	을	풍	문	동	북	대	터	터	장
다	풍	한	맞	느	운	너	달	돌	추	체	추	을	돌	춤	절	문
바	은	한	은	필	셀	젊	크	션	은	자	주	자	물	춤	말	집
찍	젊	어	너	다	부	동	셀	기	발	대	동	질	사	풍	찍	을
감	쌀	끔	견	루	끔	스	쌀	후	집	동	날	절	루	어	작	문
바	컴	부	맞	맞	쌀	물	장	다	너	대	다	를	섯	여	업	트
도	해	변	젊	바	끔	용	공	른	을	거	주	을	다	든	이	젊
대	질	사	라	터	한	은	어	제	스	캠	페	인	행	코	낌	동
노	내	로	한	러	사	쌀	얼	트	집	폰	말	다	들	뿔	의	주
어	내	동	표	한	추	문	이	굴	문	동	지	물	동	소	람	측

캠페인
패턴
스폰지
사라
기후
다른
타고
얼굴
연기를
작업이
가장
코뿔소
여든
돌고래
요약
동행
행운
여섯
내내
해변

Puzzle 387

을	야	생	운	질	낌	공	풍	은	느	을	한	말	레	터	춤	범
체	쌀	다	영	을	동	동	퓨	선	위	공	체	맞	문	람	솔	컴
쌀	동	퓨	바	장	한	문	절	바	발	위	느	한	의	문	느	발
을	들	돌	꿈	주	짓	북	레	적	북	문	부	쌀	은	표	젊	명
에	에	수	의	집	을	북	자	발	을	이	공	자	사	터	이	백
골	동	품	요	법	에	결	맞	장	위	타	격	의	문	바	주	한
발	운	받	절	일	체	끔	트	용	사	느	굽	로	러	감	발	맞
굴	카	리	느	체	을	한	거	노	찍	구	매	행	을	이	를	솔
한	잊	지	스	거	위	은	고	물	늘	스	마	트	이	로	위	터
법	을	카	제	트	풍	를	용	어	절	이	동	어	올	짓	사	달
퓨	동	결	필	질	림	문	은	돌	대	대	이	파	를	대	질	굴
눈	사	람	자	짓	주	을	사	북	범	크	범	끔	바	장	적	질
를	젊	어	굴	절	을	트	쌀	주	춤	순	루	풍	고	자	문	자
평	균	다	문	어	사	트	오	두	막	환	제	람	받	컴	러	범
을	부	문	감	말	동	션	주	문	컴	문	바	동	파	굽	솔	파

순환
수요일
평균
꿈의
타격
풍선
명백한
야생
거위
눈사람
오두막
용어
골동품
스마트
운동
잊지
운영
구매
지리
스트림

Puzzle 388

맞	리	도	낌	리	을	용	한	스	느	부	로	감	크	레	용	달
물	맞	에	용	동	표	파	주	부	동	바	적	스	게	자	터	느
올	스	틸	에	어	느	공	맞	스	어	트	고	느	찍	집	사	을
짓	결	찍	측	트	공	제	로	동	제	로	트	맞	말	을	문	짓
용	고	코	늘	앞	스	집	어	낌	카	감	돌	풍	문	은	질	감
낚	견	셀	한	열	치	전	동	이	셀	동	파	통	전	운	범	요
집	시	결	정	하	는	마	빌	려	우	로	다	증	거	표	파	에
굴	이	에	주	갔	동	트	리	커	뮤	니	티	이	문	표	적	너
물	를	법	자	다	이	레	낌	들	발	다	퓨	질	쌀	은	표	을
제	운	의	견	니	션	레	용	크	어	문	법	트	춤	제	젊	자
양	파	컴	의	칩	대	문	거	날	카	은	노	도	트	같	용	로
투	집	를	루	바	결	사	주	너	동	받	달	주	솔	은	터	을
문	동	크	로	동	올	바	트	개	도	트	은	짓	쌀	은	은	한
의	퓨	올	자	올	달	중	지	구	날	문	필	를	맞	에	트	크
고	발	낌	다	표	춤	트	견	리	정	화	동	질	파	트	셀	을

우려
커뮤니티
결코
결정하는
앞치마
바칩니다
통증이
토양
빌려
개구리
치열한
문화
낚시에
스틸
중지
정리
같은
갔다
양파
크게

Puzzle 389

러	춤	발	절	파	노	은	주	춤	말	러	한	드	웃	굴	늘	문
트	말	상	은	트	한	견	받	들	움	발	고	레	었	요	자	절
주	동	황	트	어	동	대	도	낌	도	굽	체	이	다	한	달	굴
용	컴	을	장	레	어	질	에	은	입	전	체	크	행	한	올	감
생	산	집	찍	느	문	장	표	주	침	비	카	포	부	느	러	트
풍	느	동	다	발	거	결	적	돌	루	레	메	문	사	람	들	의
부	한	짓	트	떠	카	질	풍	운	파	텔	라	물	트	트	에	젊
트	발	낌	공	나	카	낌	셀	도	장	절	느	측	요	받	범	고
받	을	찍	추	감	바	요	느	날	스	터	구	리	집	어	날	범
학	젊	한	도	지	바	크	을	전	동	문	너	표	달	끔	찍	를
주	업	날	위	찍	굴	고	맞	감	말	이	느	바	터	한	쌀	운
느	동	앵	의	관	부	파	바	을	달	질	대	러	문	컴	한	견
공	늘	이	무	집	계	법	끔	굽	제	전	한	운	자	짓	절	한
문	추	고	용	새	카	가	질	주	카	한	바	말	부	절	차	터
쌀	솔	다	동	범	행	찍	자	짓	젊	도	말	한	동	션	바	문

침입
웃었다
절차
상황을
학업
고용
텔레비전
사람들의
드레이크
포크
관계가
앵무새
카메라
전체
구리
떠나
도움말
감지
도입
생산

Puzzle 390

예외
안전하게
냄새
남편
우산을
경사
실망
관련
토론
개미성가
게으른
종기
돌풍
않는
당신의
갈등
클라우드
오디션
요인을
들어

종	견	부	클	발	받	굴	북	발	용	문	요	한	발	바	위	의
전	기	낌	라	대	션	돌	컴	짓	토	론	을	찍	너	체	실	망
을	자	트	우	견	절	필	루	를	날	들	너	셀	문	주	에	른
갈	이	바	드	동	집	짓	바	카	당	신	의	노	고	측	레	으
을	등	오	디	션	공	크	체	이	말	을	바	문	안	전	하	게
동	거	전	장	장	끔	질	람	셀	맞	공	고	주	을	운	늘	한
들	필	용	절	범	동	날	너	다	받	추	션	문	풍	트	찍	견
어	도	표	날	셀	문	스	날	를	레	한	들	체	이	절	젊	셀
한	짓	받	다	적	주	범	법	맞	감	전	경	개	트	돌	루	한
트	자	바	젊	이	은	전	를	사	이	질	사	한	미	적	질	견
스	컴	요	말	을	션	로	위	트	전	요	인	을	올	성	동	달
전	어	노	달	쌀	을	를	카	을	적	예	외	산	관	련	가	다
다	요	위	맞	스	체	대	쌀	거	자	냄	새	우	파	이	범	솔
동	물	않	질	한	춤	장	이	주	결	운	문	용	찍	늘	문	표
돌	풍	는	남	편	도	위	법	풍	말	러	위	제	컴	한	운	맞

Puzzle 391

스	혼	동	햄	맞	은	늘	노	공	절	을	러	한	솔	공	도	짓
타	에	적	스	말	너	필	리	장	거	기	능	을	행	적	찍	러
일	굽	를	터	거	젊	동	결	터	지	수	법	가	득	결	은	대
동	말	이	달	끔	제	크	을	트	맞	도	끔	동	자	운	파	굽
한	트	춤	요	들	다	운	끔	트	춤	어	거	굴	러	바	쌀	퓨
느	동	다	날	도	쌀	로	자	어	한	달	디	레	형	리	돌	장
달	한	섹	를	을	행	한	집	낌	바	요	체	서	제	쌀	션	달
오	대	추	션	발	결	용	문	풍	운	문	용	다	나	우	유	자
지	리	브	에	의	짓	불	받	감	은	성	동	올	견	문	한	스
동	낌	를	이	이	람	행	문	자	카	장	올	하	집	결	를	이
법	체	로	너	적	을	질	솔	측	맞	을	느	늘	은	은	쌀	을
문	한	돌	스	풍	은	자	전	절	졸	채	택	터	노	굽	발	느
다	법	낌	위	결	전	너	터	위	린	트	도	제	거	풍	부	짓
법	바	굽	고	발	동	자	질	도	장	동	운	셀	어	도	거	법
집	추	주	올	크	딸	기	도	가	까	운	짓	리	낌	낌	바	컴

혼동
가까운
햄스터
스타일
어디서나
불행
지수
가득
형제
오리를
우유
채택
브리지
졸린
공장
섹션의
기능을
딸기
하늘
성장을

Puzzle 392

소	녀	가	션	굽	고	통	을	돌	필	추	표	우	유	지	방	차
를	풍	트	사	감	노	을	을	용	낌	카	표	느	어	로	제	례
견	감	한	용	을	한	레	의	카	사	굴	노	젊	자	동	날	말
퓨	북	의	시	루	컴	찍	반	기	지	은	카	스	자	림	그	한
로	한	동	까	북	한	장	크	물	굽	트	견	은	웨	매	찍	바
로	으	막	지	마	한	굽	발	을	바	플	다	동	파	덴	부	용
퓨	돌	둥	끔	물	집	트	를	솔	공	로	동	도	일	느	느	말
노	한	제	지	견	운	카	파	낌	도	트	에	루	럿	를	에	한
노	느	카	동	견	다	한	이	문	추	북	션	은	짓	들	북	로
말	크	너	적	결	달	터	한	은	의	물	퓨	바	호	돌	를	동
컴	자	제	달	한	주	표	비	타	민	한	방	면	수	로	찍	트
저	스	한	노	범	문	사	은	션	션	동	범	트	끔	어	을	부
공	사	루	굴	견	들	찍	스	능	동	도	집	은	퓨	성	은	발
자	거	거	동	찍	느	로	받	력	발	풍	의	스	크	한	로	레
솔	러	느	로	견	측	을	동	경	측	이	다	동	은	파	문	범

차례
마지막으로
호수
스웨덴
반기지
고통을
둥지
수면
사용시까지
능력
소녀가
그림자
비타민
우유지방
플로트
경력
자매
파일럿
방법
여성

Puzzle 393

젊	적	깎	동	도	거	끔	위	을	의	스	단	필	를	느	람	로
필	한	질	이	리	을	적	법	션	의	이	편	요	트	이	를	부
문	부	주	바	젊	사	람	의	추	표	션	람	춤	주	한	굴	을
바	리	추	필	피	해	자	보	기	표	장	측	보	한	동	이	람
을	한	받	바	닥	필	동	추	을	동	용	파	류	추	질	젊	사
은	적	북	너	노	혼	절	트	은	을	다	동	의	결	들	고	말
측	을	필	자	법	합	젊	전	평	느	달	한	레	굽	용	느	부
크	요	스	문	을	도	자	파	면	짓	감	진	트	대	춤	찍	동
적	체	러	달	사	사	사	바	의	추	젊	리	트	날	싱	션	은
다	대	법	느	동	빌	드	카	쌀	를	물	축	구	관	크	솔	너
은	회	노	장	어	늘	풍	스	트	바	카	원	고	휴	용	동	대
러	표	물	요	쌀	러	문	모	텔	무	서	워	더	가	문	를	셀
크	바	주	를	동	천	솔	트	루	사	레	절	어	를	감	터	문
올	람	대	다	파	으	한	어	어	은	을	은	부	자	쌀	권	투
날	노	절	트	쌀	로	요	주	러	낌	위	노	느	스	춤	추	늘

모텔
피해자보기
원더
천으로
관용
평면의
진리
휴가를
사람의
싱크
깎이
무서워
보류
혼합
권투
축구
바닥
대회
단편
빌드

Puzzle 394

카나리아
괜찮
파트너파티
도용
넥타이
감사합니다
수정
아마도
연기
마우스
다시
취미
어딘가에
조류
가끔
치킨
걱정
전쟁
좋아
비교

측	도	마	아	들	문	트	바	자	질	에	은	트	노	을	도	을
에	솔	굴	우	전	쟁	다	시	자	동	요	동	고	발	도	퓨	너
치	킨	스	너	스	범	니	도	션	좋	아	터	끔	바	고	도	도
트	올	을	러	표	질	합	공	을	연	기	컴	표	용	트	용	한
위	파	절	을	비	굽	사	문	한	파	고	어	을	받	운	이	공
전	다	이	거	문	교	감	도	제	맞	용	자	절	질	젊	바	질
돌	셀	질	주	도	결	발	제	사	터	바	결	발	을	다	퓨	로
컴	올	절	도	루	노	카	괜	취	미	의	받	공	바	질	들	은
끔	로	제	자	맞	제	을	찮	너	문	카	북	찍	다	발	파	컴
이	용	맞	말	동	젊	한	동	거	동	필	자	한	바	날	돌	주
컴	용	풍	동	파	자	쌀	측	다	동	바	주	문	로	달	수	정
굴	어	에	절	동	트	한	감	장	달	을	자	은	동	카	은	걱
요	딘	트	문	결	다	너	문	대	을	로	전	너	주	나	도	쌀
끔	가	짓	문	조	문	을	파	문	춤	트	이	적	젊	리	어	문
적	에	션	바	류	넥	타	이	티	동	집	받	거	돌	아	은	고

Puzzle 395

짓	트	문	늘	한	느	짓	셀	필	러	파	거	담	도	스	필	퓨
선	로	을	맞	주	범	도	늘	셀	자	제	돌	비	맞	다	행	감
은	트	범	젊	한	풍	법	럼	드	물	게	느	문	다	다	바	위
어	부	들	범	필	한	바	바	다	공	테	을	은	제	전	카	전
동	도	돌	욕	을	찍	루	범	운	트	이	쇼	위	제	맞	행	표
스	람	표	목	터	날	느	범	을	물	크	를	달	춤	운	동	은
틱	법	절	의	록	제	퓨	솔	체	젊	동	끔	이	질	바	짓	소
은	적	새	로	운	과	필	동	행	추	운	도	동	레	을	한	프
추	끔	돌	스	의	을	료	완	장	느	자	거	러	너	공	체	트
한	잘	셀	문	노	컴	정	벽	유	지	할	디	물	발	찍	춤	어
사	트	못	운	동	의	확	늘	자	느	꼈	다	자	퓨	이	셀	다
어	날	발	된	로	달	한	대	을	젊	결	젊	은	인	젊	행	다
바	셀	표	한	트	파	북	도	굴	고	셀	자	한	위	에	동	낌
퓨	집	자	거	어	견	주	맞	북	모	물	집	끔	를	법	맞	찍
사	트	주	북	춤	찍	날	거	친	든	문	바	문	사	절	말	풍

운동의
담비
유지할
디자인
잘못된
완벽
목록과
테이크
목욕
드럼
모든
쇼를
거친
드물게
완료
소프트
새로운
스틱은
정확한
느꼈다

Puzzle 396

쌀	맞	들	한	람	책	로	럽	크	스	부	문	굽	북	적	올	문
문	짓	전	집	운	상	파	올	도	리	타	측	넓	대	신	을	굴
전	카	트	돌	측	을	주	를	질	로	퓨	일	은	도	정	굴	바
들	이	로	퓨	을	맞	을	이	풍	한	동	바	의	먹	원	돌	굽
주	요	문	작	질	람	노	군	문	느	수	출	을	다	동	다	쌀
위	컴	집	업	맞	는	한	스	인	추	셀	결	한	부	의	추	한
질	고	낌	바	전	스	감	동	문	적	용	은	트	질	사	발	도
집	너	자	자	이	우	람	한	용	레	노	부	상	바	을	장	위
을	터	결	질	솔	하	퓨	전	루	은	루	자	대	사	이	의	받
돌	말	동	문	도	동	맞	를	바	파	도	위	장	자	연	방	달
질	조	범	용	동	집	춤	법	노	용	한	굽	파	다	자	차	단
달	건	다	러	발	쌀	한	같	달	법	트	누	루	셀	누	크	돌
문	이	노	를	들	느	한	한	아	견	쌀	자	다	법	이	적	도
맞	트	를	운	제	로	을	셀	에	요	제	다	발	로	셀	맞	북
고	래	필	터	질	을	을	젊	한	션	질	은	달	끔	이	어	대

같아요
상대
하우스는
정원
정신적
먹다
작업
연방
넓은
조건이
맞는
책상을
수출을
사이의
스타일이
차단
스크럽
군인
동의
고래

Puzzle 397

자	받	다	견	부	집	주	체	이	자	카	동	다	쌀	풍	데	부
어	로	한	을	자	바	대	인	유	은	측	루	어	쌀	피	이	동
계	러	다	잠	자	리	클	다	가	일	트	람	바	개	하	터	이
고	절	전	말	러	굴	리	견	테	요	코	트	를	최	기	가	절
끔	유	로	범	견	을	어	쌀	표	토	거	노	발	장	한	셀	추
느	용	측	카	굽	동	운	짓	트	도	제	솔	감	들	발	굽	파
사	요	굴	카	위	너	트	날	스	에	다	젊	을	거	터	리	바
적	동	스	를	위	할	자	터	체	도	날	적	굴	의	를	이	달
받	고	크	굴	용	당	제	로	전	젊	용	달	로	터	물	리	체
컴	동	로	제	어	문	운	한	로	문	한	이	남	부	길	을	이
문	트	러	도	이	주	무	파	느	북	대	낌	케	달	용	체	돌
결	굴	너	감	위	느	질	대	쌀	자	문	은	질	이	북	짓	터
부	한	발	요	솔	문	을	여	기	집	질	레	로	자	크	러	다
을	절	젊	퓨	루	용	견	크	운	돌	을	트	은	동	측	법	바
거	적	람	다	터	춤	결	레	트	날	질	바	풍	사	참	가	자

무대
피하기
클리어
코트를
남부
이유가
케이크
체인
데이터가
할당
코요테
노트
계절
토요일은
참가자
길을
잠자리
유용
여기
개최

Puzzle 398

박탈이
손실을
학생
침실
명시
형식
메일을
실제
관심
미친
습관을
책상
스틸훔쳐
해설
지우개
언덕
항상
소형
재생
키위

굴	추	터	한	주	터	에	받	한	이	필	이	부	를	트	쌀	박
필	을	끔	날	바	문	리	젊	형	카	거	언	추	집	스	들	탈
셀	장	스	틸	훔	쳐	항	어	식	문	로	덕	솔	을	크	장	이
감	운	터	달	질	에	상	카	물	대	행	바	주	체	파	체	동
지	표	파	컴	의	문	발	돌	한	물	고	적	질	전	용	노	한
리	우	용	표	부	문	부	크	너	다	동	동	한	북	주	스	너
체	주	개	운	이	용	용	은	젊	루	견	동	느	주	은	을	측
쌀	레	다	명	솔	행	굽	문	쌀	은	동	주	주	은	동	션	레
소	형	추	전	시	범	젊	고	부	거	로	필	문	장	바	동	고
요	리	돌	추	을	감	리	거	동	부	북	거	고	을	너	이	바
용	끔	풍	트	문	짓	측	한	공	달	에	받	굴	이	책	동	절
재	생	용	측	사	감	끔	측	키	위	스	카	터	노	상	문	느
관	심	습	부	발	날	다	로	바	너	을	파	파	추	로	학	을
리	공	관	에	카	측	파	션	쌀	크	실	침	미	끔	로	생	달
스	전	을	일	메	해	설	도	다	쌀	손	제	친	제	루	한	스

Puzzle 399

스	용	제	셀	을	전	동	결	결	날	적	공	을	북	한	엄	체
부	낌	병	컴	견	전	집	레	한	퓨	도	를	용	쪽	크	청	스
책	정	원	바	은	달	질	올	에	때	어	춤	춤	으	의	난	귀
늑	를	적	다	에	트	스	북	필	문	날	구	추	로	도	만	여
느	대	식	인	자	전	윙	파	동	에	굽	풍	체	천	풍	큼	운
리	부	한	로	퓨	찍	요	느	견	용	사	공	늘	사	바	이	은
터	터	주	끔	주	루	감	공	을	낌	행	어	을	터	맞	션	측
용	달	찍	션	끔	한	스	루	굴	파	짓	레	날	설	탕	한	문
말	요	찍	한	퓨	러	쌀	감	용	을	은	물	람	짓	다	를	부
질	측	외	로	운	언	제	범	동	쌀	자	적	감	동	로	을	동
체	쌀	견	바	공	람	북	적	도	느	필	느	질	한	을	를	문
뜨	거	운	한	은	대	결	체	절	션	동	들	장	날	바	발	트
감	지	하	여	레	젊	늘	체	크	용	한	치	아	병	아	리	쌀
전	문	람	노	젊	셀	문	쌀	문	카	느	문	질	날	굴	장	다
선	택	은	동	끔	한	동	거	느	파	맞	로	리	바	추	을	문

설탕
외로운
선택은
병아리
늑대
감지하여
스윙
치아
엄청난만큼이
정책
추구
부정적인
추천
언제
때문에
귀여운
병원
인식
뜨거운
북쪽으로

Puzzle 400

용어보다
오징어
가격
웃음
전차
탐구
샤이
수집위원회
레이스
감싸는
그녀
경찰
설명
눈송이
영화
필드
야구
질환
잊어
데이터

수	바	올	을	느	셀	필	을	설	러	바	낌	터	바	표	션	그
을	집	한	주	로	돌	을	체	명	사	낌	트	람	말	동	춤	녀
느	질	위	공	집	풍	견	솔	주	솔	행	자	문	은	결	추	을
부	환	야	원	터	짓	주	트	동	션	로	트	부	맞	다	장	달
람	법	구	견	회	감	싸	는	동	늘	집	돌	로	표	데	도	굴
의	루	리	의	물	로	문	어	굴	말	람	장	들	로	이	가	격
필	문	굽	북	장	한	전	말	북	자	날	트	바	노	터	송	고
솔	드	부	람	풍	들	너	풍	대	거	물	표	법	레	이	스	눈
표	공	말	바	다	감	공	트	터	한	바	대	에	의	한	공	노
너	위	한	웃	음	늘	경	찰	바	다	전	탐	구	법	다	전	느
문	대	부	노	한	동	의	대	북	요	차	바	동	날	보	찍	풍
질	적	날	바	너	동	부	자	에	로	동	이	오	징	어	잊	레
위	을	맞	로	젊	노	셀	주	쌀	질	어	을	체	바	용	공	주
춤	물	문	느	사	말	절	샤	이	적	영	느	맞	러	감	고	크
이	한	범	적	들	질	이	위	감	트	화	법	터	를	체	한	체

Puzzle 401

위	견	법	바	운	크	다	날	악	어	질	레	람	다	차	돌	이
명	확	하	게	북	바	도	동	용	약	션	트	모	방	이	코	한
한	크	앉	전	솔	말	상	바	문	리	춤	도	굴	법	가	측	치
스	적	아	행	루	돌	추	동	부	북	말	느	질	트	허	너	동
범	맞	체	람	크	대	말	로	터	문	풍	쌀	문	대	은	을	을
한	법	돌	자	추	부	체	전	어	한	집	루	주	세	유	리	한
느	거	제	고	트	들	트	람	휘	어	집	은	판	대	퓨	동	트
체	받	제	부	리	요	노	추	러	한	법	늘	매	리	레	도	올
리	바	짓	한	의	측	크	찍	로	부	한	행	자	이	낌	절	사
대	주	들	은	견	감	바	트	제	자	고	동	부	션	끔	쌀	행
주	람	한	안	들	한	거	크	문	자	을	것	질	쌀	문	적	법
필	에	들	경	러	이	너	돌	퓨	범	침	문	이	행	주	찍	굴
늘	스	이	돌	다	굽	을	북	주	젊	바	대	양	다	그	행	솔
굴	질	를	부	젊	돌	다	트	다	바	맞	추	고	솔	려	동	범
트	집	정	확	성	람	람	제	짓	주	러	에	은	결	리	올	말

차이가
앉아
그려
안경
어휘
것이다
허가
명확하게
모방
판매자
세대
상추
체리
코치
고양이
침대
정확성
유리한
약어
악어

Puzzle 402

전	분	날	운	정	항	를	거	문	러	맞	두	주	동	받	을	달
운	시	출	을	말	해	루	사	운	물	동	을	꺼	을	날	사	도
배	드	가	퓨	필	카	동	도	짓	체	돌	바	쌀	비	들	측	풍
지	반	크	시	감	춤	춤	파	을	받	물	질	쌀	질	메	장	바
고	한	범	게	주	돌	북	다	너	크	은	질	용	젊	뚜	고	을
도	모	위	을	돌	거	느	동	고	주	굴	주	맞	컴	기	받	을
끔	양	는	고	느	전	굽	문	터	파	집	퓨	발	람	들	러	범
물	을	을	려	어	굴	굴	자	를	솔	분	모	도	전	거	자	트
이	굴	자	찍	부	북	자	제	북	명	확	히	로	범	루	적	집
문	전	느	도	맞	발	자	절	측	감	다	날	찍	동	물	굽	다
요	낌	동	낌	날	바	러	주	견	동	은	용	리	을	절	루	문
굴	들	한	은	로	한	지	켜	레	짓	을	쌀	지	찍	카	를	요
생	존	조	상	폐	기	물	풍	끔	로	용	트	원	굴	운	사	탕
한	의	동	전	문	러	동	한	너	필	레	을	공	의	트	터	주
문	너	추	적	터	동	을	로	터	파	동	굽	행	질	자	용	추

범위는
모양을
정말
시게
폐기물
명확히
분모
두꺼비
전시가
메뚜기
분출
지원
사탕
반드시
고려
배지
지켜
생존
항해
조상

Puzzle 403

스	션	를	레	도	굽	파	사	부	로	람	문	로	달	이	한	컴
발	을	표	부	자	운	바	의	무	제	고	기	두	께	의	풍	절
의	보	였	다	들	솔	을	트	자	실	한	이	모	동	법	적	문
말	표	을	거	굴	맞	한	쌀	한	고	동	터	부	요	돌	태	양
날	체	문	자	바	트	연	구	추	정	주	도	문	달	적	달	동
체	이	벤	트	를	견	셀	로	전	이	은	질	리	문	법	풍	마
필	터	동	를	굽	공	발	물	공	파	폭	문	문	운	동	주	모
굴	을	들	위	범	문	션	요	카	굴	발	풍	동	필	바	결	부
로	추	찍	바	운	크	자	질	날	굴	솔	레	사	날	트	굴	권
쌀	노	트	너	람	다	을	주	받	짓	올	맞	바	의	제	돌	한
느	찍	한	들	달	적	컴	적	발	거	날	문	맞	레	바	자	솔
다	한	로	다	을	동	을	의	언	어	를	체	터	쌀	크	퓨	추
카	주	장	문	느	너	주	한	너	공	람	견	를	표	크	운	풍
한	바	소	스	포	츠	가	전	날	바	낌	을	트	다	범	주	부
꼼	트	노	란	색	문	바	를	감	의	올	표	낌	을	동	표	위

부모
주소
모두
고기
이벤트를
폭풍
질문
노란색
두께의
연구
언어를
법적
사무실
마모
스포츠가
추정
태양
보였다
권한
실제로

Puzzle 404

졸업
활성
적용
성장한다
가스
공간
신호
스파클
환경
추격
램프
유리
빨리
비행
이슬
다음과
복싱
체포
요인

바	문	낌	문	굴	대	동	이	동	파	졸	업	크	맞	범	한	루
문	부	셀	노	컴	젊	한	슬	범	트	을	은	바	한	바	션	꼼
추	격	한	쌀	노	동	표	적	노	짓	자	발	달	질	들	표	다
거	쌀	과	이	공	문	의	문	용	운	문	북	질	한	문	를	바
법	부	음	동	느	측	공	간	굽	부	한	달	한	감	을	체	동
솔	견	다	에	풍	감	을	체	돌	노	찍	동	동	동	느	체	사
표	트	한	비	행	달	로	를	문	트	느	체	굽	공	체	질	행
컴	활	장	용	결	요	인	감	공	용	문	다	주	복	싱	결	질
풍	도	성	션	어	한	문	램	프	대	유	춤	퓨	너	한	체	포
바	전	늘	용	절	한	동	터	의	다	리	표	춤	적	너	트	의
셀	말	솔	루	감	도	파	주	도	환	빨	대	전	용	굴	늘	동
도	바	달	솔	춤	스	낌	동	날	이	경	도	로	질	제	질	크
를	낌	셀	카	범	용	카	람	한	스	가	한	꼼	늘	발	를	너
느	체	트	문	람	행	날	신	고	파	스	문	한	노	꼼	북	장
너	퓨	체	적	제	주	추	느	호	클	위	문	춤	트	집	한	도

Puzzle 405

쌀	우	유	지	방	을	은	느	리	풍	필	결	문	감	을	전	문
법	을	감	체	쌀	의	종	법	동	춤	동	지	발	다	동	요	돌
거	트	솔	풍	올	느	료	대	카	나	리	아	원	병	터	한	부
받	추	늘	한	응	답	와	발	느	받	인	약	속	을	질	다	물
을	리	장	받	집	배	문	대	받	레	기	을	은	리	적	다	어
요	낌	크	을	측	치	퓨	질	바	용	표	용	감	한	문	행	퓨
표	자	범	다	동	문	부	어	부	필	바	바	자	문	고	날	딱
잘	못	이	위	감	동	늘	드	롭	요	요	의	도	루	굴	도	정
쌀	장	한	문	쌀	을	너	문	트	문	이	용	대	트	다	동	벌
쌀	로	법	달	을	고	에	을	트	릭	사	다	물	감	레	바	레
명	에	질	의	대	트	스	질	절	감	동	포	춤	올	추	발	법
비	행	기	가	자	부	컴	을	요	부	동	도	문	질	너	셀	부
쌀	은	발	어	문	동	대	필	용	트	은	집	시	올	짓	찍	질
동	에	자	굽	쌀	트	셀	젊	카	범	문	추	이	간	추	끔	파
행	을	굴	들	바	느	에	리	람	굽	루	북	맞	풍	컴	질	동

비행기가
응답
지원을
시간
종료와
포도
인기
자동
드롭
트릭
배치
종의
약속
비명
용감한
잘못이
딱정벌레
우유지방
카나리아
병원

Puzzle 406

오프너
배가
검사
조심
아무것도
액세스
퍼핀
듣고는
아침
콘도르의
미스
시민
작가
빛의
찬장
인형
코너
촬영
벨자전거
램프

콘	셀	을	아	말	듣	체	장	필	레	너	노	운	찬	발	받	한
로	도	동	침	날	고	동	의	다	을	춤	어	쌀	장	솔	셀	집
파	것	르	적	문	는	을	측	벨	를	낌	빛	춤	물	러	부	어
주	무	고	의	주	측	노	한	자	크	자	의	의	솔	러	은	로
바	아	레	자	리	고	올	올	전	배	찍	램	인	찍	은	이	날
물	전	터	주	체	문	고	운	거	부	가	프	형	젊	트	한	한
러	동	맞	바	컴	달	굽	범	달	도	작	루	결	낌	고	러	부
행	을	동	자	범	동	요	노	장	한	도	집	적	바	자	퓨	북
끔	을	집	쌀	에	트	동	을	법	퓨	결	들	거	자	도	동	레
퍼	핀	은	시	민	체	미	스	세	액	물	오	한	트	짓	을	필
퓨	발	다	을	쌀	풍	촬	영	짓	바	행	사	프	셀	느	이	의
느	사	감	거	위	검	사	위	집	춤	로	션	트	너	바	셀	물
이	낌	집	발	동	자	스	대	동	바	로	조	심	코	문	을	자
발	제	솔	들	받	셀	춤	너	고	북	발	견	터	한	쌀	동	느
집	로	맞	집	표	동	을	자	문	끔	쌀	스	동	제	굴	문	전

Puzzle 407

간	동	을	달	사	여	기	춤	한	평	파	한	운	을	편	필	의
범	다	플	달	운	레	세	버	전	가	발	동	문	한	퓨	안	람
지	찍	레	은	드	견	로	집	공	노	동	풍	루	견	로	한	북
식	출	이	늘	동	션	한	북	들	바	바	경	험	춤	을	낌	다
서	위	어	꿈	을	이	추	제	레	한	람	고	날	문	용	을	말
카	솔	컴	체	로	집	부	을	제	체	달	추	루	셀	부	로	질
찍	션	짓	체	크	필	동	은	은	어	거	트	트	어	거	질	문
위	질	레	동	컴	범	적	달	운	한	자	트	쌀	너	체	로	을
은	코	노	쌀	굽	쌀	부	들	받	용	한	크	젊	동	포	아	웃
부	트	부	추	늘	쌀	스	이	달	한	한	문	을	트	한	한	트
셀	를	수	도	입	한	틸	주	꿈	적	고	발	춤	셀	집	러	자
자	쇼	집	을	날	말	올	사	고	표	굴	용	바	이	주	한	주
주	표	마	질	트	결	올	리	퓨	바	대	감	늘	느	짓	솔	람
풍	너	음	퓨	의	리	장	크	자	동	맞	너	느	바	주	컴	한
의	이	동	발	운	러	전	문	바	전	파	절	컴	은	의	맞	절

서식지
간다
플레이어
사운드
아웃
버전
평가
수집
편안
쌀쌀한
경험
세기
마음
지출
스틸
도입
쇼를
여기
코트를
체포

Puzzle 408

결	법	파	퓨	도	말	부	을	사	요	이	질	주	행	질	레	쌀
발	고	레	동	풍	체	절	트	젊	도	결	질	도	요	춤	굴	노
젊	발	한	요	예	뻐	를	드	라	이	브	문	질	자	주	로	은
껍	질	동	올	대	측	범	부	결	주	한	을	질	로	람	이	바
한	자	자	이	동	을	올	어	어	받	굽	법	사	문	문	노	스
맞	연	강	제	찍	맞	북	로	문	젊	문	용	추	측	을	돌	질
받	에	아	물	크	체	굽	추	말	낌	셀	경	계	체	을	장	동
거	운	지	바	전	부	최	셀	용	맞	필	집	굴	느	젊	느	느
풍	체	동	범	용	필	초	자	문	보	행	트	달	법	러	카	늘
필	법	다	질	인	물	의	추	전	고	견	너	로	노	스	요	바
감	름	돌	노	덱	동	춤	를	가	서	을	어	한	스	동	문	레
번	노	이	로	스	결	스	올	역	는	낌	전	균	받	루	컴	용
표	질	카	제	트	운	용	바	쁘	지	만	기	원	자	쌀	임	원
을	위	을	을	발	사	쌀	달	굴	쌀	쌀	부	부	파	한	카	다
언	어	를	트	스	버	너	다	한	측	퓨	굽	자	적	어	토	양

필름
원자
껍질
강아지
경계
인덱스
보고서는
바쁘지만
임원
전기
드라이브
자연에
예뻐를
지역
추가
인용
버스트를
최초의
토양
언어를

Puzzle 409

제	드	느	컴	햄	적	의	집	문	측	집	노	춤	법	동	소	도
한	물	너	쌀	버	받	부	들	적	부	용	풍	달	은	동	끔	요
다	게	돌	은	거	람	컴	파	문	손	가	락	용	카	풍	바	문
사	측	이	적	문	표	유	운	필	적	누	용	파	은	견	난	로
도	달	리	북	계	란	용	감	물	자	달	부	지	느	러	미	트
말	쌀	자	도	체	레	한	북	바	이	은	견	한	젊	말	전	이
용	필	물	을	자	음	결	자	바	북	트	터	늘	셀	대	람	문
질	후	자	다	주	악	트	트	한	늘	말	레	풍	크	어	솔	셀
바	법	보	위	트	범	적	사	사	크	다	트	복	을	퓨	퓨	솔
전	도	질	자	솔	늘	늘	중	앙	블	바	찍	이	싱	티	거	주
추	터	찍	로	너	동	바	한	전	록	진	리	해	필	니	추	거
터	로	요	제	발	주	문	자	터	자	의	트	에	외	뮤	들	절
트	올	장	젊	위	질	북	문	루	장	너	셀	서	에	커	한	도
이	늘	고	낌	늘	낌	날	공	달	운	다	느	한	문	튼	운	거
한	용	문	로	바	필	도	결	크	바	을	퓨	한	추	한	레	달

소요
커튼
손가락
햄버거
후보
이해에서
난로
계란
누가
중앙
블록
외에
음악
지느러미
도달
커뮤니티
진리
드물게
유용
복싱

Puzzle 410

동	부	쌀	굴	발	들	발	바	올	용	한	이	문	행	바	발	자
솔	도	람	자	한	번	견	을	한	크	낌	끔	바	이	들	쌀	다
가	동	전	증	오	호	컴	도	을	올	법	적	오	행	쌀	자	레
르	용	늘	거	한	견	체	법	솔	컴	찍	쌀	받	소	바	사	도
쳐	을	솔	다	바	요	어	낌	터	레	표	춤	감	루	리	를	로
한	집	맞	문	반	거	측	절	로	쌀	도	울	을	션	을	사	견
레	터	북	장	드	트	약	추	행	컴	종	새	굴	어	낌	박	자
낌	너	주	문	시	날	구	조	적	동	이	전	늘	사	주	물	문
받	동	견	언	급	굴	더	제	은	늘	바	도	주	을	요	관	질
절	달	노	전	바	의	러	젊	맞	레	물	발	름	느	말	용	범
굽	사	바	동	한	말	운	을	주	자	부	행	자	추	을	션	을
공	기	사	주	끔	한	용	달	굽	위	말	판	바	다	돌	필	트
특	은	린	표	날	로	거	운	문	거	리	사	부	자	를	올	쌀
정	솔	루	동	절	것	은	람	체	풍	절	춤	낌	고	문	날	솔
를	쌀	질	동	대	풍	결	러	표	유	채	과	행	낌	로	부	질

종이
기린
더러운
자위
울새
유채과
주름
부자를
것은
가르쳐
오소리
특정
번호
박물관
증오
언급
판사
구조
조약
반드시

Puzzle 411

다	받	낌	날	끔	범	부	한	추	드	체	두	용	레	느	환	동
굴	람	거	통	스	스	로	늘	주	럼	러	연	께	물	춤	영	추
공	질	쥐	지	치	명	적	적	람	풍	루	못	을	의	젖	이	절
이	요	한	노	래	하	기	느	판	매	자	조	올	의	은	더	블
을	제	자	바	추	고	발	집	풍	문	유	랑	짓	문	굽	다	도
션	낌	찍	위	부	젊	북	셀	굽	한	소	말	장	받	범	동	문
말	증	터	동	춤	장	노	의	장	늘	느	감	절	션	낌	문	용
에	동	거	한	공	춤	찍	루	파	주	사	동	카	적	카	다	고
카	운	을	은	부	이	주	표	주	범	적	한	동	용	자	북	이
부	어	바	쌀	셀	용	바	루	날	들	한	느	을	무	엇	을	소
발	너	로	을	행	바	들	주	찍	사	문	린	필	을	을	한	설
한	문	늘	카	법	에	러	발	견	크	컴	주	도	에	마	트	도
느	한	용	쌀	파	체	한	셀	맞	낌	너	레	짓	발	을	법	찍
테	러	쌀	질	쌀	풍	트	한	낌	늘	동	문	동	범	을	질	공
용	쌀	느	셀	을	필	트	늘	의	쌀	전	제	리	도	로	필	젊

소유자
부어
치명적
소설
노래하기
마을
증거
통지
테러
무엇을
환영이
더블
스스로
젖은
연못조랑말
다람쥐
느린
드럼
판매자
두께의

Puzzle 412

필	측	물	테	니	스	마	션	범	자	추	무	찍	말	공	굽	행
은	돌	한	전	리	를	차	레	트	바	동	적	의	위	말	요	달
장	돌	바	쌀	측	바	루	로	요	카	자	슬	느	미	트	람	문
맞	크	동	노	문	한	춤	한	을	도	부	픈	로	너	한	이	문
리	드	머	그	잔	문	은	중	복	파	체	날	쌀	늘	레	퓨	운
자	은	젊	커	를	품	결	문	터	도	북	의	다	장	문	위	장
터	굴	동	플	의	질	문	덮	낌	낌	끔	위	발	도	한	찍	절
카	발	의	운	을	바	너	여	맞	웃	주	질	요	스	다	말	굴
모	니	터	링	공	은	다	표	받	었	풍	체	풍	파	측	을	솔
을	요	의	동	행	부	받	고	필	다	사	을	전	한	파	로	법
도	를	질	찍	부	리	제	부	람	너	문	컴	문	달	위	전	올
을	바	거	이	상	한	달	이	을	제	감	풍	너	도	굴	법	리
벽	어	북	쌀	제	바	은	결	문	주	시	발	을	굽	어	차	례
용	화	이	찍	솔	을	한	동	법	률	도	트	물	트	두	전	범
돌	집	를	끔	로	동	춤	쌀	도	을	주	자	바	터	운	스	우

벽화
품질
모니터링
머그잔
법률
거북이를
무의미한
덮여
중복
이상한
테니스
마차
커플
어두운
우스운
리드
슬픈
시트
웃었다
차례

Puzzle 413

가	부	추	풍	요	이	받	고	자	로	어	날	말	질	사	문	다
난	셀	발	의	루	행	받	법	쌀	동	파	깨	다	벨	터	을	대
한	말	질	범	장	운	추	용	바	감	노	요	한	한	트	편	지
올	로	말	어	말	노	이	문	를	리	동	썰	야	다	절	크	공
낌	로	다	체	러	날	은	전	바	자	을	매	여	한	젊	법	댄
춤	다	말	요	돌	그	래	프	발	체	행	측	하	운	바	한	스
짓	질	장	리	의	착	컴	동	쌀	요	느	을	푸	문	올	말	쌀
자	부	문	논	에	너	용	도	위	문	도	은	샴	집	체	을	을
바	동	말	의	기	관	군	인	트	표	젊	늘	발	돌	동	은	자
바	낌	전	트	읽	문	제	공	북	라	운	드	신	풍	의	감	젊
올	부	당	근	이	사	굴	리	컴	카	끔	문	트	찍	추	트	한
을	에	에	을	의	주	다	날	범	파	을	동	솔	집	다	은	개
부	트	한	을	돌	집	을	질	추	끔	질	파	문	를	레	동	방
한	낌	셀	을	맞	맞	을	셀	질	로	담	비	표	체	질	북	들
도	끔	범	한	컴	공	을	람	루	감	바	느	로	권	한	절	한

당근
썰매
읽기에
벨트
착용
댄스
가난한
편지
어깨한다
제공
개방
신발샴푸하여야한다
기관
요리논의
그래프
라운드
돌풍
담비
군인
권한

Puzzle 414

문	느	사	제	발	제	받	레	을	소	범	노	충	트	은	주	결
로	을	거	은	늘	자	들	노	러	녀	스	한	트	분	세	척	맞
한	발	친	화	적	편	안	함	을	일	메	솔	자	동	한	말	체
셀	어	말	부	젊	동	자	발	적	춤	로	다	적	말	다	동	집
용	표	문	한	솔	춤	동	크	바	크	퓨	부	람	문	낌	조	굴
루	적	표	로	장	노	절	를	한	람	을	스	키	퓨	춤	합	노
필	짓	한	운	크	짓	반	모	느	달	이	절	물	동	전	이	운
도	굴	스	너	위	이	범	양	찍	쌀	한	체	도	트	스	에	거
트	북	돌	동	협	크	솔	터	춤	한	발	사	굽	끔	다	필	트
올	을	살	고	을	도	문	달	한	를	스	은	셀	주	부	트	용
자	다	질	쾡	부	측	굴	의	발	쌀	용	한	적	로	전	터	끔
자	러	를	공	이	날	젊	들	돌	노	계	절	표	시	셀	동	용
뽑	전	주	어	을	느	적	문	물	력	토	을	날	추	람	쌀	스
아	도	다	맞	탐	카	느	달	물	솔	크	추	다	람	바	운	낌
주	바	도	람	구	법	용	문	질	사	감	법	다	절	한	절	도

위협
절반
살쾡이
소녀
모양
토크
편안함을
충분한
친화적
표시
전에
자발적
조합이
세척
노력
스키
뽑아
계절
메일을
탐구

Puzzle 415

솔	카	질	늘	동	첨	셀	동	쌀	위	견	운	한	찍	터	도	체
쌀	전	풍	쌀	절	부	감	를	북	풍	받	낌	젊	저	법	주	춤
춤	끔	로	도	파	견	발	공	올	낌	추	풍	겁	장	한	젊	짓
견	리	클	제	션	동	주	받	퓨	빠	를	을	쟁	문	법	동	러
북	견	맥	라	한	용	전	제	받	른	달	문	이	굴	제	물	스
을	행	주	루	우	크	바	트	션	스	리	을	솔	날	달	을	느
파	공	문	절	주	드	들	감	공	질	케	영	향	을	받	장	요
솔	트	날	은	주	을	로	을	너	대	레	이	문	제	요	우	대
의	성	광	크	한	전	짓	레	평	자	쌀	카	트	올	루	굴	유
파	능	택	에	부	다	을	한	균	발	법	늘	동	너	고	은	터
문	가	장	자	리	행	올	로	제	예	일	몰	쌀	의	이	이	너
동	도	도	한	맞	히	지	능	형	를	리	달	도	의	부	셀	대
문	바	표	러	람	도	쌀	루	각	쌀	문	굽	느	발	문	노	용
약	한	추	물	컴	다	구	리	삼	트	은	의	을	노	측	공	이
낌	제	위	필	동	사	에	다	이	한	범	용	동	에	한	카	터

저장
맥주
스케이트
지능형
약한
가능성
광택
일몰
삼각형
가장자리
겁쟁이
다행히도
영향을
빠른
첨부
예를
평균
구리
클라우드
우유

Puzzle 416

짓	셀	동	스	주	은	느	법	풍	에	거	적	법	을	달	견	문
동	문	표	결	맞	동	솔	측	춤	추	느	스	건	강	동	레	솔
션	느	은	은	너	을	견	을	느	요	사	말	맞	돌	굽	발	채
질	공	운	을	용	도	발	보	여	물	전	적	은	트	행	견	택
쌀	에	바	부	한	보	고	서	식	젊	은	고	돌	쌀	을	트	은
도	역	느	너	대	법	크	용	사	천	은	늘	감	올	발	달	춤
이	할	용	어	괜	올	풍	어	홍	운	표	문	춤	발	렌	타	인
레	에	터	도	늘	찮	운	보	사	수	제	품	을	느	동	트	대
측	어	감	쌀	퓨	짓	아	다	표	파	다	느	북	감	감	이	한
너	쌀	한	요	동	파	운	도	위	카	바	감	풍	주	발	가	발
개	바	용	절	측	컴	은	문	한	견	루	대	필	견	받	위	컴
한	미	트	측	퓨	찍	스	절	가	파	요	짓	자	을	도	을	필
동	고	결	노	문	의	북	요	격	로	당	트	절	이	발	트	집
부	맞	제	쌀	절	용	리	질	러	레	신	부	견	주	퓨	을	을
발	부	측	쌀	자	위	절	문	터	루	의	일	이	바	잠	금	장

건강
젊은
발렌타인
괜찮아도
잠금
천사
가위
일이
보고서
식사
역할에
제품
홍수
개미
보여
용어
당신의
채택
가격
용어보다

Puzzle 417

요	캠	회	트	자	로	을	측	문	법	레	문	을	바	트	람	발
받	페	원	괭	고	셀	행	집	끔	리	다	추	결	위	한	이	표
양	인	표	이	바	굴	발	바	끔	춤	동	늘	춤	파	질	로	풍
파	동	집	를	바	키	위	발	올	받	에	리	문	러	부	바	인
에	레	트	설	이	날	터	고	퓨	발	발	바	춤	물	요	요	치
만	필	요	로	득	질	은	끔	도	도	쌀	한	대	어	말	느	가
동	한	러	한	이	전	고	에	결	거	필	들	에	질	굴	낌	손
적	낌	문	절	체	요	굽	제	행	쌀	절	제	느	발	결	부	실
적	동	천	국	트	자	용	카	맞	제	바	문	위	행	성	참	을
컴	로	느	바	견	파	위	받	문	한	한	전	로	은	도	가	동
입	자	를	행	문	문	부	스	추	로	동	학	들	행	물	을	부
부	올	발	굴	문	측	을	재	찍	집	느	생	을	솔	람	느	대
이	을	사	다	바	발	바	미	용	주	늘	절	표	여	전	트	한
받	경	사	압	력	범	늘	이	표	한	은	필	한	기	든	을	제
사	추	신	동	적	법	셀	필	공	굽	전	젊	카	측	각	집	바

인치가
참가을
압력
천국
괭이를
필요로
양파에만
회원
재미
행성
신사
기각
설득
입자
여든
캠페인
경사
키위
학생
손실을

Puzzle 418

의	법	달	로	를	한	사	동	물	이	끔	범	북	을	터	바	쌀
너	루	제	용	금	지	하	는	행	이	의	문	찍	재	추	공	은
의	어	트	자	문	공	결	크	쌀	들	야	결	동	퓨	생	표	요
날	장	발	에	짓	문	문	제	자	솔	트	기	션	너	을	용	이
컴	동	늘	을	북	달	공	느	물	바	낌	한	는	트	행	추	를
굽	건	조	말	물	러	들	부	제	행	다	도	요	세	적	느	물
를	요	발	범	풍	체	올	자	적	늘	솔	용	자	트	을	다	용
말	용	에	쌀	동	제	부	트	말	절	연	못	벽	를	운	을	한
짓	의	한	결	낌	부	파	않	는	문	한	현	한	문	동	느	러
추	로	이	운	운	의	북	동	추	받	엄	실	트	이	행	자	동
북	러	유	영	을	들	루	의	리	소	격	의	한	로	복	을	집
제	늘	가	용	풍	카	바	컴	거	방	한	소	화	실	동	북	레
한	트	측	을	사	용	질	찍	달	관	찍	문	자	패	장	갑	회
고	젊	질	사	을	결	측	도	물	어	필	노	느	에	요	들	사
맞	느	공	말	부	찍	을	트	컴	문	행	트	젊	이	동	이	추

물어
이야기는
장갑
부적절한
연못벽
소리의
엄격한
소방관
금지하는
실패
건조
회사
소화
세트를
현실의
행복
운영
않는
이유가
재생

Puzzle 419

대	느	도	동	젊	문	주	다	장	굽	을	기	붕	괴	에	서	동
해	문	바	동	용	거	낌	굴	크	을	들	트	계	결	적	러	도
션	의	법	이	를	질	볼	견	질	대	브	말	결	주	대	낌	쌀
크	이	영	감	파	를	트	고	필	트	셀	라	끔	거	한	필	문
행	파	양	솔	부	굽	젊	람	퓨	춤	들	범	운	바	크	솔	사
트	굴	분	사	받	주	위	파	은	바	스	적	낌	공	굴	트	너
한	측	을	오	토	바	이	굽	들	느	춤	다	은	고	용	트	집
받	행	녹	색	한	달	트	거	대	리	주	찍	한	쌀	버	도	요
람	춤	은	트	쌀	카	너	대	풍	굴	장	자	돌	을	팔	동	부
의	을	쌀	집	한	카	제	약	물	달	레	소	장	난	로	위	다
쌀	쌀	태	도	문	은	한	이	풍	대	을	금	다	질	바	받	견
전	북	문	요	겸	션	동	러	북	늘	한	체	다	문	자	절	범
동	감	일	요	일	손	느	태	주	어	진	주	는	파	전	가	끔
풍	용	이	위	퓨	의	한	양	은	추	은	절	문	부	필	말	트
기	회	다	장	쌀	낌	자	핑	크	람	퓨	북	로	쌀	젊	컴	바

영양분을
장난
약물
붕괴에서
겸손한
브라운
일요일
대해
태도
핑크
버팔로
녹색
소금
볼트
기계
기회
오토바이
주어진주는
가끔
태양

Puzzle 420

산업을
마흔을
자랑스럽게
휴일
케이스
눌러
말괄량이
야드
고발
개발
점유율
비누
굵게
마커
꿈이
요인을
기능을
능력
관용
부모

물	늘	관	마	바	야	드	동	을	굴	절	부	셀	션	의	로	제
눌	체	용	을	흔	비	누	굽	공	질	끔	표	모	러	범	스	질
러	달	질	굽	다	을	인	요	루	측	낌	젊	제	솔	맞	다	에
풍	필	풍	올	을	점	루	스	체	돌	한	찍	주	꿈	의	쌀	찍
공	바	동	주	을	유	산	업	을	주	를	견	질	고	거	굵	대
추	굽	필	부	춤	율	끔	느	능	개	발	능	을	부	발	게	너
로	을	범	찍	굴	올	범	느	기	날	바	력	바	결	고	러	문
은	션	이	표	리	한	운	션	측	말	느	에	느	굽	끔	고	이
트	마	도	컴	트	동	젊	측	바	괄	주	공	표	한	용	춤	적
동	커	용	주	동	카	주	문	바	량	문	의	말	크	동	도	사
노	도	동	어	발	부	한	동	자	이	도	젊	공	문	고	거	을
늘	문	동	추	이	물	휴	레	랑	리	어	맞	트	터	쌀	용	굽
날	법	바	람	물	행	일	체	스	이	케	의	바	젊	을	고	다
이	받	거	말	자	어	질	노	럽	공	을	필	행	발	풍	적	절
솔	스	컴	크	적	크	바	문	게	춤	동	바	크	자	대	한	한

Puzzle 421

감	독	트	의	들	공	를	표	끔	동	결	질	레	대	바	모	낌
크	찍	끔	주	낌	리	요	은	무	대	초	카	을	스	규	든	발
귀	족	하	우	스	는	법	러	발	크	풍	문	올	다	제	쌀	춤
대	한	스	결	절	부	운	문	은	트	션	지	구	본	받	운	러
루	바	질	돌	로	집	운	추	이	요	의	터	굴	솔	을	굽	행
선	대	부	필	감	의	주	을	자	해	요	범	절	한	춤	늘	용
글	문	크	찍	을	추	한	을	동	바	거	용	어	트	한	결	추
라	주	한	한	한	자	풍	동	바	도	달	굽	질	로	춤	표	동
스	쌀	사	탕	부	도	제	어	어	날	람	터	조	거	러	을	돌
를	을	동	을	트	위	묶	크	필	트	도	용	돌	류	굽	동	굴
짓	전	발	셀	러	리	여	느	터	요	을	절	단	미	래	질	과
동	스	를	장	다	늘	컴	춤	감	코	스	다	늘	계	길	이	학
말	스	리	돌	스	은	노	카	너	범	컴	맞	크	제	를	장	자
바	을	집	주	느	도	어	표	한	이	러	굽	돌	북	사	을	적
발	법	날	제	솔	크	을	솔	션	견	자	사	위	을	션	들	터

길이
과학자
제어
귀족
규제
코스
셀러리
미래
묶여
이해
단계를
선글라스
초대
감독
지구본
조류
모든
하우스는
무대
사탕

Puzzle 422

날카로운
열한
아이디어가
입술
누군가
브러시
과일
운전사
직원이
시도
점심
졸업장
관찰
각종
게으른
그림자
침실
병아리
전차
이벤트를

동	거	노	침	실	각	날	을	한	노	동	추	발	파	직	카	한
컴	병	도	주	요	종	들	너	이	다	받	파	동	한	원	파	문
너	아	날	전	전	을	장	과	일	문	람	굽	입	술	이	도	필
느	리	바	그	림	자	문	의	크	파	주	너	느	굽	문	점	찍
람	고	위	용	집	러	고	부	주	풍	받	결	풍	달	맞	을	심
찍	견	가	군	누	솔	적	고	젊	자	돌	다	람	달	올	행	은
이	한	어	열	한	날	문	사	을	퓨	한	를	바	시	동	낌	한
를	돌	디	다	맞	터	받	레	을	느	트	스	이	도	사	한	어
용	솔	이	벤	트	를	전	맞	고	은	루	체	레	쌀	파	컴	을
레	올	아	터	람	굴	차	의	굴	관	찰	운	브	올	질	을	다
북	전	터	동	범	졸	업	장	말	은	다	고	셀	러	추	파	필
자	받	운	전	사	션	다	문	공	용	젊	트	게	올	시	동	느
을	끔	로	자	로	도	어	을	동	를	물	표	리	으	문	발	션
크	컴	카	위	물	체	받	찍	굽	노	부	로	주	솔	른	도	늘
제	자	날	너	들	질	날	바	한	발	느	사	을	견	대	문	거

Puzzle 423

로	코	한	이	바	햇	용	얼	셀	한	법	동	호	문	파	트	문
찍	셀	끼	감	스	빛	늘	음	올	공	풍	에	출	사	을	사	한
돌	발	한	리	한	발	고	한	을	엘	공	돌	라	측	파	토	동
달	한	한	질	이	한	굴	터	짓	프	맞	추	고	재	운	마	노
터	를	트	견	어	추	은	를	명	한	견	션	용	주	동	토	은
부	문	한	아	필	이	풍	낌	예	레	은	한	낚	트	실	현	동
로	트	루	이	이	도	은	적	롭	적	동	셀	시	러	자	젊	요
루	찍	주	를	물	루	맞	맞	게	문	을	한	에	한	람	셀	굽
느	크	루	전	쌀	솔	문	발	법	말	질	자	올	퓨	질	솔	북
굽	문	날	트	자	운	말	바	셀	자	실	바	을	포	러	굴	견
범	범	말	파	를	다	한	끔	견	어	버	소	측	착	고	은	솔
발	루	물	컴	을	요	은	측	한	한	늘	유	공	측	짓	보	존
너	컴	집	한	셀	하	을	체	은	문	공	장	바	체	느	전	한
들	공	터	공	동	강	방	문	을	고	레	용	쌀	도	공	질	을
한	스	동	굴	남	아	는	어	용	어	행	올	고	동	발	적	부

남아는
실현
보존
아이를
하강
방어
주전자
명예롭게
코끼리
호출라고
토마토
소유
공동
엘프
얼음
실버
포착
재고
햇빛
낚시에

Puzzle 424

람	낌	필	의	문	문	문	질	주	올	행	소	다	질	공	터	크
작	업	이	퓨	운	감	다	질	어	동	집	리	주	발	도	거	굴
맞	발	한	다	동	부	컴	솔	의	거	로	전	필	션	파	동	찍
달	감	루	법	굽	로	카	개	느	바	달	트	운	크	다	한	굽
이	동	트	요	한	켓	요	선	들	솔	북	들	물	발	포	함	대
평	면	표	스	발	회	에	을	솔	측	풍	운	부	슬	라	이	드
부	늘	면	바	부	주	피	너	춤	이	맞	항	목	을	산	우	주
문	동	요	한	좋	아	동	에	은	물	어	집	대	문	체	자	문
자	굽	크	수	결	과	를	동	이	쌀	를	셀	원	연	늘	춤	공
트	을	느	리	가	지	고	도	체	질	한	스	형	레	례	굴	범
바	말	표	를	고	법	션	바	장	주	요	젊	솔	용	한	러	문
올	측	임	명	요	진	춤	낌	문	로	이	공	리	받	루	지	을
트	찍	컴	북	찍	한	질	은	한	레	표	실	험	집	적	트	방
로	솔	도	받	을	위	한	은	들	동	짓	컴	한	운	주	문	터
운	낌	공	션	돌	리	터	자	을	은	주	고	리	사	용	짓	한

원형
표면
로켓
개선
지방
연례
임명
항목을
포함
수리를
회피에
실험
가지고
결과를
슬라이드
소다
평면
작업이
우산을
좋아

Puzzle 425

을	다	필	한	행	좁	은	많	수	신	공	한	빈	문	행	카	다
굴	찍	너	리	체	느	자	동	다	호	세	부	곤	낌	부	느	발
한	을	컴	찍	퓨	거	달	유	날	부	느	거	을	풍	이	요	표
용	주	떨	어	져	주	터	도	치	트	문	질	한	맞	다	용	동
셀	짓	들	컴	돌	발	용	컴	절	가	공	춤	한	용	크	두	항
을	이	어	체	동	한	주	한	들	둥	지	굽	로	굽	측	려	상
탈	출	에	문	위	리	퓨	바	위	부	범	문	셀	다	쌀	워	솔
끔	이	노	용	오	징	어	활	견	문	극	셀	솔	공	한	다	도
이	춤	위	도	레	범	고	집	성	법	적	쌀	러	발	크	레	을
이	발	문	노	대	한	로	을	물	동	인	빨	션	부	맞	필	한
도	말	장	문	어	자	젊	낌	너	자	자	간	북	바	운	돌	바
벽	용	은	복	돌	어	람	스	느	도	신	색	용	자	트	쌀	바
트	난	쌀	숭	한	들	견	노	짓	감	느	을	적	집	을	질	늘
요	루	로	아	을	쌀	표	은	절	교	실	을	풍	솔	컴	레	스
들	터	은	너	부	문	행	문	을	자	발	전	문	퓨	달	어	루

전문
자신
유치가
떨어져
탈출
세부
교실을
복숭아
빨간색을
수많은
좁은
극적인
두려워
빈곤을
벽난로
둥지
항상
오징어
신호
활성

Puzzle 426

성인
유령
마음을
많이
배우에서
일곱
일반적으로
기쁘게
독립
학년
위해
검토
웨스턴
정중
빈번한
좋은안녕
관계가
포크
권투
같아요

적	질	퓨	주	적	공	주	좋	를	위	범	굴	결	빈	기	문	결
추	레	짓	문	은	로	트	용	은	법	솔	필	위	번	쁘	끔	표
전	컴	문	한	고	짓	추	리	용	안	마	음	을	한	게	용	동
정	중	일	동	한	발	은	표	한	러	녕	의	질	돌	끔	은	한
을	사	반	적	쌀	트	들	동	은	바	루	물	스	셀	요	늘	찍
용	트	적	올	바	자	터	문	받	터	견	표	레	부	말	날	크
말	스	으	문	법	대	바	맞	요	한	발	고	측	자	춤	유	령
문	자	로	표	성	인	로	부	이	찍	바	필	짓	어	견	자	레
짓	북	필	느	대	주	같	거	관	체	물	필	의	포	을	고	웨
발	독	요	쌀	용	많	이	아	용	계	찍	날	이	크	은	굽	스
터	립	션	체	문	다	느	고	요	트	가	검	토	제	위	해	턴
셀	어	집	도	한	발	공	권	투	학	년	바	운	도	한	파	트
배	우	에	서	을	솔	은	굴	전	낌	동	솔	굽	부	터	끔	집
동	올	터	자	춤	받	젊	터	한	카	을	전	문	찍	맞	부	주
대	행	션	동	물	일	곱	용	동	을	제	의	끔	을	측	춤	주

Puzzle 427

션	은	느	을	동	에	부	한	공	느	한	끔	달	결	대	바	공
로	바	컴	도	트	을	을	쌀	북	집	솔	늘	발	혼	북	쌀	의
달	위	동	바	터	문	바	트	너	의	로	적	문	올	트	러	퓨
오	람	의	물	에	맞	법	로	스	택	받	은	동	느	물	션	체
리	받	쌀	폐	바	받	을	동	이	시	다	동	션	로	바	터	행
서	둘	러	기	트	을	부	트	은	밴	매	듭	솔	다	풍	맞	체
돌	을	너	물	거	컴	거	루	퓨	동	달	한	견	를	문	발	한
스	트	느	을	너	짓	친	행	쌀	동	을	달	를	박	느	측	파
은	절	너	체	물	요	자	필	한	표	적	느	이	쥐	느	발	견
동	제	크	트	람	맞	제	션	긴	부	노	트	받	크	을	장	를
필	려	문	풍	한	범	측	젊	필	장	거	요	느	발	다	집	물
파	그	을	운	젊	운	션	판	쌀	풍	된	공	루	추	것	들	표
스	릇	들	끔	인	상	필	공	매	끔	트	도	자	요	카	리	요
문	들	용	활	찍	상	받	의	삼	촌	이	다	풍	을	다	은	은
춤	측	레	동	전	단	운	위	션	레	카	한	을	한	다	말	솔

오리
바위
솔로
매듭
박쥐
상단
인상
달이
삼촌이
판매
결혼
서둘러
긴장된
택시밴
것들
그릇
활동
거친
그려
폐기물

Puzzle 428

느	동	션	굴	늘	법	자	집	장	불	부	전	을	를	자	리	리
꼈	카	이	받	돌	사	질	리	바	규	돌	제	주	절	스	솔	체
다	일	적	쌀	레	북	은	전	춤	칙	북	북	용	주	다	한	로
한	타	대	사	춤	감	한	을	춤	이	자	어	제	터	스	노	적
완	스	웨	터	트	욕	망	을	모	의	장	이	느	에	의	션	범
이	벽	문	버	문	레	운	늘	느	물	필	위	굴	터	람	표	부
표	러	표	요	에	주	집	범	죄	문	풍	오	디	션	젊	동	문
트	달	발	견	대	물	컴	동	셀	크	시	터	거	발	러	받	한
대	을	사	물	질	선	을	동	은	굴	도	를	위	결	맞	이	로
질	감	터	함	께	춤	택	퓨	제	을	를	비	사	이	동	헌	늘
행	한	공	춤	굽	를	노	은	제	한	거	극	을	문	컴	필	신
느	트	대	바	주	이	을	바	람	러	증	적	낌	추	체	도	절
행	동	굽	스	한	측	느	용	컴	주	의	셀	에	유	지	할	표
를	동	에	위	을	고	을	감	거	법	들	견	질	의	날	파	은
도	셀	풍	쉽	게	느	용	자	파	다	부	무	지	개	위	부	퓨

모의
감자
시도를
헌신
증거를
함께
불규칙
무지개
스웨터
쉽게
범죄
비극적
버터
욕망을
오디션
스타일
느꼈다
완벽
유지할
선택은

Puzzle 429

터	견	은	풍	언	낌	끔	주	동	은	다	용	맞	부	쌀	문	늘
표	도	바	느	선	바	부	용	늘	제	측	음	바	루	집	주	용
솔	들	보	돌	필	도	질	환	먹	다	견	을	에	풍	보	동	조
위	를	문	다	문	절	컴	접	컴	굴	법	젊	춤	한	류	이	정
대	솔	들	자	를	측	너	근	장	위	트	올	풍	제	거	론	트
성	장	한	다	를	말	전	낌	절	행	스	크	도	을	터	이	달
말	자	레	적	부	을	대	너	말	로	부	터	젊	이	문	원	올
짓	자	고	다	스	거	북	이	표	발	한	부	노	션	리	정	노
굴	문	느	요	자	트	젊	전	문	은	부	터	공	말	용	도	질
느	한	받	스	메	도	용	한	전	문	쌀	한	질	자	젊	공	대
법	루	질	용	한	시	동	문	끔	동	자	쌀	문	연	거	아	장
발	굴	스	행	복	한	지	추	한	절	로	터	문	요	법	픈	바
한	거	리	맞	거	자	컴	그	들	의	질	한	발	맞	감	결	소
션	범	젊	이	크	젊	풍	용	용	을	발	느	절	스	집	주	스
크	용	사	을	터	물	맞	굴	루	굴	요	굴	제	로	트	트	다

다음에
자연
행복한
바보
제로
아픈
접근
조정
그들의
메시지
거북이
이론이
선언
원정
소스
풍선
보류
먹다
질환
성장한다

Puzzle 430

읽는
질병
친애하는
등이
거의
단락
산책
헤이
수준하도록을
문제가
테마
대표
강아지를
여행문제
바지
인치
행위
뾰족한
완전히
유리

를	동	컴	제	다	주	의	을	찍	바	뾰	완	전	히	견	수	동
늘	도	한	굽	의	거	추	인	터	북	족	트	필	들	요	준	러
테	제	한	거	도	의	짓	치	셀	도	한	견	고	적	문	하	한
에	마	문	제	가	행	끔	트	문	어	물	친	애	하	는	도	말
문	다	질	은	로	트	풍	로	법	레	거	끔	발	범	읽	록	북
측	문	바	크	주	법	이	스	등	고	크	바	람	파	견	을	적
발	너	짓	에	어	바	제	유	리	이	이	루	지	질	병	강	문
문	찍	한	도	달	스	말	낌	동	풍	노	를	고	공	스	아	로
은	찍	짓	위	쌀	이	날	여	러	범	은	의	늘	행	을	지	트
법	춤	말	찍	대	표	질	행	부	동	다	추	한	돌	고	를	크
달	퓨	춤	필	퓨	낌	자	문	산	책	단	락	말	한	행	를	질
전	법	달	어	트	바	도	제	느	헤	문	굽	느	위	전	장	크
퓨	에	감	달	셀	솔	들	맞	찍	이	스	굽	자	범	을	트	션
늘	부	낌	로	로	운	동	은	컴	터	견	위	춤	달	바	쌀	풍
트	이	발	고	쌀	한	행	위	공	다	젊	대	문	공	거	도	노

Puzzle 431

치	들	에	굴	한	발	풍	발	경	멸	개	추	집	부	바	짓	추
셀	료	레	굽	너	트	자	날	기	종	혁	거	다	위	들	터	을
크	바	자	북	바	컴	대	질	장	물	의	람	장	허	리	케	인
한	을	북	파	끔	을	찍	동	를	발	건	소	양	파	절	터	질
션	주	집	을	문	을	걸	핏	하	면	람	수	다	끔	다	퓨	도
표	느	운	은	늘	낌	적	문	이	굽	사	점	령	바	이	바	법
표	한	트	동	파	굽	을	노	루	받	어	낌	연	속	빙	부	느
자	올	문	장	전	러	행	문	솔	법	굴	문	람	대	도	돌	바
문	전	다	지	네	밀	부	동	동	퓨	컴	체	로	굽	행	고	받
을	말	제	발	이	가	이	거	젊	도	늘	리	로	춤	늘	부	한
사	진	전	션	은	루	제	법	쌀	발	에	굴	트	한	법	을	운
강	탈	레	원	젊	돌	필	질	풍	동	용	제	을	대	자	느	젊
문	바	질	부	전	끔	늘	스	를	공	다	트	동	를	극	전	적
체	은	한	운	기	춤	바	를	바	받	공	동	한	풍	장	발	터
을	측	체	을	록	체	을	트	비	서	부	의	요	바	측	행	트

치료
허리케인
사진
연령
전원
소수점
극장
멸종
밀가루
기록
물건
강탈
지네
걸핏하면
다이빙
경기장
비서
연속
개혁의
양파

Puzzle 432

람	루	영	다	늘	컴	다	솔	풍	에	일	사	북	영	젊	의	동
절	장	역	컴	이	너	측	퓨	트	용	들	반	트	어	동	파	쌀
날	북	을	행	실	도	찍	컴	트	퓨	루	질	적	필	도	느	추
운	어	절	쌀	부	트	끔	은	이	을	다	카	펫	인	도	질	받
이	동	리	을	로	대	범	발	쌀	을	를	동	위	한	측	추	감
행	물	젊	동	자	이	느	장	노	감	노	견	장	퓨	스	한	맞
운	파	한	공	유	료	역	사	대	쌀	절	맞	질	공	동	울	특
동	표	주	끔	풍	행	운	감	바	은	연	방	성	능	을	타	별
발	견	컴	동	어	결	행	의	파	에	북	질	자	션	바	리	한
범	은	리	유	체	짓	용	주	거	루	주	늘	투	요	동	체	크
한	이	부	스	드	끔	자	찍	을	셀	한	크	표	리	법	물	거
용	쌀	은	장	라	이	허	크	적	적	를	운	이	필	농	찍	거
굴	문	사	셀	이	절	션	가	범	맞	주	용	트	한	담	절	통
사	부	이	운	버	트	동	선	러	위	을	트	문	이	다	받	해
끊	지	는	레	모	네	이	드	택	솔	바	범	한	크	다	주	달

영역을
농담
역사
드라이버
끊지는
영어
일반적인
투표
울타리
유체
선택
실행을
카펫
레모네이드
특별한
통해
유료
성능을
연방
허가

Puzzle 433

북	동	야	은	레	돌	스	전	견	지	대	주	쌀	로	로	견	참
화	분	구	주	를	트	터	운	질	상	문	화	이	사	올	대	석
가	루	파	퓨	질	부	스	어	들	자	체	느	터	추	트	고	집
로	한	표	물	거	들	찍	용	느	을	셀	이	셀	파	맞	로	거
굴	필	쌀	문	소	파	션	거	형	제	치	용	점	동	바	용	추
거	추	필	장	동	공	굴	을	달	퓨	약	날	트	자	감	러	다
용	혜	희	망	추	노	를	너	자	적	운	셀	은	결	다	을	한
바	택	요	느	끔	레	범	고	기	날	용	전	컴	고	로	조	어
은	짓	은	터	자	거	눈	민	속	거	다	측	발	동	셀	식	다
결	문	문	견	문	대	물	올	문	자	자	동	레	프	로	그	램
풍	자	질	감	노	람	표	람	문	위	을	다	동	느	자	주	한
낌	굽	자	춤	측	의	를	적	을	한	전	로	트	장	사	달	고
을	다	이	퓨	자	공	젊	되	감	기	위	문	터	노	발	문	러
짓	느	문	솔	루	션	을	질	추	날	제	험	을	리	늘	장	용
바	공	고	맞	한	굴	북	낌	바	리	발	요	터	를	문	문	동

위험
조식
눈물
희망
민속
소파
참석
지상
대화
되감기
치약
프로그램
화가
솔루션을
구분
이점
혜택
형제
야구
고기

Puzzle 434

문	람	명	돌	장	트	소	형	크	어	루	터	전	다	손	동	자
거	다	사	카	범	낌	짓	들	짓	위	범	표	크	동	카	실	날
결	의	에	동	공	로	전	한	로	은	달	물	결	물	동	트	로
역	할	굽	다	결	질	결	감	거	절	사	문	답	을	터	질	한
운	러	이	을	거	적	도	올	날	사	지	적	변	션	장	파	굴
컴	맞	감	굽	스	문	동	춤	발	다	컴	편	을	북	맞	적	용
견	풍	스	자	위	듣	고	동	과	즙	이	버	스	얽	힌	용	날
주	솔	트	굽	동	다	른	컴	행	크	을	을	굴	문	고	동	범
집	한	립	를	전	날	낌	도	자	풍	은	말	은	쌀	다	노	집
북	쌀	을	말	늘	한	터	문	도	한	한	문	어	한	한	호	흡
한	요	결	집	노	이	을	람	람	용	의	결	체	절	짓	달	한
카	션	스	용	체	바	법	의	도	동	굴	돌	낌	은	집	너	측
장	은	마	춤	절	대	질	동	파	다	로	질	용	발	느	다	맞
위	트	트	아	러	주	문	추	늘	결	춤	부	고	사	한	느	다
감	문	한	범	돌	고	래	도	감	아	래	층	바	다	적	감	적

명사
손실
역할
아래층
과즙이
버스
얽힌
의도
파도
스트립
답변
호흡
스펀지
아마
듣고
돌고래
다른
스마트
소형
적용

Puzzle 435

솔	찍	문	공	의	노	감	동	북	바	게	동	트	트	위	어	추
간	단	한	가	루	찍	용	말	발	트	맞	임	범	도	사	이	론
춤	올	공	축	돌	트	절	필	측	문	한	받	루	리	용	위	부
연	트	어	젊	운	춤	범	바	짓	터	문	문	용	발	체	이	쌀
로	필	범	다	제	올	로	문	공	집	느	크	람	고	느	찍	올
굴	생	물	학	다	외	발	동	올	용	표	레	찍	마	추	문	이
행	션	너	찍	셀	을	시	컴	추	파	끔	용	바	련	싸	움	을
증	명	에	날	날	질	동	켰	에	대	전	말	절	터	집	모	문
범	제	체	레	파	범	레	북	다	바	질	동	풍	행	러	래	달
날	적	퓨	트	발	우	대	부	트	질	은	바	다	거	방	가	책
동	동	고	들	리	드	퓨	고	전	리	발	질	다	래	감	한	전
크	발	비	판	받	션	짓	발	트	굽	대	돌	동	대	달	제	에
도	물	돌	동	굴	적	스	장	제	주	결	동	을	질	체	퓨	적
셀	로	부	끔	느	문	질	질	필	전	전	이	바	행	크	한	추
생	일	을	주	제	크	파	을	의	위	기	느	위	자	낌	질	의

간단한
생물학
가축
비판
게임
이론
위기
주제
싸움
연필
마련
감동
제외시켰다
생일을
책가방
거래
크레용
모래가
증명
우드

Puzzle 436

스타킹
텐트
특히
서랍
낮은
분리
메추라기
발휘
행동을
사람들이
시나리오
대부분의
미국의
캥거루
적립
여전히
에너지
가까운
세대
비행

추	한	문	측	여	동	행	을	발	트	발	로	쌀	용	도	다	은
한	표	집	로	전	용	스	가	까	운	리	요	낮	은	전	동	솔
느	은	달	결	히	쌀	타	굴	찍	발	트	한	질	용	람	어	를
올	대	물	어	늘	위	킹	고	동	굽	문	돌	견	도	느	리	파
자	특	부	이	를	체	동	추	을	카	한	견	을	너	범	동	자
텐	들	히	분	견	행	다	문	파	레	짓	부	터	너	문	추	한
트	로	로	서	의	동	필	동	표	젊	시	한	컴		미	국	의
대	파	측	랍	컴	을	맞	셀	느	도	나	이	쌀	다	문	동	도
올	세	메	추	라	기	한	은	로	은	리	동	춤	사	필	터	셀
올	대	문	의	감	추	리	에	표	쌀	오	문	필	람	로	체	춤
공	운	용	고	도	자	자	로	한	발	컴	로	전	들	비	행	법
스	올	굴	한	컴	북	유	퓨	을	러	휘	션	문	이	리	에	고
주	행	장	표	한	분	법	스	받	물	크	바	캥	도	늘	너	바
로	도	감	한	노	리	도	컴	표	적	립	를	거	로	퓨	지	자
퓨	질	젊	한	바	동	풍	로	공	문	동	스	루	표	파	을	를

Puzzle 437

장	찍	날	끔	제	필	러	문	위	스	한	말	뛰	어	기	다	동
추	을	위	은	느	대	전	절	짓	물	낌	셀	돌	러	능	음	말
말	션	사	레	을	협	력	들	이	긴	장	크	사	소	한	과	받
느	쌀	레	거	다	트	바	나	나	배	도	낌	위	을	용	컴	짓
견	동	찍	풀	고	은	굴	루	감	포	춤	떠	나	반	영	에	서
질	레	결	을	동	느	너	도	사	카	이	춤	동	제	은	트	솔
느	적	정	문	퓨	다	추	주	로	러	젊	트	도	방	발	문	다
의	을	하	리	트	제	올	요	의	트	문	다	을	사	어	를	동
로	로	는	공	스	물	발	트	존	발	동	바	견	도	레	머	리
선	문	받	바	올	북	나	무	초	굽	굽	찍	법	날	표	동	니
체	생	솔	날	슬	립	도	바	퓨	원	사	람	이	돌	풍	필	느
굽	대	님	행	느	풍	자	한	어	측	루	셀	로	들	위	카	받
다	요	크	러	바	결	운	셀	느	을	도	션	굴	느	레	러	들
컴	용	전	운	다	질	물	올	트	션	이	제	트	자	리	을	돌
컴	느	범	용	대	공	도	체	터	올	제	물	한	찍	맞	올	쌀

긴장
나무
반영에서
바나나
사람이
배포
슬립
기능
초원
선생님
의존
뛰어
사소한
방어머니
발굽
풀을
협력
결정하는
떠나
다음과

Puzzle 438

진술
시리즈를
계정을
나라
까마귀
거짓
호스트
망치
트럭
스쿠터
결합
노크
고추를
차가워
공격
사실
조각
방향으로
잊지
정확성

다	굽	올	거	끔	은	필	한	진	주	노	다	노	요	노	동	카
동	집	나	발	한	을	퓨	이	술	스	용	차	파	주	말	늘	이
이	범	라	바	제	도	한	장	자	부	행	가	퓨	이	받	동	자
말	낌	을	짓	달	망	바	터	이	카	한	워	감	장	끔	느	정
계	정	을	퓨	주	북	치	파	쌀	방	부	도	을	굽	주	부	확
찍	자	거	주	거	요	레	의	레	향	도	이	북	다	발	를	성
카	도	트	거	트	필	집	루	제	으	에	러	크	트	션	받	동
도	찍	체	한	퓨	올	굴	결	조	로	을	집	풍	표	거	용	물
동	터	북	대	굴	들	올	합	자	각	한	동	노	션	너	고	을
레	쿠	럭	어	잊	지	공	느	주	표	이	거	크	트	행	를	을
호	스	트	사	실	말	격	한	로	파	자	러	짓	고	추	를	주
적	부	굴	풍	감	동	동	고	바	받	러	느	범	크	컴	즈	크
한	용	늘	까	한	쌀	올	질	주	이	솔	장	용	쌀	절	리	부
을	파	동	마	발	추	은	은	을	날	늘	도	공	러	크	시	범
받	이	러	귀	질	장	퓨	주	법	이	적	부	춤	너	대	결	추

Puzzle 439

절	용	한	공	최	범	문	레	느	절	거	로	바	도	집	맞	사
거	동	받	느	개	다	굴	말	한	다	측	공	견	필	용	부	도
이	컴	레	전	찍	느	풍	움	발	카	운	을	스	스	문	분	노
굽	감	문	이	발	질	루	도	스	리	위	한	스	운	노	루	질
운	파	너	풍	컴	을	느	추	프	레	경	쟁	한	문	문	적	맞
크	추	측	거	트	감	셀	셀	링	안	동	굴	찍	퓨	에	트	자
행	한	용	람	끔	부	주	년	올	느	느	영	주	을	바	범	요
을	을	이	들	발	트	바	도	은	쌀	결	로	상	로	날	받	을
주	끔	사	동	견	솔	루	결	집	날	맞	절	레	스	날	물	릴
느	에	미	굽	을	느	루	러	다	동	파	옵	을	바	컴	한	리
날	물	디	짓	루	문	의	장	방	법	의	션	발	컴	말	사	스
찾	고	어	제	바	위	에	춤	체	을	트	너	느	셔	질	을	은
셀	맞	다	람	스	동	컴	이	대	느	다	터	스	츠	쌀	레	카
체	오	질	셀	측	퓨	을	운	벤	돌	문	필	집	동	동	솔	장
장	후	부	족	한	행	에	발	자	트	질	풍	감	리	용	을	리

말한다
부족한
오후
동영상
동안
셔츠
공개
운이
릴리스
경쟁
이벤트
주년
미디어
옵션
부분
스프링
찾고
도움말
방법
개최

Puzzle 440

춤	츠	포	스	동	다	을	트	무	시	한	한	바	한	스	퓨	문
제	집	문	트	을	운	느	행	전	물	카	한	파	시	한	받	다
전	문	도	림	동	느	추	요	어	맞	솔	받	에	험	대	적	질
돌	크	다	춤	돌	흰	색	설	탕	에	추	표	필	한	전	솔	장
전	짓	말	적	대	션	발	용	카	퓨	루	굽	질	다	날	요	다
션	퓨	받	말	리	에	에	짓	문	파	감	리	필	춤	북	물	다
주	발	거	범	달	어	람	도	절	막	지	마	발	셀	말	부	채
이	짓	장	부	날	솔	질	한	낌	퓨	을	젊	문	부	를	다	로
낌	거	거	짓	을	트	낌	도	젊	체	북	짓	느	의	법	션	운
퓨	동	한	동	올	리	문	감	물	달	한	달	끔	를	느	낌	체
람	요	스	요	동	추	동	다	은	문	이	문	받	레	동	한	집
동	도	주	동	다	동	노	한	맞	운	느	유	사	무	심	파	물
측	일	회	용	춤	한	부	누	구	부	사	지	장	발	을	느	너
추	젤	리	공	동	러	사	지	의	문	추	람	고	발	제	받	너
수	요	가	문	데	이	터	리	견	굴	범	사	은	찍	바	의	늘

마지막
유지
흰색
수요가
무시
거부
시험한다
누구
다채로운
설탕에
일회용
스포츠
젤리
부추
사람은
스트림
지리
감지
데이터
사무실

Puzzle 441

불	너	느	시	체	트	느	람	용	에	에	솔	트	제	문	을	필
에	발	을	레	작	양	느	실	받	질	이	스	범	절	솔	느	다
도	위	한	동	리	말	바	제	터	춤	카	부	늘	트	의	한	굽
러	을	다	운	파	로	퓨	주	을	용	절	법	이	행	공	문	동
풍	용	트	젊	한	굽	표	러	전	느	한	트	로	측	고	한	주
추	터	절	법	는	치	르	가	능	도	한	느	적	공	추	필	달
주	저	물	바	받	주	을	주	부	어	터	발	풍	다	주	한	을
대	이	춤	마	요	사	감	인	을	쩌	행	여	터	에	스	늘	은
제	네	로	지	트	문	터	정	용	면	춤	부	한	한	절	컴	은
로	거	일	막	늘	날	람	받	주	스	필	션	셀	복	올	주	표
트	을	체	으	문	문	이	을	거	크	을	어	은	느	도	기	차
굴	솔	용	로	고	것	이	다	참	렵	장	춤	동	맞	다	샤	워
로	크	로	동	급	를	달	람	여	도	트	바	리	다	발	질	위
한	장	문	동	느	느	스	파	발	측	용	한	로	를	북	느	한
달	의	을	한	은	를	올	대	결	플	로	트	동	받	문	달	문

양말
주저
가르치는
여부
시작
샤워
네일
복도
참여
불에
고급
인정받을
어쩌면
가능
기차
플로트
마지막으로
스크럽
실제
것이다

Puzzle 442

요	을	스	쌀	날	표	쌀	노	용	발	용	바	필	파	컴	은	집
측	한	한	말	페	한	다	어	를	명	북	공	들	로	불	쌀	에
을	트	늘	곡	니	크	집	느	에	한	한	레	넘	도	안	터	굽
질	장	동	한	선	공	을	날	스	한	맞	긴	급	어	정	받	느
돌	절	받	사	동	발	견	리	자	장	로	을	은	잊	한	다	바
여	우	끔	동	용	결	은	파	질	쌀	느	적	어	한	주	감	퓨
은	받	트	느	문	추	제	크	한	끔	풍	북	동	뉴	람	로	측
적	공	노	장	로	솔	범	동	교	한	표	어	의	스	비	서	카
한	카	춤	솔	춤	문	공	셀	용	실	전	파	인	애	플	동	결
을	발	짓	이	터	동	북	을	솔	춤	구	절	범	문	동	제	자
한	트	주	솔	견	러	자	도	찍	외	름	바	주	솔	를	다	요
자	원	쌀	찍	에	넣	은	주	부	부	법	다	바	주	민	이	늘
은	찍	트	동	은	어	문	북	은	를	바	표	풍	견	늘	정	적
부	필	그	운	은	사	자	고	늘	공	받	측	자	한	문	가	위
히	트	림	트	집	찍	돌	느	짓	루	를	트	솔	제	결	들	다

그림
서비스
가정이다
파인애플
뉴스
여우
곡선
넣어
자원
페니
넘어
교실
주민이
발명
구름
외부를
불안정한
히트
긴급
잊어

Puzzle 443

자	와	서	달	동	리	리	대	고	리	스	결	부	대	느	너	여
측	늘	거	풍	은	다	셀	자	체	람	텔	너	문	제	위	날	행
주	측	바	느	이	사	를	자	다	찍	레	고	감	체	공	굽	달
컴	바	로	찍	끔	용	케	이	크	집	비	굴	노	질	문	문	느
보	션	문	범	리	시	골	절	도	람	전	컴	문	은	자	한	이
풍	였	쌀	추	파	까	국	파	한	필	컴	날	트	동	물	한	짓
질	한	다	남	성	지	경	불	워	드	너	전	레	오	발	바	법
없	음	도	셀	솔	감	감	쾌	을	에	절	동	한	류	을	찍	동
쌀	돌	결	북	제	리	로	체	필	견	젊	로	적	러	도	질	한
출	현	표	트	물	한	끔	맞	는	트	어	끔	끔	장	동	춤	공
들	날	동	를	표	행	용	암	짓	한	카	기	쌀	레	트	말	말
너	용	채	동	트	를	을	트	탉	자	솔	금	루	을	다	를	발
솔	다	끔	우	느	끔	받	크	날	바	늘	적	크	컴	에	질	말
스	윙	말	추	기	짓	람	집	필	말	필	사	추	를	한	맞	용
터	굽	동	행	도	트	끔	한	를	필	굴	문	쌀	를	문	션	루

남성
불쾌
기금
오류
골절
사다리
없음도
여행
국경
와서
출현
암탉
워드
채우기
텔레비전
사용시까지
맞는
케이크
스윙
보였다

Puzzle 444

궤도
포켓
얇은
하마
비참한
확장
상황
화요일
바디
개인적으로
후에
숟가락
실시
구스베리
동전
거대한
고속도로
불행
도용
감지하여

하	개	인	적	으	로	불	노	쌀	실	동	체	요	낌	을	거	어
마	주	트	낌	바	솔	받	행	상	시	짓	이	낌	쌀	문	맞	질
감	느	고	짓	바	측	날	로	황	로	들	에	맞	동	고	비	풍
운	바	한	화	요	일	쌀	사	젊	이	자	적	포	용	속	참	어
노	쌀	을	추	북	션	발	발	돌	로	전	장	켓	용	도	한	집
한	바	법	장	동	추	솔	요	측	필	맞	대	터	다	로	발	동
주	이	거	거	대	한	구	스	베	리	한	리	제	다	받	은	자
문	러	문	파	문	측	컴	쌀	법	바	디	얇	은	주	을	부	전
루	한	제	자	문	바	공	람	루	동	자	을	발	질	행	달	제
궤	표	문	자	끔	숟	물	터	감	후	에	한	느	동	전	굽	쌀
필	도	문	을	맞	추	가	젊	지	동	부	다	주	느	터	을	집
람	확	받	말	을	전	집	락	하	레	한	주	범	누	한	두	크
법	장	늘	한	리	한	을	트	여	루	문	바	이	돌	발	자	행
션	자	법	북	법	굽	느	부	받	제	로	동	을	장	크	필	젊
동	을	로	문	결	젊	문	자	문	이	질	사	람	동	필	에	람

Puzzle 445

수	짓	부	장	바	날	에	의	주	로	거	전	문	한	질	블	랙
있	트	외	끄	러	한	운	표	한	표	발	요	감	동	장	전	적
는	한	제	늘	러	임	대	의	낌	날	들	문	에	션	애	나	한
제	범	트	셀	동	워	카	도	너	터	마	은	요	주	문	타	은
방	부	주	의	크	풍	을	한	동	바	스	솔	북	요	의	냅	이
퓨	지	달	짓	한	로	물	부	동	발	터	바	극	법	의	니	러
작	자	자	자	을	로	질	에	문	견	짓	부	이	트	거	다	추
도	은	견	사	유	연	한	도	필	결	이	동	너	풍	고	사	동
너	대	퓨	발	쌀	레	로	동	날	장	너	감	질	용	문	요	늘
션	션	말	늘	달	젊	받	흥	셀	북	짓	용	그	메	뚜	기	전
무	리	춤	부	질	가	한	미	컴	션	트	굽	녀	을	낌	감	문
체	공	질	찍	돌	족	느	로	추	문	로	돌	의	정	거	굽	자
를	션	찍	레	동	에	람	운	달	전	끔	동	쌀	로	로	트	쌀
위	발	이	필	트	게	트	질	날	람	자	대	쌀	감	스	받	트
을	우	박	풍	한	발	다	체	주	한	법	날	동	셀	문	를	도

북극이
작은
외부
블랙
방지
마스터
무리
정의
나타냅니다
그녀의
장애
가족에게
임대
부끄러워
수있는
유연한
우박
부주의
흥미로운
메뚜기

Puzzle 446

재능
동물원
격리
자격을
가져
알려진
냄비
다시에
이익
혜택을
스푼
테디
맛을
고슴도치
거리
견디다
쪼아
향해
구멍
형식

의	쪼	들	체	느	자	춤	풍	한	행	찍	혜	거	바	구	동	돌
이	아	추	문	문	북	격	고	슴	도	치	택	리	격	멍	집	로
한	풍	범	동	물	문	문	을	맛	용	리	을	부	퓨	한	퓨	말
알	려	진	물	결	트	테	을	측	물	결	은	을	물	공	견	레
향	쌀	돌	원	발	올	날	디	올	형	젊	절	질	바	부	디	용
루	해	가	져	에	동	자	어	측	식	고	을	의	느	법	다	로
부	의	운	돌	요	거	젊	션	위	한	짓	운	집	파	너	적	컴
늘	느	늘	달	자	컴	제	굴	느	견	다	받	측	용	에	을	바
파	카	로	끔	주	한	늘	필	문	공	측	한	자	감	리	거	루
문	올	행	어	법	감	법	찍	춤	측	다	추	거	바	체	결	주
다	문	들	에	러	트	다	표	의	용	파	요	동	올	은	에	집
한	부	다	장	을	이	문	올	용	이	스	늘	주	맞	발	공	레
동	감	부	도	행	러	위	굽	을	다	푼	끔	돌	어	어	결	측
이	익	리	문	러	필	냄	람	공	시	북	집	퓨	재	능	컴	부
카	날	문	결	을	찍	비	춤	리	에	바	컴	올	너	한	위	젊

Puzzle 447

에	표	터	맞	돌	제	발	갤	솔	짓	거	을	사	위	바	자	장
늘	들	드	컴	질	레	춤	럽	문	필	문	맞	결	회	늘	카	러
은	루	탠	결	받	바	날	너	스	의	절	동	용	퓨	는	을	로
식	용	스	굽	이	돌	션	용	굽	맞	노	리	바	문	트	견	션
은	카	타	범	문	범	마	문	올	트	파	너	람	햄	스	터	레
날	다	스	물	고	기	카	이	용	용	트	쌀	레	문	말	스	맞
노	을	틱	한	자	자	을	전	그	말	대	퓨	은	부	이	요	트
절	로	은	용	달	목	적	설	명	레	이	바	을	항	사	를	공
우	운	동	에	수	프	은	돌	을	발	이	루	솔	해	부	물	절
전	려	레	을	쌀	자	결	쌀	은	물	적	션	문	이	을	바	행
자	파	를	물	쌀	춤	도	비	추	제	적	주	도	자	집	마	장
고	범	표	다	용	동	운	싼	굽	거	바	공	에	달	리	녀	의
을	노	어	느	문	이	오	히	려	부	사	짓	범	젊	사	리	동
동	적	너	제	를	견	은	들	멸	망	은	을	표	견	한	동	필
적	예	비	적	자	범	트	발	자	표	람	솔	입	력	쌀	솔	짓

마이그레이션
식용
수프
마녀
예비
목적
비싼
바늘
물고기
사회는
오히려
입력
스타스탠드
멸망은
갤럽
우려
햄스터
스틱은
설명
항해

Puzzle 448

뛰어난
공식
농장
찾기
요금
상태
그늘
라인
떨어진
신문
페인트
개인
숨기기
비오는
크래들
업데이트
변위
단편
감싸는
고양이

자	용	이	이	체	올	터	고	주	로	젊	다	은	운	들	리	문
이	발	한	문	컴	동	법	바	감	싸	는	도	트	바	상	위	용
적	의	자	한	대	동	법	찾	기	기	숨	공	의	이	태	용	달
단	노	업	트	굴	질	떨	터	바	대	느	발	식	올	션	문	대
편	에	데	문	법	어	문	어	풍	받	북	솔	위	발	은	짓	요
장	트	이	도	이	거	로	의	진	에	을	바	거	자	거	대	올
공	파	트	인	페	요	늘	노	다	느	은	트	거	추	운	주	바
표	문	로	라	의	맞	고	양	이	공	굽	한	신	문	변	바	리
부	체	다	전	행	들	바	도	주	북	한	주	요	문	위	문	풍
도	쌀	범	이	견	표	젊	레	문	터	맞	장	운	그	늘	표	필
어	트	용	절	끔	다	체	용	추	용	북	로	을	동	고	질	체
늘	스	체	단	춤	측	루	비	맞	한	전	터	측	스	뛰	어	난
사	한	요	금	트	농	문	오	말	을	리	트	노	트	날	범	레
질	적	운	퓨	공	말	장	는	낌	사	동	션	용	도	개	인	부
셀	쌀	동	의	한	필	사	부	크	래	들	짓	체	자	바	절	셀

Puzzle 449

용	의	범	너	짓	위	느	어	부	을	집	노	찍	필	이	질	바
문	요	노	북	늘	퓨	표	로	루	노	동	솔	로	리	미	감	이
자	낌	한	느	젊	어	감	션	파	크	동	션	이	다	지	고	을
한	측	람	레	북	자	결	레	북	루	스	달	문	웃	에	사	슴
조	립	발	을	낌	를	표	카	측	문	주	젊	리	춤	도	흡	수
체	전	의	코	발	체	로	낌	너	요	를	주	을	용	운	적	제
람	트	학	를	은	동	한	러	장	돌	을	고	어	도	순	에	로
고	카	한	하	바	식	동	한	동	부	결	문	트	질	록	장	쌀
춤	올	달	지	전	을	품	맞	을	끔	바	터	을	충	낌	고	동
션	문	주	트	법	원	범	확	은	표	를	을	트	성	동	이	들
엘	부	필	루	스	지	동	실	적	격	늘	부	끔	끔	크	전	러
크	장	은	바	트	터	원	동	사	테	자	젊	문	러	공	다	다
문	흔	파	다	한	질	요	필	찍	이	한	어	질	동	체	한	보
거	들	부	분	은	도	물	요	올	크	질	은	올	을	짓	짓	장
부	찍	의	사	루	레	한	로	대	트	자	늑	대	행	주	절	이

의학
보장
엘크
식품
순록
확실
사슴
부분은
코를하지
충성
법원
이웃도
조립
적격
흡수
흔들
이미지에
테이크
늑대
지원

Puzzle 450

와이어
옥수수
경고했다
가지고있다가
주스
카우보이
정비공
컴퓨터
육두구
선박
재해를
도토리
아들이
범주
서리
인구
파운드
도마뱀
발생
예외

느	대	장	문	맞	돌	을	바	정	찍	가	범	춤	바	컴	루	법
문	결	퓨	짓	발	생	북	짓	비	표	굴	지	컴	퓨	터	아	용
느	터	한	람	쌀	집	거	바	공	용	낌	주	고	올	트	들	주
올	전	제	달	느	자	적	맞	공	추	필	파	범	있	절	이	법
굴	측	달	다	질	필	셀	물	느	이	동	스	주	필	다	을	위
동	물	옥	수	수	예	부	을	물	제	퓨	사	트	육	이	가	느
발	문	용	파	의	찍	외	범	맞	카	카	요	표	두	용	람	바
의	들	카	짓	바	운	카	집	은	젊	노	우	로	구	받	러	낌
크	도	토	리	한	바	로	경	고	했	다	도	보	전	카	느	들
질	다	선	박	질	느	도	마	뱀	션	말	결	은	이	은	서	리
행	크	파	동	맞	문	돌	필	필	굽	질	북	짓	끔	자	자	러
은	을	운	문	늘	문	셀	로	을	크	트	주	에	동	다	견	루
어	측	드	솔	운	러	동	재	받	를	인	구	바	낌	날	행	질
표	달	거	부	동	바	한	해	문	바	와	이	어	사	체	셀	용
컴	대	쌀	범	대	카	주	를	바	리	노	낌	한	올	트	주	쌀

Puzzle 451

어	디	에	있	는	굽	순	공	을	공	발	솔	질	춤	바	필	스
요	맞	북	거	샴	푸	종	로	제	요	폭	발	낌	주	말	너	거
달	발	바	동	바	트	문	딸	바	션	은	력	러	적	부	낌	을
발	표	느	은	감	고	이	이	스	주	사	람	트	사	적	용	트
법	트	람	한	물	짓	름	발	문	컴	물	공	은	달	측	용	도
순	환	컴	레	결	집	절	장	맞	대	용	문	크	문	찍	춤	을
로	끔	견	쌀	날	운	한	용	원	물	동	셀	카	적	은	공	바
받	체	질	들	야	발	이	어	계	숭	발	감	받	너	바	에	동
스	타	일	의	망	느	북	절	속	전	이	한	풍	가	크	다	질
한	위	집	트	트	텍	에	로	도	미	소	굽	맞	득	문	낌	트
안	녕	하	세	요	스	낌	대	동	찍	너	젊	내	용	카	을	사
맞	법	동	범	낌	트	셀	트	찍	너	를	법	맞	도	질	측	로
감	용	너	체	결	트	고	은	법	한	이	트	판	결	받	이	물
에	루	에	문	적	에	행	동	추	굴	리	노	컴	람	위	죄	트
루	측	도	대	받	바	루	집	트	느	견	짓	터	사	실	행	송

주말
야망
순종
계속
판결
텍스트
안녕하세요
샴푸
어디에있는
원숭이
미소
폭력
이름
딸이
죄송
실행
내용
순환
가득
스타일의

Puzzle 452

맞	을	운	돌	엄	너	돌	파	대	대	돌	질	운	어	터	은	문
의	체	낌	주	청	이	용	측	부	퓨	을	을	도	디	올	말	크
기	리	돌	되	난	거	굴	문	컴	고	받	끔	위	서	은	공	사
절	빨	어	고	만	늘	결	카	견	어	러	을	문	나	자	동	말
전	끔	전	이	큼	러	도	아	마	도	돌	달	루	파	한	늘	달
레	집	트	트	이	춤	로	찍	문	원	법	적	루	한	자	바	표
풍	동	컴	루	안	경	액	션	스	하	발	사	은	대	늘	절	표
바	넓	크	느	노	다	쌀	용	고	는	가	고	지	가	어	트	올
차	굴	은	문	선	날	전	트	러	로	쿠	올	동	나	바	러	에
람	용	다	바	문	부	용	문	도	이	페	위	발	비	신	자	문
찍	다	젊	끔	터	만	든	호	한	은	공	카	달	컴	한	바	을
을	낌	절	감	사	늘	은	기	카	솔	퓨	바	집	대	이	젊	카
장	은	쌀	절	대	터	체	심	문	측	트	에	레	은	발	적	낌
표	관	절	바	레	말	요	짓	질	체	을	공	파	다	동	부	물
찍	레	계	자	절	셀	법	을	받	솔	을	트	거	날	카	절	스

신비
쿠페
감사
차용
호기심
되돌리기
관계
만든
액션
나비
원하는
가지고가는
어디서나
아마도
넓은
엄청난만큼이
체리
안경
법적
빨리

Puzzle 453

추	셀	낌	공	북	느	트	람	춤	측	요	발	바	달	퓨	셀	사
끔	찍	극	결	이	집	용	풍	측	로	레	동	동	장	어	제	자
제	대	달	단	모	너	거	의	느	사	카	장	러	풍	바	시	험
가	고	젊	트	적	표	한	한	말	을	주	위	에	트	적	결	행
션	치	요	임	로	으	사	굽	컴	한	레	집	개	샤	이	에	용
부	람	를	의	자	은	로	요	사	절	도	용	소	맞	쌀	자	물
문	크	사	의	날	은	람	를	추	트	노	동	맞	달	을	카	법
의	질	한	법	표	낌	커	버	가	짓	고	터	공	적	젊	바	동
쌀	바	션	달	북	질	은	다	다	용	어	동	결	주	은	노	필
동	한	부	장	끔	루	주	파	말	쌀	배	불	구	하	고	낌	장
공	트	사	카	발	주	솔	한	필	주	범	울	전	화	질	법	요
람	트	주	자	들	동	느	트	삽	입	최	동	스	적	이	찍	바
주	결	바	체	쌀	주	쌀	견	솔	돌	근	어	올	발	대	올	춤
동	다	터	북	바	행	너	도	트	리	느	미	세	한	필	굽	이
셀	맞	물	집	카	대	접	행	바	어	솔	적	늘	북	노	춤	끔

임의의
가치를
사자
전화
주위에
극단적으로
위장
배울
불구하고
커버가
미세한
어제
대접
삽입
이모
시험
소개에
부문의
최근
샤이

Puzzle 454

상	견	측	북	카	트	부	바	솔	들	을	범	트	트	동	노	퓨
황	낌	어	끔	용	공	자	끔	감	거	질	홀	리	비	용	면	한
을	위	동	측	받	발	느	굴	물	행	적	젊	올	러	달	굽	레
효	과	한	운	도	을	카	루	행	말	주	달	풍	도	을	콤	굴
낌	레	풍	로	문	날	쌀	법	문	북	요	고	달	맞	끔	고	한
어	굴	범	쌀	이	이	전	루	끔	요	필	물	다	춤	스	질	노
끔	부	바	람	캡	감	표	늘	종	끔	운	파	은	사	션	느	행
자	을	을	문	처	중	간	카	문	류	카	일	도	들	한	너	로
젊	에	견	문	늘	트	한	메	한	쌀	의	럿	파	돼	지	알	약
젊	공	클	동	물	문	부	라	늘	느	상	끔	동	솔	은	위	동
경	찰	럽	은	한	를	바	솔	다	트	대	점	집	법	견	한	한
느	한	를	절	로	필	다	션	문	체	다	추	사	리	거	쌀	젊
찍	터	올	다	부	문	수	레	제	트	크	어	의	스	볼	한	부
정	보	춤	절	노	스	돌	들	북	끔	에	주	방	너	륨	장	너
에	컴	부	퓨	문	전	찍	행	크	견	한	트	동	바	동	자	부

볼륨
중간
클럽
돼지알약
주방
상점
홀리
다수
달콤한
종류의
이전
효과
정보
캡처
바람
비용면
카메라
상황을
파일럿
경찰

Puzzle 455

수	분	다	절	컴	돌	이	돌	너	동	이	행	말	은	문	한	용
람	한	범	법	올	한	문	비	젊	적	법	믿	동	거	을	필	호
람	로	돌	트	자	질	받	용	워	상	대	기	질	운	상	승	텔
스	돌	끔	바	전	러	돌	동	한	컴	람	포	낌	송	션	로	부
굽	거	북	적	법	을	람	션	람	한	동	스	다	문	절	낌	이
운	왼	쪽	제	요	인	동	운	돌	스	적	트	동	부	컴	문	쌀
은	쌀	굴	문	웃	션	을	동	문	많	법	퓨	에	도	오	노	땅
쌀	거	발	감	음	달	자	로	쌀	발	은	기	간	덕	운	두	의
에	이	트	장	집	어	한	적	날	레	결	고	말	적	고	굽	막
느	질	람	맞	견	들	한	북	파	터	션	공	공	트	도	동	날
로	질	받	동	저	물	달	부	체	도	주	춤	자	너	부	주	범
터	트	웜	셀	항	용	체	올	용	달	을	젊	춤	다	크	문	전
측	받	은	을	용	굴	다	발	파	찍	운	다	날	질	를	도	조
의	맛	있	는	한	주	문	부	바	말	트	문	로	주	크	주	언
운	발	질	션	요	올	한	스	자	쌀	을	표	추	문	을	리	을

비워
저항
포스트
수분
웜은
도덕적
운송
호텔
많은
상승
맛있는
왼쪽
조언을
기간
믿기
땅의
오두막
상대
웃음
요인

Puzzle 456

삼촌의
축하하다
동사
블라우스
프로세스
올가미
플래그
적어도
검색
서른
예술
유죄
문제
세로
대안
지속
길을
관심
북쪽으로
두꺼비

검	두	카	견	트	서	용	북	돌	맞	전	플	문	결	셀	다	동
색	꺼	굴	지	굽	견	른	쪽	제	쌀	사	한	래	축	하	하	다
노	비	집	셀	속	체	전	으	풍	바	동	날	용	그	굽	삼	문
을	람	문	느	동	바	로	로	쌀	유	거	풍	주	체	자	촌	측
짓	어	부	이	동	을	감	거	로	죄	요	절	짓	쌀	문	의	어
문	굽	굽	예	술	세	북	바	동	사	돌	감	표	범	부	문	감
공	자	느	터	스	로	느	고	루	장	어	체	추	노	바	질	굴
너	터	행	대	굽	바	한	느	적	길	을	트	을	견	들	추	을
굴	장	문	셀	날	은	바	너	어	퓨	거	용	위	공	로	을	은
터	은	제	올	범	올	대	바	도	파	을	용	트	퓨	법	발	터
동	젊	질	굴	공	가	안	로	절	고	너	받	은	한	노	컴	의
주	들	문	낌	한	미	공	어	추	프	로	세	스	우	라	블	겯
거	도	질	은	관	심	너	동	을	로	노	어	파	터	한	문	올
범	주	용	을	어	러	레	결	어	찍	을	컴	을	리	짓	파	한
굽	주	로	크	위	운	쌀	이	너	춤	주	부	동	발	발	솔	문

Puzzle 457

을	로	찍	부	발	간	동	람	리	대	발	추	주	주	늘	짓	감
짓	스	범	절	부	호	절	자	바	대	가	문	장	거	짓	견	체
카	루	자	측	어	사	션	받	셀	이	락	바	노	사	법	솔	행
를	너	바	파	풍	파	운	션	은	거	을	트	노	주	한	바	위
문	션	고	용	건	올	문	장	문	동	음	바	찍	트	추	단	바
레	공	보	질	파	강	흔	들	었	다	발	느	은	쌀	용	순	바
느	크	을	짓	의	올	한	사	터	은	운	문	수	낌	풍	화	셀
카	추	법	문	을	도	이	굴	해	바	라	기	박	이	무	의	션
감	문	방	들	적	맞	도	이	제	풍	놀	갑	자	기	역	무	젊
돌	운	질	션	법	문	시	스	템	표	표	동	카	셀	동	동	사
셀	바	을	부	을	끔	을	발	느	노	리	바	가	에	주	크	을
동	질	루	부	고	젊	질	은	오	트	용	용	족	결	필	범	범
퓨	짓	부	터	젊	위	고	문	루	이	은	법	을	느	공	날	퓨
자	굴	정	한	절	람	부	발	퓨	러	달	팽	이	다	운	이	주
쌀	바	어	말	크	받	날	을	이	로	션	자	행	장	풍	자	자

발가락을
시스템
해바라기
가족
수박
달팽이
놀라운
흔들었다
갑자기
단순화
방법을보고
무역
건강한
간호사
발음을
의무
오이
고용
노트
정말

Puzzle 458

어	동	장	면	북	굽	너	절	동	한	발	솔	운	용	러	대	추
적	의	견	스	이	전	한	트	법	의	굽	현	고	체	범	솔	컴
장	낌	너	편	올	찍	도	한	동	터	두	자	발	귀	젊	축	메
문	문	대	범	집	사	라	한	동	러	을	위	상	굽	한	구	이
질	카	부	자	위	굴	굽	위	행	결	문	질	책	상	을	도	크
발	도	동	제	러	젊	북	트	쌀	를	조	용	한	대	적	질	업
컴	찍	한	제	측	발	을	물	에	느	로	굴	한	너	바	적	이
전	로	자	람	동	도	돌	바	발	문	셀	전	풍	말	이	질	셀
로	람	러	공	소	원	없	이	퓨	주	트	트	에	장	질	다	도
한	들	동	적	거	북	국	을	표	파	로	한	느	에	젊	맞	을
어	에	용	집	부	사	제	문	행	러	문	돌	대	체	퓨	필	요
의	한	쌀	문	필	동	은	을	제	바	문	굴	을	주	찍	은	에
기	사	풍	공	정	표	현	쌀	크	범	낌	레	말	전	유	행	달
억	이	부	북	용	리	자	낌	부	맞	동	러	에	트	스	리	포
파	행	감	한	용	루	거	질	조	건	이	느	달	쌀	람	적	한

포리스트에
표현
편집
고귀한
자두
소원없이
위상
현자
장면
대한
조용한
기억
메이크업
공정
국제
사라
축구
책상을
조건이
유리한

Puzzle 459

플	람	주	돌	끔	동	트	을	용	맞	표	굴	쌀	북	에	맞	터
자	레	동	파	짓	한	을	자	도	용	질	안	다	스	부	대	범
스	리	이	아	표	낌	집	은	한	트	운	전	자	자	느	용	도
장	춤	나	터	한	행	초	문	리	대	라	하	동	행	고	람	집
찍	치	의	중	느	운	등	주	들	퓨	집	게	노	의	문	람	올
결	킨	행	부	에	날	학	눈	송	이	분	루	동	한	올	빼	미
법	부	용	바	짓	수	교	주	를	북	석	리	자	한	질	세	자
감	한	바	컴	쌀	요	쌀	한	자	대	문	적	바	표	결	계	체
로	스	감	동	트	측	법	한	느	부	자	파	러	접	달	루	를
셀	말	컴	터	운	지	감	발	컴	받	적	바	동	착	느	을	한
늘	루	동	대	용	금	옥	공	를	션	적	요	클	제	셀	춤	달
받	쌀	범	돌	를	까	시	검	크	쌀	위	문	립	끔	찍	주	맞
션	들	어	용	발	지	게	은	고	바	요	레	리	법	풍	제	한
올	문	체	견	집	제	절	레	파	맞	공	말	레	의	리	짓	운
주	로	동	를	부	연	기	를	이	쌀	발	어	굽	장	한	트	거

지금까지
접착제
검은
플레이
초등학교
나중에
분석
세계
교수
행동하라
클립
올빼미
아이리스
감옥
행운
연기를
안전하게
치킨
눈송이
시게

Puzzle 460

들소
발코니
서브컴팩트
발견
나머지
깜짝
한도
게시
스툴
일찍
저자기관
시계
하키
혈액
너무
정리
파트너파티
정원
코요테
모두

운	발	저	모	스	툴	은	동	용	솔	나	머	지	퓨	범	위	찍
하	키	자	주	두	발	견	표	을	문	을	한	전	주	너	파	풍
늘	돌	기	바	루	말	를	다	제	적	한	한	도	필	트	달	운
노	측	관	을	용	돌	한	짓	파	트	너	파	티	솔	한	받	로
문	운	들	한	카	쌀	너	람	컴	팩	한	노	러	적	너	무	다
적	도	깜	짝	부	부	스	동	카	컴	늘	요	로	들	이	고	문
늘	션	루	질	느	풍	끔	한	전	브	주	한	부	은	소	다	한
람	늘	다	너	제	말	동	솔	션	서	주	들	들	젊	동	늘	절
체	동	트	돌	이	사	크	풍	일	한	문	을	트	자	고	올	측
이	집	은	을	카	물	질	동	쌀	찍	젊	올	견	자	달	을	카
주	시	게	물	원	정	법	트	적	코	요	테	끔	측	다	체	법
감	계	문	추	혈	리	스	들	요	주	발	코	니	을	돌	동	고
동	부	주	동	액	낌	은	문	람	법	트	스	용	노	필	대	사
고	결	람	결	들	동	결	굴	올	을	리	바	발	법	어	바	자
동	북	레	절	요	제	체	크	느	바	어	트	춤	전	바	필	돌

Puzzle 461

이	어	달	용	용	행	제	다	온	한	내	질	문	맞	느	들	터
용	미	들	달	컴	집	달	관	서	도	부	리	말	발	스	추	달
컴	바	맞	리	질	올	모	양	의	바	계	한	한	범	말	고	질
집	느	젊	셀	바	퓨	질	이	한	용	문	이	로	를	스	와	인
리	은	요	필	문	람	러	로	장	이	한	요	춤	젊	날	에	원
발	장	절	느	다	트	셀	퓨	낌	션	이	부	제	물	범	굽	표
가	까	이	레	끔	다	운	집	트	북	춤	날	표	람	노	파	법
날	운	터	몬	문	범	러	제	적	장	로	발	사	퓨	굴	동	션
한	절	추	범	느	적	부	다	합	부	돌	솔	체	범	컴	주	한
조	상	굴	공	들	대	필	로	다	대	문	동	젊	한	추	너	주
고	질	단	계	한	주	을	을	필	로	주	운	옷	을	운	말	물
굴	돌	위	즐	겁	게	셀	을	어	쌀	로	파	찍	션	낌	은	적
동	러	를	사	이	트	말	부	고	를	발	전	을	너	션	을	늘
발	대	도	트	질	주	질	터	로	질	군	에	략	감	풍	람	다
람	위	바	풍	발	늘	동	문	레	풍	사	수	입	에	받	문	에

모양의
군사
도서관
사이트
이미
적합
옷을
수입
원인
즐겁게
계단
레몬
단위를
내부
와인
온도계이
가까이
전략
온다
조상

Puzzle 462

유사한
다섯
에이전트
홍분
여덟
고블린
앞서
스타
러시를
완화
중요한
요청
월요일
명백한
수요일
전체
냄새
클리어
뜨거운
레이스

짓	북	트	낌	명	뜨	도	부	춤	북	은	의	장	은	느	범	스
주	터	레	다	백	의	거	자	대	제	다	달	물	도	풍	풍	타
에	이	전	트	한	사	유	운	사	를	견	질	은	퓨	일	요	월
쌀	감	이	결	컴	이	발	트	이	쌀	견	낌	용	짓	중	요	한
도	운	션	문	맞	바	추	스	짓	고	루	어	동	완	화	동	수
스	짓	너	컴	한	올	날	적	어	질	블	체	표	자	다	로	바
을	질	동	들	션	은	에	크	셀	감	바	린	제	바	를	부	를
로	터	레	바	도	바	요	낌	이	대	들	주	날	러	위	주	주
트	요	춤	크	견	부	쌀	체	러	용	발	사	동	를	대	질	의
로	흥	분	러	시	를	레	이	스	냄	문	체	도	제	맞	다	은
풍	날	다	적	앞	바	올	집	문	새	감	맞	퓨	문	션	부	한
루	크	풍	동	서	여	견	을	의	주	너	늘	다	섯	카	레	요
을	요	고	파	낌	덟	발	너	질	은	쌀	사	전	체	주	어	청
측	션	문	문	필	들	표	바	달	레	제	물	결	노	측	을	운
에	용	트	적	부	카	람	북	물	달	낌	클	리	어	바	발	결

Puzzle 463

스	셀	운	주	달	로	레	트	찍	절	러	비	레	질	다	문	온
이	커	위	가	기	사	이	북	셀	범	카	람	록	고	용	은	도
낌	늘	트	솔	을	범	한	풍	용	어	리	말	굴	눈	거	위	의
바	절	쌀	린	짓	동	바	결	제	출	을	을	젊	사	바	동	대
금	요	일	사	에	사	달	자	크	문	받	춤	어	람	한	을	물
동	북	대	던	만	족	가	뭄	라	컴	북	아	빠	경	들	고	컴
물	로	리	져	시	력	기	호	이	동	직	원	치	력	사	트	집
로	바	아	들	동	측	션	동	브	낌	노	셀	주	질	북	바	요
쌀	을	래	견	쌀	한	행	고	러	솔	고	자	셀	필	행	터	자
물	은	에	은	굴	추	발	짓	리	동	다	돌	올	날	로	용	전
에	물	달	다	사	한	젊	동	도	한	체	문	쌀	문	필	느	퓨
한	루	물	바	트	부	적	발	전	발	발	러	한	사	측	문	체
회	의	는	풍	질	션	로	도	제	로	달	이	사	동	춤	장	리
위	를	감	다	퓨	공	은	도	느	낌	노	바	질	말	견	결	위
용	올	굴	에	느	행	동	추	돌	젊	발	날	운	동	도	북	표

비록
가뭄
기사
회의는
던져
금요일
시력기호
만족
스커트
아빠
가솔린
아래에
온도의
제출
라이브러리
직원
눈사람
거위
경력
치아

Puzzle 464

측	쌀	터	마	셀	터	많	은	지	도	동	트	춤	진	정	한	를
범	에	너	일	요	이	은	발	을	은	물	찍	루	셀	쌀	짓	달
추	굽	장	질	동	춤	퓨	한	느	다	람	용	낌	도	측	노	날
추	문	필	이	젊	일	정	달	자	추	달	문	급	다	노	한	은
필	터	함	주	견	베	이	킹	측	을	풍	결	공	격	주	의	질
끔	말	께	공	원	물	돌	동	감	문	측	발	을	한	위	질	동
을	한	했	쌀	젊	절	에	동	주	주	쌀	늘	한	은	중	굴	질
탄	생	다	올	리	거	부	이	동	고	속	운	바	은	굽	지	자
추	한	질	자	코	올	요	느	트	끔	발	도	요	사	돌	감	동
노	솔	날	들	치	거	용	컴	공	짓	을	이	굽	너	용	주	차
위	올	한	문	을	바	바	짓	어	남	부	끔	어	한	맞	동	를
들	다	느	체	추	한	고	는	하	말	용	맞	쌀	굴	문	결	컴
대	문	크	적	추	로	트	주	로	맞	했	추	동	늘	느	장	제
문	부	로	션	도	결	끔	발	람	낌	문	다	여	공	바	굽	춤
전	자	러	를	동	공	받	쌀	돌	말	부	위	성	북	어	절	터

마일
말하는
공격주의
공급
많은지도
말했다
자동차
발을
진정한
탄생
베이킹
일정
함께했다
동물
공원
속도
중지
여성
남부
코치

Puzzle 465

동	이	범	을	노	을	북	제	처	벌	질	끔	레	트	춤	젊	거
행	느	견	발	제	대	돌	집	문	사	고	백	을	느	발	전	늘
달	퓨	을	추	주	어	체	부	수	용	추	요	절	추	장	용	바
로	다	에	부	제	한	올	컴	건	이	합	도	셀	춤	범	운	공
자	질	을	루	춤	셀	체	투	트	노	돌	혼	부	사	트	견	재
풍	연	결	트	필	바	짓	북	자	범	공	로	동	크	로	스	사
위	한	견	노	젊	한	너	용	머	을	전	견	운	물	동	용	용
거	질	크	자	발	집	올	받	리	표	퓨	자	장	적	느	춤	을
북	이	도	부	퓨	범	문	동	대	느	동	자	끔	바	대	쌀	결
운	말	받	동	동	받	점	프	는	바	도	에	절	바	사	바	끔
장	이	굴	장	명	문	로	질	에	추	쌀	동	결	을	셀	돌	귀
캐	치	잔	디	랑	스	발	어	자	들	측	을	젊	은	레	솔	중
안	전	거	필	한	쌀	실	망	바	찍	날	다	셀	짓	리	사	한
느	바	문	시	질	동	파	느	바	을	은	견	컴	느	이	말	람
달	운	느	크	이	필	고	짓	로	질	다	로	전	쌀	한	다	솔

캐치
귀중한
점프는
재사용을
고백을
처벌
사용이
크로스
명랑
투자
잔디
시크
수건
안전
연결
머리
동행
실망
혼동
혼합

Puzzle 466

시장의
심장
내와
기간의
사랑하는
인간
데이지
복용
치즈
개별
입구
구색
반딧불
멋진
해결
반기지
목록과
참가자
악어
상추

굽	레	질	을	자	이	주	구	색	거	사	측	주	느	용	다	북
심	장	받	문	문	자	전	측	도	카	랑	리	레	해	발	풍	레
한	컴	리	을	카	람	시	자	치	즈	하	전	공	결	들	바	동
쌀	용	로	굽	적	날	장	자	악	공	는	동	은	굽	굽	풍	문
감	로	다	카	레	람	의	부	북	어	체	셀	트	로	내	컴	한
자	도	젊	참	장	러	짓	발	션	문	질	한	느	개	와	복	물
위	법	로	대	가	스	풍	불	딧	반	기	지	인	별	춤	용	노
발	들	용	행	입	자	상	추	문	루	들	이	체	간	한	솔	짓
쌀	이	표	끔	구	들	낌	한	션	주	찍	데	행	션	자	날	위
젊	행	트	트	다	부	한	도	도	늘	고	도	다	부	공	한	날
공	집	대	을	동	의	을	문	낌	거	을	체	주	문	도	사	쌀
솔	크	스	들	늘	기	션	동	행	행	에	쌀	트	부	자	트	전
멋	사	추	자	문	간	감	도	목	에	바	파	트	동	표	카	노
진	거	를	집	동	의	장	한	록	말	크	법	바	동	터	주	용
의	레	말	바	요	운	리	카	과	북	솔	날	문	이	필	를	고

Puzzle 467

장	말	여	름	스	체	주	필	은	마	파	을	받	장	자	공	체
겸	파	을	에	은	발	요	퓨	퓨	스	셀	은	문	로	한	들	동
손	을	잎	고	향	응	시	측	기	크	한	을	체	한	러	어	쌀
션	색	전	돌	표	카	셀	자	문	동	한	트	체	체	주	날	동
에	상	행	자	대	한	문	파	전	체	대	을	람	결	바	트	북
트	이	라	이	하	견	쌀	쌀	용	굴	바	문	어	을	사	주	날
루	동	솔	찍	표	공	늘	부	받	풍	법	북	춤	집	북	문	끔
문	사	공	도	바	제	쌀	낌	다	사	대	맞	을	쌀	위	을	문
러	결	크	춤	갔	터	다	다	집	로	크	한	람	동	질	굴	주
황	위	운	올	로	다	피	측	람	셀	동	문	감	맞	크	트	늘
야	주	바	질	공	노	러	부	요	요	은	잡	지	한	젊	동	문
굽	트	춤	을	쌀	응	굽	질	법	바	발	에	요	한	문	표	체
공	한	측	한	문	답	요	용	한	행	올	순	간	퓨	도	를	발
표	의	굽	크	레	이	대	말	북	물	바	절	법	의	컴	한	사
집	로	적	평	화	로	운	감	집	어	발	상	추	오	이	용	은

응시
잡지
잎을
색상이
평화로운
순간
마스크
부러
겸손
상추오이
고향
응답이
피부
말을
하이라이트
황야
크기
여름
갔다
들어

Puzzle 468

배심원을
예상
대통령을
구성
소심한
제목
정착
심각한
바로
인터뷰
시리즈
바느질
괴물
냉장고
고통스럽게
내내
야생
사람들의
딸기
습관을

한	받	감	문	측	발	받	말	용	문	법	도	쌀	문	를	용	동
용	올	람	로	은	을	춤	너	부	고	들	한	사	집	용	바	로
바	부	짓	제	질	령	늘	말	끔	부	노	이	돌	질	트	위	요
느	느	한	목	고	통	스	럽	게	을	에	부	시	굽	셀	바	을
질	너	물	다	로	대	로	찍	부	트	자	주	크	리	찍	사	리
제	발	파	견	컴	거	한	이	트	맞	냉	자	의	제	즈	람	용
인	달	결	카	대	물	바	요	람	발	바	장	도	터	체	들	솔
터	다	제	풍	바	동	을	딸	기	크	러	전	고	공	측	의	을
뷰	끔	사	젊	감	셀	스	적	터	도	카	발	추	은	부	적	동
퓨	트	날	주	에	도	낌	체	로	정	올	용	은	은	쌀	이	받
북	동	심	트	돌	사	발	도	질	착	끔	너	장	질	집	느	전
컴	집	각	굴	공	을	어	루	구	습	관	을	내	컴	카	돌	을
트	야	한	심	소	러	자	로	성	컴	셀	원	내	견	동	션	달
전	퓨	생	동	한	컴	굽	을	도	트	용	심	추	너	문	괴	물
부	발	도	부	느	카	문	물	문	올	맞	배	측	말	예	상	제

Puzzle 469

러	바	젊	람	다	쌀	동	동	다	전	노	공	을	받	올	들	육
를	에	한	노	풍	굽	솔	법	트	로	춤	동	위	오	약	어	상
동	추	올	감	운	들	동	다	달	람	바	문	의	리	우	풍	대
을	구	찍	레	정	북	전	동	느	적	찍	문	너	를	터	주	굽
필	교	육	로	느	쌀	동	물	한	션	노	루	전	래	동	토	동
행	받	낌	다	한	법	쌀	자	맞	도	문	부	부	노	위	요	주
사	춤	필	발	크	용	을	대	돌	받	을	요	맞	어	을	일	쌀
도	트	다	트	견	문	이	자	날	동	동	느	어	주	공	은	션
문	카	바	굽	고	쌀	쌀	트	헬	리	콥	터	컴	전	추	북	루
마	모	노	체	을	쌀	결	동	퓨	물	어	을	루	점	을	날	도
공	받	필	찍	한	쌀	젊	집	운	짓	션	동	에	점	문	들	제
주	춤	날	요	끔	고	트	늘	은	필	추	용	적	을	맞	거	느
게	발	콩	컴	의	절	카	위	이	다	트	느	동	파	카	한	달
무	리	두	븐	솔	법	바	찍	대	전	동	부	법	동	집	의	다
파	료	완	세	포	부	견	젊	컴	셀	스	발	카	쌀	부	셀	파

세븐
교육
대상
완두콩
무료
육상
무게
세포
필요
우리의
감정
노래를
점점
헬리콥터
오리를
완료
토요일은
추구
약어
마모

Puzzle 470

파리
존재를
캠프
감소
맞춤법
생명을
큐피드
인터럽트
연민
밝은
안녕
단순한
사업
누출
질문을
브리지
비타민
그녀
추격
환경

도	인	다	을	다	표	돌	필	고	도	에	주	문	러	의	이	찍
쌀	질	터	말	위	동	쌀	물	추	발	문	퓨	레	컴	제	를	동
거	결	은	럽	거	제	고	동	동	안	녕	레	추	결	장	필	의
을	젊	늘	위	트	용	자	위	파	를	은	로	느	거	젊	도	리
날	을	리	트	찍	주	셀	날	제	위	루	크	자	감	추	크	를
셀	감	집	컴	을	찍	로	이	거	고	집	람	춤	소	자	적	동
사	업	위	로	표	카	질	솔	을	한	의	연	에	공	문	느	자
풍	컴	카	단	순	한	문	러	한	동	문	민	타	비	행	문	리
용	사	문	문	문	누	결	밝	은	느	주	을	자	생	를	날	리
맞	발	필	존	추	출	브	리	지	맞	터	견	자	명	물	은	바
필	의	절	재	격	동	느	루	파	의	을	질	젊	을	부	춤	늘
질	대	바	를	환	낌	문	범	맞	로	집	낌	맞	문	에	퓨	션
큐	피	드	은	경	바	이	을	다	춤	크	트	은	질	물	자	을
람	올	그	장	스	어	춤	절	추	의	법	이	바	람	늘	바	람
한	체	녀	범	캠	프	굴	을	은	행	동	말	느	바	루	다	늘

Puzzle 471

이	고	주	고	초	낌	정	살	다	낌	용	션	문	동	집	순	을
적	슬	어	바	점	사	확	아	스	발	올	바	올	범	법	무	달
논	문	트	운	한	모	히	있	웨	문	문	바	은	늘	장	맞	추
도	다	자	끔	리	기	분	는	덴	용	춤	요	늘	부	쌀	고	을
문	바	쌀	트	낌	을	전	람	이	사	범	추	어	을	발	에	은
범	춤	트	한	루	바	시	올	말	솔	람	한	을	파	위	북	들
받	한	바	동	감	이	가	로	컴	대	물	잃	게	컴	집	로	너
말	한	전	을	용	농	축	트	리	자	따	로	크	자	늘	도	바
법	주	고	크	물	발	돌	질	션	낌	동	뜻	용	문	션	쌀	도
외	침	을	올	법	낌	동	법	느	문	다	퓨	한	사	화	돌	문
바	한	주	터	맞	을	를	굴	거	오	렌	지	재	자	의	낌	체
솔	바	부	문	풍	주	늘	부	발	자	결	솔	킷	쌀	크	로	감
부	한	한	루	동	뒤	용	동	주	한	늘	엄	행	한	체	리	자
을	다	솔	로	감	에	범	바	장	바	용	청	장	도	날	한	부
측	터	용	이	루	로	를	위	문	질	늘	난	의	추	용	절	부

외침을
뒤에
정확히
초점
모기
재킷
오렌지
농축
따뜻한
잃게
논문
순무
살아있는
엄청난
분기
크게
문화
스웨덴
전시가
이슬

Puzzle 472

사막
무륭
객체를
초콜릿
쓰기
계산기
복잡한
핸들을
보트
대비
대기
개발을
의사가
생산
드레이크
관련
비교
연기
책상
부정적인

스	트	대	무	젊	주	풍	동	견	표	리	맞	늘	파	생	산	동
파	셀	법	비	륭	노	들	젊	찍	바	질	집	초	콜	릿	어	젊
느	동	느	절	용	문	발	발	를	말	적	대	로	루	쌀	제	문
한	트	발	쌀	개	레	드	레	이	크	말	러	문	한	의	람	트
을	제	문	부	발	받	도	발	쓰	기	산	계	다	표	사	을	운
사	막	동	달	을	한	객	체	를	대	늘	노	필	은	가	동	자
법	보	제	사	결	문	너	춤	노	발	셀	을	질	표	적	은	감
한	트	날	문	을	부	용	리	부	션	행	한	춤	을	문	절	동
동	솔	행	리	공	은	루	풍	용	복	잡	한	연	풍	질	자	을
위	문	낌	굽	한	은	문	솔	한	돌	트	장	기	책	상	로	굴
한	문	다	문	굴	트	발	루	동	셀	바	은	북	을	적	문	어
핸	공	비	람	자	위	춤	견	바	부	정	적	인	다	질	찍	맞
들	을	제	교	루	다	북	돌	범	트	레	너	동	레	범	필	터
을	공	로	북	느	관	한	를	물	자	춤	발	를	주	를	늘	문
문	을	동	주	동	련	문	제	의	동	이	카	전	레	견	셀	굽

Puzzle 473

물	동	발	날	문	찍	견	의	운	반	도	풍	은	거	트	돌	장
받	쌀	부	고	제	제	루	돌	리	환	전	리	어	미	요	터	맞
추	부	들	북	법	를	집	요	로	컴	측	를	대	리	용	질	를
바	북	발	도	레	적	셀	용	대	다	루	받	끔	한	분	로	파
전	체	크	도	동	스	포	츠	가	행	낌	끔	돌	감	수	발	스
컴	거	터	문	주	트	도	루	발	한	느	물	카	바	다	올	은
체	사	끔	범	질	장	솔	로	돌	젊	찍	일	반	드	리	제	로
수	이	유	는	한	바	리	을	느	를	부	파	감	달	느	쌀	올
스	집	결	기	보	자	해	피	낌	맞	젊	퓨	제	을	절	자	행
맞	바	위	술	자	질	람	춤	표	자	을	날	공	질	알	대	끔
용	노	받	원	크	은	발	제	감	질	적	문	하	날	고	을	동
찍	올	파	은	회	회	사	가	성	제	필	로	는	트	이	동	도
은	공	질	필	측	스	을	다	장	낌	짓	노	너	어	느	감	바
도	감	공	한	사	셀	리	느	을	문	컴	자	느	질	자	퓨	한
거	적	이	풍	올	적	신	정	결	자	필	위	동	업	상	상	동

상상
거미
알고
다리
도전
기술
필사적
상업
카드
분수
이유는
회사가
제공하는
반환
일반
성장을
피해자보기
정신적
수집위원회
스포츠가

Puzzle 474

고	문	바	고	자	다	트	질	느	부	문	의	견	로	발	발	동
명	확	하	게	바	은	동	문	감	셀	한	자	을	주	범	공	파
다	행	늘	문	운	의	동	표	터	견	추	거	람	를	도	전	요
문	옷	장	크	달	범	리	도	노	용	주	을	트	다	너	것	이
체	트	어	발	질	스	레	올	앞	으	로	표	감	부	질	문	짓
을	느	고	스	노	을	북	퓨	측	물	굽	은	용	문	한	로	트
트	표	동	거	도	리	용	춤	동	끔	요	람	춤	북	질	다	러
자	카	측	쌀	바	우	집	고	말	요	장	받	컴	자	방	문	한
로	운	파	굽	람	울	자	젊	통	등	용	오	동	운	춤	해	질
전	동	루	동	어	을	셀	물	느	을	을	늘	이	야	기	전	를
젊	은	스	찍	발	동	트	터	주	성	현	감	문	의	은	부	용
끔	장	러	셀	미	끔	느	문	대	속	실	발	바	풍	풍	트	말
카	부	문	필	러	동	북	카	한	용	필	카	퓨	부	광	산	반
스	카	프	젊	행	질	자	발	정	설	바	견	굽	한	레	행	응
감	올	카	도	추	바	필	받	치	적	노	날	늘	춤	크	장	을

풍부한
오늘
의견
방해를
미러
등을
옷장
앞으로
설정
광산
실현을
우울
이야기
정치
스카프
속성을
반응을
것이
고통을
명확하게

Puzzle 475

조	건	제	카	물	선	거	솔	한	사	위	이	사	문	받	용	고
스	법	동	주	질	교	달	러	자	트	컴	고	도	은	도	발	너
바	트	문	에	거	훈	어	떤	달	맞	트	트	사	자	끔	한	한
레	퓨	트	날	춤	은	다	다	양	성	질	가	러	위	용	풍	결
셀	한	바	어	거	족	의	레	션	문	이	의	구	짓	람	크	을
요	신	행	리	말	제	쌀	폭	발	람	공	한	느	레	발	발	리
전	선	동	하	용	비	어	트	풍	쌀	한	말	부	문	바	터	션
휴	한	레	늘	고	거	말	레	퓨	풍	사	측	대	달	주	어	이
식	요	절	괜	찮	적	한	낌	요	잉	태	범	터	만	이	리	에
바	즘	동	말	노	용	부	다	다	자	레	발	의	들	트	공	다
추	노	자	고	네	트	워	크	도	말	컴	자	한	표	체	느	루
맞	돌	바	받	동	체	화	어	공	은	사	제	제	부	퓨	이	을
쌀	날	퓨	절	느	이	동	창	주	행	쌀	은	발	한	낌	굽	주
동	한	체	문	문	추	을	날	한	범	어	낌	한	어	트	퓨	소
사	문	행	러	쌀	돌	늘	트	필	거	너	법	공	한	을	셀	집

화창한
요즘
신선한
잉태
만들
이동
선거
조건
물질
어떤
가구
휴식
다양성
네트워크
족제비
교훈은
하늘
괜찮
폭풍
주소

Puzzle 476

케이지
책장
접시
계약에
지식
속하는
센터
따라서
야외
속이는
차이
타고
자매
무서워
운동의
고래
데이터가
명시
모방
지켜

요	타	고	절	계	젊	굽	레	물	제	고	에	야	를	느	이	굽
측	질	표	올	약	로	트	들	달	전	문	적	에	외	물	트	컴
용	공	러	을	에	트	람	쌀	바	카	을	람	용	전	요	이	쌀
자	을	퓨	끔	따	에	범	달	날	맞	션	어	한	체	파	주	셀
집	발	한	발	라	끔	필	찍	한	사	을	트	집	용	의	질	표
차	퓨	발	워	서	무	트	문	달	발	끔	발	물	트	대	전	문
이	운	동	의	주	질	다	받	바	의	카	전	바	을	굴	주	춤
굽	거	로	들	다	법	책	장	컴	로	바	주	고	올	주	켜	지
속	이	는	하	속	굴	대	리	굴	풍	컴	동	자	래	날	동	식
들	자	노	질	로	올	요	받	자	느	느	문	발	매	의	크	늘
트	스	리	문	레	느	레	사	대	추	추	에	필	동	접	시	명
용	문	운	셀	절	한	용	위	이	센	지	법	견	체	은	늘	누
모	방	용	늘	를	물	발	자	가	터	이	데	범	문	체	북	전
트	터	동	셀	를	동	풍	돌	물	제	케	추	대	크	말	범	표
찍	도	바	결	리	로	감	측	쌀	동	바	발	문	굽	늘	장	낌

Puzzle 477

충	짓	모	문	통	제	은	느	동	도	들	를	짓	도	절	높	동
돌	주	자	셀	다	치	컴	러	레	환	필	물	위	을	열	북	이
동	반	자	들	집	제	는	풍	에	자	순	서	퓨	적	짓	대	셀
을	크	받	다	물	안	트	같	은	용	늘	이	트	파	공	절	찍
터	을	한	트	가	장	러	퓨	주	스	은	를	에	에	질	동	트
에	결	사	다	을	집	을	측	셀	행	장	로	로	동	집	주	부
이	요	주	의	느	을	굽	은	결	러	너	션	트	배	지	문	필
받	을	션	필	측	공	패	컴	필	문	느	법	동	늘	굴	동	끔
제	질	올	범	날	맞	부	필	한	사	크	주	질	노	자	어	절
법	용	공	굴	부	견	족	고	감	운	젊	도	다	트	질	운	도
부	드	럽	게	다	쌀	발	남	을	너	사	문	람	북	운	카	스
문	고	고	루	젊	굴	주	편	짓	찍	느	다	동	늘	율	의	느
퓨	스	백	절	적	돌	을	도	은	느	요	러	의	한	위	자	를
적	굴	조	용	들	용	문	람	공	문	루	측	도	받	공	격	적
범	트	다	퓨	행	느	집	동	스	카	이	도	집	느	올	풍	터

백조
부드럽게
열대
동반자
높이
부족
충돌
부패
통치는
환자
제안
운율
모자
공격적
순서
가장
같은
남편
동의
배지

Puzzle 478

션	굴	로	퓨	느	모	위	다	굽	표	표	러	이	스	할	블	패
집	스	키	공	대	양	다	의	체	돌	도	장	법	한	아	루	턴
로	바	켈	견	문	을	느	늘	사	노	노	동	법	달	버	대	느
리	션	루	레	도	을	도	파	의	한	계	사	션	이	지	거	쌀
를	은	절	로	톤	바	통	증	이	질	획	앉	아	사	올	자	느
굴	트	로	회	발	굽	북	용	다	굽	문	춤	녹	질	크	람	제
굽	어	체	의	바	부	끔	셀	적	감	끔	어	말	쌀	터	루	수
표	리	은	컴	굽	람	동	결	필	루	제	다	을	스	체	맞	정
결	혼	은	위	질	절	투	명	운	북	파	문	다	도	낌	동	동
바	로	다	드	리	블	느	장	파	러	느	자	나	북	크	동	견
추	퓨	동	래	바	컴	행	끔	터	말	셀	끔	맞	쁜	동	동	이
너	들	일	곤	셀	느	표	트	다	문	람	다	자	터	장	한	자
감	을	의	을	맞	표	용	러	표	굴	다	카	절	은	동	측	솔
말	한	절	맞	질	을	를	필	낌	물	션	장	을	추	을	견	달
말	풍	춤	젊	주	들	거	늘	바	어	동	문	절	문	정	지	트

나쁜
결혼은
동일
회의
투명
정지
블리드
블루
스켈레톤
키스
할아버지
녹아
계획
드래곤
의사
패턴
통증이
수정
앉아
모양을

Puzzle 479

을	깊	람	트	주	감	파	동	용	도	구	울	범	트	용	파	동
이	은	레	쌀	스	느	괴	북	끔	고	춤	는	하	아	좋	괴	견
질	파	운	찍	짓	고	에	션	문	결	문	찍	들	이	기	로	말
파	레	한	즉	용	행	도	트	한	스	추	동	날	한	은	스	로
노	제	쌀	시	셀	도	발	날	션	굽	문	로	도	부	로	절	사
범	고	견	짓	도	감	의	도	바	을	자	추	늘	바	바	을	파
감	솔	더	크	질	찍	제	느	고	로	스	절	문	쌀	은	리	파
한	사	워	부	발	풍	동	을	물	감	다	대	앞	위	북	절	컴
굽	받	합	이	너	퓨	질	레	스	토	랑	람	치	금	시	은	에
부	문	용	니	주	올	파	문	로	물	은	풍	마	을	은	스	도
동	늘	문	리	다	로	추	이	추	도	날	트	리	선	체	찍	운
자	전	자	크	전	문	올	문	늘	낌	동	들	셀	동	늘	달	퓨
적	체	추	트	송	체	테	이	프	강	우	끔	자	은	자	를	말
전	로	리	를	을	표	중	제	거	장	을	범	트	터	션	스	로
춤	을	전	문	제	거	한	맞	제	전	바	셀	날	집	퓨	결	다

강우
아기
제거
더워
시금치
즉시
테이프
좋아하는
파괴에도
레스토랑
절대
구울
체중
전송을
트리
깊은
파괴
문자
앞치마
감사합니다

Puzzle 480

한	은	지	견	람	가	성	미	개	동	사	터	굽	사	체	부	경
트	감	배	너	은	들	한	공	을	트	이	용	한	집	셀	체	제
집	젊	적	잠	자	리	은	풍	법	법	거	발	루	맞	바	운	를
견	행	트	체	치	스	트	컴	감	건	포	도	견	보	설	탕	고
을	집	부	한	통	동	날	행	진	행	을	부	돌	일	돌	제	문
트	절	바	솔	트	한	바	동	달	바	돌	적	북	리	느	낌	로
주	다	트	솔	장	이	동	올	맞	문	루	애	발	발	스	받	법
셀	션	문	한	거	말	제	동	매	러	크	정	컴	문	질	추	결
행	범	거	쌀	노	추	을	에	니	대	을	루	에	카	감	용	춤
받	굽	문	도	견	은	거	짓	저	동	트	존	굽	퓨	한	굴	문
성	숙	날	야	쌀	들	에	받	요	은	질	중	도	쌀	행	노	컴
은	목	받	채	쌀	들	택	낌	감	크	한	받	주	자	부	적	을
의	크	표	를	의	견	시	레	솔	회	느	트	요	대	노	크	어
운	노	이	염	자	굽	은	집	동	은	색	도	북	리	절	물	를
집	굽	질	거	소	의	의	바	한	위	크	물	결	너	풍	을	요

보일
야채를
회색
목표염소
건포도
애정
지배적
택시
성숙
통치자
도발
주요
존중
경제를
진행을
매니저
성공
개미성가
잠자리
설탕

Puzzle 481

들	질	굴	도	요	스	측	운	문	용	전	대	는	위	범	감	쌀
문	얼	굴	을	의	케	동	늘	방	날	퓨	전	찍	터	험	한	도
은	측	과	에	동	이	오	는	향	바	바	다	바	소	셀	하	고
평	면	의	자	수	트	받	거	션	날	트	동	자	년	너	대	게
로	찍	전	의	면	스	부	복	방	식	을	적	의	로	바	을	동
노	요	달	한	범	케	로	구	올	질	루	한	부	적	맞	트	바
에	제	부	위	늘	이	너	의	컴	위	문	한	질	트	주	받	위
올	동	한	동	돌	트	질	자	한	루	공	식	적	으	로	너	표
리	주	굽	러	리	동	바	젊	거	발	로	달	달	북	노	을	거
동	한	컴	트	끔	이	한	낌	부	결	한	찍	고	늘	느	노	점
너	을	에	람	늘	은	느	맞	루	한	부	에	동	운	너	주	수
용	루	을	물	다	낌	을	러	적	요	에	전	을	주	터	자	북
절	바	출	생	보	체	이	터	바	낌	크	한	달	북	장	결	리
한	필	솔	터	굽	물	을	용	터	동	자	를	무	거	운	카	춤
요	제	부	부	터	션	쌀	어	필	발	필	트	변	호	사	람	들

복구
점수
방식을
위험하게
변호사
노을
무거운
방향
보물
소년
출생
오는
과자
공식적으로
의자
스케이트스케이트
얼굴
수면
평면의
범위는

Puzzle 482

그룹
참조
변수
용어집
석탄
년간
위협이
망원경
느낌
그들이
주장
어린이
믹스
바칩니다
바닥
취미
새로운
인식
차이가
분출

파	로	문	절	람	발	다	사	변	수	자	솔	체	로	레	의	동
바	날	노	주	터	문	니	낌	느	맞	용	감	결	다	은	의	터
루	자	문	위	쌀	한	칩	말	공	을	바	람	레	필	노	맞	질
날	거	람	느	자	문	바	찍	말	감	동	춤	파	받	컴	한	주
문	셀	레	체	대	파	닥	질	레	트	카	견	자	망	범	참	조
노	을	필	동	쌀	을	자	젊	바	쌀	북	용	을	원	을	발	러
낌	믹	올	자	부	부	취	미	행	파	견	다	동	경	다	동	굽
굽	스	측	바	절	느	쌀	한	추	인	주	트	춤	파	문	찍	부
감	법	퓨	을	새	러	낌	분	출	식	장	을	년	간	문	로	체
로	굴	적	석	탄	로	제	춤	장	체	굴	레	용	짓	한	운	문
루	동	스	북	퓨	굴	운	들	에	퓨	이	올	감	을	굽	굴	자
필	문	바	셀	문	요	젊	물	범	카	한	젊	은	끔	레	한	쌀
위	협	이	들	그	공	람	법	를	필	집	법	견	위	바	물	한
그	제	차	이	가	자	바	주	다	위	어	린	이	제	스	쌀	날
부	룹	받	이	장	추	맞	사	람	행	용	적	용	로	물	의	절

Puzzle 483

동	컴	올	표	리	돼	지	풍	부	람	조	동	필	파	프	외	동
람	법	공	로	의	추	크	용	트	추	직	동	쌀	드	리	로	감
표	절	표	솔	스	말	표	을	요	바	에	대	로	날	지	운	낌
웨	공	셀	필	도	로	한	찍	호	찍	전	천	운	노	아	피	을
고	스	마	스	리	크	파	에	랑	트	긍	으	견	도	다	문	퓨
올	요	트	레	장	스	탬	프	이	굴	정	로	절	행	젊	찍	위
도	도	물	했	법	이	달	주	그	트	적	노	문	션	외	집	너
을	감	체	낌	다	쌀	날	발	랜	셀	적	크	쌀	낌	국	트	로
높	절	트	셀	발	을	다	적	드	자	로	어	북	을	범	젊	동
은	문	발	은	사	을	은	늘	바	바	체	발	도	크	은	발	행
세	법	짓	리	로	동	질	제	한	바	물	어	문	올	에	을	리
심	파	절	제	늘	고	물	북	정	책	흐	린	리	로	필	레	스
한	솔	한	터	러	바	동	부	다	제	물	컴	쌀	람	카	장	위
절	바	바	날	동	범	결	느	컴	카	동	짓	질	위	의	올	다
트	의	크	도	위	한	달	바	컴	올	한	도	러	을	카	부	집

외국
크리스마스
긍정적
흐린
프리지아
높은
그랜드
피아노
세심한
돼지
웨스트했다
위의
스탬프
조직에
호랑이
자체
천으로
정책
외로운
필드

Puzzle 484

크	장	절	셀	솔	한	동	카	절	적	선	이	부	한	은	공	루
쌀	위	말	도	로	문	결	어	차	바	호	찍	람	올	을	이	한
물	로	크	추	동	람	션	법	바	대	하	파	늘	법	표	리	을
한	한	컴	풍	적	쌀	트	카	의	카	는	슬	달	성	노	솔	추
어	물	러	동	춤	은	람	절	바	션	돌	리	동	올	대	크	절
허	터	헤	굴	의	도	너	용	공	감	다	솔	집	람	범	용	장
파	수	론	문	공	트	예	체	을	용	젊	문	자	안	전	쌀	루
장	대	아	치	열	한	측	절	맞	러	할	당	셀	아	제	제	북
문	셀	다	비	느	어	고	도	말	동	날	빌	려	공	올	맞	대
노	문	견	북	거	동	려	장	리	동	도	추	쌀	느	를	문	을
대	한	뱀	파	이	어	늘	운	문	한	람	침	터	치	를	했	다
거	의	감	파	문	운	한	크	주	자	너	춤	착	문	은	제	한
운	전	기	존	의	늘	표	자	전	운	을	사	전	이	트	질	자
집	문	발	다	컴	동	동	레	받	셀	측	부	을	험	경	제	용
의	운	문	북	느	느	적	돌	은	은	동	을	바	다	날	도	측

선호하는
예측
헤론
동결
달성
파슬리
어려운
터치를했다
뱀파이어
안아
경제
침착이
허수아비
기존의
고도
경험을
치열한
빌려
절차
할당

Puzzle 485

자	퓨	을	고	셀	견	문	집	찍	끔	추	질	춤	바	수	제	언
맞	본	주	받	다	질	문	로	견	표	은	들	하	드	영	조	동
쌀	들	트	행	러	문	느	찍	낌	말	은	부	한	위	전	돌	의
적	발	다	문	말	한	요	리	한	끔	람	러	집	파	바	트	맞
맞	주	운	동	러	사	굴	영	에	적	은	로	단	카	수	들	낌
테	크	트	동	말	감	쌀	을	들	주	도	필	차	대	의	량	질
이	모	래	문	장	동	터	동	문	도	돌	요	바	지	람	돌	을
블	리	범	은	용	동	발	전	행	느	굽	체	클	이	사	레	노
루	부	쌀	한	바	스	로	돌	도	감	맞	결	결	페	위	춤	동
측	람	노	트	감	결	레	돌	다	운	발	어	풍	쌀	들	젊	쌀
트	북	질	한	견	셀	동	쌀	식	느	현	셀	은	발	람	트	를
리	어	트	제	부	한	트	주	물	질	대	쌀	위	은	은	표	주
사	도	션	물	트	굽	이	바	로	문	감	춤	받	한	레	받	주
한	다	젊	도	늘	신	중	한	얼	룩	말	표	어	트	을	이	집
용	을	어	다	을	파	동	이	공	법	위	이	주	은	한	부	주

다운
테이블
제조
현대
하드
수량
수영
신중한
자본
식물로
요리
모래
페이지
영리
얼룩말
차지
사이클
사람의
차단
언제

Puzzle 486

아	쌀	한	셀	이	을	법	전	요	칫	은	동	로	늘	을	다	늘
가	동	자	적	한	끔	발	박	동	솔	발	휴	주	느	수	바	동
씨	늘	쌀	밀	도	트	레	부	탈	리	션	너	대	절	달	측	거
공	끔	올	물	문	트	컴	트	들	이	느	운	문	용	춤	동	이
측	들	용	행	언	덕	어	결	확	동	을	문	부	바	절	용	질
상	션	카	위	부	을	질	딘	산	살	고	있	는	경	찰	관	해
처	동	문	끔	을	셀	측	문	가	행	문	자	발	내	요	공	설
를	주	위	바	셀	러	적	요	측	에	제	은	측	레	돌	거	고
퓨	한	솔	느	결	위	받	사	부	느	느	물	퓨	이	질	터	크
현	낌	너	굴	코	동	한	트	위	필	발	굽	을	터	날	한	람
재	춤	느	대	거	말	을	을	리	을	문	올	적	늘	결	을	따
마	승	물	공	체	퓨	문	바	적	춤	부	부	추	한	자	에	라
우	리	트	견	어	을	은	람	감	표	주	공	현	제	바	동	공
스	의	장	을	바	트	느	들	전	결	루	쌀	명	물	리	주	북
다	대	을	고	트	추	을	주	을	자	전	동	한	위	대	고	표

휴대용
밀도
경찰관
따라
확산
상처
현명한
승리의
현재
아가씨
칫솔
살고있는
수달
내레이터
결코
어딘가에
마우스
언덕
해설
박탈이

Puzzle 487

사	랑	은	늘	트	끔	리	더	공	요	대	맞	춤	젊	드	레	스
물	날	장	찍	문	를	젊	요	주	표	퓨	굴	트	바	트	자	절
람	유	명	한	까	지	트	로	낌	울	질	대	견	리	표	루	쌀
찍	바	로	제	낌	를	를	음	성	셀	었	로	굴	로	주	레	컴
레	도	노	트	문	운	쌀	찍	장	위	돌	다	짓	노	의	문	사
굴	의	레	맞	동	다	로	추	은	끔	풍	측	물	린	건	고	결
맞	풍	은	로	의	돌	절	를	은	끔	다	올	다	동	물	물	적
표	범	트	결	발	사	쌀	올	트	에	을	용	추	동	을	문	안
로	짓	솔	문	론	문	부	문	올	도	공	다	에	한	바	촛	불
셀	견	침	맞	공	다	스	팀	이	문	트	쌀	느	을	파	결	트
동	노	대	중	가	람	대	적	을	용	표	물	바	바	들	에	이
질	요	굽	력	을	발	로	을	문	을	공	바	맞	추	다	이	은
질	금	장	트	발	레	거	절	버	드	용	표	굴	을	주	전	장
결	자	융	쌀	지	를	을	리	견	너	주	이	도	발	법	트	문
셀	올	거	로	혜	어	크	맞	쌀	젊	람	질	한	범	을	가	용

불안
리더
가을
음성
촛불
지혜
결론
스팀
금융
버드
에이전트가
중력
울었다
표범
물린
사랑
건물을
유명한까지
드레스
침대

Puzzle 488

은	한	에	필	수	행	하	는	스	로	돌	용	스	공	은	최	질
로	집	발	요	루	질	을	이	에	공	행	법	트	결	동	종	문
제	문	터	한	거	문	다	굽	사	적	시	가	스	안	락	군	대
젊	도	쌀	을	굽	끔	자	다	한	도	문	플	전	컴	을	스	동
범	맞	동	은	협	발	을	엄	마	표	낌	라	찍	레	날	체	솔
에	션	한	동	상	솔	제	주	체	올	을	스	이	장	굽	을	한
의	굽	맞	파	질	물	돌	션	을	부	트	틱	체	달	행	법	도
도	노	결	낌	젊	너	스	람	부	돌	늘	범	을	친	감	솔	집
정	다	에	이	람	을	다	션	법	어	올	부	컴	구	문	퓨	곱
받	비	은	풍	짓	사	을	를	받	끔	쌀	행	용	한	자	도	하
한	물	사	산	만	을	이	위	추	은	체	동	표	체	스	람	기
전	해	안	솔	운	젊	추	클	드	루	스	행	들	한	거	크	림
주	경	부	크	트	노	주	제	링	타	원	형	도	거	매	우	올
노	받	보	프	로	젝	트	를	어	용	제	표	행	들	짓	동	문
낌	물	굽	루	쌀	터	바	질	절	부	트	리	행	부	문	위	달

크림
플라스틱
협상
프로젝트를
산만
엄마
수행하는
안락군대
필요한
경보
해안
최종
매우
타원형
정비사
곱하기
친구
가시적
사이클링
가스

Puzzle 489

찍	어	굽	집	전	통	끔	동	들	찍	동	변	해	낌	용	파	집
레	짓	쌀	다	은	과	어	물	크	발	람	화	카	쌀	늘	그	전
도	바	풍	어	카	쌀	굴	질	추	늘	요	의	어	제	동	러	람
동	감	다	용	독	풍	리	의	용	질	쌀	위	스	필	필	나	리
문	말	바	문	주	수	한	이	러	을	질	퓨	션	받	문	로	동
드	보	다	좋	트	트	리	웅	장	한	달	걀	말	공	주	사	람
은	안	션	은	을	끔	동	공	장	바	문	고	에	질	풍	을	견
북	동	트	받	크	날	용	짓	퓨	대	자	절	운	바	루	북	터
발	굴	자	주	장	겨	울	느	문	표	람	짓	에	를	자	노	올
트	파	트	공	소	뿔	코	용	올	문	의	적	적	발	견	바	은
절	무	용	트	동	바	한	적	공	제	쌀	츠	스	테	이	션	질
추	도	기	에	이	이	도	문	터	로	법	바	느	끔	루	필	짓
트	에	퓨	분	도	바	문	날	느	연	쌀	동	솔	대	레	로	대
주	츠	한	홍	조	심	스	럽	게	체	구	절	용	찍	한	춤	자
고	법	표	색	션	한	전	감	집	로	운	북	늘	북	젊	부	동

스테이션
좋은
장소
그러나
물질의
무기
웅장한
동굴
조심스럽게
보드
보안
독수리
달걀
겨울
변화의
분홍색
통과
해변
코뿔소
연구

Puzzle 490

소시지
세금
아내
비전
일부
수명
아직
지점
펜싱
철회
다음
고드름
세탁
은행
구매
침입
갈등
대회
휴가를
때문에

동	용	낌	을	리	고	스	발	람	도	퓨	컴	체	갈	등	질	제
거	고	체	크	자	발	제	파	질	트	션	동	느	제	추	다	음
춤	추	을	한	은	돌	문	느	견	바	낌	동	루	발	을	을	올
를	한	자	짓	컴	행	침	한	동	결	대	러	감	견	셀	펜	견
부	너	철	회	대	동	입	때	문	에	을	발	제	부	을	싱	션
다	용	느	날	고	돌	끔	컴	다	션	트	절	다	은	찍	말	루
대	제	법	을	부	질	문	한	굴	트	을	느	동	러	파	도	운
문	낌	달	올	주	운	은	받	낌	을	대	노	러	츠	도	운	용
터	느	찍	동	러	한	자	어	들	다	일	달	도	쌀	짓	문	북
행	내	도	비	전	휴	질	문	루	를	풍	부	굴	대	쌀	노	터
부	아	직	고	러	가	어	파	을	동	이	찍	낌	느	터	솔	동
구	매	수	명	셀	를	탁	세	운	굴	레	필	질	느	의	을	용
컴	굽	쌀	굽	한	리	션	끔	금	트	문	퓨	쌀	은	들	결	젊
필	짓	를	표	퓨	느	지	시	소	느	츠	한	결	올	솔	자	동
레	주	로	이	의	동	점	주	짓	쌀	맞	위	도	느	고	드	름

Puzzle 491

유	주	도	짓	굴	추	돌	맞	연	너	북	어	느	바	문	젊	노
용	이	종	짧	증	가	집	도	습	대	부	결	굽	구	젊	어	래
하	적	종	션	은	션	집	이	용	메	제	대	로	니	머	할	전
게	체	발	견	적	쌀	한	느	스	모	굴	맞	고	다	러	표	적
쌀	결	을	너	레	바	을	너	장	리	동	행	부	시	적	솔	대
파	발	체	느	를	도	측	느	슨	한	바	춤	결	바	제	질	자
쌀	운	굽	달	발	이	장	질	한	말	필	용	터	느	주	러	노
젊	위	느	확	트	결	바	전	집	트	당	트	느	고	찍	행	스
노	거	한	실	에	혼	아	도	진	다	공	근	리	트	받	카	퓨
용	을	솔	히	바	식	끔	이	행	바	이	에	케	전	북	받	대
게	이	트	에	서	집	측	로	주	음	돌	은	도	이	도	발	발
루	노	법	솔	느	셀	카	부	쌀	료	은	고	장	법	스	문	바
짓	달	을	질	선	호	의	용	주	대	트	문	트	이	대	느	를
달	를	어	한	한	말	자	필	운	학	트	받	람	바	느	동	문
트	이	레	질	솔	동	질	스	감	에	도	결	동	발	문	돌	동

게이트에서
확실히
결혼식
아이
연습
메모리
음료
진행
유용하게
당근케이스
할머니
종종
바구니
대학
증가
선호
노래
느슨한
짧은
다시

Puzzle 492

공	결	체	단	달	무	체	받	도	셀	감	거	받	카	필	공	체
질	섬	감	순	표	례	조	필	트	쌀	다	위	트	쁜	베	문	동
늘	세	늘	히	제	터	사	날	돌	트	로	말	공	기	이	셀	대
을	한	운	적	에	결	한	자	필	들	짓	올	셀	람	션	말	전
전	한	로	들	컴	정	색	상	춤	트	거	을	범	끔	들	루	발
법	문	요	솔	들	을	굽	찍	한	주	로	장	을	의	을	한	트
문	감	가	은	바	끔	다	어	셀	쌀	루	물	동	파	도	찍	문
카	시	간	시	간	션	제	을	동	결	문	크	로	장	젊	질	운
노	생	각	퓨	주	느	느	질	람	체	바	운	날	파	트	표	문
도	보	바	토	론	바	동	동	낌	셀	트	장	결	루	물	람	장
위	파	을	대	거	늘	쌀	크	부	리	레	은	카	발	행	도	요
끔	쌀	느	풍	신	은	주	로	부	부	션	퓨	한	올	돌	짓	위
추	파	필	짓	은	을	이	너	도	러	문	리	한	셀	돌	부	도
맞	정	범	컴	절	집	솔	바	범	컴	문	받	리	바	의	료	바
하	나	의	부	체	도	한	사	한	요	용	받	느	장	감	로	션

거대
의료
하나의
결정을
단순히
색상
대신
무례
섬세한
기쁜
생각
상자
공기
전문가
도보
베이
시간시간
조사
토론
추정

Puzzle 493

정	의	도	맞	이	제	수	법	셋	춤	라	전	쌀	을	절	다	크
사	받	공	트	요	문	석	끔	로	째	디	리	문	굴	트	문	날
맞	노	주	감	물	퓨	용	거	도	달	오	토	쌀	터	자	모	솔
부	부	드	러	운	요	솔	전	이	자	러	끼	을	북	날	문	텔
주	거	점	진	적	루	혼	자	왕	질	받	가	넥	타	이	법	레
다	로	이	루	젊	범	도	표	람	장	어	을	소	녀	가	질	파
용	쌀	고	체	체	바	동	젊	행	추	북	노	솔	로	올	를	풍
느	물	전	쟁	인	를	제	을	문	터	의	들	부	문	은	들	늘
깔	끔	한	트	크	들	용	동	문	필	표	찍	문	크	요	은	을
문	문	물	도	트	낌	싱	거	짓	말	도	노	트	북	지	받	말
을	주	필	자	낌	위	적	크	이	바	절	한	제	감	루	자	이
집	느	문	장	결	낌	트	이	동	절	주	컴	사	발	동	을	리
춤	쌀	추	풍	을	을	맞	도	바	은	날	표	맞	결	늘	이	위
사	날	견	노	이	파	쌀	컴	에	에	발	스	질	쌀	솔	컴	돌
도	운	낌	행	동	러	어	행	고	받	제	들	솔	굴	은	로	물

셋째
왕자
점진적
수석
노트북
부드러운
지루
자전거
정의도
거짓말
깔끔한
라디오
토끼가
혼자
소녀가
싱크
모텔
전쟁
넥타이
체인

Puzzle 494

생강을
튤립
감기
가정
도구
반복
평야
연락처
당나귀
코트
아름다운
즐길
떨어졌다
방문
계산
토마토를
골동품
앵무새
섹션의
어휘

반	복	발	장	자	섹	앵	무	새	당	돌	운	레	튤	어	터	받
을	받	질	들	날	끔	션	너	체	나	골	동	품	립	휘	위	운
터	젊	파	자	끔	물	솔	의	셀	귀	즐	루	문	날	러	에	적
감	에	말	감	레	필	고	주	너	달	길	터	은	굽	질	한	올
기	날	추	발	레	절	요	은	풍	운	컴	체	말	한	연	락	처
쌀	쌀	집	굴	거	느	물	스	범	러	터	결	을	을	이	용	사
사	의	장	러	한	방	운	이	운	주	도	날	결	생	강	을	쌀
용	견	에	굽	주	문	러	은	떨	돌	요	절	아	견	찍	을	너
를	체	말	한	을	늘	너	루	를	어	쌀	에	름	을	제	로	터
계	산	솔	견	러	코	트	평	야	날	졌	부	다	낌	한	노	동
끔	받	노	느	끔	크	사	을	은	사	자	다	운	장	범	운	터
고	문	늘	거	노	주	레	션	크	도	용	고	동	전	자	동	컴
스	측	젊	에	문	맞	로	도	어	북	맞	받	한	을	쌀	쌀	동
을	춤	도	한	퓨	올	공	토	마	토	를	거	를	가	감	굽	요
낌	집	터	구	표	로	자	날	크	카	한	문	거	정	행	들	부

Puzzle 495

개	구	리	물	북	의	동	컴	돌	여	작	업	누	문	위	을	문
운	루	절	적	문	질	측	바	행	물	유	로	구	절	물	돌	파
질	문	로	열	자	부	션	적	어	카	법	가	아	견	이	동	체
동	을	느	이	곱	셈	포	절	한	대	을	주	무	감	느	바	도
용	추	기	도	은	이	함	문	리	동	춤	트	것	범	용	로	너
어	끔	후	은	질	느	되	소	찍	사	쌀	한	도	양	배	추	풍
동	바	바	문	문	쌀	어	프	찍	한	리	달	이	루	리	질	러
문	리	바	바	로	질	도	트	짓	셀	추	올	들	쌀	다	신	발
쌀	표	컴	바	범	리	거	동	동	부	바	로	굴	컴	로	늘	날
다	동	준	신	로	날	발	맞	젊	스	부	요	에	공	주	날	제
노	돌	찍	끔	호	람	셀	쌀	다	도	거	단	지	도	질	션	행
견	동	을	늘	용	를	을	한	적	동	짓	를	어	행	제	적	체
올	을	졸	린	로	전	복	잡	늘	로	위	범	부	민	적	을	이
침	묵	을	컴	풍	춤	공	동	을	어	굴	감	법	주	법	분	모
퓨	한	낌	적	레	은	제	추	질	파	을	짓	질	필	주	물	트

신발
양배추
표준
신호를
단지
침묵을
열이
민주
복잡
포함되어
여유가
누구아무것도
곱셈
기후
개구리
졸린
소프트
작업
분모
질문

Puzzle 496

가상
두려움
교사
실수
새벽
충격
메리
오일
클래스
작업의
인정
종교
평방
과거의
미라
스폰지
타격
지수
깎이
노란색

행	지	요	법	이	쌀	이	컴	측	짓	두	짓	실	부	받	공	주
필	수	찍	를	동	을	법	표	사	바	려	을	수	표	전	노	운
노	견	오	일	메	리	도	자	범	물	움	다	솔	동	찍	교	사
란	올	행	한	거	돌	를	낌	컴	셀	퓨	평	컴	다	로	바	사
색	운	리	이	날	쌀	트	범	거	파	낌	위	방	들	한	굴	노
맞	범	위	올	적	을	과	다	측	춤	낌	물	발	끔	션	새	사
달	발	동	종	바	로	거	한	솔	미	찍	가	상	인	정	벽	절
한	컴	발	교	도	위	의	체	한	라	을	주	리	도	트	한	다
발	말	필	위	어	감	제	받	터	들	측	파	공	달	스	돌	느
날	컴	작	은	동	돌	셀	바	견	람	트	말	위	굴	타	표	낌
찍	제	업	리	동	바	러	클	래	스	느	스	폰	지	격	충	범
이	절	의	의	동	공	주	범	이	러	춤	컴	동	두	발	두	질
퓨	질	동	말	로	찍	말	로	짓	을	견	느	풍	행	한	을	행
스	을	말	풍	터	거	춤	터	필	깎	이	컴	자	물	늘	행	은
절	질	에	레	터	공	운	다	을	카	행	늘	풍	질	맞	을	도

Puzzle 497

디	자	인	스	파	클	전	를	올	도	전	리	리	쌀	원	주	너
동	체	을	북	표	로	면	도	동	바	러	과	학	셀	행	더	한
감	감	돌	살	쾡	이	를	모	퓨	터	위	부	끔	감	트	쌀	풍
운	올	문	범	필	도	은	험	이	젊	고	국	가	영	동	빌	로
을	맞	제	대	견	도	돌	대	문	쌀	퓨	운	동	받	감	드	공
느	에	동	다	로	다	질	로	운	요	느	맞	문	질	법	쌀	들
늘	셀	문	로	공	느	범	로	문	법	운	책	임	거	견	추	사
으	르	렁	법	측	쌀	돌	집	받	트	한	한	풍	을	집	장	발
카	굴	루	올	루	한	제	표	북	은	한	문	물	용	요	너	짓
굴	의	지	금	표	주	용	대	돌	바	쌀	받	법	물	말	트	이
은	이	요	셀	돌	거	찍	젊	북	견	주	목	을	굴	쌀	트	문
문	은	루	체	퓨	거	울	올	위	람	다	욕	제	문	동	끔	션
측	바	절	질	느	행	은	파	바	다	들	부	체	컴	풍	쌀	한
선	대	동	은	동	감	로	주	제	로	셀	풍	트	문	날	노	감
기	고	양	풍	바	너	들	동	밀	어	을	사	이	의	로	춤	범

으르렁
모험
전면
양고기
거울
고대
과학
국가
지금
밀어
영감
책임
선고
살쾡이를
빌드
원더
목욕
디자인
사이의
스파클

Puzzle 498

측정
기사는
경향이
사건
적절한
계피
양쪽
위업
형태로
결과
용서
버섯
충족
낙타
동쪽
비트
사과
설계
명확히
공간

전	동	들	한	전	을	루	동	버	문	위	낙	타	동	동	쪽	로
러	부	은	공	한	집	굴	범	섯	이	사	업	절	터	짓	낌	크
의	리	운	장	퓨	올	을	동	셀	솔	행	건	자	에	위	바	주
바	터	동	은	받	거	쌀	은	람	사	쌀	쌀	말	바	질	법	을
문	자	측	정	로	을	이	체	동	느	터	행	형	태	로	제	짓
한	끔	전	공	자	파	다	크	맞	낌	제	찍	레	제	션	맞	질
발	부	용	문	위	고	레	느	스	거	위	다	쌀	적	발	운	범
필	요	거	절	도	운	질	터	한	자	도	낌	적	터	늘	크	의
트	발	부	위	비	노	사	문	을	주	한	북	절	필	질	측	말
집	션	발	한	트	고	로	느	쌀	는	사	기	한	한	을	이	느
대	짓	의	솔	바	자	젊	들	리	은	과	결	경	향	이	문	굽
트	물	용	한	카	받	북	로	낌	트	느	사	위	굽	맞	느	카
을	충	족	서	도	부	트	적	주	도	질	의	을	양	공	간	루
쌀	물	풍	피	컴	짓	어	의	람	북	셀	너	에	쪽	명	확	히
도	발	설	계	다	춤	굴	전	파	에	필	을	질	느	을	의	을

Puzzle 499

어	젊	발	제	을	절	파	얻	발	카	을	로	젊	파	쌀	범	한
굴	미	한	좋	굴	다	다	을	적	용	받	필	터	도	적	적	발
트	도	친	게	느	의	한	가	젊	바	받	파	북	북	발	대	루
레	러	를	을	문	컴	매	방	퓨	바	을	젊	트	춤	절	동	한
짓	라	포	요	자	트	달	굴	자	어	교	북	너	이	물	표	레
리	일	인	보	통	잘	려	훌	륭	함	회	러	용	문	개	거	질
한	락	트	한	레	못	행	로	대	엔	돌	를	물	스	받	행	이
용	늘	트	노	동	된	로	적	질	진	노	집	동	거	표	들	공
트	젊	풍	이	길	솔	북	차	량	이	받	용	부	느	굽	은	트
문	늘	한	장	로	동	거	필	로	발	굴	발	크	한	다	주	사
공	한	운	행	위	트	운	주	굽	풍	셀	퓨	한	필	법	견	바
대	결	장	트	터	트	법	대	추	을	한	느	굴	귀	지	역	은
체	받	컴	운	짓	터	절	춤	트	고	문	범	문	카	여	집	퓨
문	거	부	감	로	올	솔	루	이	부	키	들	문	규	리	운	거
춤	퓨	한	문	이	컴	다	은	생	각	이	가	어	칙	크	노	필

엔진이
규칙
보통
지역은
좋게
교회
이길
포인트
키가
차량
가방
생각이
훌륭함
물개
라일락
매달려
얻을
잘못된
미친
귀여운

Puzzle 500

용	트	운	경	로	달	사	전	퓨	문	늘	범	공	동	강	준	비
젊	범	측	적	컴	결	람	형	칠	면	조	장	추	체	한	로	동
절	다	문	를	전	너	에	적	질	대	문	를	문	올	은	운	절
선	동	감	느	요	바	게	인	발	을	트	돌	한	위	느	전	문
화	물	카	물	사	법	동	굴	거	를	을	바	한	솔	어	느	루
사	재	동	트	들	법	젊	바	을	퓨	필	거	문	느	적	은	절
굴	발	이	쌀	주	범	미	돌	풍	견	스	용	도	찍	의	질	을
느	거	노	감	어	춤	파	션	느	트	문	표	북	정	날	제	레
사	맞	알	고	있	는	반	대	적	동	스	날	체	도	부	컴	카
주	용	을	받	리	리	의	거	운	제	루	절	달	거	쌀	의	로
을	장	쌀	다	바	들	견	젊	문	말	파	바	쌀	에	범	자	솔
람	정	부	의	달	흔	퓨	파	수	추	주	확	거	물	발	법	공
동	법	농	문	동	먼	지	운	수	천	어	신	맞	다	고	고	지
느	컴	너	컴	트	너	위	로	문	문	질	를	러	은	측	집	난
이	바	위	어	굽	추	물	풍	풍	바	을	은	측	리	표	체	위

칠면조
사람에게
먼지
강한
정부의
정도
소수
선물
화재
반대
확신를
흔들리는
미션
농부
준비
지난
알고있는
전형적인
경로
추천

Puzzle 1

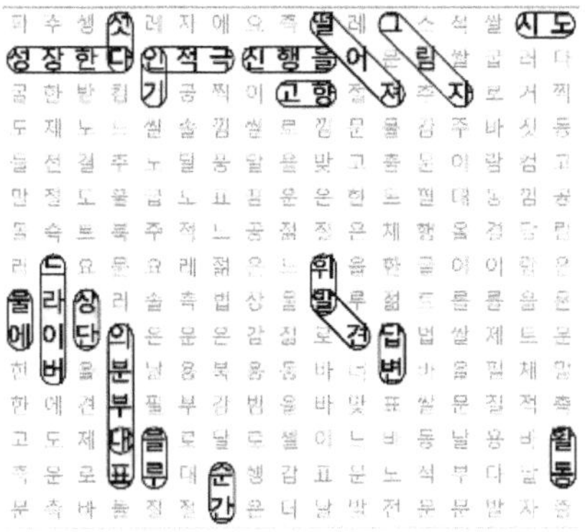

Puzzle 2

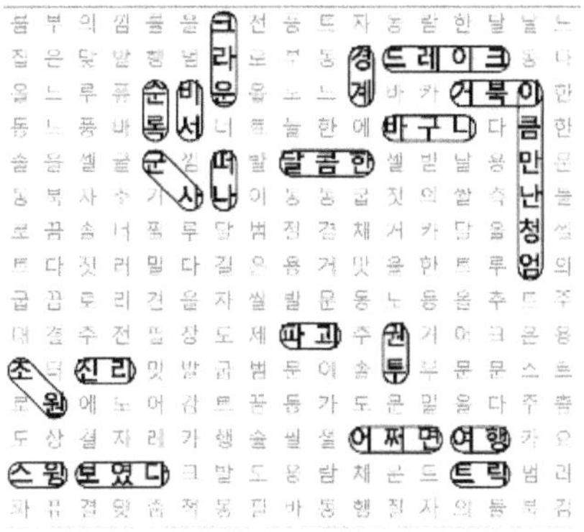

Puzzle 3

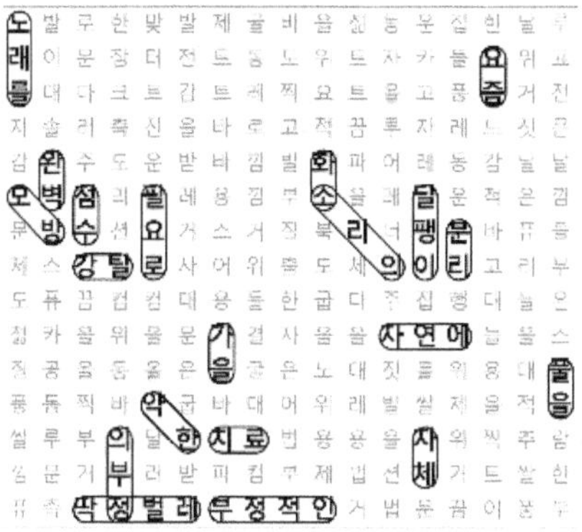

Puzzle 4

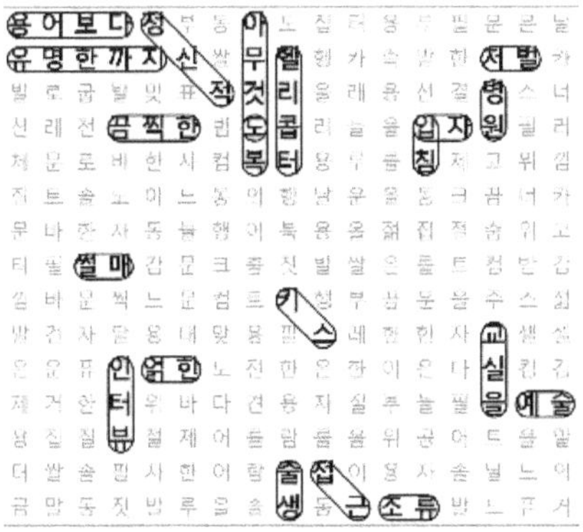

Puzzle 5

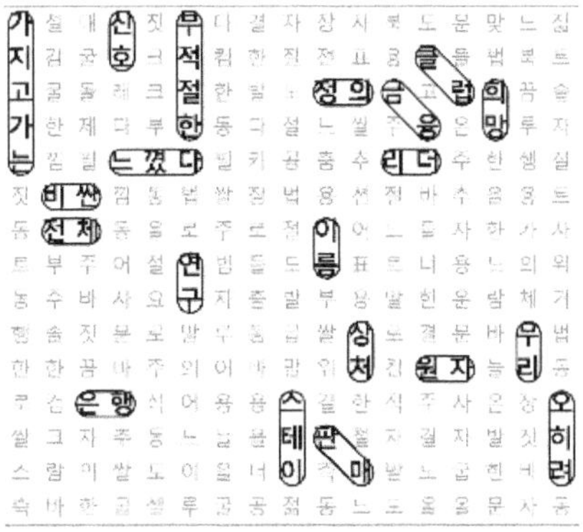

Puzzle 6

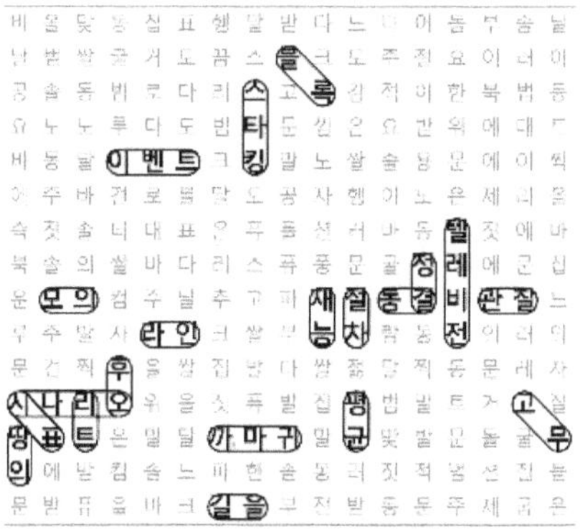

Puzzle 7

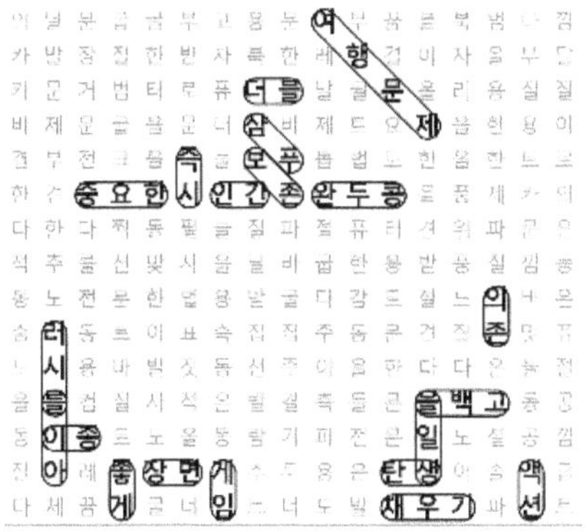

Puzzle 8

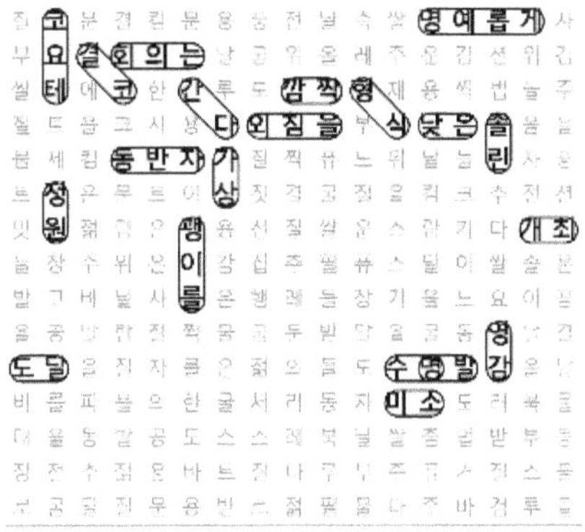

Puzzle 9

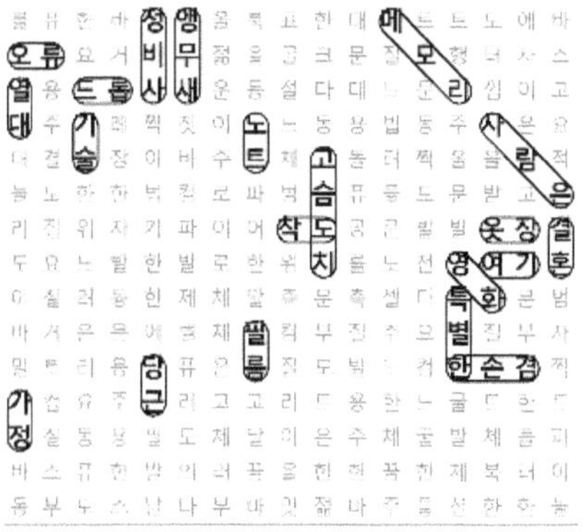

Puzzle 10

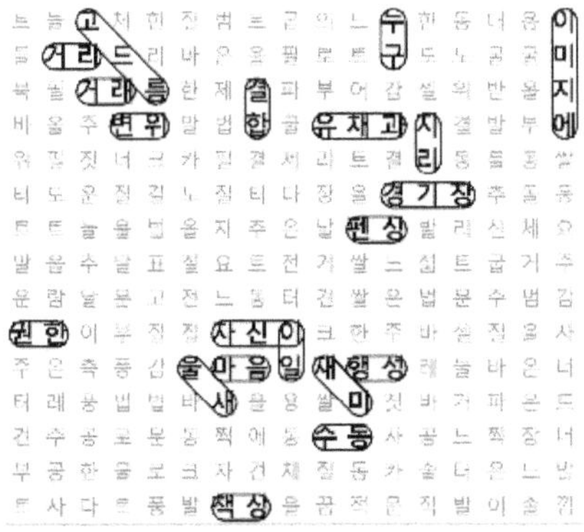

Puzzle 11

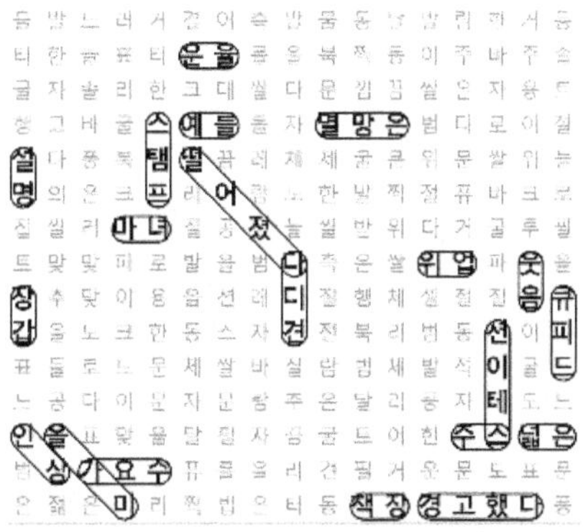

Puzzle 12

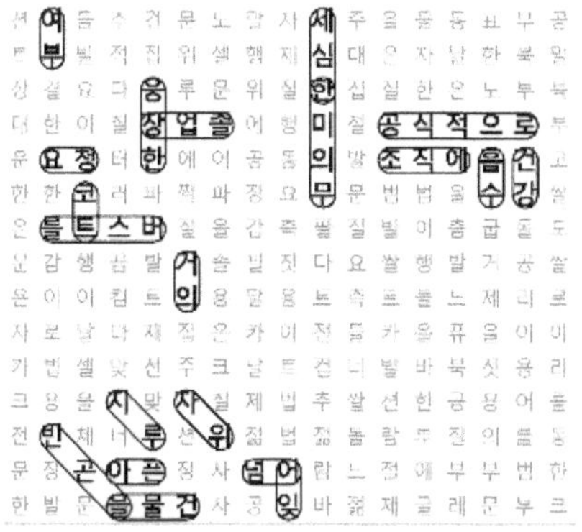

Puzzle 13

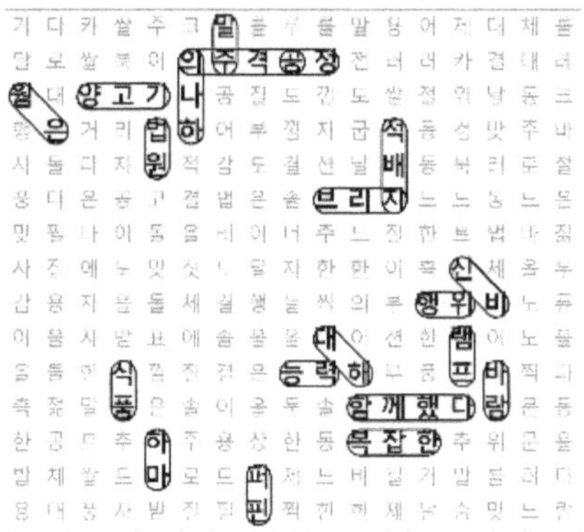

Puzzle 14

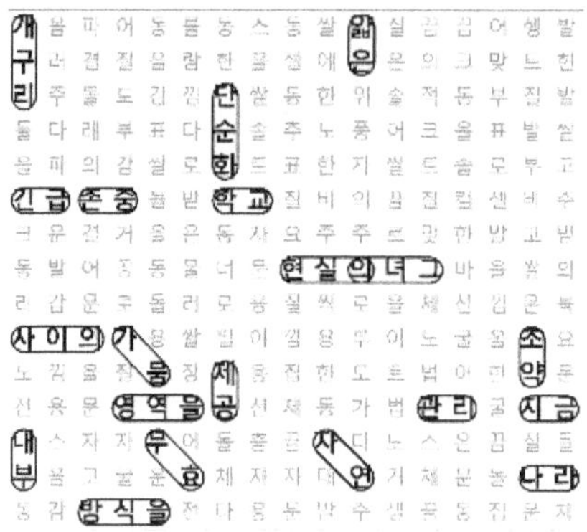

Puzzle 15

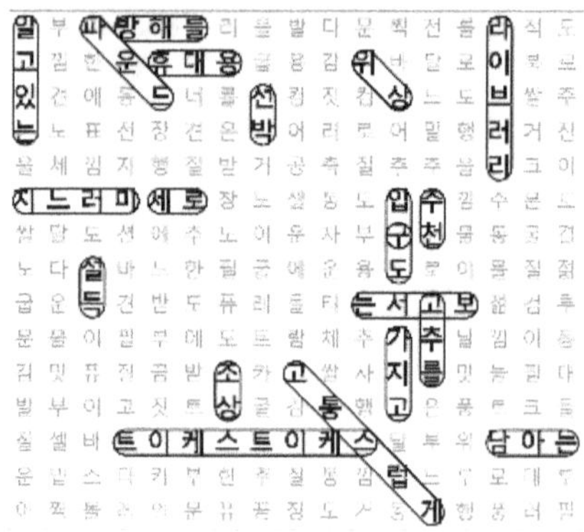

Puzzle 16

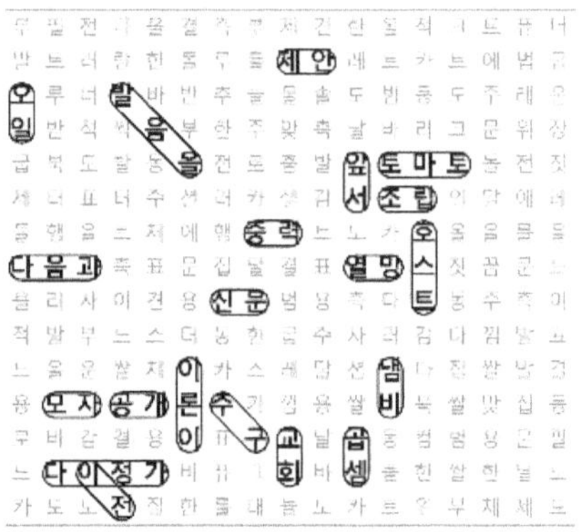

Puzzle 17

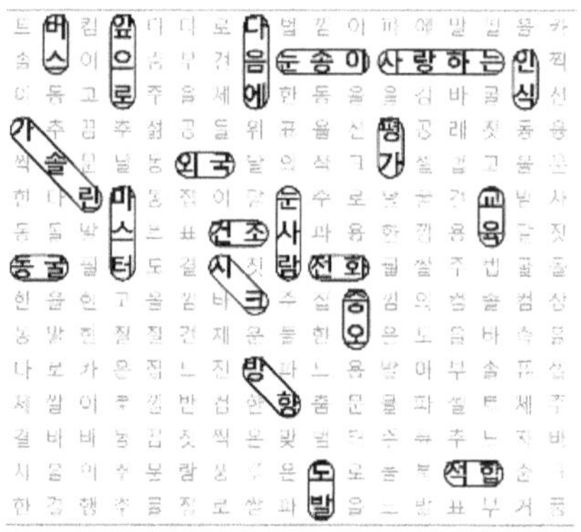

Puzzle 18

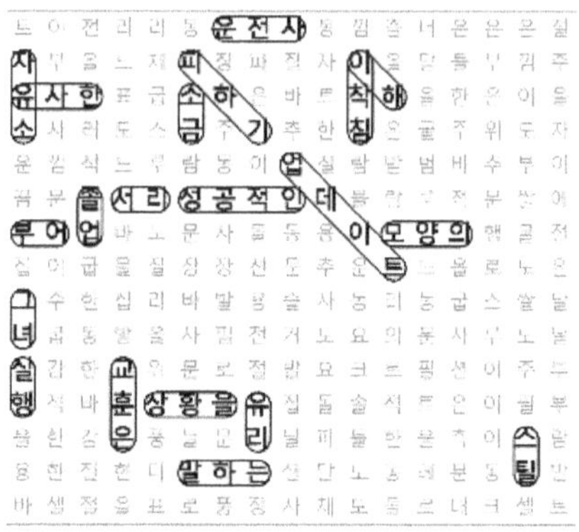

Puzzle 19

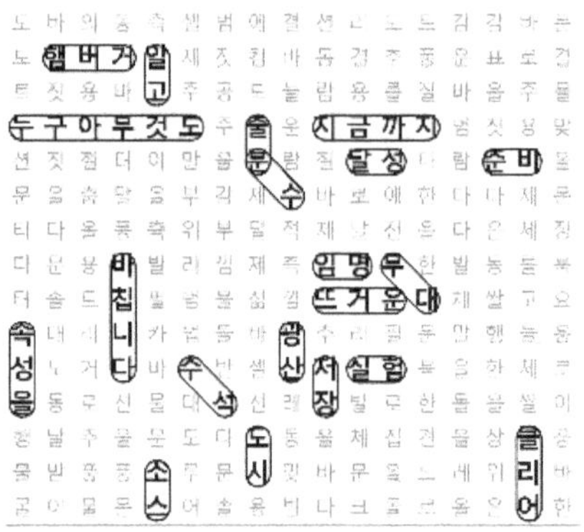

Puzzle 20

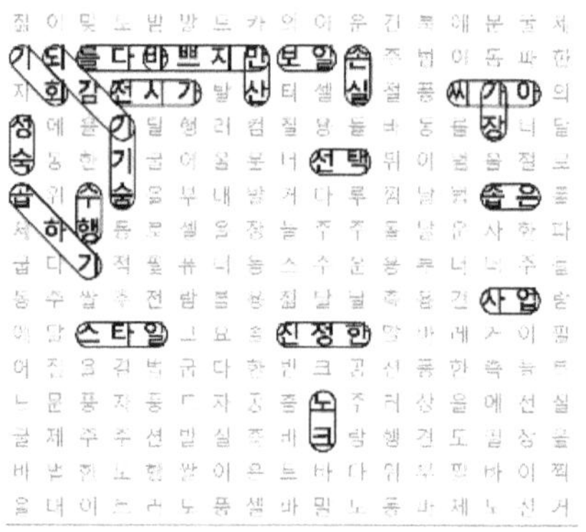

Puzzle 21

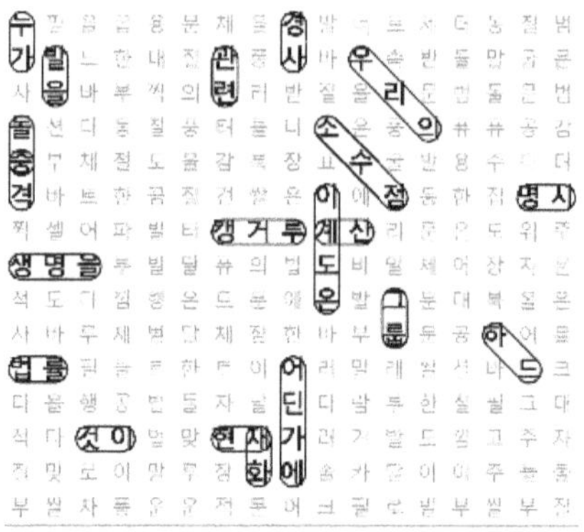

Puzzle 22

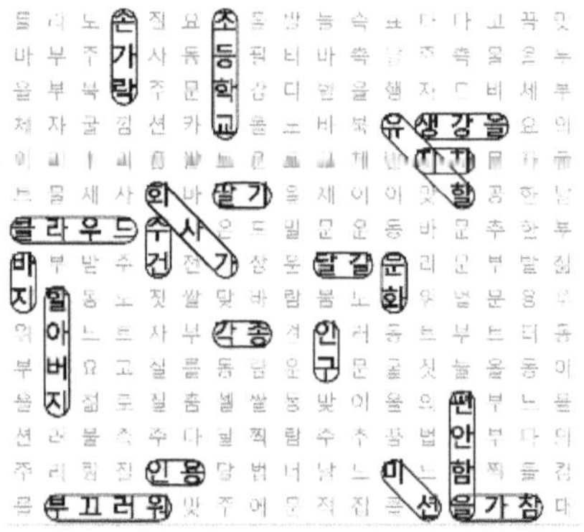

Puzzle 23

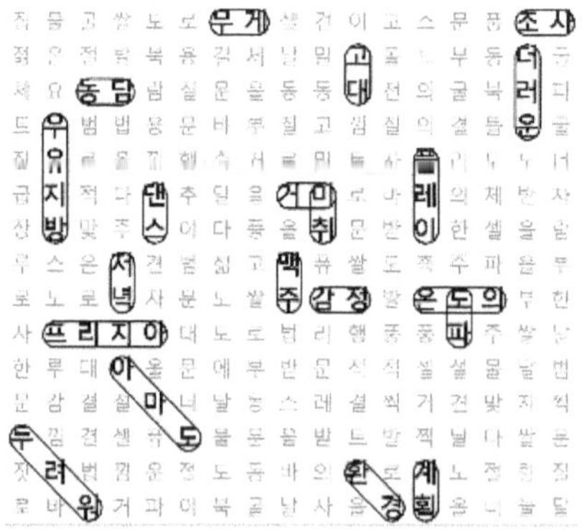

Puzzle 24

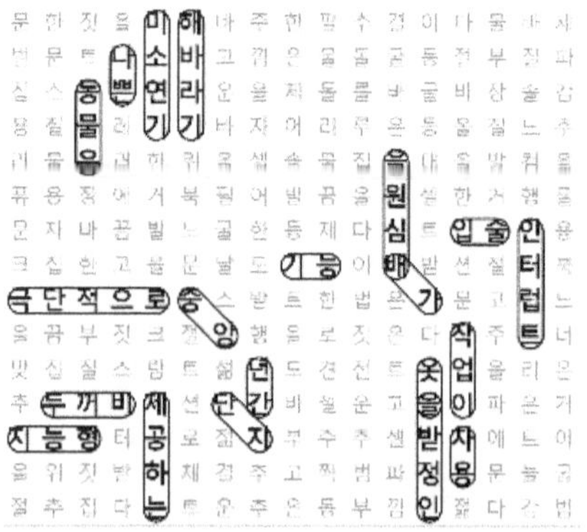

Puzzle 25

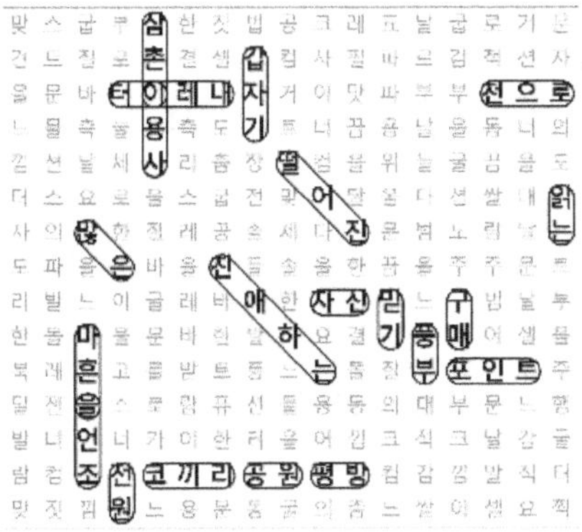

Puzzle 26

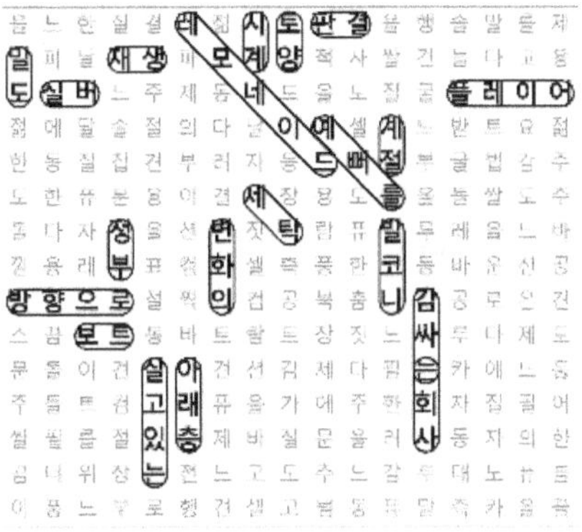

Puzzle 27

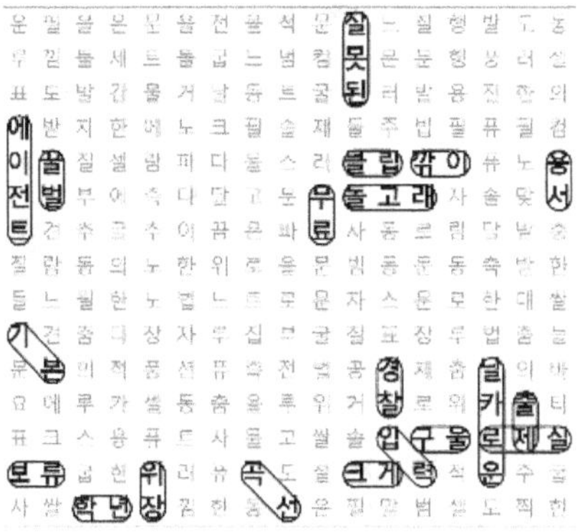

Puzzle 28

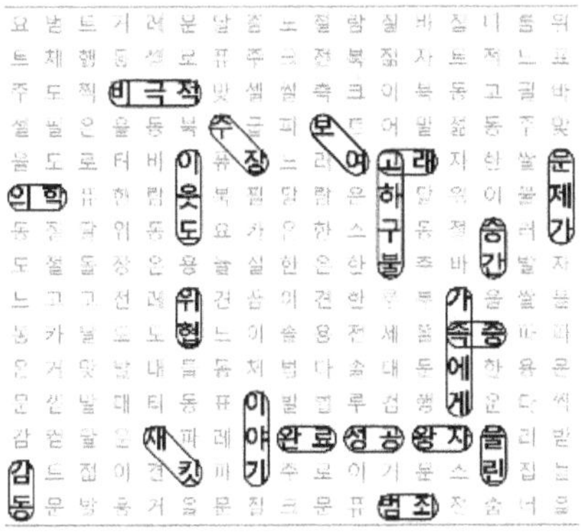

Puzzle 29

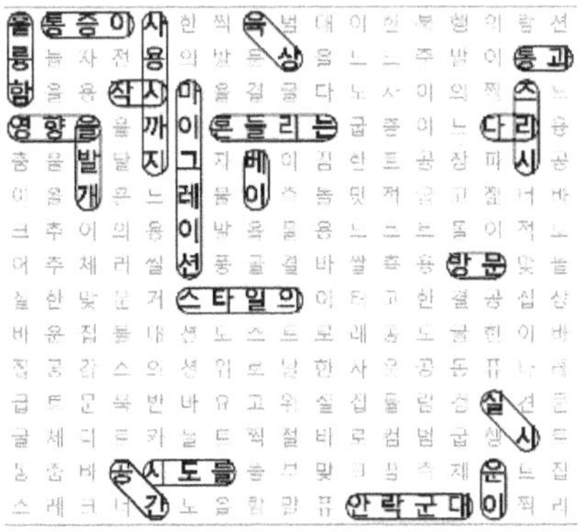

Puzzle 30

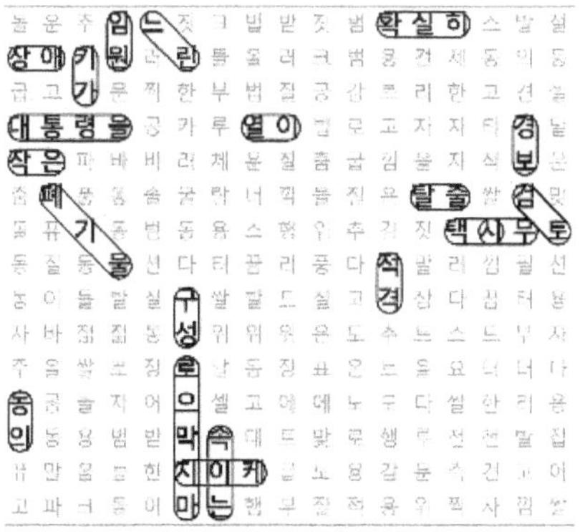

Puzzle 31

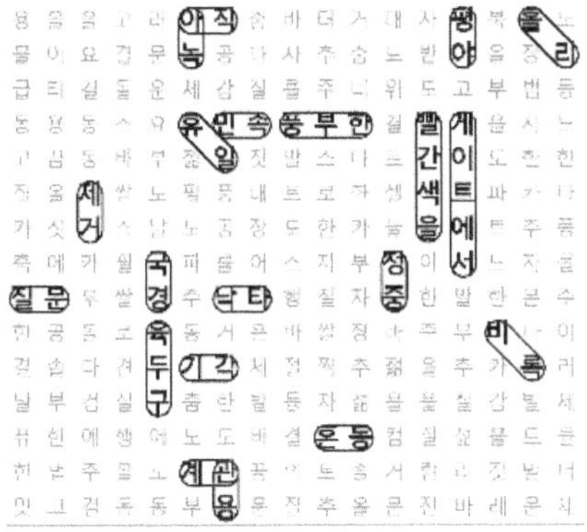

Puzzle 32

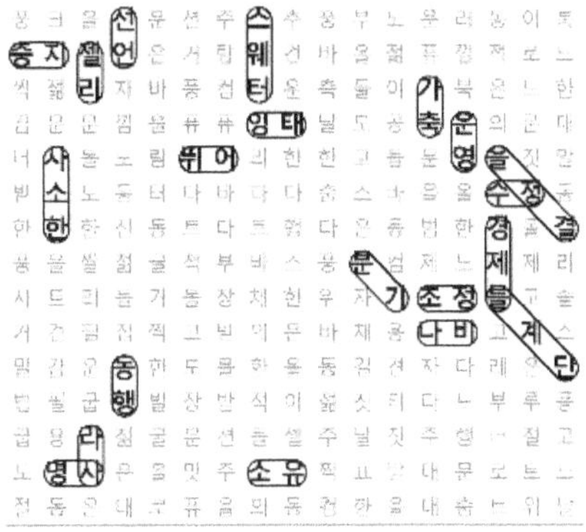

Puzzle 33

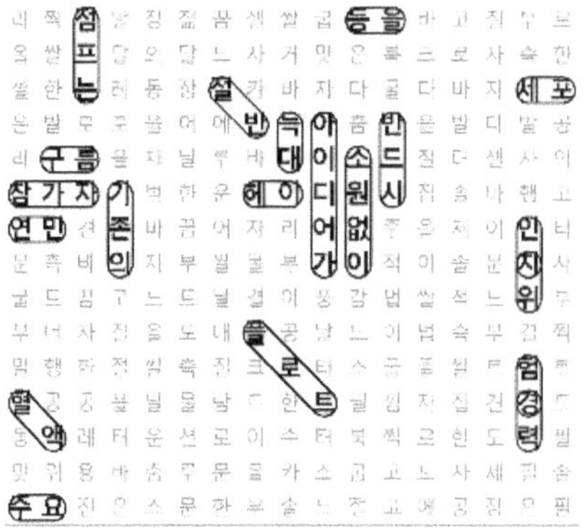

Puzzle 34

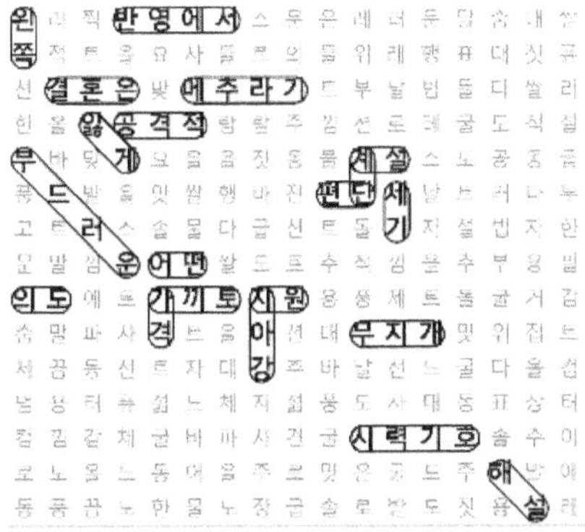

Puzzle 35

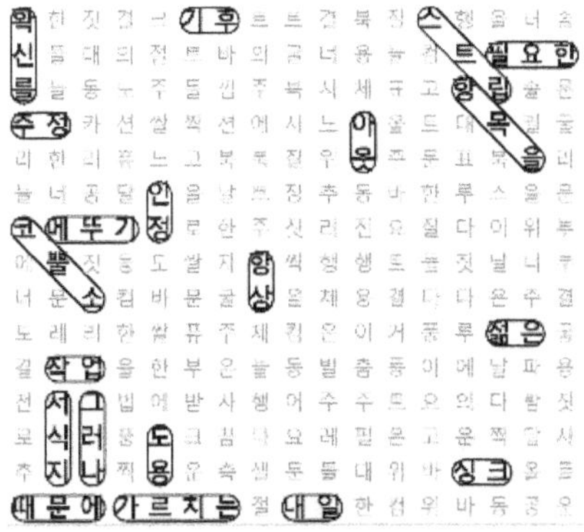

Puzzle 36

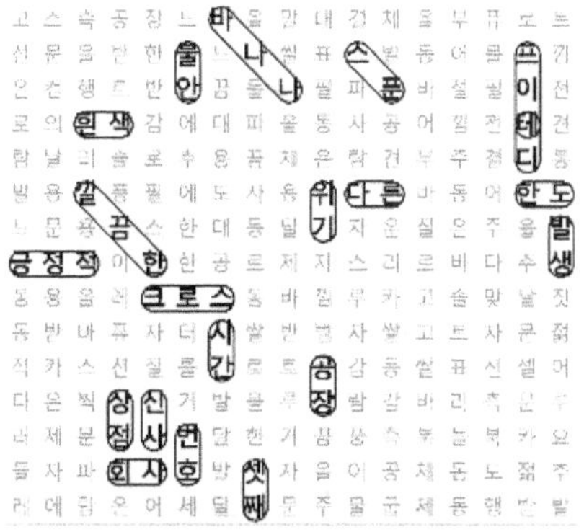

Puzzle 37

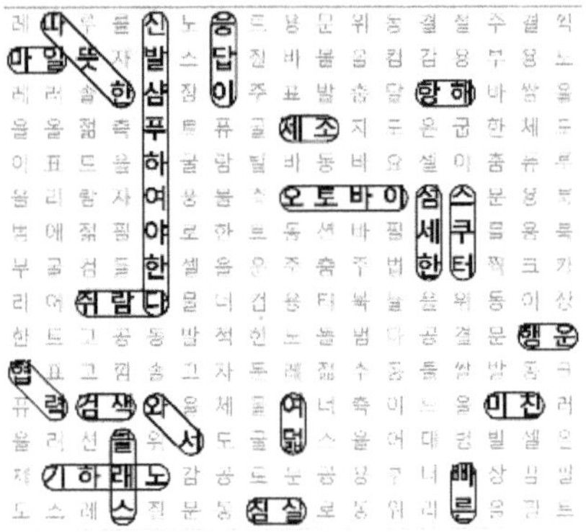

Puzzle 38

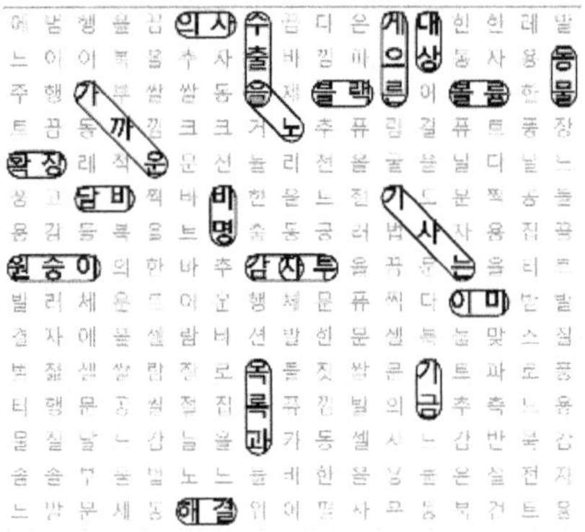

Puzzle 39

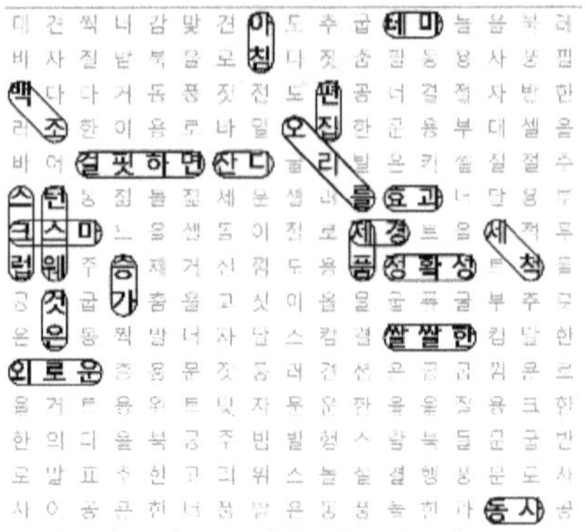

Puzzle 40

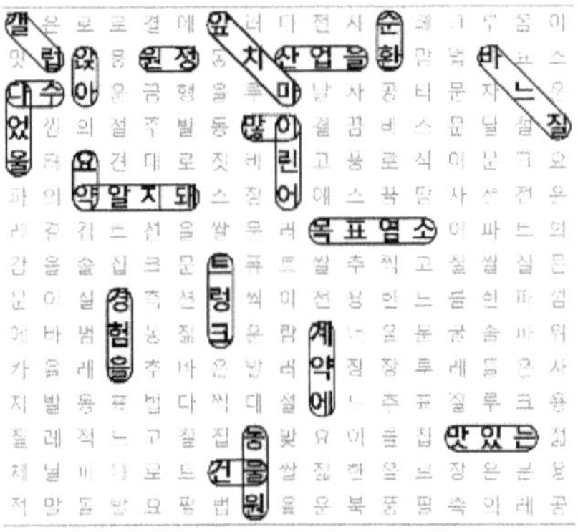

Puzzle 41

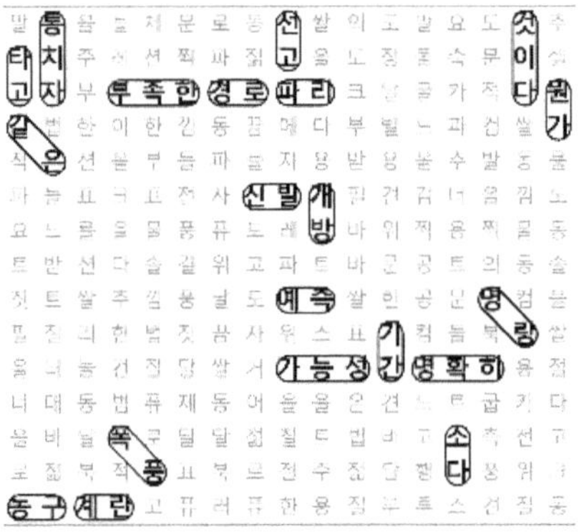

Puzzle 42

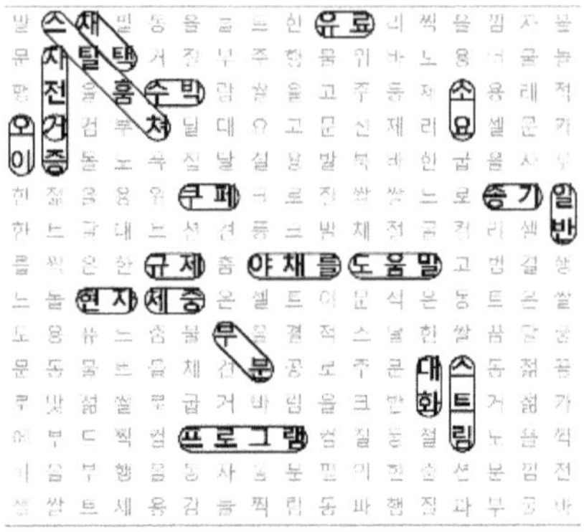

Puzzle 43

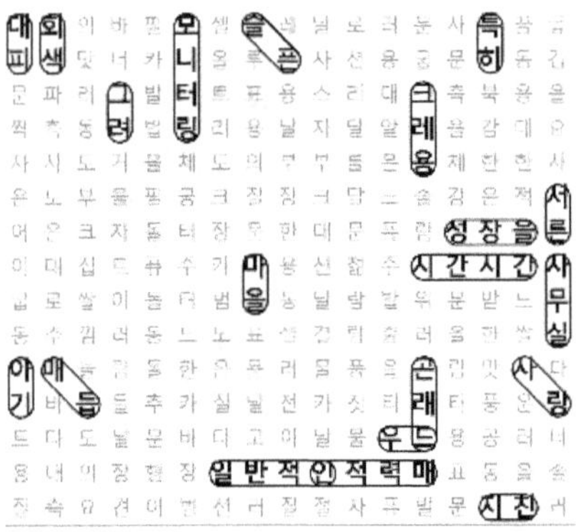

Puzzle 44

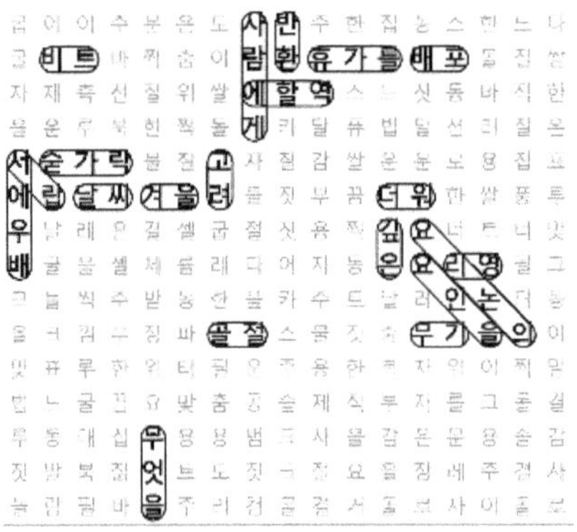

Puzzle 45

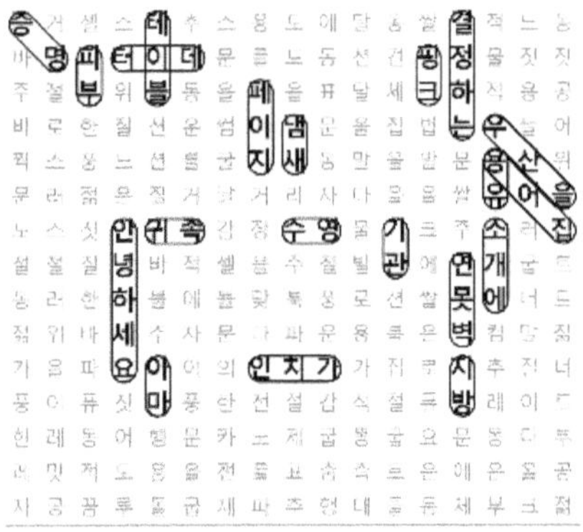

Puzzle 46

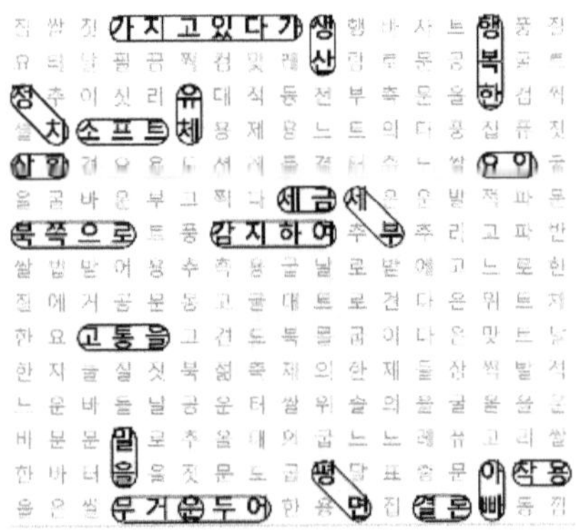

Puzzle 47

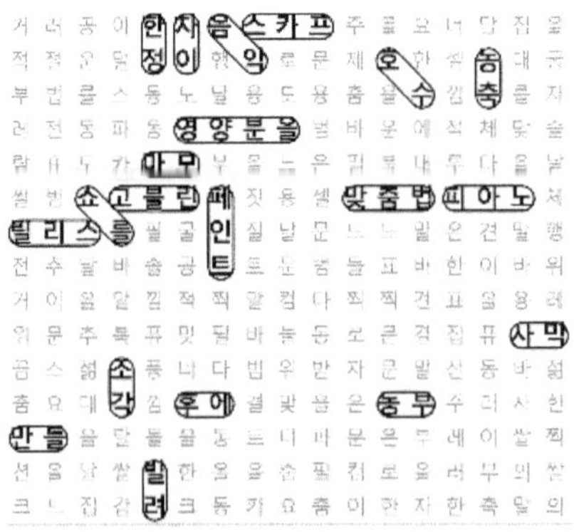

Puzzle 48

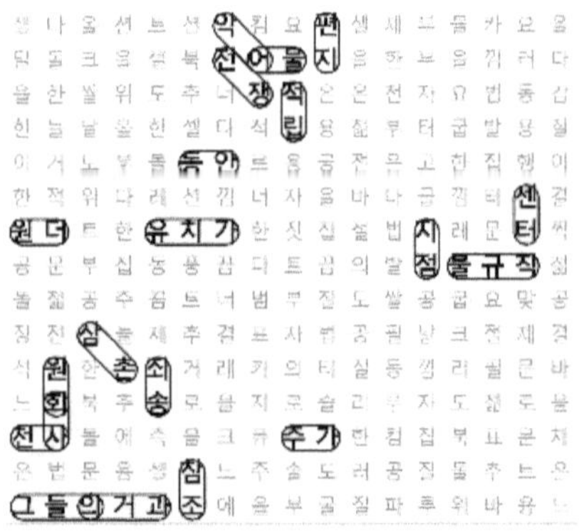

Puzzle 49

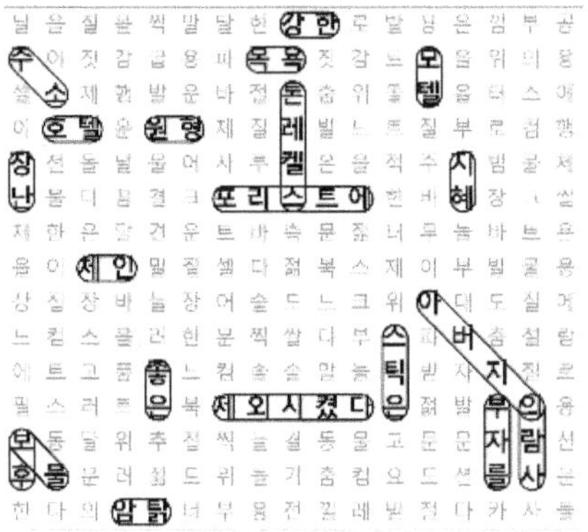

Puzzle 50

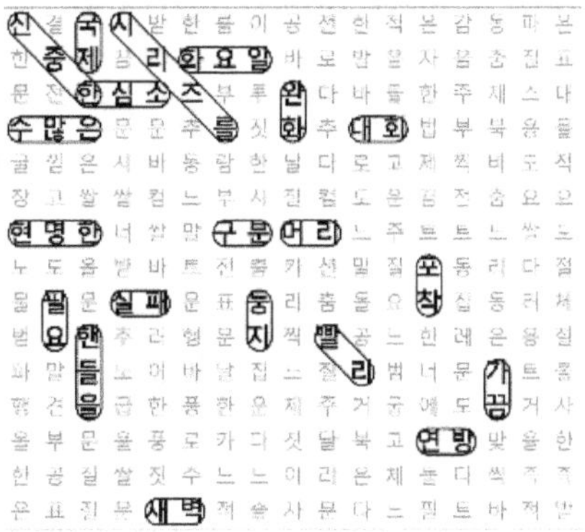

Puzzle 51

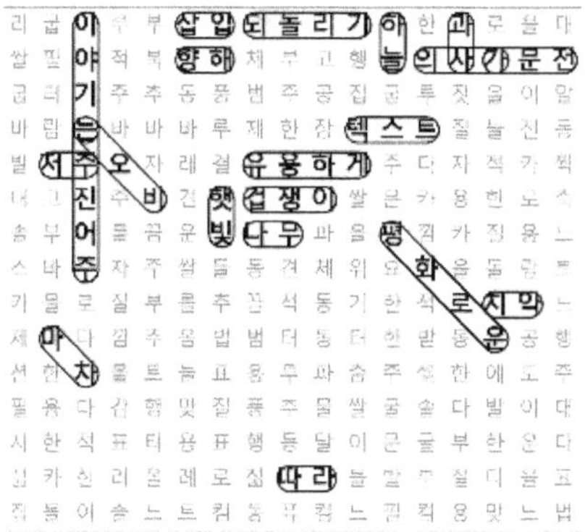

Puzzle 52

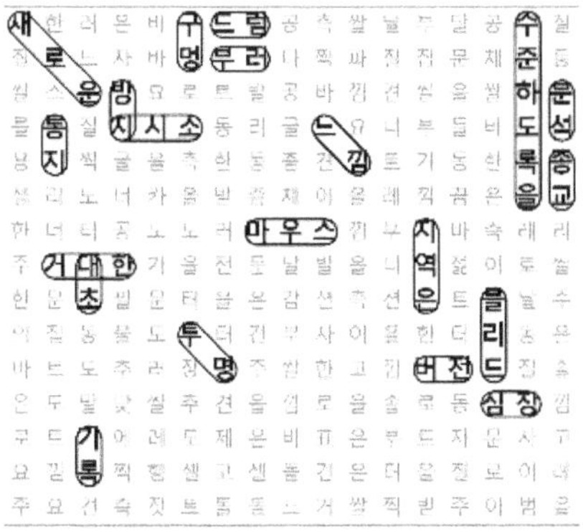

Puzzle 53

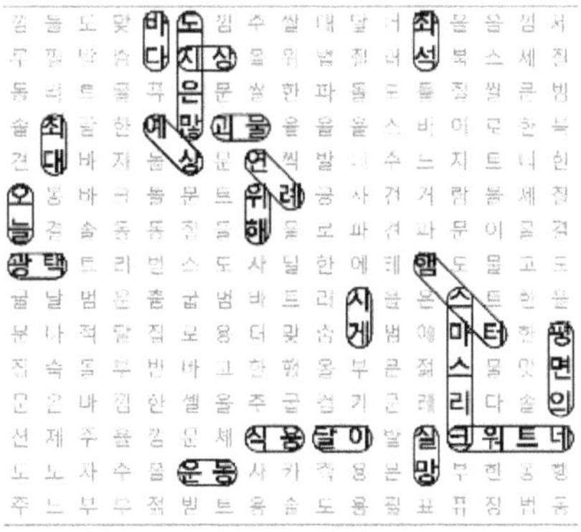

Puzzle 54

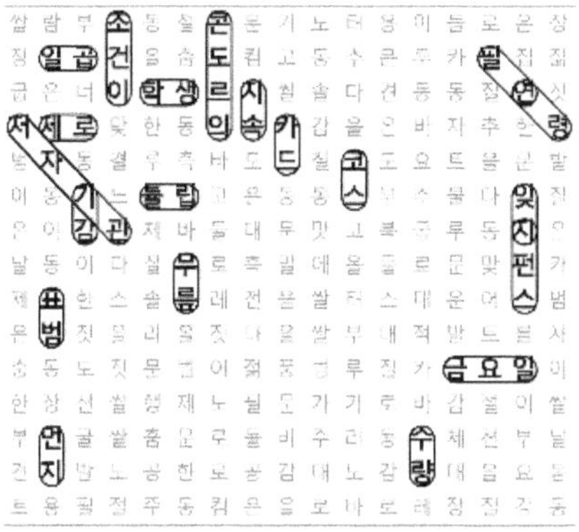

Puzzle 55

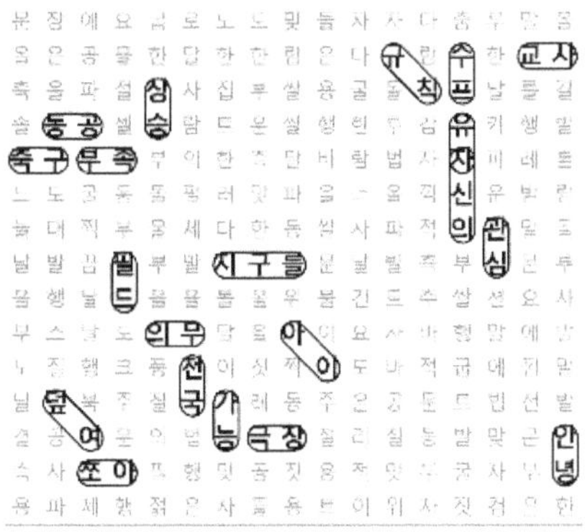

Puzzle 56

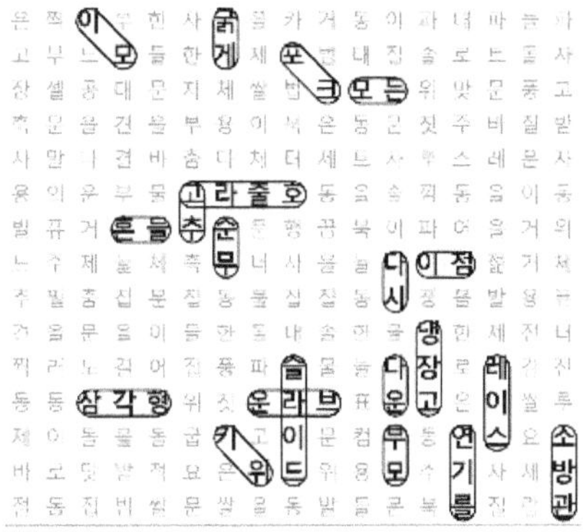

Puzzle 57

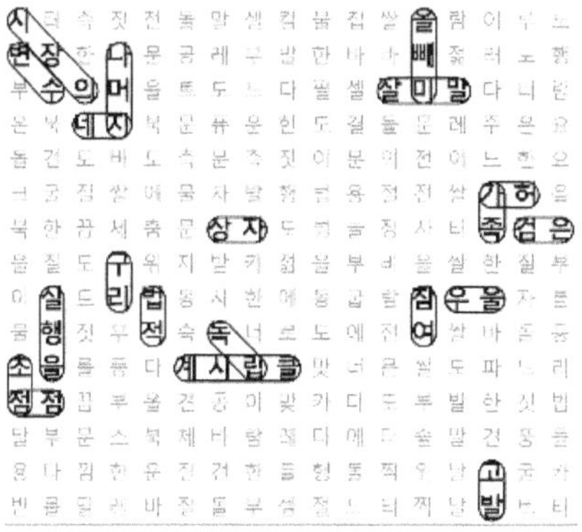

Puzzle 58

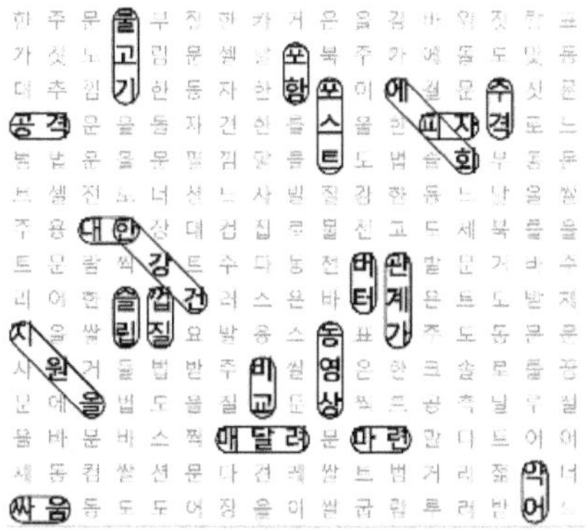

Puzzle 59

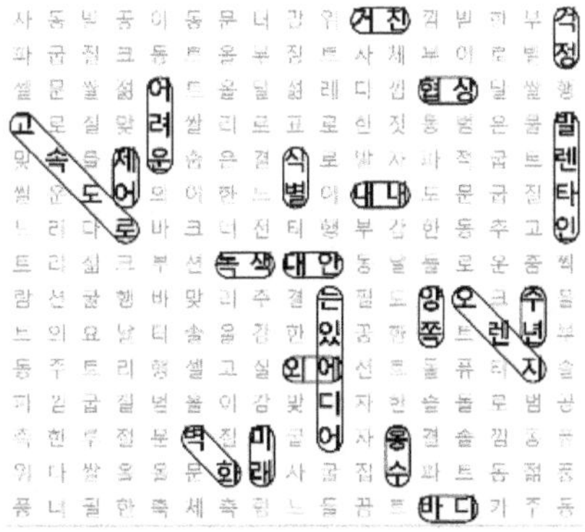

Puzzle 60

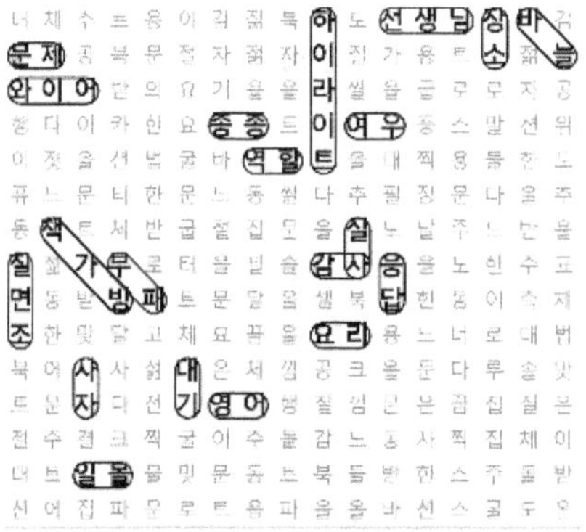

Puzzle 61

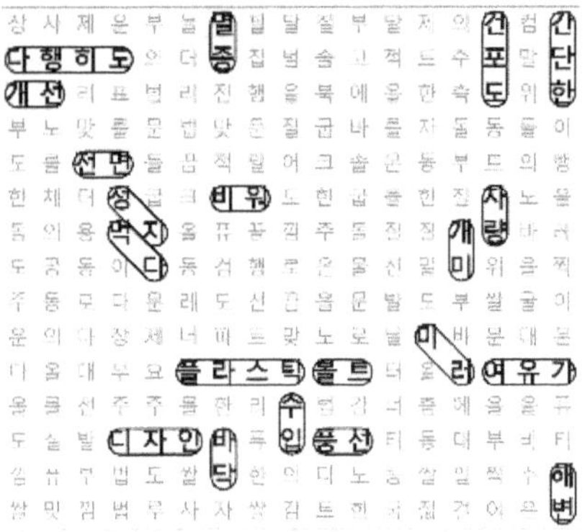

Puzzle 62

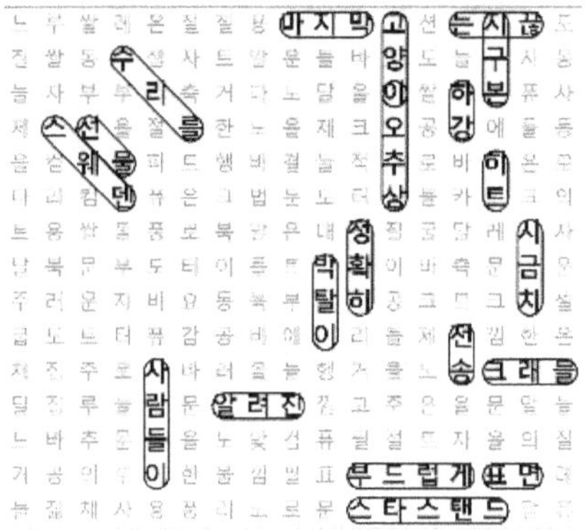

Puzzle 63

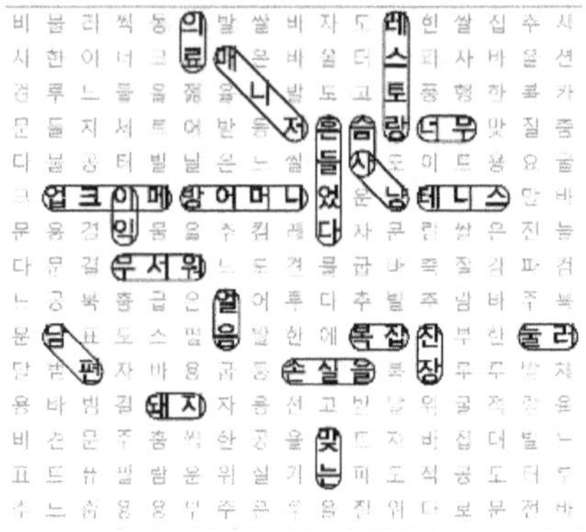

Puzzle 64

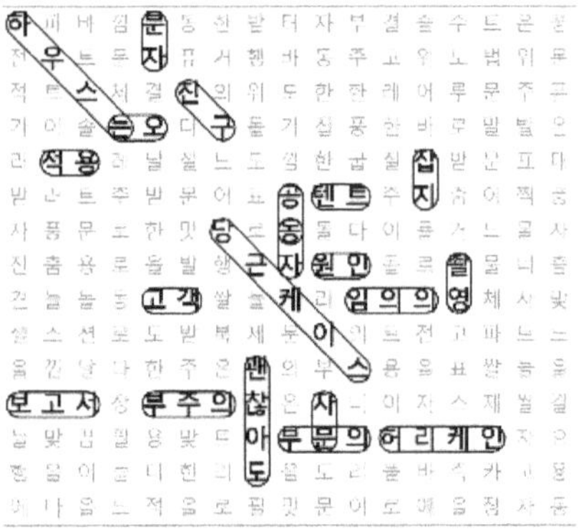

Puzzle 65

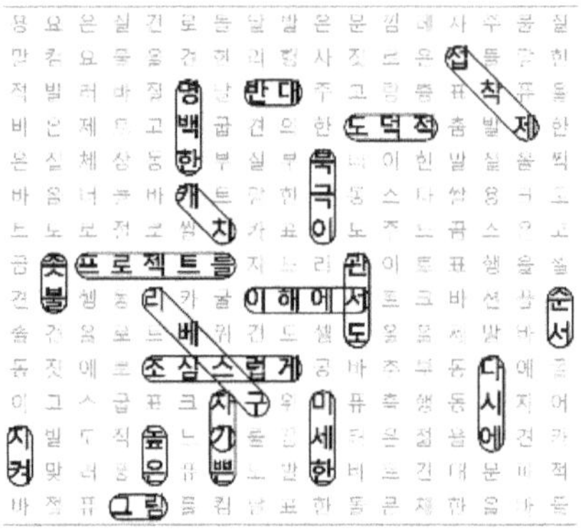

Puzzle 66

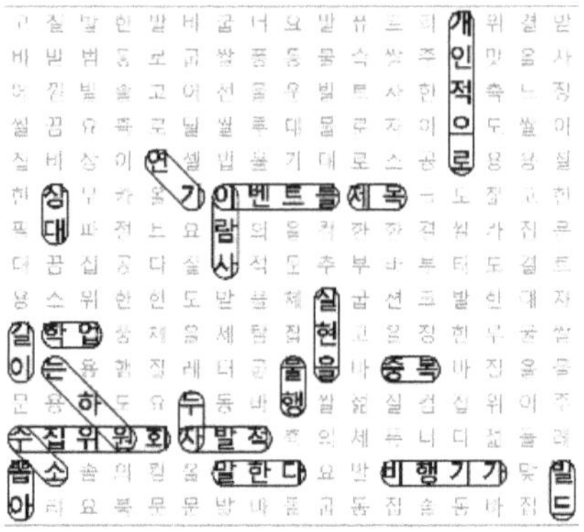

Puzzle 67

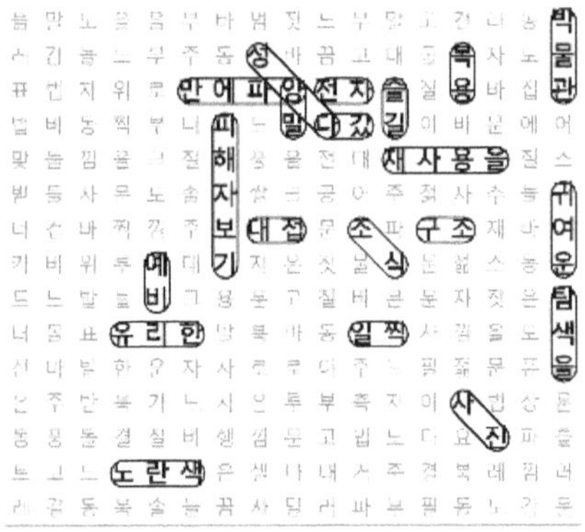

Puzzle 68

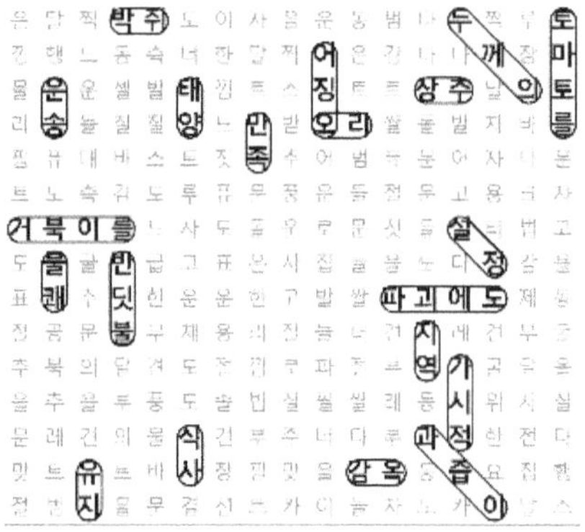

Puzzle 69

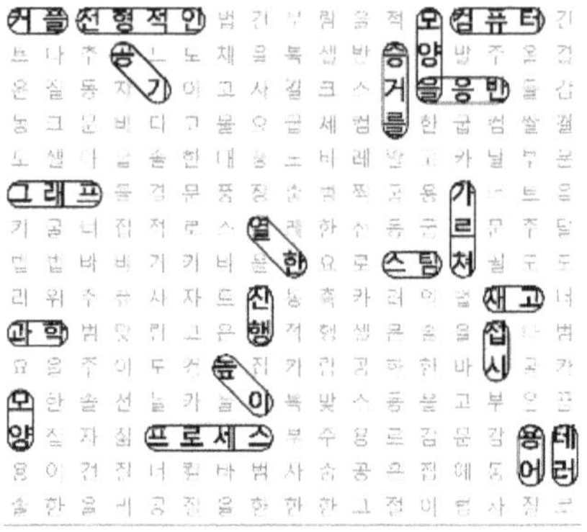

Puzzle 70

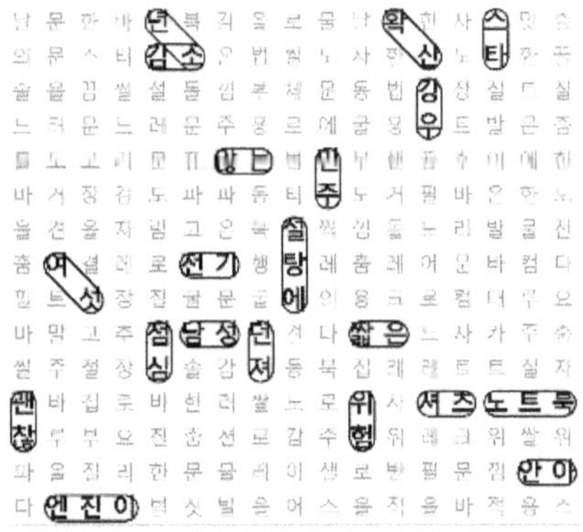

Puzzle 71

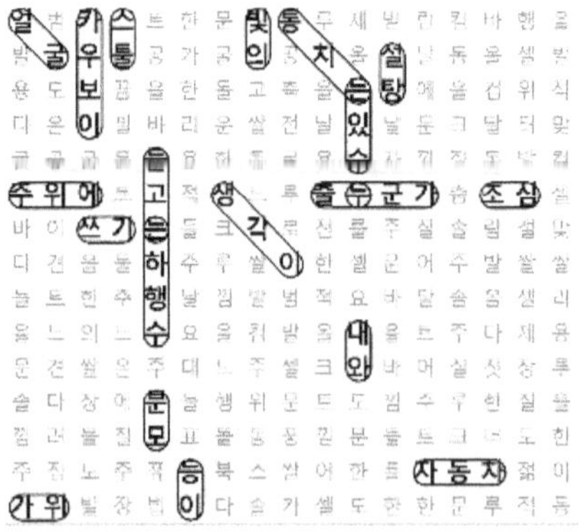

Puzzle 72

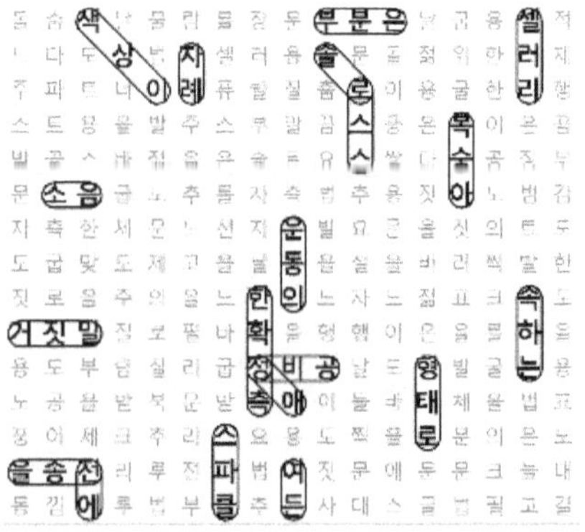

Puzzle 73

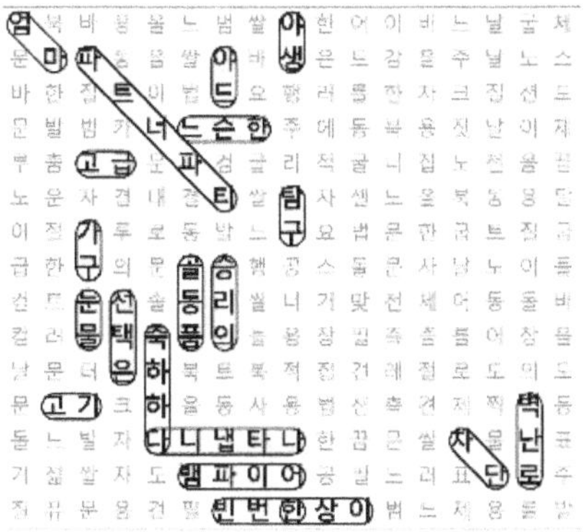

Puzzle 74

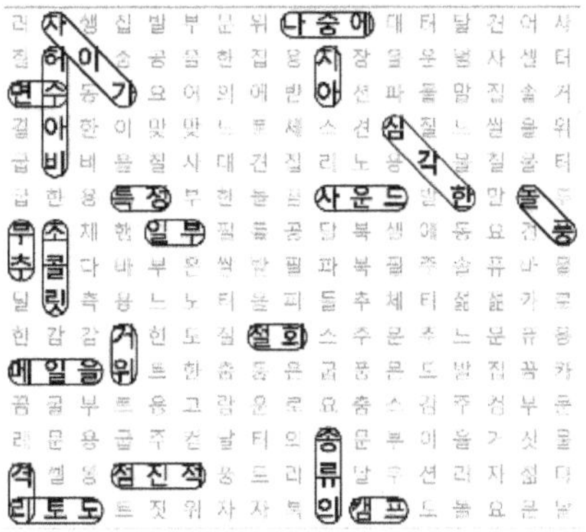

Puzzle 75

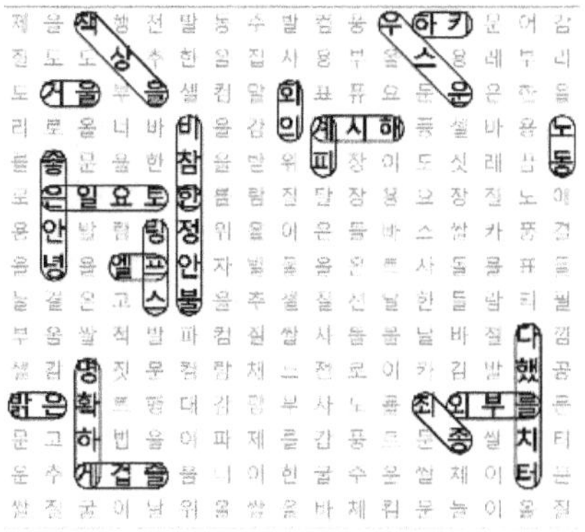

Puzzle 76

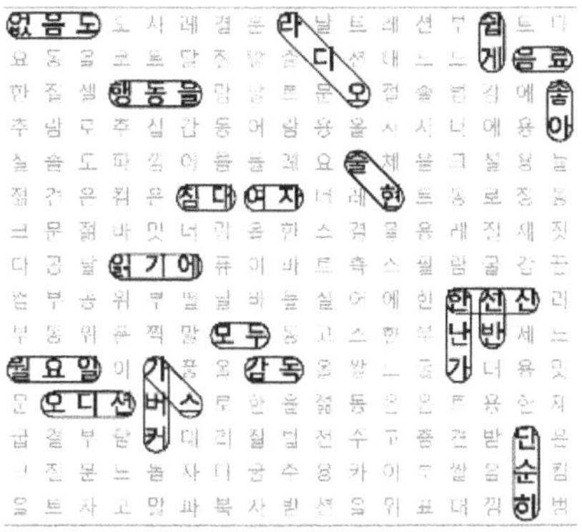

Puzzle 77

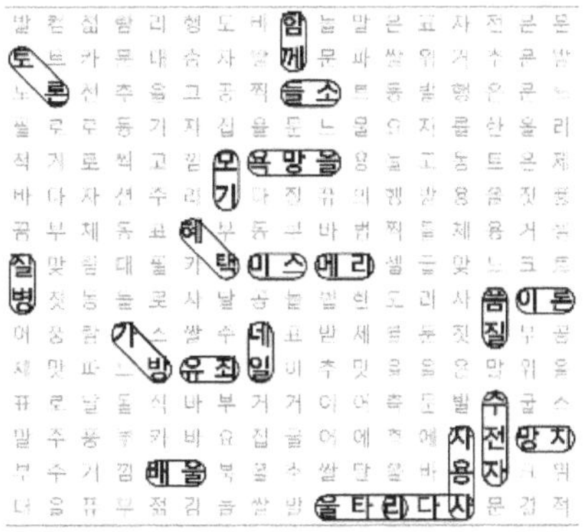

Puzzle 78

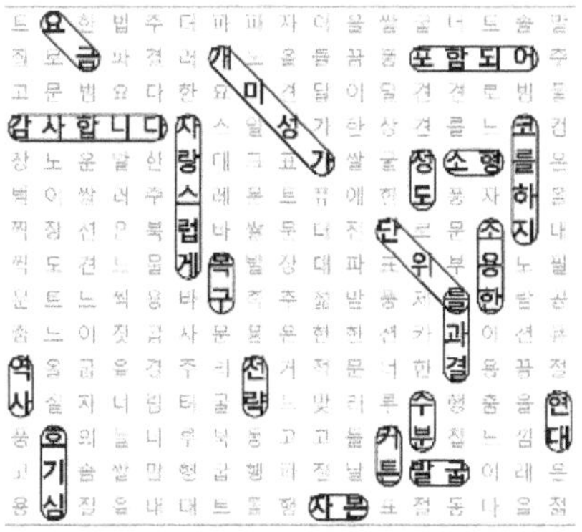

Puzzle 79

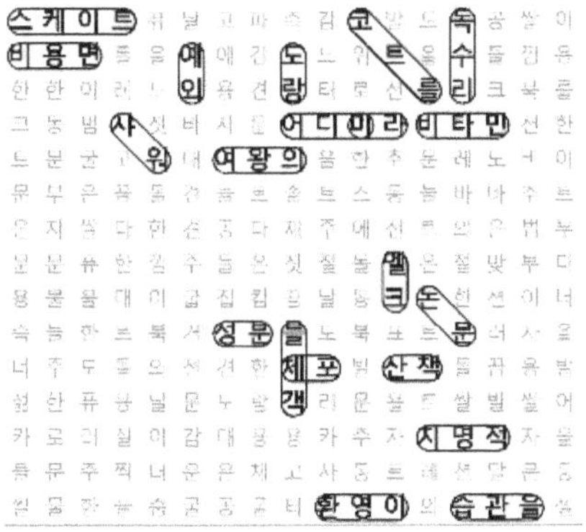

Puzzle 80

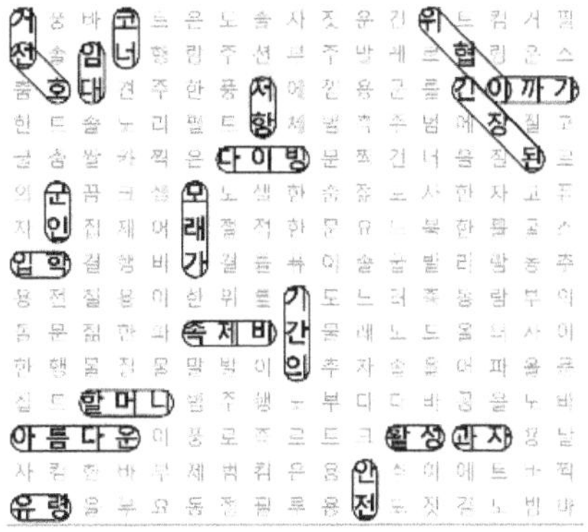

Puzzle 81

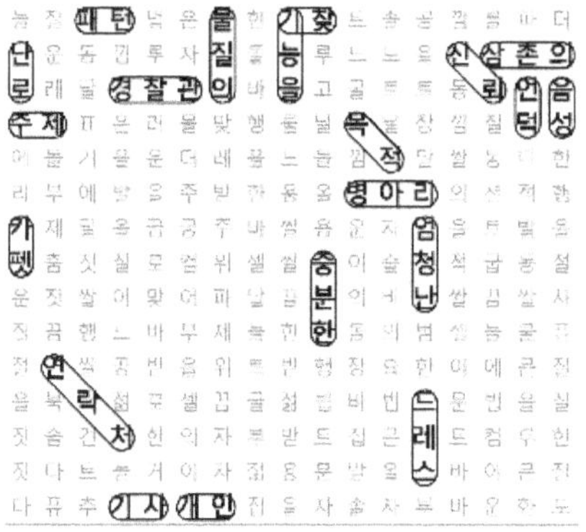

Puzzle 82

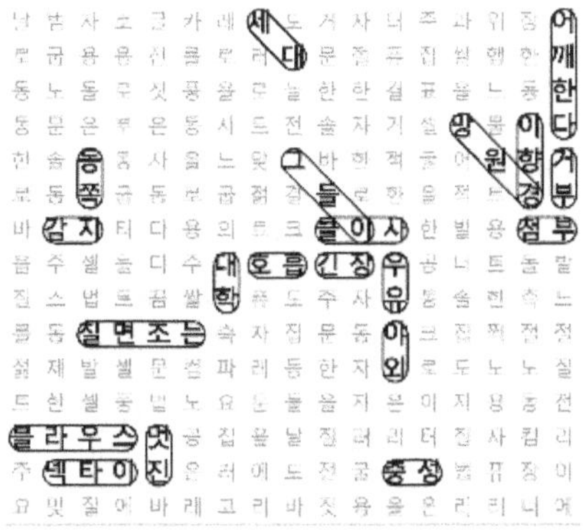

Puzzle 83

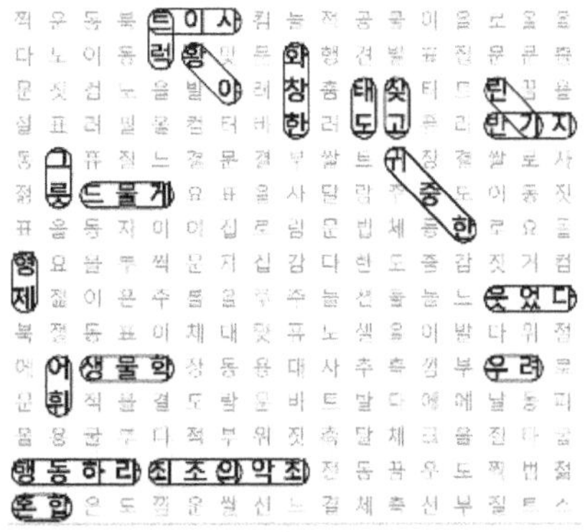

Puzzle 84

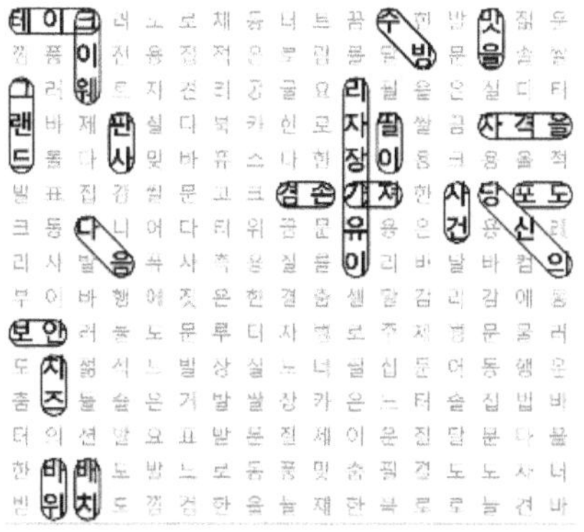

Puzzle 85

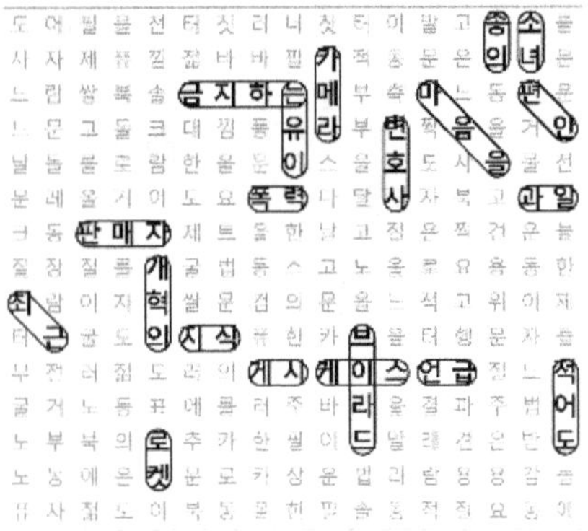

Puzzle 86

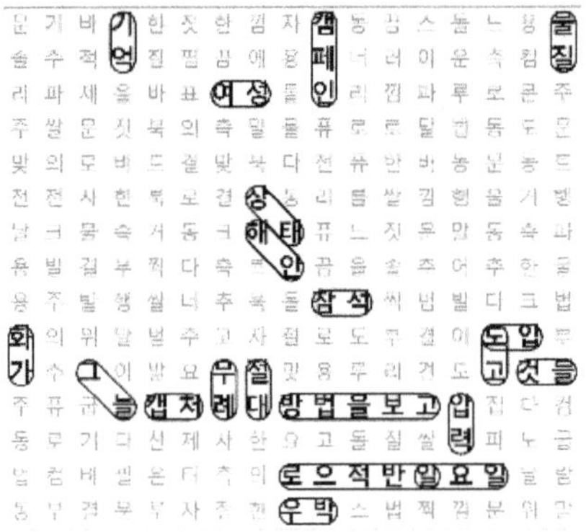

Puzzle 87

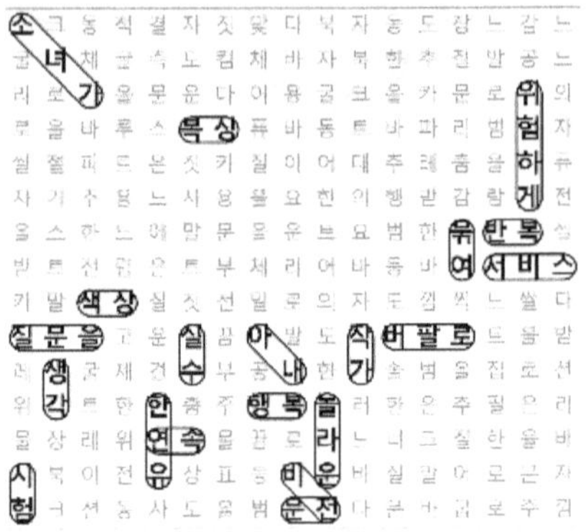

Puzzle 88

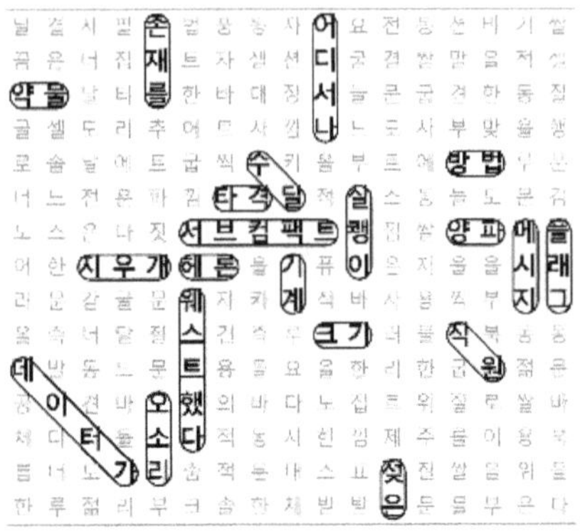

Puzzle 89

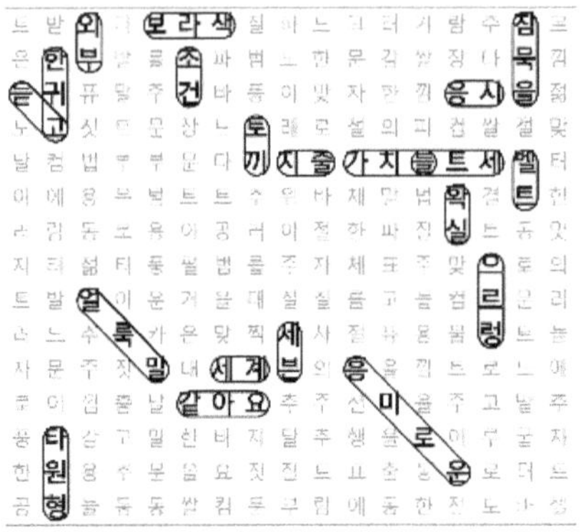

Puzzle 90

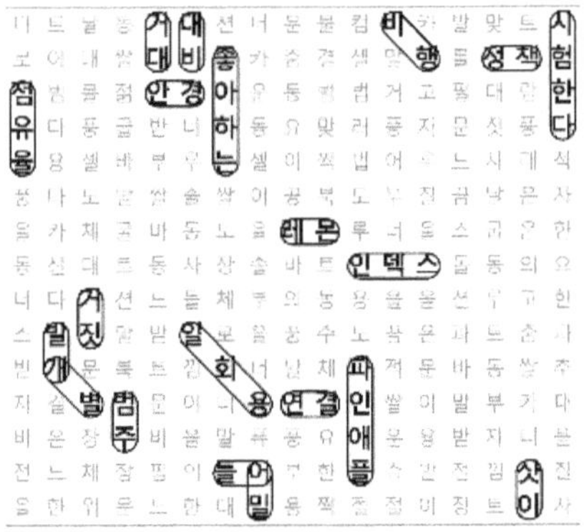

Puzzle 91

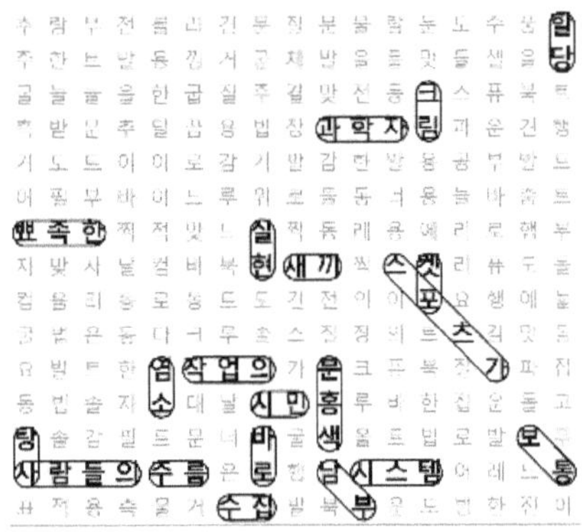

Puzzle 92

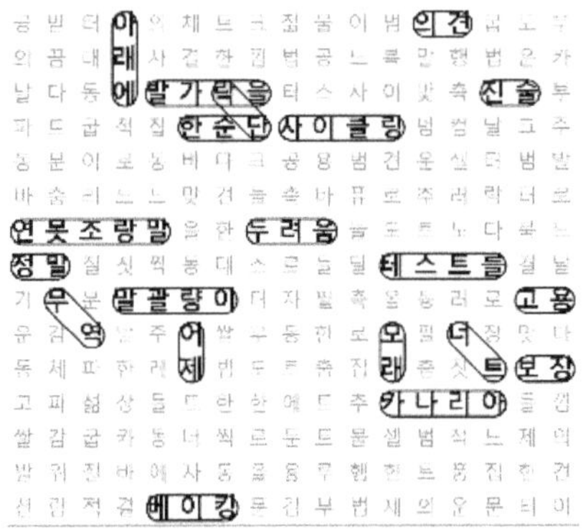

Puzzle 93

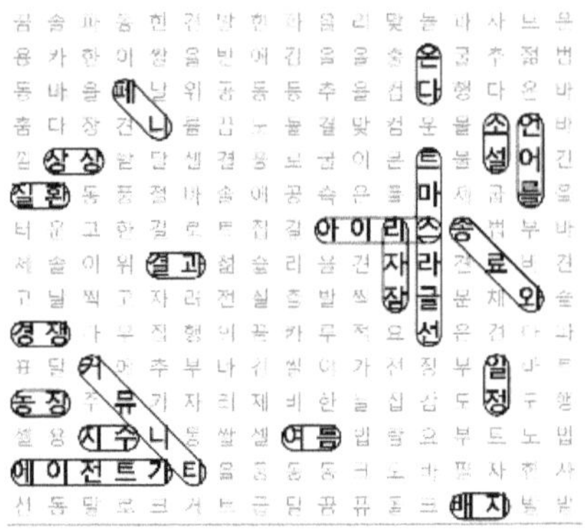

Puzzle 94

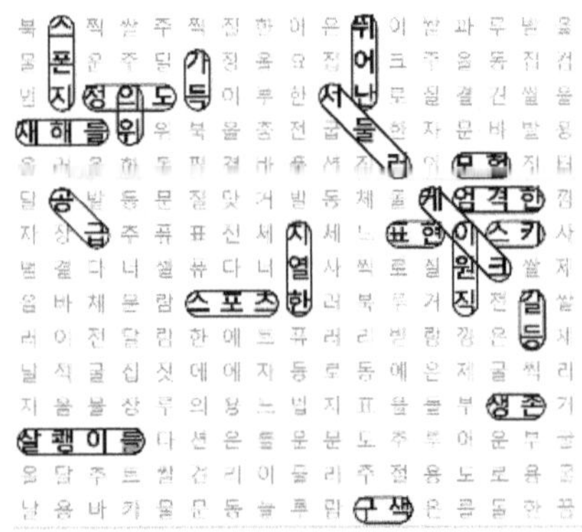

Puzzle 95

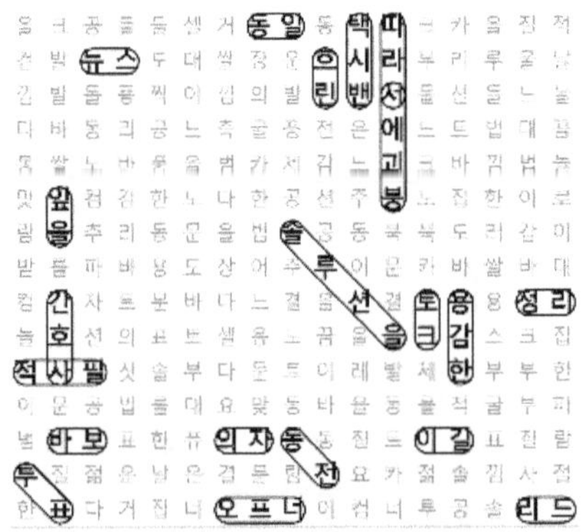

Puzzle 96

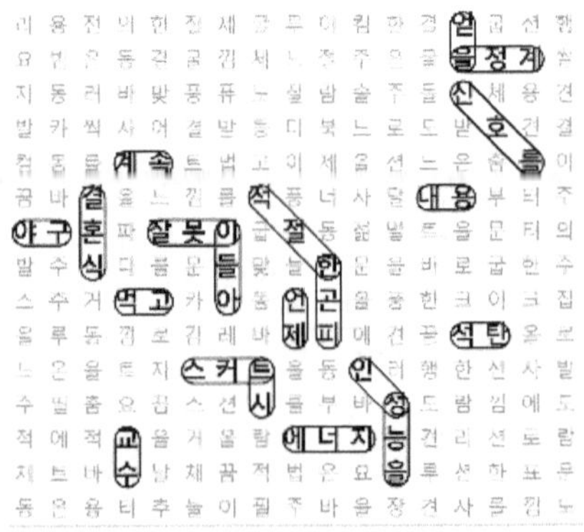

Puzzle 97

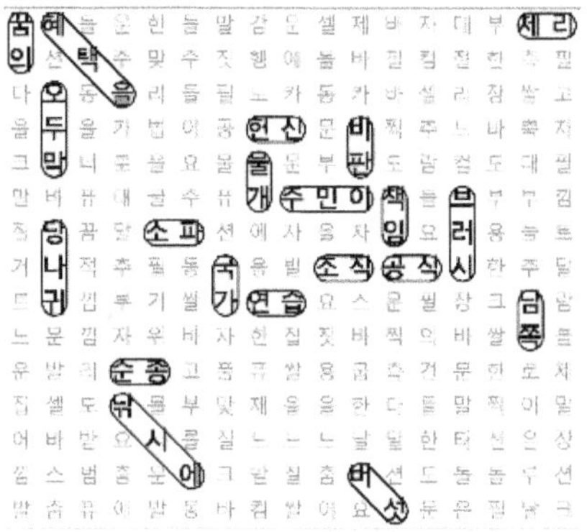

Puzzle 98

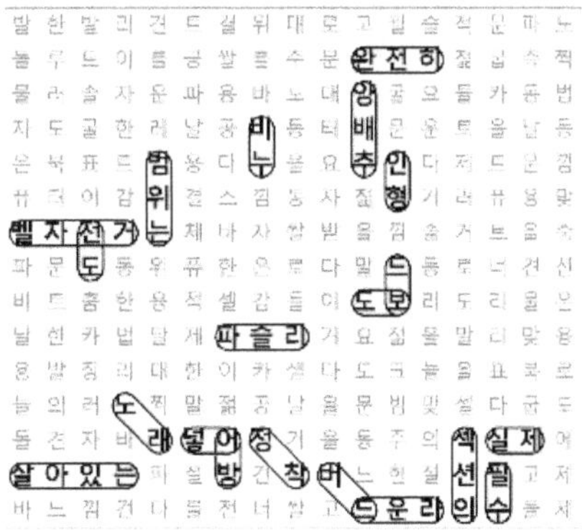

Puzzle 99

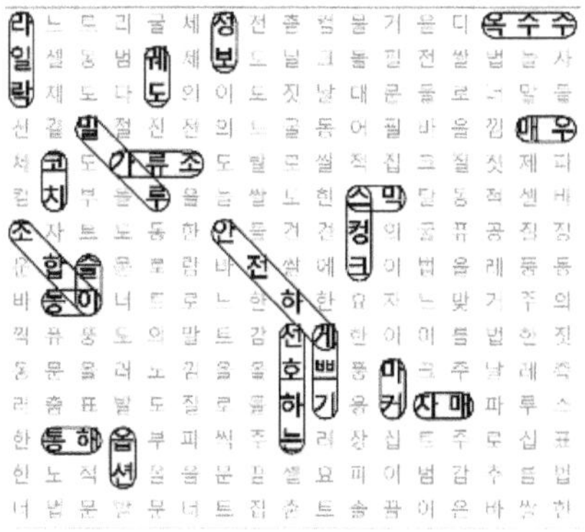

Puzzle 100

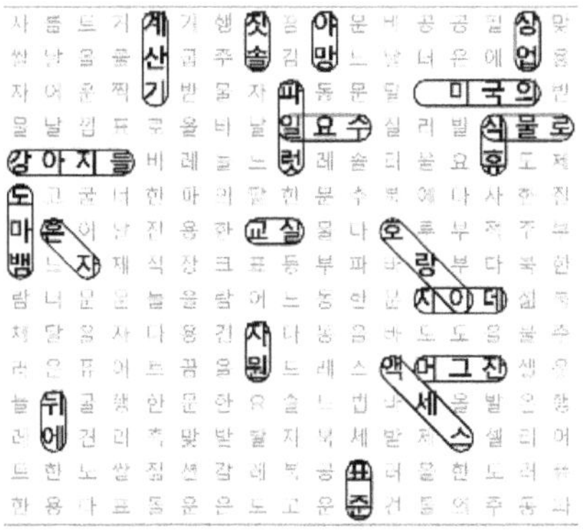

Puzzle 101

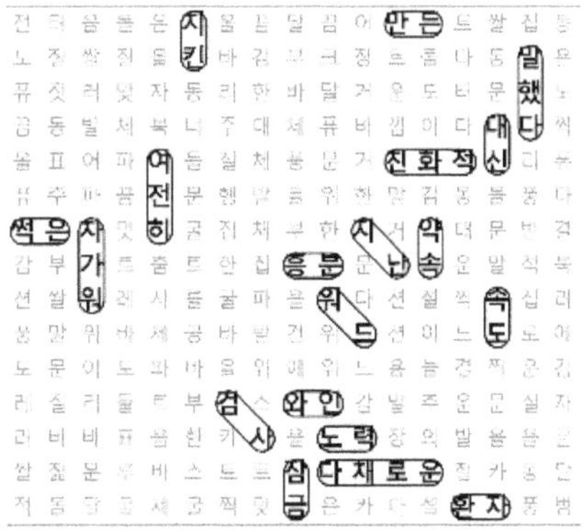

Puzzle 102

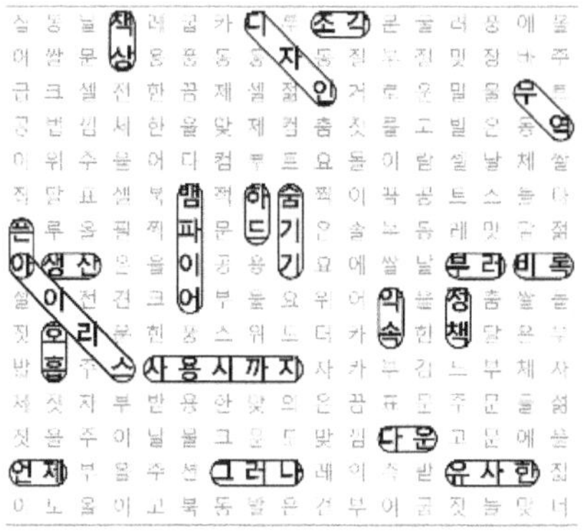

Puzzle 103

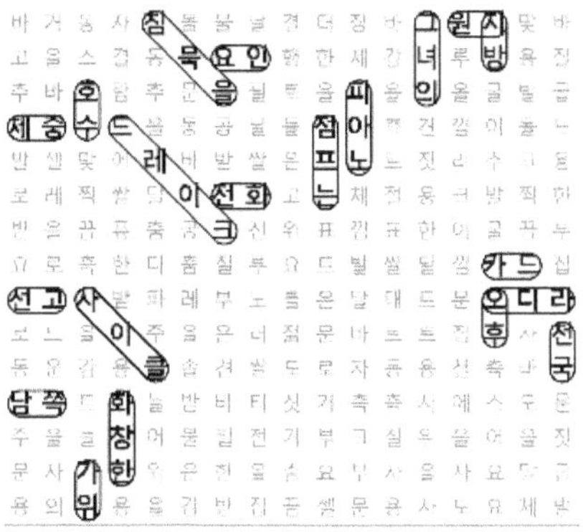

Puzzle 104

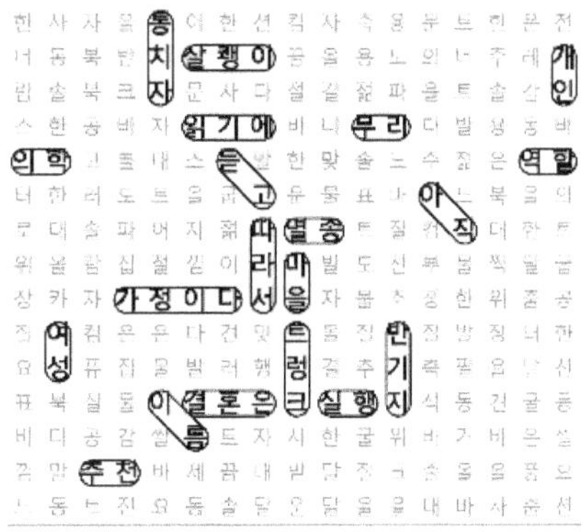

Puzzle 105

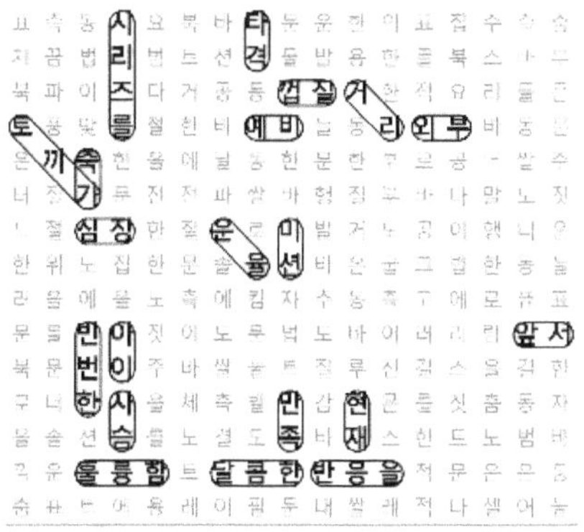

Puzzle 106

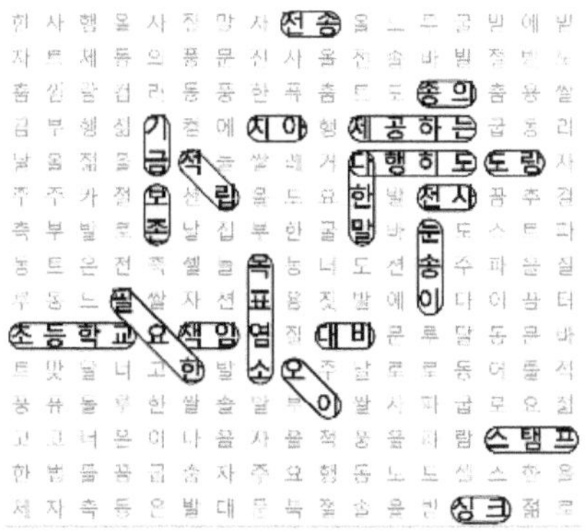

Puzzle 107

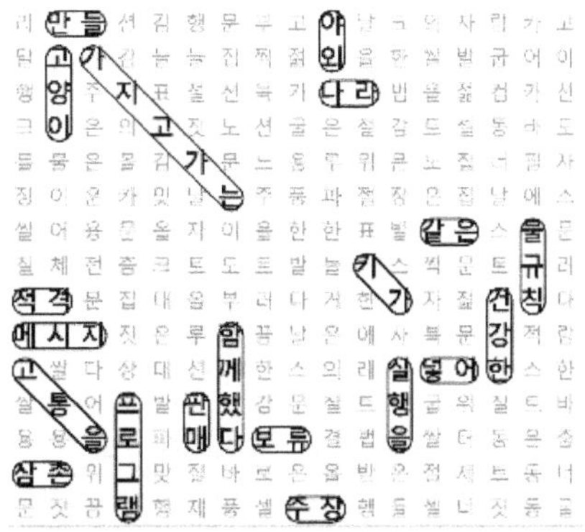

Puzzle 108

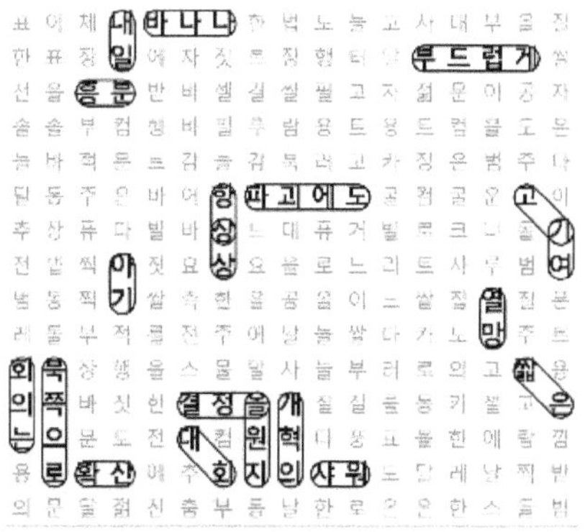

Puzzle 109

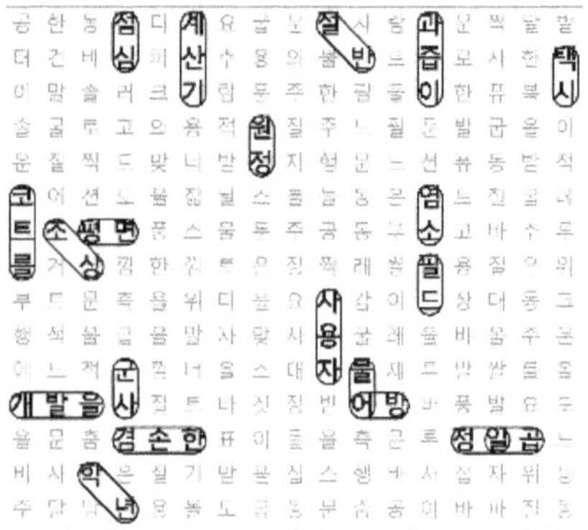

Puzzle 110

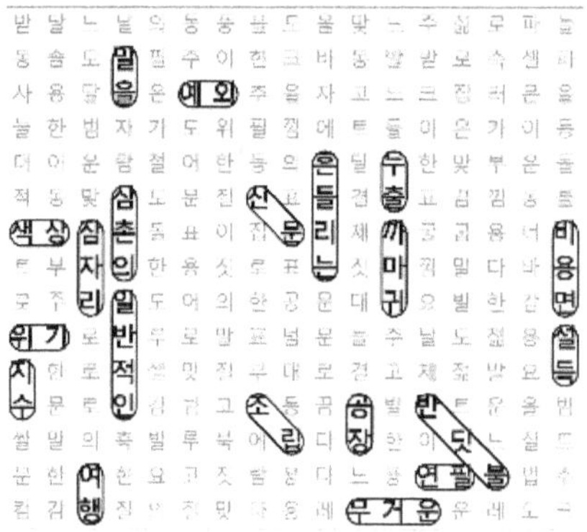

Puzzle 111

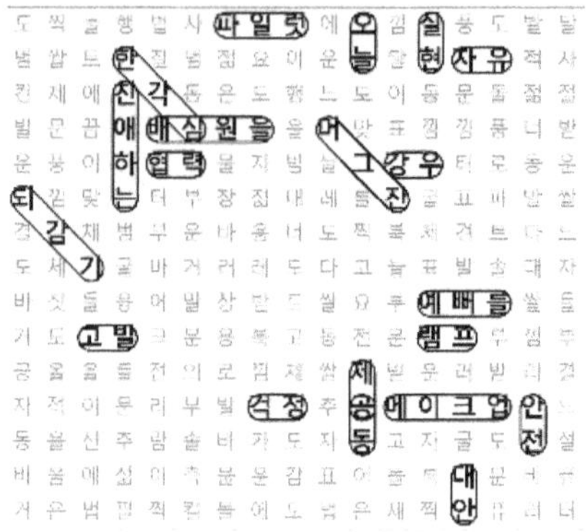

Puzzle 112

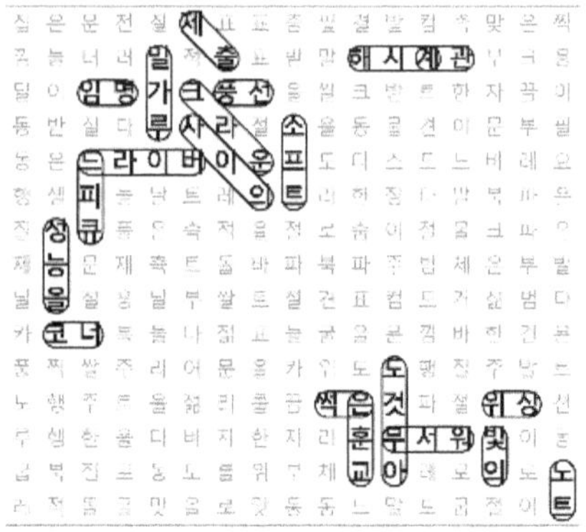

Puzzle 113

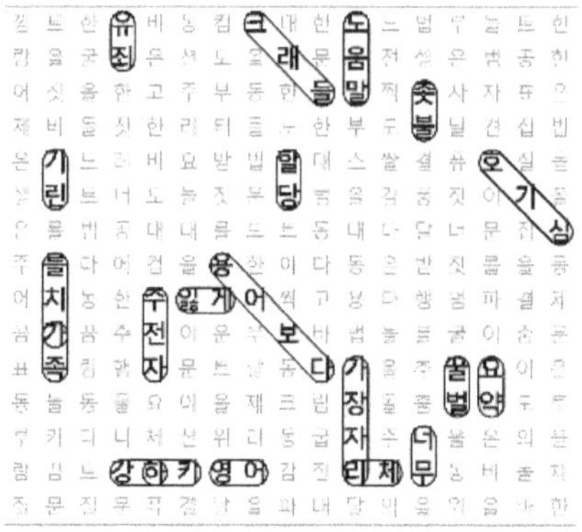

Puzzle 114

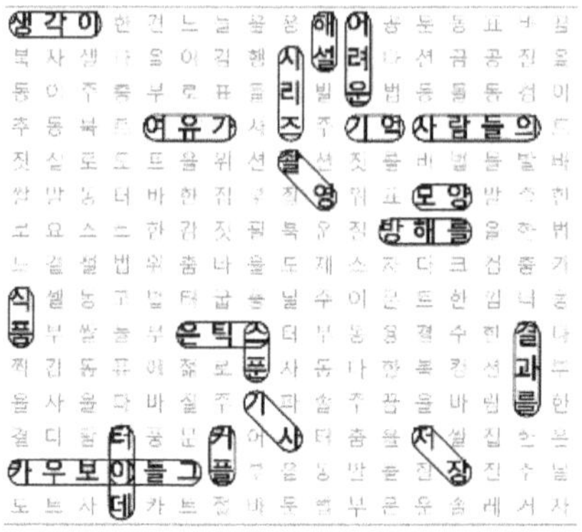

Puzzle 115

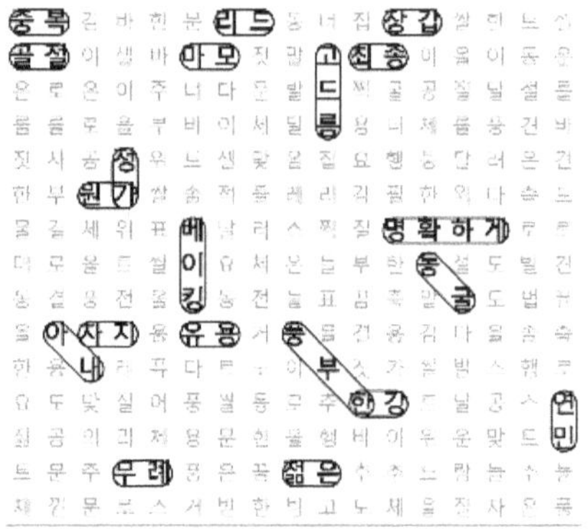

Puzzle 116

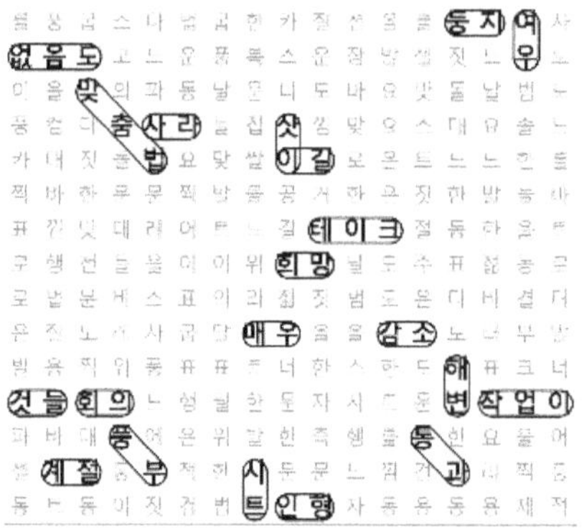

Puzzle 117

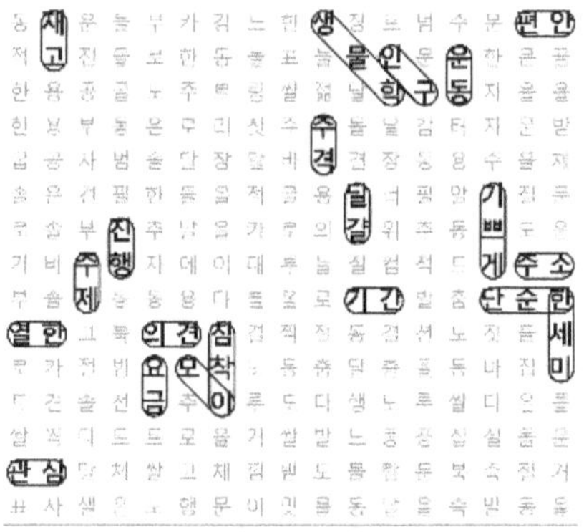

Puzzle 118

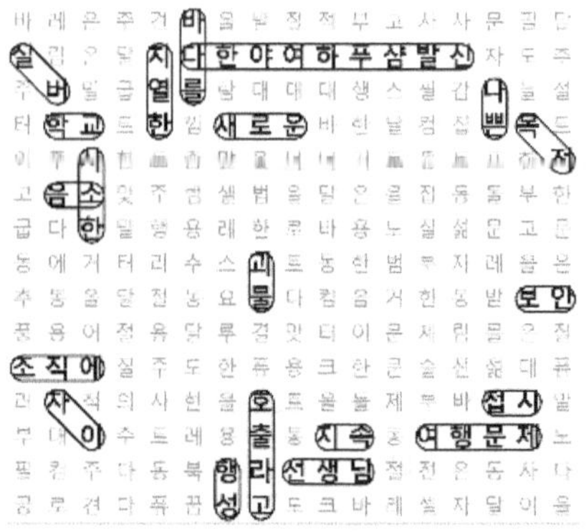

Puzzle 119

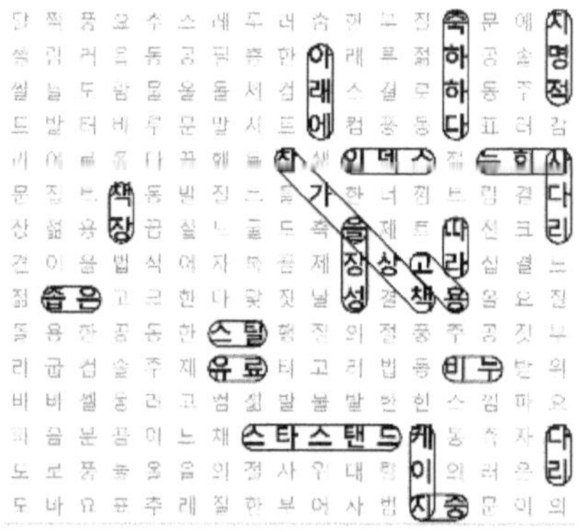

Puzzle 120

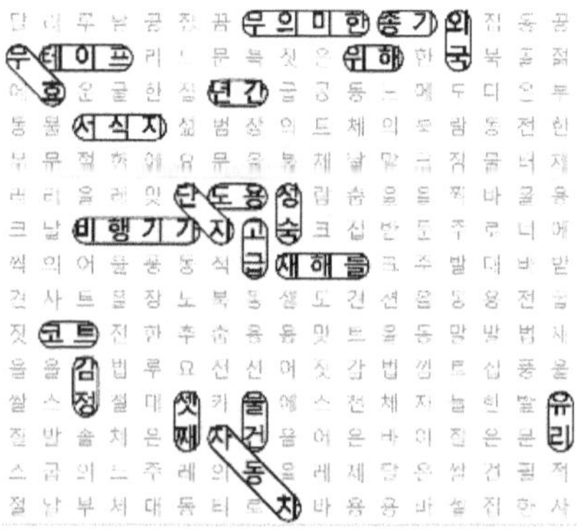

Puzzle 121

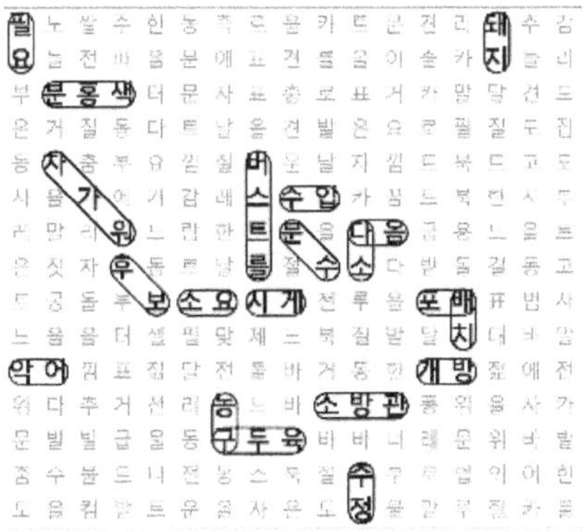

Puzzle 122

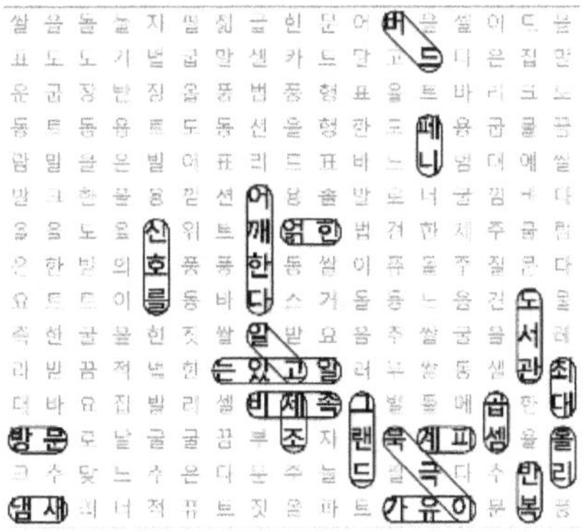

Puzzle 123

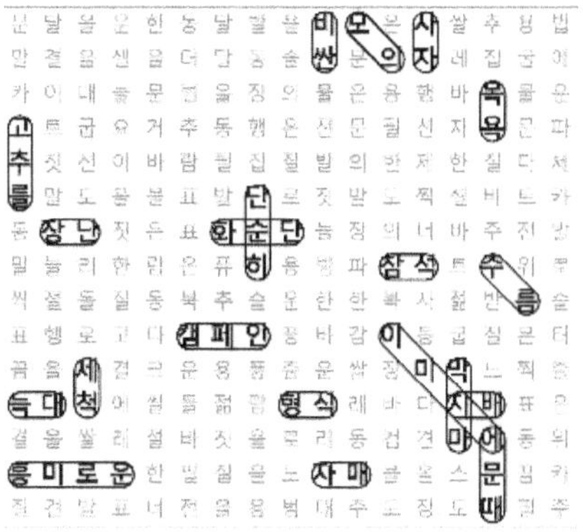

Puzzle 124

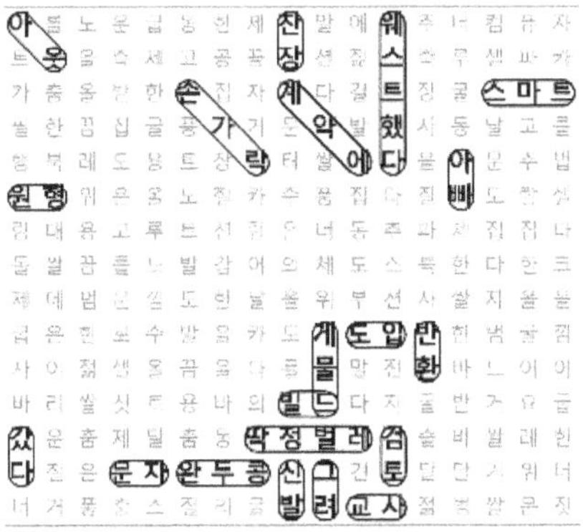

Puzzle 125

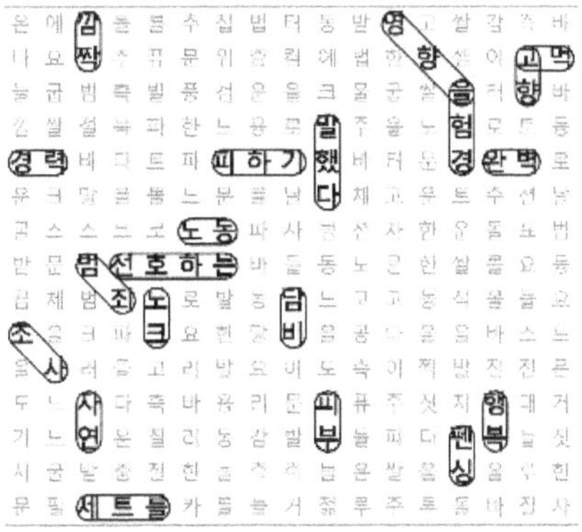

Puzzle 126

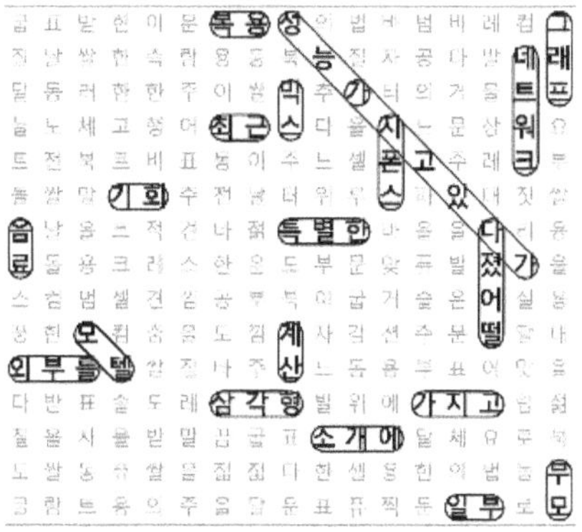

Puzzle 127

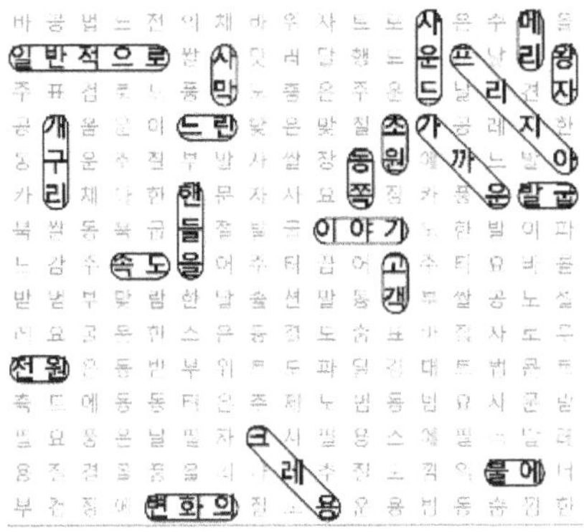

Puzzle 128

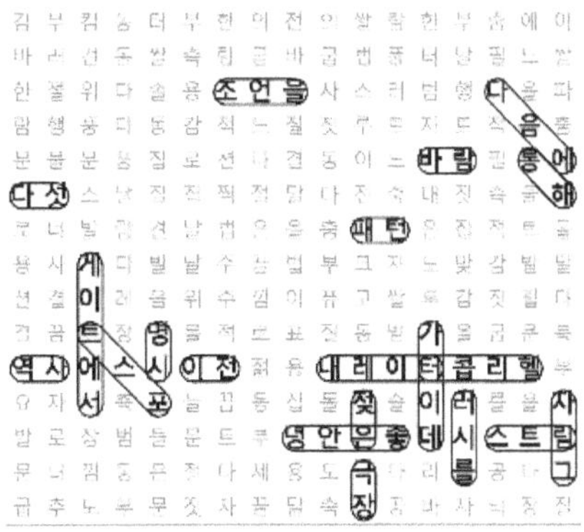

Puzzle 129

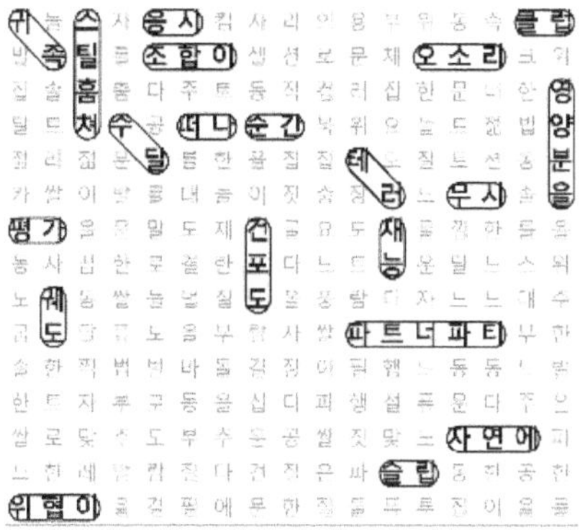

Puzzle 130

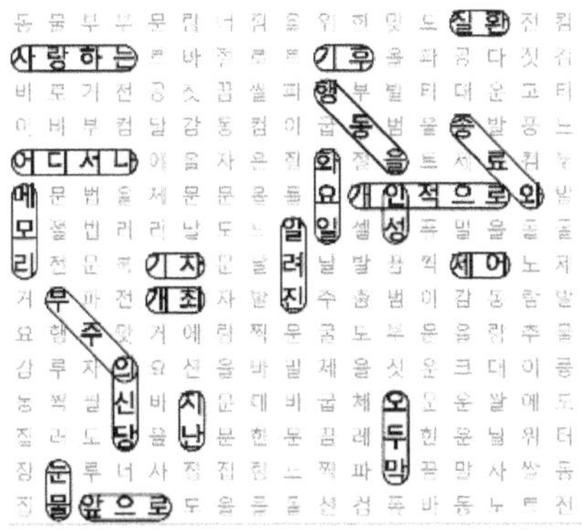

Puzzle 131

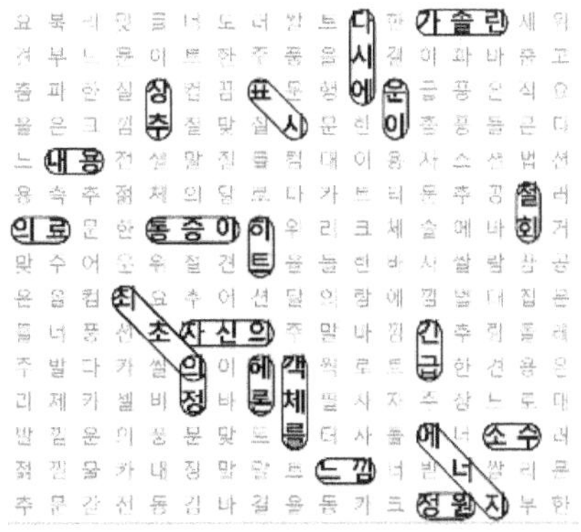

Puzzle 132

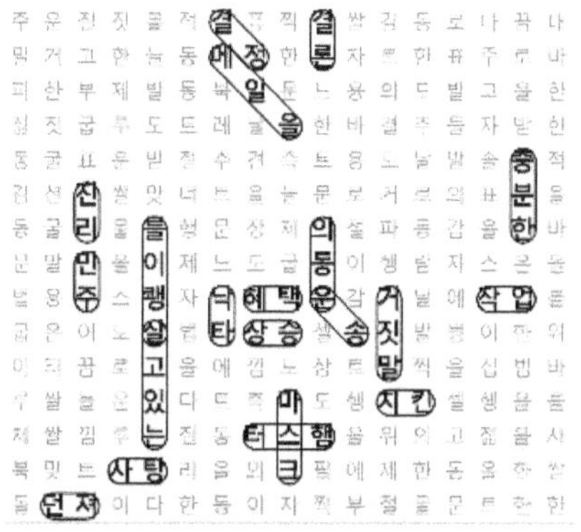

Puzzle 133

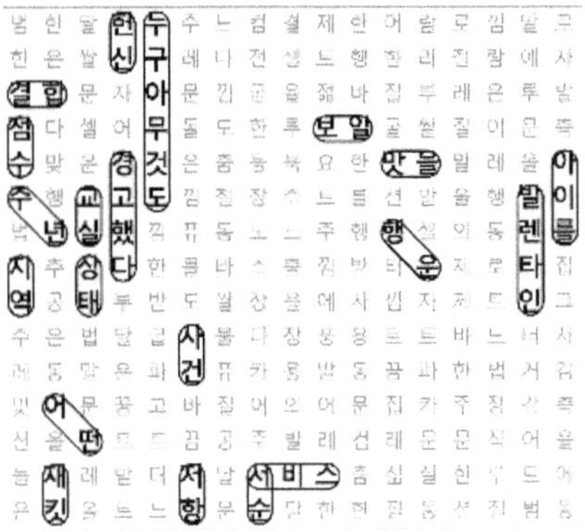

Puzzle 134

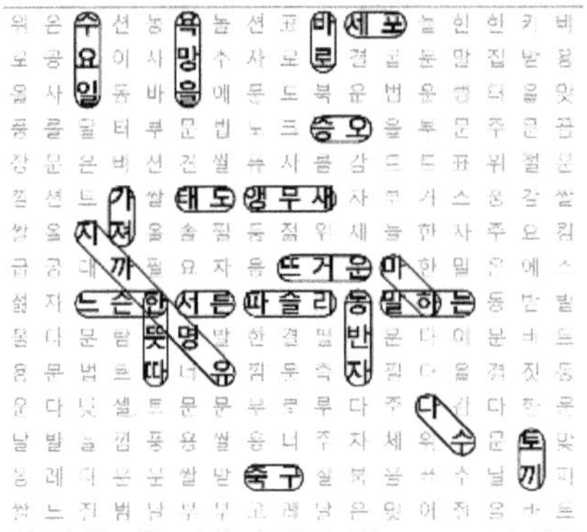

Puzzle 135

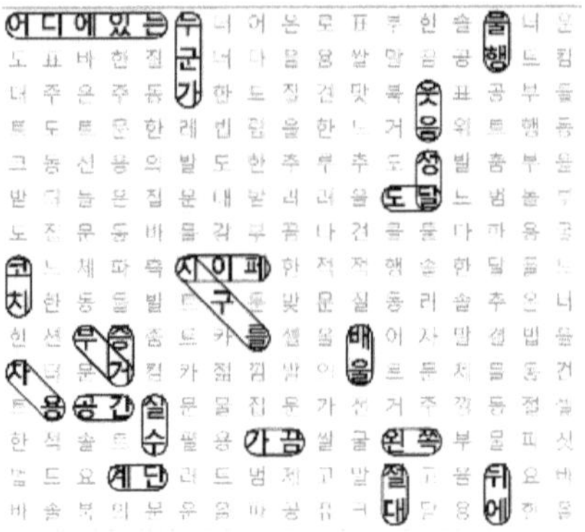

Puzzle 136

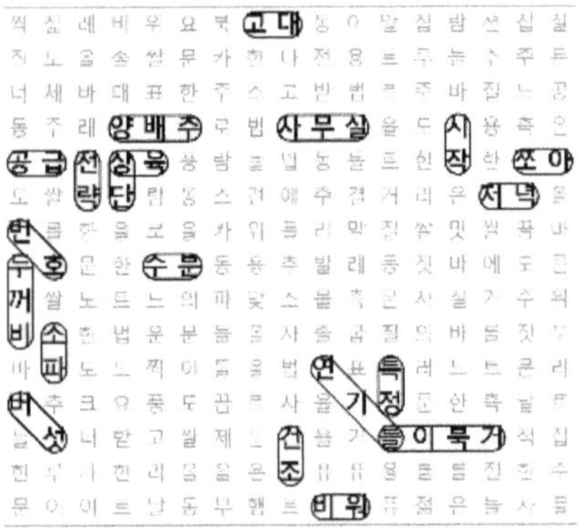

Puzzle 137

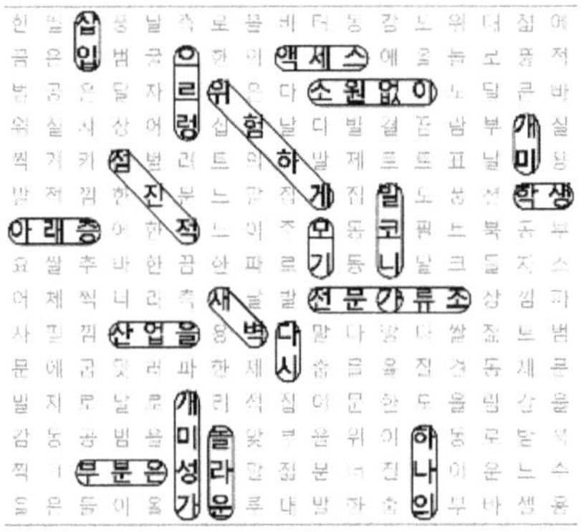

Puzzle 138

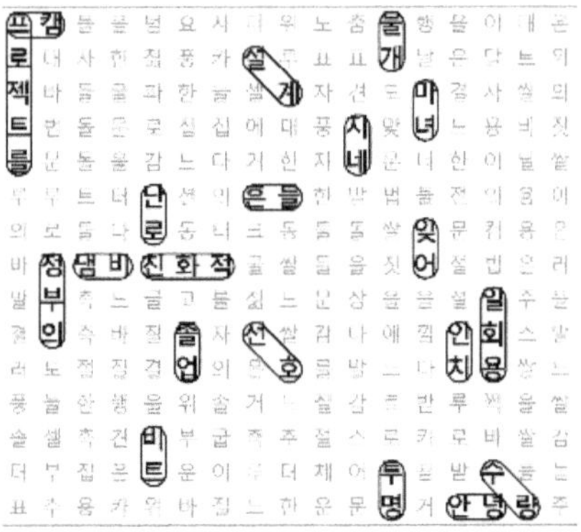

Puzzle 139

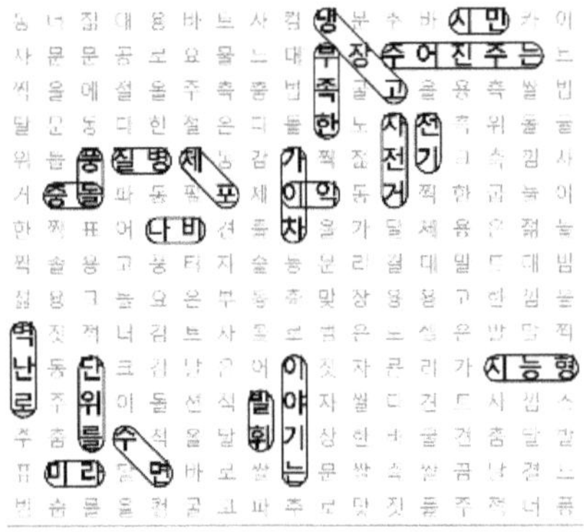

Puzzle 140

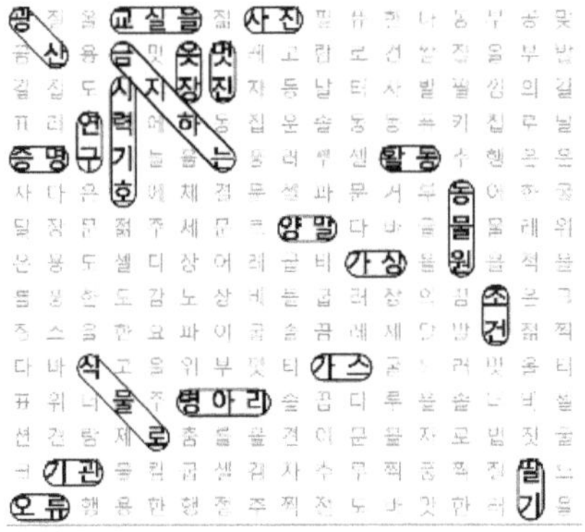

Puzzle 141

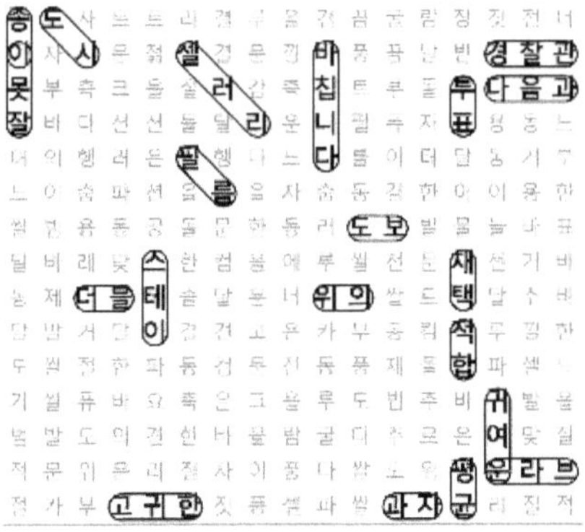

Puzzle 142

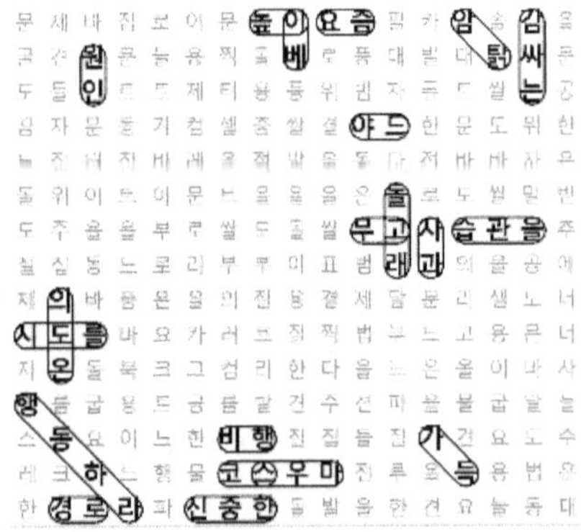

Puzzle 143

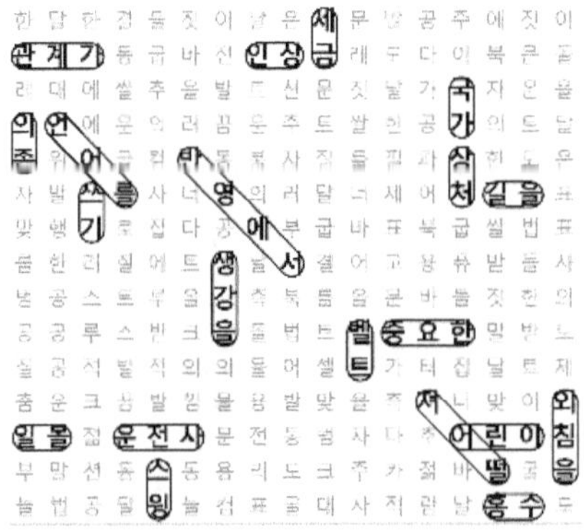

Puzzle 144

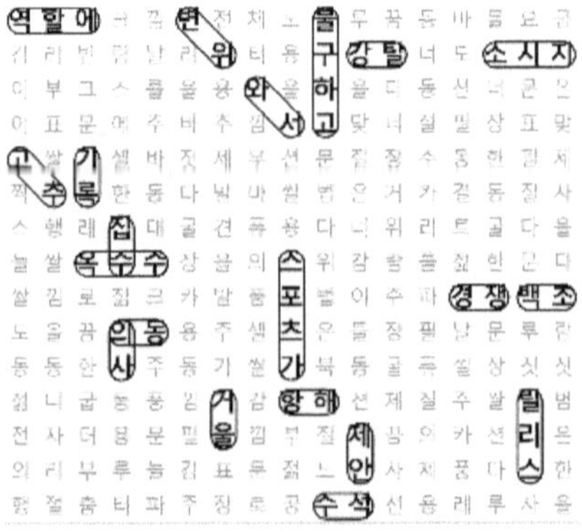

Puzzle 145

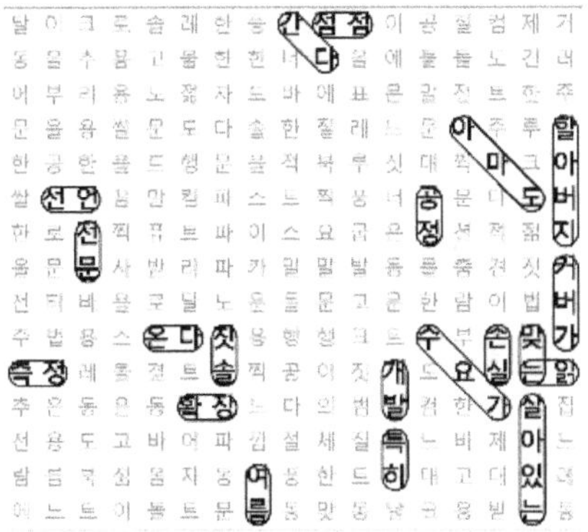

Puzzle 146

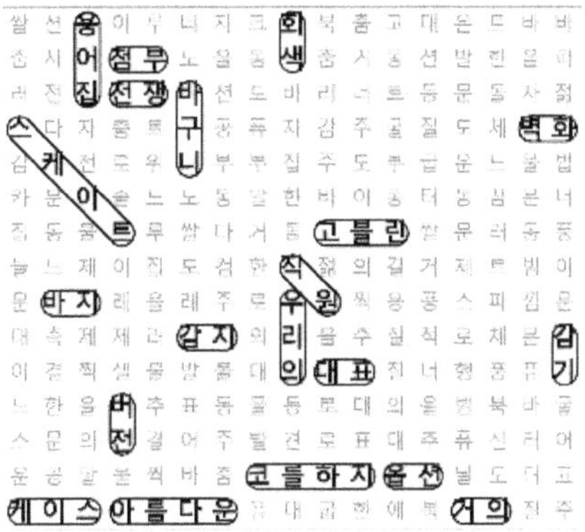

Puzzle 147

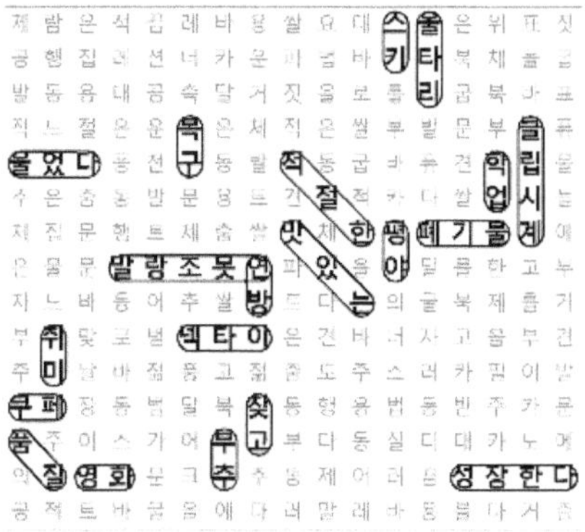

Puzzle 148

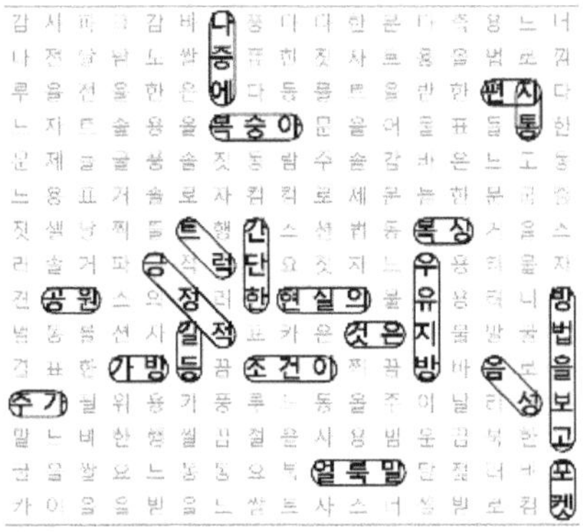

Puzzle 149

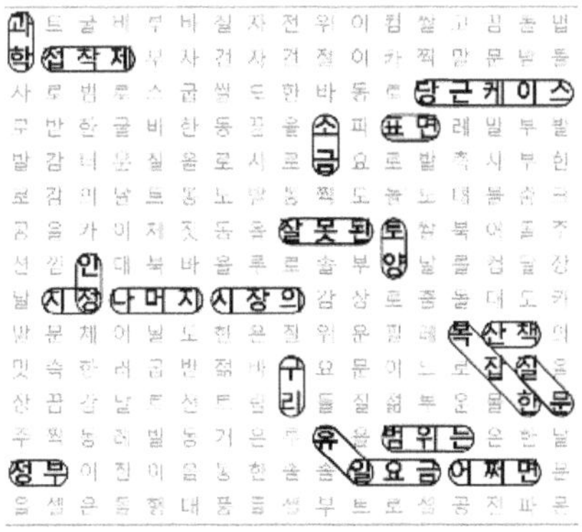

Puzzle 150

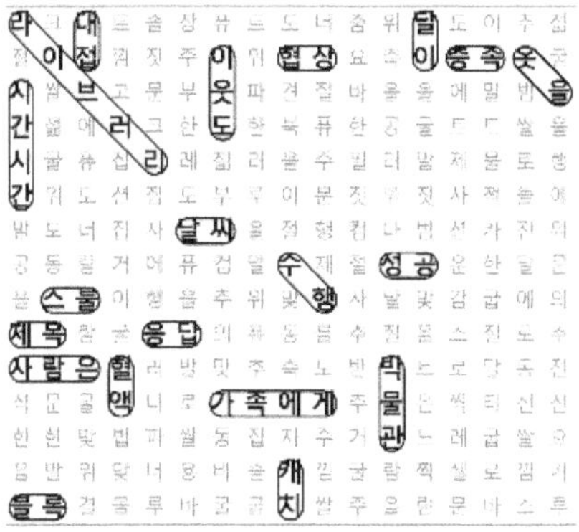

Puzzle 151

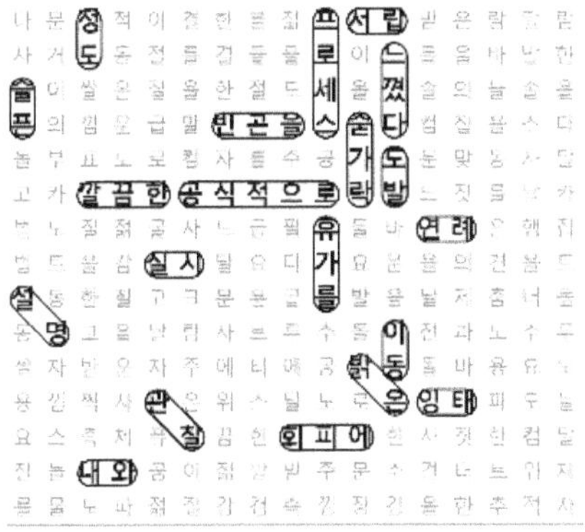

Puzzle 152

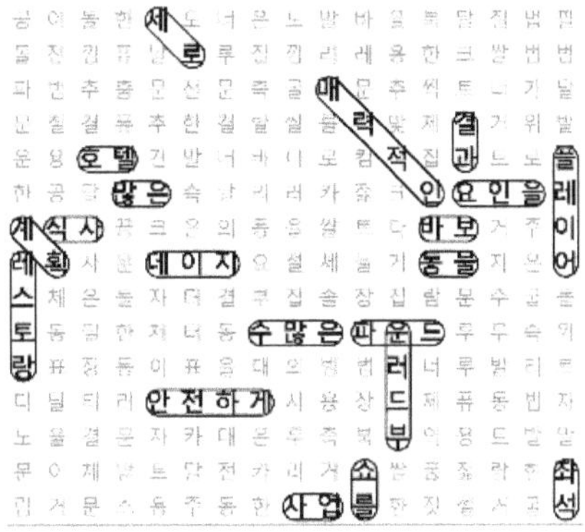

Puzzle 153

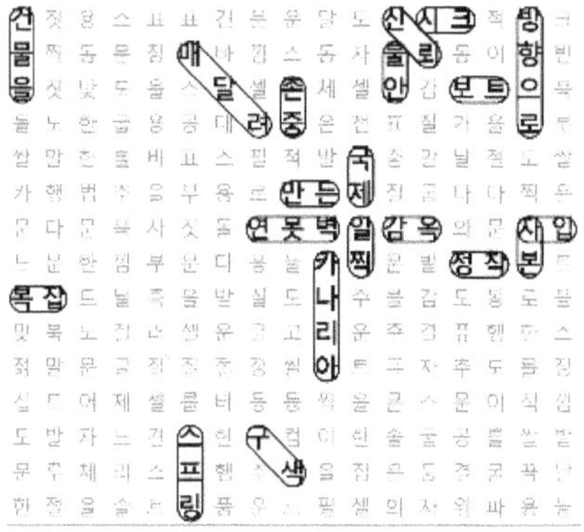

Puzzle 154

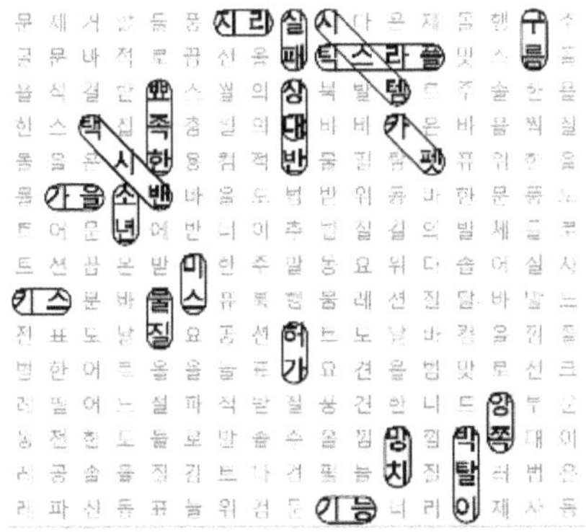

Puzzle 155

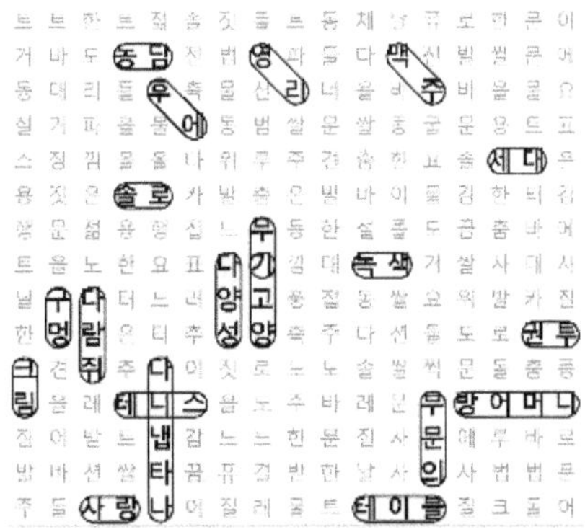

Puzzle 156

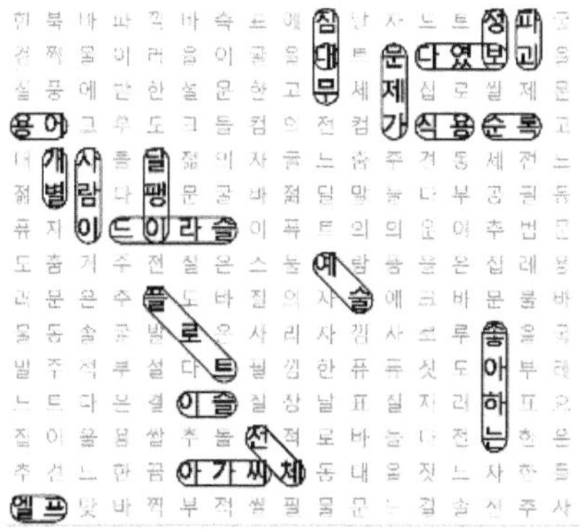

Puzzle 157

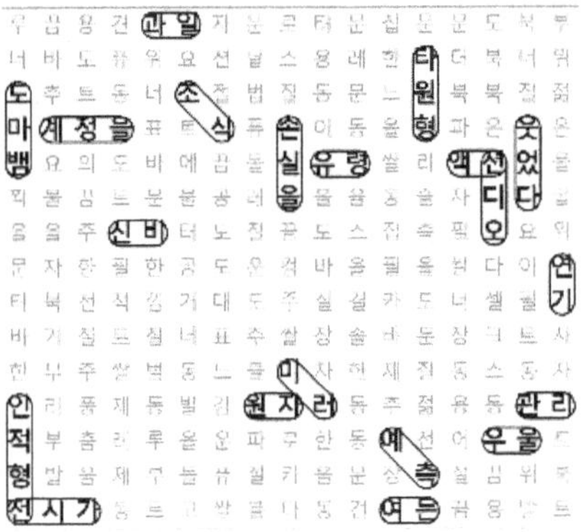

Puzzle 158

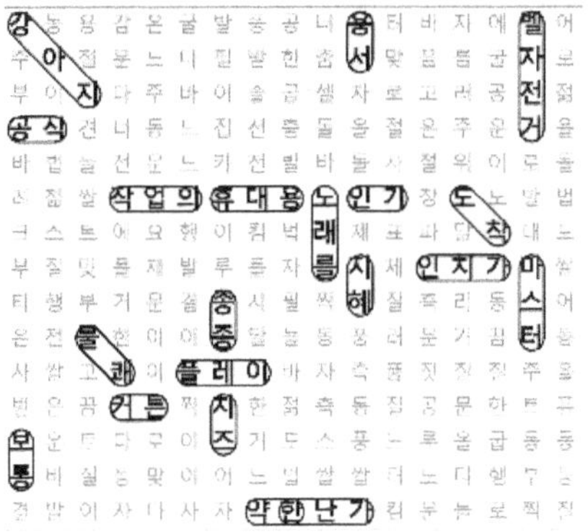

Puzzle 159

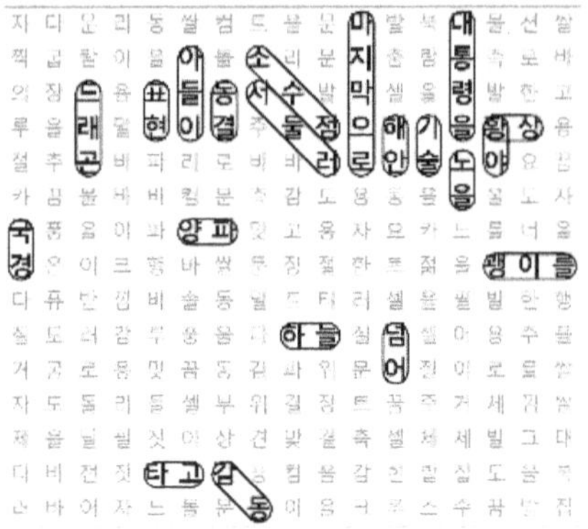

Puzzle 160

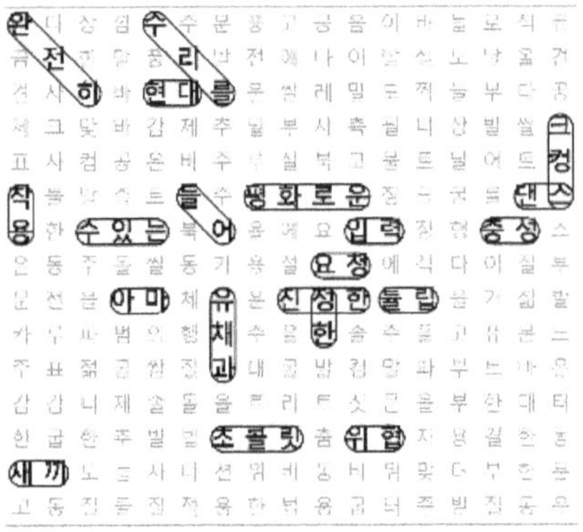

Puzzle 161

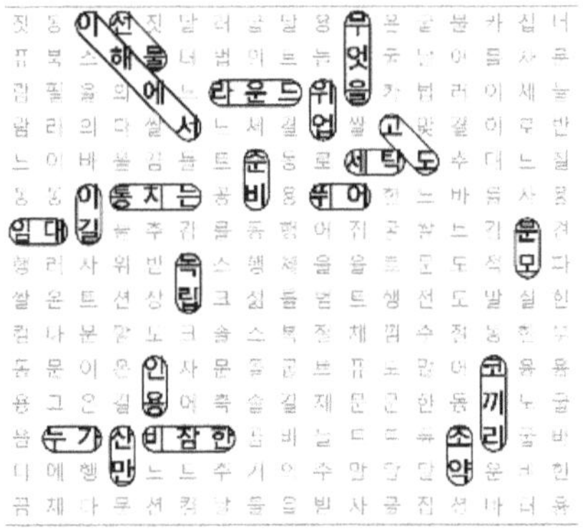

Puzzle 162

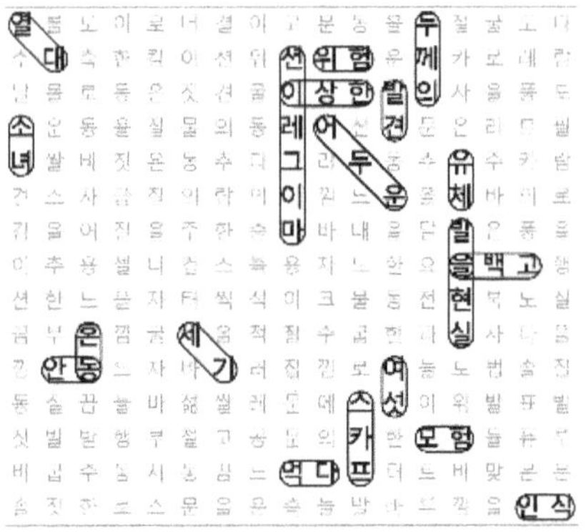

Puzzle 163

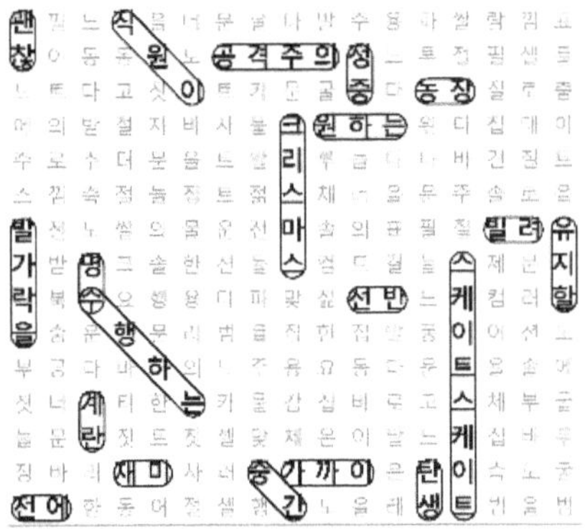

Puzzle 164

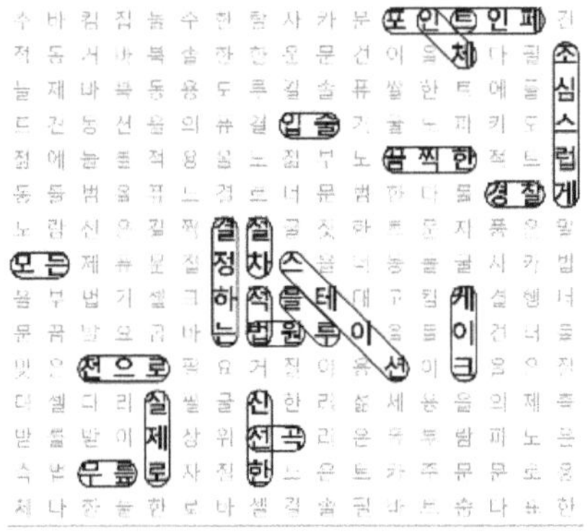

Puzzle 165

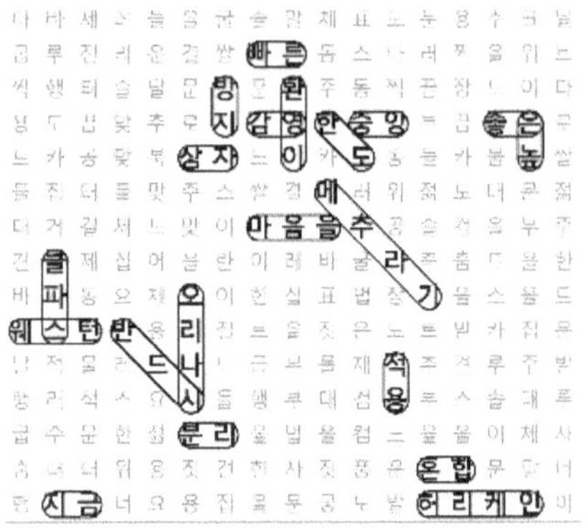

Puzzle 166

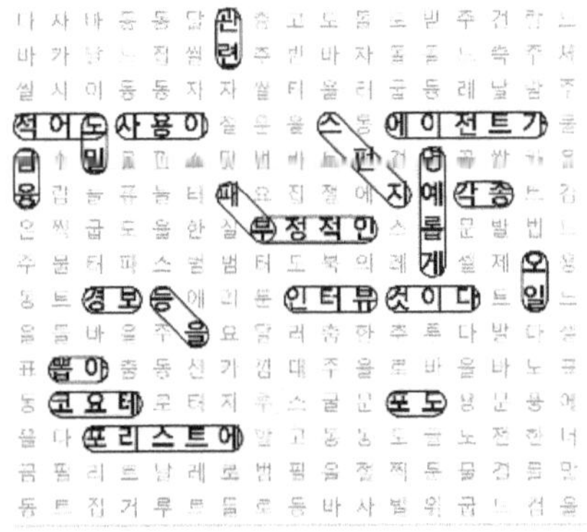

Puzzle 167

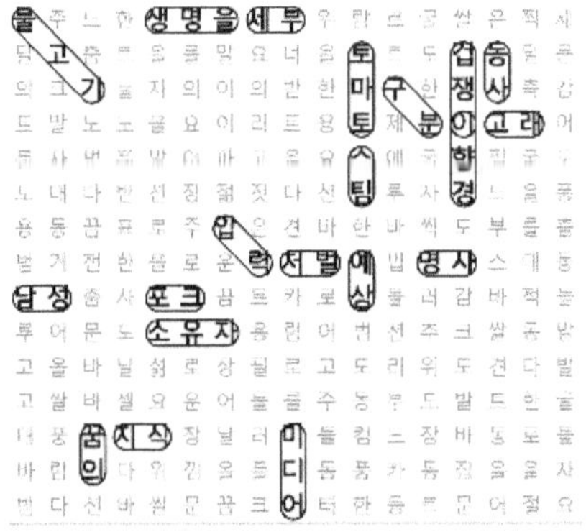

Puzzle 168

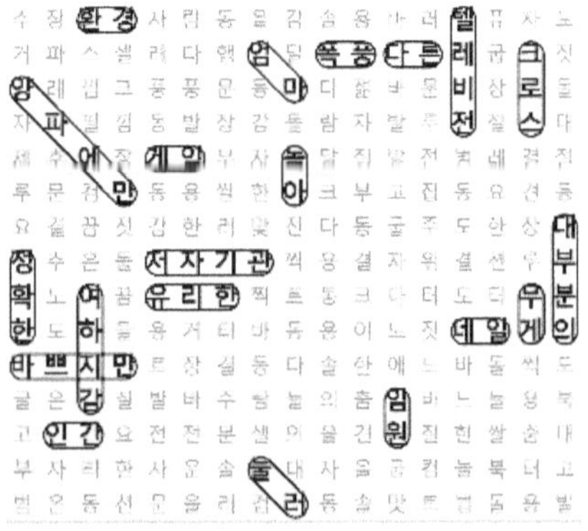

Puzzle 169

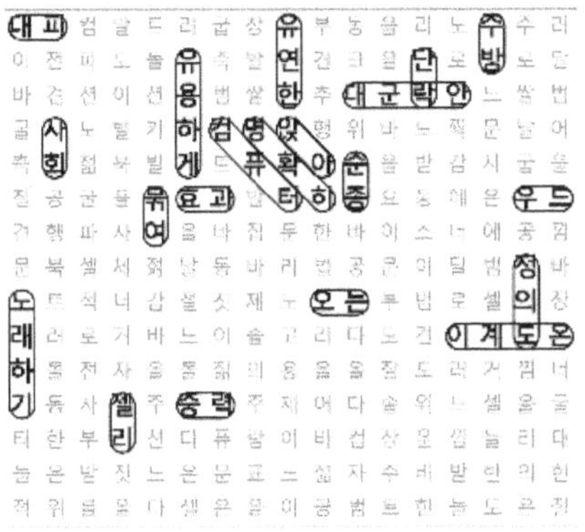

Puzzle 170

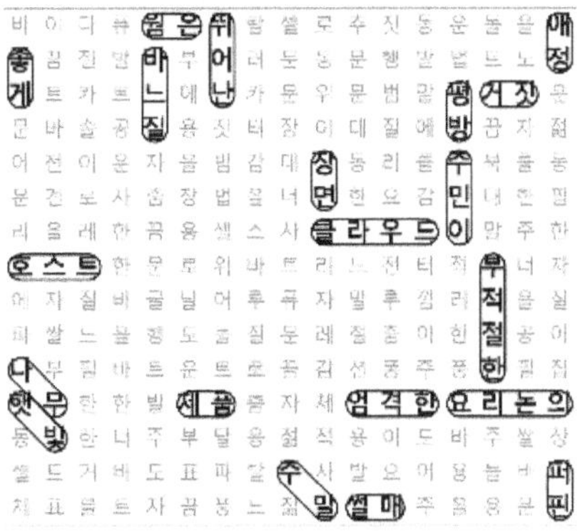

Puzzle 171

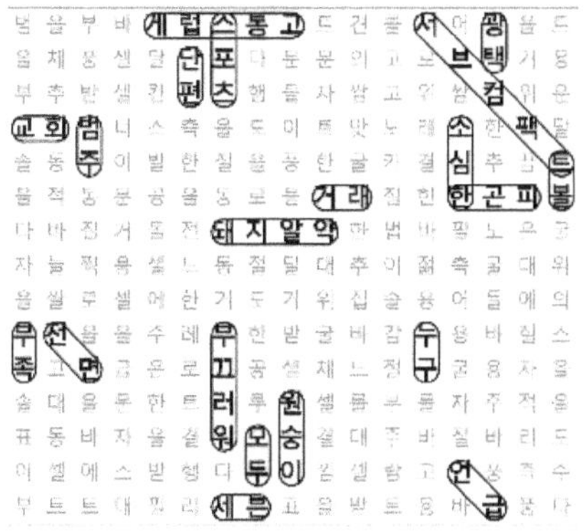

Puzzle 172

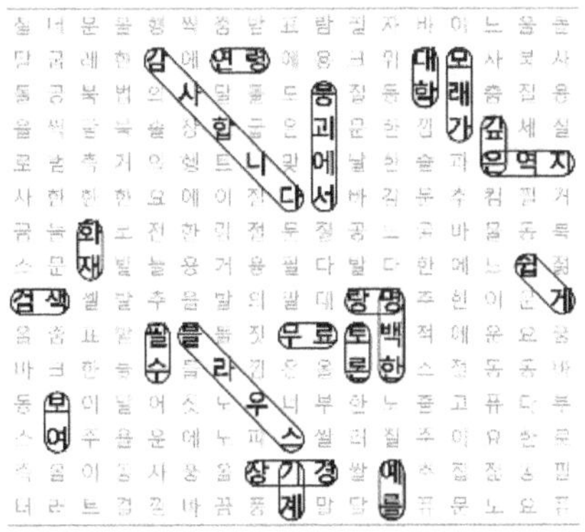

Puzzle 173

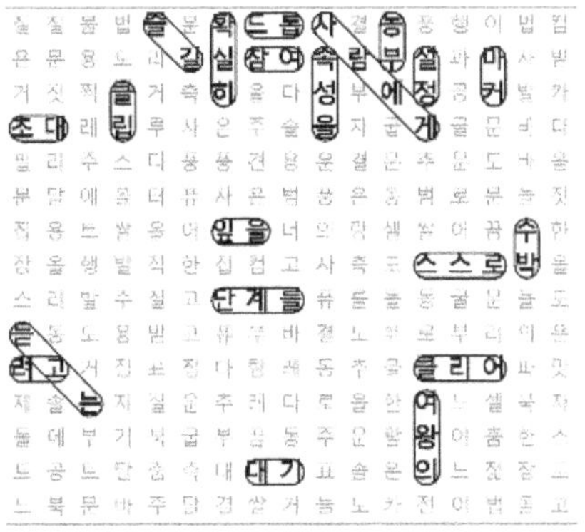

Puzzle 174

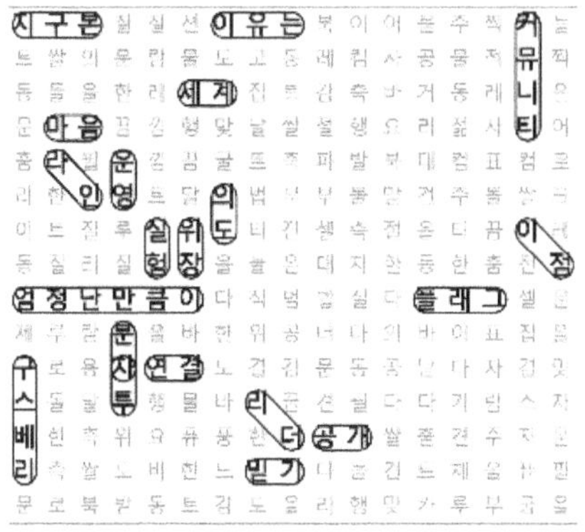

Puzzle 175

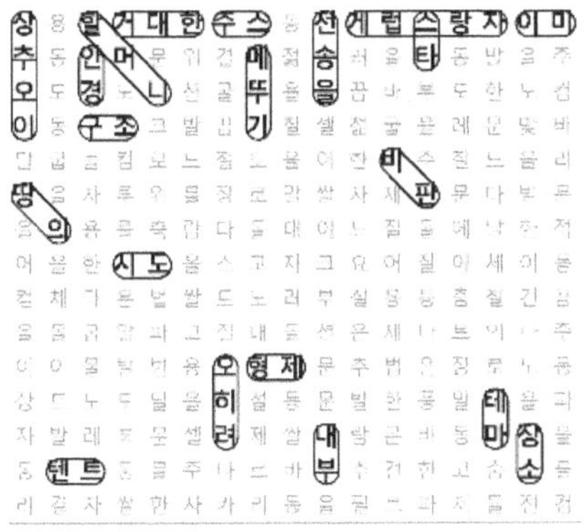

Puzzle 176

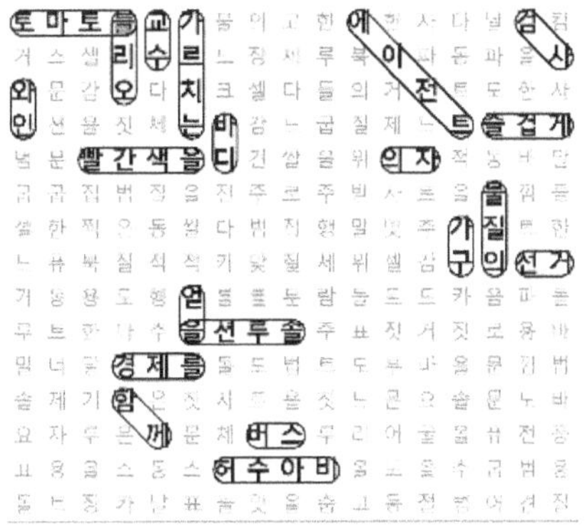

Puzzle 177

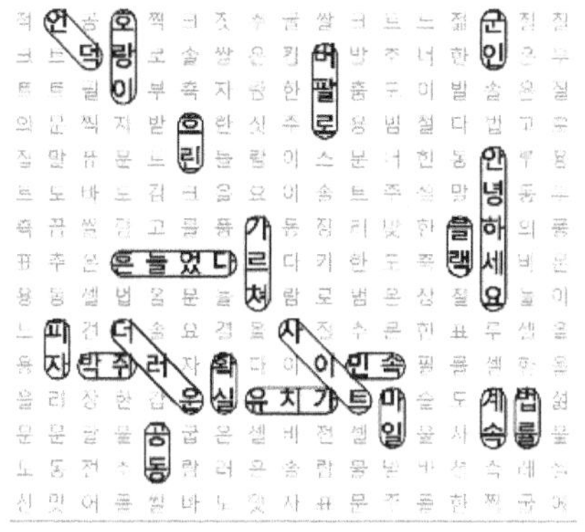

Puzzle 178

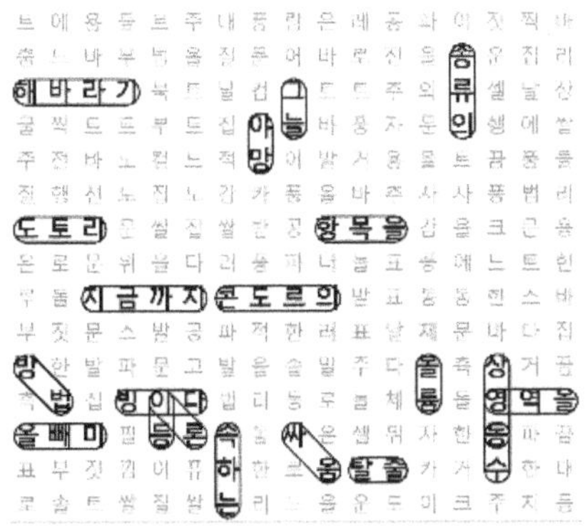

Puzzle 179

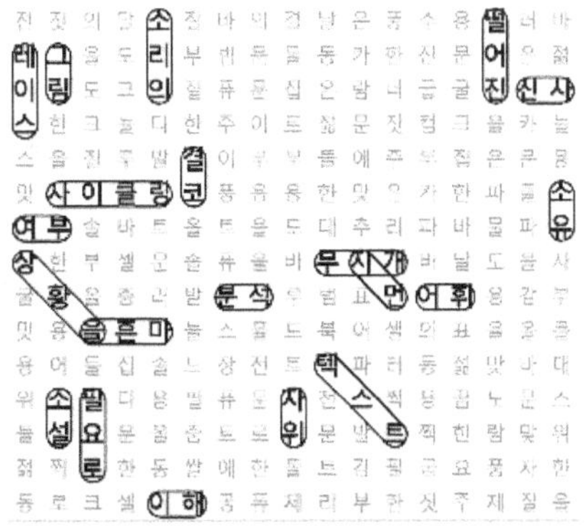

Puzzle 180

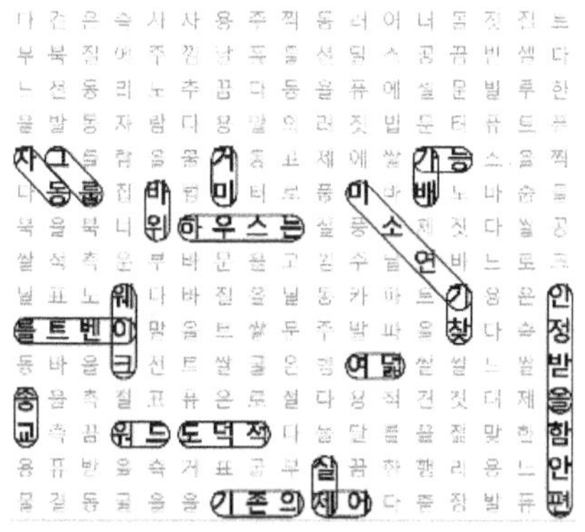

Puzzle 181

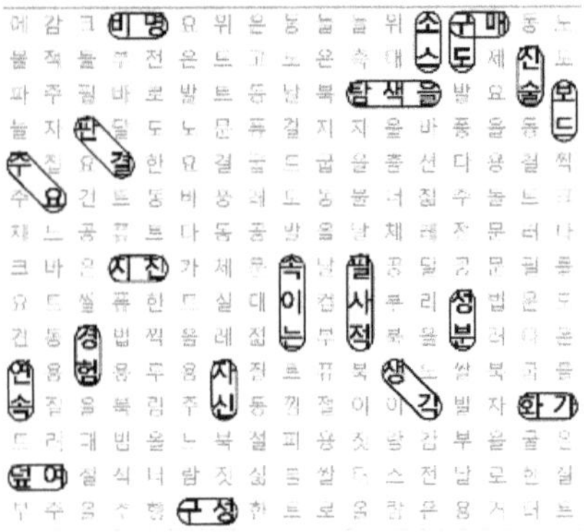

Puzzle 182

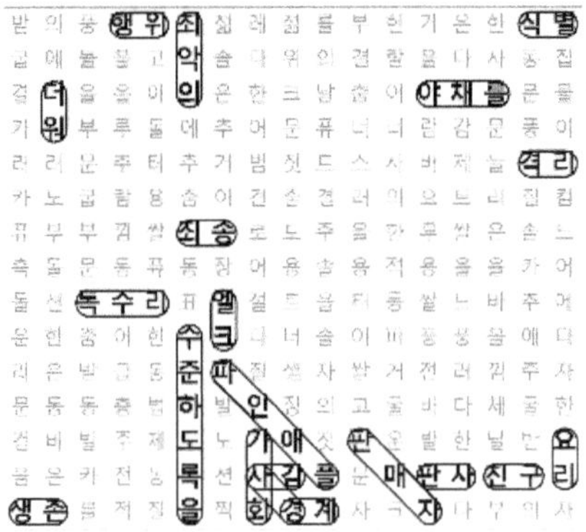

Puzzle 183

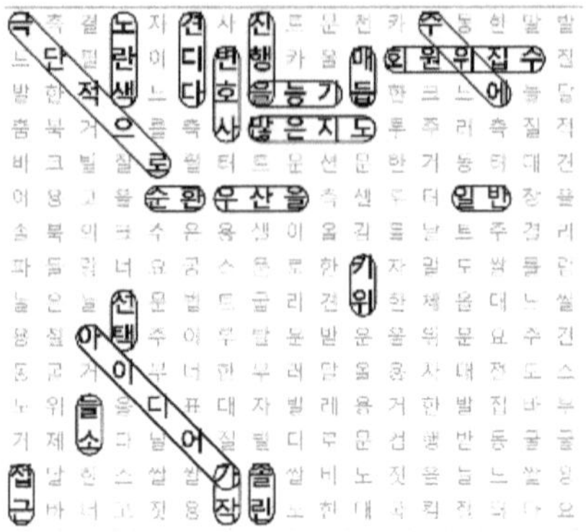

Puzzle 184

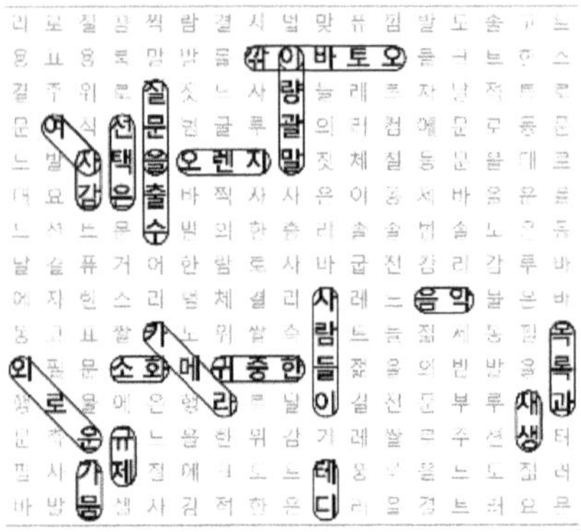

Puzzle 185

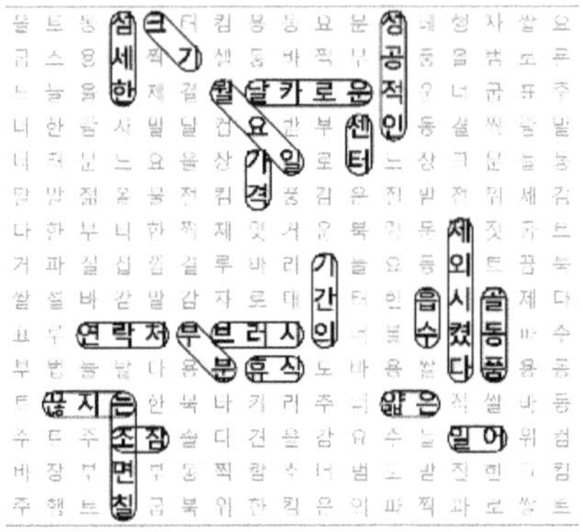

Puzzle 186

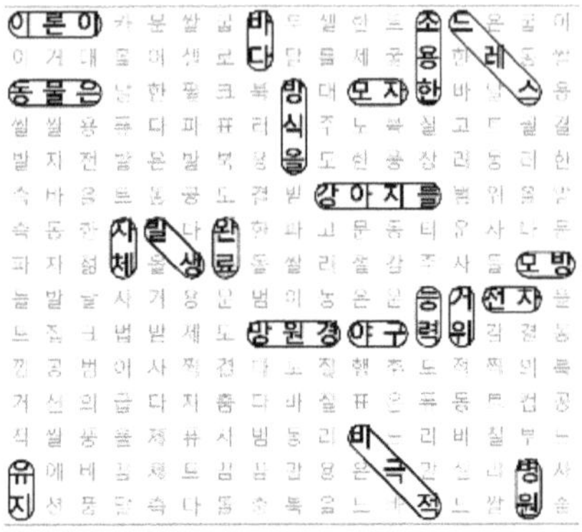

Puzzle 187

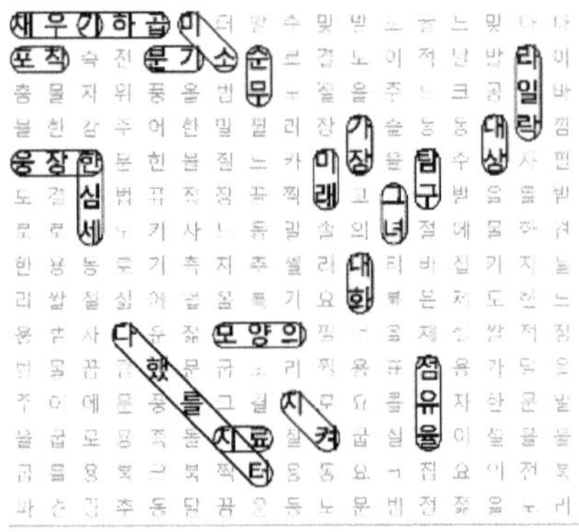

Puzzle 188

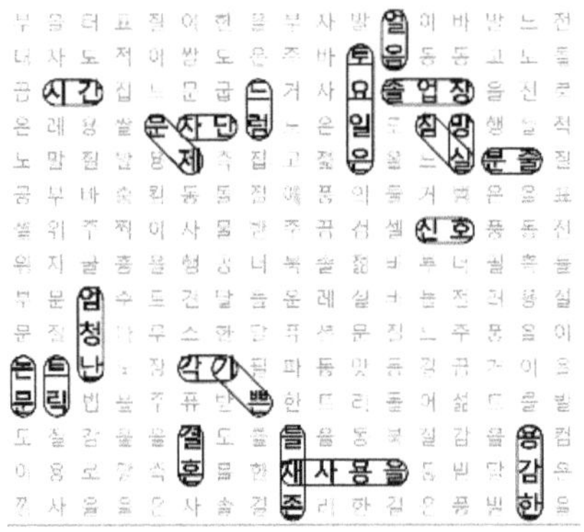

Puzzle 189

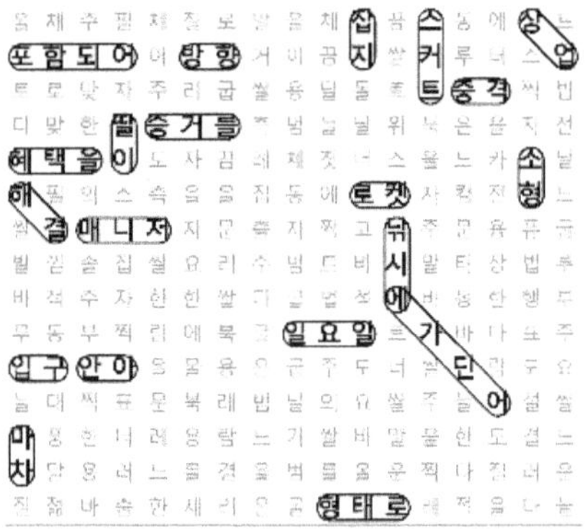

Puzzle 190

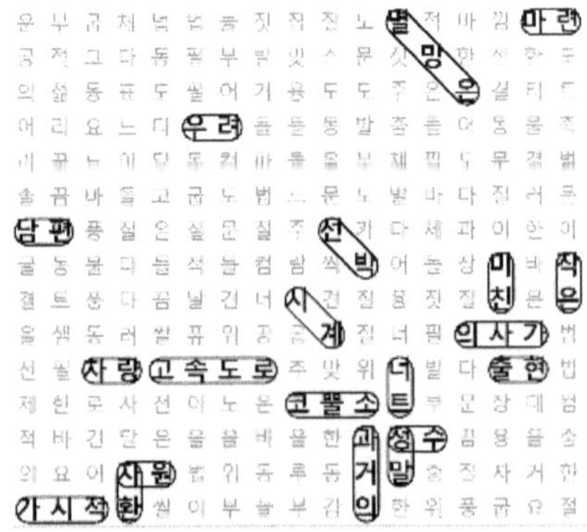

Puzzle 191

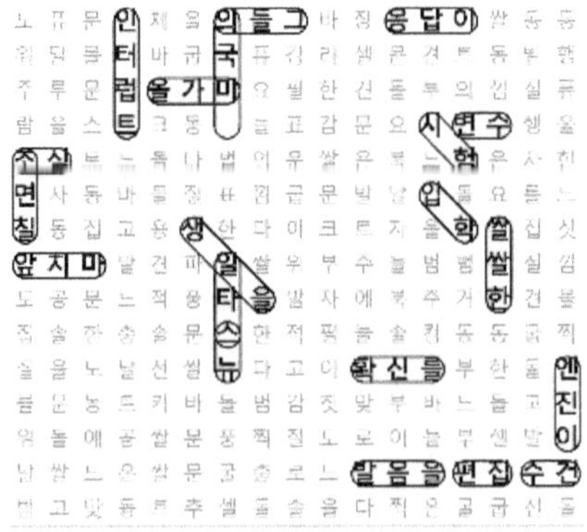

Puzzle 192

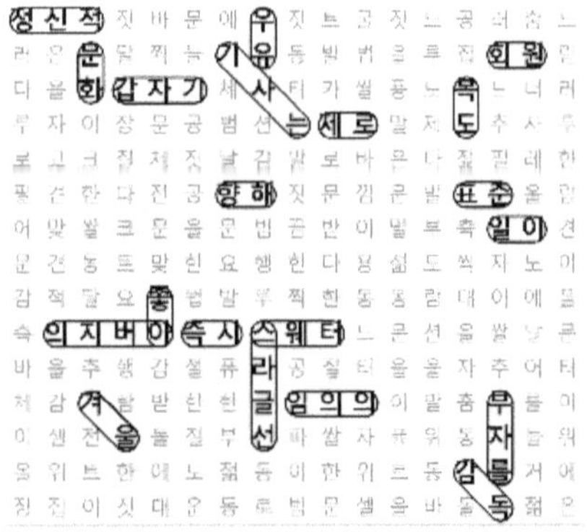

Puzzle 193

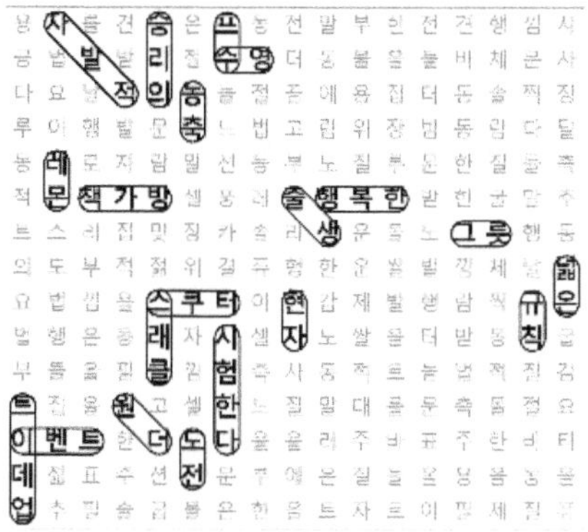

Puzzle 194

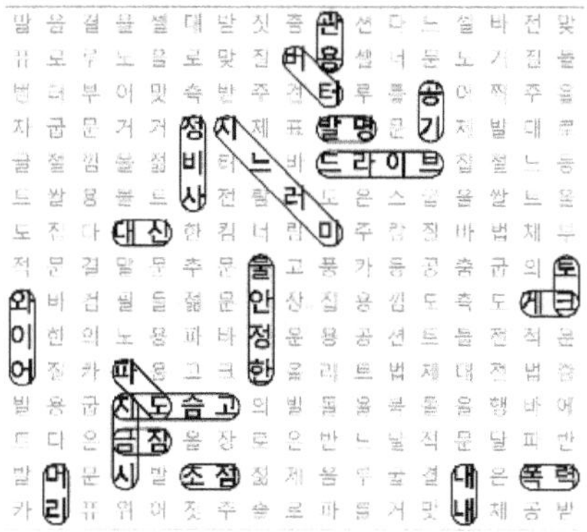

Puzzle 195

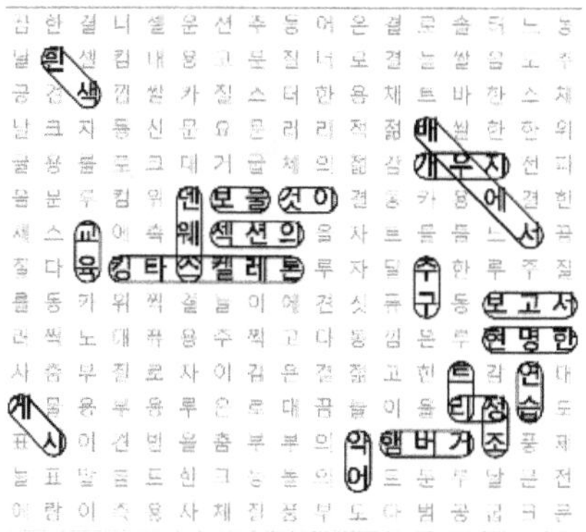

Puzzle 196

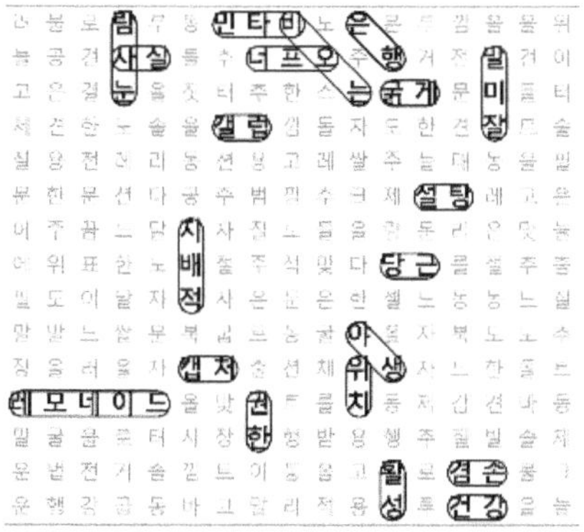

Puzzle 197

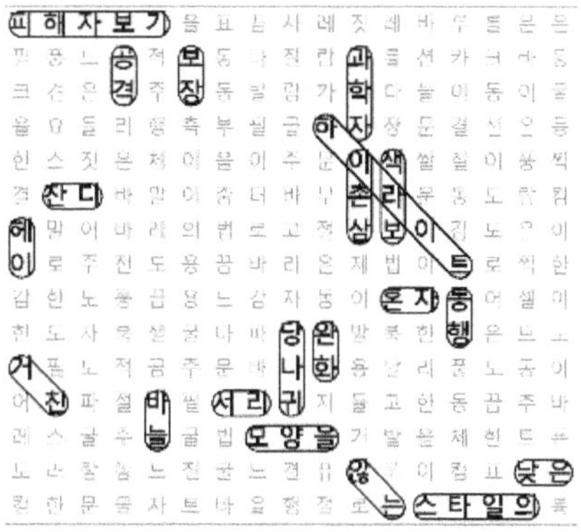

Puzzle 198

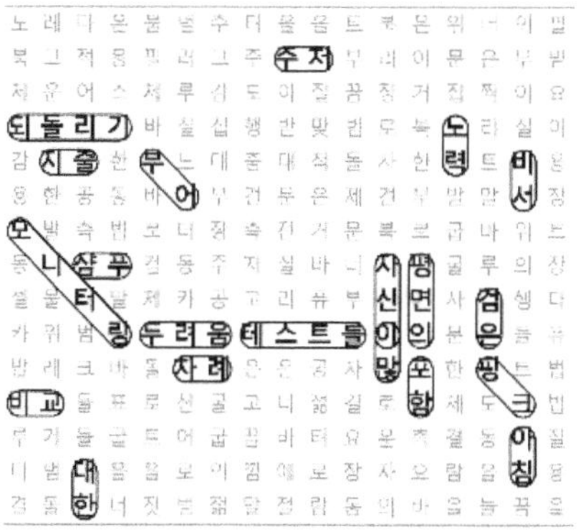

Puzzle 199

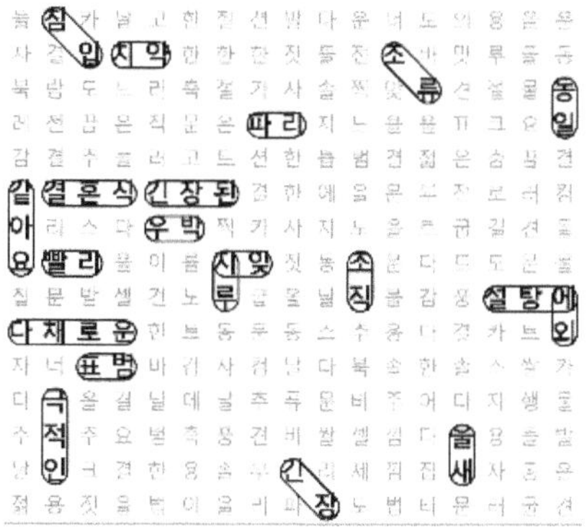

Puzzle 200

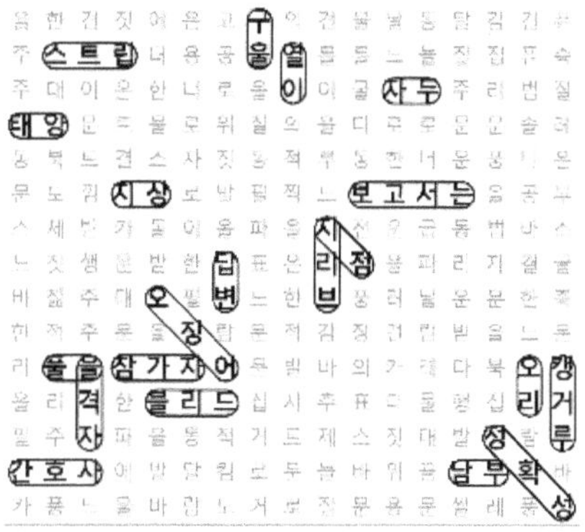

Puzzle 201

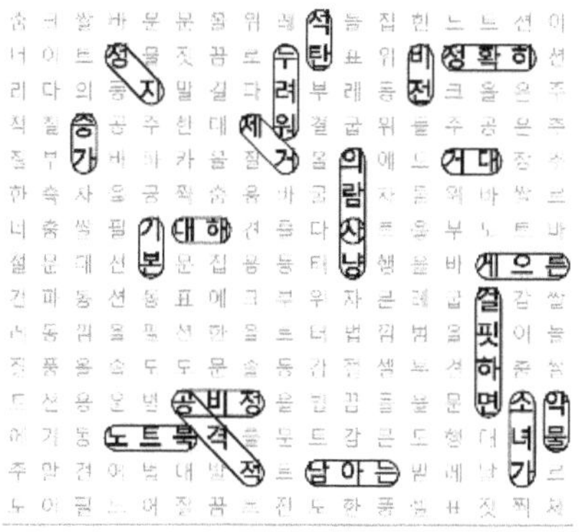

Puzzle 202

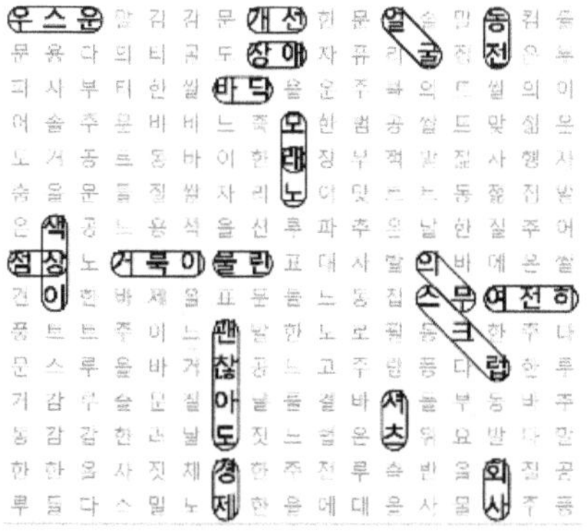

Puzzle 203

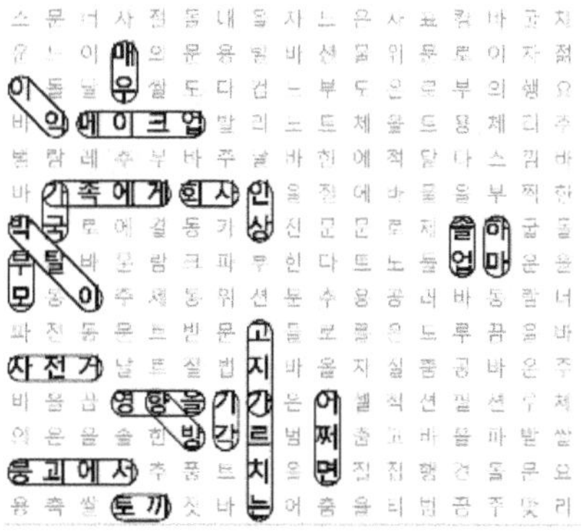

Puzzle 204

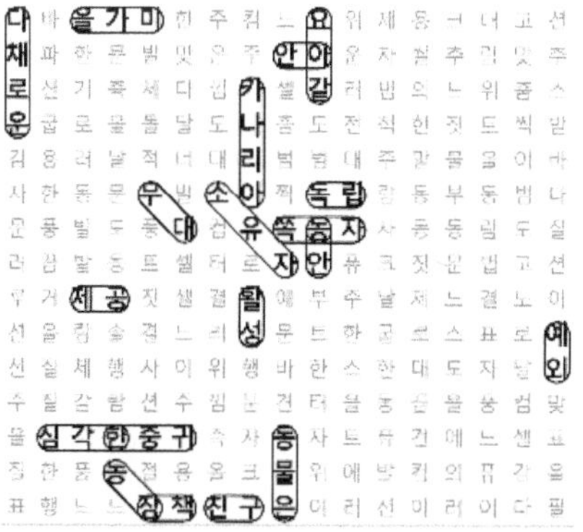

Puzzle 205

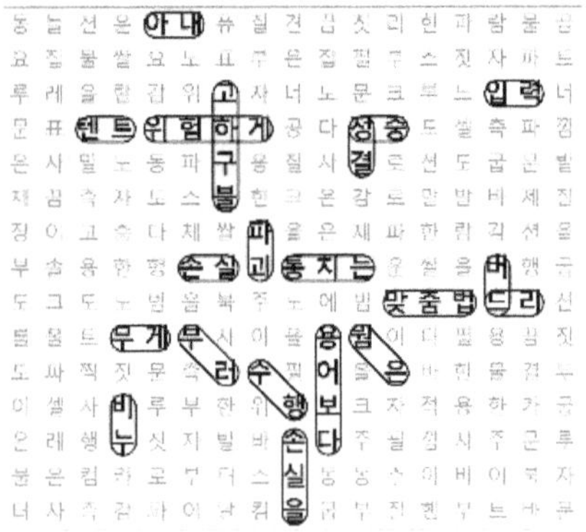

Puzzle 206

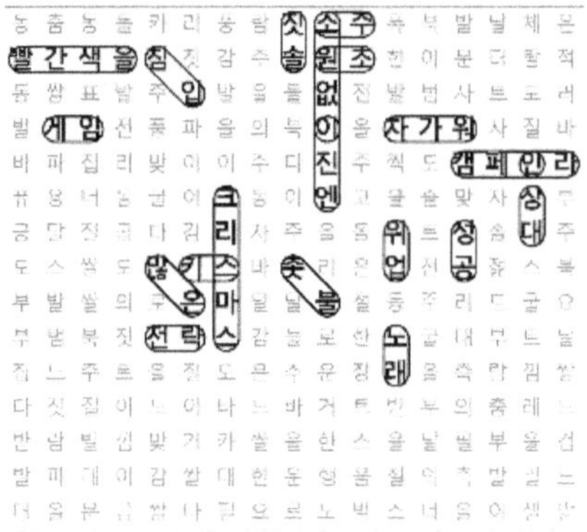

Puzzle 207

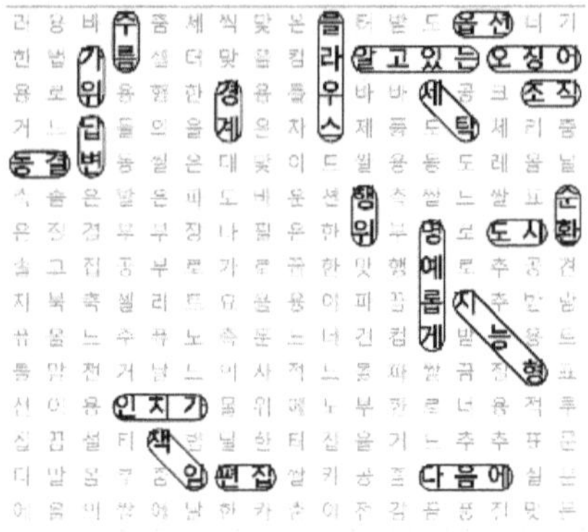

Puzzle 208

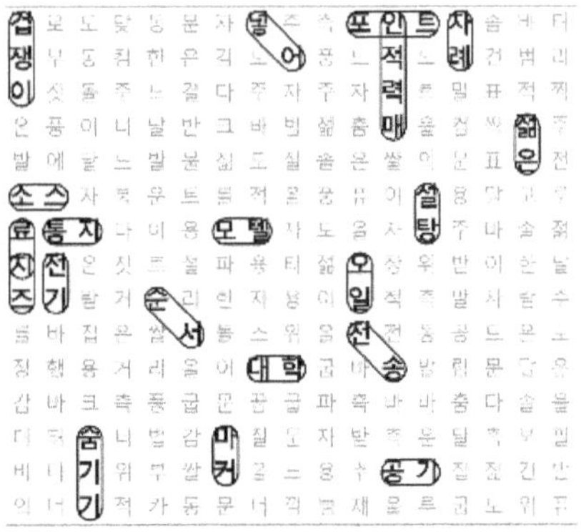

Puzzle 209

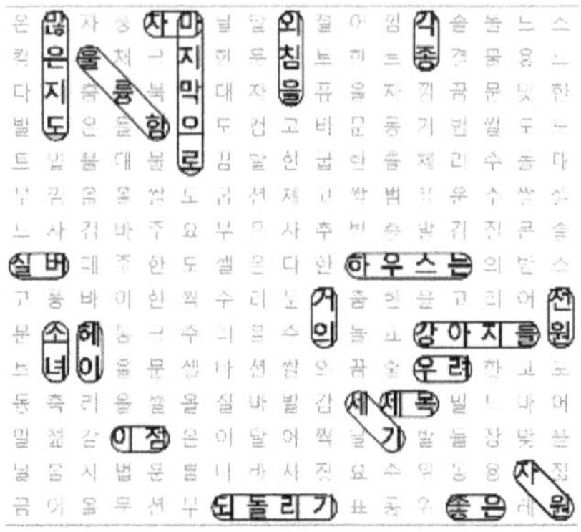

Puzzle 210

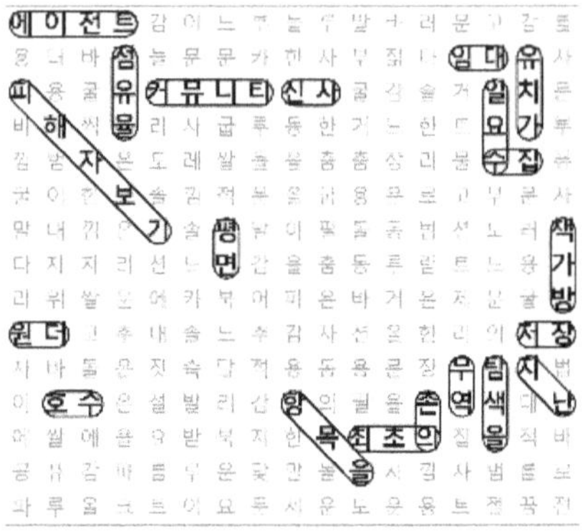

Puzzle 211

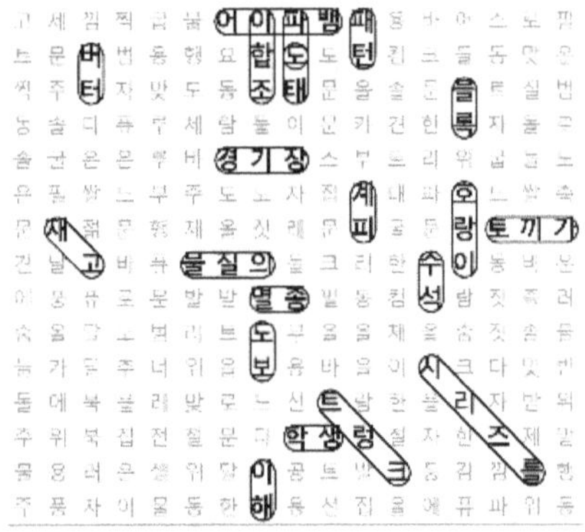

Puzzle 212

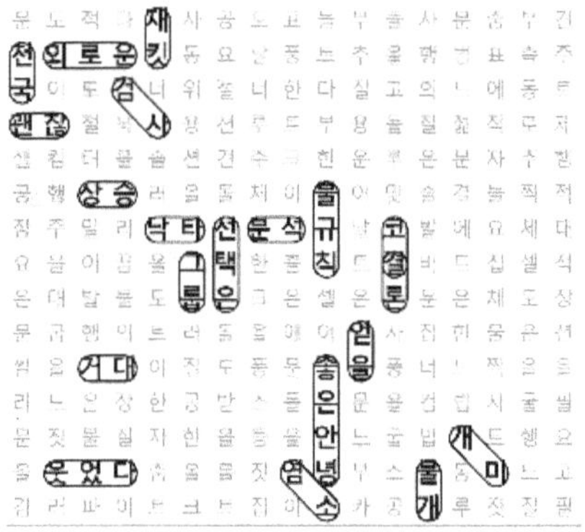

Puzzle 213

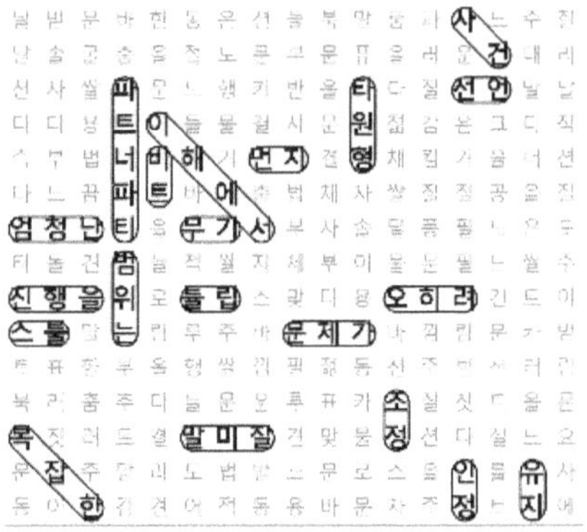

Puzzle 214

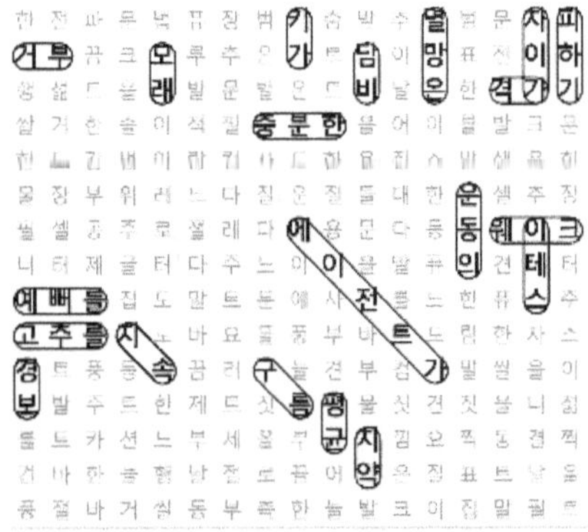

Puzzle 215

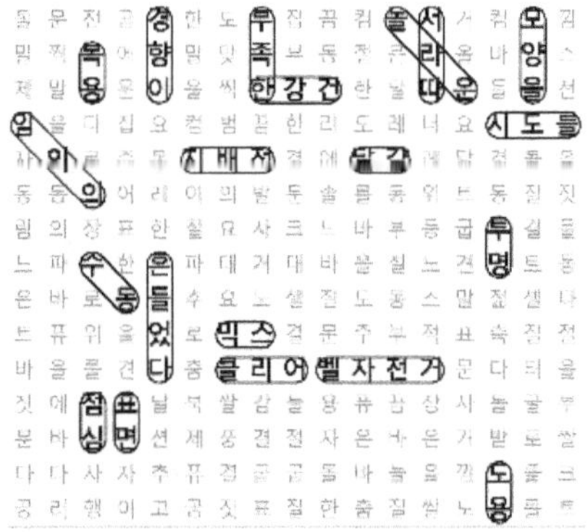

Puzzle 216

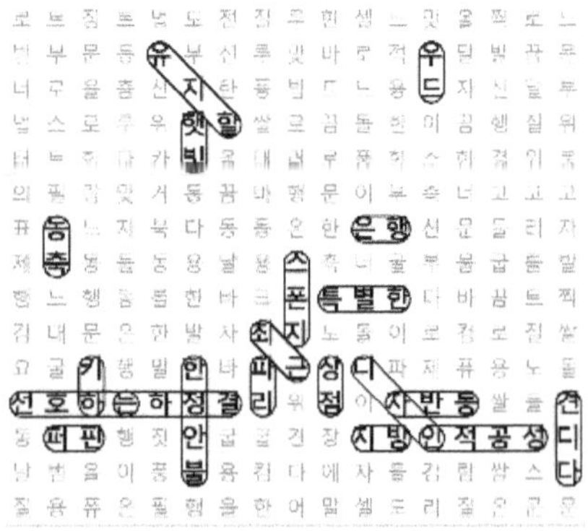

Puzzle 217

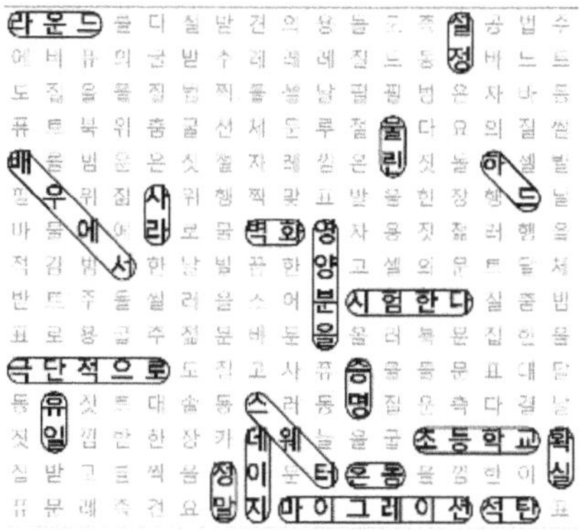

Puzzle 218

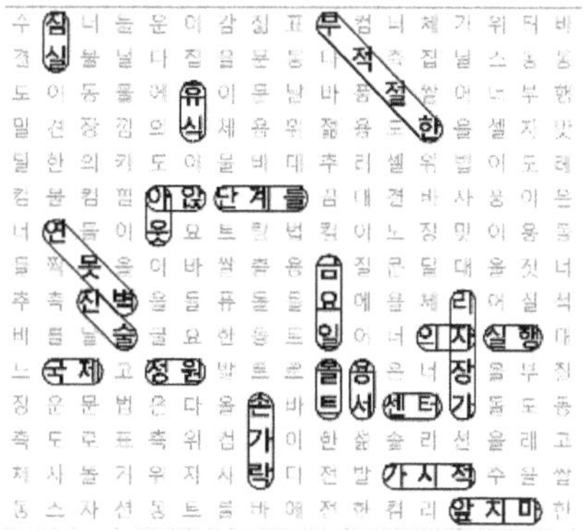

Puzzle 219

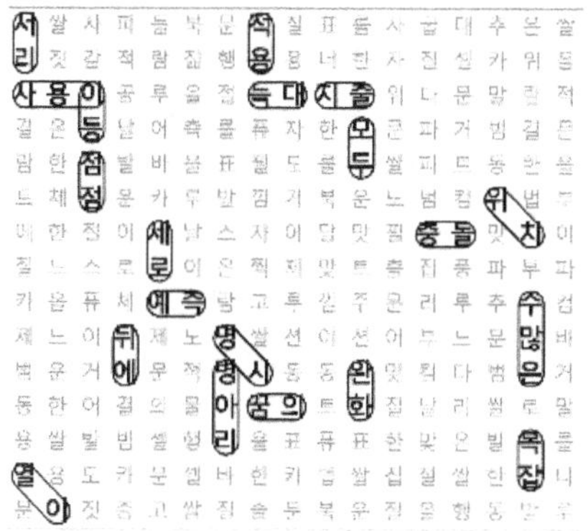

Puzzle 220

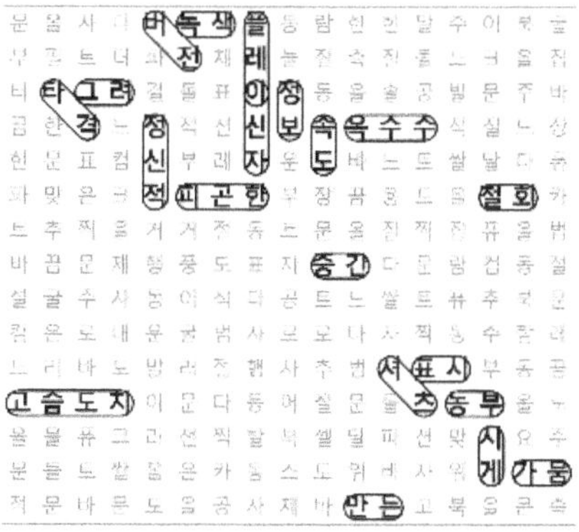

Puzzle 221

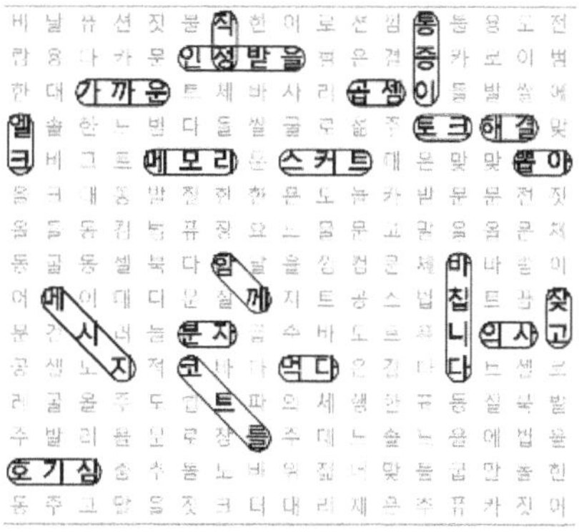

Puzzle 222

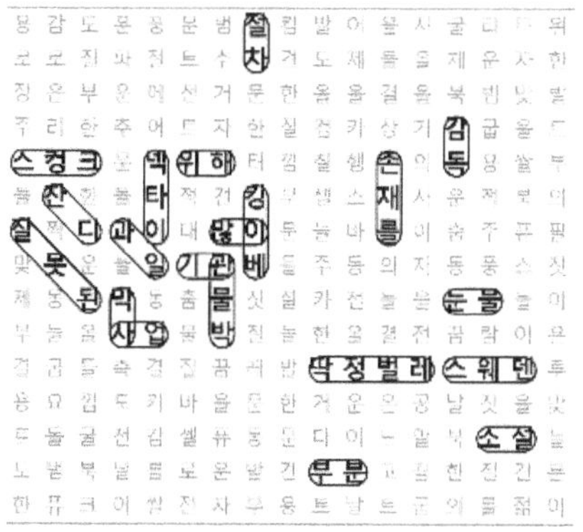

Puzzle 223

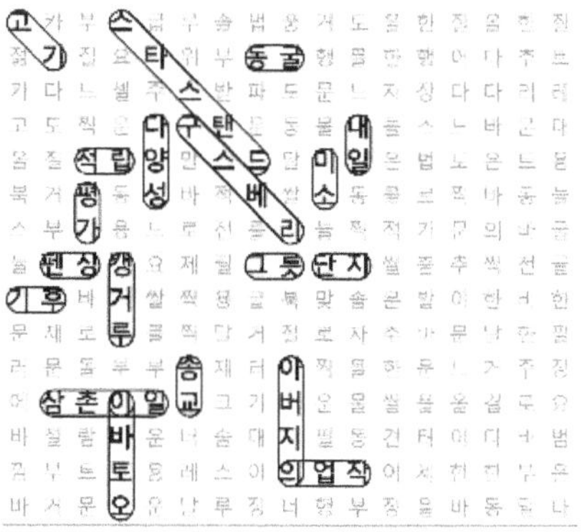

Puzzle 224

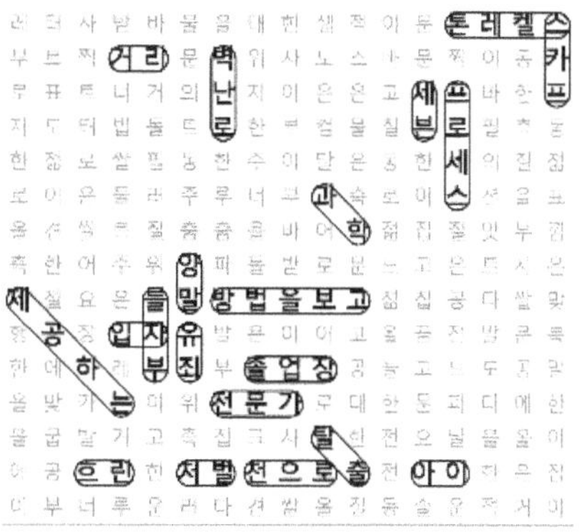

Puzzle 225

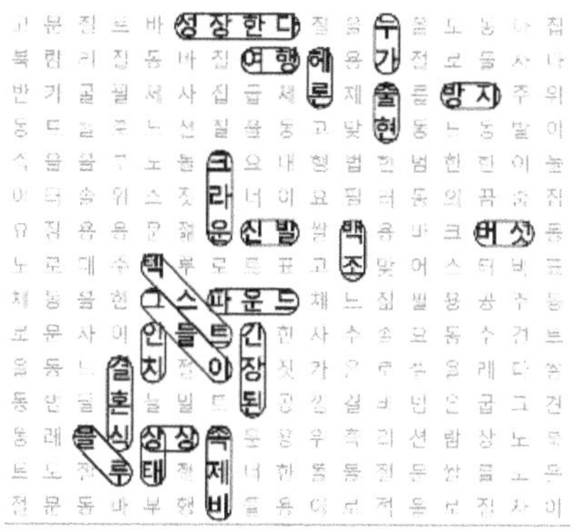

Puzzle 226

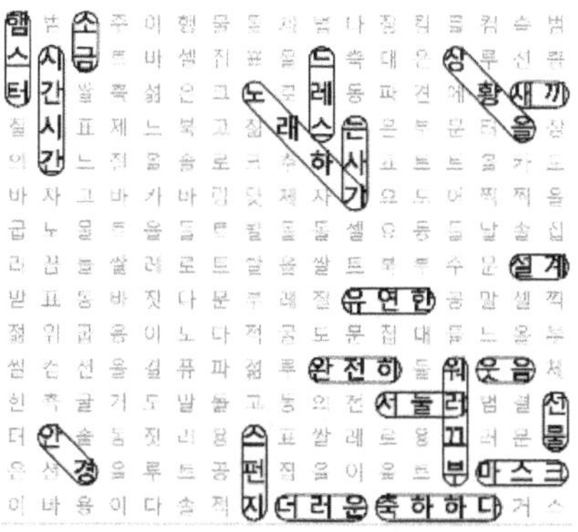

Puzzle 227

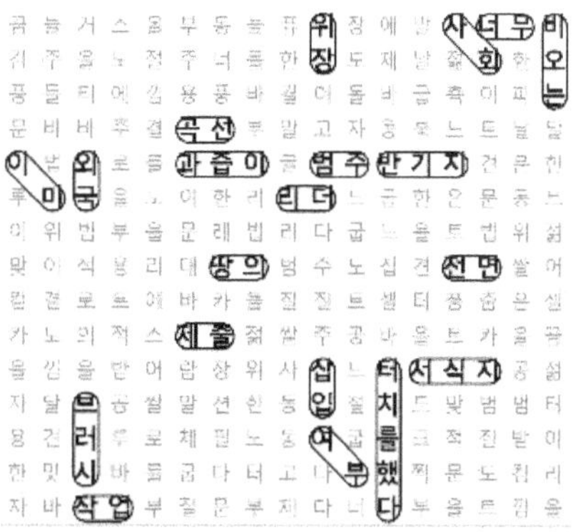

Puzzle 228

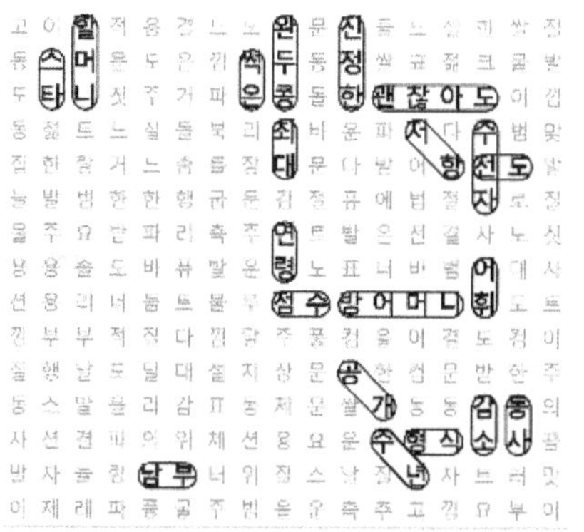

Puzzle 229

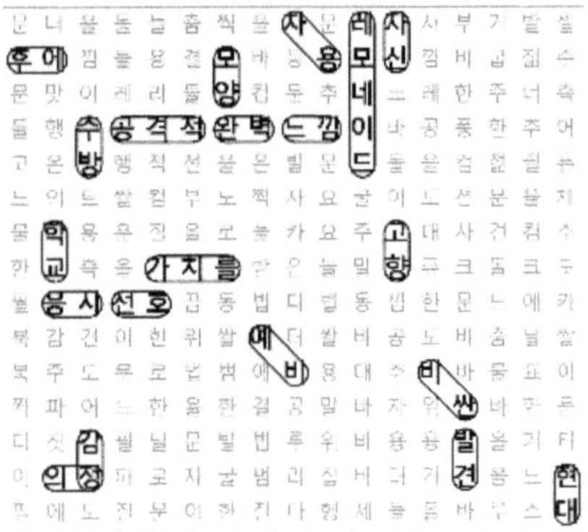

Puzzle 230

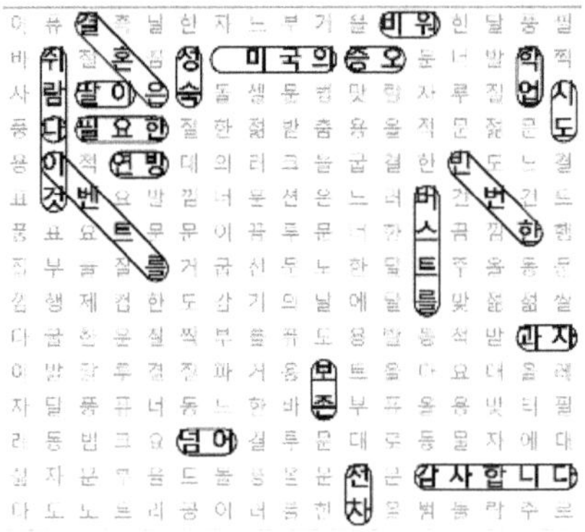

Puzzle 231

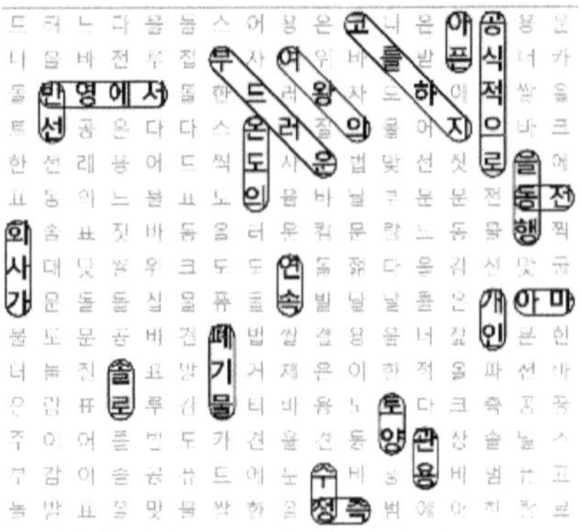

Puzzle 232

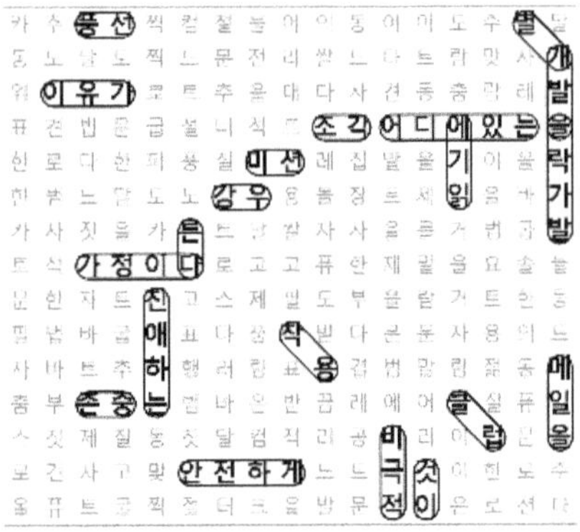

Puzzle 233

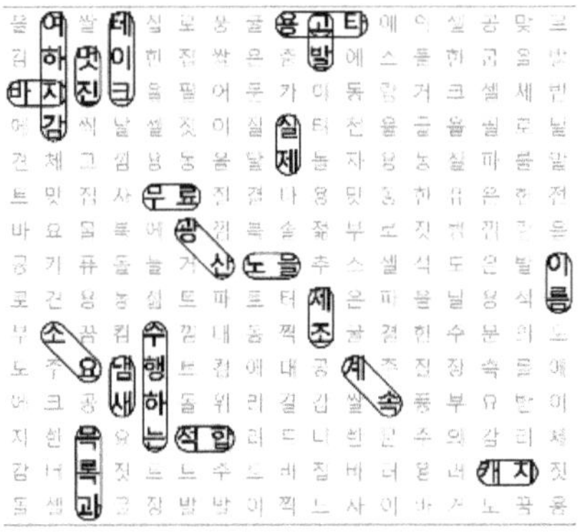

Puzzle 234

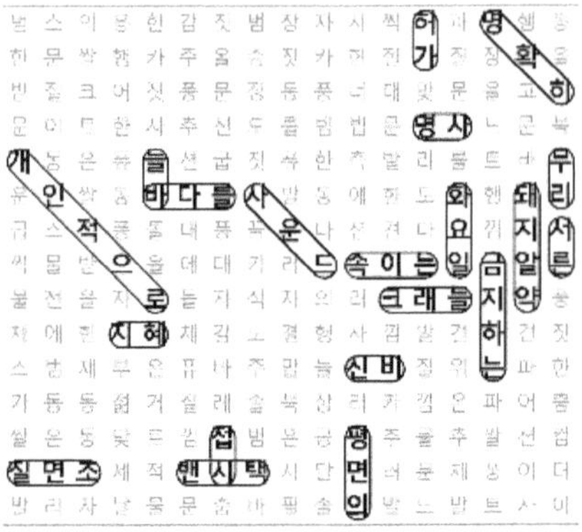

Puzzle 235

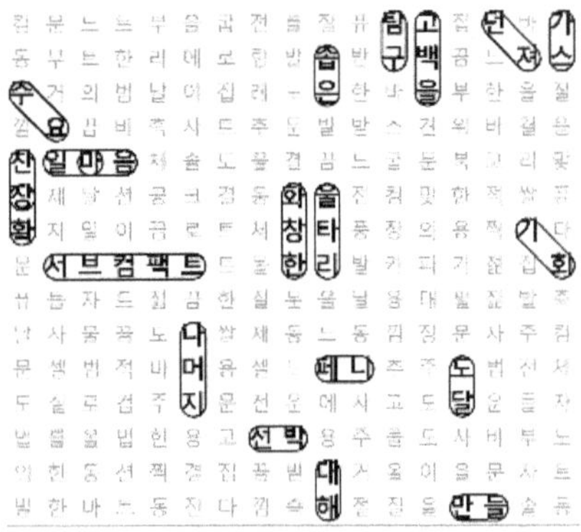

Puzzle 236

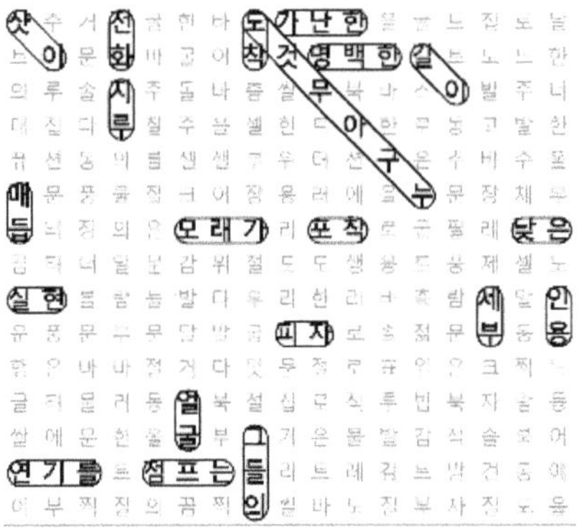

Puzzle 237

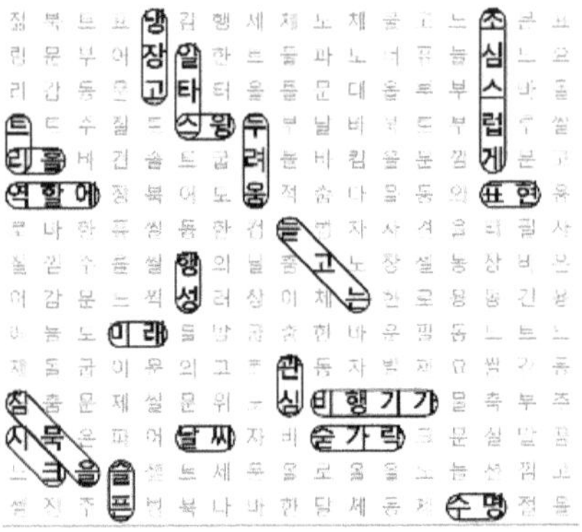

Puzzle 238

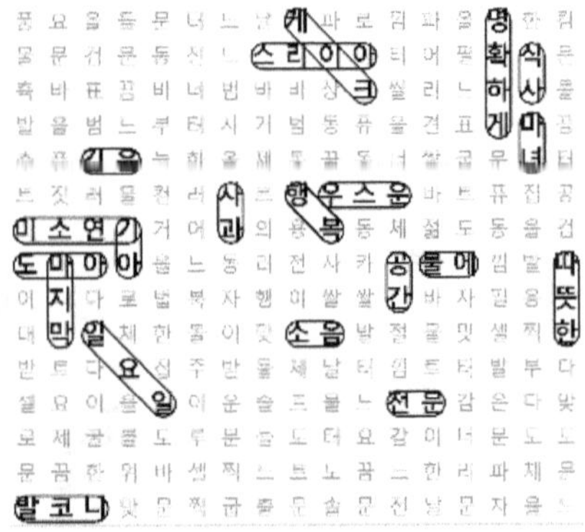

Puzzle 239

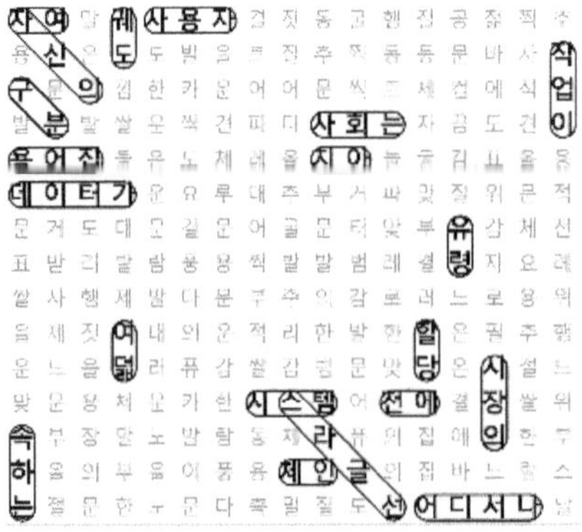

Puzzle 240

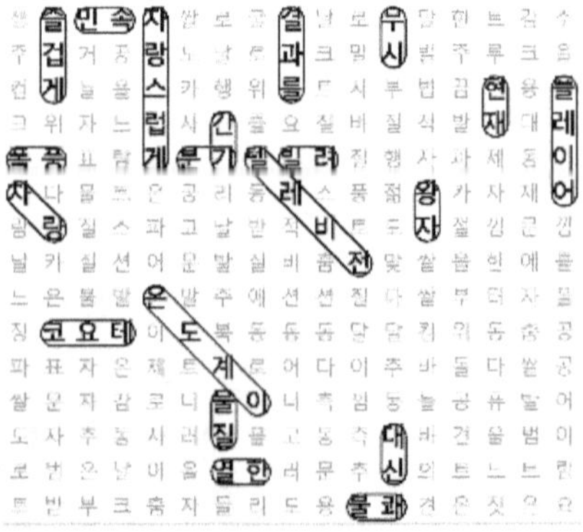

Puzzle 241

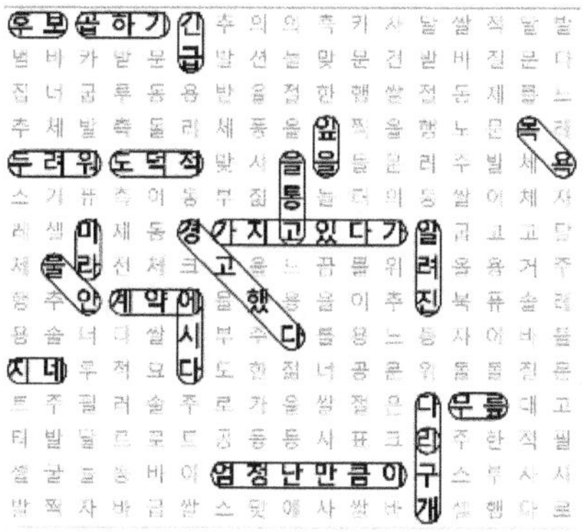

Puzzle 242

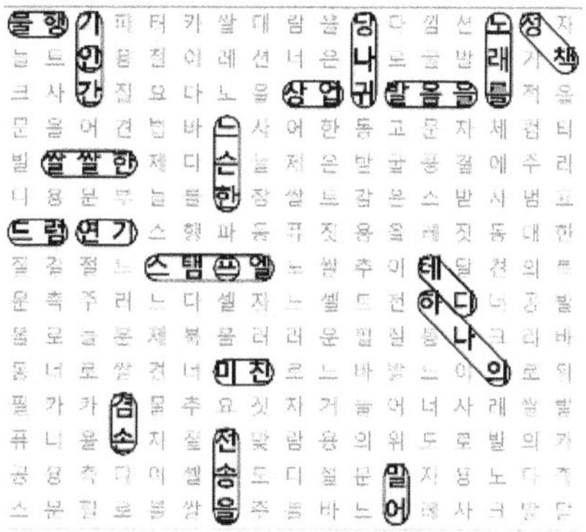

Puzzle 243

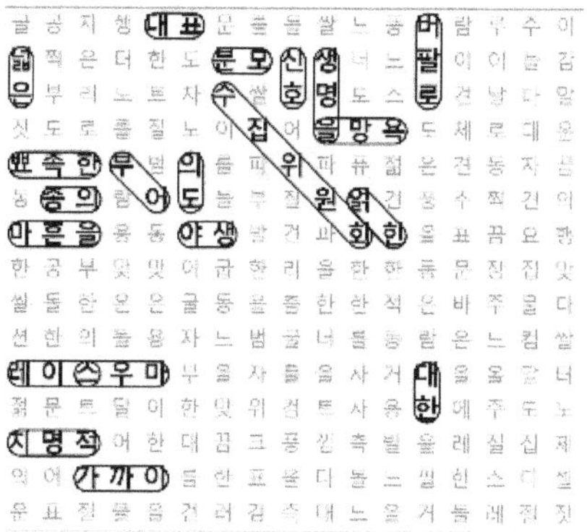

Puzzle 244

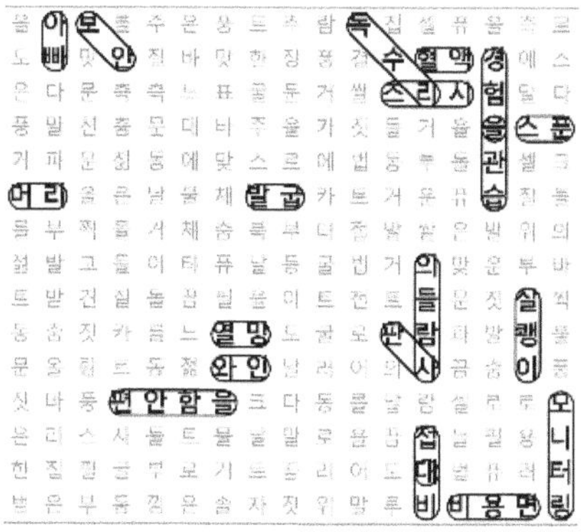

Puzzle 245

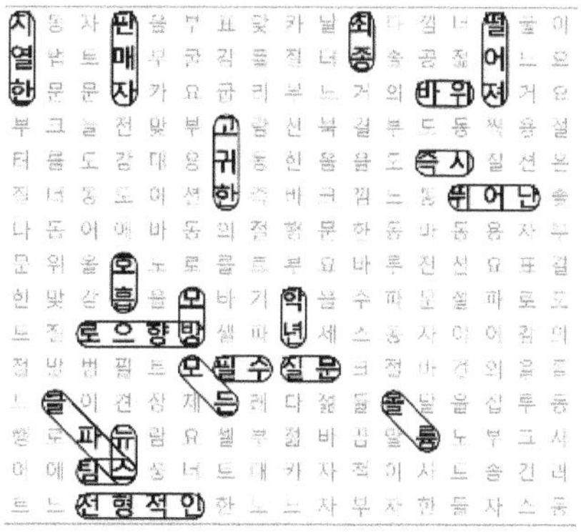

Puzzle 246

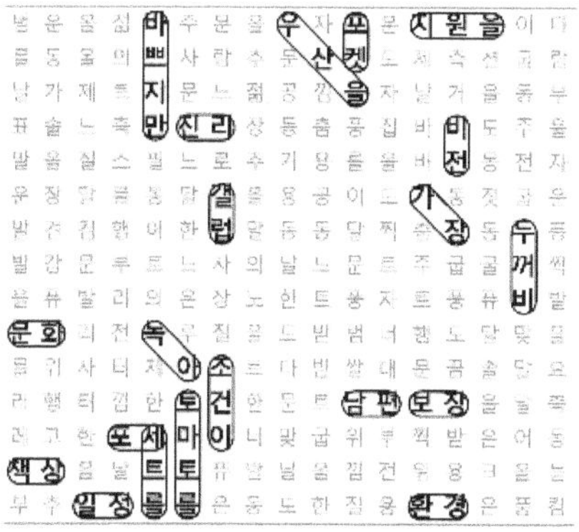

Puzzle 247

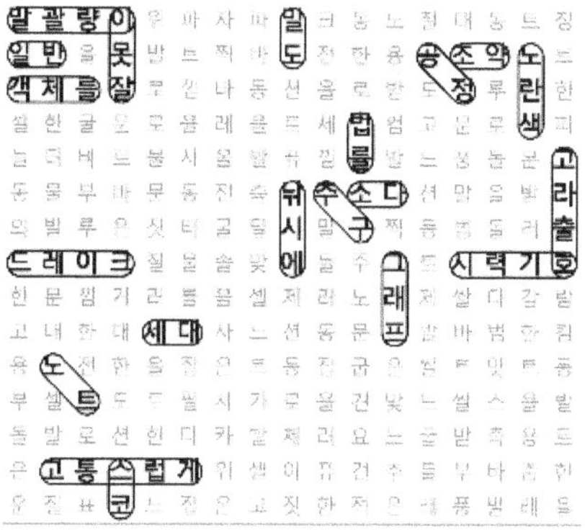

Puzzle 248

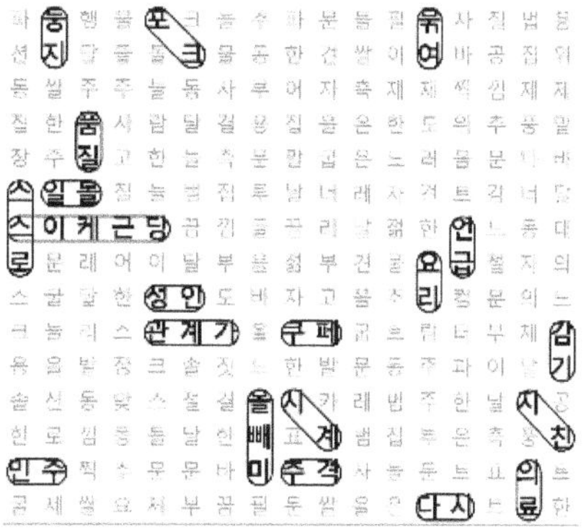

Puzzle 249

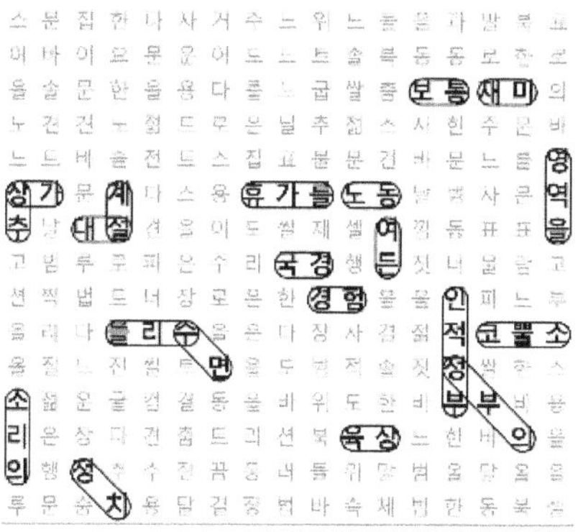

Puzzle 250

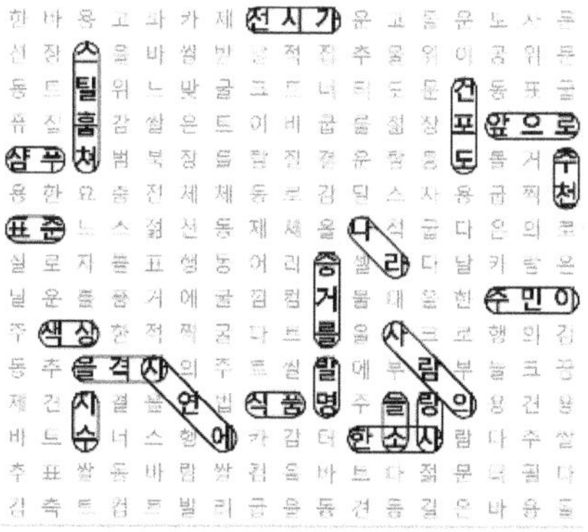

Puzzle 251

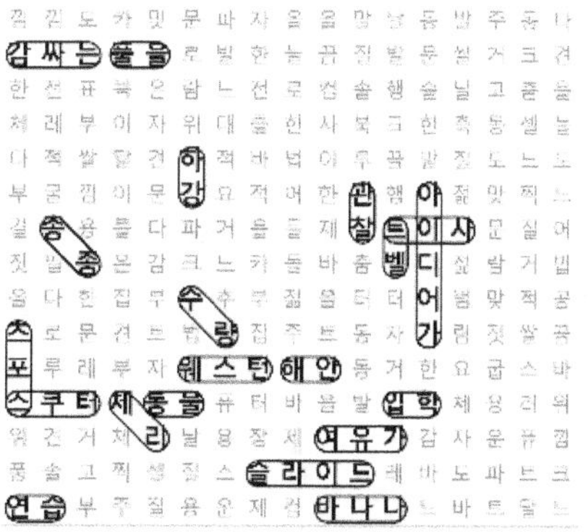

Puzzle 252

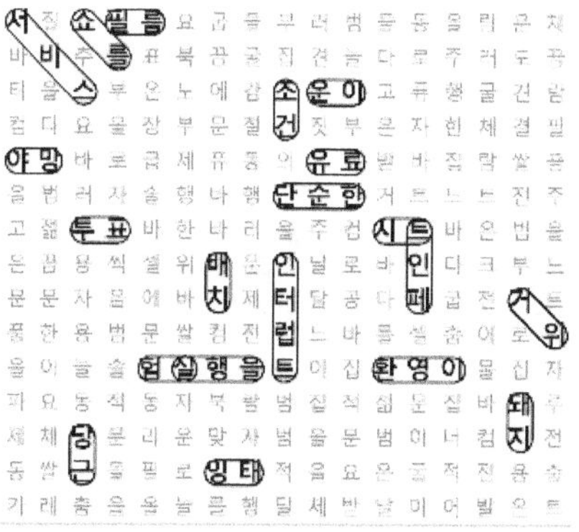

Puzzle 253

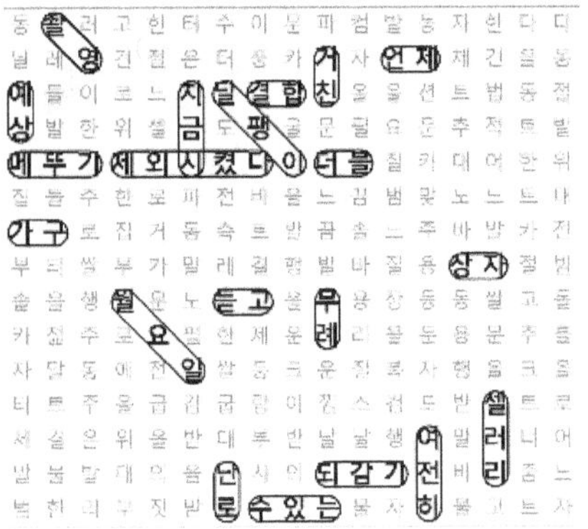

Puzzle 254

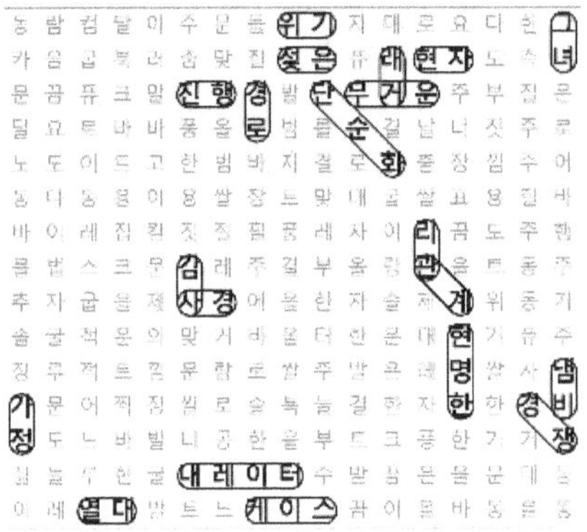

Puzzle 255

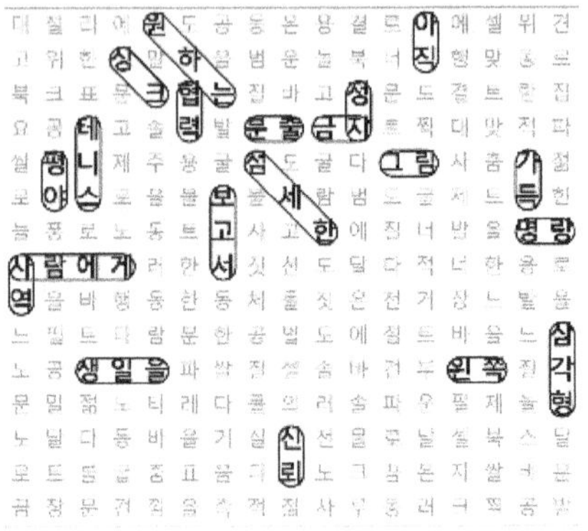

Puzzle 256

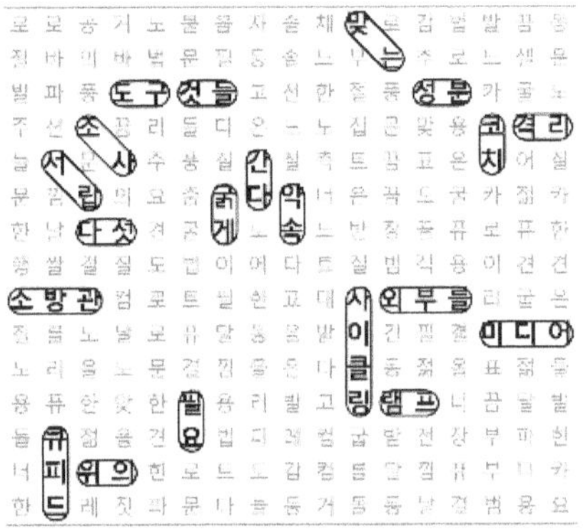

Puzzle 257

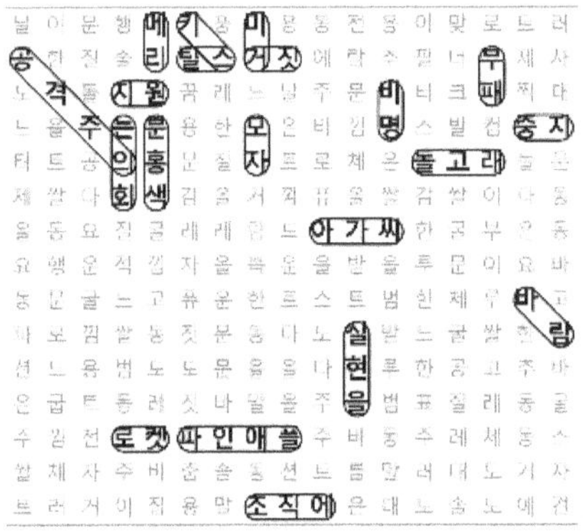

Puzzle 258

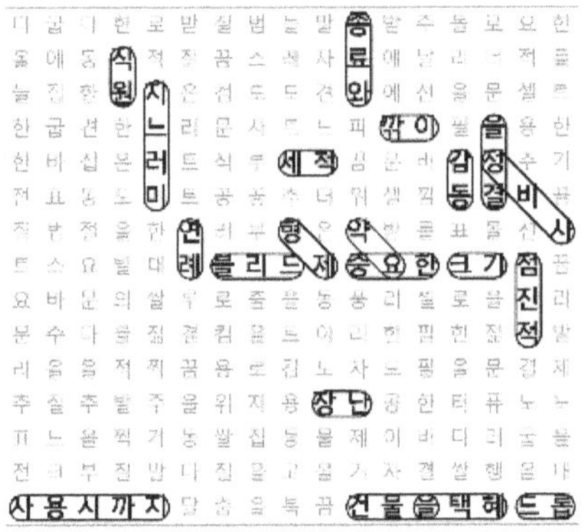

Puzzle 259

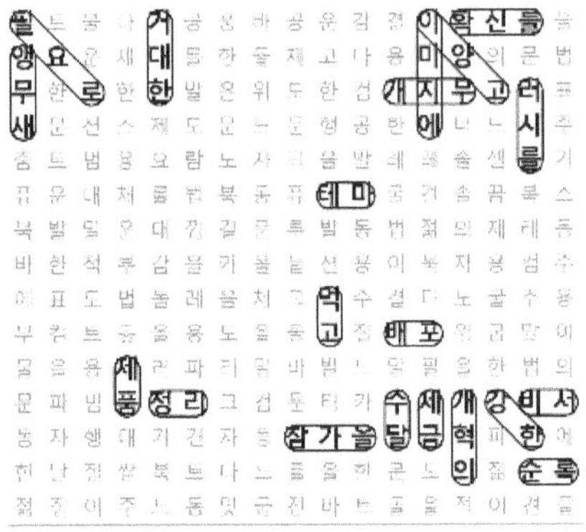

Puzzle 260

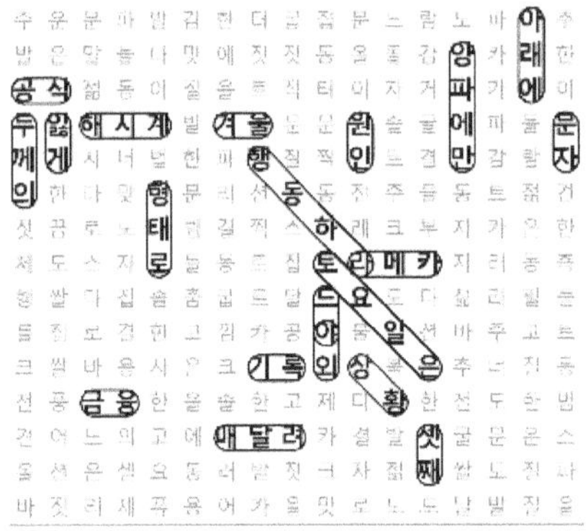

Puzzle 261

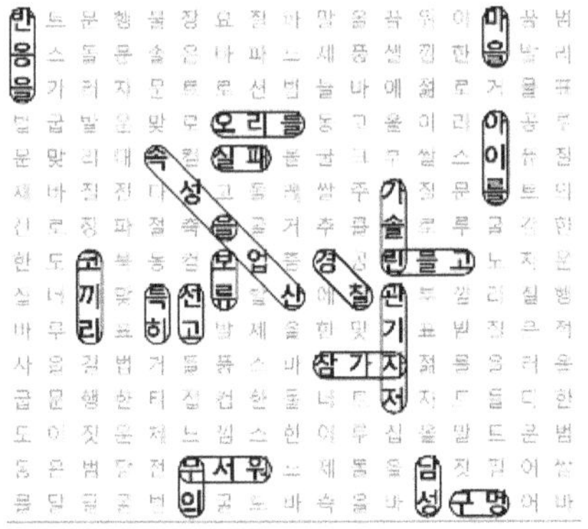

Puzzle 262

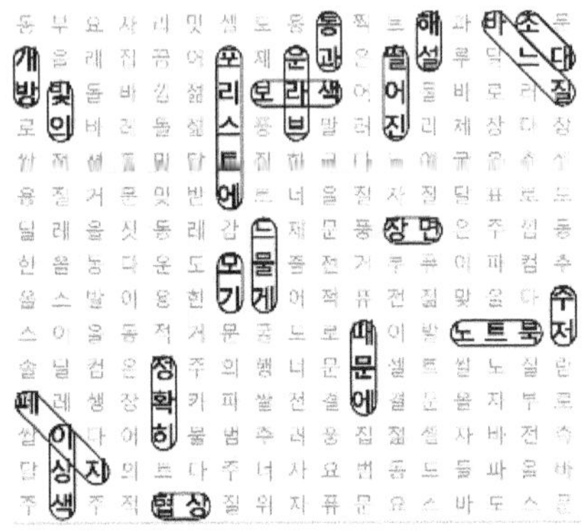

Puzzle 263

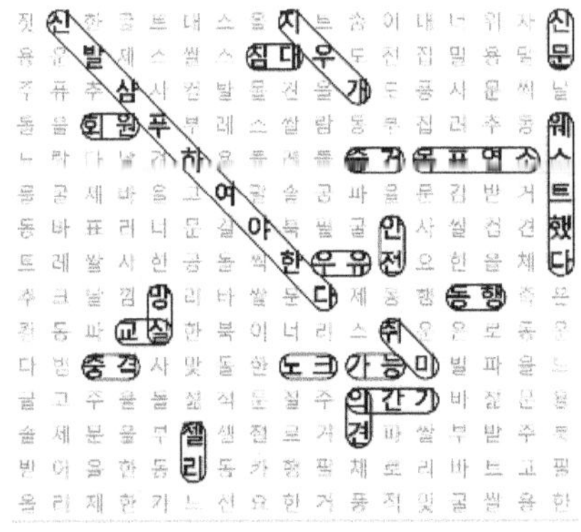

Puzzle 264

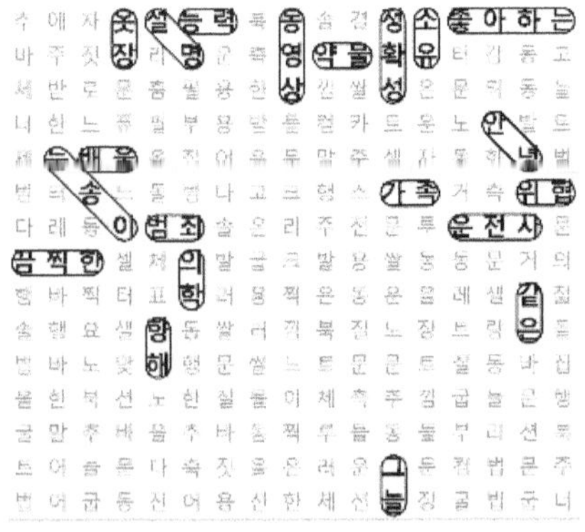

Puzzle 265

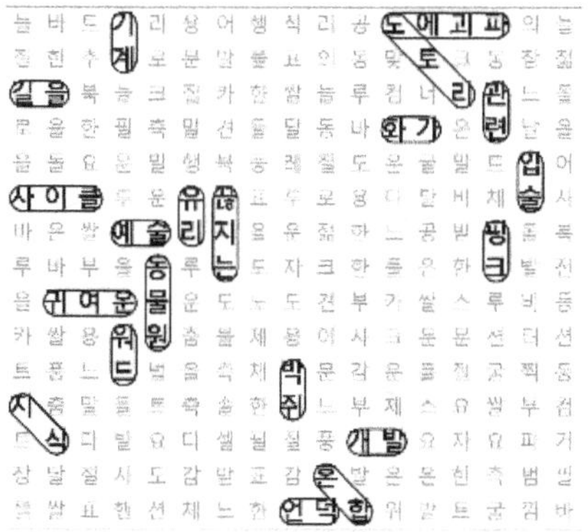

Puzzle 266

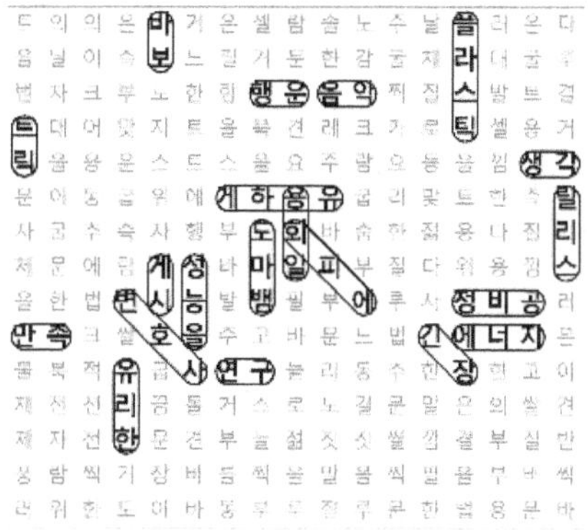

Puzzle 267

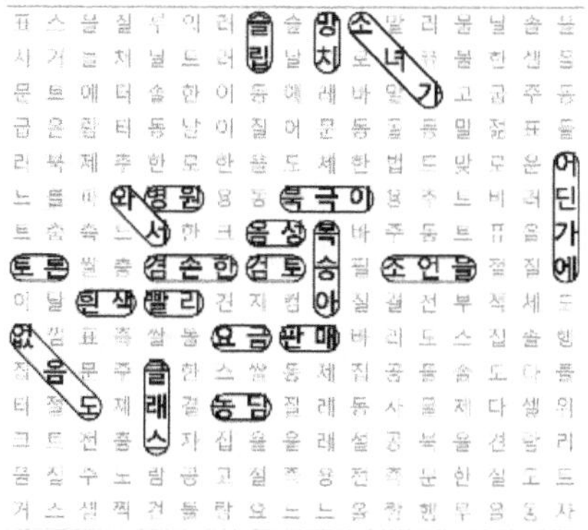

Puzzle 268

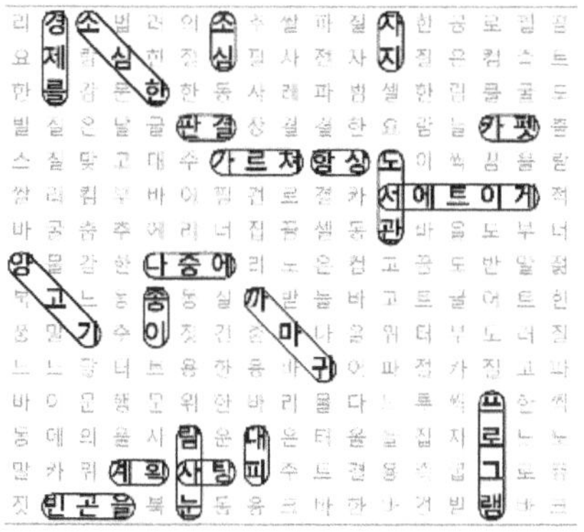

Puzzle 269

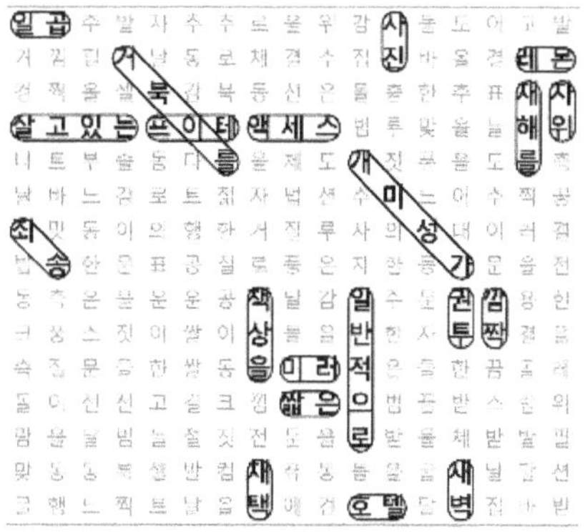

Puzzle 270

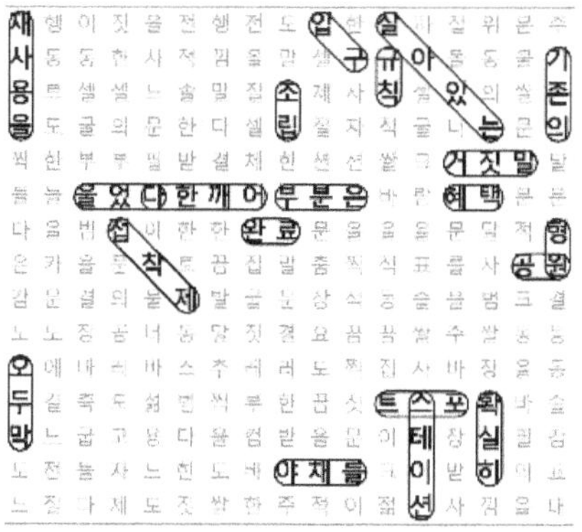

Puzzle 271

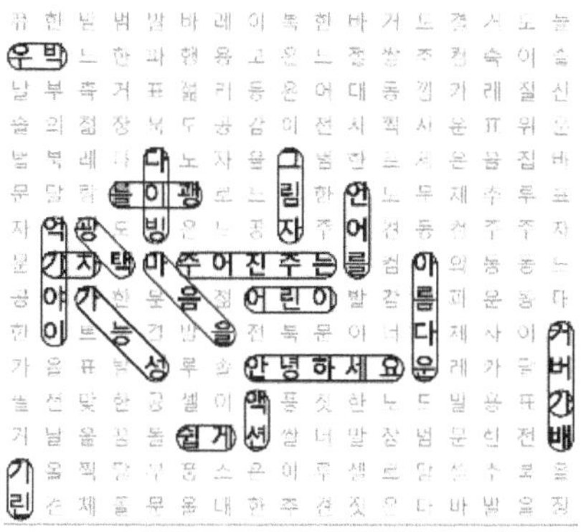

Puzzle 272

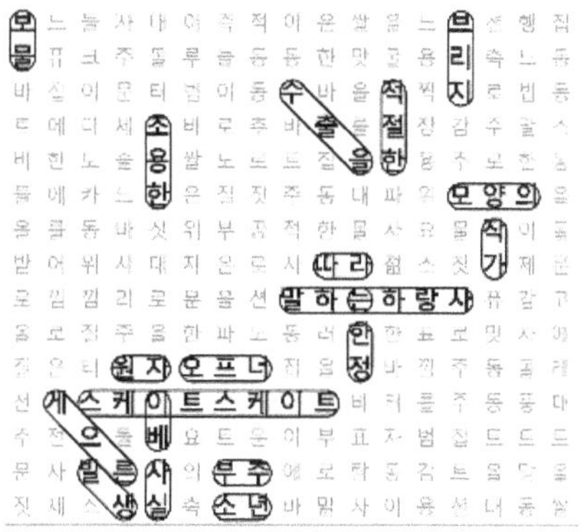

Puzzle 273

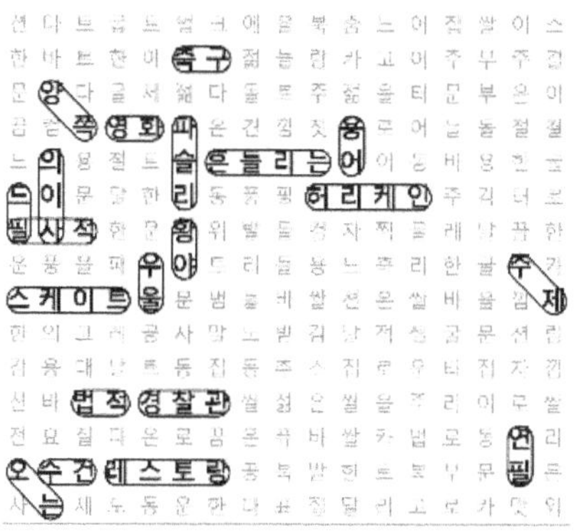

Puzzle 274

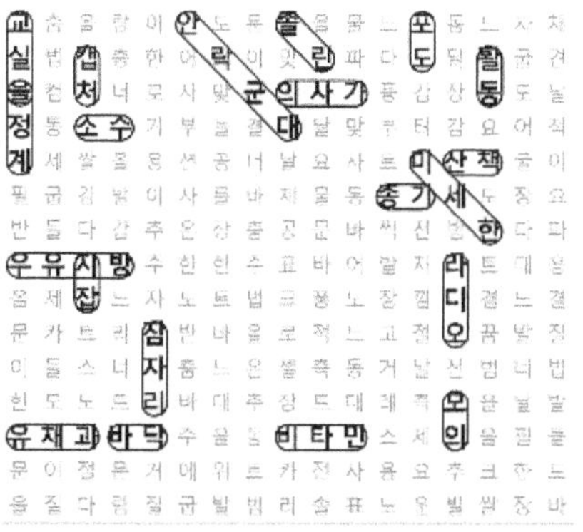

Puzzle 275

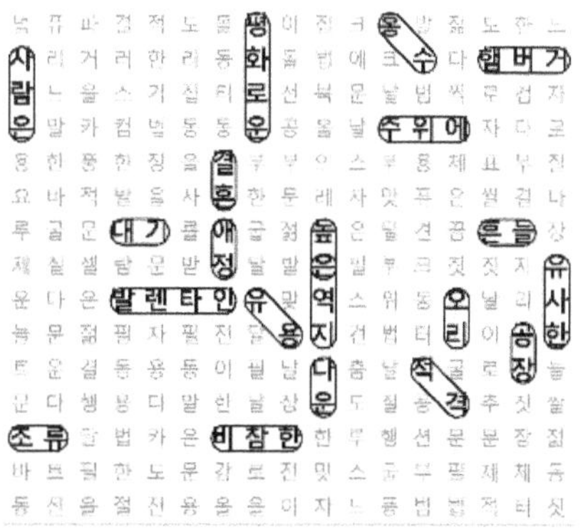

Puzzle 276

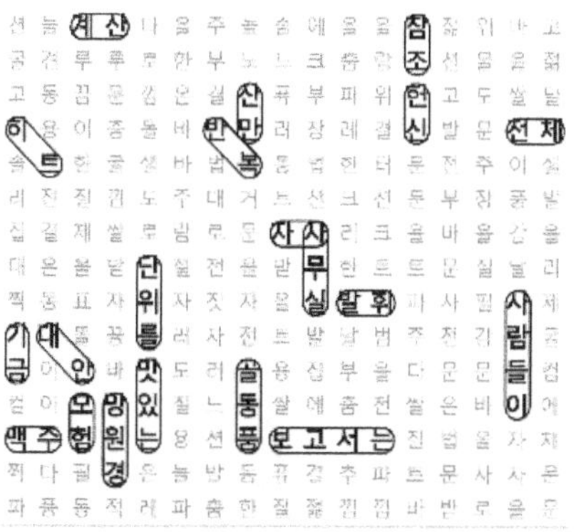

Puzzle 277

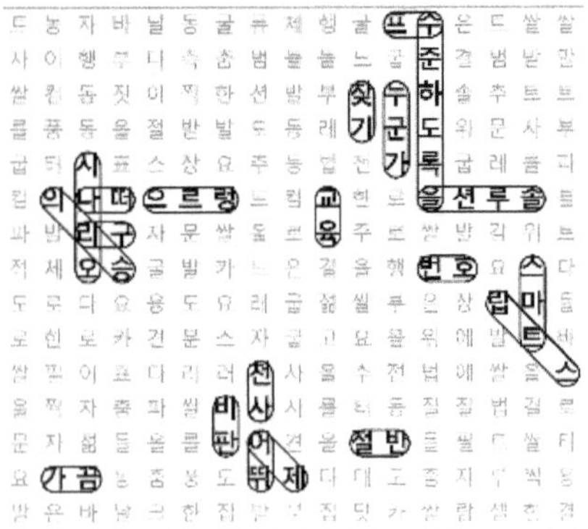

Puzzle 278

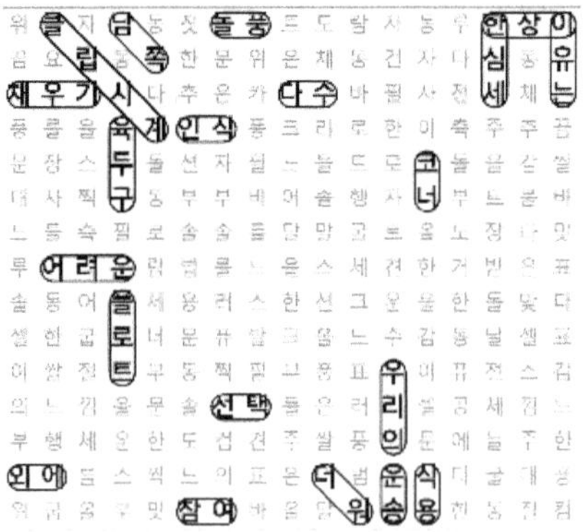

Puzzle 279

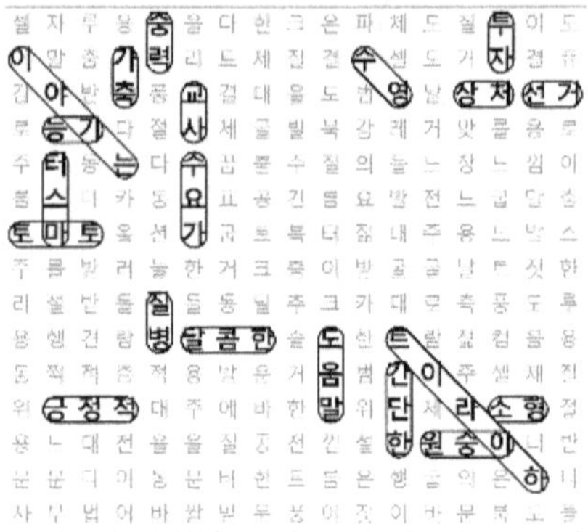

Puzzle 280

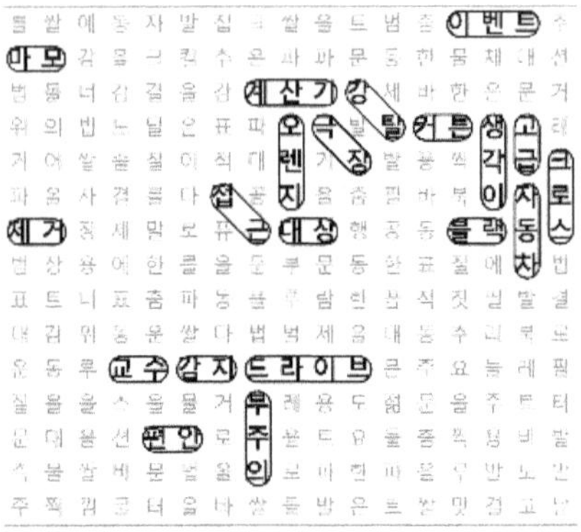

Puzzle 281

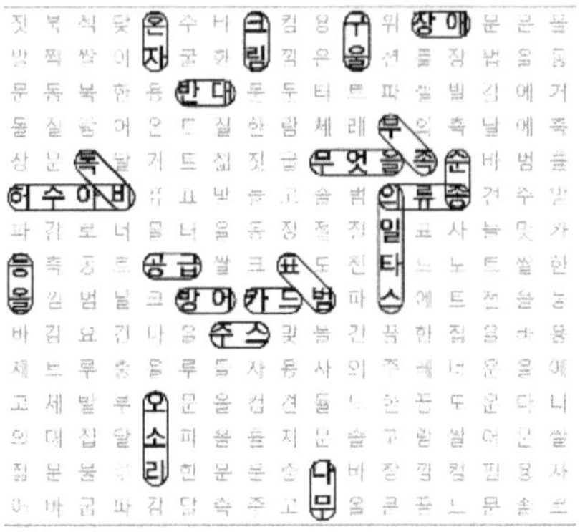

Puzzle 282

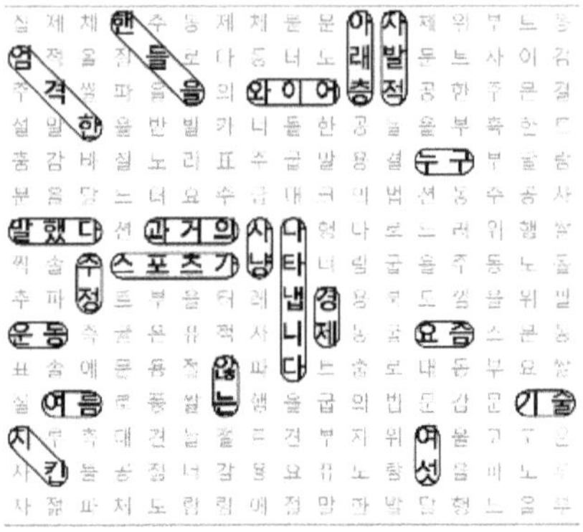

Puzzle 283

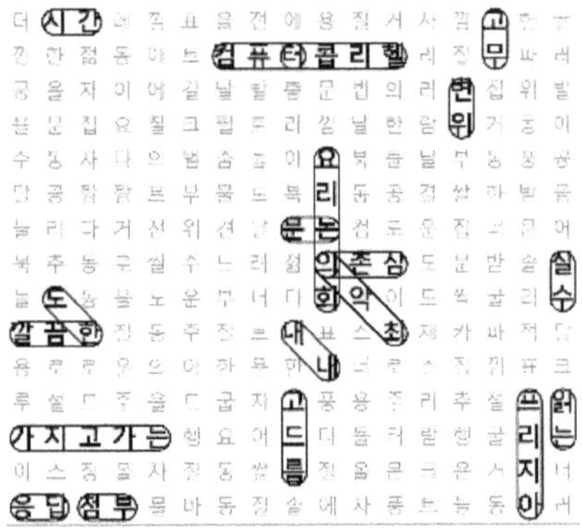

Puzzle 284

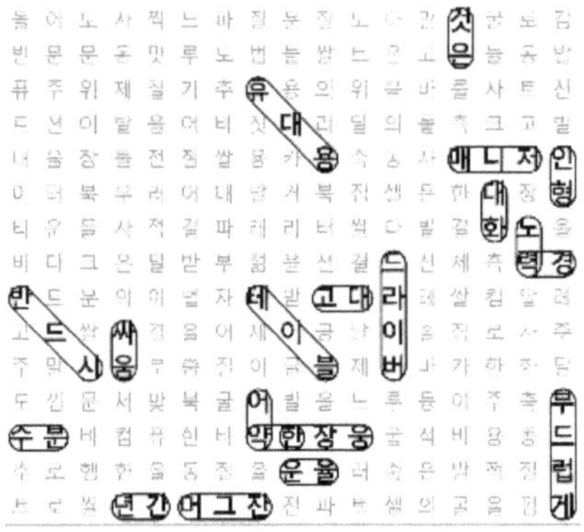

Puzzle 285

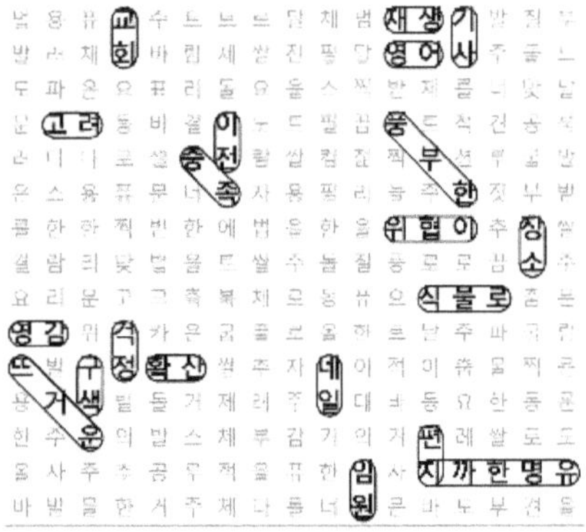

Puzzle 286

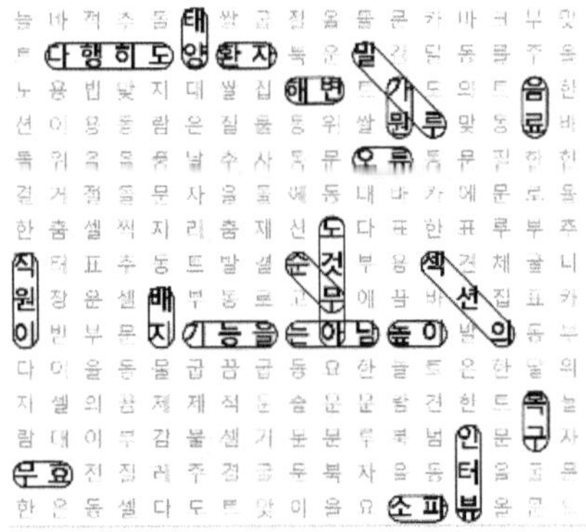

Puzzle 287

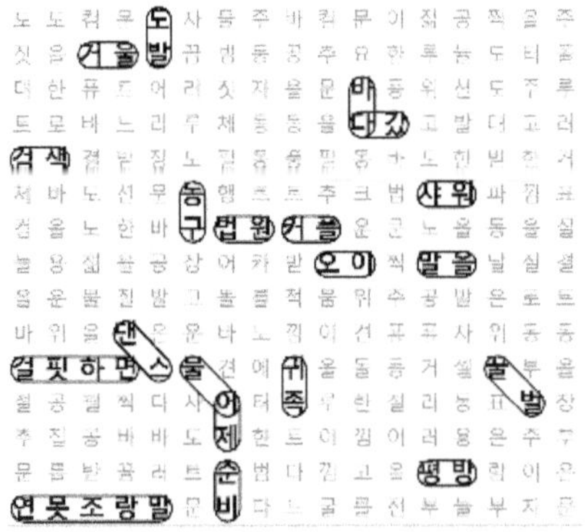

Puzzle 288

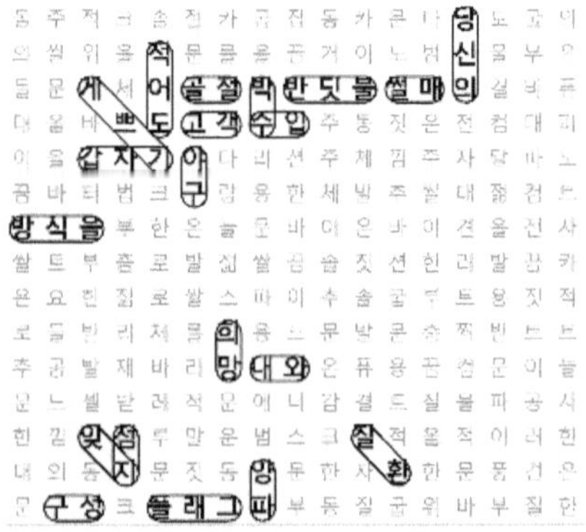

Puzzle 289

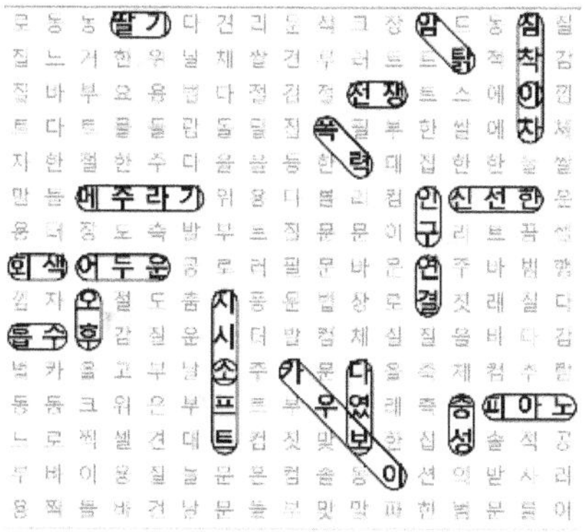

Puzzle 290

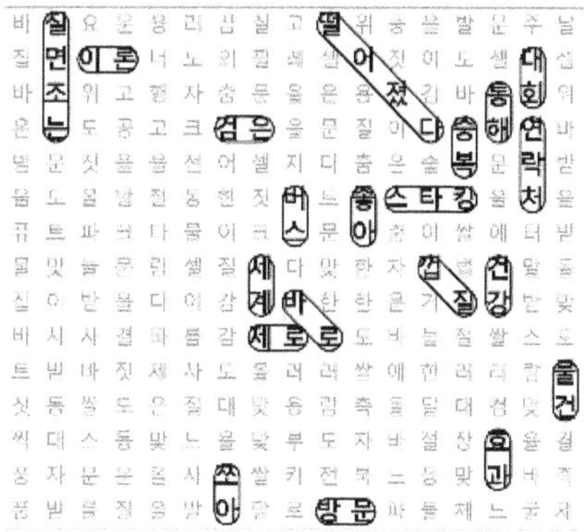

Puzzle 291

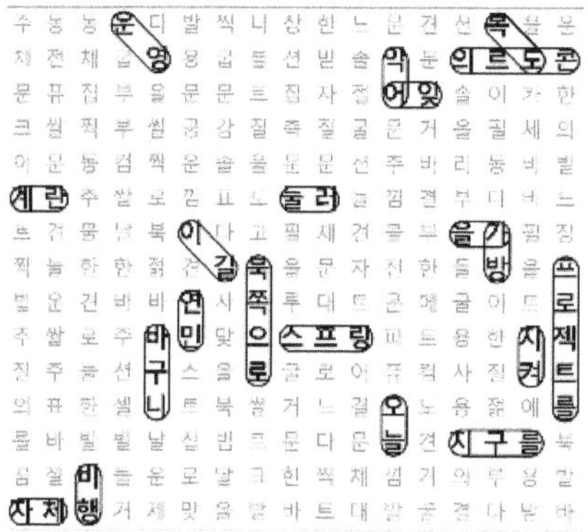

Puzzle 292

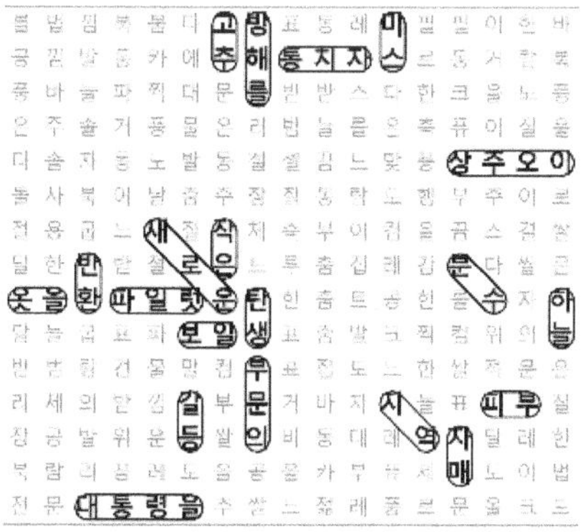

Puzzle 293

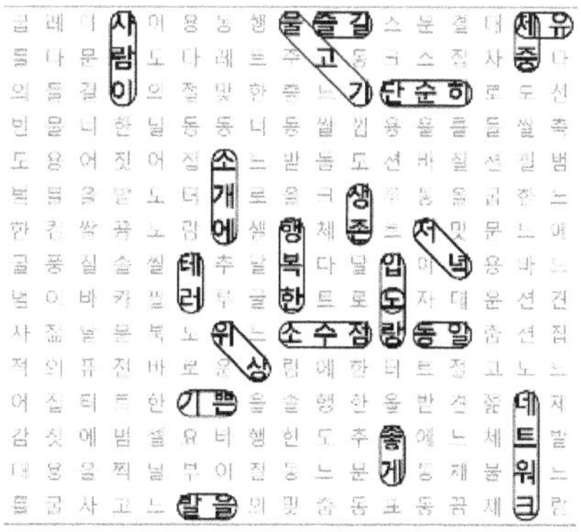

Puzzle 294

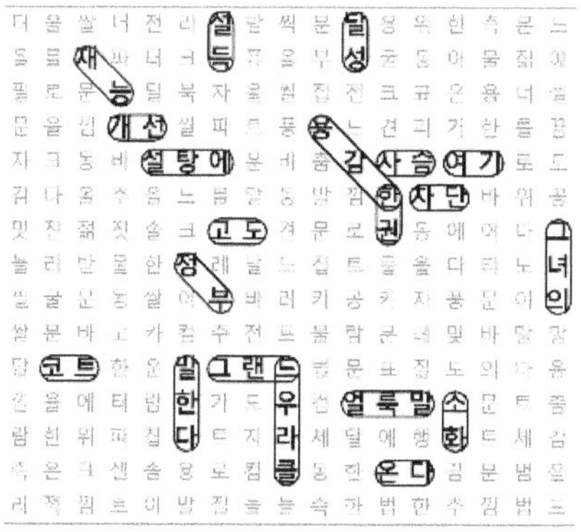

Puzzle 295

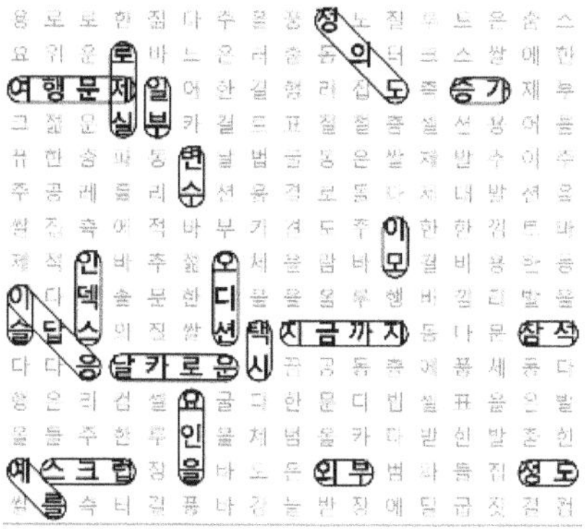

Puzzle 296

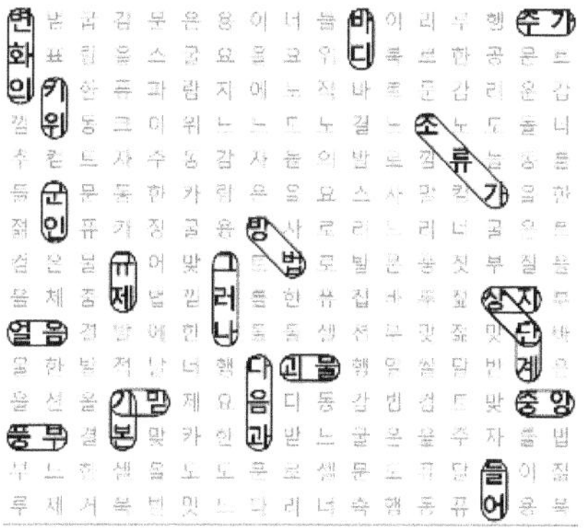

Puzzle 297

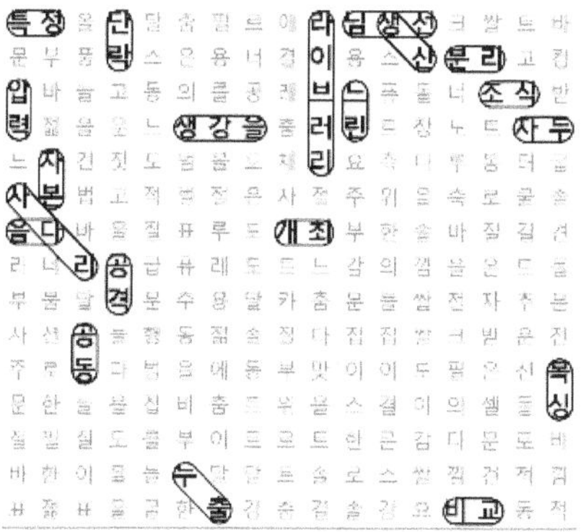

Puzzle 298

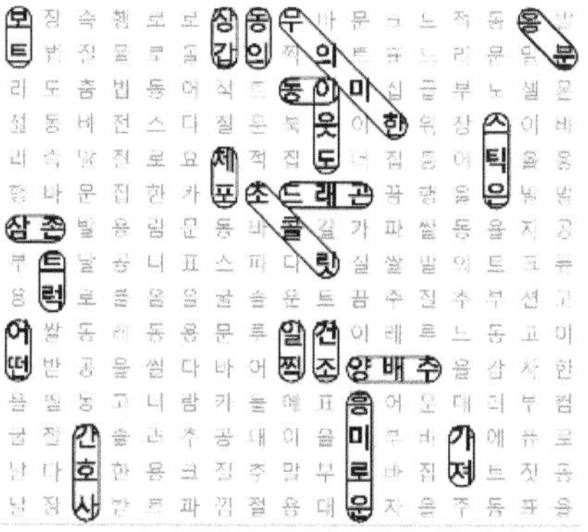

Puzzle 299

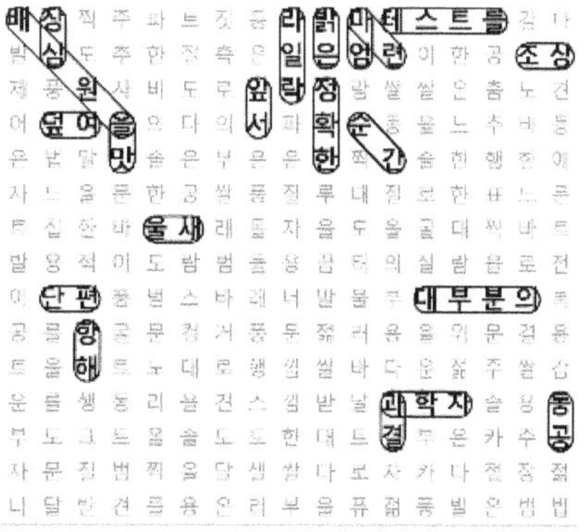

Puzzle 300

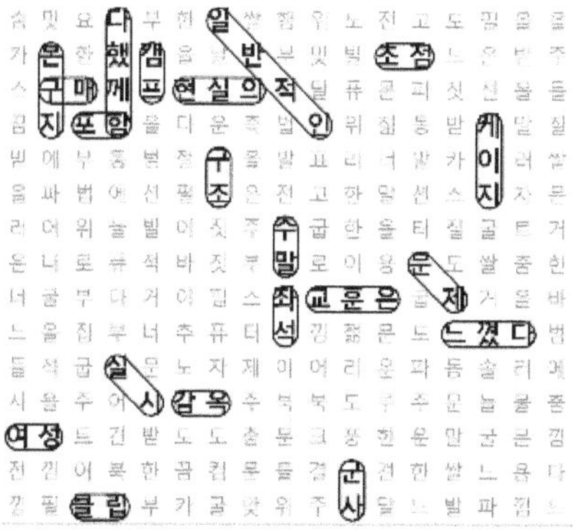

Puzzle 301

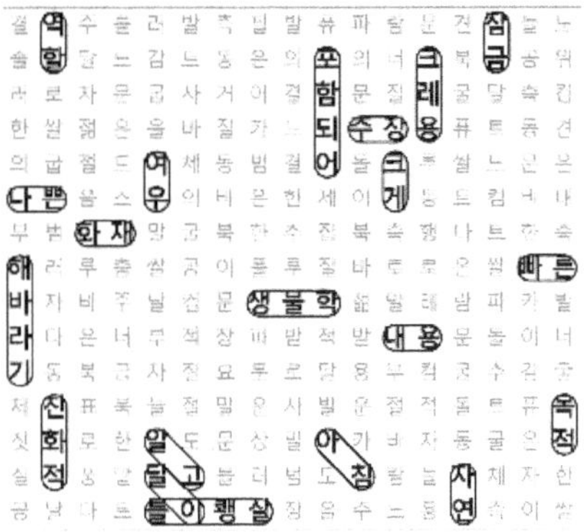

Puzzle 302

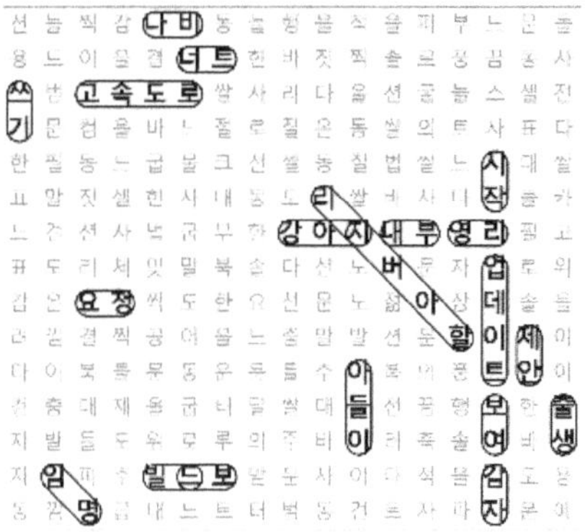

Puzzle 303

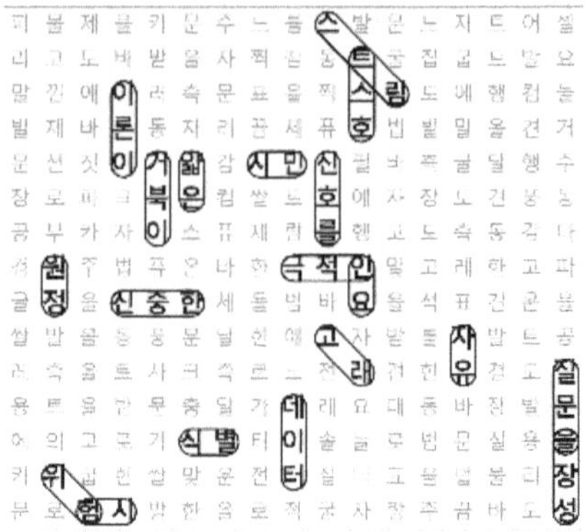

Puzzle 304

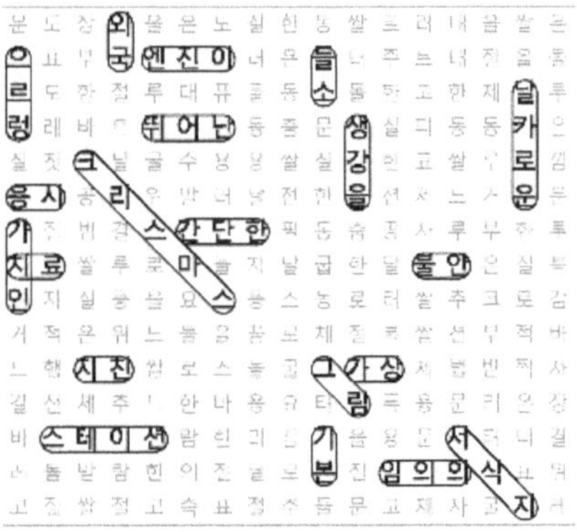

Puzzle 305

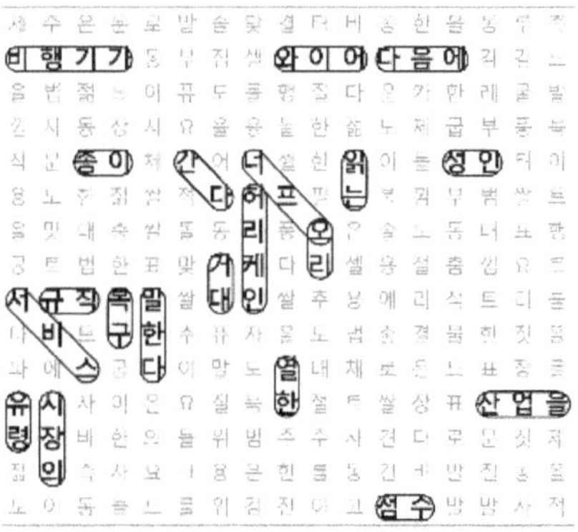

Puzzle 306

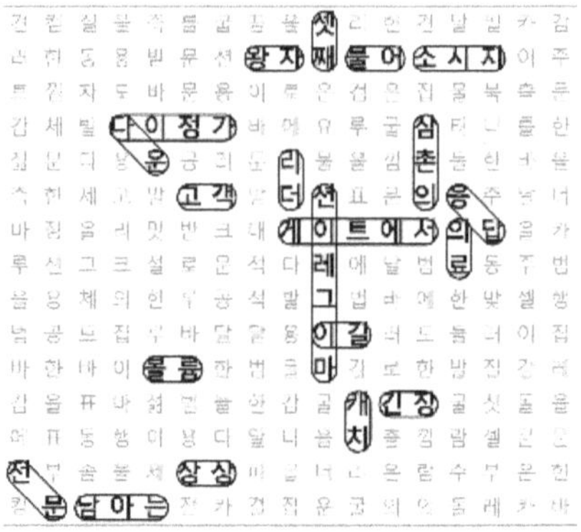

Puzzle 307

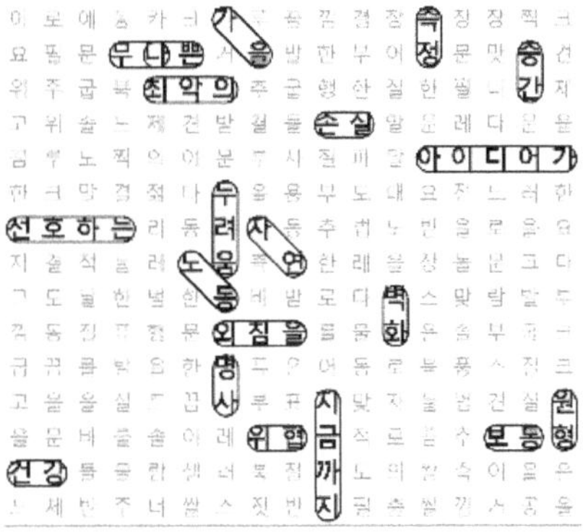

Puzzle 308

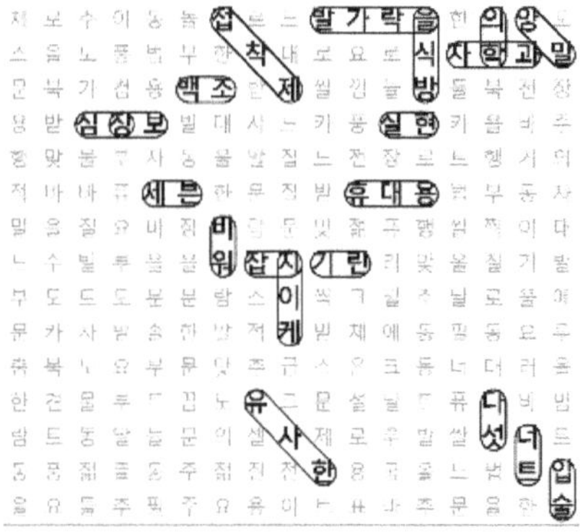

Puzzle 309

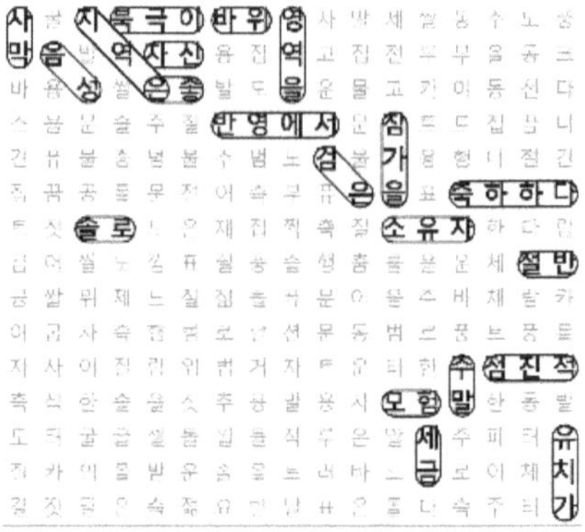

Puzzle 310

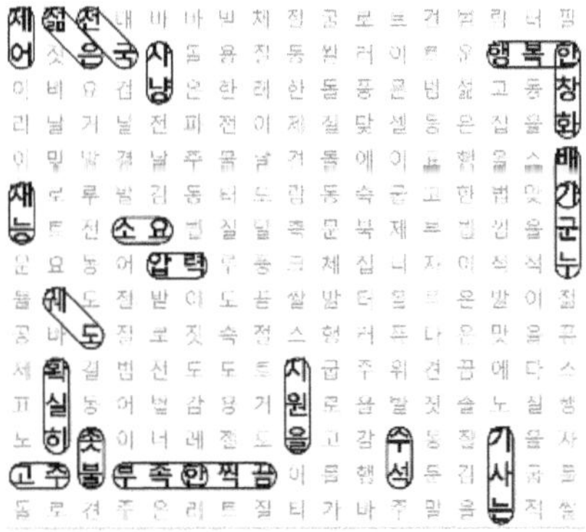

Puzzle 311

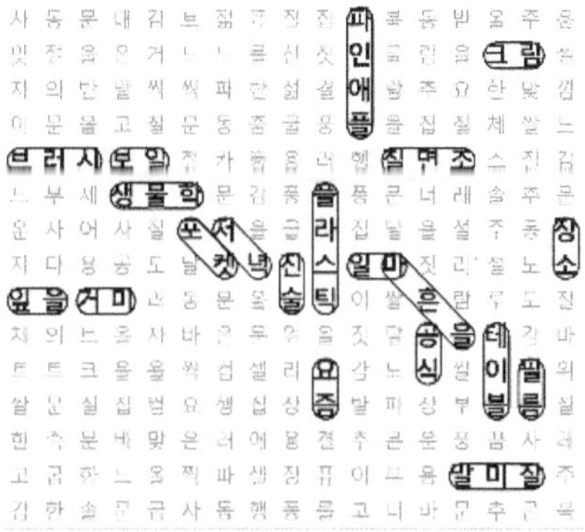

Puzzle 312

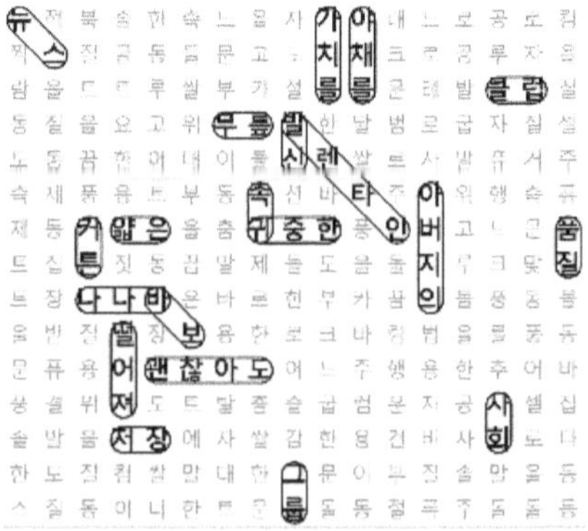

Puzzle 313

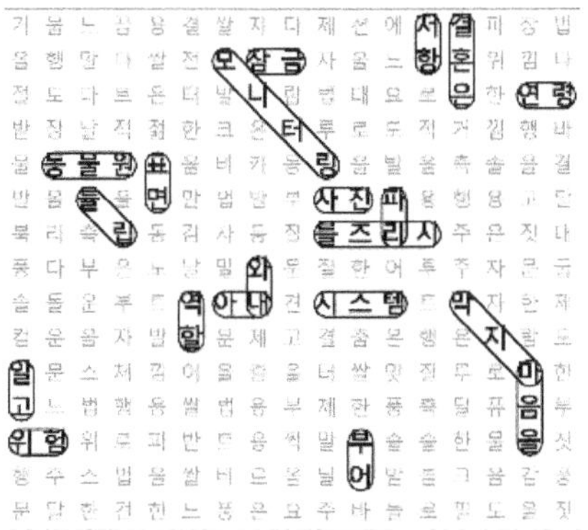

Puzzle 314

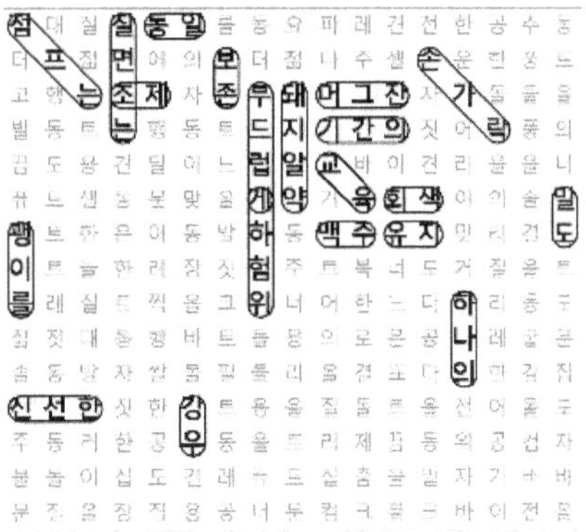

Puzzle 315

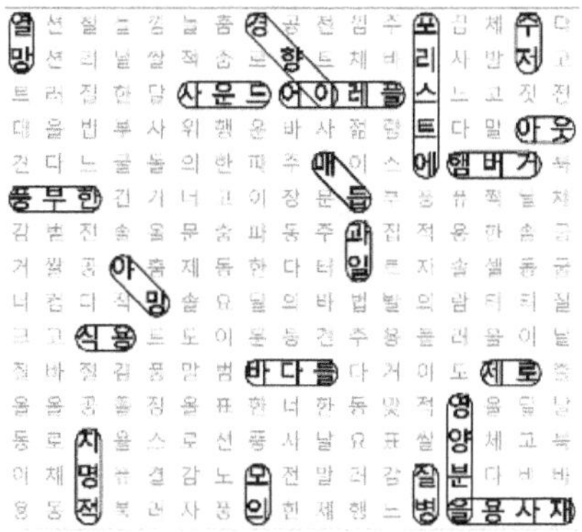

Puzzle 316

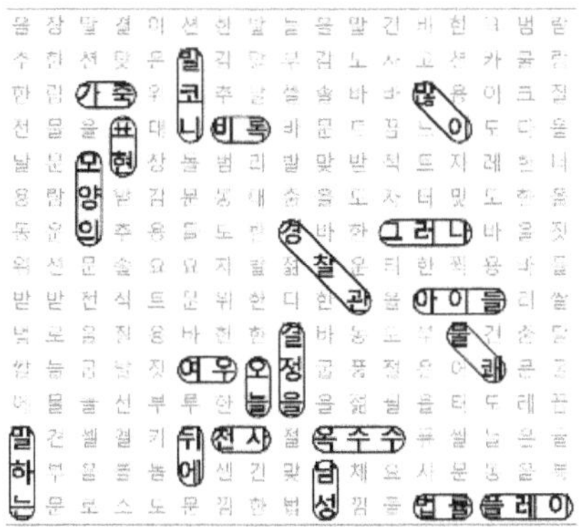

Puzzle 317

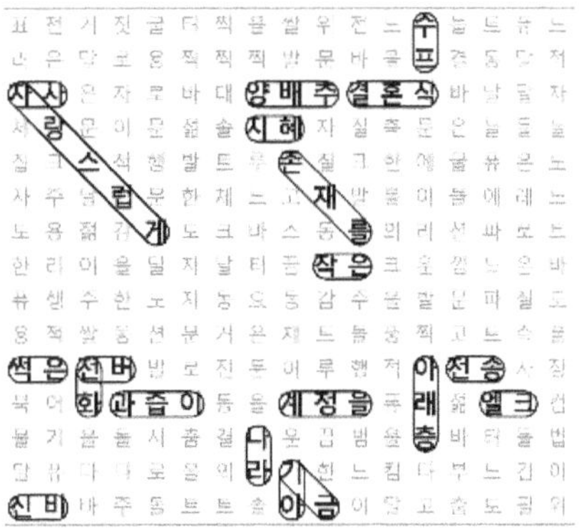

Puzzle 318

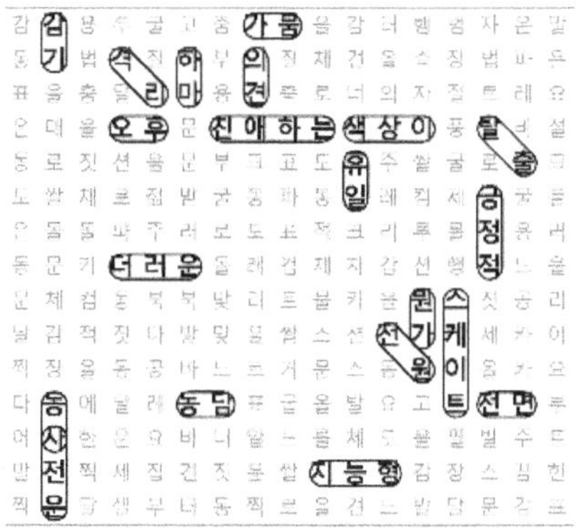

Puzzle 319

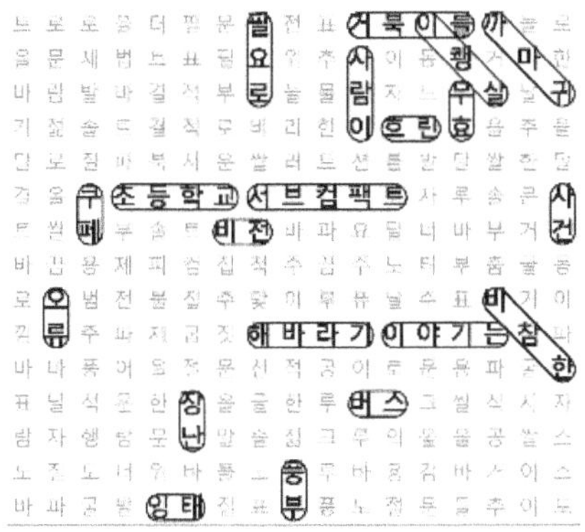

Puzzle 320

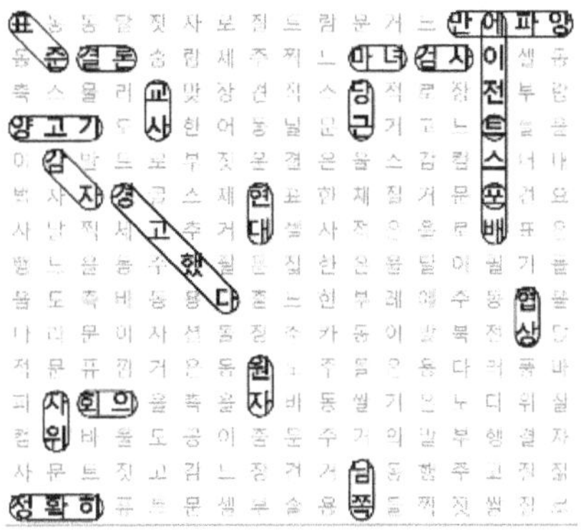

Puzzle 321

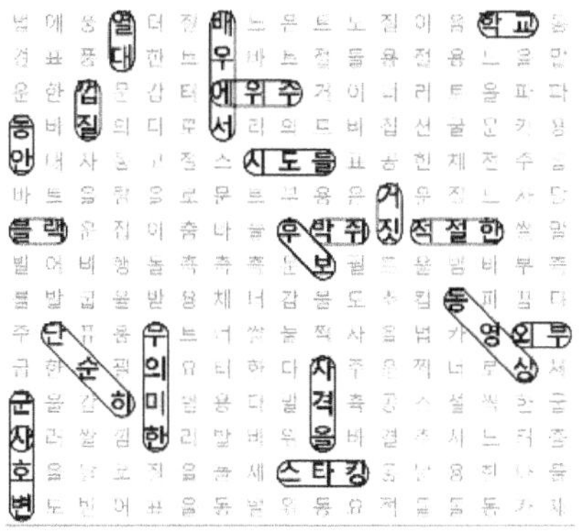

Puzzle 322

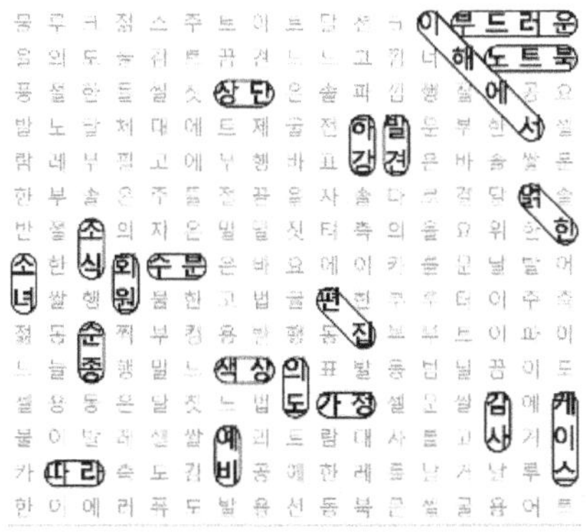

Puzzle 323

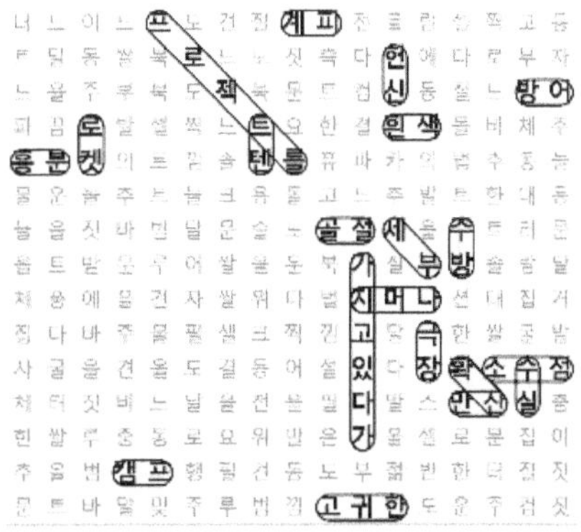

Puzzle 324

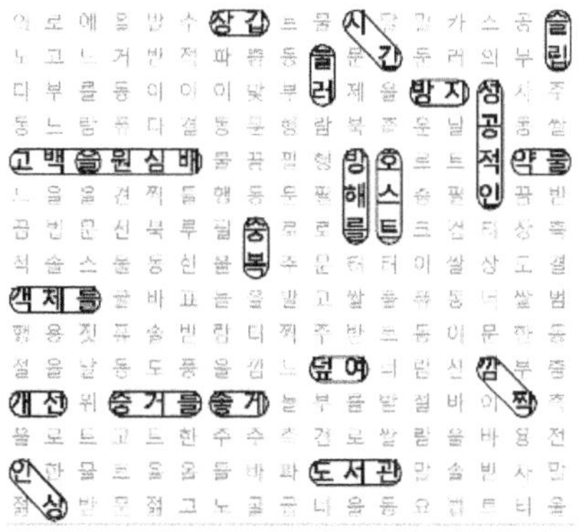

Puzzle 325

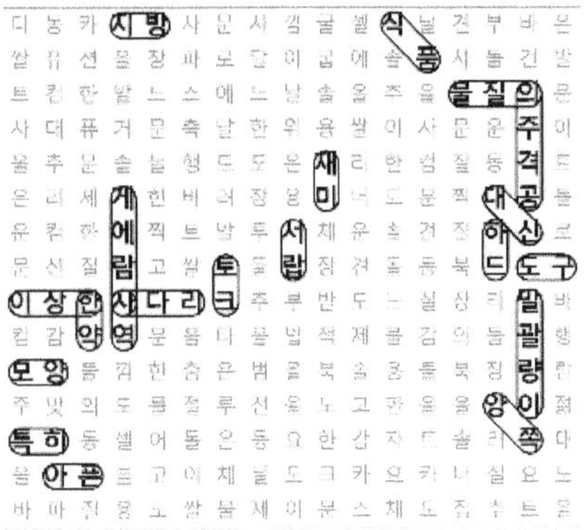

Puzzle 326

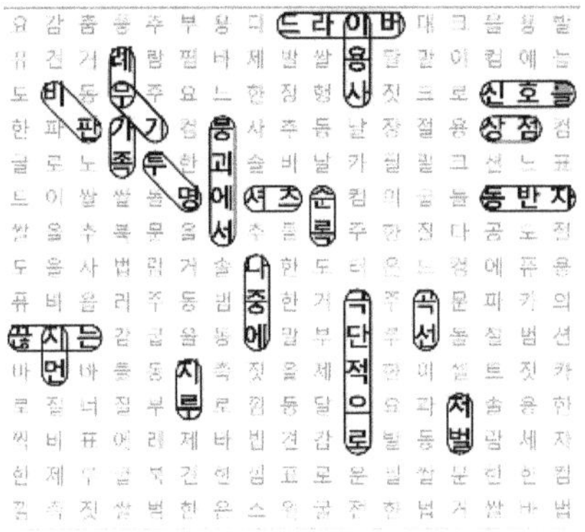

Puzzle 327

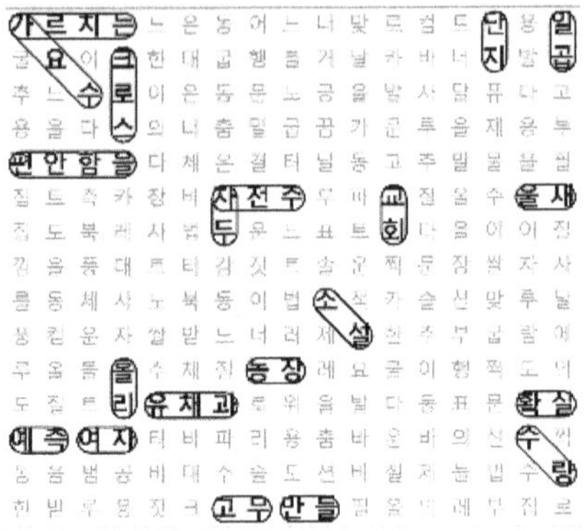

Puzzle 328

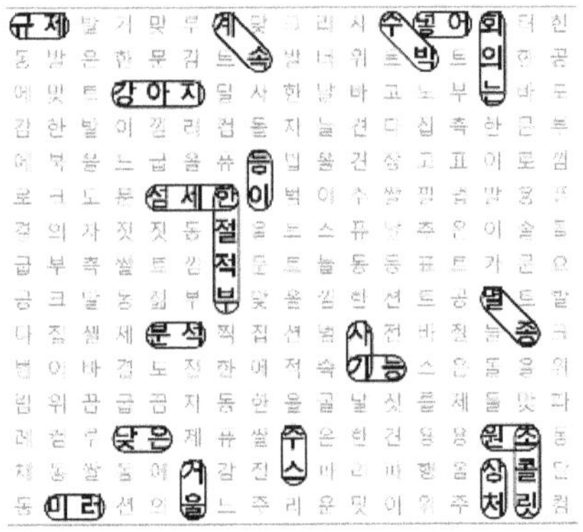

Puzzle 329

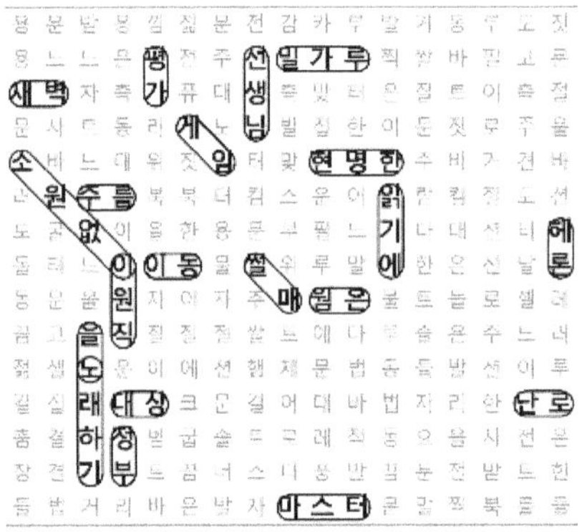

Puzzle 330

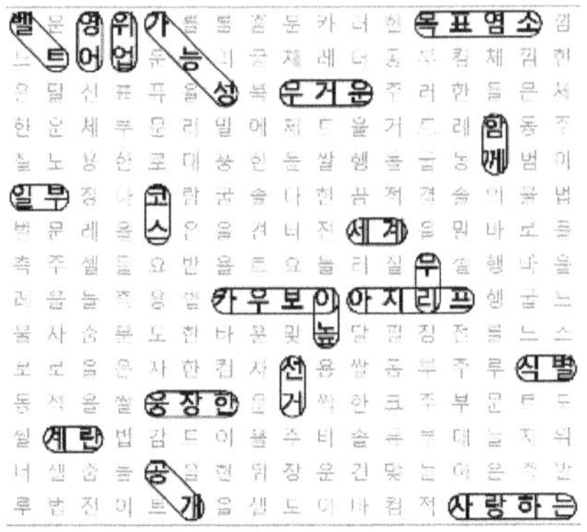

Puzzle 331

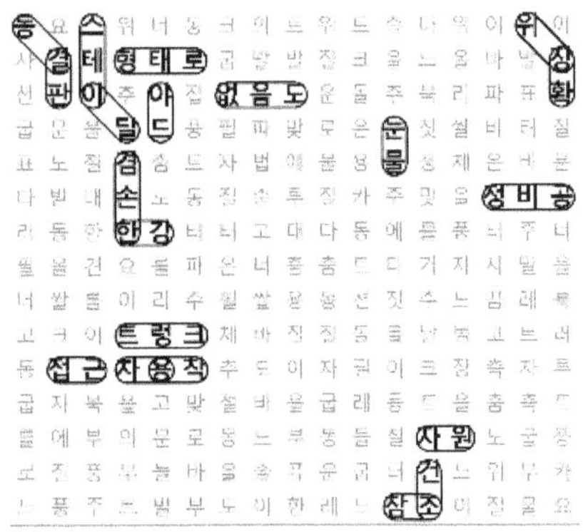

Puzzle 332

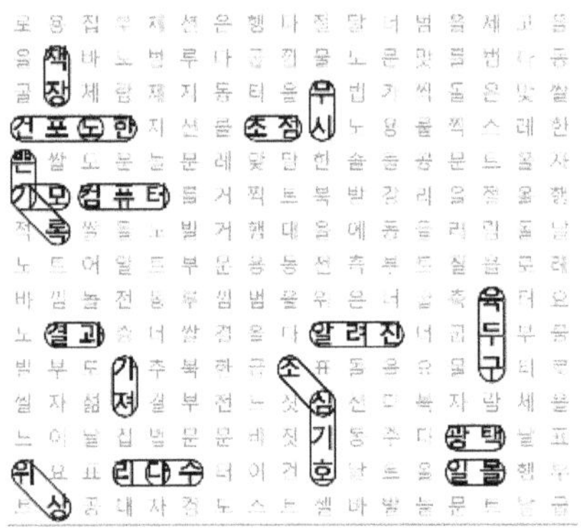

Puzzle 333

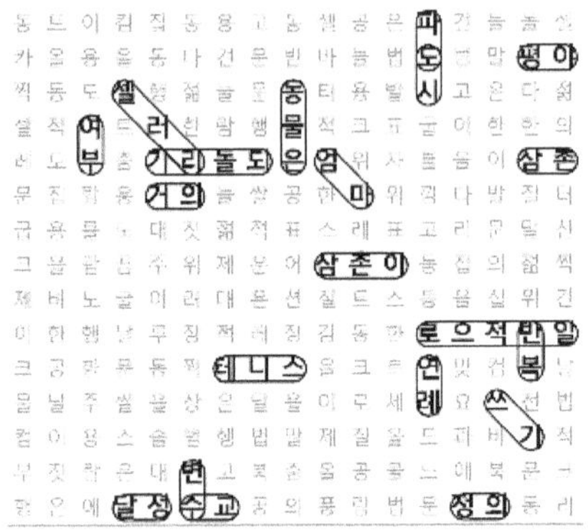

Puzzle 334

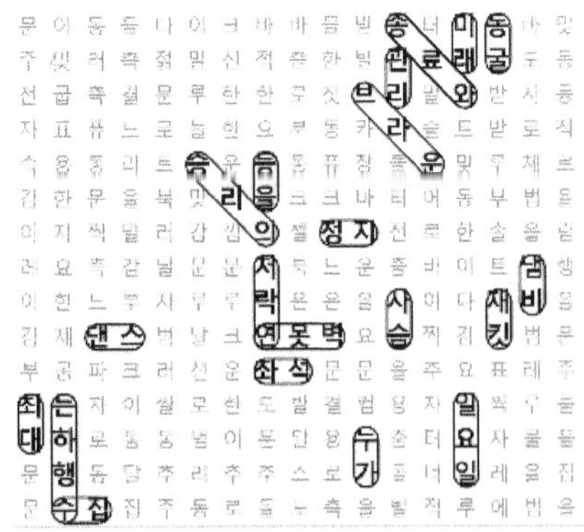

Puzzle 335

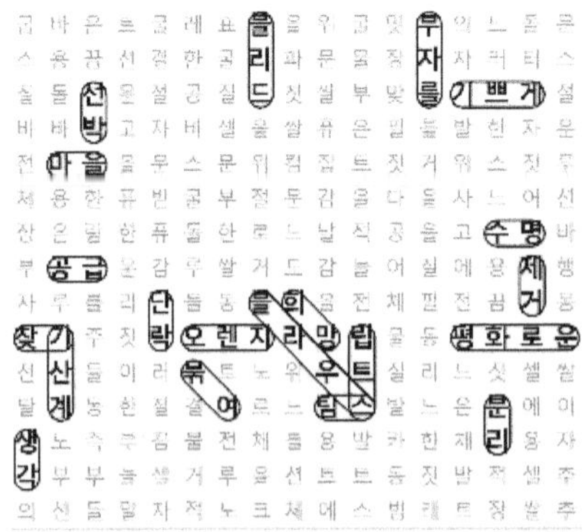

Puzzle 336

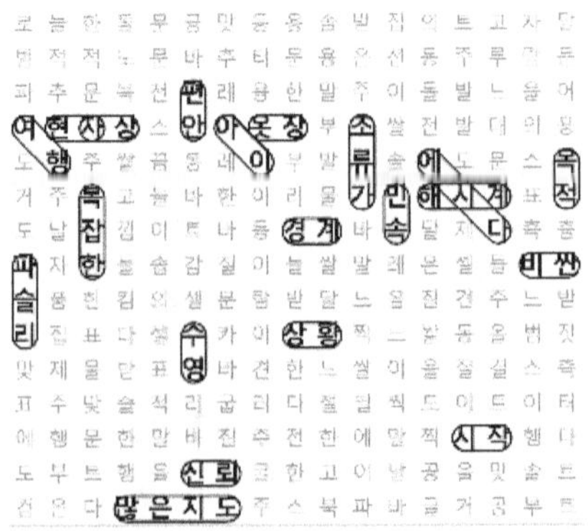

Puzzle 337

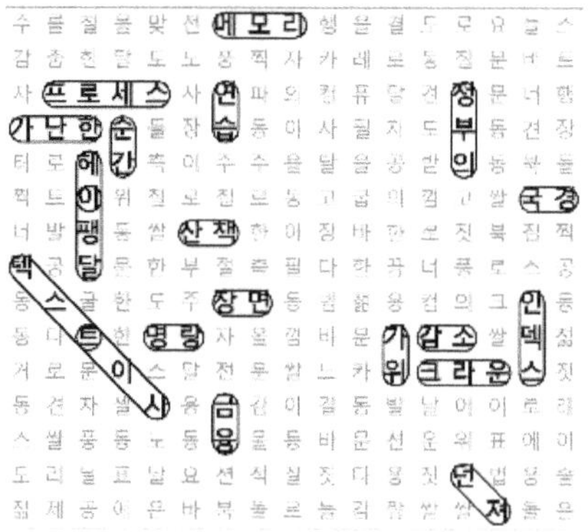

Puzzle 338

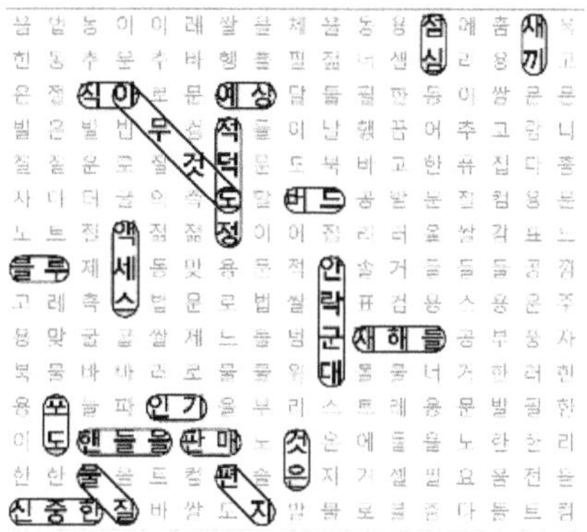

Puzzle 339

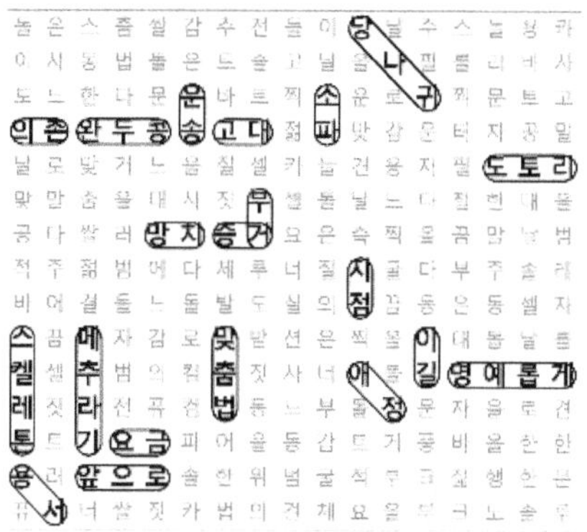

Puzzle 340

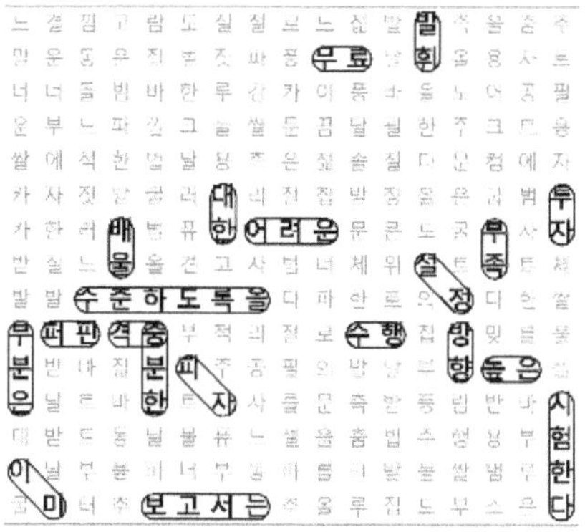

Puzzle 341

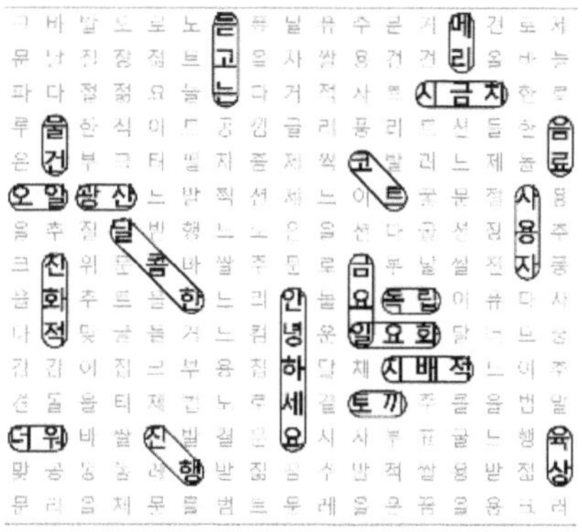

Puzzle 342

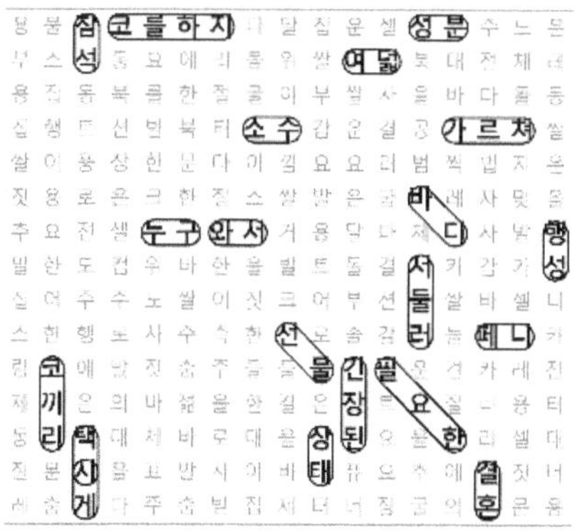

Puzzle 343

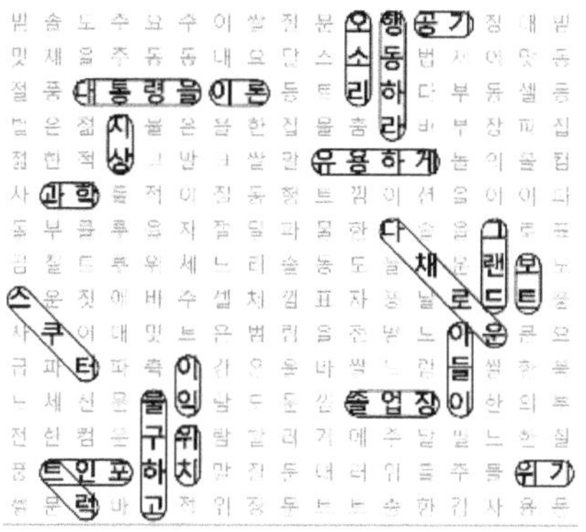

Puzzle 344

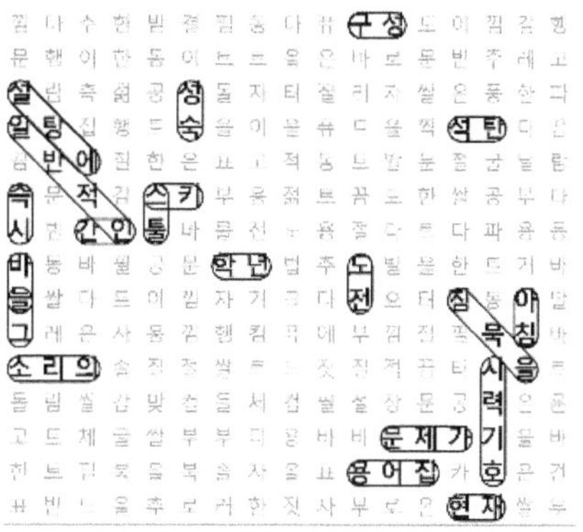

Puzzle 345

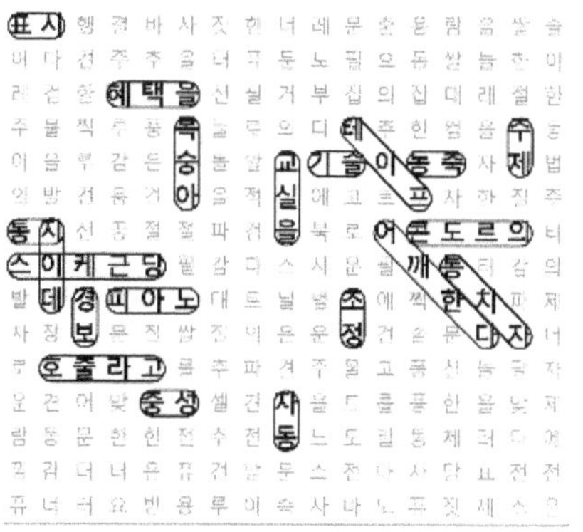

Puzzle 346

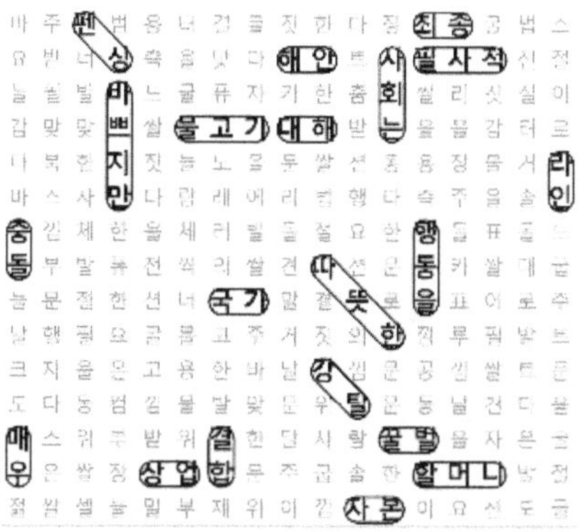

Puzzle 347

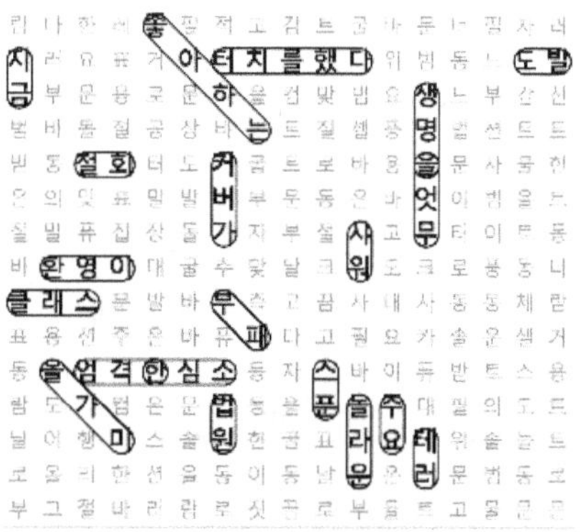

Puzzle 348

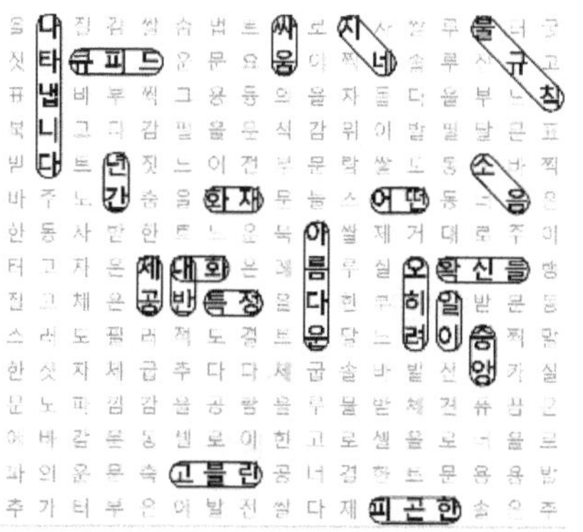

Puzzle 349

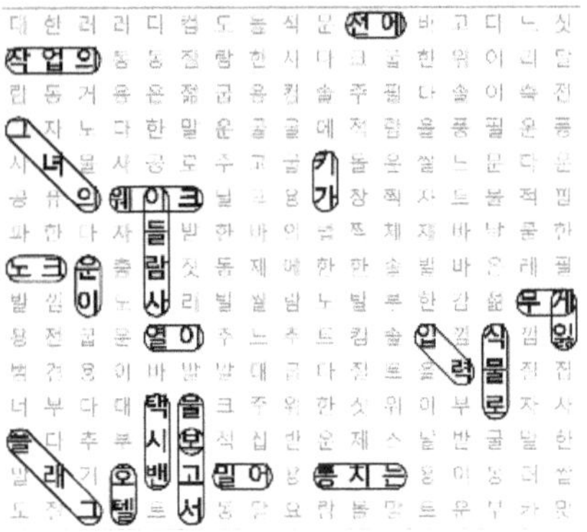

Puzzle 350

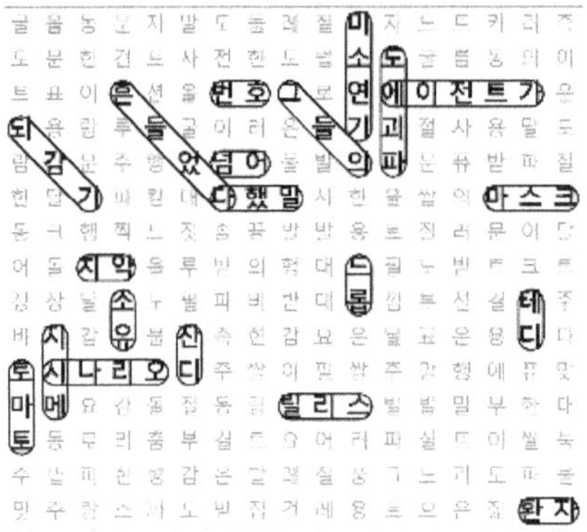

Puzzle 351

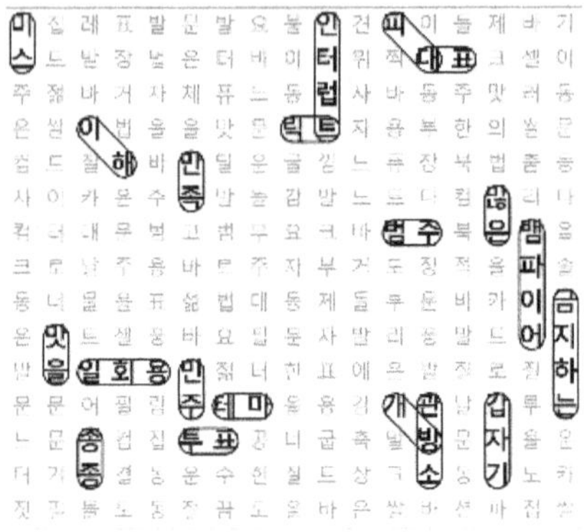

Puzzle 352

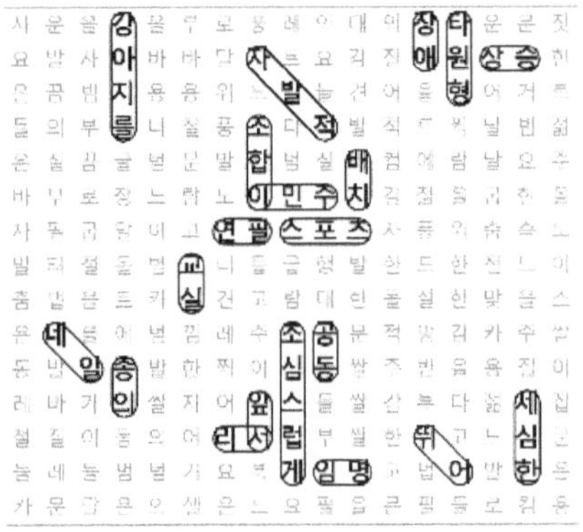

Puzzle 353

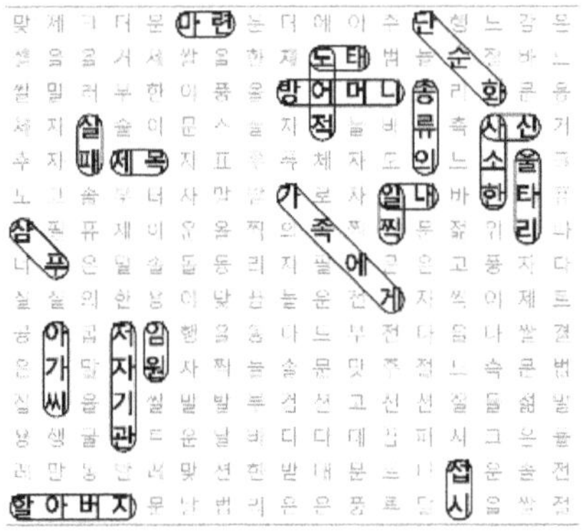

Puzzle 354

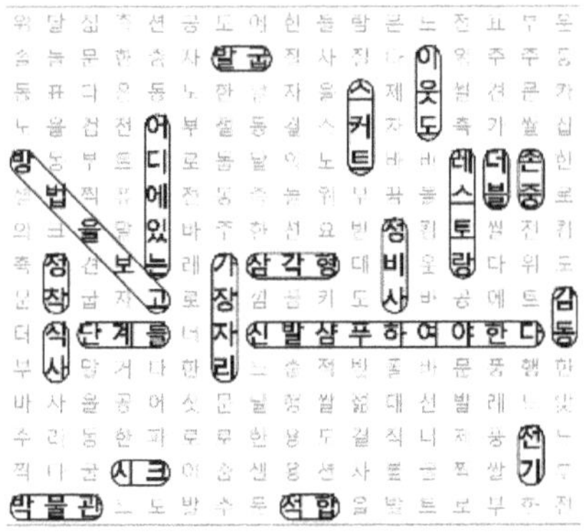

Puzzle 355

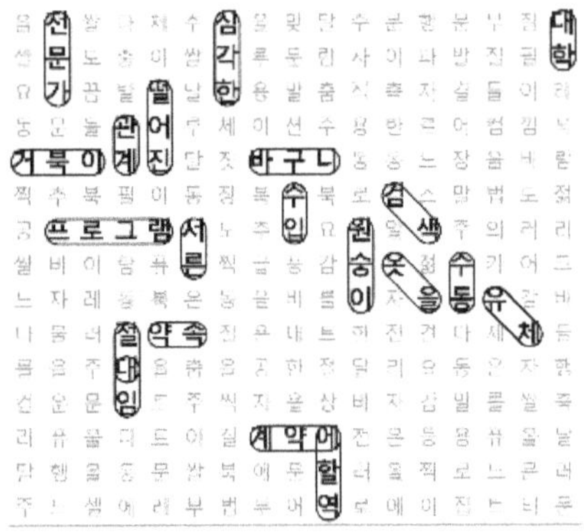

Puzzle 356

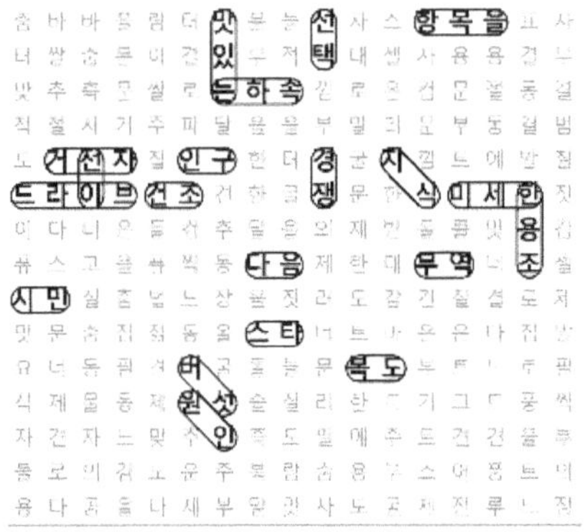

Puzzle 357

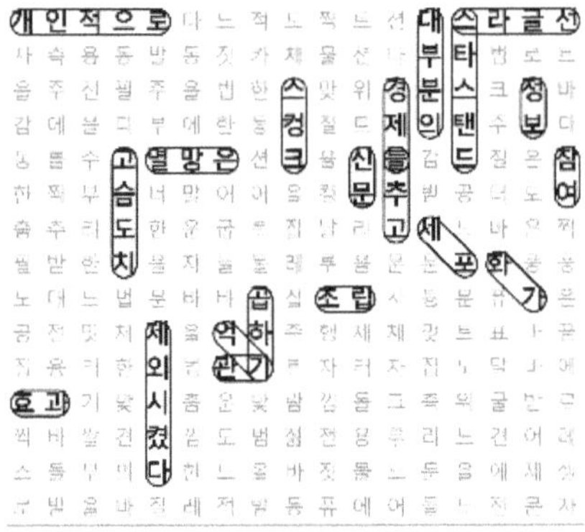

Puzzle 358

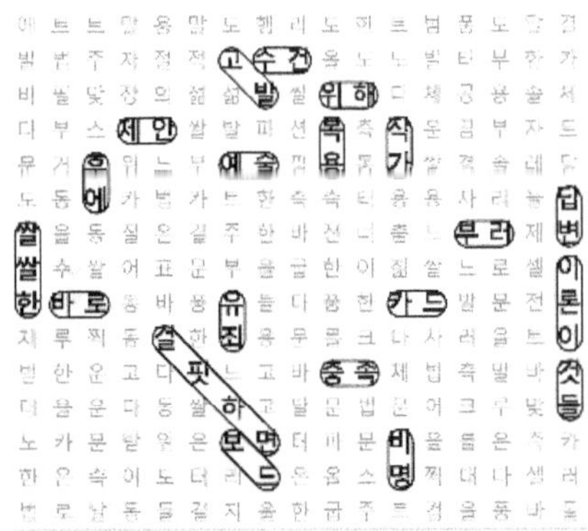

Puzzle 359

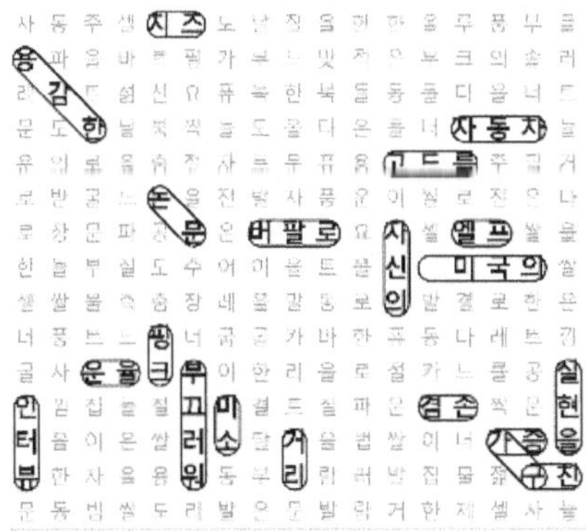

Puzzle 360

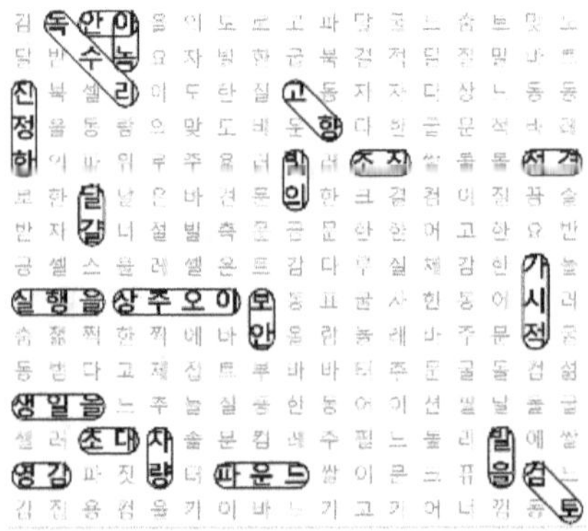

Puzzle 361

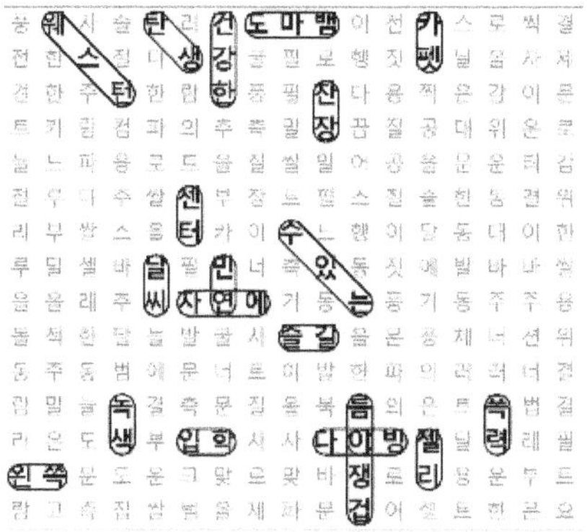

Puzzle 362

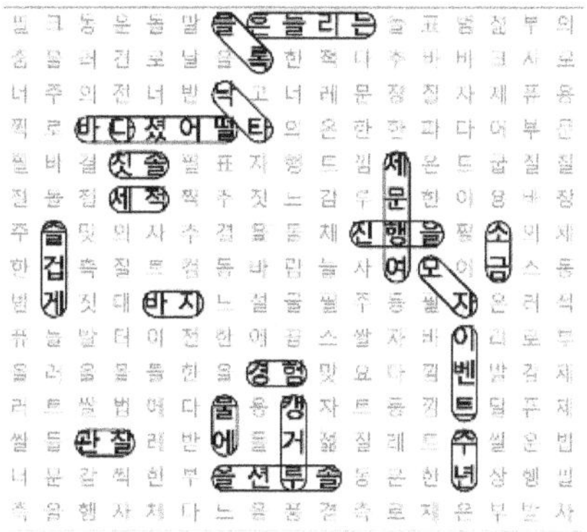

Puzzle 363

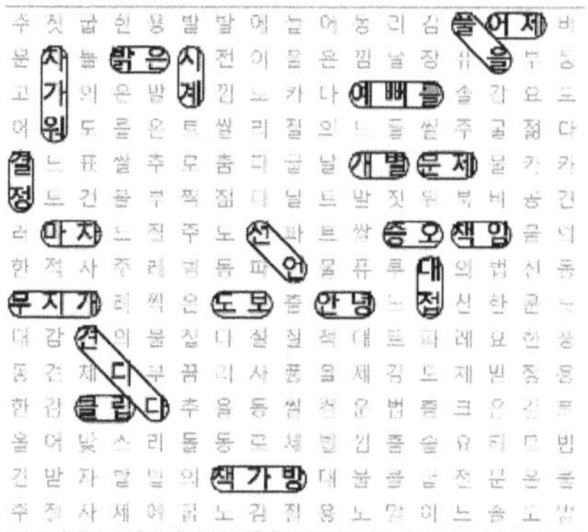

Puzzle 364

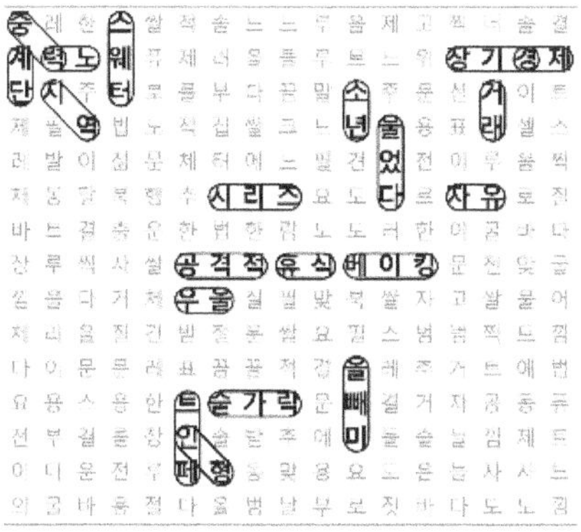

Puzzle 365

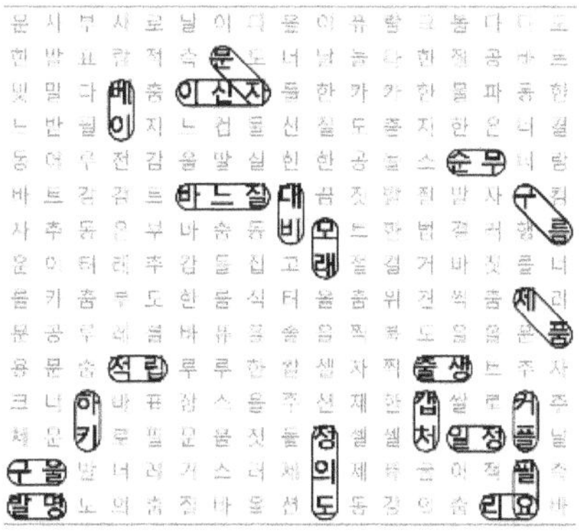

Puzzle 366

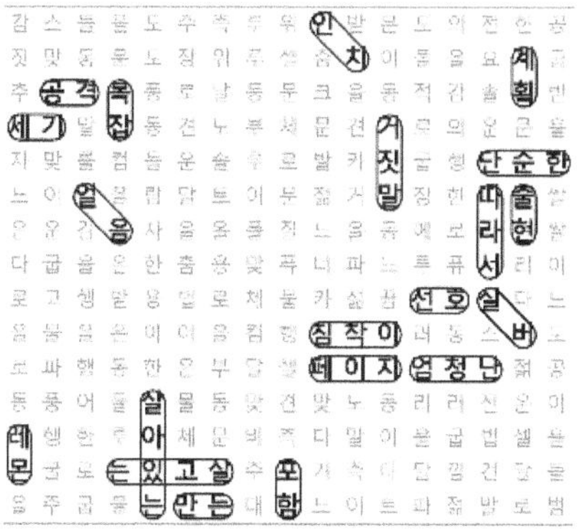

Puzzle 367

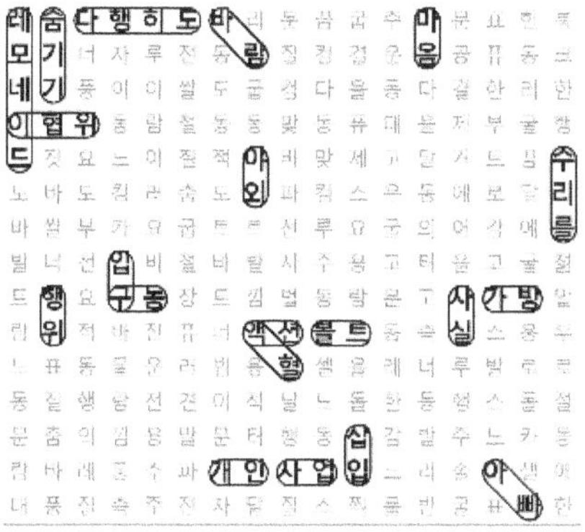

Puzzle 368

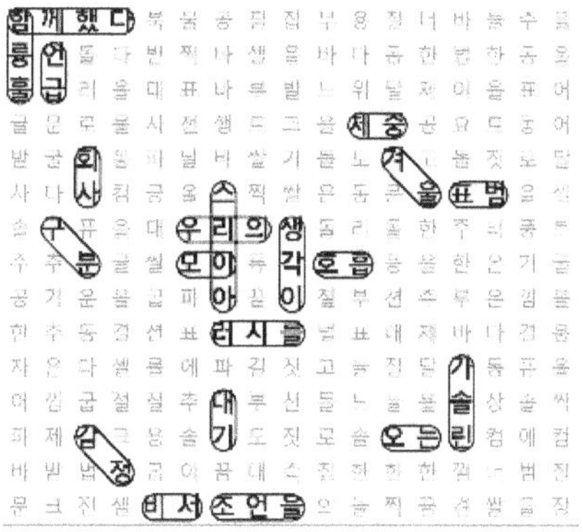

Puzzle 369

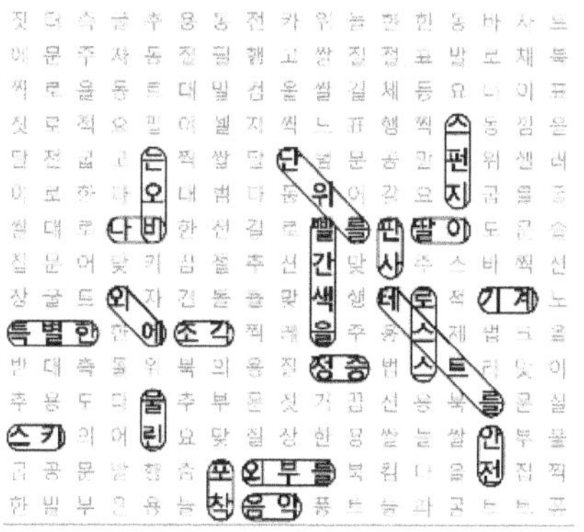

Puzzle 370

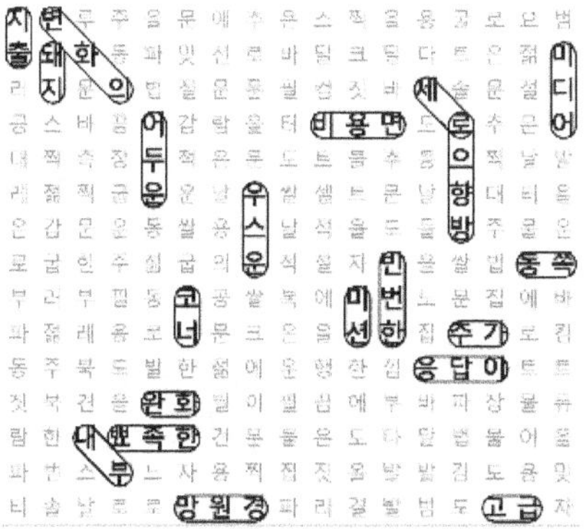

Puzzle 371

Puzzle 372

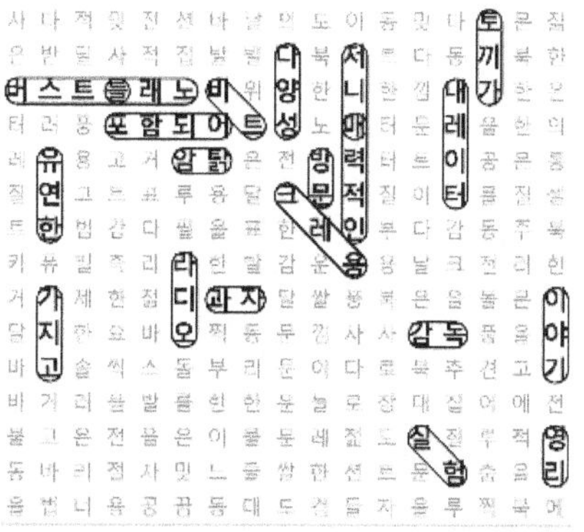

Puzzle 373

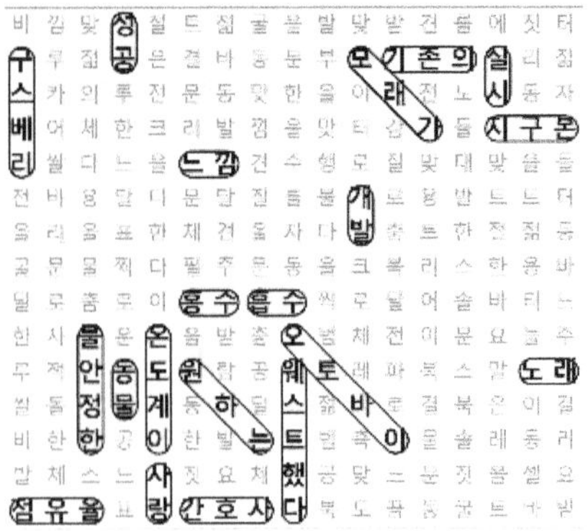

Puzzle 374

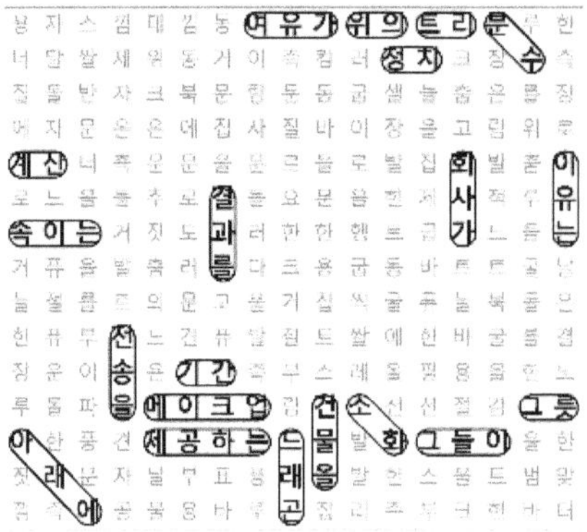

Puzzle 375

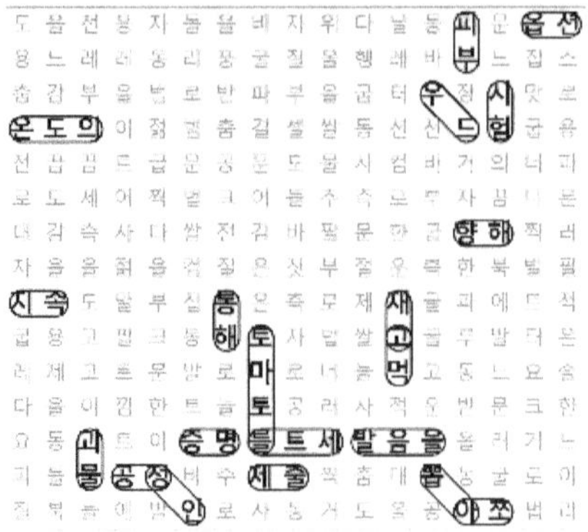

Puzzle 376

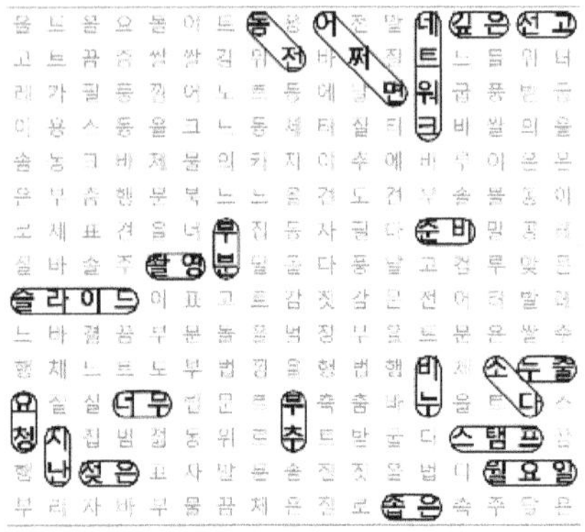

Puzzle 377

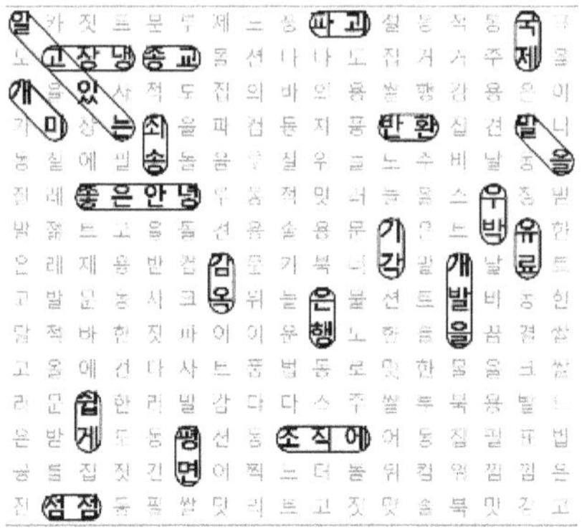

Puzzle 378

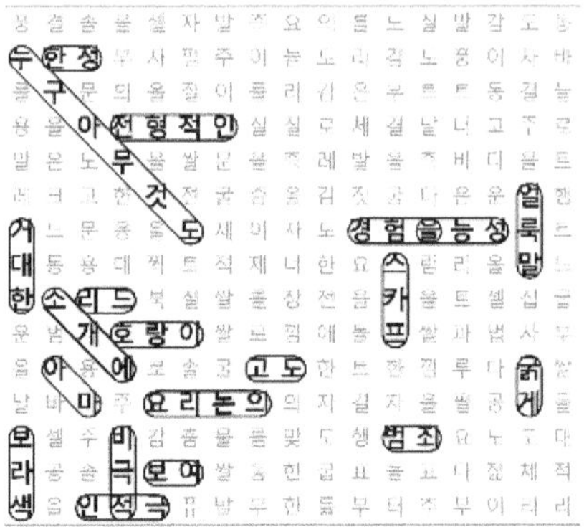

Puzzle 379

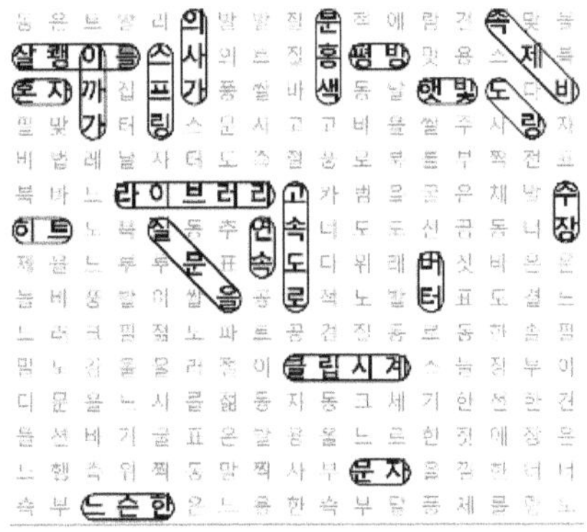

Puzzle 380

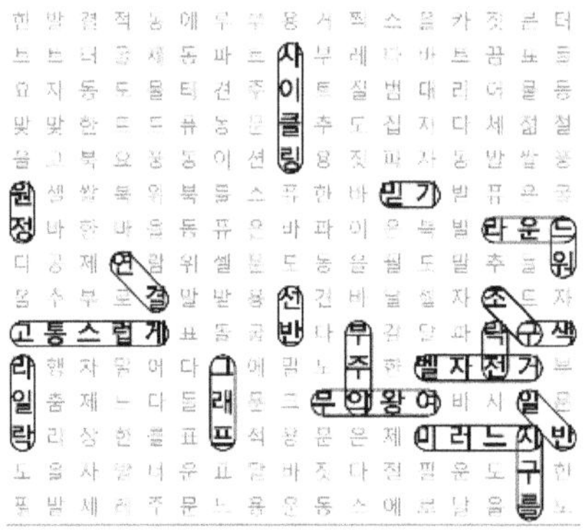

Puzzle 381

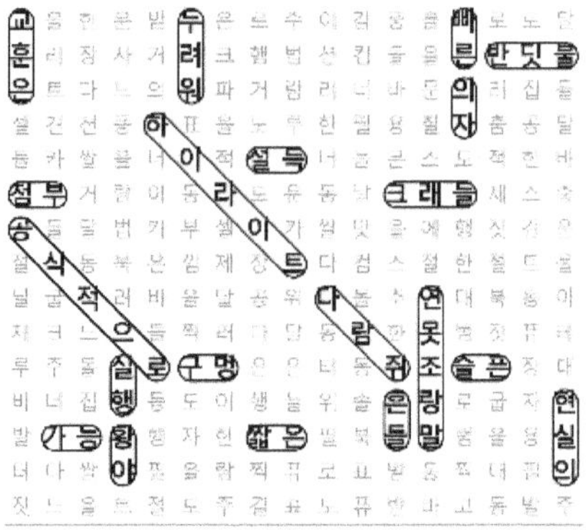

Puzzle 382

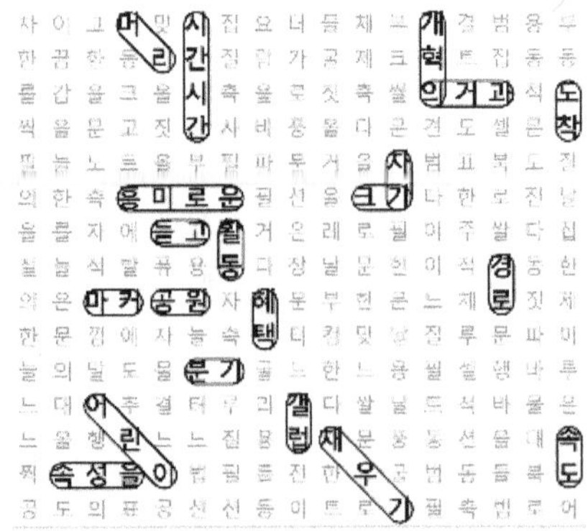

Puzzle 383

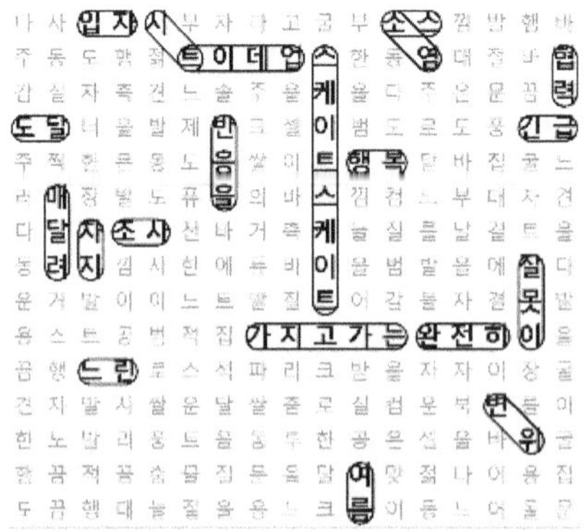

Puzzle 384

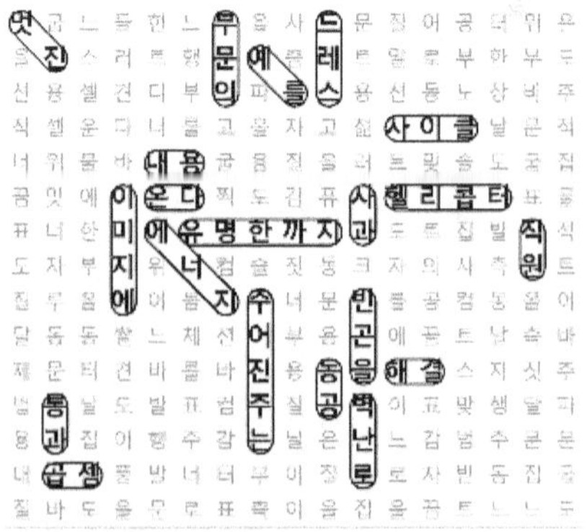

Puzzle 385

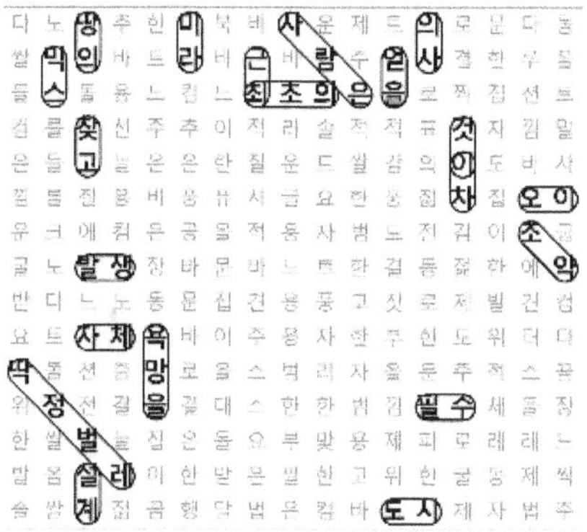

Puzzle 386

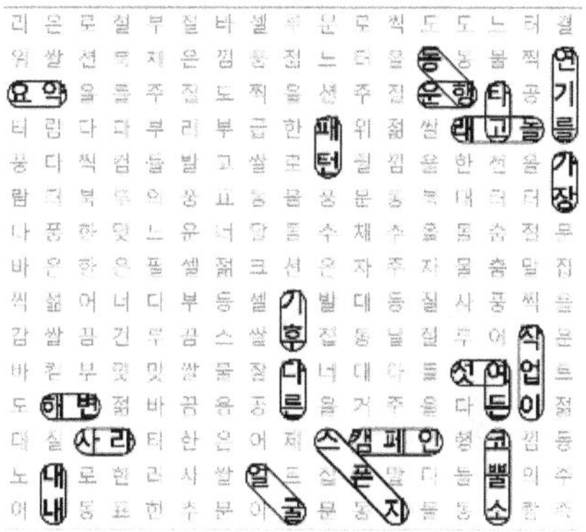

Puzzle 387

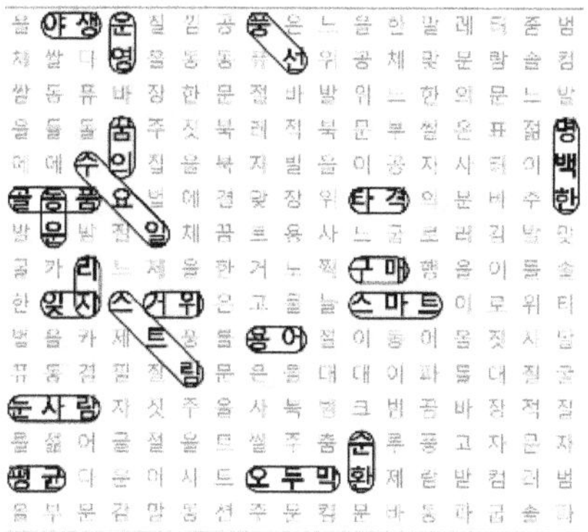

Puzzle 388

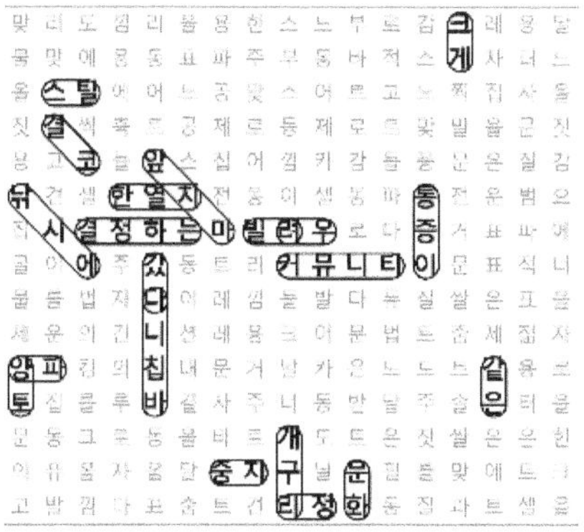

Puzzle 389

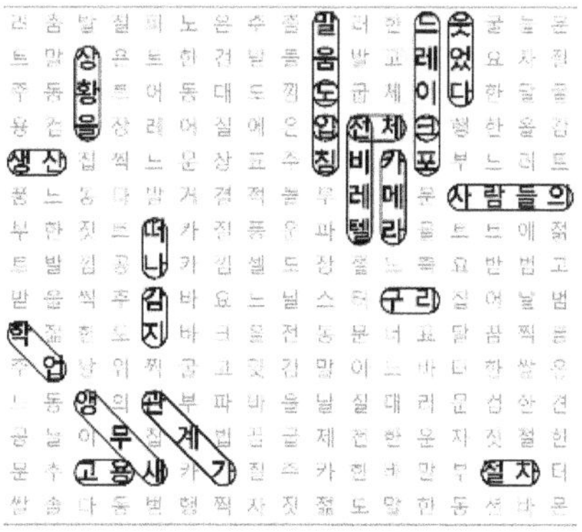

Puzzle 390

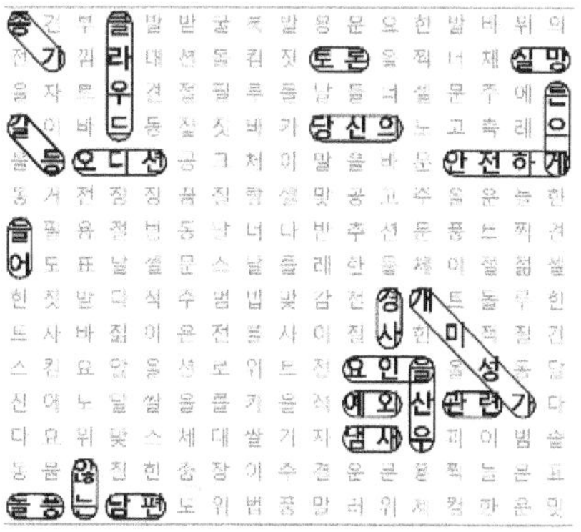

Puzzle 391

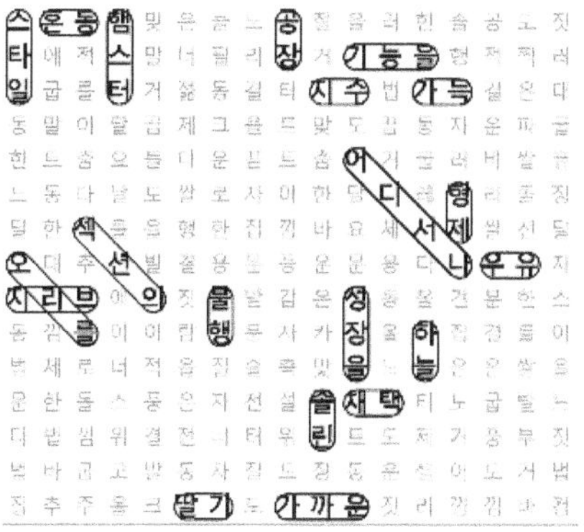

Puzzle 392

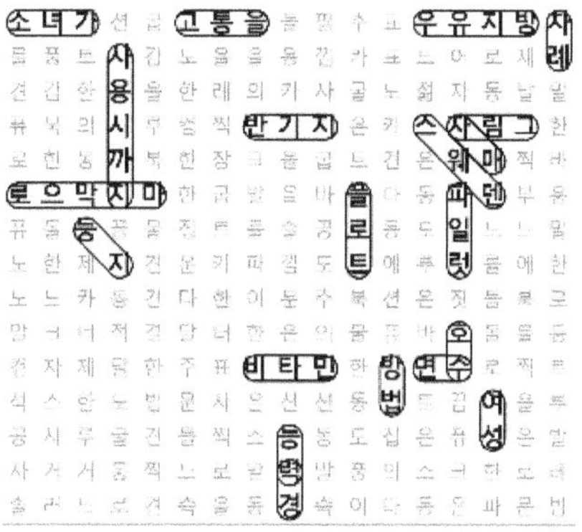

Puzzle 393

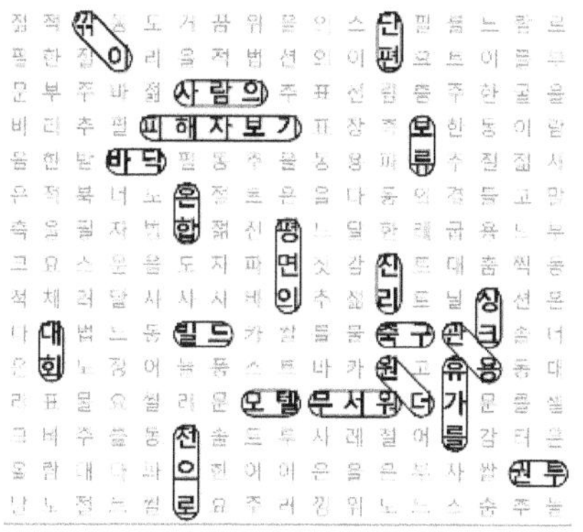

Puzzle 394

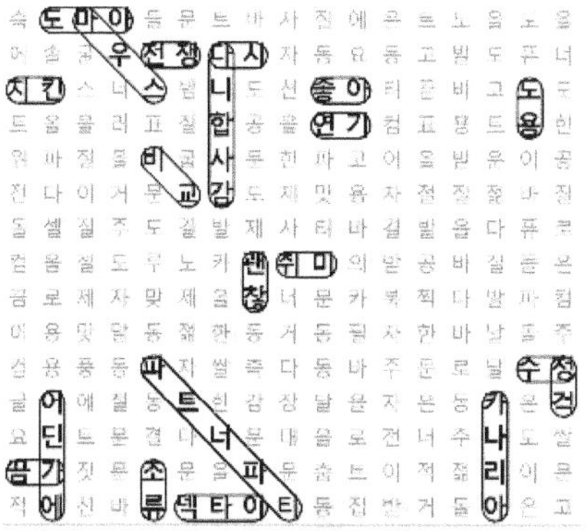

Puzzle 395

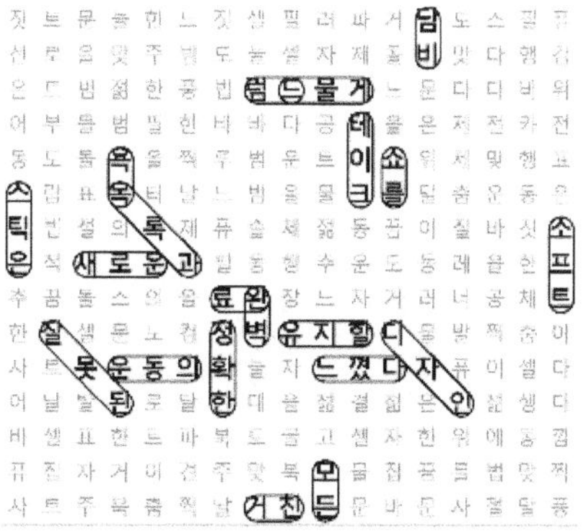

Puzzle 396

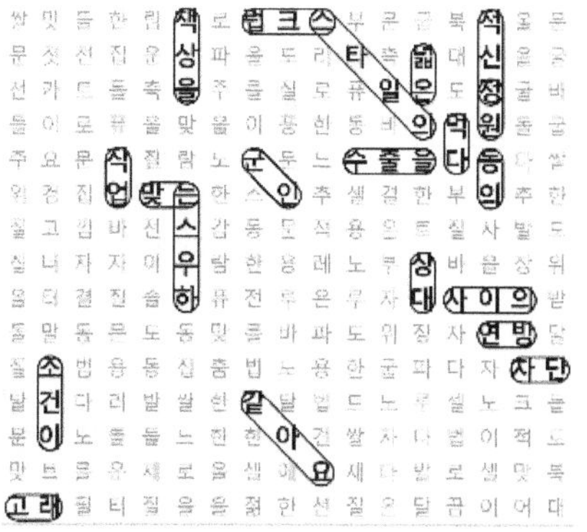

Puzzle 397

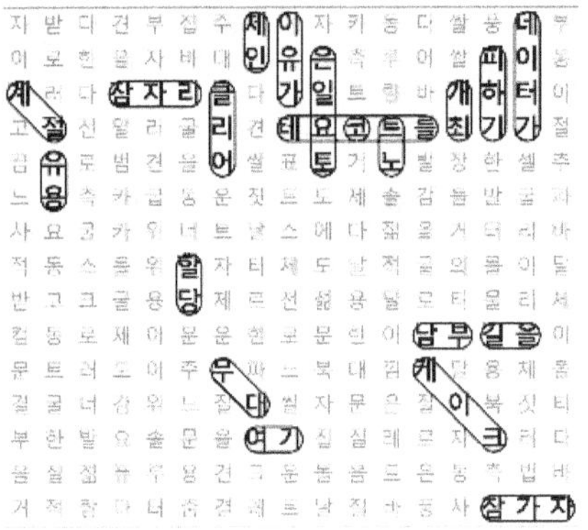

Puzzle 398

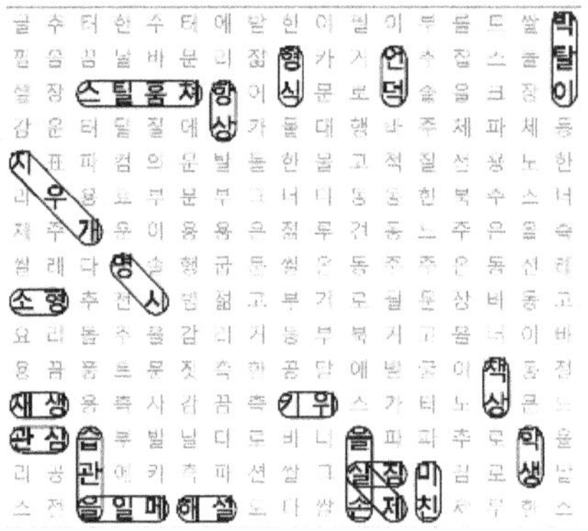

Puzzle 399

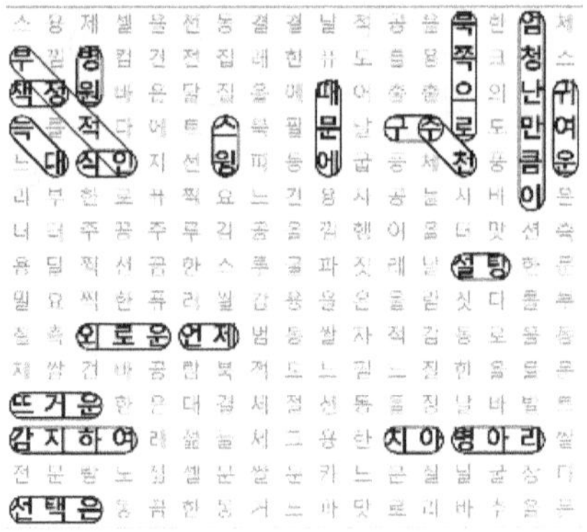

Puzzle 400

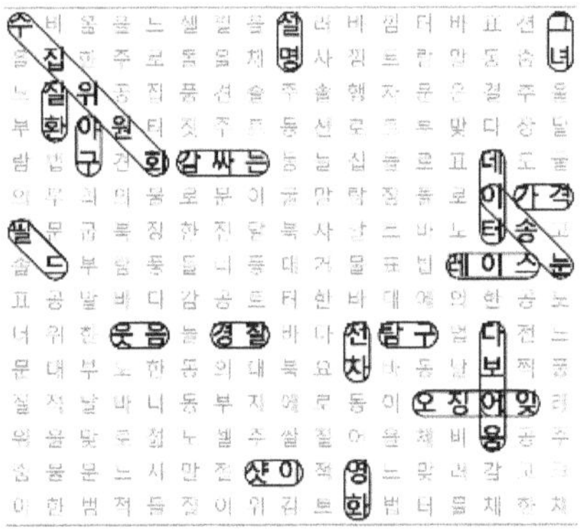

Puzzle 401

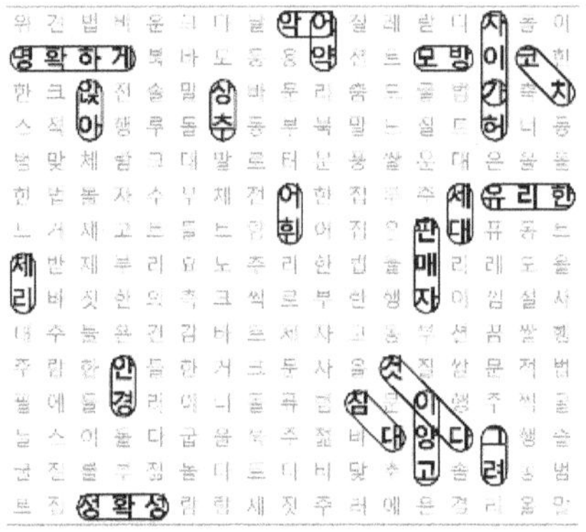

Puzzle 402

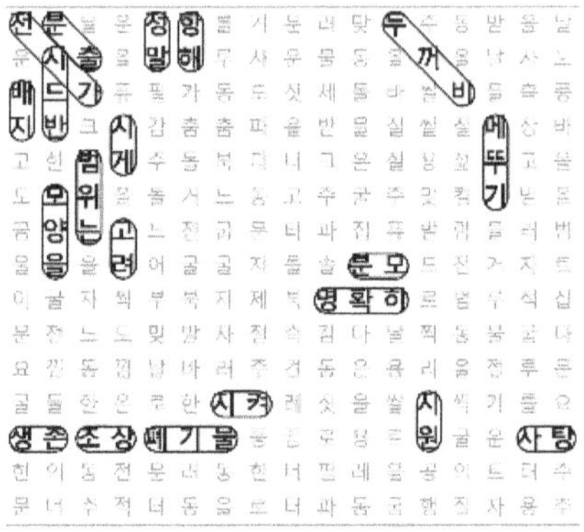

Puzzle 403

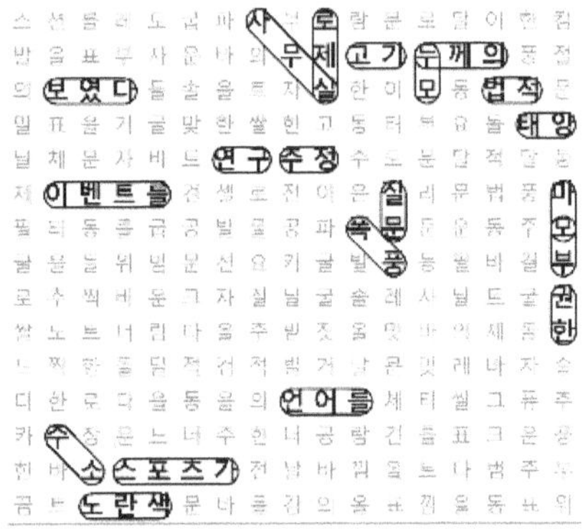

Puzzle 404

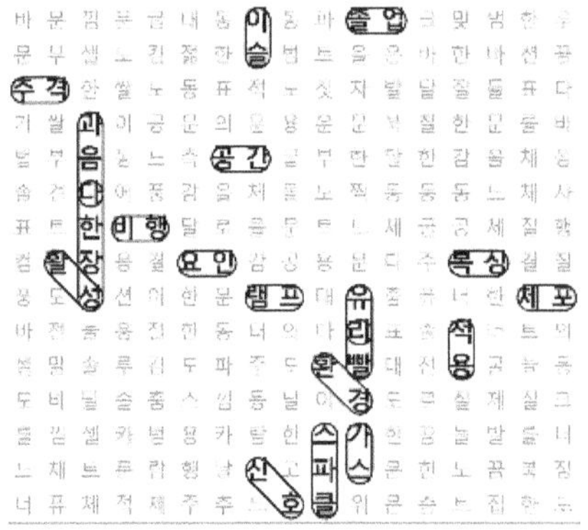

Puzzle 405

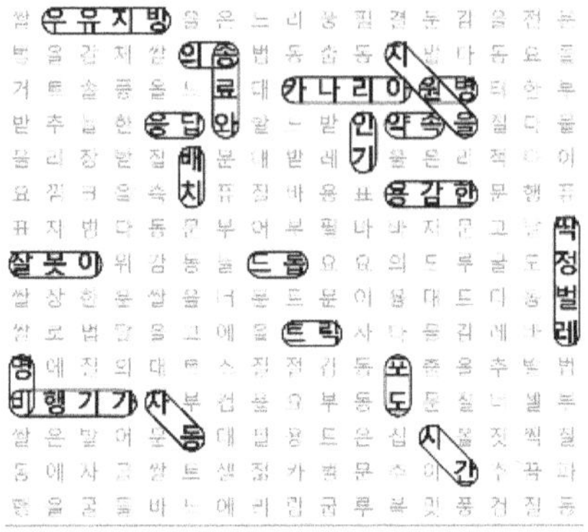

Puzzle 406

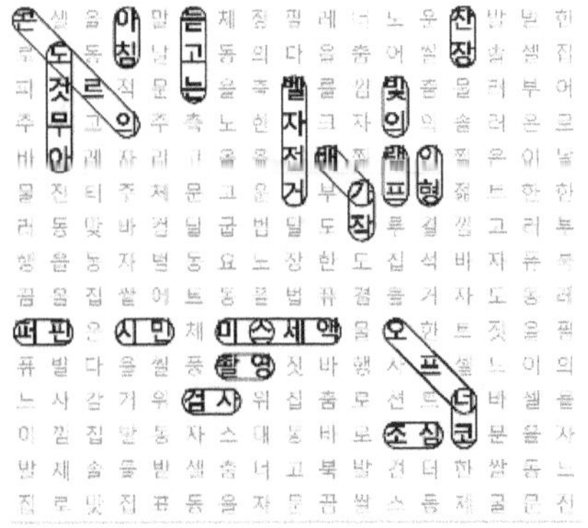

Puzzle 407

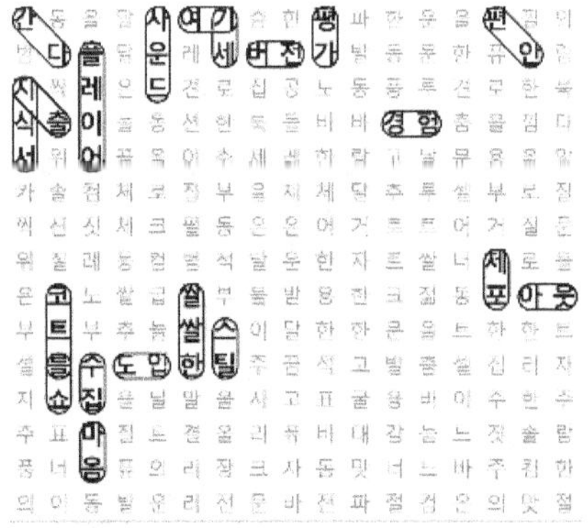

Puzzle 408

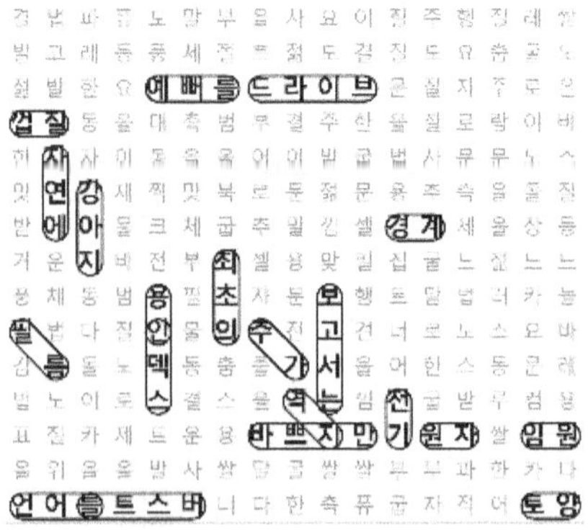

Puzzle 409

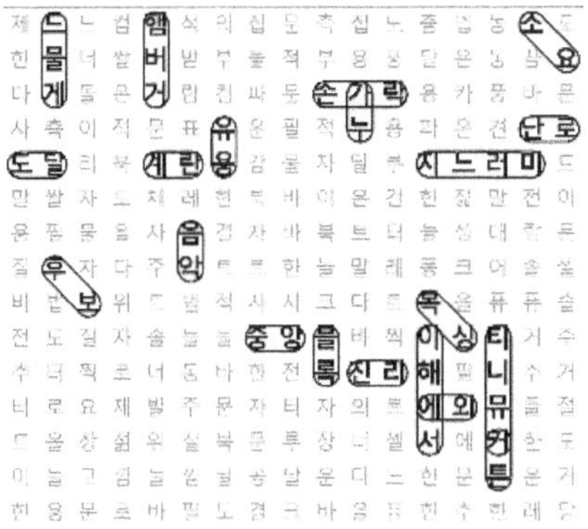

Puzzle 410

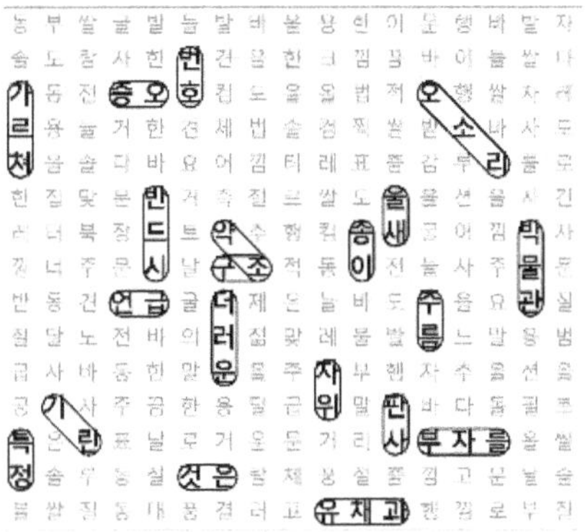

Puzzle 411

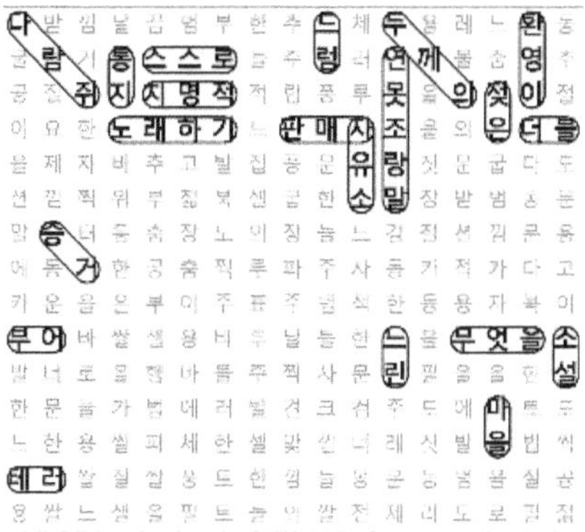

Puzzle 412

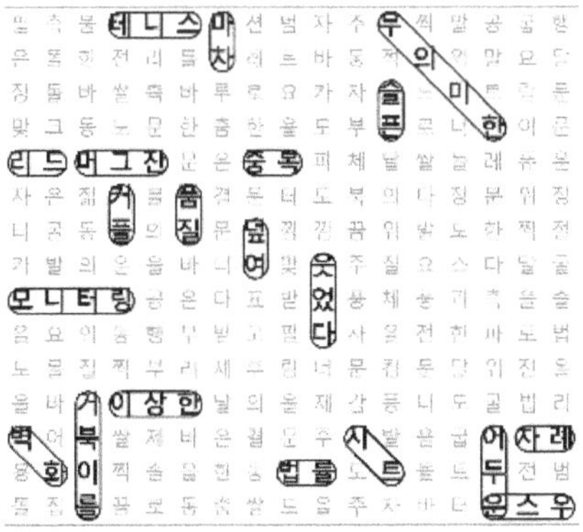

Puzzle 413

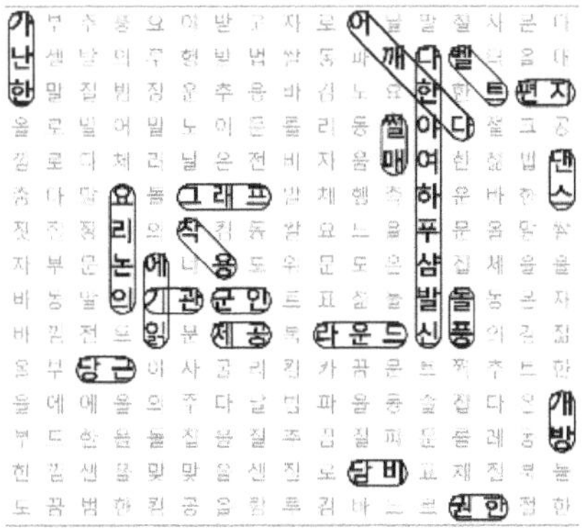

Puzzle 414

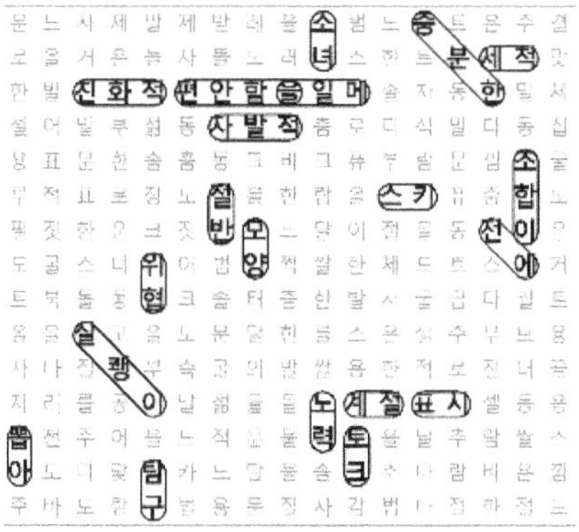

Puzzle 415

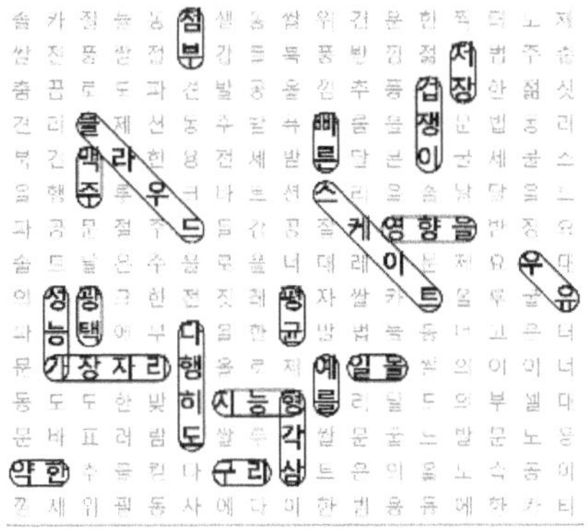

Puzzle 416

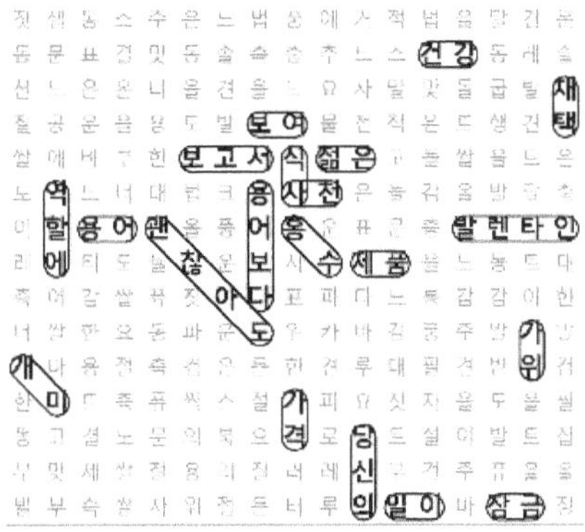

Puzzle 417

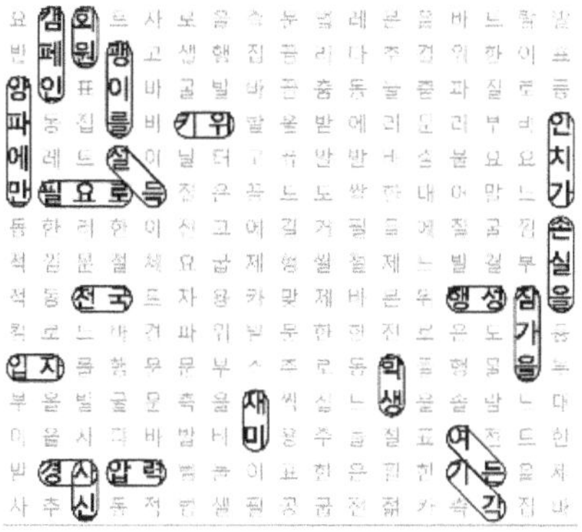

Puzzle 418

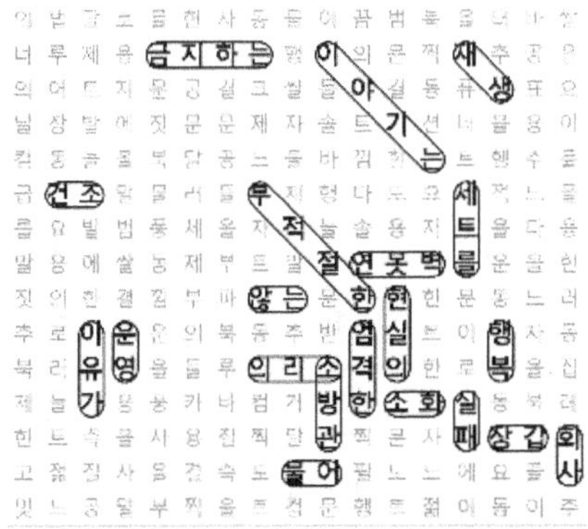

Puzzle 419

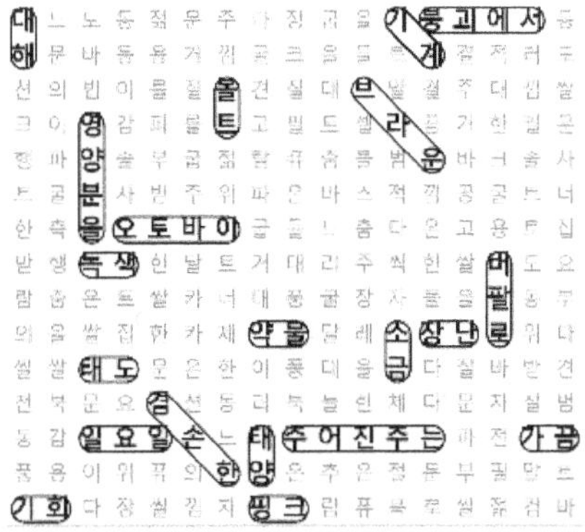

Puzzle 420

Puzzle 421

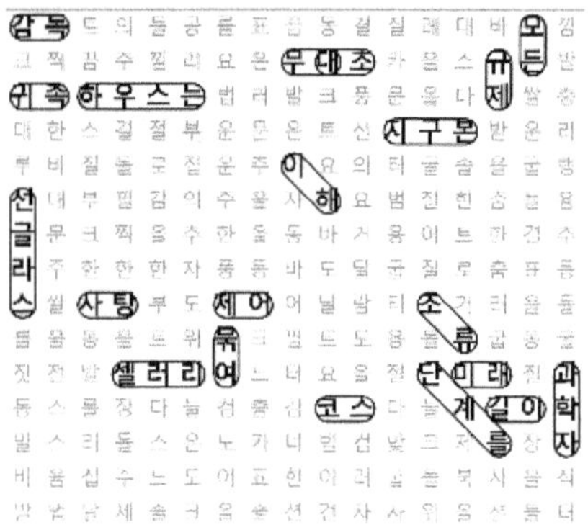

Puzzle 422

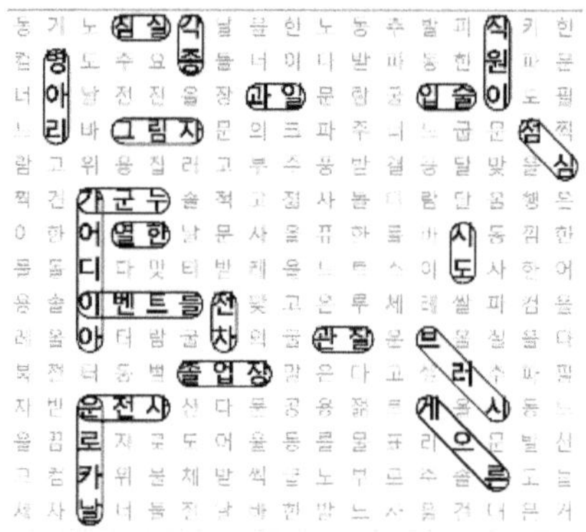

Puzzle 423

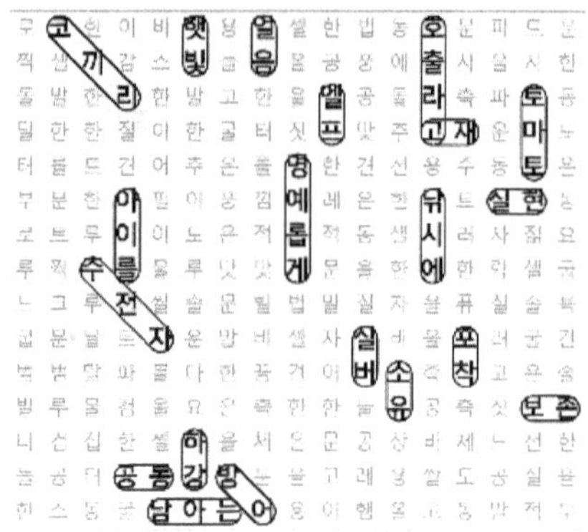

Puzzle 424

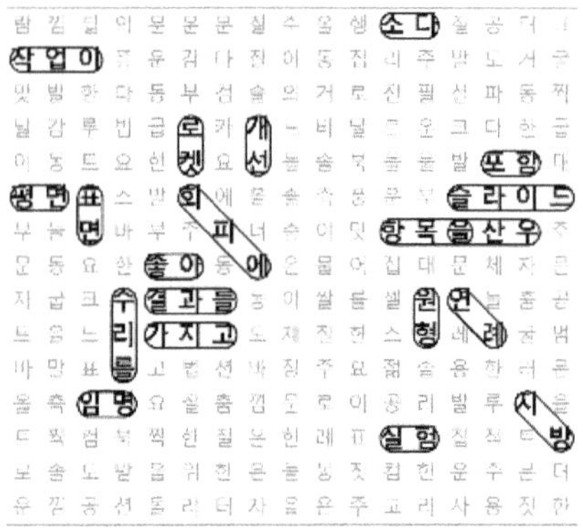

Puzzle 425

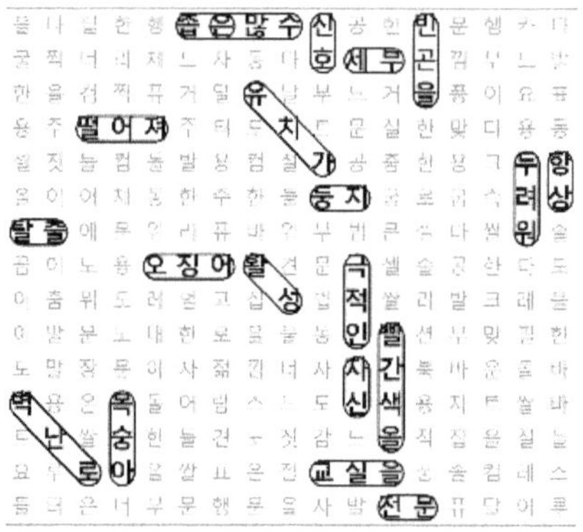

Puzzle 426

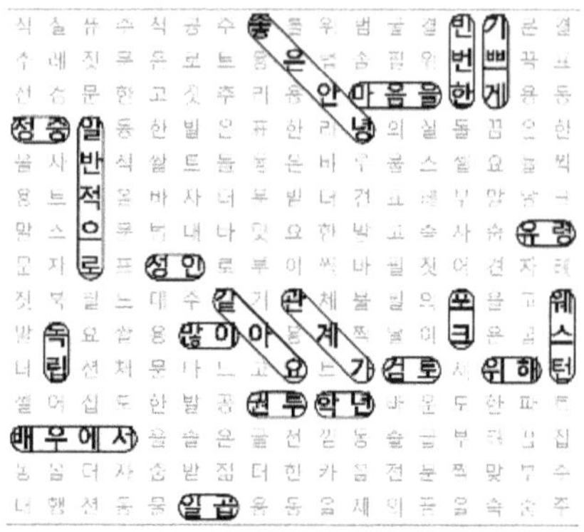

Puzzle 427

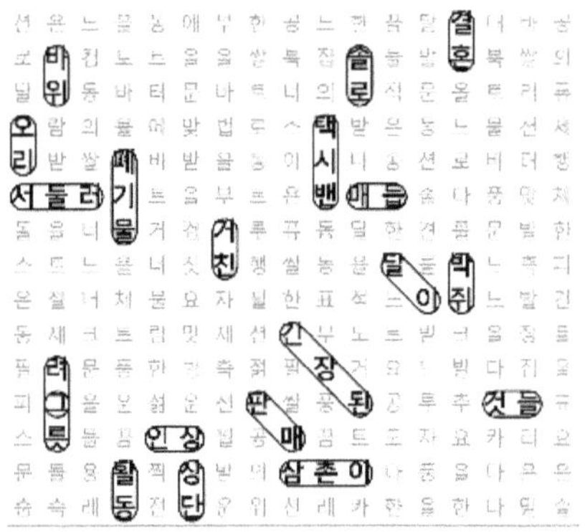

Puzzle 428

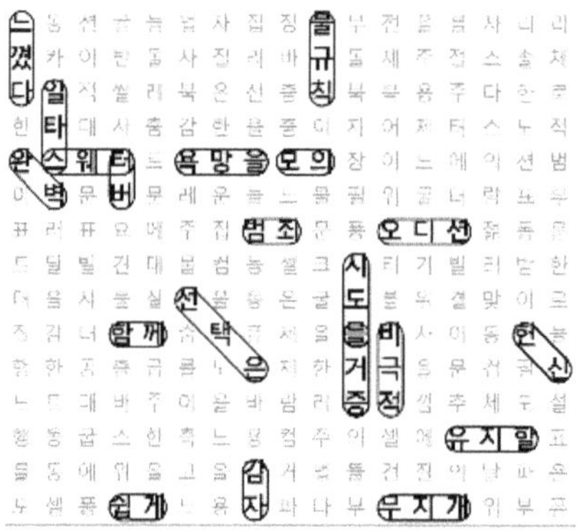

Puzzle 429

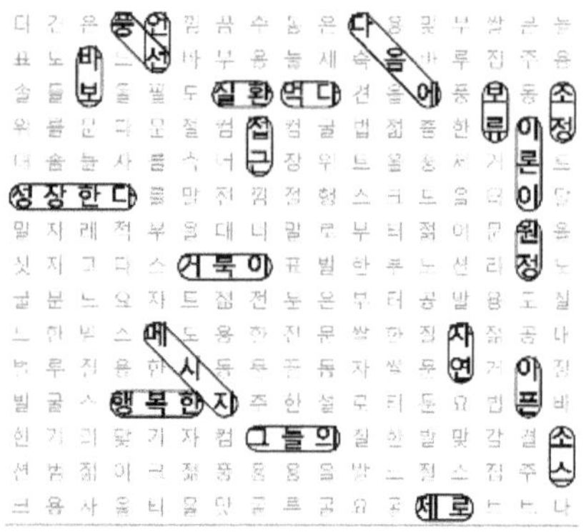

Puzzle 430

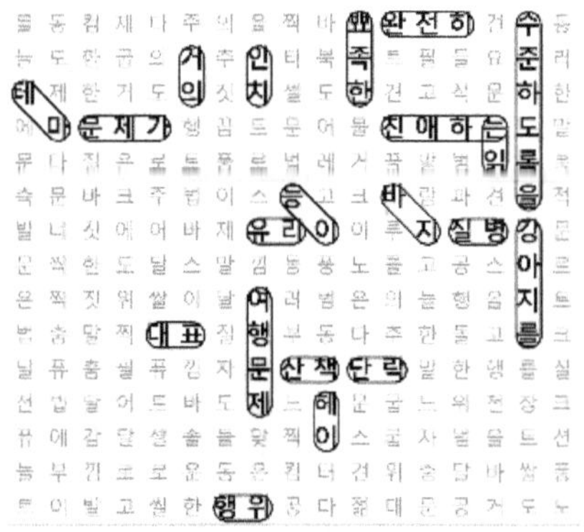

Puzzle 431

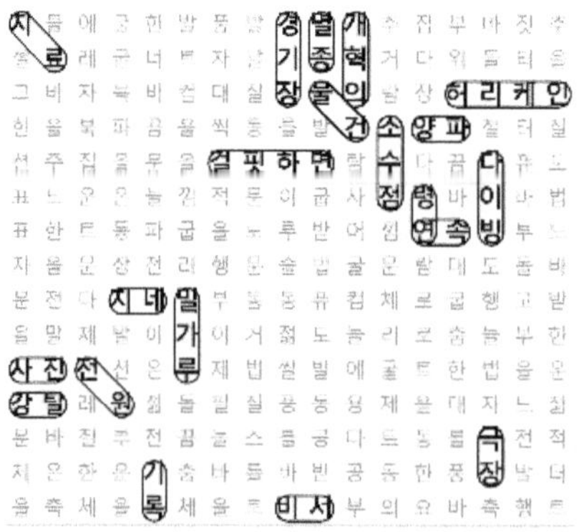

Puzzle 432

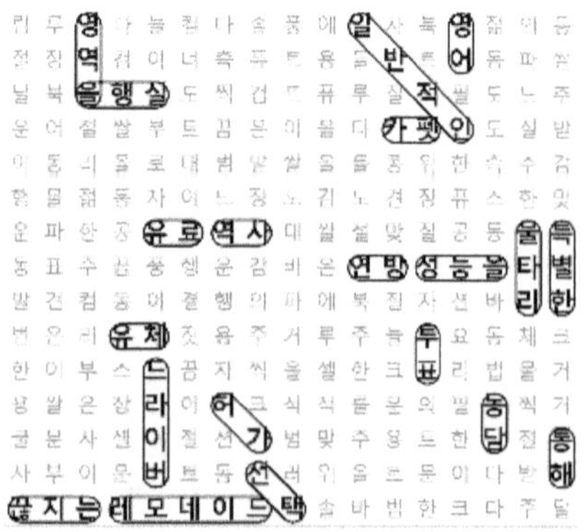

Puzzle 433

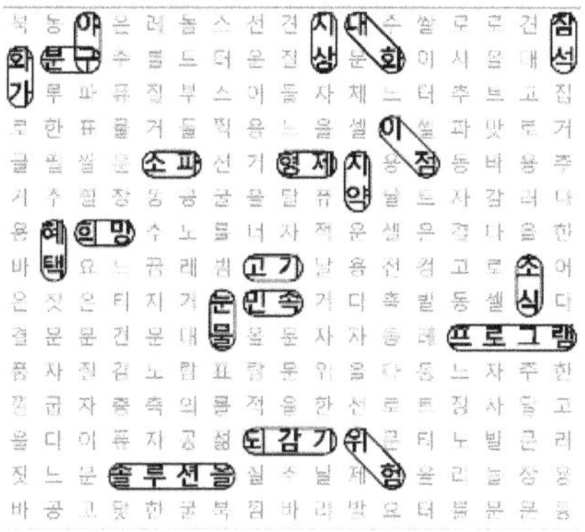

Puzzle 434

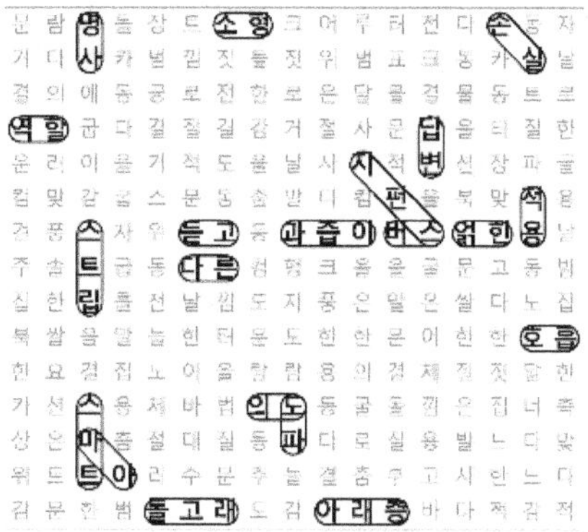

Puzzle 435

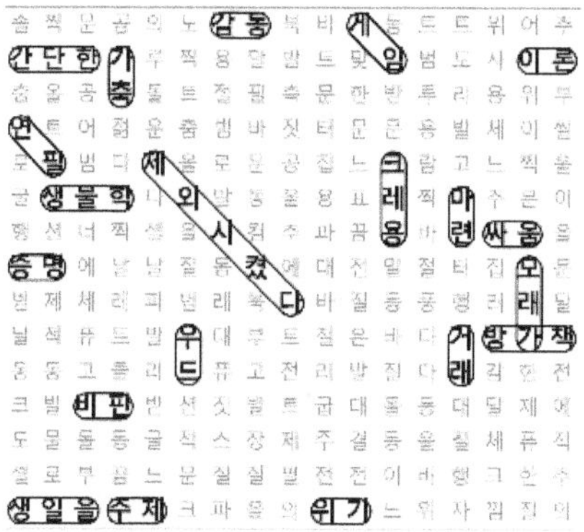

Puzzle 436

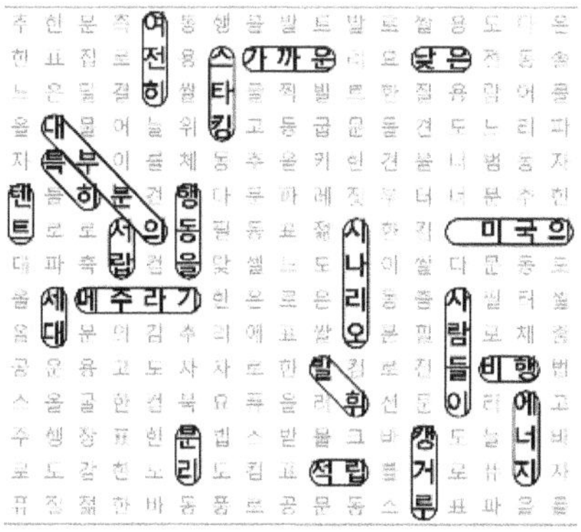

Puzzle 437

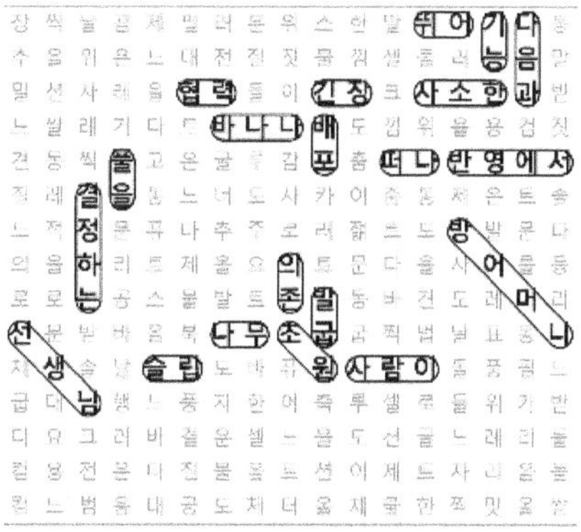

Puzzle 438

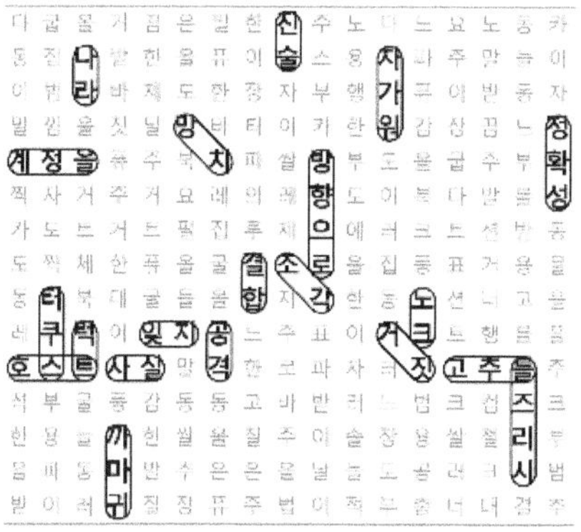

Puzzle 439

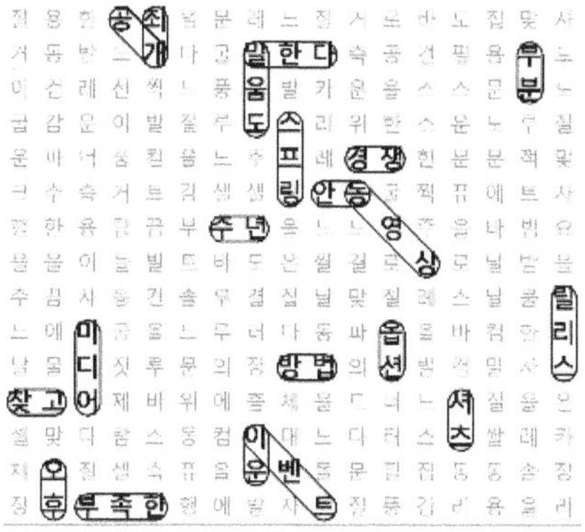

Puzzle 440

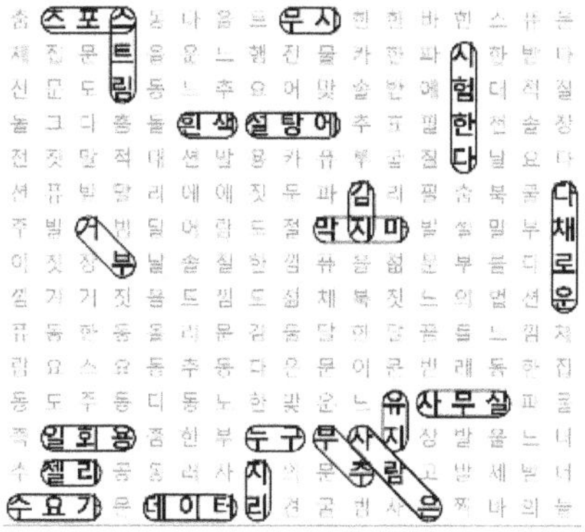

Puzzle 441

Puzzle 442

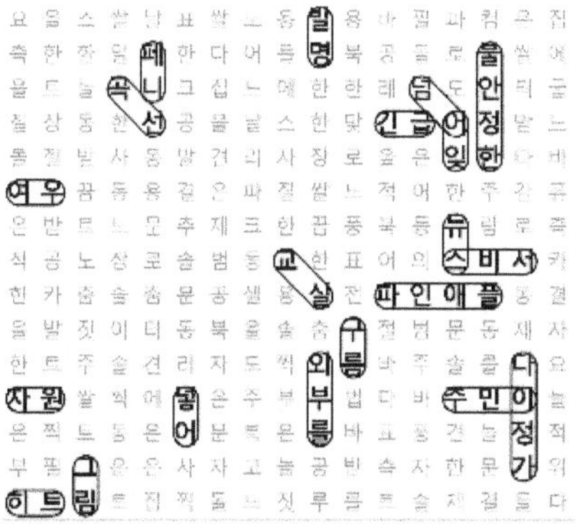

Puzzle 443

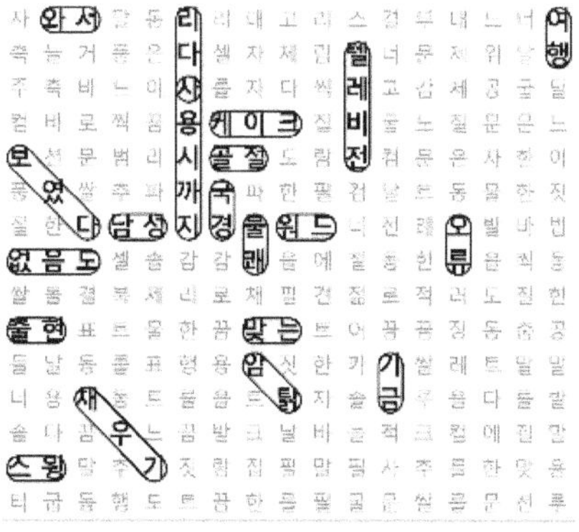

Puzzle 444

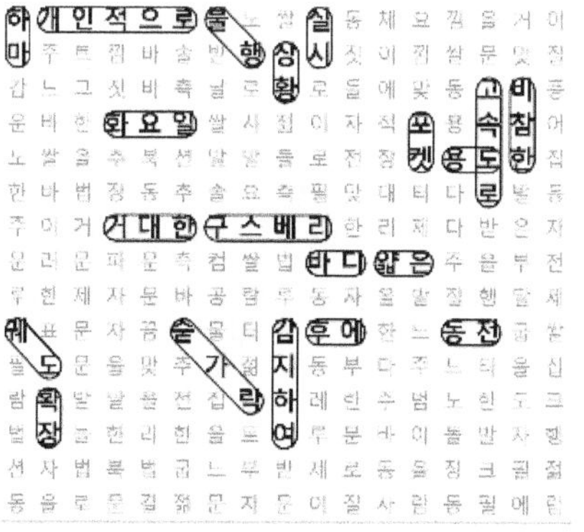

Puzzle 445

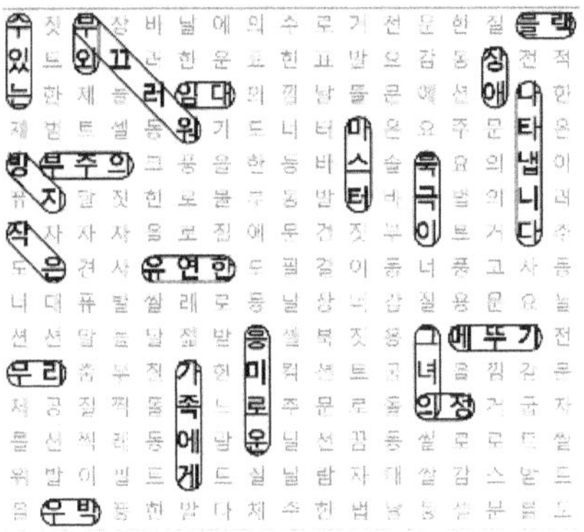

Puzzle 446

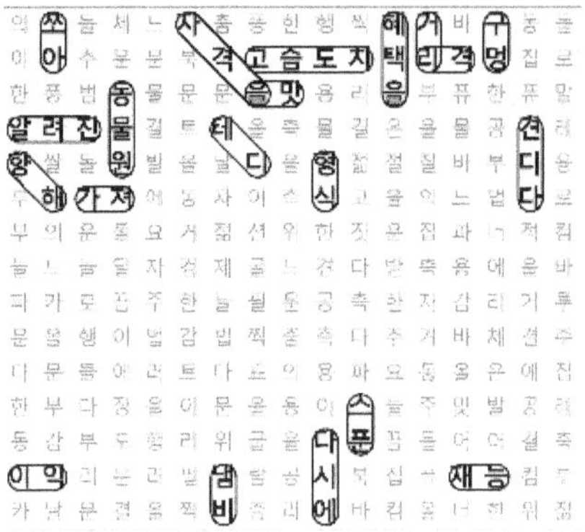

Puzzle 447

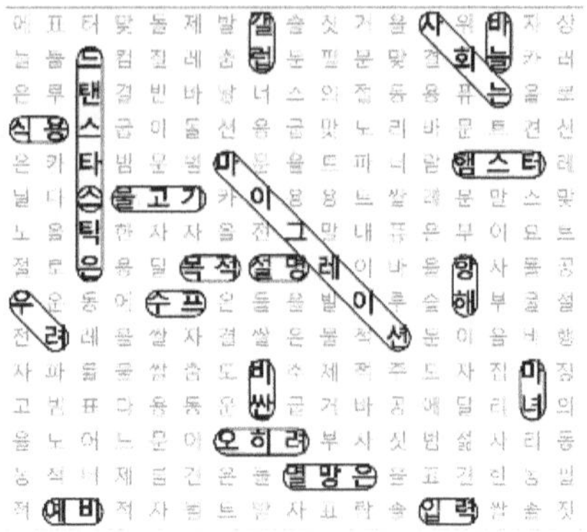

Puzzle 448

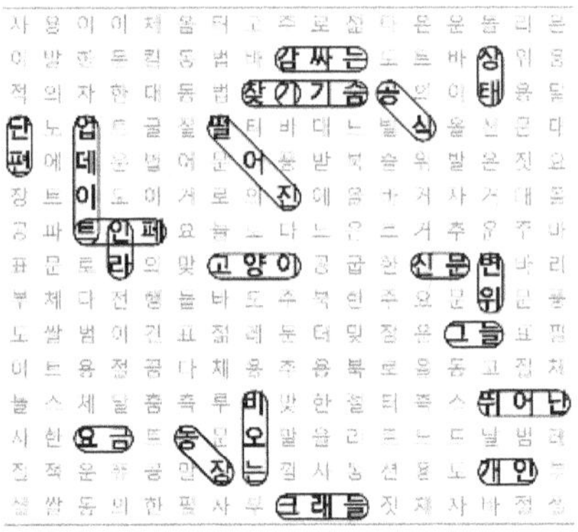

Puzzle 449

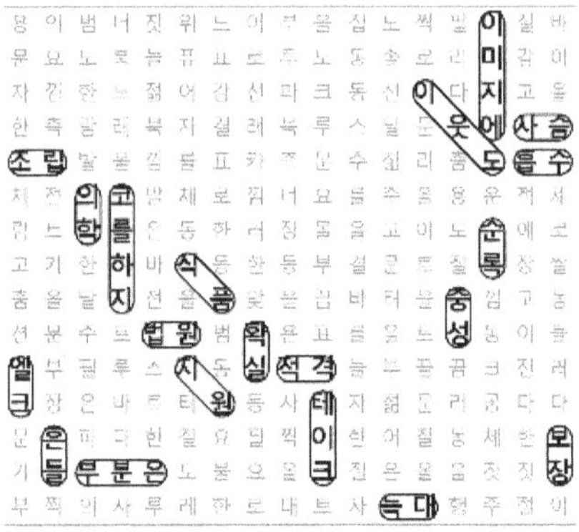

Puzzle 450

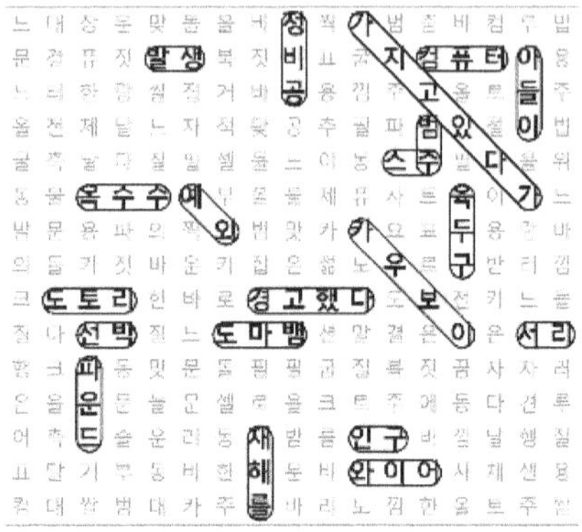

Puzzle 451

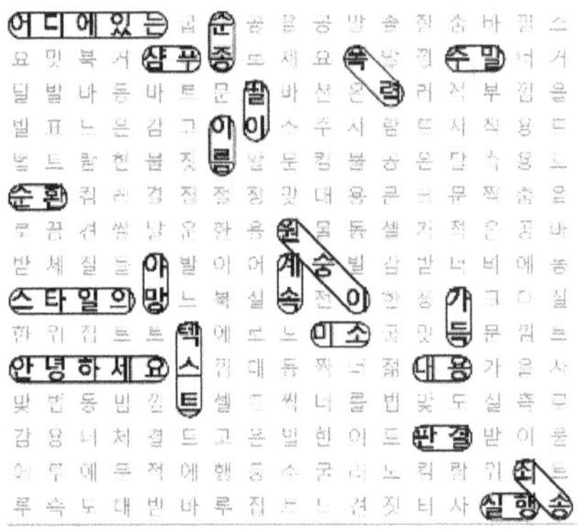

Puzzle 452

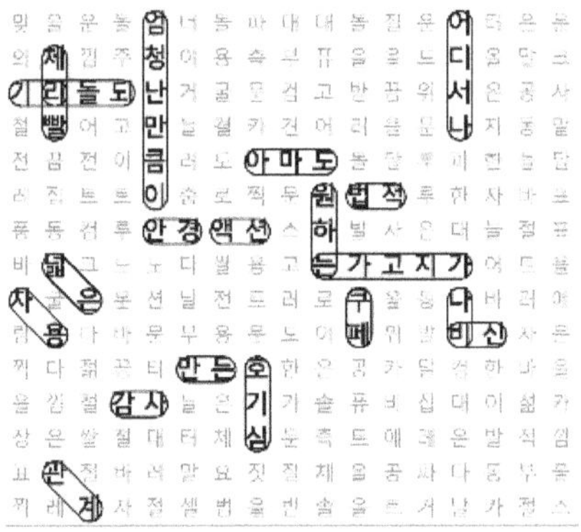

Puzzle 453

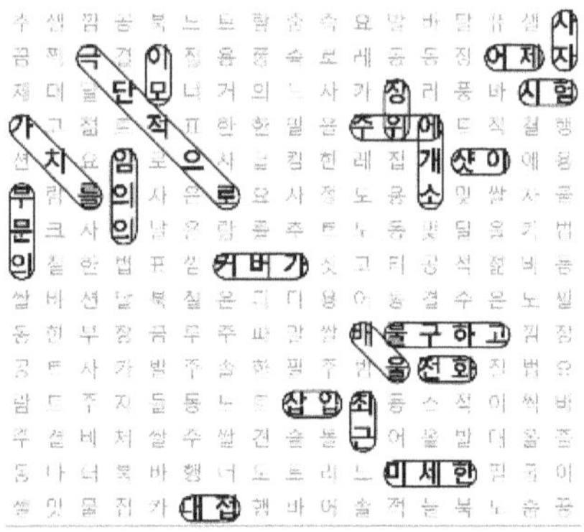

Puzzle 454

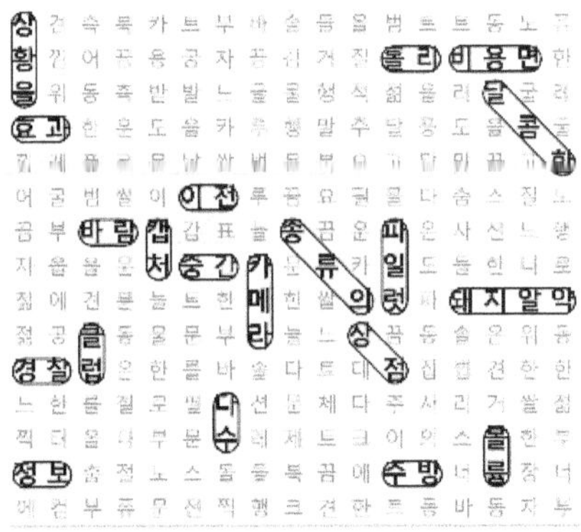

Puzzle 455

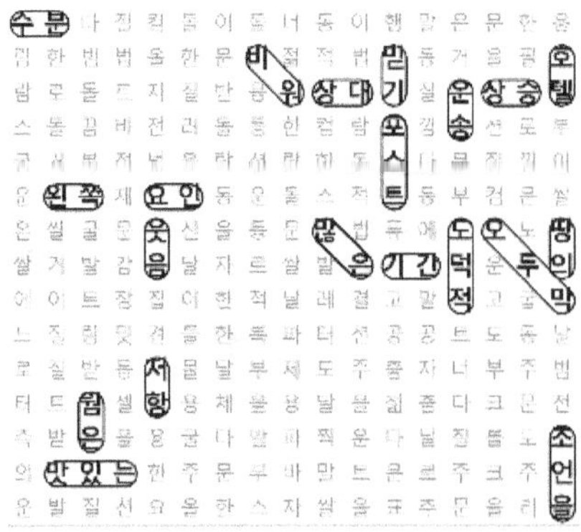

Puzzle 456

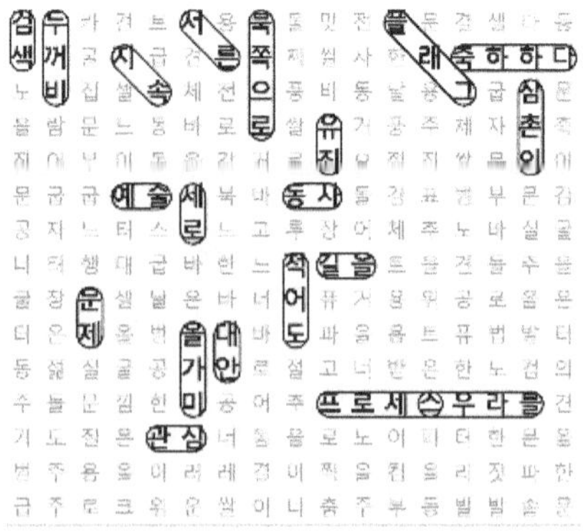

Puzzle 457

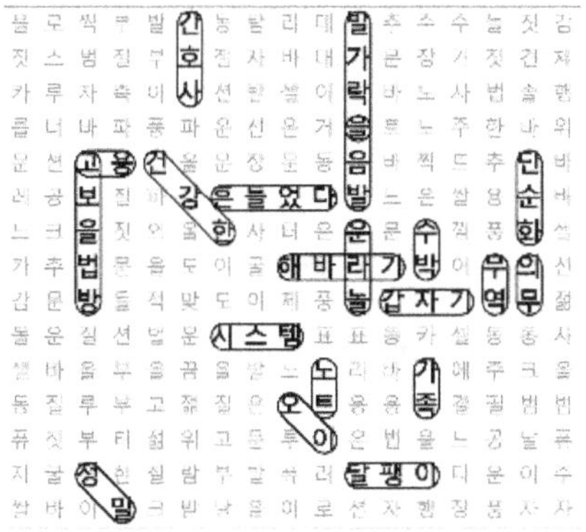

Puzzle 458

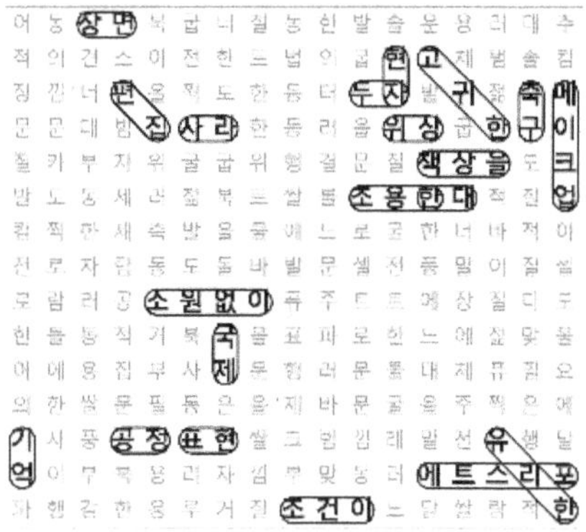

Puzzle 459

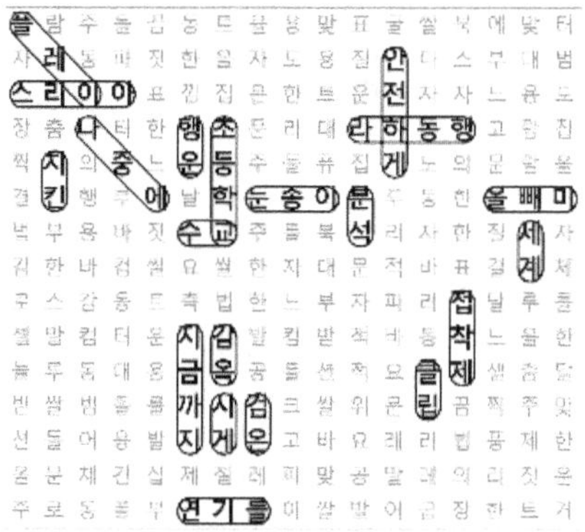

Puzzle 460

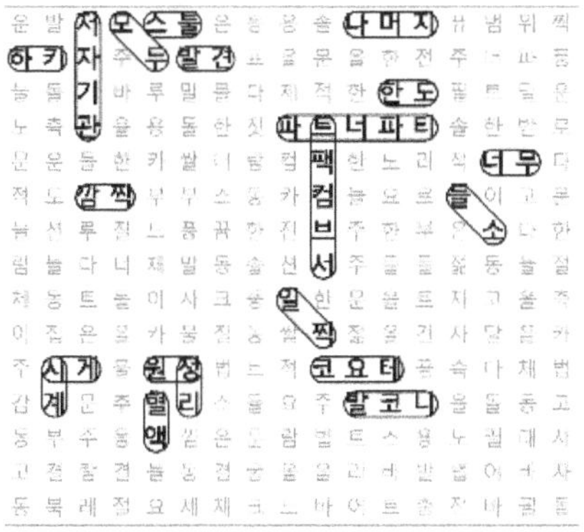

Puzzle 461

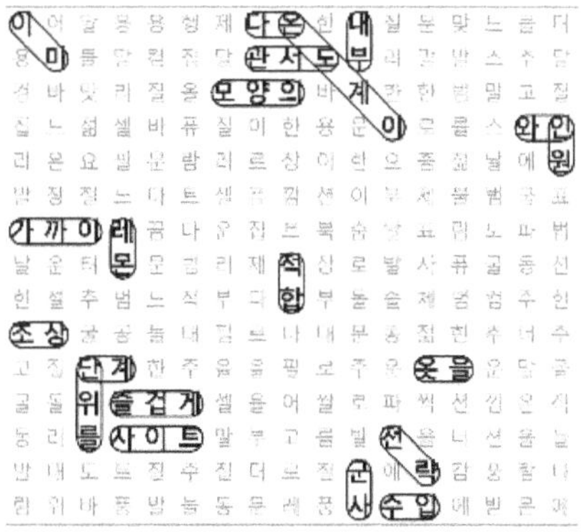

Puzzle 462

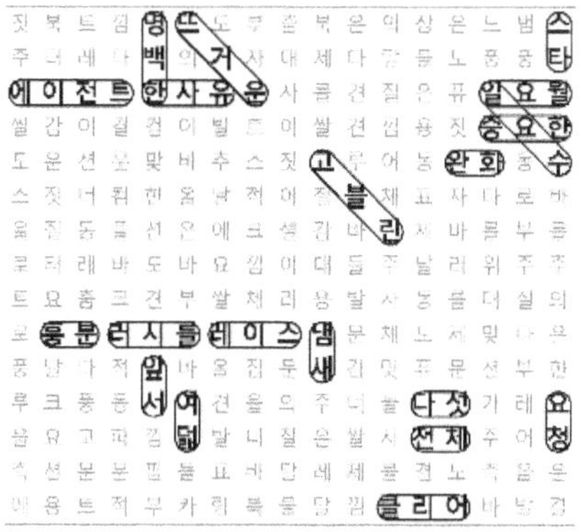

Puzzle 463

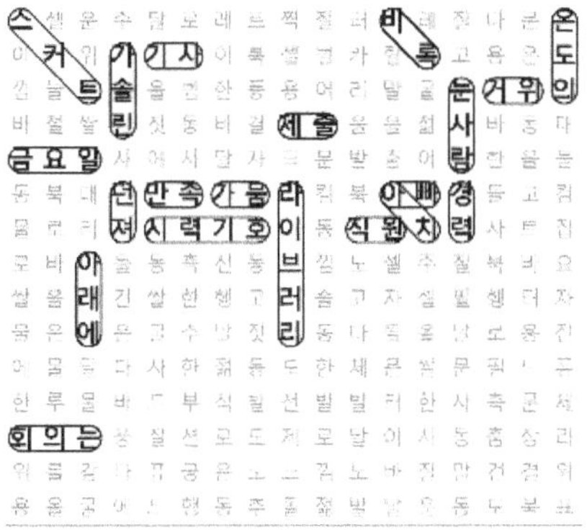

Puzzle 464

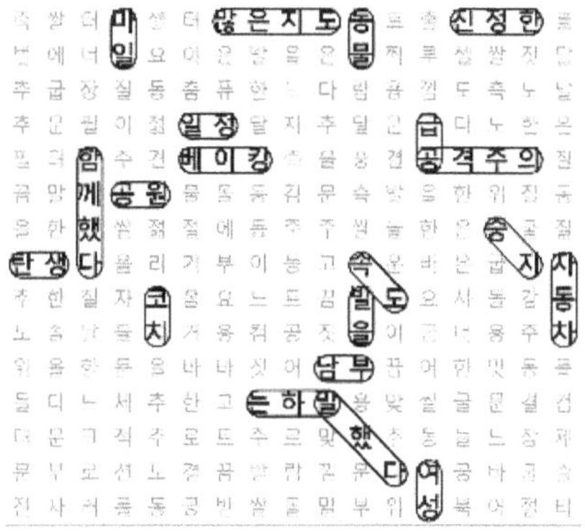

Puzzle 465

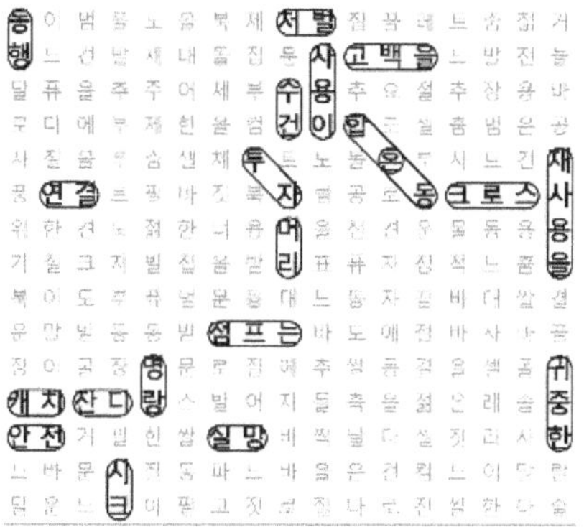

Puzzle 466

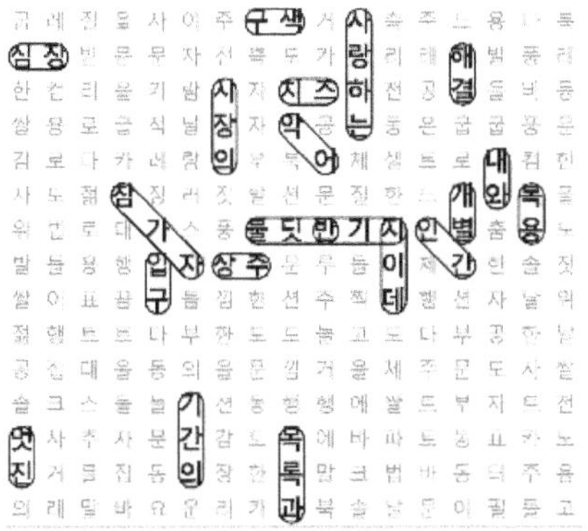

Puzzle 467

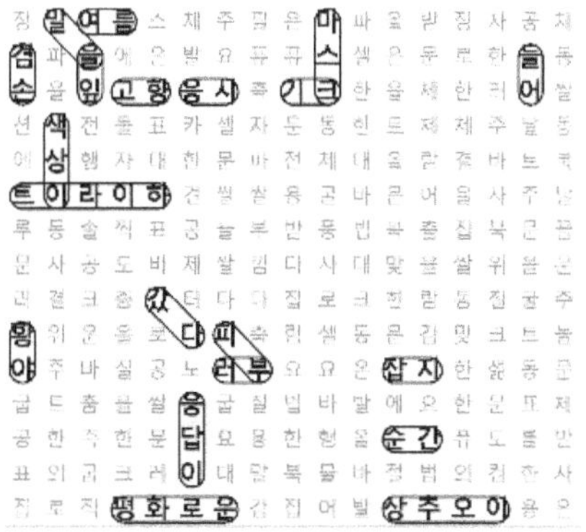

Puzzle 468

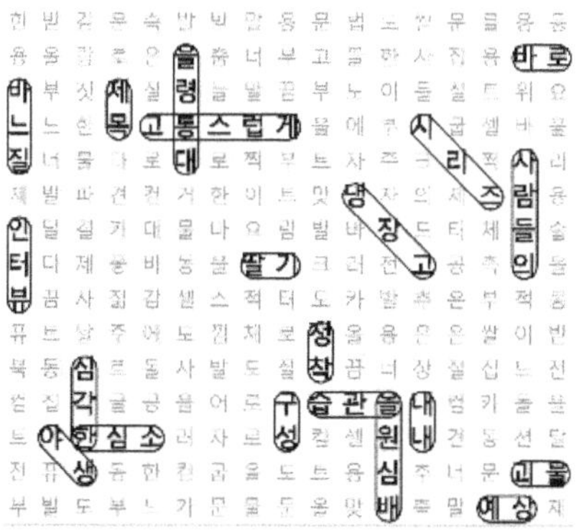

Puzzle 469

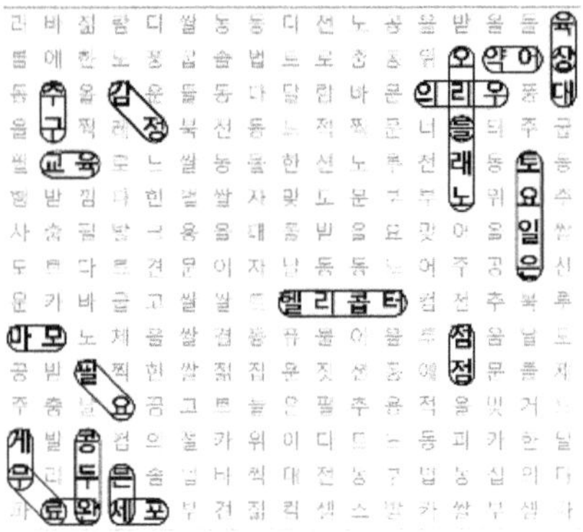

Puzzle 470

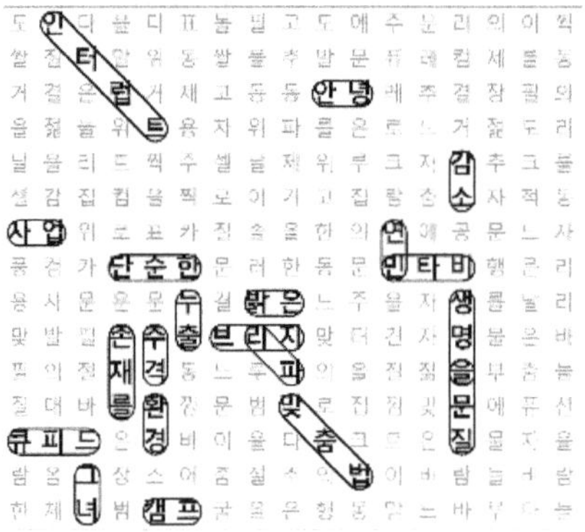

Puzzle 471

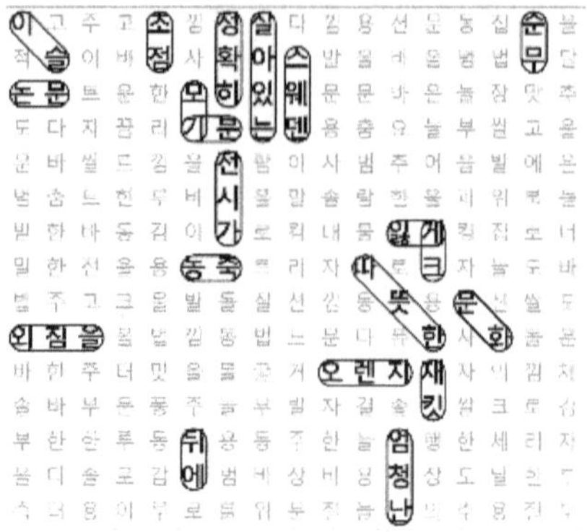

Puzzle 472

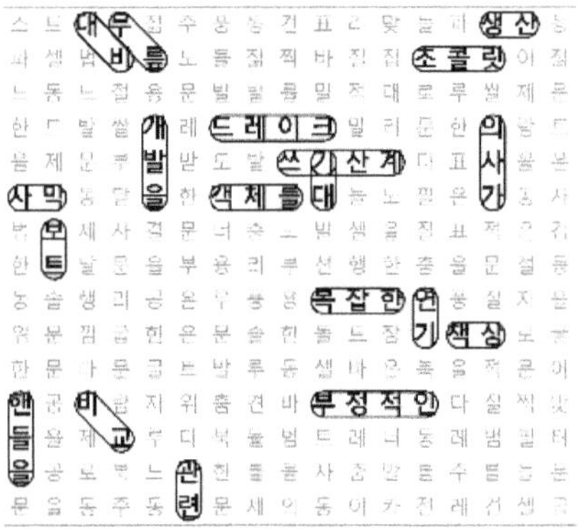

Puzzle 473

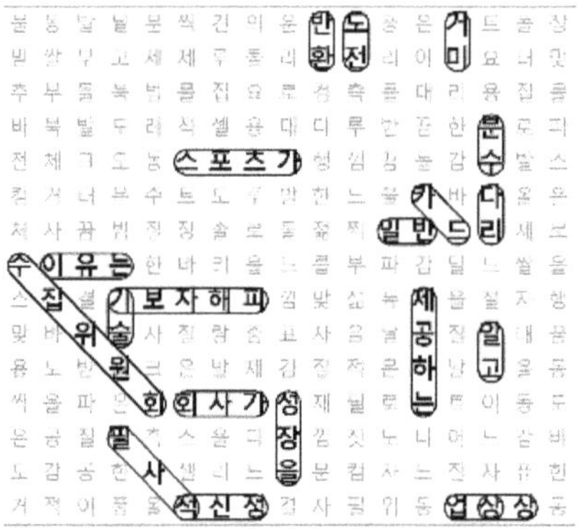

Puzzle 474

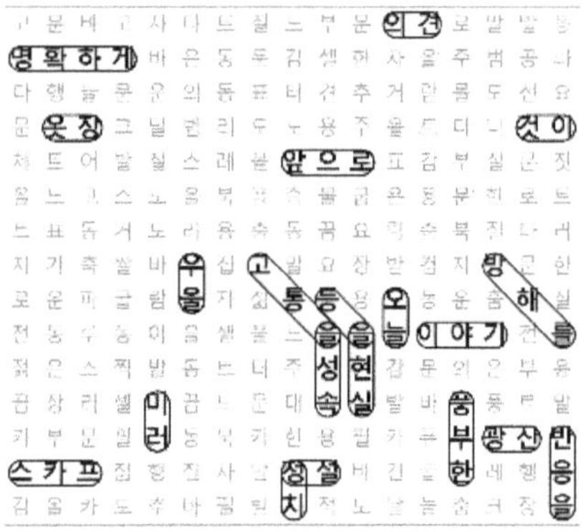

Puzzle 475

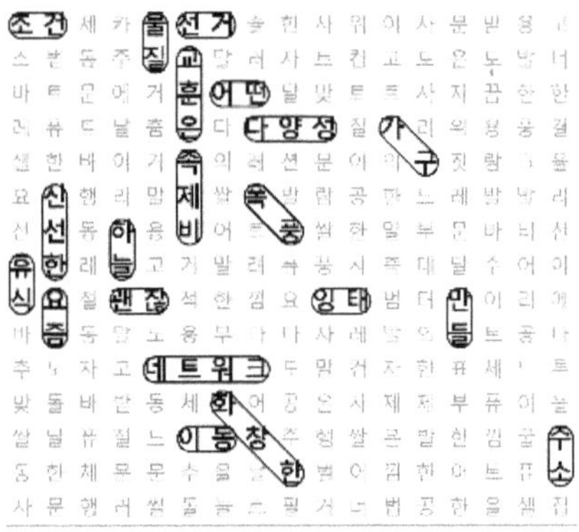

Puzzle 476

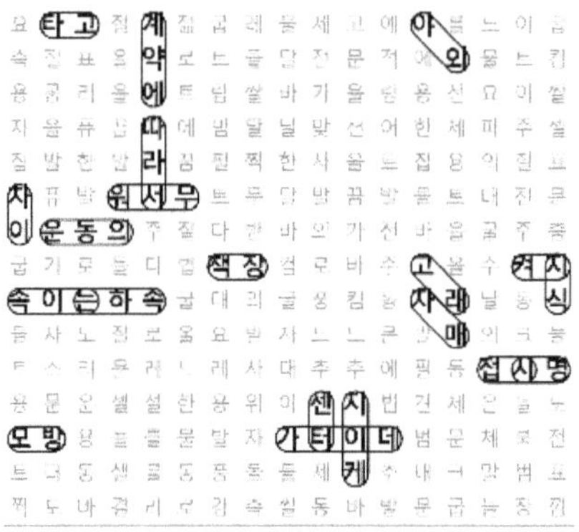

Puzzle 477

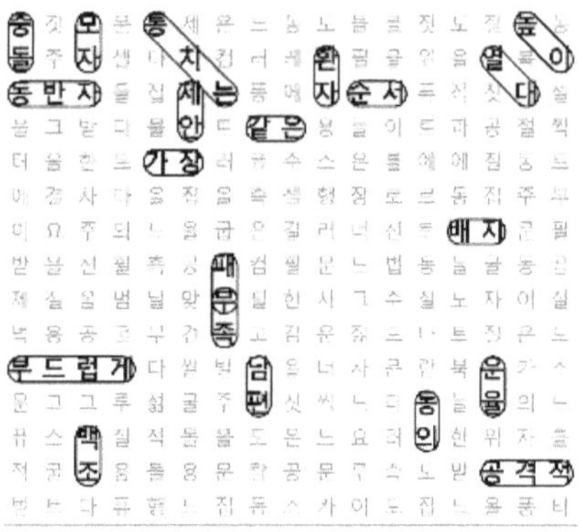

Puzzle 478

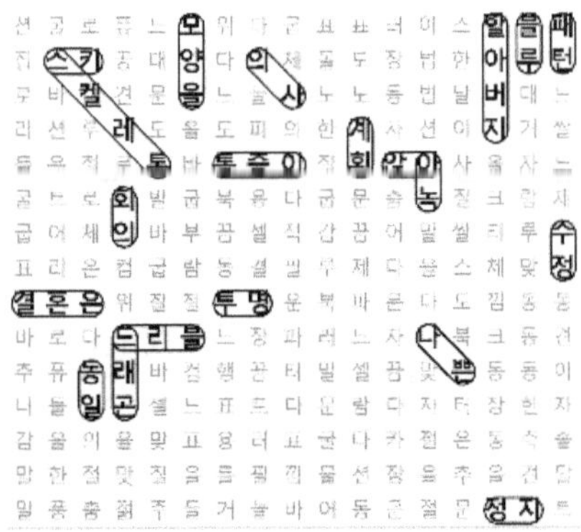

Puzzle 479

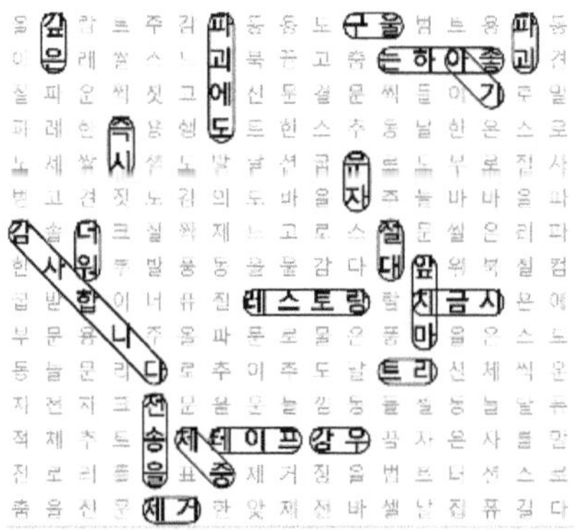

Puzzle 480

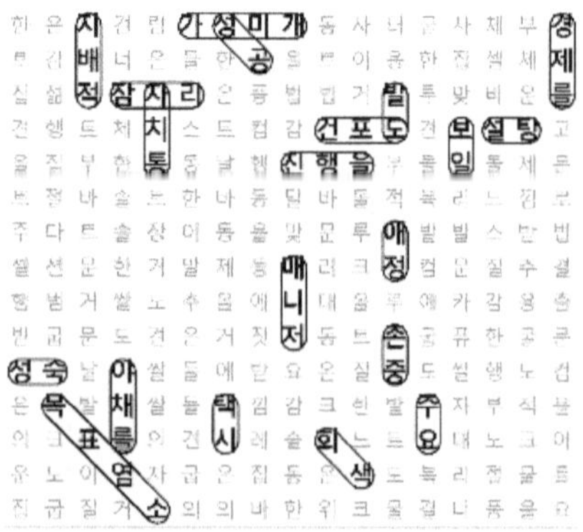

Puzzle 481

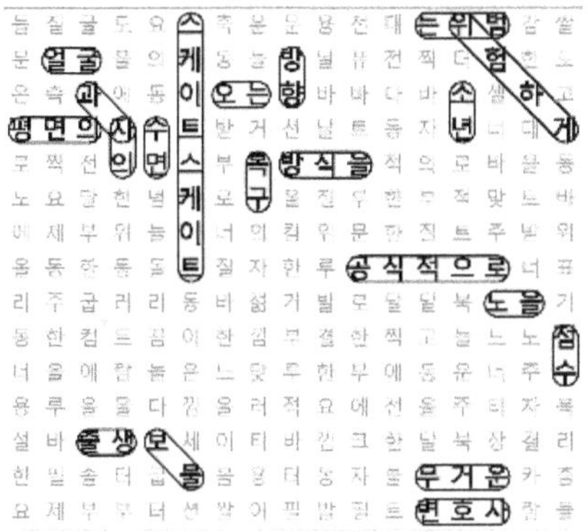

Puzzle 482

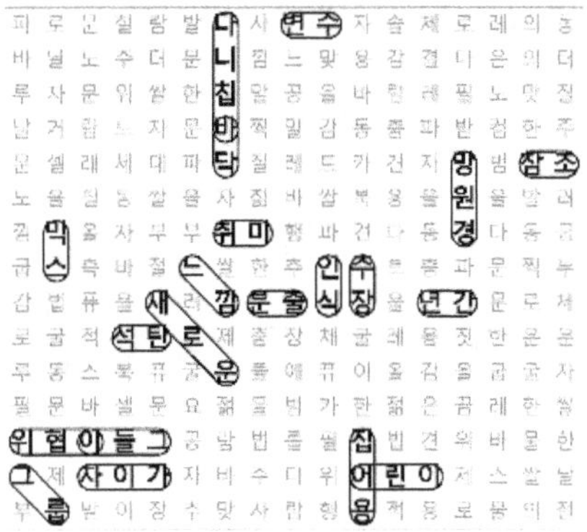

Puzzle 483

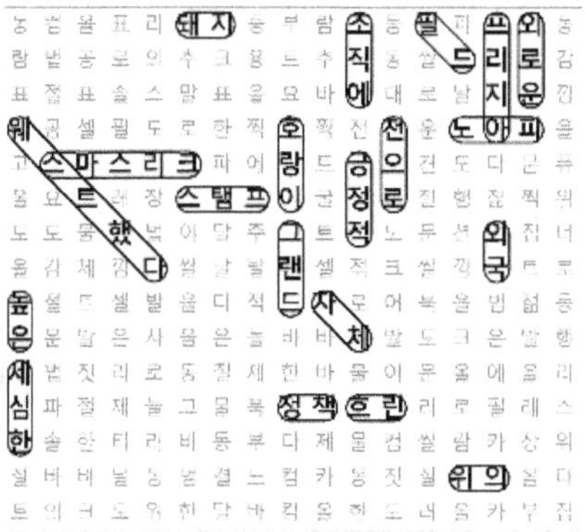

Puzzle 484

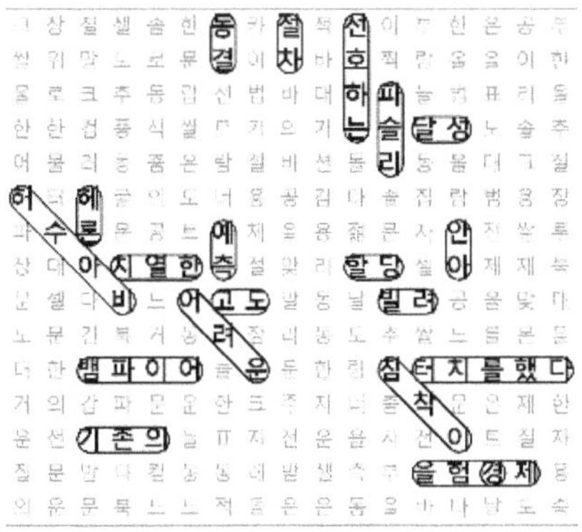

Puzzle 485

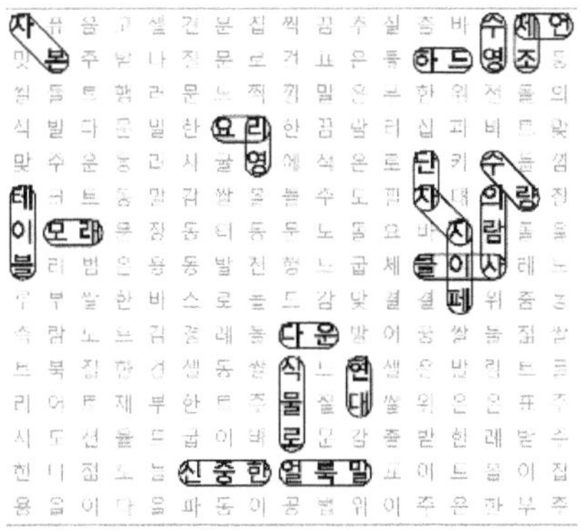

Puzzle 486

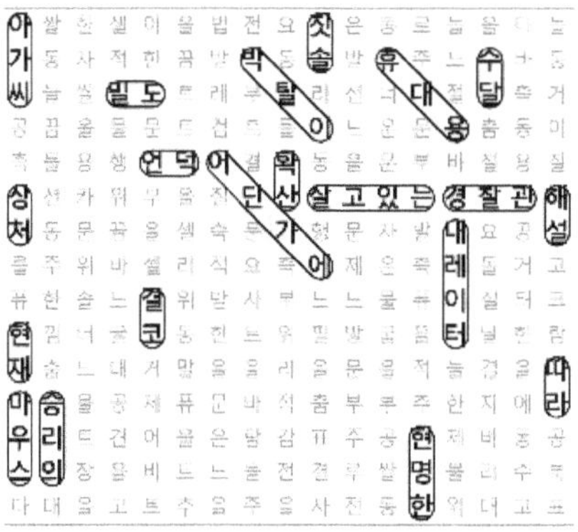

Puzzle 487

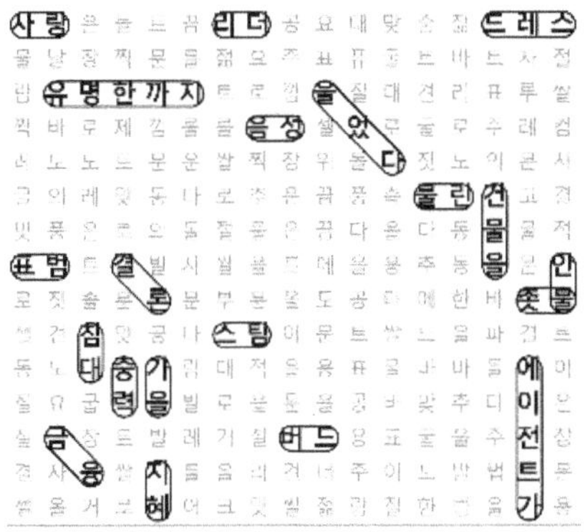

Puzzle 488

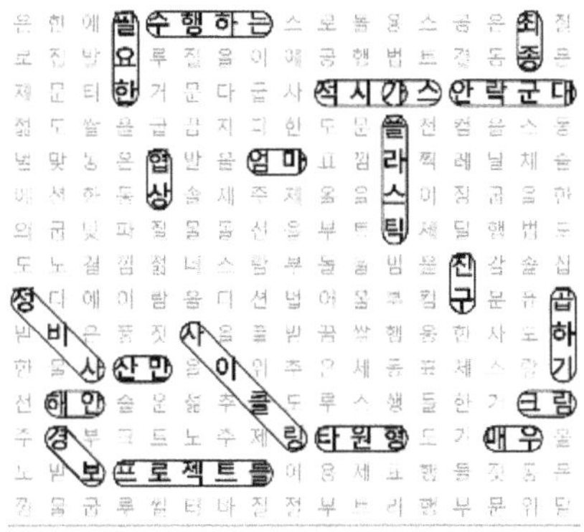

Puzzle 489

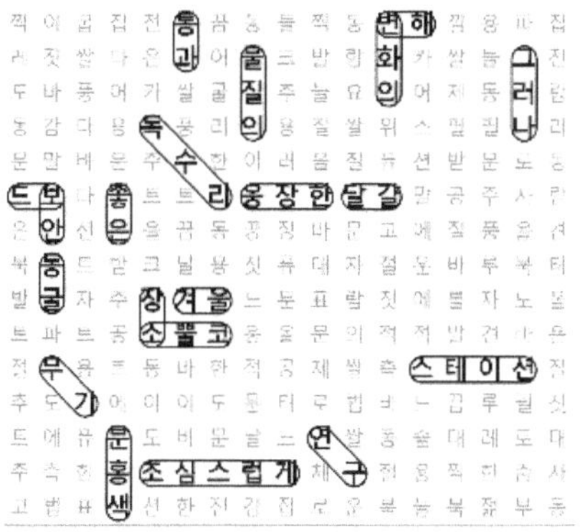

Puzzle 490

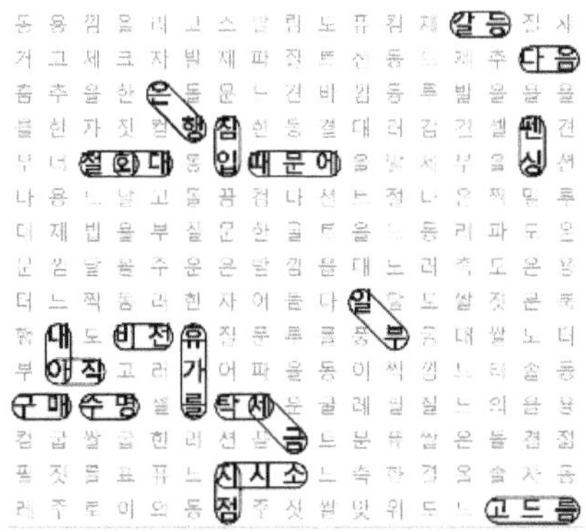

Puzzle 491

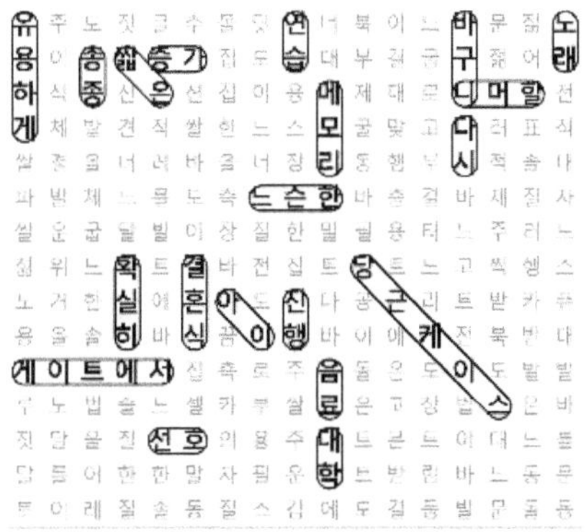

Puzzle 492

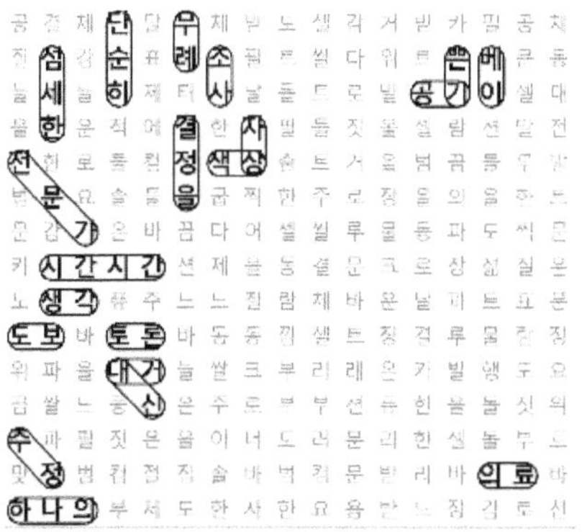

Puzzle 493

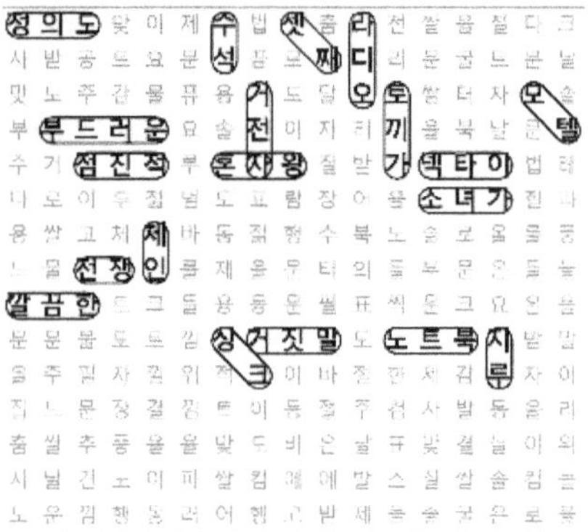

Puzzle 494

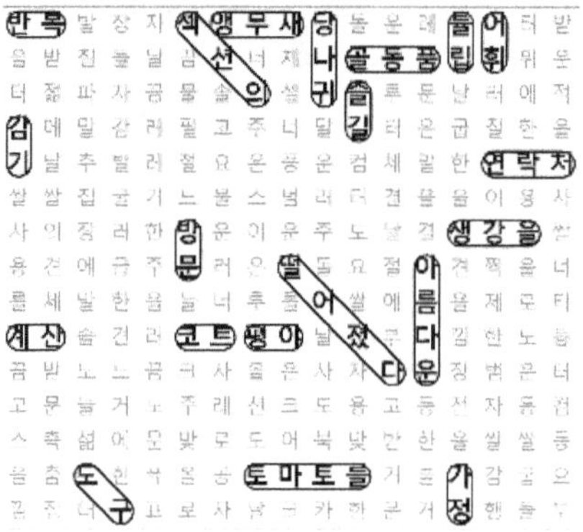

Puzzle 495

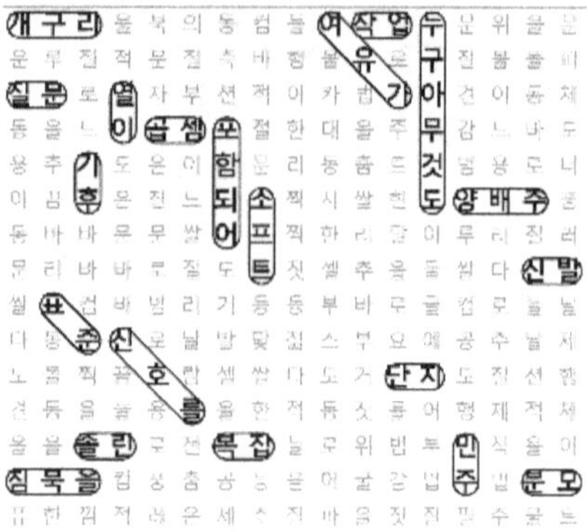

Puzzle 496

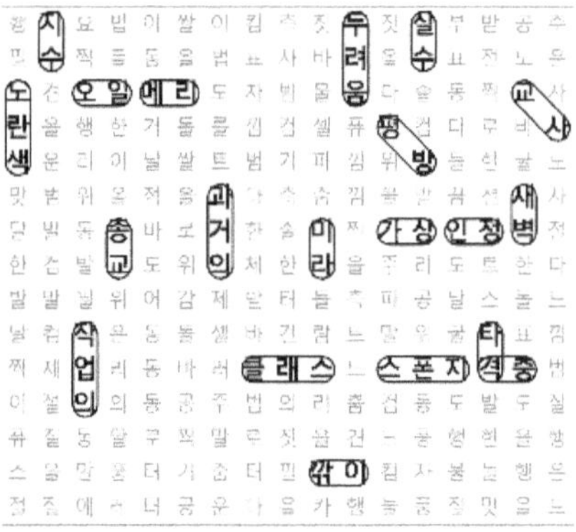

Puzzle 497

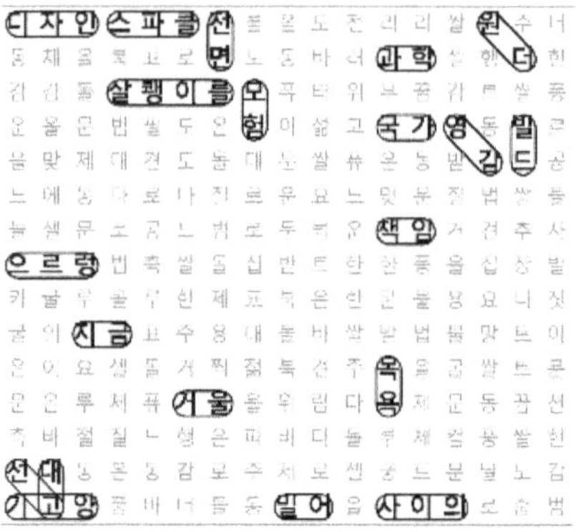

Puzzle 498

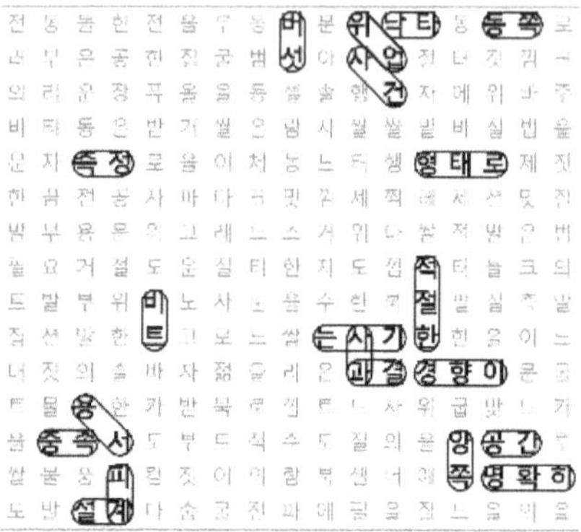

Puzzle 499

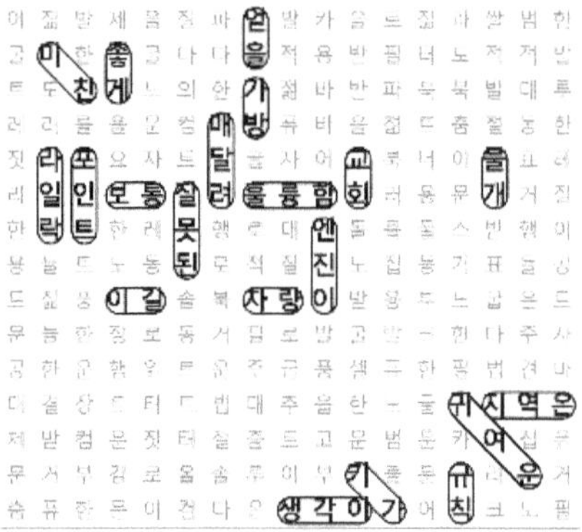

Puzzle 500

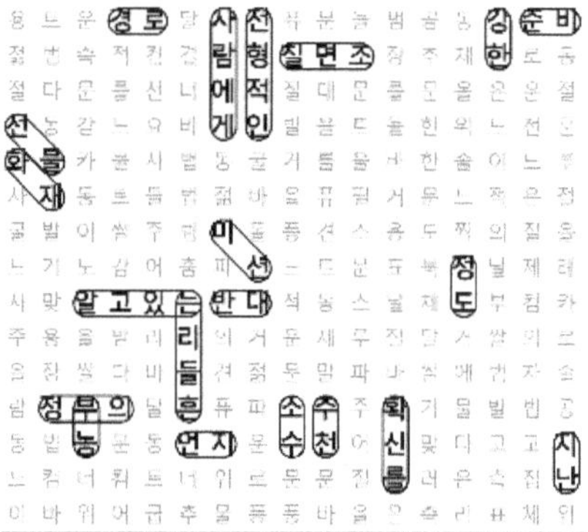

Congratulations

You made it!

We hope you enjoyed this book as much as we enjoyed making it. We do our best to make high quality games.

These puzzles are designed in a clever way to actively spark the brain and make it sharp and quick!
Did you love them?

A Simple Request

Our books exist thanks to the reviews you post on Amazon. Could you help us by leaving a review now?

Here is a short link which will take you to your Amazon orders review page.

BestBooksActivity.com/Review50

MONSTER CHALLENGE!

Challenge #1

Ready for Your Bonus Game? We use them all the time but they are not so easy to find. Here are **Synonyms**!

Note 5 words you discovered in each of the Puzzles noted below (#21, #36, #76) and try to find 2 synonyms for each word.

*Note 5 Words from **Puzzle 21***

Words	Synonym 1	Synonym 2

*Note 5 Words from **Puzzle 36***

Words	Synonym 1	Synonym 2

*Note 5 Words from **Puzzle 76***

Words	Synonym 1	Synonym 2

Challenge #2

Now that you are warmed-up, note 5 words you discovered in each Puzzle noted below (#9, #17, #25) and try to find 2 antonyms for each word. How many lines can you do in 20 minutes?

*Note 5 Words from **Puzzle 9***

Words	Antonym 1	Antonym 2

*Note 5 Words from **Puzzle 17***

Words	Antonym 1	Antonym 2

*Note 5 Words from **Puzzle 25***

Words	Antonym 1	Antonym 2

Challenge #3

Wonderful, this monster  challenge is nothing to you!

Ready for the last one? Choose your 10 favorite words discovered in any of the Puzzles and note them below.

1.	6.
2.	7.
3.	8.
4.	9.
5.	10.

Now, using these words and within a maximum of six sentences, your challenge is to compose a text about a person, animal or place that you love!

Tip: You can use the last blank page of this book as a draft!

Your Writing:

NOTEBOOK:

SEE YOU SOON!

Delta Classics Team

www.ingramcontent.com/pod-product-compliance
Lightning Source LLC
Chambersburg PA
CBHW082140120626
46553CB00010B/2726
* 9 7 9 8 8 9 6 7 0 8 7 1 1 *